Vital Statistics From
19ᵀᴴ Century Tennessee
Church Records

Volume II

Vital Statistics from

19th CENTURY TENNESSEE CHURCH RECORDS

VOL. II

transcribed and indexed by
Byron and Barbara Sistler

Nashville, Tennessee
1979

Vital Statistics from
19th Century Tennessee Church Records,
Volume II

Originally Published
Nashville, Tennessee, 1979

© Copyright 1979 by
Byron Sistler and Associates, Inc.

Reprinted for
Byron Sistler and Associates, Inc. by:

Janaway Publishing, Inc.
2412 Nicklaus Dr.
Santa Maria, California 93455
(805) 925-1038
www.JanawayPublishing.com

2007

ISBN 10: 1-59641-122-8
ISBN 13: 978-1-59641-122-7

Made in the United States of America

INTRODUCTION

This is the second of a projected three-volume series on early Tennessee church records. Births, baptisms, marriages, deaths and burials from 55 churches in 26 Tennessee counties are set forth in alphabetical order. Included are names and dates from membership lists. Altogether about 28,000 entries are in this volume.

Most of the information contained here is self-explanatory. Where a date is shown without notation it means the individual's name was on a membership list for the church from which the record was extracted. Other dates are explained with b. (born), bapt (baptized), m. (married), d. (died), etc.

The three digit number in parentheses at the end of an entry refers to the microfilm reel number for the record containing the information. A key to these reels can be found on the inside front cover.

With rare exceptions, all entries apply to the period before 1900, though we did include many deaths through 1913 (last year before death certificates were required by statute in Tennessee).

You will find duplications with conflicting information, and we have no way of knowing the meaning of some of this nor of some apparently extraneous information, such as names and places inserted without explanation. Generally we have copied such information as is, assuming some of it could be of help to the researcher in specific instances.

Note that not all data about any individual which was on the original record is included in the book (though in most cases anything of genealogical value has been set forth here). The reel numbers correspond with the accession numbers used by the Tennessee State Library and Archives, Nashville, TN 37219.

A more detailed description of the records is contained in the book Guide to the Microfilm Holdings of the Manuscripts Section, Tennessee State Library and Archives, either the 1975 or 1978 edition. If still in print, it can be purchased from that institution for a modest price.

Most of the microfilm reels cited in this book may be obtained under inter-library loan from the Manuscripts Section of the Tennessee State Library and Archives. Check with your local library for the procedure.

We are indebted to the staff of the Manuscripts Section of the State Library and Archives, to its director Jean Brown Waggener, and to the inter-library loan director, Martha Adams, for simplifying our access to these records. The project would have been impossible without their cooperation.

It should be fully understood that we, the compilers, take complete responsibility for the preparation and publishing of this book.

Byron Sistler
Barbara Sistler

Nashville, TN
October, 1979

RECORDS INCLUDED IN VOL. II, 19TH CENTURY TENNESSEE CHURCH RECORDS

- 288. Weakley Co. (Martin). Macedonia Primitive Baptist. 1824-1969.
- 339. Wilson Co. Cedar Lick Baptist. 1881-1961.
- 348. Polk Co. Old Friendship Baptist. 1879-1943.
- 350. Hamilton Co. (Chattanooga). St. Paul's Episcopal. 1900-1950.
- 356. Knox Co. (Knoxville). St. John's Episcopal. 1844-1971.
- 360. Fayette Co. (Moscow). Methodist. 1890-1970.
- 361. Fayette Co. Mt. Pisgah Primitive Baptist. 1832-1901.
- 369. McMinn Co. (Athens). Methodist Episcopal. 1865-1929.
- 371. Robertson Co. (Springfield). Oakland Baptist. 1888-1913.
- 375. Warren & Coffee Cos. Methodist. 1898-1967.
- 386. Marshall Co. Rock Creek Primitive Baptist. 1814-1851.
- 389. Smith Co. Brush Creek Primitive Baptist. 1802-1971.
- 393. Hamilton Co. (Chattanooga). Second Presbyterian. 1881-1952.
- 396. Lincoln Co. Hannah's Gap Baptist Church of Christ. 1854-1911.
- 400. Montgomery Co. (Clarksville). Trinity Episcopal. 1832-1965.
- 401. Montgomery Co. (Clarksville). First & Second Presbyterian. 1822-1972.
- 402. Carroll Co. Hollow Rock Primitive Baptist. 1823-1885.
- 406. Carroll Co. (McKenzie). First United Methodist Episcopal. 1867-1968.
- 407. Carroll Co. (Buena Vista). Mt. Nebo Baptist. 1898-1972.
- 408. Carroll Co. (Christmasville). Concord Baptist. 1858-1878.
- 409. Carroll Co. (McKenzie). Cumberland Presbyterian. 1867-1913.
- 411. Carroll Co. Westport Missionary Baptist. 1896-1972.
- 415. Rutherford Co. (LaVergne). Presbyterian. 1887-1972.
- 419. Wayne Co. Salem Primitive Baptist. 1821-1929.
- 420. Carroll Co. (McKenzie). First Baptist. 1883-1966.
- 421. Carroll Co. (McKenzie). Union Academy Missionary Baptist. 1824-1971.
- 423. Knox Co. (Knoxville). Second Presbyterian. 1819-1972.
- 425. Carroll Co. (McKenzie). Zion Cumberland Presbyterian. 1872-1927.
- 428. Monroe Co. (Madisonville). Notchey Creek Baptist. 1853-1972.
- 429. Williamson Co. Belleview Cumberland Presbyterian. 1852-1908.
- 435. Loudon Co. (Lenoir City). Mt. Pleasant Baptist. 1849-1964.
- 437. Maury Co. St. Mark's Episcopal. 1838-1883.
- 438. Maury Co. (Columbia). St. Peter's Episcopal. 1828-1973.
- 440. Maury Co. Advent Chapel, Episcopal. 1874-1927.
- 441. Maury Co. (Spring Hill). Grace Chapel Episcopal. 1878-1969.
- 444. Carroll Co. Mud Creek Primitive Baptist. 1825-1968.
- 448. Maury Co. (Spring Hill). United Methodist. 1840-1965.
- 450. Knox Co. (Knoxville). Mt. Hebron Primitive Baptist. 1824-1942.
- 454. Hamilton Co. (Chattanooga). Centenary Methodist Episcopal, South. 1899-1966.
- 455. Hamilton Co. (Chattanooga). First Methodist Episcopal. 1872-1954.
- 461. Coffee Co. (Tullahoma). St. Barnabas Episcopal. 1872-1972.
- 462. Lawrence Co. Second Creek Primitive Baptist. 1830-1973.
- 465. Rhea Co. (Dayton). Salem Baptist. 1807-1937.
- 466. McMinn Co. (Athens). Mars Hill Presbyterian. 1832-1967.
- 467. Robertson Co. Bethlehem Baptist. 1853-1955.
- 478. Bedford Co. (Shelbyville). First Presbyterian. 1827-1956.
- 480. Bedford Co. (Shelbyville). Church of the Redeemer, Episcopal. 1867-1969.
- 487. Davidson Co. (Nashville). Moore Memorial Presbyterian. 1873-1896.
- 492. Bedford Co. (Normandy). Presbyterian. 1870-1956.
- 497. Montgomery Co. (New Providence). Baptist. 1851-1921.
- 502. Rutherford Co. (Murfreesboro). First Presbyterian. 1812-1967.
- 503. Hamilton Co. (Chattanooga). St. Paul's Episcopal. 1850-1900.
- 504. Robertson Co. Spring Creek Primitive Baptist. 1830-1920.
- 507. White Co. Mt. Gilead Methodist Episcopal. 1830-1933.
- 511. Wilson Co. (Mt. Juliet). Mt. Olivet Baptist. 1801-1975.

NOTE: Dates shown above are those actually covered by the records. Statistics we extracted were only through 1900, except death records where the cutoff date was 1913. The numbers in the left margin correspond with those used by the Tennessee State Archives to identify the various microfilm reels.

AAGAR?, Bannard 1811 (511)
AARONS, Oscar S. 1837 (455)
ABBERSON, Nancy 1821 (419)
ABBOTT, Albert Sidney d. Jun 25, 1882 (503)
    Mrs. Emma d. Mar 27, 1910 (454)
    Ginder? 1894, 1896 to Prytania St. Ch., New Orleans (401)
ABERNATHY, Ann 1870 (409)
    Mrs. Elizabeth d. Nov 2, 1905 (454)
    John Luther, son of M. A. & A. Abernathy, bapt Jul 25, 1869 (409)
    M. N. 1875 (409)
ABERNATHEY, Dr. T. E. 1893 (454)
ABLEY, Clara Magdelene adult bapt 1898 (dau of Casper & Magdlene) (356)
ABNER, Mrs. Mary Elizabeth 1896 (401)
    Wm. & Margaret, parents of Wm. Brunson & Grace Brunson, bapt Nov 6, 1891 (401)
ABRAHAMSON, Oscar 1874 (487)
ACKER, Mary S. m. John P. Kirke Jun 20, 1898 (503)
ACKERMAN, Edith 1892 (455)
    Sarah A. G. 1868 (423)
ACOR, Thomas 1811 (511)
ACORS, Mary 1811 (511)
ACREE, Albert O. d. 3 Apr 1892, age 29? (503)
    Ann Carolyn m. Crawford T. Johnson Nov 2, 1897 (503)
    Annie Carrie, dau of Horace M. & Caroline E., b. Dec 5, 1872 (503)
    Caroline confirmed 1878 (400)
    Franck Warder, son of Sterling Neblett & Willie Anna b. Mar 4, 1897 (503)
    Dr. H. M. member 1875, removed to Chattanooga (400)
    Horace Marshall, son of Horace M. & Caroline E. J., b. 10 Nov 1868 (503)
    Irene Gracey m. Wm. A. Fairchild Oct 29, 1896 (503)
    Irene Gracey, dau of Horace M. & Caroline E., b. 29 Oct 1885? (503)
    Paul 1866 (497)
    S. M. 1885 (455)
    Sue m. Glenn Whitesides of Chattanooga, May 11, 1880 (400)
ADAIR, Nannie 1888 (429)
ADAMS, A. G. 1839 (received by certificate from Ireland) (478)
    Alice, dau of John & Alice, b. Apr 28, 1867 (503)
    Amerricus d. Nov 8, 1887? (467)
    Arman 1860 (421)
    Armon E. 1865 (421)
    Arnold m. Mollie Johnson May 29, 1880 (503)
    Columbus 1893 (467)
    Elijah 1893, d. Aug 1899 (467)
    Elizabeth 1850 (402)
    Mrs. Eunice 1896 (400)
    Eunice (see Mrs. Susan McDaniel) (400)

ADAMS, Frank & Susan, parents of Thomas & Anne, bapt May 19, 1860 (438)
    Frank R. (single) 1876 (455)
    Franklin R. (son of J. W. & J. A.) b. Aug 1, 1866 (455)
    Geo. 1886 (455)
    James 1893, d. Apr 1899 (467)
    Jennie 1893, d. May 11, 1894 (467)
    John d. Sep 9, 1882 (503)
    Kitty (see Wilkes Dobbins) (438)
    Lee 1893 (467)
    Marion m. Raphael Simmes of Memphis, Oct 19, 1881 (400)
    Miss Mary member 1875, m. Raphael Simms? & lives in Memphis (400)
    Mary 1893 (467)
    Mary Ann, dau of John & Alice, b. Jul 24, 1865 (503)
    Mattie Pinson 1893, d. 1899 (467)
    N. W. 1897 (348)
    Nathan, elder 1880 (487)
    Robert 1893, 1899 (467)
    Mrs. Rudolph d. Mar 13, 1905, age 43 (356)
    Saml. Plummer & Fannie C., parents of Ola May b. Nov 12, 1877 and Elma Lucile b. Jan 25, 1880 (503)
    Sarah 1889 (455)
    Sidny J. 1897 (348)
    Tennessee d. May 1892 (511)
    Thos. 1882 (511)
    Thos. B. 1888 (409)
    W. E. 1893 (467)
    Welthy 1893 (467)
    William 1899, 1893 (361)
    Willie G. m. Lemuel D. Hatch of Pensacola, Aug 14, 1893 (438)
ADCOCK, Annie, age 18, 1892 (438)
    Annie, dau of Houston b. Jun 16, 1873 (438)
    Calvin Martin 1894 (478)
    Cora Barnett, age 14, 1892 (438)
    Cora Barnett, dau of Houston, b. Feb 2, 1878 (438)
    Dorsett, child of Houston & Margaret, b. May 11, 1881 (438)
    Eugenia (Nov 29, 1885), Myrtie (Apr 9, 1889), Houston (Nov 6, 1891), Annie age 18 (Apr 6, 1892), Cora Barnett age 14 (Apr 6, 1892), Dorsett age 10 (Apr 6, 1892) --family listing (438)
    Houston, son of Wm. & Kathrine, b. Nov 17, 1836 at Columbia (438)
    Houston, age 55 d. Feb 17, 1892 (438)
    J. 1887 (438)
    Jane 1894 (507)
    Loucinda 1889 (507)
    Martha 1889 (507)
    Martha 1894 (507)
    Myrtle Amanda m. Baxter Boyd Byram Jul 25, 1893 (438)

ADCOCK, William A. 1890 (507)
ADDENBROOK, Mrs. J. A. 1891 (423)
    Mr. J. U. 1891 (423)
ADERHOLD, Alexander Hamilton, bapt 1892 (400)
ADKERSON, B. F.? d. May 24, 1891 (361)
ADKINS, Levi & Elizabeth 1833, 1824, 1826 (450)
    Nancy 1831 (450)
    William 1860 (419)
    Wm. L. 1857 (428)
ADKISSON, Mary Jane 1865 (423)
    W. B. 1865 (423)
    Wm. B. d. Aug 14, 1874 (423)
    Wm. B. 1865, d. Aug 14, 1874 (423)
ADWELL, Louisa (see Louisa Pearce) (401)
    Wm. (see Louisa Pearce) (401)
AGEE, Cleo d. 1912 (339)
AGEE, E. J. 1891, d. 1837 (339)
    Edie (E. W.) 1892 (339)
    J. E. 1889 (339)
    J. H. 1896, 1891 (339)
    Jane 1876 (389)
    Manervia A. 1876 (389)
    Martha A. 1876 (389)
    S. T. 1876 (389)
    Sallie 1891 (339)
    Thomas 1876 (389)
    Wm. 1891, d. 1901 (339)
AGILER, Frank m. Nellie Butler Apr 13, 1882 (503)
AGIN, Hannah 1811 (511)
    Jane 1811 (511)
    Margret 1811 (511)
AGNEW, Mrs. M. M. 1891 (423)
AGUSTUS, Margret 1891 (455)
AIKEN, Almer d. Feb 17, 1900, age 21 (356)
    Eliza d. Dec 21, 1887, age 4 (356)
    Frances B. m. Frank W. Carnahan Jul 5, 1886 (356)
    Frank Laurence b. Apr 14, 1881 (son of Henry & Mary) (356)
    Henry Martyn b. Jun 25, 1888 (son of Henry M. & Mary) (356)
    Henry Martyn 1865 (423)
    Horace d. Jan 17, 1904, age 30 (356)
    M. O. 1866 (423)
    Mrs. Mary Brownlow 1891 (423)
    Mary H. 1866 (423)
    Worth Osbun, son of Perley J. & Julia S. b. Apr 24, 1873 (356)
AIKIN, Halmer Emmons, son of Henry M. & Mary B., b. Jan 29, 1879, bapt Apr 5, 1879 (423)
    Henry M. 1891 (423)
    Horace Osbun, son of Henry M. & Mary B., b. Sep 20, 1873, bapt Apr 5, 1879 (423)
    Miss Lula 1892 (454)
    Mrs. M. O. 1891, d. 1894 (423)
    Sarah 1892 (454)
    Thomas 1891 (454)
AINBRECHT, Frederick, son of Caesar & Ann, inf bapt 1883 (356)

AKEN, Armsted ca. 1832 (504)
AKERMAN, Alexander 1887, 1888 to Cartersville, GA (401)
AKIN, Adelade ca. 1875 (448)
    Alford N. ca. 1855 (448)
    Conner ca. 1850 (448)
    Dorcas J. ca. 1850, d. 1856 (448)
    E. C. ca. 1850 (448)
    Hatti? L., dau of Robt. & A., bapt Sep 30, 1874 (448)
    Mary Ann ca. 1850 (448)
AKINS, Nancy d. Sep 23, 1881 (348)
    Winey & Rachel 1883 (348)
ALBEE, George Patten (son of John Light & Margaret P.) b. Aug 7, 1892 (455)
ALBERS, A. J. d. Nov 10, 1910 (423)
    A. J. d. Nov 8, 1910 (423)
    A. J. 1891 (423)
    A. J. 1868 (423)
    Eddie Lanford, son of A. J., bapt Dec 3, 1882 (423)
    Eleanor Gilbert, dau of A. J. & E. S., bapt Jun 27, 1886 (423)
    Miss Eleanor Gilbert 1900 (became Mrs. Phillips) (423)
    Mrs. Ella Stewart d. Apr 10, 1889 (423)
    Miss Ella Stewart d. Feb 1, 1888? (423)
    Emma Carhart (dau of Geo. & Francis) inf bapt 1886 (name could be read Allen) (356)
    Miss Emma Dore 1891 (now Mrs. Carheart) (423)
    Frances (wife of Lee) adult bapt 1873 (356)
    George W. d. Mar 23, 1903, age 62 (356)
    Mast. Harry 1891 (423)
    Irene m. Samuel D. Coykendall Oct 5, 1898 (356)
    Soloman 1821 (419)
    William 1896 (396)
ALCORN, Clara 1891, age 17 (438)
    Janye 1891, age 16 (438)
ALDER, William James m. Grace M. Sawyer Aug 22, 1891 (356)
ALDERSON, Clara E. W. 1854 (437)
    Miss Clarissa White Coleman 1854 (437)
    Clarissa White Coleman, dau of John D. & Clarissa b. Dec 10, 1838 (437)
ALDWELL, Mrs. Anna E., age 73, d. May 21, 1912 (400)
ALEXANDER, Albert C. ca. 1850 (448)
    Albert R., son of A. C. & A., bapt May 13, 1875 (448)
    Amanda F. ca. 1850 (448)
    C. A. m. Lena B. Jones Dec 11?, 1888 (425)
    Chas. R., son of James W. & M. D., bapt Apr 18, 1875 (448)
    Don Miller, son of Don & Julia _____kamp Alexander, b. Mar 11, 1893 (503)
    Mrs. E. M. 1881, 1883 to Central Ch., St. Louis, MO (401)

ALEXANDER, E. & M. M. L., parents of Margaret
    White, Charles McClung, Mary Hill, all bapt
    Jun 26, 1842 (423)
- Eben m. Marian Howard-Smith 1872 (356)
- Eben 1891 (423)
- Ebenezer & Margaret, parents of Lucy Dickinson & Ebenezer, both bapt Sep 20, 1851 (423)
- Ebinezer 1868 (423)
- Geo. 1890 (455)
- Isabella Lawson, dau of Ebenezer & Margaret, bapt Oct 4, 1856 (423)
- Isabella S. 1832 (502)
- J. T. 1896 (409)
- James Harvey, son of W. A. & O. A., b. Oct 18, 1897, bapt Nov 21, 1897 (401)
- James L. 1831 (502)
- Jessee pastor 1816, 1817 (407)
- Jessee W. deacon 1897 (502)
- Katie ca. 1875 (448)
- Miss Louise L. d. Jun 1910 (401)
- Louise Lyon, dau of W. A. & Ora, bapt Jun 9, 1895 (401)
- Lucinda Dickinson, dau of Charles M. & Lucy F., bapt Oct 6, 1860 (423)
- Lucy m. John Scott Payne May 5, 1870 (356)
- Lucy F. (see Lucy F. Cowan) (423)
- M. L. 1876 (409)
- Margaret E. 1831 (502)
- Margaret McClung 1842, d. Jul 27, 1864 (423)
- Margret A. d. Jul 7, 1874 (409)
- Mary 1879 (455)
- Mary (dau of Jesse W. & Mattie) bapt 1892 (502)
- Mary Hill (Mrs. Alex Allison) d. Jun 20, 1868 (423)
- Mary Hill (Allison) 1857, d. Jun 20, 1868 at Huntsville (423)
- Mary M. d. Dec 9, 1863, age 15 (356)
- Matt McC. 1891 (423)
- Matthew M. d. 1887 (423)
- Matthew McC. 1868 (423)
- Mrs. Mattie 1891 (502)
- Moses L. 1871 (409)
- Mrs. Ora R. (W. A.) 1892 (401)
- S. R. 1881, 1883 to Central Ch., St. Louis, MO (401)
- Thomas A. m. Sa. E. Brown Sep 1, 1880 (503)
- W. P. 1888 (406)
- William 1832 (502)
- Wm. Addison, son of W. A. & Ora, bapt Sep 27, 1896 (401)

ALFORD, Dicy 1847 (511)
- Emeline m. Richard Moore Mar 14, 1897 (colored couple) (503)
- Lambert M. m. Lucy A. Baughn Apr 24, 1859 (438)
- Mrs. Roy d. Jun 4, 1910 (438)

ALGEA, Master Albert 1884 (421)
- Mrs. Callie 1884 (421)
- Gracie 1884 (421)
- Miss Marry 1884 (421)
- Sarah d. May 8, 1887 (421)
- Mrs. Sarah 1884 (421)
- W. W. 1885, 1879 (421)

ALIGER, Benjamin F. d. Mar 23, 1899, age 78 (503)

ALISON, Charles Humes (son of Matthew & Mary Jane) b. Dec 20, 1850 (356)
- Charley d. Sep 1891 (465)
- Frank Ramsey (son of Matthew & Mary Jane) b. Apr 29, 1847 (356)
- Lucy Jane d. Jun 14, 1853, age 2 (356)
- Wm. Mack (son of Matthew W. & Mary Jane) b. Jan 17, 1845 (356)

ALLASON, Nancy 1834 (389)

ALLEN, Alethia 1887 (438)
- Alethia m. Walter Marshall Mayes Nov 14, 1888 (438)
- Alethia (see Walter Marshal Moyes) (438)
- Anna A. m. Volney A. Deeble Nov 17, 1880 (503)
- Anna Agusta, dau of C. H. & Johanna, bapt 1877 (503)
- Arch 1897 (467)
- Archibald Deacon, letter of dis. 1830 (389)
- Armstrong (son of Jos. O. & Mattie S.) b. Nov 24, 1877 (487)
- Bessie Sheffield (dau of Mrs. Mattie S.) b. Mar 12, 1877 (487)
- C. H. & Joanna parents of Courtland Hay b. Feb 16, 1867 and Ludlow b. Feb 6, 1875 (503)
- C. J. 1890 (409)
- Claudie 1892 (409)
- Courtland Hay d. Aug 7, 1896, age 71 (503)
- E. P. 1875 (409)
- E. Pocia 1867 (409)
- Mrs. Ella B. d. Dec 19, 1909 (454)
- Miss Emily W. 1875 (487)
- Emma 1895 (moved to Pittsburg later) (461)
- Emmet C. (son of J. H.) bapt 1873 (502)
- Mrs. Fanny 1892 (later moved to Milan TN) (461)
- Fanny 1837 (389)
- Henry C. (son of Corland Hay & Johanna) bapt 1872 (503)
- J. H. 1897, d. Dec 9, 1900 (407)
- Jas. H. 1868 (502)
- James H. elder 1873 (502)
- Johanna (wife of Cortland Hay) bapt 1872 (503)
- John 1850 (402)
- John Burta Green, son of E. G. & Maria P., b. Oct 1887 (438)
- John Burton, age 5, d. May 2, 1893 (438)
- John D. left Oct 20, 1875 (408)
- John D. 1872 (408)
- Juliett 1837 (389)

ALLEN, Lucy (see Walter Marshal Moyes) (438)
    Lucy 1891 (438)
    Lucy B. ca. 1880 (448)
    Lula 1896 (411)
    Margaret 1830 (389)
    Martha sr. d. Dec 14, 1837 (389)
    Mary 1811 (511)
    Mary d. Aug 18, 1896 (421)
    Mrs. Mattie S. 1875 (487)
    Moses 1839 (389)
    Moses jr. 1837 (389)
    Nannie (nee? Savage) 1893 (467)
    Portia 1895 (409)
    Mrs. Portia d. Nov 1, 1909 (409)
    Portia 1885 (409)
    Rev. R. H. 1861, 1862 (gone to Cincinatti, OH) (478)
    Rebecca C. d. May 28, 1872 (408)
    Rebeca C. 1872, 1858 (408)
    Rhodah 1811 (511)
    Salley 1850 (402)
    Samuel 1809, 1811 (511)
    Samuel 1896 (411)
    Sarah 1839 (389)
    Mrs. Sarah E. 1871 (502)
    Thomas 1802 (389)
    Thomas d. Feb 26, 1902 (421)
    Virginia (see Walter Marshal Moyes) (438)
    Virginia 1891 (438)
    Zena 1895 (moved to St. John's, Lexington, KY, Nov 4, 1895) (461)
ALLENSWORTH, Mollie J. (see Mollie J. Reynolds) (401)
    Mrs. P. 1858 (497)
ALLEXANDER, Jessee W. 1891 (502)
ALLEY, A. R. jr. & Maud B. parents of Rayford Wardlaw bapt 1890 (478)
    A. R. jr. 1885, 1886 to Bethsalem Ch, TN (401)
    Charles Clifton, son of Thos. W. & Laura J., b. Jun 18, 1893 (503)
    Lizzy 1867 (423)
    W. H. d. 1903 (393)
    William Bradley, son of Thomas W. & Laura J. b. Dec 18, 1889 (503)
ALLGOOD, Mrs. Hattie H. 1892 (454)
ALLIGER, Mrs. S. M. d. Nov 20, 1907, age 76 (350)
ALLISON, Alex (see Mary Hill Alexander) (423)
    Blucher? 1891 (455)
    Chas. H. d. 1854, age 3 yr (356)
    Isaac 1829 (389)
    Rev. J. A. d. Oct 1904 (497)
    J. B. d. 3/21/1905 (454)
    J. H. 1889 (454)
    Mrs. J. R. 1891 (455)
    James 1833 (423)
    Jefferson Montgomery, son of James, bapt May 3, 1840 (423)

ALLISON, John Alexander, son of Margaret, bapt Oct 22, 1853 (423)
    John Henry F. (son of J. R. & S. E.) b. Mar 8, 1875 (455)
    Margaret 1833 (423)
    Margaret E. m. John C. Clark Feb 28, 1860 (356)
    Margaret Elizabeth White, dau of Matthew & Mary J., bapt Oct 14, 1843 (423)
    Margaret J. 1843 (423)
    Maria 1889 (454)
    Mary (see William J. Webster) (438)
    Mary m. W. J. Webster Sep 23, 1872 (438)
    Mary Hill (see Mary Hill Alexander) (423)
    Mary J. 1843 (left for Episcopal Ch) (423)
    Matthew & Mary J., parents of Thomas Jefferson and John James, both bapt Dec 10, 1842 (423)
    Matthew 1835 (left for Episcopal Ch) (423)
    Mrs. Mollie 1891 (455)
    Nancy 1834 (389)
    Nora L. (single) 1876 (455)
    Mrs. Octavine d. May 1913 (438)
    Mrs. Rosa Jackson (wife of Tom) 1886, 1895 (478)
    Samuel Houston d. 1856 (356)
    Thomas 1831 (389)
ALLNUTT, Clifford Russell, son of John L. & Betty R., b. 21 Jul 1877 (503)
ALLOWAY, Elizabeth d. Nov 1830 (389)
ALMETT, James L. d. 7/15/1912 (454)
ALONZO, Alford 1889 (455)
ALSBROOK, Alfred M. m. Margaret McFarlane (at house of Geo. McFarlane) 1860 (356)
ALSIP, John Elwood 1893 (455)
ALSOP, William Bright 1878 (487)
ALTAMAN, Abraham Buckley d. 1857 (423)
ALWARD, Charles Henry 1875 (401)
    Nancy 1875, 1894 to 2nd Ch., Alleghena PA (401)
ALWELL, Mrs. Ann E. member 1896, d. May 21, 1912 (400)
    George, age 77, d. Jan 20, 1903 (400)
    George, _____, Mary, George--family listings 1875-1902 (400)
    George member 1896, d. Jan 20, 1903 (400)
AMBLE, Sarah m. Jonathan Burriss (at residence of John Burriss) 1855 (356)
AMBROSE, James Adam (son of Margaret J.) b. Sep 16, 1872 (487)
    Mrs. Margaret Jane 1875 (487)
    Minnie d. 27 Jul 1885, age 28 (503)
    O. T. & Minnie parents of Louise Amanda b. 12 Sep 1881 and James Chester b. 3 Jun 1883 (503)
    Oliver T. m. Minnie Derby Nov 30, 1880 (503)
AMENT, Douglas 1885 (507)
    Joseph 1885 (507)

AMESS, Nicey 1811 (511)
AMISS, Ben F. 1885 (455)
    Lizzie (see Lizzie Woy) (455)
AMOS, Elizabeth 1853 (467)
    Ernest Harry, son of Henry C. & Lydia, b.
        Mar 8, 1877, bapt privately (503)
    Matilda 1853 (467)
ANDERS, Johny J. 1881 (339)
    Mariella 1886 (339)
ANDERSON, A. H.? 1851 (497)
    A. M. 1855 (497)
    A. N. 1851 (497)
    Adeline Melville 1869 (423)
    Alexander Kocsis, son of John Townsend? &
        Alice? Kraus Anderson b. Nov 29, 1883
        (461)
    Alfred 1897 (401)
    Amanda 1840 (466)
    Andrew 1860 (423)
    Andrew jr. 1868 (423)
    Ann 1860 (423)
    Ann M. 1838, d. Jun 1847 (466)
    Mrs. Anna H. (formerly Miss Anna H. Morrow)
        1891 (423)
    Anna Rebecca, dau of Andrew & Ann, bapt
        Apr 3, 1869 (423)
    Barbara (dau of George & Rosa) b. Apr 8,
        1898 (400)
    Bessie 1898 (348)
    Bettie Otey member 1896, removed to AL
        Sep 1899 (400)
    Birdie m. Joe Fortner Oct 27, 1892 (couple
        from Hopkinsville KY) (400)
    Brollis? L. 1886 (409)
    C. B. 1875 (339)
    Caroline 1842 (478)
    Carrie E. 1875, 1886 to Brookville? FL (401)
    Miss Carrie Eleanor 1875 (401)
    Catharine Mary Jane, dau of William E. &
        Gloria, bapt Nov 15, 1824 (423)
    Clara Townsend, dau of John Townsend & Alix
        Rutledge, b. Jul 25, 1886 at Living-
        ston, Guatemala (461)
    Daniel Weller, son of Edward C. & Mary C.,
        b. 28 Mar 1889 (503)
    E. B. 1896 (454)
    Edwin Lee Townsend, son of John Townsend &
        Alix Kocsis b. Mar 6, 1889 at Living-
        ston, Guatemala (461)
    Miss Eleanor confirmed 1890 (400)
    Eleanor member 1896, removed to AL Sep 1899
        (400)
    Mrs. Elizabeth 1892 (wife of Jno. F.) (423)
    Elizabeth 1874, May 3, 1875 church in
        Scotland (401)
    Elizabeth 1811 (511)
    Elizabeth A. 1832, 1840 (466)
    Miss Ellen 1849, moved to NC Sep 1855 (438)
    F. O. 1868, 1890 (401)

ANDERSON, Francis M. 1857 (423)
    Frank O. 1868, 1873 (401)
    Garland E. 1895, 1896 to Newport KY (401)
    George & Rosa parents of William, Minnie,
        Harry & Edna bapt 1896 (400)
    Gloria 1819? (left for Nashville) (423)
    Hamilton & Mary, parents of Isaac, Sarah &
        Eliza, all bapt Oct 3, 1852 (423)
    Harie 1887 (507)
    Mrs. Hattie 1891 (423)
    Isaa 1832, d. Sep 1844 (466)
    Isaac (Rev.) 1819 (423)
    Isaac & J. parents of Robert bapt 1827 (466)
    Isabella 1832 (466)
    Mrs. J. B. d. 10-21-1910 (454)
    J. M. d. Jun 13, 1916 (401)
    J. M. 1891 (401)
    James 1819? (left for Washington) (423)
    Jas. A. (see Ann H. Morrow) (423)
    Jane 1832 (466)
    Jane 1857 (466)
    Jane 1887 (339)
    Miss Jennie 1888, 1893 (497)
    Mrs. Jennie M. 1894 (454)
    Joe 1898 (348)
    John & Mary 1826 (450)
    John d. 16 Sep? 1830 (450)
    John F. d. Dec 1895 (423)
    Jno. F. 1892, d. Dec 1895 (423)
    John Townsend, age 35, of Livingstone,
        Guatemala, m. Alex Rutledge Kocsis,
        age 18, of Tullahoma, on Dec 26,
        1882; his parents Isaac & Lucinda
        Anderson of Nova Scotia; hers Alexand-
        er 7 Mahala Kocsis of Tullahoma (461)
    Jonnie 1898 (348)
    Joseph 1889 (454)
    Katie Maria bapt Oct 1880 (adult) (356)
    Mrs. L. A. 1855 (497)
    L. A. 1851 (497)
    Laura Jane (see Laura Jane Augusta Hogain)
        (461)
    Mrs. Lidia 1838 (466)
    Lilian 1889 (455)
    Lou Ellen--Dec 20, 1869, Franklin St. Ch,
        Baltimore (401)
    Lou Ellen m. William S. Polk of Baltimore,
        MD Jun 23, 1869 (401)
    Louis Edgar m. Nannette Elizabeth Pendleton
        Oct 15, 1896 (503)
    Louisa, Pearl Rener Lindley--family listings
        1875-1902 (400)
    Louisa A. 1851 (497)
    Lucilla 1855, d. 188__ (401)
    Lucilla (wife of Peter) member 1855 (401)
    Lucinda 1842 (478)
    Lucinda confirmed 1876 (400)
    Miss Lucinda member 1875, moved to Indiana
        (number omitted)

ANDERSON, Lula 1887 (339)
    Lydia d. May 23, 1871 (466)
    Mamie m. James Warren Dickinson 4 Feb 1892 (503)
    Margaret 1819? (left for Washington) (423)
    Margaret 1867 (423)
    Martha Ann Eleanor, dau of William & Floria, bapt Oct 26, 1823 (423)
    Mrs. Martha Lousa, age 56, d. Feb 26, 1889 (400)
    Mary 1832 (466)
    Mary, dau of James & Nancy, bapt Oct 26, 1823 (423)
    Mary 1811 (511)
    Mary Louisa (see Mary Louisa Morris) (461)
    Matison 1884 (507)
    Nancy 1819? (left for Washington) (423)
    Nelly J. m. Peter P. Murphy 23 Dec 1890 (503)
    O. B. 1887 (339)
    Peter member 1855, d. Jan 1876 (400)
    Polly 1826 (450)
    Polly 1831 (502)
    R. (elder) d. Sep 5, 1871 (396)
    Rev. R. C. pastor 1897-1905 (478)
    R. W. 1886 (409)
    Rettie 1898 (348)
    Richard 1875 (401)
    Richard 1867 (396)
    Rev. Robert b. Jul 26, 1867, son of Rev. R. C., m. Katie Pierce Walker of Richmond, VA (dau of late Gen. Lindsey & Mrs. Sallie Elam Walker) Dec 30, 1890, 1898 pastor Shelbyville (478)
    Rosalie (see Thomas Cary McClellan) (400)
    Rosalie B. m. John L. McClelland of Memphis, Oct 4, 1888 (400)
    Miss Sallie T. 1875 (401)
    Sallie T. (Mrs. Ellis) 1875, 1887 to Methodist Ch at Citra FL (401)
    Samuel James, son of Andrew & Ann, bapt Jul 5, 1862 (423)
    Sophrona 1863 (507)
    Sophrona d. Feb 1910 (507)
    Mrs. Susie d. Dec 22, 1911 (401)
    Miss Susie 1885 (401)
    Virgie 1886 (409)
    Virginia member 1896, removed to AL Sep 1899 (400)
    Miss Virginia confirmed 1890 (400)
    W. H. member 1875, d. Feb 15, 1878 (400)
    W. W. father of Nancy Hesterline?, bapt 1834 (466)
    William 1819? (left for Washington) (423)
    William, son of Robert & Catharine, bapt Jun 14, 1830 (423)
    William, son of Andrew & Ann, bapt Jun 1, 1861 (423)
    William 1870 (507)
    William d. Apr 12, 1880 (507)

ANDERSON, William G. W. 1876 (487)
    William H. d. Feb 1878 (400)
    William John bapt Aug 8, 1819 (423)
    William W. 1832, 1840 (466)
    Wm. W. & Elizabeth parents of James M. bapt 1828 (466)
    Wm. W. & E. parents of Margaret W. bapt 1829 (466)

ANDES, George S. 1891 (423)
    George Stratten m. Mary Elizabeth Cowan Jun 16, 1891 (356)
    George Stratten b. Aug 21, 1895 (son of George & Mary) (356)
    James Cowan b. Mar 24, 1893 (son of George & Mary) (356)

ANDREW, Frank B. 1891 (423)
    Mrs. Helen J. 1891 (423)

ANDREWS, Arnold Elzey, son of Garnett & Rosalie C. b. 23 Jan? 1881? (503)
    Miss C. E. (see Carrie Eliz Milligan) (423)
    Miss Carrie Eliz. (now Mrs. Carrie Milligan) 1891 (423)
    Clem 1887 (339)
    Eliza (Peters) ca. 1870 (401)
    Fred F. m. Nana Grange Nov 17, 1897 (503)
    Fredrick F. d. 1910, age 40 (350)
    Garnett jr. m. Elizabeth L. Key Oct 30, 1895 (503)
    George 1867 (423)
    George d. Aug 22, 1889 (423)
    Grey 1811 (511)
    Mary L. 1891 (423)
    Mary L. 1867 (423)
    Mrs. Mary L. d. Sep 5, 1908 (423)
    Wm. J. m. Caledonia White Feb 3, 1859? (437)
    Wm. M. 1887 (455)

ANGLEN, Charles W. m. Ida Wheatley Oct 1, 1878 (400)
    Charles William confirmed 1893 (400)
    Mrs. Ida (see E. A. Wheatley) (400)
    Mrs. Ida W. d. Oct 27, 1914, age 65 (400)

ANGLIN, Charles W. member 1896 (400)
    Cornealous 1811 (511)
    Mrs. Ida G. 1896 (400)
    Milley 1811 (511)
    William 1811 (511)

ANGUS, William Henry (Col) d. May 12, 1889, age 55 (400)

ANNBRECHT, Geo. H. (son of Caesar) inf bapt 1884 (356)

ANNBRIGHT, Clara Ernestina (dau of Caesar & Anni?) inf bapt 1882 (356)

ANTHONY, Geo. W. & Mary A., parents of Mary Swan, Almira McGavoe & Susan Wallace, all bapt Jul 23, 1848 (423)
    James D. d. Jun 16, 1897, age 82 (438)
    John J. 1881, 1883 (401)
    Mary A. (see Mary A. Norwood) (423)
    Mary S. & Sarah Ann, moved to Nashville Mar 6, 1859 (423)

ANTHONY, Mary S. 1857 (left for Nashville TN
    Mar 6, 1859 (423)
    Mrs. Mary M. 1889 (415)
APPLETON, Amelia 1893 (467)
    Ann A. 1853, 1854 (467)
    John 1893, d. Mar 13, 1899 (467)
    Julia Duncan 1893 (467)
    Mahala 1893, d. Jun 6, 1897 (467)
    Mary 1853 (467)
APPLIN, James W. d. Apr 1879, age 17 (503)
APPLING, Austine M. m. Robert W. Parke Oct 18,
    1892 (503)
    DeLancy m. James D. Hancock 21 Oct 1890 (503)
    James Alexander bapt 1889, age 52, d. 29
        Dec 1889 (503)
    Marietta m. Elmer Z. Crow Jun 1, 1892 (503)
    Wortie B. m. E. D. Nall 16 Sep 1891 (503)
    Wortie Bell, child of James A. & Lucy Bell,
        b. 27 Jun 1869 (503)
ARAY, A. (colored) 1884 (401)
    Chippie (colored) 1884 (401)
    Mrs. L. E. (colored) 1884 (401)
ARBUCKEL, Joseph 1868 (361)
ARBUTHNOT, J. S. pastor 1879-1883 (502)
    Joseph W. deacon 1892 (487)
ARING, Alvin 1885 (428)
ARINGTON, Thomas & wife Lurany 1812 (511)
ARKINSON, B. M. 1853 (428)
ARLEDGE, Lucy Oliver (dau of Samuel & Agnes) b.
    Dec 9, 1890 (502)
    Wm. 1893 (454)
ARLEGE, Miss Bettie member 1893 (m. Chas. March)
    (454)
    Mrs. Mary 1893 (454)
    Thomas 1893 (454)
ARMBRACHT, Lillie Olivia b. Apr 28, 1887 (dau of
    Caesar & Annie) (356)
ARMISTEAD, Eugene D. (see Mary Caswell) (423)
    Robert d. Jun 5, 1897 (400)
ARMSTRONG, A. D. & wife 1899 (478)
    A. D. & V. B. parents of Mary and Isabella
        Omah bapt 1869 (478)
    Absalom L. inf bapt 1832 (466)
    Absalom L. & wife S____ parents of William
        Robert bapt 1833 (466)
    Miss Alice Elizabeth 1847 (438)
    Archd. & Virginia parents of Maggie Mathews
        & Virginia bapt 1872 (478)
    Clinton 1842, 1845 (466)
    Cornelius m. Eliza Gillen 1854 (356)
    Mrs. E. H. 1894 (454)
    Elisabeth 1872 (396)
    Elizabeth 1832 (466)
    Mr. Frank d. Mar 25, 1896 (356)
    Gen. Frank Crawford CSA m. Mariah Polk
        Walker Apr 27, 1863 (438)
    Frank W. m. Lizinka Martin 1872 (356)
    Harriet (widow) m. Gustav A. Schneider 10
        Sep 1888 (503)

ARMSTRONG, Harvey 1894 (454)
    Isabella 1860 (478)
    James L. & Lizzie parents of James Loudoun
        b. Jan 23, 1865 and Harrington Percy b.
        Jul 9, 1870 (480)
    James L. d. Jan 7, 1872 (480)
    Jane 1842 (466)
    Kate, age 1, d. Jul 31, 1868 (480)
    Kate b. 7 Jun 1867 (dau of James L. & Lizzie
        P.) (480)
    Lewis 1894 (454)
    Mrs. Lizzie 1871 (480)
    Mrs. M. A. 1847 (438)
    M. J. 1876, 1877 (396)
    Mallydar 1858 (504)
    Mary 1872 (396)
    Nancy 1842 (466)
    Odis, son of George & Sarah, b. Oct 27, 1899
        (440)
    Pearl b. 22 Mar 1867 (dau of Jas. L. &
        Lizzie P.) (480)
    Rina 1896 (454)
    Robert & wife 1856 (478)
    Robert D. 1891 (423)
    Robert D. moved to Rogersville Feb 6, 1887
        (423)
    Mrs. S. A. Louisa 1891 (423)
    Sarah d. 1900 (504-2)
    Mrs. Sarah 1832 (466)
    Sarah inf bapt 1832 (466)
    Sarah 1842 (466)
    William 1832 (466)
    Wm. & Sarah parents of Margaret Jane bapt
        1845 (466)
    Wm. father of Margaret Jane bapt 1834 (466)
    Wm. father of Elizabeth Ann bapt 1851 (466)
    William 1886 (396)
    Wm. 1872 (396)
    Wm. H. 1894, d. 10/12/1904 (454)
    Wm. P. d. May 30, 1882? (466)
ARNELL, Jennie (see W. C. Dorsett) (438)
ARNO, Dora, dau of John & Matilda, b. Apr 12,
    1896 at Tullahoma (461)
ARNOLD, A. A. 1886 (396)
    A. J. 1872 (408)
    Agness 1817 (386)
    Ala 1889 (507)
    Benjamin d. Apr 3, 1906 (465)
    Elisabeth 1838 (361)
    Eva 1817 (386)
    Frances 1842 (507)
    Geo. W. 1891, d. Jan 31, 1892 (423)
    Helen Lively, dau of W. H. & Emma H., b.
        Feb 18, 1888 (503)
    Henry d. Apr 28, 1892 (461)
    Hopson 1817, 1821 (386)
    Ida (see Ida Henseley) (507)
    Maj. Isaac, Mrs., Irene, Lawrence, Lulu,
        Ruth--no dates--family listing (438)

ARNOLD, Mrs. J. T. 1897 (393)
    James 1882 (396)
    John Haydn, son of W. H. & Emma, b. 9 Apr
        1891 (503)
    Lawrence 1891 (438)
    M. D. 1870 (507)
    Martha 1846 (507)
    Mary Ann, nee Herd (507)
    Milly 1841 (386)
    Nettie 1886 (396)
    Nota 1889 (507)
    Rachel 1838 (368)
    S. W., age 18, d. Mar 4, 1897 (438)
    Sam 1886 (396).
    Talitha 1811 (511)
    Thos.? 1817 (386)
    Thos. 1821 (386)
    Thos. D. & Loretta parents of Eliza Douglass
        aged 10 yrs; John Quincy aged 5 yrs;
        Ann Isabella aged 3 yrs; children bapt
        1848 (356)
    Mrs. W. H. d. Nov 28, 1906, age 56 (350)
    Wid 1886 (396)
    William Ernest, son of W. H. & Emma H., b.
        Aug 7, 1875 (503)
    William Hayward (from England), Emma Haydn
        (from England) and Anne Gillenda
        (infant) 1874 (503)
ARNWINE, Chesley 1888 (450)
    Daniel 1839 (450)
    Elisabeth 1888 (450)
ARON?, T. G. 1886 (409)
ARRINGTON, Eliza I. 1836 (478)
    Mary Ann 1836 (478)
    Thomas 1811 (511)
ARTHUR, Mr. A. A. 1891 (423)
    Mrs. Nellie M. 1891 (423)
ASBON?, G. T. & Ida V., parents of Jno. Robert &
    Ethel Adrian, both bapt Mar 27, 1894
    (401)
ASBURN?, M. A. (f) 1891 (444)
ASCEW, Aaron 1830 (462)
ASHBROOK, Mr. Glenn 1891 (455)
    Glenn 1889 (455)
ASHFORD, Robert J. 1894 (454)
ASHLEY, Ettie Wallace, dau of Henry J. & Margt. E.,
    b. 24 Jan 1888 (503)
    Frances 1829 (389)
    Jerome D. d. Apr 11, 1906, age 35 (350)
    Thomas 1829 (389)
ASHWORTH, Mrs. Lucy Matilda b. 5 Jul 1863 (503)
    Wm. 1890 (511)
ASKEW, Mrs. Florence C. (L.B.) 1893 (401)
    Jemima d. Mar 17, 1906 (401)
    Jemima (Mima) 1875 (401)
    Laurin B. 1877 (401)
ATAWAY, Betty 1878 (339)
ATCHER, J. S. 1879 (348)
ATCHISON, D. D. 1871 (401)

ATCHISON, Edward Rogers 1892 (461)
    John H. 1871 (401)
    Mrs. Sarah Adams d. Sep 20, 1891, age 67
        (461)
ATHERTON?, Mary B. m. Jno. C. Crane 1881 (356)
ATKENSON, Blanch B. m. J. W. Urbane Wills Jul 24,
    1890 (356)
ATKERSON, Lavina 1847 (511)
    Quintas, family listing 1875-1902 (400)
ATKIN, Amy 1885 (428)
    Ida, child of Jos. W. & Mary J., bapt 1870
        (466)
    Lige d. Apr 20, 1907 (428)
    Magey 1885 (428)
ATKINS, E. M. M. 1885 (428)
    Emma 1885 (428)
    Harett 1887 (402)
    Mrs. Maggie 1889 (formerly Maggie Hall) (455)
    Theodore V. (head clerk for THH?) (b. NY) m.
        Mrs. Maggie A. Hall (b. IN) (clk
        Loveman's) Nov 25, 1890 (455)
ATKINSON, Fisher M., age 30, d. Apr 24, 1914 (400)
    Fisher Merritt bapt 1892 (400)
    Harriet 1848, d. Dec 23, 1859 (423)
    Mrs. Lizzie Cox (Q. C.) 1891 (401)
    Patsey 1857? (421)
    Patty 1826 (421)
    Polk Johnson b. Dec 25, 1893, son of Lucius
        Quintus & Elizabeth (400)
    Quintus confirmed 1886 (400)
    Quintus b. Nov 15, 1865 (son of Q. C. &
        Mrs. S. E.) (400)
    Quintus C. 1896 (400)
    R. B. 1890 (409)
    Sherwood 1896 (400)
    Sherwood confirmed 1893 (400)
    Sherwood b. Jan 8, 1877 (400)
    Sue d. Jul 29, 1901, age 48 (350)
    W. B. d. Aug 14, 1874 (423)
ATKISON, Andrew 1885 (428)
    Aney d. Mar 20, 1907 (428)
    Easter 1873, 1885 (428)
    Eliga 1873 (428)
    Elley 1885 (428)
    Emoline 1873 (428)
    F.? 1853 (428)
    George 1885 (428)
    James 1885 (428)
    Joseph 1885 (428)
    Josey 1873, 1885 (428)
    Jurita 1873 (428)
    Juritia 1885 (428)
    Lizia 1885 (428)
    Louisa 1885 (428)
    Lula, wife of James, b. Jan 22, 1874, d.
        Apr 22, 1892 (428)
    Nancy 1885 (428)
    Nancy J. 1885 (428)
    Triwisa 1873 (428)

ATKISSON, Harriet d. Dec 23, 1859 (423)
    Marsh 1886 (409)
ATKSON (sic), James 1873 (428)
ATLEE, B. G. 1868 (369)
    Sister D. A. d. 1885 (369)
    Delila 1876 (369)
    E. A. jr. 1868 (369)
    E. A. sr. 1868 (369)
    Mrs. Edwin 1876 (369)
    Dr. J. L. 1884, d. 7/24/1912 (454)
    Mrs. Margaret M. 1886 (formerly Margt. M. Patten; m. J. Light Atlee) (455)
    Miss Sarah 1884 (454)
    Wm. 1876 (369)
    Wm. L. 1868 (369)
ATWELL, F. F. d. May 28, 1888 (423)
    F. F. 1849 (423)
ATWOOD, Lucy E. (Smart) 1876 (389)
    Mary 1830 (389)
    Sarah Wiatt 1839 (389)
    T. E. d. Jun 1885 (389)
AUCHINLECK, Annie G. m. William G. Wheeler of Hopkinsville KY Nov 15, 1876 (400)
    Emily d. Jul 1883 (400)
AULD, Frank Stuart, son of Robt. C. & Charlotte M., b. Mar 23, 1894 (503)
    May m. John W. Hooper Dec 2, 1896 (503)
    Robert Conley d. Jul 27, 1900, age 54 (350)
AULL, A. J. 1897 (393)
AUREN, William m. Martha Jane Horton Mar 1, 1853 (356)
AURIN, Chas. m. Elizabeth Hartt 1867 (356)
    Emma Caroline, dau of Chas. & Elizabeth, b. Jun 28, 1868 (356)
AUSBURN?, J.? A. 1891 (444)
AUSPAUGH, Thomas F. 1893 (454)
AUSTEN, Mrs. Jane d. Oct 6, 1895, age 62 (356)
    Albert Milton 1889 (455)
AUSTIN, Arnie 1893 (415)
    Arnie C. 1893 (415)
    Charley 1898 (415)
    Charlie 1898 (415)
    G. A. 1896 (415)
    Jennie B. m. Olof H. Olofsson Apr 20, 1893 (356)
    Maynard 1896 (415)
    Mrs. Mary 1887 (415)
    Mrs. Mollie 1887 (415)
    Randa 1886 (507)
    T. H. 1878 (288)
    W. N. 1887, d. 1901 (415)
    W. N. ordained Apr 1889, d. Jun 17, 1902 (415)
    W. W. & wife Matilda & dau Laura who later m. George Porter 1867 (401)
    Wm. N. member 1887, d. 6/17/1902 (415)
    Miss Willie V. (Castleman) 1887 (415)
AUSTON, Julie d. Apr 1915 (407)
AVENS, Elizabeth 1859 (428)
AVENS, T.? M. 1859 (428)
AVERITT, Eugenea Pauline (Mrs. Thos.) 1884 (401)
AWTKISON, H. E. 1851 (497)
AYDELOTT, Dook jr. d. Jul 1, 1907, 11 mo 22 da (461)
    Elizabeth 1817 (386)
    George Cortner, son of James Grizzard & Sarah Cortner, b. Aug 25, 1873 at Tullahoma (461)
    George Cortner 1892 (461)
    James G. d. Jun 22, 1903, age 56 (461)
    James Grizzard 1892 (461)
    Jessie May, dau of Jas. G. & Sarah E., b. Jan 9, 1882 at Tullahoma (461)
    Jessie May 1895 (461)
    John Doak 1892 (461)
    John Doak, son of James Grizzard & Sarah Cortner, b. Dec 6, 1875 at Tullahoma (461)
    Lula 1892 (461)
    Z_____ 1817 (386)
AYDELOTTE, Miss M. C. m. John Lassiter Feb 16, 1869 (480)
AYERS, Calvin 1870, d. May 9, 1885 (492)
    Clementine 1879 (492)
    Clemmie 1885 (492)
    Ellen 1870, d. Mar 24, 1882 (492)
    Ellen J. d. Mar 24, 1882 (492)
    Elynda d. Oct 19, 1885 (492)
    Elynder 1870, d. Oct 13, 1885 (492)
    Francis 1879 (492)
    Harriet 1870 (492)
    Mary E. 1880, d. Dec 28, 1884 (492)
    Liney 1879 (492)
    Milley 1884 (492)
    Mollie 1886 (492)
    Sarah A. d. Jun 1884 (492)
    Sofey 1884 (492)
    William 1870, d. Nov 11, 1878 (492)
AYKROID, Eliza Jane 1842 (478)
AYKROYD, Miss Eliza Jane 1849, later moved to Springfield (438)
    Eliza Jones 1847 (438)
    Mrs. Elizabeth 1847, later moved to Nashville (438)
    Mrs. Elizabeth 1849 (438)
    Miss Maria C. 1849 (438)
    Miss Maria Caroline 1847 (438)
AYRES, Marry d. 1888 (421)
    Mary Louise & Alberta (see Alexander C. Killheffer) (438)
BABER, Elizabeth J. 1853 (467)
    Mary M. 1853 (467)
BACKETT, Elisabeth 1866 (478)
BACKETTE, James W. 1880 (478)
    John H. 1857 (478)
    Mrs. Matilda K. 1857 (478)
BACHMAN, Mrs. Anna 1892, 1893 to Newstead KY (401)

BACHMAN, Clara May Christian, dau of Mrs. Annie,
    bapt Feb 12, 1893 (401)
    Rev. N. became minister Oct 1866 (423)
    Miss Sallie J. 1891 (Mrs. J. C. Moore) (423)
BACHTEL, John m. Mary Haskin Aug 10, 1871 (503)
BACKUS, Silah 1811 (511)
BADGE, Edith Frances b. Nov 4, 1877 (dau of Wm. P.
    & Mary) (356)
BADGER, Dr. F. H. & Mary Amanda, parents of Alice
    & Boling, both bapt Oct 17, 1852 (437)
    Felix d. Aug 4, 1855 (437)
    Mrs. Mary A. 1852 (437)
BADGETT, Lula Lee b. Nov 24, 1878 (dau of Ransom
    & Sally) (356)
BAGBY, Mrs. Emma W. (see Emma Laura Wood) (401)
    Margaret (see Margaret Brunson) (401)
BAGGETT, A. B. 1893 (467)
    A. B. 1853 (467)
    A. R. 1893, d. Aug 30, 1896 (467)
    Albert & Levie 1891 (371)
    Albert 1893, 1898 (467)
    Amanda 1893 (467)
    Anna 1893, d. Oct 2, 1898 (467)
    Anna Dorris 1893 (467)
    B. F. 1893 (467)
    B. W. 1893 (467)
    Boyd 1893 (467)
    Burrel 1871 (467)
    C. A. 1893 (467)
    C. B. 1893, d. 1895 (467)
    C. D. 1893 (467)
    Clary 1853 (467)
    Cora 1893 (467)
    Dora Warde 1893, 1895 (467)
    Elizabeth 1853 (467)
    Elizabeth (wife of A. B.) d. May 25, 1873
        (467)
    Ely 1893 (467)
    Ely & wife 1897 (371)
    Fransis 1853 (467)
    J. B. d. 1873 (467)
    J. E. 1891 (371)
    Jady 1893 (467)
    Jesse E. 1871 (467)
    Jessee d. Mar 16, 1886 (467)
    John 1893 (467)
    Luna 1893, 1898 (467)
    M. E. 1893 (467)
    Mahaley C. 1853 (467)
    Martha 1862, 1869 (467)
    Mary 1893 (467)
    Mary 1853 (467)
    Milley d. Jul 28, 1879 (467)
    Milley 1853 (467)
    R. E. d. Jun 20, 1891 (467)
    Sarah 1893, 1897, 1871 (467)
    Sarah S. d. Dec 11, 1880 (467)
    Sarah S. 1869 (467)
    Seymore 1893 (in TX) (467)

BAGGETT, Susan d. May 15, 1877 (467)
    Suson 1853 (467)
    W. B. 1893, 1896 (467)
    W. G. G. 1871 (467)
    W. M. 1893 (467)
    W. T. G. 1893, d. Aug 12, 1895 (467)
BAGGETTE, Amada d. Apr 22, 1900 (467)
    Ben F. d. Apr 10, 1900 (467)
    Donia Yates 1893, 1898 (467)
    Elizabeth d. Jan 20, 1880 (467)
    Ely jr. 1893, 1898 (467)
    Ewin 1893 (467)
    Liddia 1893, 1898 (467)
    Martha d. Nov 3, 1886 (467)
    T. K.? 1893, 1899 (467)
    Tommie 1893 (467)
    Tommie d. May 18, 1905 (467)
    W. A. 1893 (467)
BAGWELL, Mrs. Anna m. John Nelson (of TX) Nov 2,
    1886 (502)
    Mattie 1887 (401)
BAGWILL, Miss Mollie L. 1888 (429)
BAILEY, Alfred Robb 1875 (401)
    Alfred Robb jr. 1894 (401)
    Algernon S. m. Margaret M. Reed Sep 20, 1860
        (356)
    Alice 1879 (409)
    Augusta Gabriella 1897 (401)
    C. D. & M. D., parents of Lucy Catherine &
        William, both bapt Jun 19, 1886 (401)
    C. H. & Jennie, parents of Stewart Macrae &
        Alice Macrae, both bapt Mar 12, 1892
        (401)
    Chas. 1855, 1835 (400)
    Charles Duncan 1875 (401)
    Charles Duncan d. Jul 2, 1912 (401)
    Charles H. 1866, d. Dec 3, 1903 (401)
    Charles H. & Jennie, parents of Alfred Robb
        & Charles Henry, both bapt Nov 11, 1883
        (401)
    Dr. Chas. Wm. 1890, d. Oct 17, 1897 (401)
    Edward P. m. Kate Baxter 1866 (356)
    Eleanor Wormley, dau of John G. & Mary M., b.
        Nov 17, 1884 (438)
    Elizabeth M. (wife J. E.) 1855 (401)
    Mrs. Ella Perkins 1889, Dec 1889 to 1st Ch,
        Nashville (401)
    Emma Russell, dau of Mr. T. J., buried Dec
        14, 1857 (438)
    Ernest T. d. Nov 1910 (401)
    Frederick K. 1868 (423)
    C. Helen m. Otis A. Brown 1874 (356)
    Henry L. 1892, 1900 to Memphis (401)
    Henry Lewis, son of Charles D. & M. D.,
        bapt Dec 10, 1881 (401)
    Ida d. 1878 (448)
    Ida 1870 (448)
    J. E. ordained Nov 27, 1859 (401)
    J. E., elder 1859 (401)

BAILEY, James 1895 (454)
    James E. jr. 1875 (401)
    James E. 1855, 1844 (401)
    James Edmund, son of J. E. & Lillie, bapt Dec 13, 1884 (401)
    Mrs. Jennie S. (C. H.) 1888 (401)
    Jennie W. m. John Harrison Patton of Jacksonville, AL, Nov 27, 1889 (400)
    Joshua Gedder, son of Joshua G. & Mary W., bapt Sep 23, 1888 (438)
    Mrs. L. B. 1889 (401)
    Mrs. Lillian (Jas. E.) (401)
    Lizzie Allen, dau of Joshua G. & Mary W., b. Dec 4, 1889 (438)
    Louisa A. 1858 (448)
    Mrs. Lucy 1898 (401)
    Lucy C. 1892 (401)
    Martha ca. 1858 (448)
    Mrs. Mary B. 1842, d. 1878 (401)
    Maud Lusk (Mrs. H. C. Merritt?) 1874 (401)
    Mrs. Mollie Dye (C. D.?) 1879 (401)
    Philander (507)
    R. J. 1888 (497)
    Robb d. Mar 9, 1914, age 32 (400)
    Sarah 1868 (423)
    Dr. William 1889, Dec 1889 to 1st Ch, Nashville (401)
    William 1897 (401)
    William ca. 1865 (448)
    Wilmoth H. 1844 (401)
    Mrs. Wilmoth H. d. Jun 12, 1913 (401)
    _____, child of Col. Jas E. & Elizabeth M., bapt 1870 (401)
BAILS, Jas. E. & Lily, parents of Lillian Beaumont and Elizabeth Margaret Lusk, both bapt Jun 16, 1894 (401)
BAIN, Ann 1863 (left during war) (423)
    Collin 1863 (left during war) (423)
    Collin & Ann, parents of Charles Wilson & Amma Jane, both bapt Apr 4, 1863 (423)
    Sallie J. 1887 (401)
    Saluta, wife of Robt. J. Young, age 67, d. 3/3/1907 (438)
BAINE, Sally Joanna 1878 (401)
    Jno. W. 1878 (401)
BAIRD, Abigail 1812 (502)
    Alice, dau of John & Julia, b. Oct 1862 (438)
    Anna m. Nathaniel Wilkes Jun 23, 1875 (438)
    Miss Annie 1866 (438)
    Charles, son of John & Julia C., b. Oct 3, 1859 (438)
    Charles, son of John & Julia, age about 4 yrs, buried Aug 28, 1863 (438)
    Edwin McLaren, son of William Campbell & Mary Kaylor, b. Jun 28, 1886 at Chattanooga (461)
    Eliza Ann, dau of John & Julia C., bapt Aug 20, 1854 (438)
    Elvira M. 1831 (502)

BAIRD, Eugenia m. John Clayton Sebastian Feb 14, 1883 (438)
    Eva Frances, dau of John & Julia C., b. Apr 27, 1856 (438)
    Howard Whitfield, son of William Campbell & Mary Kaylor, b. Jul 4, 1893 at Tullahoma (461)
    Hugh & Victoria parents of Jno. Ward, Jennie May, William & Isabella, bapt 1884 (502)
    J. G. 1872 (361)
    Jas. S. 1878 (502)
    Jeremiah 1837 (389)
    John, son of John & Julia C., bapt Aug 15, 1852 (438)
    John buried Jun 29, 1875 (438)
    Mrs. John buried Apr 24, 1871 (438)
    John 1847 (438)
    Julia, dau of John & Julia Caroline, b. Jul 19, 1849 (438)
    Mrs. Julia 1847 (438)
    Miss Julia 1866, 1887 (438)
    Lillie m. Thomas Fleming Jun 9, 1873 (438)
    Mary 1829? (389)
    Miss Mary 1866, 1887 (438)
    Mrs. Mary d. Jun 1899, age 44 (503)
    Mrs. Mary Kaylor 1892 (461)
    Mary Williams, dau of William Campbell & Mary Kaylor, b. Nov 27, 1895 at Tullahoma (461)
    Sallie (see T. F. Fleming) (438)
    Sarah, dau of John & Julia C., b. Dec 5, 1857 (438)
    Warren Edgarton, son of William Campbell & Mary Kaylor, b. Jul 18, 1890 at Chattanooga (461)
    William (Col.) bapt Jan 3, 1872 (438)
    William C. & wife 1895 (461)
    William C. m. Mary K. Hulbert Jul 17, 1883 (503)
    Wm. Campbell, son of James P. & Parmelia R. b. Oct 31, 1850 (461)
    William Campbell, son of William Campbell & Mary Kaylor, b. Apr 21, 1884 at St. Louis, MO (461)
    Winfield (Col.) buried Jan 5, 1872 (438)
BAKER, Almeda 1847 (511)
    C. E. adult bapt 1874 (401)
    Caleb H. d. 1862, age 63 (356)
    Elie 1887 (450)
    Elizabeth 1847 (511)
    Elizebeth d. Jul 1876 (511)
    Ellizabeth 1847 (511)
    Emma Wendel (dau of Mrs. Emma) bapt 1886 (502)
    Fannie adult bapt 1876 (438)
    Gilford 1847 (511)
    Guilford 1847, 1856 (511)
    Isaiah member 1821 (419)
    J. R. 1894 (409)
    Jas. 1868, 1876 (369)

BAKER, James 1832 (466)
    Jos. jr. member Sun schl 1871 (369)
    Joseph 1832 (466)
    Julia 1879 (455)
    Mrs. Kate, age 36, d. Apr 18, in childbirth (400)
    Kate Ella (see Kate Ella Dean) (400)
    Lee D. 1875 (409)
    Lee D. d. Oct 13, 1884 (409)
    Miss Laura Nellie (Mrs. Schneider) 1899 (423)
    Marinda 1871 (409)
    Polka 1893 (409)
    Polly 1842 (466)
    Rebecca ca. 1869 (450)
    Rhody 1821 (419)
    Robert B. 1875 (409)
    Robert B. d. Jul 1885 (409)
    Robert Holmes 1891 (423)
    Rody 1821 (419)
    Susan A. m. Arthur Henry Gossling Nov 28, 1895 (356)
    Susana m. Budd Nutt 1894 (507)
    Thos. 1821 (419)
    Thomas C. m. Maud Mary Davis Nov 14, 1882 (400)
    Tommie H. 1876 (409)
    William A. m. Sophia E. Jossey Nov 20, 1851 (437)
    Winnie, dau of R. B. & L., bapt Feb 21, 1879 (409)
    Winnie (see Winnie Snead) (409)
BAKESTON, Danel B. ca. 1875 (448)
BAKEWELL, Frank P. 1896 (400)
    Mrs. Mary M. 1896 (400)
    Yancey Dean b. Mar 14, 1898, son of Frank Percival & Mary Melanie (400)
BAKUS, William 1811 (511)
BALDEN, Ann 1862 (467)
    Charity 1862 (467)
    John d. 1863 (467)
    Marion 1868, 1870 (396)
BALDWIN, A. member 1853, d. Aug 28, 1862 (or 63) (467)
    A. d. Aug 28, 1863 (467)
    Ann 1893 (467)
    Elizabeth 1853 (467)
    Elizabeth d. May 1889 (467)
    John S. 1853, d. 1867 (467)
    Margret 1853, d. 1861 (467)
    Margret C. 1863 (467)
    Margaret C. 1893 (467)
    Martha Ann 1853, 1869 (467)
    Mary A. 1853, 1867 (467)
    Sarah 1853 (467)
    Sarah d. Nov 20, 1882 (467)
    W. D. 1853, d. Sep 2, 1863 (467)
    W. L. 1868 (467)
BALENTINE, Mrs. B. W. 1888, 1894 (497)

BALENTINE, Hester Ann (Fahnerbock) 1832 (left for Pittsburgh) (423)
    Elizabeth ca. 1832, 1839 (504)
BALL, Feniga 1873 (428)
    Henry 1885 (428)
    Luisia b. Apr 10, 1838, m. Henry Ball 1867; bore 4 children of whom 2 died in infancy; d. Feb 5, 1900 (428#
    Phillip 1853 (504)
BALLENTINE, Mrs. Eliza 1887, d. 1899 (415)
    John d. 1891 (415)
    John N. 1887, d. 1891 (415)
    Miss Narcissa F. 1887 (415)
    Ota 1890 (415)
BALLEW, Annie Luke, dau of Wm. H. & Annie L., b. Apr 16, 1892 (503)
BALLOU, Eva M. m. O. E. Bell (of Cincinnati OH) (jeweler) Feb 5, 1891 (455)
    Frederic Lincoln d. Apr 26, 1899, age 35 (503)
BANCROFT, Mrs. Ella 1885 (401)
    Ella 1885, Nov 1889 to Covington KY (401)
    Ernest McCauley, son of Stewart & Ella, bapt Dec 12, 1885 (401)
    Stewart 1885, Nov 1889 to Covington KY (401)
    Stewart 1885 (401)
BANDY, Dr. J. W. 1895 (406)
BANK?, Lue 1883 (409)
BANKS, Charles 1889 (455)
    Cornelia F. 1856 (448)
    Ella 1873 (448)
    Francis R. 1859 (448)
    G. T. pastor 1891 (360)
    Rev. G. W. 1888 (406)
    H. F. elder 1892 (487)
    H. H. pastor 1871-1874, d. 1874 (502)
    Josie 1892 (409)
    Lenora 1873, later moved to Thompson Sta. (448)
    Thomas 1858 (448)
BANKSTON, John H. 1885 (454)
    Nettie C. member 1885 (m. Hubbard), d. 5/28/1904 (454)
BAR, Sally 1858 (444)
BARBEE, Mrs. L. d. Aug 29, 1896 (497)
    L. D. 1856 (448)
    Mrs. Melissa 1866 (497)
BARBER, Hambelon 1891, 1897 (361)
    James R. m. Pearl Ellen Bullard Oct 21, 1896 (438)
    Jennie 1889, 1895 to Lexington KY (478)
    Lorina A. 1871 (478)
    N. J. 1891 (361)
BARBOR, Camilla Seabrook b. Jan 18, 1879 (dau of Herbert & Frances) (356)
BARDWELL, Mrs. A. E. 1895, 1900 to Trenton IN (401)
    Mrs. A. E. 1889, Nov 1893 to Montgomery AL (401)

BARDWELL, Miss Annie G. 1889, 1891 to Lee? Bell, MO (401)
    H. L. 1872, 1878 to Jackson MS (401)
    Miss Kate R. 1895, 1900 to Trenton TN (401)
    Miss Katie R. 1889, Nov 1893 to Montgomery, AL (401)
    Lucullus G. 1880, Nov 1884 to Meridian MS (401)
    Malcom G. 1891, Nov. 1893 to Montgomery AL (401)
    Malcolm G. 1895, 1904 to Shreveport LA (401)
    Newton Romey? 1892 (401)
BARHAM, Catharine d. 1856 (396)
    J. H. 1886 (396)
    Jane d. Jun 6, 1860 (396)
    M. H. 1886 (396)
    William 1886, 1887 (396)
BARING-GOULD, Arthur Edward, son of Arthur, bapt 1889 (503)
BARKELY, Kate Lee adult bapt 1884 (438)
BARKER, Miss Barbara 1872 (478)
    C. M. 1835 (400)
    Charles E. 1874 (401)
    Chas. M. 1843 (400)
    Mrs. E. M., Mrs. Maria (Barker) Trice, Charles M. Barker, Walton Barker, Mrs. Maria Barker Trice, Richard Trice--family listing 1875-1902 (400)
    E. Marion d. Sep 1881 (400)
    Ed. J. 1835 (400)
    Miss Emma 1891 (423)
    Elizabeth Morris b. May 19, 1887 (dau of Chas. M. & Virginia W.) (400)
    Ellen Henry bapt 1891 (dau of Charles M. & Virginia W.) (400)
    Miss Emma 1885 (became Mrs. Frank W. Biddle) (423)
    Emma K. m. Frank W. Biddle Aug 26, 1896 (423)
    Francis Pendleton, child of Chas. E. & Mary, bapt Jul 27, 1890 (401)
    James buried Aug 10, 1868 (438)
    Mrs. Jennie W. 1896 (400)
    Lizzie 1890? (425)
    Lockie 1878 (408)
    Lockey M. J. 1872 (408)
    M. 1878 (408)
    M. J. 1872 (408)
    M. S. 1872 (408)
    Malissa 1874 (497)
    Margaret Douglas m. James McClure Meriwether Jan 8, 1879 (400)
    Marion confirmed 1898 (400)
    Mary E. 1876 (425)
    Mrs. Mary F. (C. E.) 1894 (401)
    Mattie 1878 (408)
    May (see William A. Quarles) (400)
    Miss Minnie 1891 (Mrs. Coykendall) (423)
    Nannie 1890 (409)
    S. W. 1876 (408)

BARKER, Thomas Watson b. Oct 31, 1880, and Marion Anderson b. Dec 31, 1882 (children of Charles M. & Virginia W.) (400)
    W. S. 1872 (408)
    Walton d. Jan 11, 1909 (400)
    Walton b. Jan 15, 1885 (son of Charles M. & Virginia W.) (400)
    Watson 1896, d. 1909 (400)
BARLER?, Jas. A. 1872 (497)
BARLEY, Peleg 1871 (361)
BARLOW, A. G. 1895, 1892 (421)
    Adalaid m. Clement E. Oliver Aug 22, 1894 (356)
    Albert m. Fanie Garrett Feb 1887 (425)
    B. D. 1857 (448)
    Charlie 1886 (421)
    E. J. ca. 1865 (448)
    E. Z. 1857 (448)
    Lillian d. Jun 1904 (425)
    Lizzie d. Mar 5, 1885 (425)
    Mary A. 1877 (425)
    Will 1897 (425)
BARNARD, James m. Mary A. Lynch May 20, 1873 (503)
BARNES, A. A. 1853 (423)
    Andrew 1843 (left for Nashville) (423)
    Azro A. 1852 (left for Memphis 1871) (423)
    Azro A. d. Mar 18, 1901 (423)
    Azro A. 1891 (423)
    Chiles K. m. Laura Drane Nov 20, 1895 (400)
    Chiles Kenneth b. Nov 6, 1898 (son of Chiles K. & Laura D.) (400)
    Enid Elizabeth b. Jan 15, 1897 (dau of Chiles K. & Laura D.) (400)
    Enid Elizabeth d. Apr 14, 1897, age 3 mos (400)
    Everet C. & Jessie R. parents of George Crittenden b. Jun 3, 1898 and Jessie Everetta b. Nov 3, 1892 (356)
    Everet C. & Jessie R. parents of Milton Haynes b. May 2, 1895 and Gretchen b. Sep 17, 1898 (356)
    John F. 1854, 1857, 1851 (497)
    John R. 1893 (454)
    Mrs. Laura (C. K.) 1896 (400)
    Louisa d. Mar 16, 1885 (400)
    Louiza Lyon, dau of A. A. & Louiza, bapt Jan 2, 1859 (423)
    Mrs. Louisa Trimble 1891, d. 1895 (423)
    Loulie L. (see Loulie L. Sturgis) (423)
    Lydia 1898 (454)
    Maggie E. 1889 (455)
    Maria Louisa, dau of Andrew & Rebecca, bapt Feb 19, 1843 (423)
    Miss Mary 1891 (Mrs. Ford) (423)
    Mary Rolfe, dau of A. A. & Louisa, bapt Jul 1, 1854 (423)
    Ress? A. 1851 (497)
    Ress A. 1854, 1857 (497)
    Richard 1887 (492)

BARNES, Shadrick 1842 (462)
    Susan Wallace, bapt Jul 3, 1852, dau of A. A. & Louiza (423)
BARNET, Behethlem 1825 (421)
    Rosa, child of Isaac & Jane, bapt 1849 (438)
    S. W. 1896 (389)
BARNETT, Elizabeth Ann 1846 (462)
    Isaac & Jane parents of Maria inf bapt 1843 (438)
    J. N., age 68, buried Sep 21, 1884 (438)
    Mrs. Jane C. d. Mar 26, 1899 (438)
    Jane Walker, Maria inf Jul 22, 1843; Ross (or Rosa?) inf Jul 1, 1849; Mary inf; Walker inf Dec 13, 1868; Mrs. Annie (Walker) (Phillips)--family listing-- number omitted
    Kezia d. Jul 1857 (389)
    Mrs. Maria (Mrs. Johnson) 1864 (438)
    Maria m. Gen. Geo. D. Johnson Aug 31, 1865 (438)
    Mary Ann 1832 (466)
    Nancy d. Mar 1886 (389)
    Oliver John O. 1843 (462)
    Miss Rose 1866 (438)
    Sallie m. Joseph T. Clarke Sep 18, 1883 (438)
    Sarah E. A. 1858 (408)
    Sarah E. A. 1872 (408)
    Susanah 1843 (462)
    William d. Feb 22, 1849 (389)
BARNHART, Isabela 1860 (402)
    Isabell 1887 (402)
BARNITZ, Louise (Daniel) 1892 (461)
    Mrs. Mary Louise m. William Short Daniel Feb 8, 1892 (461)
    William Tell 1892 (461)
    William Tell Forney d. Oct 20, 1887, age 56 yr 21 da (461)
BARNS, Clint 1892 (371)
    Wm. 1858 (408)
BARNWOOD, Fannah 1811 (511)
BARR, Mrs. Anne, from England, d. Jan 20, 1900, age 68 (503)
    Howard H. (single) 1876 (455)
    R. W. 1897, 1892 (393)
    Robt. Winthrop (single) 1876 (455)
    Mrs. S. F. 1897 (393)
BARRETT, A. G. 1838 (361)
    Katie H. m. John W. Williams Mar 20, 1892 (400)
    Leroy W. 1871 (478)
    Richard Drummond d. Jun 24, 1859, age 21 mos (356)
    Sarah D. 1838 (361)
BARRON, Mary 1898 (438)
BARROW, Annie Lawrence, dau of John & Mary, b. Sep 2, 1887 (438)
    Earl, age 35, d. Dec 20, 1913 (438)

BARROW, Ethel, dau of John D. & Mary (Harris), b. Jun 26, 1890 in Maury Co. (438)
    Feemon d. Aug 9, 1871 (396)
    Imogene, dau of J. D. & Mary, b. Sep 22, 1892 at Columbia (438)
    John, Mary, Annie Lowrence (Nov 4, 1888), Ethel (Jan 30, 1891), Imogene (7 mos) --family listing (438)
    John D., age 58 & 9 mo, d. Aug 3, 1910 (438)
BARROWS, Miss Alice 1897 (now Mrs. Chas. Jas. Trent) (423)
    Clarence Herbert 1894, d. 1896 (423)
    Miss Mary Louise 1894 (Mrs. S. Arthur Ogden) (423)
    Mrs. Nathan D. d. Aug 1904 (423)
    Nathan D. & wife 1892 (423)
BARRY, Shadreck 1830 (462)
BARTH, Ludwig d. Jan 30, 1903, age 30 (356)
BARTLET, S. J. 1882 (396)
BARTLETT, Elvira 1886 (396)
    Elviry d. Nov 22, 1895 (396)
    Emily P. 1858 (423)
    James 1886 (396)
    Oliver O. 1858 (423)
BARTON, Alvin d. Jul 12, 1885 at Tates Springs (423)
    Alvin 1893, d. Dec 1900 in San Francisco (423)
    Alvin 1855, 1870 (423)
    Clemmie L. 1870 (492)
    Dolley 1811 (511)
    H. E. 1847, 1857 (511)
    Isaac 1826 (450)
    Margarett 1847 (511)
    Martha An 1847 (511)
    Patrick P. 1847 (511)
    Mrs. Sue 1867, 1891 (423)
    Walter, son of Alvin & Sue, bapt Jun 11, 1868 (423)
    Walter 1891 (423)
    William 1847 (511)
    Wm. 1823 (504)
BARTOW, Alvin 1893 (423)
BARUCH, Adolph, Mary, Minnie Louise (Apr 13, 1890?)--family listing (438)
    Minnie Louise, dau of Adolph & Mary, b. Nov 20, 1888 (438)
BASFORD, Chas. W. 1876 (409)
    Charlie Wilkins 1876 (409)
    H. C. 1875 (409)
    Harriet C. 1867 (409)
    Hariet S. 1867 (409)
BASINGER, Cynthia 1832 (466)
    Michael 1832 (466)
BASKER, C. M. 1835 (400)
    Watson confirmed 1896 (400)
BASKET, James & Elizabeth, parents of Charels Burr, bapt 1882 (478)

BASKET, James & Elizabeth C. parents of Edwin
    Ewing, Thomas Gannon & Jessie bapt
    1878 (478)
BASKETT, Mrs. Elizabeth (widow of Jas.) 1886 (to
    Terrill TX teaching) (number omitted)
    Jas. & Bettie parents of John Frierson bapt
        1884 (478)
    James W. 1880, d. 12 Jan 1890 (478)
    Jessie (dau of James) (now Mrs. Bridges)
        1888 (478)
BASKETTE, Charles 1889 (478)
    Mrs. Eliza Jane member 1842, d. Sep 7, 1887
        (478)
    Miss Ethel (dau of James B. & Martha E.)
        bapt 1890 (502)
    Jesse 1888 (478)
    Mrs. Lizzie 1899 (502)
    Thomas L. 1886 (478)
BASNER, J. 1841 (462)
BASS, C. C. 1896 (339)
    Effie L. 1882, 1895 (339)
    J. J. 1889 (339)
    William J. 1893 (454)
    Mrs. William J. 1893, d. 5/16/1907 (454)
BASSETT, Octa Laurie dau of Frank H. & Libbie M.
    b. May 8, 1889 (503)
BASSHAM, Catharine 1832 (462)
    Nathan 1832 (462)
BATEMAN, Charlie 1896 (411)
    Eligah 1896 (411)
    Francis 1896 (411)
    J. J. (m) 1896 (411)
    Matilda 1896 (411)
BATES, Mrs. A. L. d. Jan 29, 1889 (400)
    Mrs. Alice 1882, d. 12-1-1905 (454)
    Mrs. Annie conf 1889 (400)
    Creed F. 1882 (454)
    Edwin C. 1896 (400)
    Mrs. Eliza Ann, age 54, d. Feb 1, 1914 (400)
    Elvira 1882 (492)
    James A., Angelina L., Mary E., Edward C.,
        _____, Mary--family listings 1875-
        1902 (400)
    James A. d. 1883 (400)
    Mrs. Jennie (wife of W. B.) 1887 (478)
    Miss Lizzie member 1875, m. J. S. Moore Aug
        19, 1876 (400)
    Lizzie G. m. J. S. Moore Aug 19, 1876 (400)
    Mary m. James L. Northington Dec 5, 1895
        (400)
    Miss Mary confirmed 1889 (400)
    Mary E. confirmed 1885 (400)
    Mary E. m. James Hamlitt Jan 22, 1891 (400)
    Richard (free col'd) m. Elizabeth Job (free
        col'd) 1855 (356)
    Unity 1882, d. Nov 1, 1886 (492)
    W. B. sr. 1893 (478)
    W. Benson jr. 1893 (478)

BATES, William Edwin (son of Edwin & Annie C.)
    bapt 1888 (400)
BATHMAN, Wallace C. m. NEttie Mills Oct 24, 1899
    (503)
BATIE, Lusie, Lisie & Eter 1893 (371)
BATTE, Idelett, offspring of Junies, bapt Dec 25,
    1892 (401)
BATTIEST, Lewis G. 1889, Apr 1891 to Indian
    Territory (401)
BATTIS, Wilson Stewart, son of Mr. & Mrs. J. M.,
    bapt Mar 14, 1894 (401)
BAUGHAN, Whit Armstead, son of Armstead & Mary
    Susan, b. May 7, 1895 in Maury Co.
    (438)
BAUGHN, Lucy A. m. Lambert M. Alford Apr 24, 1859
    (438)
    Mary Susan, dau of William West & Millie
        West (possibly a step dau?), b. Jan 8,
        1869 in Maury Co. (438)
    Miss Sarah Ann 1878 (487)
BAUM, Anna Catherine d. Apr 19, 1867, age 70 yrs
    11 mos (356)
BAUMAN, Bettie (see Bettie Bradley) (423)
    Charles Marshall 1891 (423)
    Miss Ida G. 1891 (423)
BAXENDALE, Mrs. Anna (wife of Robert) 1875 (487)
    Robert 1875, 1876 to Water Valley MS (487)
    Robert Leigh (son of Robt. & Anna) b. Aug 23,
        1874 (487)
BAXTER, Bruce, son of Geo. A. & Ellen D., b. 31 Jul
    1886 (503)
    Catherine A. d. 1865 (356)
    Catherine A. d. 1864, age 39 (356)
    Cornelia Humes? dau of Geo & Margaret, inf
        bapt 1882 (356)
    Delia A. m. Augustus H. Robinson Nov 1, 1872
        (356)
    Delia Augusta, dau of Edward P. and Catherine
        bapt 1868 (356)
    F. M. 1890 (425)
    Fannie 1890? (425)
    Dr. Geo. A. d. Feb 12, 1908 (350)
    George W. m. Margaret W. McGhee Jan 7, 1880
        (356)
    Hattie (see Hattie Garrett) (425)
    Hattie d. Jun 1904 (425)
    J. S. 1881 (425)
    John m. Kate White 1867 (356)
    John Kirkman, son of Wm., inf bapt 1882 (356)
    Hon. Jud. d. Apr 6, 1886, age 67 (356)
    Kate m. Edward P. Bailey 1866 (356)
    Mrs. Kate White d. 1885, age 51 (356)
    Luratha J. 1872? (425)
    Nannie 1886, d. Jan 15, 1892 (421)
    Norman Washington b. Apr 19, 1891 (son of Wm.
        & Mary) (356)
    R. J. 1873 (425)
    R. J. d. Jan 2, 1898 (425)

BAXTER, R. T. & Charlotte, parents of Joseph,
    Jessee Hoyte & James bapt 1881 (502)
BAXTER, S. C. d. Sep 20, 1906 (421)
    Sarah M. d. Jun 1896 (425)
    W. E. 1876, d. Jan 1877 (425)
    Wm. David 1884 (502)
    Wm. Mitchell (son of Wm. A.) inf bapt 1885
        (356)
BAY, Docia E. 1894, d. 7/20/1902 (339)
    Durinda, no date, between 1881-1900 (339)
    Eliza 1877 (339)
    Elizza 1890 (339)
    Fannah 1811 (511)
    Kannady 1811 (511)
BAYET, Charlie 1890 (409)
BAYLES, John 1840 (450)
BAYLESS, Jackson 1833 (466)
    John 1831 (450)
    Marion Eleanor m. William Edward Morton
        (Sgt, Battery A, 1st OH Art) Jul 20,
        1898 (503)
BAYLEY, Gertrude M. m. Hiram D. Phillips 24 Sep
    1889 (503)
    Harvey Whitney d. Jan 12, 1901, age 72 (350)
BAYLISS, Dr. H. G. 1891 (423)
    Mrs. Mary C. 1891 (423)
BAYNHAM, Bessie m. John T. Hill Oct 26, 1892
    (couple from Cadiz KY) (400)
BAZZEL, Miss Mary 1870, 1898 (429)
BEACH, Mrs. Alice 1890 (400)
    Mrs. Alice member 1896, d. Dec 21, 1898 (400)
    Mrs. Alice Virginia (Ed. R.), age 26, d.
        Dec 21, 1898 (400)
    Miss Annie 1899 (Mrs. Hall) (423)
    Edward Richard m. Alice Virginia Byers Jun
        10, 1890 (400)
    Hattie J. (see Hattie J. Kendrick) (401)
    Mrs. Mamie H. 1891 (423)
    Mrs. Mamie H. m. Capt A. H. Nave Dec 30,
        1898 (423)
BEADLES, Anna 1881 (425)
    Bettie 1889 (421)
    J. E. 1889 (421)
    Leona 1890? (425)
    Lottie m. E. Scates Oct 28, 1880 (425)
BEALE, Mrs. Elizabeth 1874 (487)
    Phelan, son of Jesse D. & Carrie, bapt 1881
        (503)
    William 1875 (487)
BEALL, Jennie Ellen (see Jennie Ellen Harris)
    (461)
BEALS, Elihugh 1869 (435)
    Mary B. (wife of Elihugh) 1869 (435)
BEAMAN, Earnest 1891 (423)
    Mrs. Emily 1891 (423)
    Orin 1891 (423)
    Timothy L. 1891 (423)
BEAN, Hannah buried Aug 22, 1869 (438)

BEAN, Julia Everline (age 19), Eliza Ellen (age
    10) & Lucy Victoria (age 7) bapt 1881
    (356)
    Polly d. Oct 11, 1832 (462)
    W. E. (see Carrie Washburn) (423)
BEARD, Mrs. Frank d. May 23, 1896, age 30 (503)
    Mrs. Jennie 1897, d. 1899 (401)
    John 1897, 1902 to St. Louis (401)
    John 1889 (455)
    John 1811 (511)
    Mrs. L. 1866 (448)
    Lydia 1811 (511)
    Minnehaha, dau of Jacob & Mary Helper, b.
        1 Apr 1862 (503)
    Martha 1811 (511)
    William 1811 (511)
BEARDAG, William 1809 (511)
BEARDEN, Charles, son of Wm. & Lizzie b. Mar 6,
    1869 (356)
    Ed. Whiteside 1888 (478)
    Edward Canning b. Nov 17, 1890 (son of F. C.
        & Nannie) (356)
    Frank C. 1868 (423)
    M. D. m. Laura _____ ca. 1850 (356)
    Mrs. Margaret C. (wife of Walter) 1885 (478)
    Mary 1833 (left for Cedar Grove Ch) (423)
    Miss Mary Helen (dau of Walter) 1891 (478)
    Mattie m. John H. Mulholland Mar 28, 1889
        (356)
    Richd. Rufus, son of M. G. & J. A., b. Aug
        22, 1872 (356)
    Mrs. Wm. H. d. Nov 1898 (503)
BEARDIN, Walter S. 1871 (478)
BEARDON, Frank C. 1891 (423)
BEASLEY, A. B. (m) 1887 (402)
BEASLEY, J. A. d. May 31, 1907 (348)
    J. A. 1882 (348)
    Jane 1832 (502)
    Roday C. 1887 (402)
    Roday Carline 1872 (402)
BEASLY, Letsie 1886 (396)
BEATH, Mrs. Mary H. (see Mrs. Mary H. Rudd) (454)
BEATTY, Mrs. C. S. 1889 (455)
    Chas. 1886 (455)
    Edward Troy, son of William G. & Alice C.,
        b. 25 Aug 1881 (503)
    Kittie Beck, dau of J. C. & Marianna, b. 26
        Nov 1882 (503)
BEAUMONT, Beula m. Henri C. Weber Jun 13, 1882
    (400)
    Beulah member 1875, m. Mr. C. Weber Jun 13,
        1882 (400)
    Dr. C. W. d. 1902 (400)
    Charles W. confirmed 1878 (400)
    Charles W., Sarah W., Charles W. jr., Louise
        B.--family listings 1875-1902 (400)
    Charlotta Meritt moved to Memphis Jun 29,
        1857 (423)

BEAUMONT, Charlotte Mesick 1856 (left for Memphis
	TN Jun 29, 1857) (423)
	Clara Louise d. Nov 1880 (400)
	Ella (colored) schoolteacher 1884 (401)
	Henry Francis b. Edgefield TN, Sep 8, 1878,
		son of Henry Francis & Mary Plummer
		(400)
	Louisa Blair confirmed 1885 (400)
	Mary confirmed 1879 (400)
	Mary P. member 1875, removed to Fort Worth,
		TX (400)
	Sarah West member 1875, removed to Fort
		Worth TX (400)
	Sarah West, age 73, d. Jun 7, 1906 (400)
BEAVANS, Marie 1896 (400)
BEAVENS, Susan d. Mar 10, 1887 (400)
BEAVER, Annie Leona b. 1873, Daton, O (dau of Leon
		& Mary) (356)
	C. 1858 (444)
BEAVERS, Mrs. Ruth mother of Mary Saphrona &
		Spencer G., bapt 1832 (466)
	Mrs. Ruth mother of Thomes L., Ann Eliza,
		Sarah E. & Young C., bapt 1829 (466)
	Ruth 1832 (466)
BEAVINS, Marie b. Mar 1, 1881 (dau of William &
		Susan) (400)
	Walter b. Mar 6, 1879 and Irwin b. Jun 1,
		1886, bapt 1886 (sons of William &
		Susan) (400)
BEAZEALE, Mrs. Elizabeth mother of John bapt 1838
		(466)
BECK, Bennie 1888 (455)
	Mrs. C. E. 1893 (401)
	Henry 1880 (455)
	J. E. 1871 (406)
	Rhoda recvd from Kingsport Apr 23, 1875 (455)
	Mary Elizabeth 1888 (455)
	W. S. 1885 (455)
	Rev. W. W. 1883 (429)
BECKET, _____ Elizabeth Mary (dau of John A. &
		Rosanna) b. Nov 26, 1865 (503)
BECKETT, George, Ann Elizabeth, John T., Susie
		Temple, Miss Susan B. Temple, no dates
		--family listing (438)
	Dr. George W., priest, 1878 (441)
BECKWITH, A. W. jr. ca. 1880 (448)
	Alexander W. 1874 (448)
	Alexander W., son of A. W. & M., bapt Sep 13,
		1874 (448)
	Dr. E. 1891 (423)
	Mrs. H. C. 1891 (423)
	Mrs. Hattie C. 1891 (423)
	M. M. 1874 (448)
	Miss Mary 1891 (423)
	Miss Nettie 1891 (423)
BEDFORD, R. H. 1842 (478)
	Thomas J. 1832 (502)
BEDOIT, Henry d. Feb 24, 1907 (350)
BEECH, James M. 1888 (429)

BEECH, Jennie 1892 (429)
	Miss Julia E. (Stanfield) 1890 (429)
	Miss Lou (McNish) 1881 (429)
	Sallie 1885 (429)
	Sam d. 1893 (429)
BEECK, Sallie? (Wray) 1885 (429)
BEEKHAM, Col. R. F., Lee's Corps, C.S.A., at
		Ashwood, buried Dec 5, 1864 (438)
BEELER, M. D. (see Bessie O. Hoskins) (423)
BEGG, Jas. Robt. d. Jun 24, 1860, age 6 mos? (356)
	Margaret Elizabeth d. Jul 10, 1859, age 7 wks
		(356)
BEGLEY, Miss Nowly 1890, left Jan 30, 1893 (429)
BELASTRO, Albert m. Celina? Haman Marchand Aug 1874
		(503)
BELCHER, Anabel m. Clair W. Cawse Apr 19, 1890 (356)
	Caroline d. May 7, 1879 (428)
	J. 1853 (428)
	Robert 1896 (375)
	Mr. Tom, early member 1898-1900 (375)
	Tom m. Maude Winton (first wedding in church
		--1898-1900) (375)
BELEW, Dennis 1898 (462)
	Elisabeth 1831 (462)
	Elizabeth 1831 (462)
	Elizabeth 1886 (462)
	Hoseah? & wife 1830 (462)
	J. F. 1891 (444)
	Sarah ca. 1861 (444)
	Sarah A. ca. 1870 (444)
	Mrs. Zachariah d. Apr 5, 1839 (462)
	Zachariah 1831 (462)
	Zechariah 1871, 1884 (462)
BELLAH, Mrs. W. P. d. Nov 22, 1897, age 59 (503)
BELL, Absalom 1840 (504)
	Absalom 1872, d. Jan 29, 1879 (504)
	Absolem 1858-9, d. 1862 (504)
	Amanda (see Amanda Woy) (455)
	Anna E. 1868 (423)
	Anna E. 1891 (423)
	Bettie J. 1873 (409)
	Chas. B. deacon 1897 (502)
	Chas. B. 1884 (502)
	D. 1873 (409)
	D., parent of James Dinwiddie Bell & Jennie
		bapt Aug 16, 1874 & May 30, 1875,
		respectively (409)
	Daisy m. Marion W. Williams of Hopkinsville
		May 2, 1882 (400)
	David 1873 (409)
	Elgy b. 1887 (440)
	Elizabeth Douglass (dau of Chas. Fleming &
		Elizabeth Douglass Keith) (wife of
		Dr. Wm.) b. May 17, 1828, bapt 1853
		(503)
	Elzy, dau of Mr. & Mrs. Robt. Bell, bapt at
		age 15 on Sep 28, 1902 (438)
	Miss Emily confirmed 1890 (400)
	Eulachias Blound d. Aug 1880 (400)

BELL, Fannie 1860, 1895 (419)
    G. M. 1888, Feb 1889 to Hopkinsville KY
        (401)
    Geo. W. 1858 (408)
    H. J. 1891 (371)
    Mrs. Hattie Neil (wife of John) 1871 (478)
    Hettie b. Jan 7, 1897 (dau of Marcus D. &
        Hettie) (400)
    J. Mat d. Nov 26, 1893 (409)
    J. Neil 1895 (478)
    J. T. 1891 (455)
    J. W.? 1878, 1884 (339)
    James 1891 (371)
    James 1885 (409)
    James d. Oct 11, 1898 (409)
    James D. V. bapt 1833 (423)
    Jas. W. 1883 (406)
    John & Hattie Neil parents of JaNeil Bell
        (dau) bapt 1890 (478)
    John T. 1874 (487)
    Josephine confirmed 1876 (400)
    Joshua 1823 (402)
    Miss Julia 1869 (478)
    Langley Phyllis b. Mar 21, 1884 (adult bapt
        1900) (dau of Walter & Mittie) (356)
    Larry O. 1879 (502)
    Lillian Katharine adult bapt 1899 (dau of
        Walter & Mittie) (356)
    M. C. (wife of John T.) (487)
    M. U.? S. 1873 (409)
    Miss Maggie 1885 (Mrs. John Lane) (423)
    Maggie (Crofford) 1890 (409)
    Miss Maggie 1891 (423)
    Marcus B.?, age 76, d. Nov 10, 1897 (400)
    Marcus D. adult bapt 1897 (400)
    Mrs. Margaret Ann, age 60, d. Sep 18, 1889
        (400)
    Margaret Galdsbury b. Mar 12, 1889 (dau of
        Walter & Mittie G.) (356)
    Martha A. (married) 1875 (455)
    Mary confirmed 1881 (400)
    Mary David (dau of Jno. & Fannie) bapt 1870
        (502)
    Mary Jane b. Apr 1895 (dau of M. D. & Alice)
        (400)
    Mary Jane 1858 (408)
    Miss Minnie 1893 (Mrs. Carroll) (423)
    Minnie, dau of Thos. & Eliz., b. Dec 5, 1874,
        bapt 1879 (423)
    N. Leora 1885 (409)
    O. E. (of Cincinnati OH) (jeweler) m. Eva M.
        Ballou Feb 5, 1891 (455)
    Pattie 1885 (409)
    Rebecca 1891, 1866 (423)
    Miss Rena Anna 1891 (now Mrs. Newman) (423)
    Robert confirmed 1881 (400)
    S. Willie 1873 (409)
    Samuel W. 1843 (423)
    Samuel W. to California 1849 (356)

BELL, Sarah Rebecca 1891 (now Mrs. Waldrop) (423)
    Sarah Rebecca 1875 (423)
    Susanah 1874 (504)
    Susanna 1872, d. 18 Dec 1876 (504)
    Theo. A. 1847 (478)
    Thos. & Anna E., parents of Mary Jane & Sarah
        Rebecca, both bapt Apr 4, 1868 (423)
    Thos. & Eliz. parents of Henry Copeland b.
        Nov 19, 1871, bapt 1879 (423)
    Thos. Maney 1891 (502)
    W. A. R. 1865 (421)
    W.? L. 1873 (409)
    Wm. S. & Elizabeth Douglass parents of _____
        b. Apr 1853 and _____ Douglass b. Mar 4,
        1855 (503)
    Mr. Willie 1891 (455)
    Willie Theresa dau of Edwd. L. & Lonia C. b.
        16 Jun 1885 (503)
BELLAH, William P. d. 17 Dec 1897, age 65 (503)
BELLEW, Elizabeth 1886 (462)
    Elizabeth ca. 1860 (444)
BELLOWS, Sarah Jane 1842 (466)
    Mrs. Sara Jane mother of James William bapt
        1842 (466)
BELSHAW, Mary 1848 (389)
BELTZHOOVER, Mrs. Jane 1849 (438)
BEMIS, Anna Lee 1871 (478)
BEMISS, Mrs. Ida May d. Feb 1896, age 28 (503)
BENHAN, Lydia 1855 (478)
BENEY?, John m. Sarah Draper FEb 23, 1865 (356)
BENJAMIN, Mrs. Margaret E. 1898 (401)
BENNER, Roxana (see Edmund O'Neil) (438)
    Thomas Henry bapt 1883 (438)
BENNET, Frank John Wiley, son of Frank & Nettie
    (Ware), b. Jul 1893 at Columbia (438)
BENNETT, Dorcas 1832 (423)
    Georgia Lee, dau of John Pasley & Ann Laura,
        b. Nov 12, 1873 at Tullahoma (461)
    Harriet 1832 (423)
    Haywood C. 1831 (423)
    James 1832 (423)
    Jane 1858 (408)
    John 1877 (361)
    John Pasley of Nashville d. Dec 3, 1909 (461)
    John Pasley 1892 (461)
    Julia J. 1869 (423)
    Lucy Ann 1883, d. 1900 (361)
    Mary 1811 (511)
    Mary Ann 1832 (423)
    Mehitable 1831 (423)
    Rufus 1832 (423)
    Sarah 1832 (423)
BENOIT, Miss Emilie G. 1891 (423)
BENSEL, Joseph 1870, 1872 to New York (401)
BENSON, Ether 1889 (339)
    J. H.? 1878, 1883 (339)
    Mary J. 1885 (339)
    N. E. 1881 (339)
    Nancy 1882, d. 10/8/93 (339)

BENSON, Sally F. 1878, 1883 (339)
    Wm. 1884, 1885 (339)
BENTLY, Mrs. Lucy P. 1891 (423)
    Mary (widow of Jesse B.) d. May 24, 1881, age 84 (503)
    Wm. 1853 (467)
BERGER, Jane member Sun school 1870 (369)
    John 1868 (369)
    John H. member Sun school 1870 (369)
BERINGER, Christina 1868, 1871 to Allegheny City (401)
    Conrad 1868, 1871 to Allegheny City (401)
    Lizzie Ida 1868, 1871 to Allegheny City (401)
BERLIN, Mrs. H. M. d. Feb 20, 1909, age 62 (350)
    Henry & Mary parents of Charlotte Elrice b. 5 Mar 1880 and Henrick Hugo b. 5 Jun 1883 (503)
BERNARD, Reuben Frank m. Elzie May Camp Oct 26, 1898 (356)
BERRIS, Arazona 1897 (348)
    Earnes 1897 (348)
    Franklin 1897 (348)
    Jacob 1895 (348)
    Nancey A. 1895 (348)
    R. Z. 1897 (348)
    S. A. 1897 (348)
    William 1895 (348)
BERRY, Celletta 1889 (455)
    Eliza J. 1858 (408)
    Ellen 1853, 1855 (467)
    Mrs. Elvira Bouchelle b. Jan 12, 1817, d. Jul 20, 1838 (437)
    Henry d. Mar 28, 1886 (480)
    Henry 1871 (480)
    Miss Ida Bessie 1891 (455)
    John G. 1887 (455)
    John J. 1893 (455)
    Lawrence K. 1855 (467)
    Mary F. 1855 (467)
    Rachel E. E. 1867 (423)
    S. H. 1858 (408)
    Sarah 1872 (408)
    Sarah J. 1867 (423)
    Simon H. 1858 (408)
    W. Henry, Miss McGhie--family listing Jan 1867 (480)
    Wm. C. 1853, 1855 (467)
BESINGER, Michael & Cynthia, parents of Landon, Elwood C. & Fielding P., bapt 1832 (466)
BESLEY, Edward 1832 (504)
BETHEL, Cantrell 1802 (389)
    Green 1826 (421)
    Mary 1802 (389)
    Sampson 1802 (389)
BETHELL, Bessie 1887 (438)
BETON, Eva May, dau of Rosa, bapt Aug 27, 1877 (438)
BETTIS, Eliz. J. (see Eliz. J. Vanhooser) (511)

BETTIS, Mrs. F. M. 1893, d. Jul 6, 1910 (454)
    Hartee 1811 (511)
    J. D. d. Jul 1889 (511)
    Joe 1888 (511)
    Lewsey 1811 (511)
    Wiatt 1811 (511)
BETTISON, Miss Ethel 1898 (438)
BETTS, Helen Anderson, dau of John S. & Annie M. b. May 3, 1893 (503)
BETTY, Anna L. 1885 (339)
    J. R. 1876, d. 9/14/1904 (339)
    Jessie 1896 (339)
    Mary H. 1884 (339)
BEVEL, Arzana 1886 (409)
BEY, Henry adult bapt 1872 (401)
BEZLEY, A. B. (m) 1860 (402)
BIBB, A. W. (f) m. L. M. Russell (m) Dec 25, 1899 (454)
    Miss (Jennie V.) (Jas) 1888 (401)
    Mrs. Lizzie V. (Jas.) 1871, Oct 1883 to Lauderdale St. Ch, Memphis (401)
BICKLEY, Charles L. d. May 20, 1911 (423)
    Mrs. Chas. L. d. Nov 22, 1908 (423)
BICKNELL, Miss Laura 1887 (438)
    Laura m. Mr. Thome 1893 (438)
BIDDELL, Lora m. William B. Riddell Oct 12, 1898 (503)
BIDDELLE, Bettie 1870-1876 (492)
BIDDLE, Charles R. buried Dec 26, 1879 (438)
    Dake 1895, age 12 (438)
    Dake, son of Dr. W. M. & Mrs. Julia, b. Sep 22, 1883 at Columbia (438)
    Daniel Marshall, age 71, d. Mar 16, 1905 (438)
    Frank W. m. Emma K. Barker Aug 26, 1896 (423)
    Jane d. Jun 3?, 1880 (492)
    Jane 1870, d. Jun 23, 1880 (492)
    John member 1870, d. 1888 (492)
    John V. d. 1888 (492)
    Julia, dau of W. M. & Julia, b. Oct 8, 1888 (438)
    M. J. 1872 (492)
    Mrs. Mary, age 77, d. Jan 31, 1907 (438)
    Mary Kate m. William Kellog Boardman? of Owensboro KY, Dec 31, 1895 (438)
    N. C. 1872 (492)
    Nannie buried Dec 19, 1879 (438)
    Sallie Florence, age 6 yrs, d. Sep 28, 1892 (438)
    Dr. W. M. d. Jun 23, 1912 (438)
    Dr. William (May 18, 1879), Julia (Jan 18, 1882), Kate, Willie, Sallie Florence, Julia, Dake--family listing (438)
    Willie W., age 14 1893 (438)
BIFFLE, Mrs. Irene 1896 (429)
BIGGERS, Alva, age 17, d. Aug 27, 1904 (438)
    Daisy b. Apr 1899 (440)
    Jessie Pearl b. 1897 (440)
    Louella b. Jul 1897 (440)

BIGGERS, Saidee b. Apr 1895 (440)
    Tom b. Dec 1889 (440)
    Willie b. Aug 1892 (440)
BIGNELL, Helen Louise 1892 (423)
    Miss Idlen? Louise 1892 (Mrs. Schrader) (423)
BIGSBY, A. B. (see Mary Virginia Quaiffe) (423)
    Asa B. 1891 (423)
    Austin Kamp bapt 1890, orphan 20 mos old (356)
    James bapt 1890, orphan 4 yrs old (356)
BILBRO, Amisa 1847, 1865 (511)
    Elizabeth 1811 (511)
    Margerett 1847, 1868 (511)
    Roena 1847, 1868 (511)
BILBROE, Wm. 1811 (511)
BILGRO, Dissa? 1811 (511)
BILLHIGER, Mrs. L. W. 1885 (455)
BILLINGSLEY, Eliza D. 1878, 1879 to Shelbyville, KY (401)
BILLMEYER, Fred Wallace (son of U. D. & L. W.) bapt 1888 (455)
BILS, John H. 1845 (386)
BINFORD, John C. 1879 (502)
    Maria m. Delos Thomas (of Roanoke VA) Oct 13, 1895 (503)
    Walter B. m. Louise Smith Oct 8, 1896 (503)
BINGHAM, Sarah confirmed 1891 (400)
    Sarah Mills adult bapt 1891 (400)
BIRCHETT, Ann 1839 (437)
BIRCHMORE, John Moss & Emily, twin children of W. E. & Mary, b. Feb 8, 1896 (503)
    Maria Elizabeth, dau of Wm. & Mary E. b. Oct 14, 1893 (503)
    Wm. E. m. Mary E. Gorman Oct 26, 1892 (503)
BIRD, Albert, age 67, d. Oct 25, 1908 (438)
    Alice Susan orphan 8 yrs old, bapt 1898 (356)
    Leonard, age 36 (Florence AR) d. Oct 8, 1905 (438)
    Mary 1811 (511)
    Nancey 1811 (511)
    Selah 1811 (511)
BISE, Nannie E. m. James V. Johnson 1855 (356)
    Sarah m. William E. Douglass May 1851 (356)
BISHOP, A. B. d. Jun 14, 1892 (440)
    Anna d. 1907 (465)
    Baron DeKalb adult bapt 1876 (401)
    Mrs. E. d. Dec 20, 1910 (454)
    Ida, dau of A. B., bapt Jun 19, 1893 (438)
    Ida d. Nov 1893 (438)
    Minnie Jane 1891 (438)
    Mollie 1893 (440)
    Molly 1893 (438)
    S. T. member 1895 (361)
    W. A. 1894 (361)
BITTELINI, Mrs. Emma 1891 (455)
BITTILINE, Mr. E. C. 1891 (455)
BIVENS, George William & Eleanor bapt 1877 (children of William Christian & Susan) (400)
    Marie confirmed 1894 (400)

BLACK, Bryant 1892 (409)
    Miss Carrie 1882, Nov 1884 Ch at Cortland NY (401)
    Charlotte (dau of John & Margaret) bapt 1875 (487)
    Miss Fannie L. 1880, 1882 to Jackson TN (401)
    Frances 1827 (502)
    Inez 1895 (409)
    J. M. & wife 1898 (502)
    Mrs. Jane 1874 (487)
    John (son of John & Margaret) b. Feb 24, 1861 (487)
    John 1873 (487)
    M. J. 1890 (409)
    Mrs. Margaret (wife of John) 1873 (487)
    Margarett d. Feb 5, 1907 (421)
    Mattie d. Aug 1908 (425)
    Nathaniel 1874 (487)
    Nina 1897 (409)
    Oscar 1892 (409)
    Rev. R. O. member Sun school 1870 (369)
    Dr. Thomas E. 1895, d. May 7, 1911 (423)
    U.? M. 1888 (497)
    Wm. M. 1880, Aug 1881 Ch at Culleoka TN (401)
BLACKBOURN, Sarah 1811 (511)
BLACKBOURNE, James 1830 (450)
    Jos. 1831 (450)
BLACKBURN, Amanda d. Apr 1855 (467)
    Danl. A. 1887 (preacher) (401)
    G. A. 1880 (preacher) (401)
    H. A. 1898 (454)
    Harriet 1853 (467)
    James 1853, 1854 (467)
    John M. 1853 (467)
    Mariah d. Sep 1883 (467)
    Meriah 1853 (467)
    Nancey 1853 (467)
    Olly 1853 (467)
    Wm. 1811 (511)
    Wm. 1853, 1858 (467)
BLACKE, Mattie 1891 (425)
BLACKFORD, Josephine m. William T. Blackford Nov 28, 1876 (503)
    Wm. Taylor, son of Wm. T. & Josephine E., bapt (private) 1879 (503)
BLACKLOCK, Hayton Maurice d. Sun Jan 13, 1895 (d. in Cleveland TN at residence of his father, Rev. J. H. Blacklock) (503)
BLACKMAN, Albert W. adult bapt Jul 22, 1853 (in private being at the point of death) (437)
    J. R. 1880 (462)
    Lewis 1849 (389)
    Mrs. Mary d. Apr 7, 1871 (401)
    Neley 1851 (389)
    Olivia 1878 (401)
    Olivia P. 1878, 1893 (401)
BLACKSHIR, Alice d. 1890 (396)
BLACKWELL, Adeline 1828, d. Jan 26, 1859 (423)

BLACKWELL, Adeline Ann 1848 (423)
    Ann 1828?, d. 3/19/1842 (423)
    Geo. W. m. Lula Steele Mar 1875 (480)
    Mrs. Judy 1871 (480)
    L. O. 1898 (348)
    M. 1885 (396)
    Margarat D. 1848 (478)
    Robert W. 1873 (409)
BLAIR, Mrs. Bettie 1887, d. Nov 31, 1910 (415)
    Mrs. C. R. 1891 (423)
    Charley 1891 (415)
    Edgar 1882 (339)
    Eliza 1884 (435)
    Elizabeth Florence, dau of Robert & Martha, bapt Apr 20, 1845 (423)
    Frank b. Oct 29, 1881 (son of Sarah) (356)
    Ida (b. OH) m. Arthur M. Mann (b. OH) Jun 12, 1890 (455)
    J. B. 1894 (339)
    J. H. ordained Oct 9, 1885, d. Jan 31, 1907 (415)
    J. W. 1898 (454)
    Mrs. J. W. 1898 (454)
    Jno. 1871, 1893 (339)
    Miss Kate 1891 (423)
    Kittie C. 1864 (448)
    Lou Ella 1890, d. 5/3/1906 (415)
    Lou Ella 1890, d. May 31, 1908 (or 06) (415)
    Miss Mattie E. 1887 (415)
    Myra 1892, 1893 (339)
    Rosanah E. 1864 (448)
BLAKE, Capt. Frank Daniel m. Nelly? Hawkins May 1, 1865 (438)
    Hattie Ann 1888 (507)
    Nora 1888 (507)
    P. V. 1888 (507)
    R. E. 1888 (507)
BLAKENEY, Miss Ella 1872 (497)
    Z. 1851 (497)
    Mrs. Z. M. 1866 (497)
    Zilpah 1851 (497)
    Mrs. Zilpah 1855 (497)
BLAND, Marshall H. m. Ruby C. Taylor Dec 19, 1894 (356)
BLANK, John 1873 (421)
BLANKENSHIP, Olivia 1832 (466)
BLANKS, Florentine 1865 (421)
    John 1865 (421)
    William (Col'd) 1865 (421)
BLANTON, Caroline 1842 (478)
    Henson G. 1842 (478)
    Martha Washington 1891 (423)
    Mitchell L. 1858 (478)
BLAZE, Elizabeth 1811 (511)
BLEDSOE, Anis 1886, ca. 1867 (396)
    B. B. 1886 (396)
    B. D. d. 1906 (396)
    Bessie d. Mar 1908 (396)
    Dausey sr. 1886 (386)

BLEDSOE, Elisabeth 1886 (396)
    J. E. 1893 (454)
    John 1886 (396)
    Lee 1886 (396)
    M. F. 1886 (396)
    Marthie d. 1890 (396)
    Mildred 1886, 1872 (396)
    T. d. May 29, 1884 (396)
    Tempey 1872 (396)
    Tempy ca. 1867 (396)
    Thos. (Col) d. 1871 (396)
BLISS, Harry Alfred, son of W. S. & Annie, bapt Apr 13, 1868 (438)
    Helen Florence, dau of Arthur Archibald & Helen Florence, b. Jan 29, 1892 (503)
    Maria Louise, dau of W. S. & Annie, bapt Sep 24, 1871 (438)
BLIZARD, Nellie 1872 (466)
    P. C. (Mrs. C. J.) ca. 1870 (466)
BLOCK, Theresa d. Mar 22, 1909 (of old age) (400)
BLOODWORTH, Albert 1869 (467)
    Alzadia d. Feb 12, 1881 (467)
    Docia 1893, d. Jul 19, 1898 (467)
    Elizabeth d. Jun 18, 1878 (467)
    Elizabeth 1869 (467)
    M. F. 1893 (467)
BLOOM, Miss Anna 1891 (423)
BLOUNT, Dora 1897, d. Nov 1898 (411)
BLOW, Fannie Ethelred b. Dec 14, 1882 (dau of Peter E. & Fannie C.) (356)
    Richard Tunstall b. Aug 28, 1881 (son of Peter E. & Fannie C.) (356)
    Sarah Narcissa b. Mar 18, 1894 (dau of Peter E. & Fannie C.) (356)
BLUNT, Caroline B. d. Nov 27, 1904, age 72 (350)
BLUM, Mrs. Clara (formerly Clara Phillips) 1891 (423)
BLY, Sarah d. Aug 1903 (465)
BMEHELL (sic), Thos. & Mary, parents of Thomas Wilson, James Henry & Anna Elizabeth, all bapt Oct 9, 1869 (423)
BOALS, John W. d. 1900 (361)
BOARDMAN, Percy Douglass b. Feb 13, 1900 at Columbia (438)
    T. 1852 (400)
    W. K. (Mar 1893) (438)
    William Kellog of Owensboro KY m. Mary Kate Biddle Dec 31, 1895 (438)
    William Kilbourn, son of William K. & Mary Kate, b. Feb 18, 1897 at Columbia (438)
BOAZ, E. H. 1872 (408)
    E. M. 1858 (408)
    James 1858 (408)
    Manervia J. 1858 (408)
    Manervy J. 1872 (408)
    Martha E. 1858 (408)
    S. T. 1858 (408)
    S. T. 1872 (408)
    S. T. d. 1899 (408)

BOAZ, Sarah 1872 (408)
    Sariah 1858 (408)
BOBBERTS, Arty M. (f) ca. 1867 (396)
BOBO, Detila 1876, d. May 1879 (361)
    Lillie (Pate) 1886 (409)
    W. R. d. Dec 17, 1908 (409)
BOCK, Adam 1869 (502)
    Adam deacon 1885 (502)
    Estelle (dau of Adam & Virginia) bapt 1885 (502)
    George Irvine (son of Adam & V. J.) adult bapt 1894 (502)
    Jno. Adam (son of Adam & Virginia) bapt 1884 (502)
    Margaret Jordan 1892 (502)
BODMAN, John Whittelsey b. Oct 4, 1888 (son of John D. & Alice M.) (356)
BOGARD, Carline 1885 (428)
    John d. May 31, 1896 (428)
    Lizia 1885 (428)
BOGARDUS, Graham m. Florence A. Young Feb 24, 1892 (356)
BOGART, Ann E. 1832, 1848 (466)
    Mr. C. & Lady parents of Nancy Cornelia bapt 1851 (466)
    C. father of Martha Jane bapt 1835 (466)
    Caroline 1832, 1858 (466)
    Ch. & Caroline parents of Geo. W. bapt 1832 (466)
    Charles 1832, 1858 (466)
    Charles father of Aiken Caldwell bapt 1855 (466)
    Chls. father of Wm. Henry bapt 1834 (466)
    Chas. & Caroline parents of Levi Morrison bapt 1842 (466)
    Charles & Caroline parents of Charles Harrison bapt 1845 (466)
    Ch. father of Sarah Elvirah bapt 1853 (466)
    Franklin 1842 (466)
    G. W. father of Elizabeth Mariah bapt 1853 (466)
    George W. 1852 (466)
    Margaret 1842, 1848 (466)
    S. father of Martha bapt 1845 (466)
    Solomon 1832, 1848 (466)
    Solomon & Ann E. parents of Franklin, Margaret, Newton, Columbus, Susan, Elizabeth, Barbara, Jude and Peter, bapt 1842 (466)
BOGGS, J. B. 1886, d. Aug 22, 1889 (409)
BOGLE, Alma W. 1887, Apr 1893 First Ch, Chattanooga (401)
    Wm. M. 1887, Apr 1893 First Ch, Chattanooga (401)
BOHANNON, Joshua 1887 (preacher) (401)
BOHANON, Vinnie? 1879 (455)
BOIES, William A. 1892 (423)
    Mrs. Wm. E. 1892 (423)
    Rev. Wm. E. 1892 (423)

BOK?, William 1892 (461)
BOKUM, Hermann William d. 1856, age 6 mos (356)
BOLBERTS, John d. Oct 16, 1866? (396)
BOLDEN, Dora 1889 (421)
BOLEN, Asbery d. May 13, 1881 (465)
    Betsey d. Jun 14, 1881 (465)
    Elender E. d. ca. 1873 (465)
    Elizabeth d. Aug 10, 1888 (465)
    J. P. d. Jul 9, 1883 (465)
    J. P. d. Aug 10, 1888 (465)
    Mr. Joe early member 1898-1900 (375)
    Mrs. Minnie early member 1898-1900 (375)
    Nancey d. Jul 9, 1883 (465)
    Nancy d. Dec 1903 (465)
    T. M. d. Aug 28, 1890 (465)
BOLLES, Mrs. Catharine 1875 (487)
    James T. 1875 (487)
    Mrs. Mary F. (wife of R. S.) 1875 (487)
    R. S. 1875 (487)
    Reuben S. deacon 1880 (487)
BOLTEN, Alpherd 1835 (450)
    Alphon 1834 (450)
BOLTON, Alferd 1872, 1869 (450)
    D. A. 1876 (369)
    David A. 1876 (369)
    James S. & wife 1885 (455)
BOMAN, Nancy 1885 (339)
BOMAR, W. 1868 (369)
BOND, Ann ca. 1850 (448)
    Burk 1856 (448)
    Eliza (Maloy) ca. 1850 (448)
    Eliza 1858 (448)
    Elizabeth 1821? (left for Grassy Valley Ch, Oct 24, 1829)(423)
    George 1873 (448)
    George 1823 (left for Grassy Valley Ch 10-24-1829) (423)
    Henry d. Jul 1910, age 63 (350)
    Henry, Mary L., Hill 12, Giles B. 10, Frances L. 8, Mary L. 6, Henry 2, 1887 (503)
    Hu M. 1857 (left for TX Oct 10, 1859) (423)
    Hugh N. C. moved to TX 1869 (423)
    Isaac, father of Mary Barr, Isaac, Jane, Sarah Ann, Louisa and Melinda, bapt Oct 26, 1822 (423)
    James Anderson, son of George, bapt Dec 13, 1823 (423)
    Jane & Polly 1821 (419)
    Jefferson M. d. May 3, 1859 (448)
    Jessie member 1821 (419)
    Joanneh 1832 (466)
    John B.?, Octavia L. (Zollicoffer), Miss R. M. Zollicoffer (Mar 5, 1869) (438)
    John B. m. Octavia L. Zollicoffer Jun 10, 1869 (438)
    Mary 1823 (402)
    Nancy 1822 (left for Grassy Vally Ch) (423)
    Nancy & Margret 1821 (419)

BOND, Sarah 1822 (left for Grassy Valley Ch Oct 24, 1829) (423)
    Sedna 1871, d. Oct 2, 1881 (448)
    Thomas B. 184__ (448)
    Wm. M. 1861 (448)
BONDURANT, Ella Felicia Walker d. Jan 17, 1901, age 52 (350)
BONER, J. H. 1887, d. 1897 (415)
    Mrs. Nancey E. 1887 (415)
BONNER, Lucy m. Hon. Edmund Cooper Oct 22, 1868 (480)
    Sarah 1886 (396)
    Tama 1886 (396)
    W. N. d. Dec 10, 1894 (396)
    W. N. 1886 (396)
BONS, Elizabeth 1876 (389)
BOOKER, Albert inf bapt 1829 (438)
    Cornelia L. inf bapt 1829 (438)
    Mrs. Cynthia d. 1861 (438)
    Mrs. Cynthia 1847 (438)
    Ellen Sep 14, 1843, Mary Turrey inf Apr 1858, Ellen Smyser, Susan Gray-- family listing (438)
    Mrs. Ellen d. Jan 13, 1892 (438)
    Mrs. Ellen 1847 (438)
    Ellen Methenia adult bapt 1845 (438)
    Ellen N. m. Haggab Clopton Dec 19, 1867 (438)
    James Gray child of Jas. Gray & Ellen Matheney b. Oct 6, 1841 (438)
    Martha E. (dau of Peter) bapt 1829 (438)
    Mary (see Mary Clopton) (438)
    Mary F. inf bapt 1829 (438)
    Mary Turney m. Brittain Drake Clopton of AR Nov 25, 1858 (438)
    Mary Turrey b. Nov 8, 1837, child of Jas. Gray & Ellen Matheney (438)
    Permelia 1839 (389)
    Peter inf bapt 1829 (438)
    Susan b. Feb 7, 1836, child of Jas. Gray & Ellen Matheney (438)
    Susan G. d. 1864 (438)
    Susan Gray dau of Mrs. Ellen buried Oct 26, 1864 (438)
    Susan M. L. inf bapt 1829 (438)
    Tina b. Jul 30, 1896 (dau of Minda) (356)
    William 1839 (389)
BOOKOUT, David 1873 (428)
    Elizabeth b. Mar 1858, m. J. Bookout Feb 7, 1883, mother of 7 children, d. Jul 1893 (428)
    Jesse & Sary 1824, 1826 (450)
    Marmaduke & wife Betsey 1826 (450)
    Marmaduke d. Jun 26, 1831 (450)
    Sally 1826 (450)
BOON, Almeda 1884 (409)
    Mrs. Carrie (Daniel) 1887 (401)
    Daniel 1887, d. May 27, 1903 (401)
    Eva Belle 1887 (401)
    H. L. 1880 (478)

BOON, H. L. & Lizzie parents of Aldah Nelson, Ida & Howard Lawson bapt 1886 (478)
    Hugh Lawson W. 1880, d. 11 Feb 1885 (478)
    Miss Lizzie (widow of Lawson) 1886 (478)
    Rev. W. A. 1884 (409)
    Zula, dau of W. A. & Almeda, bapt Sep 3, 1884 (409)
BOONE, Alvin Merritt b. Feb 25, 1888 (400)
    Mrs. Annie S. 1898 (400)
    Mrs. Annie, age 64, d. Feb 6, 1914 (400)
    Annie Ledly 1899 (401)
    Bertha L illian 1899 (401)
    Chas. Lockwood 1892, d. Jan 16, 1902 (401)
    Ernest William b. Jun 15, 1886 (400)
    Ernest William, age 19, d. Dec 13, 1905 (400)
    Howard Lauson 1889 (478)
    Rhey b. May 24, 1883 (400)
BOOSE, Aanna M. m. F. Rogers Grant Aug 7, 1889 (356)
BOOTH, David d. Sep 18, 1902, age 28? (356)
    Hortense m. John K. Gillespie Oct 24, 1895 (356)
    Howell Woodruff m. Flora White Rodgers Nov 30, 1897 (356)
    Lucie White b. Jun 12, 1898 (dau of H. W. & F. W.) (356)
    Stephen Sorsby d. Apr 26, 1905 (residence NY) (356)
BOOTHE, Ann Eliza 1859 (left for Albany Feb 6, 1867) (423)
    Anna Cora, dau of Wm. H. & Ann E., bapt A pr 7, 1861 (423)
    Clara Virginia, dau of William H. & Ann Eliza, bapt Apr 3, 1859 (423)
    Emma Alice adult bapt 1847 (356)
    Susan Clark d. ca. 1871, age 55 (356)
    William A., moved to Albany Feb 5, 1867 (423)
    Wm. H. 1859 (left for Albany Feb 6, 1867) (423)
BOOTRIGHT, Chesley & wife Luisa 1833 (450)
    Chesley H. 1826 (450)
BORCHEZ, Joseph Irving 1894 (423)
BORDEN, Mr. George d. Nov 8, 1903 (356)
BORIGHT, Mrs. Christina A. 1892 (423)
BORIN, William adult bapt 1897 (356)
    William Leonard b. Aug 7, 1896 (son of Wm. A. & Annie M.) (356)
BORSLEY, John N. 1888 (429)
BORUFF, Jackson 1869 (450)
    Jackson 1875 (450)
    Rosozy? 1882 (450)
BOSTER, W. (Surdes?) 1879 (455)
BOSTICK, John 1855, d. during the war (448)
    Mary ca. 1875 (448)
    N. C. ca. 1855 (448)
BOSTWICH, Robt. Graham 1887, 1890 to Lauderdale St. Ch, Memphis (401)
BOTERIGHT, C. H. 1834 (450)
BOULDEN, Laura 1893 (455)
BOULDER, Miss Mary 1891 (455)

BOULDIN, G. W. 1885 (421)
BOULDING, Alberta C. m. William Jordan Sep 21, 1893 (356)
BOULS, Eliza B. 1835 (478)
    J. W. member 1879 (361)
    Sam B. 1835 (478)
    Sam W. elder 1837 (478)
BOUNDS, Lucy 1890 (440)
    Mrs. Mary 1890 (440)
BOURGES, Albert Rickarby, son of Joseph F. & Elizabeth, b. 7 Mar 1882 (503)
    Joseph F. & Elisabeth, parents of Ruth Henrietta b. 7 Apr 1884 and Alfred Fernand b. 15 Oct 1886 (503)
BOURNE, Mrs. A. A. member 1896, moved to Phila. PA (number omitted)
    Mrs. Ann Amelia d. Mar 17, 1911 (400)
    Miss Bessie confirmed 1891 (400)
    Bessie member 1896, moved to Phila, PA (400)
    Fannie member 1896, moved to Phila, PA (400)
    Frances E., Amelia E., John E., Horatio T.--family listings 1875-1902 (400)
    Horatio 1896 (400)
    John E. 1896 (400)
    John Elmer confirmed 1894 (400)
    Thomas 1896, d. Mar 13, 1897 (400)
    Thomas d. Mar 13, 1897, age 47 (400)
BOUSCAREN, Jennie Long m. Clough Overton May 2, 1898 (356)
BOWEN, Ann m. James A. Haire 1856 (356)
    Bowen (sic) 1899 (438)
    Charles 1832 (423)
    Hannah 1868 (423)
    Jas.? 1889 (455)
    Jessie m. Harry Freeman Jun 16, 1890 (455)
    Dr. John m. Annie Caldwell Mayes Nov 10, 1886 (438)
    Robt., age 38 (St. Louis MO) d. Jan 24, 1905 (438)
BOWERS, Eva Lee (see Eva Lee Foust) (423)
BOWERS, Herbert Ball, son of William H. & Lizzie, b. 16 Jul 1877 (503)
    Luk d. 1889 (361)
    William A. d. 2 Dec 1887, age 56 (503)
BOWING, Octavey C. 1878 (402)
BOWLES, Catharine Theresa bapt 1848 (438)
    Margaretta, age 53, buried Apr 28, 1887 (Louisville) (438)
    Timoxina bapt 1848 (438)
BOWLIN, Florence 1894 (288)
BOWLING, D. R. 1887 (487)
    Dora 1893 (467)
    Mrs. G. S. (L. B.) 1881 (401)
    Geo. D. deacon 1887 (401)
    Geo. S. 1885 (401)
    John 1893 (467)
BOWLUS, George, Mrs., Mary (Jan 20, 1889)--family listing (438)
BOWMAN, Elizabeth 1887 (455)
BOWMAN, James pastor 1815 (502)
    John m. Margaret J. Johnson Jul 27, 1876 (503)
    Joseph Motherell of Hanford CA m. Jessie Phillips of Tullahoma Sep 24, 1889; her parents J. W. & Almedia Phillips (461)
    Mary Cornelia d. 1864, age 22 (356)
    Paul 1889 (455)
    Saml. 1827 (502)
    William H. 1832 (502)
    Woodson d. 1865, age 35 (356)
BOWMAUN, Felix (colored) 1884 (401)
BOWRAN, Charles James, son of William Moss & Mary Louisa, b. Nov 18, 1879 (503)
    Maud Elaine, dau of William Moss & Mary Louisa, b. Dec 21, 1881 (503)
    Emmeline m. Henry Levi Oct 12, 1881 (503)
    Robt. Henry m. Irene Virginia Webster Sep 9, 1879 (503)
    William Moss m. MaryLouisa Reeve Nov 26, 1878 (503)
BOWYER, Mary E. m. George Gollman Jul 27, 1875 (503)
BOYD, Miss Anna May 1894 (Mrs. Donahu) (423)
    Butler 1889 (401)
    Eva m. Spencer Munson Jun 15, 1868 (356)
    Mrs. Fornie d. Dec 29, 1913 (423)
    Francis d. 20 May 1859 (466)
    Gustavus A. buried Nov 1883 (438)
    Gustavous A. & wife bapt 1883 (438)
    Horace Minton 1895 (423)
    James Stephenson 1891 (423)
    Mrs. Jennie 1891 (423)
    Mrs. Lou R. 1874 (487)
    Lucy (colored) 1884 (401)
    Mary 1889 (455)
    Mary Humes d. Oct 13, 1877, age 40 (356)
    Mrs. N. J. d. 6/1/1912 (454)
    R. T. d. Apr 1, 1904 (407)
    T. M. (m) 1896 (411)
    Thomas A. m. Annie S. Gothard Feb 4, 1892 (356)
    Wm. (colored) 1884 (401)
    William d. Nov 14, 1890, age 56 (356)
    William E. m. Mary Humes Jun 19, 1860 (356)
BOYER, Sarah J. (Rucker) 1843 (423)
    Willie P. 1885 (455)
BOYKEN, D. Campbell 1896 (454)
    W. Granville 1896 (454)
BOYKIN, Eva May 1894 (m. Madden?) (454)
    Lou S. 1894 (454)
BOYLE, Mrs. Aphra d. Nov 6, 1908 (350)
BOYNTON, Daniel T. m. Mrs. Susan Sawyers Jan 17, 1866 (356)
    Ilia m. Frank P. Swindler Feb 26, 1891 (356)
    Lucille adult bapt 1891 (356)
BOZLE, Elizabeth m. John Petterson 1861 (356)
BRACEWELL, Roberta H. m. George Eubank 6 Nov 1889 (503)

BRACHER, Miss Mary Ashley 1891 (423)
BRACKETT, Aurick S. m. Ada DePue Dec 25, 1869
    (356)
BRADBERRY, Mary 1858 (408)
BRADBERY, Mary 1866 (408)
BRADBURY, Nora d. Jun 1908 (421)
BRADDOCK, Houston Berry d. May 16, 1900, age 40
    (350)
BRADFORD, Booker d. Feb 2, 1833 (389)
    Mrs. Clarke d. 6/5/1903 (454)
    Frances d. Nov 1831 (389)
    George 1882 (348)
    James 1883 (348)
    James d. Jan 1881? (87?) (348)
    Mary Coffin adult bapt 1868 (466)
    Mary M. d. Jun 1911 (348)
    Mrs. Nancy mother of James, William, John,
        Franklin, Henry & Fielding, bapt 1853
        (466)
    Sousan 1882 (348)
    Wm. M. & E. K. parents of Linda Margaretta,
        Henry James, Lizzie Tipton, Augusta
        Franklin & Nellie Sue bapt 1869 (466)
    Willie Inman b. Jul 19, 1871 (son of W. M. &
        Elizabeth) (466)
BRADLEY, Allice (see Allice Kincannon) (401)
    Benjamin d. Aug 6, 1839 (389)
    Mrs. Bettie (formerly Bettie Bauman) 1891
        (423)
    Ella m. W. R. Roberts Jan 8, 1872 (429)
    Ewing, age 62, d. Jan 12, 1911 (400)
    Martha 1855 (428)
    Mary 1886, 1889 (339)
    Mathew 1855 (428)
    Mrs. Mina M. 1898 (400)
    Miss Sarah 1891 (415)
    Susie m. J. P. Roberts May 25, 1871 (429)
    Wayles B. & Fannie parents of Wayles Baker b.
        Nov 30, 1894 & Lyman Cook b. Nov 30,
        1894 (356)
    William 1893 (339)
    Wm. Ewing m. Mina Murphy Jun 23, 1898 (400)
BRADLY, Frances 1876 (389)
BRADSHAW, A. Sintha 1835 (478)
    James N. 1835 (478)
    James N. 1873 (487)
    Mrs. Kittie R. (wife of Jas. N.) 1873 (487)
    Louisa 1835 (478)
    Thomas F. d. 22 Sep 1910 (375)
BRADY, J. H. d. 1906 (465)
    Nancy d. 1878 (465)
    Sarepta d. Dec 3, 1898 (465)
BRAES, Mrs. Eliza E. 1882 (401)
BRAINE, Miss Sarah Jane 1891 (Mrs. Dosser) (423)
BRAKEFIELD, George ca. 1832 (504)
    Sary ca. 1832 (504)
BRAMBLOW, Nancey 1853, 1855 (467)
BRAME, Annata J. (now Coldwell) 1866, to Atlanta
    GA 1882 (478)

BRAME, James M. 1871 (478)
    Margaret E. 1857 (478)
    Mollie 1866 (478)
    Nettie 1866 (478)
    Sarah A. 1855 (478)
BRAMLEY, W. C. 1888 (455)
BRANCH, Mrs. Anne P., dau of Geo. W. Martin, wife
        of Col. Jos., buried Sep 12, 1854 (438)
    Carl d. Sep 25, 1897, age 29 (503)
    Carl Crum m. Josephine E. McQuade 4 Jun 1891
        (503)
    Dolly ca. 1832 (504)
    Edward Moore, son of Carl C. & Josephine E.
        Branch (formerly McQuade), b. Jan 21,
        1895 (503)
    Harry Dexter, son of Carl Chrum & Josephine E.
        b. Feb 22, 1892 (503)
    Jane Maria m. George Wharton Seay Apr 4, 1862
        (438)
    Col. Joseph buried Dec 14, 1867 (438)
    Joseph m. Mary Jones Polk Nov 29, 1858 (438)
    Joseph Jerald, son of Joseph & Mary J., bapt
        Sep 23, 1866 (438)
    Josephine E., nee McQuade, see Edward Moore
        Branch (503)
    Lawrence O'Brien, son of Joseph & Mary Jones,
        bapt Oct 5, 1862 (438)
    Lewis Henry (of Denver CO) d. Jun 20, 1896
        (438)
    Lucia Cadwallader, dau of Joseph & Mary J.,
        b. Apr 6, 1864 (438)
    Lucia Golt (see William J. Howard) (438)
    Mary Polk, dau of Joseph & Mary Jones, b. Oct
        23, 1859 (438)
BRANDON, Christeny 1872, 1858 (408)
    John L. 1885, d. 1886 (492)
    Julia Jennie (see Julia Jennie Rick) (401)
    Mollie 1886 (492)
    S. S. 1858, 1872 (408)
BRANNER, Mrs. Brian d. Oct 11, 1894 (356)
    Bryan d. Jan 5, 1892, age 12 hours (356)
    Edith b. Apr 26, 1893 (dau of H. Bryant &
        Sarah E.) (356)
    Eliza C. 1861 (423)
    Frank m. Melinda Rogers (col'd) 1867 (356)
    H. Bryan m. Sarah E. Curtis Sep 18, 1889 (356)
BRANNOCK, Ethel 1875 (409)
    James M. 1875 (409)
    Mary 1875 (409)
BRANON, Jane 1853 (428)
BRANSON, Eli 1898 (450)
    Samuel D. 1857 (450)
BRANTLEY, Edwin Theodore 1842 (left for NY 1843)
        (423)
    Kate 1894, d. Nov 11, 1911 (454)
    L. L. 1895 (450)
BRANTLY, Bruce 1889 (478)
    Emily 1894 (450)
    Erskine 1871 (minister) (401)

BRANTLY, James W. 1889 (478)
    Willie Fite 1889 (478)
BRASFIELD, Lidia 1829, m. P. E. Hendrix (288)
BRASHEAR, Mattie 1893, 1899 (467)
BRASHERE, Lucy E. 1831 (462)
BRASHERES, Lucy E. 1831 (462)
BRASKY, Miss Lilian 1898 (438)
BRASS, Jane ca. 1870 (448)
    Sarah ca. 1870 (448)
BRASSFIELD, Lydia (see Lydia Hendrick) (288)
BRATTON, G. D. 1892 (401)
    George S. 1875 (401)
    Jeff 1879 (492)
    Miss Jennie 1870 (401)
    Mrs. Nancy 1847 (401)
    Nancy H. 1847 (401)
BRAUFF, Gardner Vera 1894 (454)
BRAUSE, George C. m. Eudora B. McCarty 15 Jan 1890 (503)
BRAWLEY, W. J. 1889 (455)
BRAY, Sary 1849 (386)
BRAYTON, Mrs. Blanche d. Oct 10, 1897, age 33 (356)
    Clarence B. m. Blanche Renshaw Nov 5, 1890 (356)
    Clarence Edward b. Richmon VA, bapt 1867 (son of C. B. & Blanch) (356)
    Harold Renshaw b. Jul 24, 1891 (son of Clarence & Blanche) (356)
BRAZEAL, Maria Louisa b. 25 Aug 1867 (503)
BRAZEALE, Mrs. Betsey 1834 (466)
    Eliza Jane 1842 (466)
    Miss Mary 1834, d. Aug 26, 1840? (466)
BRAZIEL, Charles Almon b. Coffee Co. TN, bapt Dec 5, 1895 (461)
    Mary Elizabeth, b. Coffee Co. TN, bapt as an adult Dec 5, 1895 (461)
    Roselie, b. Coffee Co., TN bapt Dec 5, 1895 (461)
BRAZIER, Leon, age 1, d. Sep 5, 1893 (438)
    Scott, son of W. O. & Alice, b. Apr 3, 1892 at Columbia (438)
BRAZIL, M. A. d. Sep 16, 1901 (350)
BRAZLETON, Julia Ann 1843 (466)
BRAZZEALE, Nancy 1874 (450)
BREAKFIELD, Sally 1853 (467)
BRECHAN, Susan jr. ca. 1860 (444)
BRECHEEN, J. 1858 (444)
    Jesse deacon ca. 1860 (444)
    Sarah ca. 1870 (444)
    Susanah ca. 1860 (444)
    Thomas G. deacon ca. 1860 (444)
BREDETTE, Mary 1865 (435)
BREECHEEN, Susan 1891 (444)
BREN, Marey 1887 (402)
BRENT, Addie E. 1895 (415)
    Mrs. Eliza 1887, d. 1901 (415)
    Mrs. Fanny 1895 (415)
BRESSLER, D. W. 1887 (455)

BRETT, A. M. & Mary M. parents of Alexander Cleage, Sallie Ann & James M., bapt 1868 (466)
BREWER, Eliza J. 1872 (408)
    Eliza J. left May 16, 1875 (408)
    Harriot m. Guy Sterling 4 Sep 1890 (503)
    Melisa 1872 (408)
    Melsa left Feb 14, 1874 (408)
    Susie see Susie King (407)
BREWSTER, Cuthbert Hugh & Eleanor Contance parents of of Henry John b. Jun 24, 1892 and Hugh Percival b. Oct 9, 1892 (503#
BRIAN, Alice ca. 1875 (448)
BRIANT, A. D. 1884 (409)
    Aletha 1884 (409)
    James 1834 (389)
    Jane d. Jun 3, 1842 (389)
BRIDGES, Ada 1896 (411)
    Arcada 1832 (466)
    Asbury 1896 (411)
    D. E. 1893 (371)
    David 1891, d. Oct 15, 1895 (444)
    Francis E. 1842 (466)
    George W. m. Elmira C. McFarlane (at residence of George McFarlane) 1855 (356)
    George Washington m. Annie Coldwell Erwin Dec 24, 1889 (480)
    Hannah Elizabeth (dau of Mrs. Margt.) bapt 1851 (466)
    Isabella T. 1842 (466)
    J. A. (m) 1896, d. Mar 1901 (411)
    J. A. pastor 1891-92 (507)
    J. L.? father of James Dennetson? bapt 1834 (466)
    James H. jr. 1833 (466)
    James S. b. Aug 16, 1795 in England, brought to US when he was about 2, m. in Georgetown DC Apr 22, 1817 to Mary McKim. d. Apr 21, 1873 (466)
    James S. 1832, 1835 (466)
    Jessie (see Jessie Baskett) (478)
    John McKinn? inf bapt 1835 (466)
    Kittie 1896 (411)
    Lois A. 1842 (466)
    Lydia Ann 1832, d. Oct 23, 1842 (466)
    M. A. (f) 1895 (371)
    Miss Margaret d. Oct 17, 1896 (356)
    Mrs. Margt. mother of Mary Dixon bapt 1850 (466)
    Margt. D. d. Aug 19, 1853 (466)
    Mary M. 1839 (466)
    McIntosh C. 1872 (466)
    Mildred 1889 (371)
    Mildred 1896 (371)
    Mildred A. (see Mildred Choate)(371)
    Morris 1839 (450)
    RosMary 1832 (466)
    S. J. 1891 (f) (444)
    Sallie Eliser, dau of Willie J., b. 1884, d. 1890, buried semitery of Jasper N. Clark, her g father (371)

BRIDGES, Samuel 1896 (411)
    Verner O. 1890 (371)
    W. J. 1896 (m), d. Mar 1901 (411)
    Wm. D. 1872 (466)
    William J. 1889 (371)
    Winaford ca. 1870 (444)
BRIDGEWATER?, James Gettys (son of Mrs. Eliza
        Jane) bapt 1854 (466)
    Surfronia 1853 (467)
    Surfronia d. 1888 (467)
BRIDGWATER, R. H. (m) 1866 (497)
BRIDWELL, Mrs. Emma C. d. Oct 14, 1903, age 74
    (356)
BRIEN, Evaline 1876, 1881 (389)
    John D. m. Ann E. Sneed (house of Wm. H.
        Sneed Esq.) 1860 (356)
    P. W. member 1876, d. 1881 (389)
BRIGANCE, A. G. 1879, d. Dec 16, 1896 (504-2)
    Abby 1879 (504-2)
    Albert G. 1879 (504)
    Hannah 1823, 1832 (504)
    Hariet 1879, d. Jun 23, 1880 (504-2)
    Hariett 1874 (504)
    Harriett 1858 (504)
    James 1823, 1832 (504)
    Milton H. 1837, 1879, d. Sep 23, 1879 (504-2)
    Milton H. 1879 (alias Brigham) (504)
    Milton Harvy 1874, 1858-9 (504)
    Susan M. 1872, d. May 28, 1885 (409)
BRIGERS, Wm. 1817 (386)
BRIGES, Jessa & wife Lidey 1846 (386)
BRIGGS, Archable 1853, d. Oct 1861 or 2 (467)
    Mrs. Augusta d. Jan 23, 1901, age 50 (356)
    B. G. 1893 (467)
    Daisy 1893 (467)
    Elender 1853 (467)
    J. A. 1893 (467)
    James 1843 (389)
    John S. 1853 (467)
    Jonathan R. 1853, 1855 (467)
    L. S. 1853 (467)
    Lenn d. 1905 (467)
    Sarah J. 1863 (467)
    W. H. 1871 (467)
BRIGHAM, Hariett 1879 (504)
    Milton H. (see Milton H. Brigance) (504)
BRIGHT, Bell (see Miss Bell Buckner) (487)
BRIGHTWELL, Jane 1811 (511)
BRINGHURST, Mrs. Harry (Annabel T.) age 31, d.
        Jan 21, 1911 (400)
    Joseph R. d. Apr 1879 (400)
    W. R. 1843 (400)
    William R. d. Feb 10, 1880 (400)
BRINGTON, Susannah 1811 (511)
BRINKLEY, John H. 1897 (348)
    Sarry E. 1897 (348)
BRINSON, Holland 1811 (511)
    James 1811 (511)
    Patience 1811 (511)

BRINSON, Sarah 1811 (511)
    Susanna 1811 (511)
BRISCOE, Mrs. C. E. 1891 (423)
    Mrs. J. P. (see Margaret Ann Rogan) (423)
    Joseph Earnest 1891 (423)
    Mrs. Lucy G. 1891 (423)
    P. J. 1891 (423)
    W. N. 1891 (423)
BRISENTINE, Sarah Matilda d. Jun 13, 1888, b. Feb
        8, 1853 (461)
BRISSEN, Clara 1891 (425)
    J. J. 1891 (425)
    Jennie 1891 (425)
    Nettie 1891 (425)
    W. T. 1891 (425)
BRISTORO, Earle adult bapt Apr 14, 1872 (438)
BRITAIN, B. member Sun schl 1870 (369)
    James member Sun schl 1870 (369)
    M. D. Sep 21, 1883 (492)
BRITT, Elizabeth 1823 (402)
BRITTON, Mrs. Ida P. 1873 (401)
    J. B. 1892 (421)
    M. D. 1876, d. Sep 21, 1883 (492)
    Mollie 1886 (421)
    Nancy 1876 (492)
    Sadie 1886 (421)
BROADDUS, Algernon L. 1885 (401)
    E. B. 1892, 1866 (401)
    Geo. E. 1889 (401)
    J. E. ordained May 16, 1869 (401)
    J. E. parents of Mattie Bell, Algernon
        Loving, Lel? Jackson, Geo. Edde, &
        William David, bapt 1873 (401)
    J. L. 1897 (401)
    Mrs. J. L. 1897 (401)
    Mrs. Mary Ida 1873 (m.? Fuller) (401)
    Mattie Belle 1885 (401)
BROADRICK, Susie 1893 (467)
BROCINS, Charles Wallace, son of Geo. W. & Mary O.,
        bapt Jan 2, 1863 (423)
    Geo. W. & Mary O., parents of John Paxton &
        Susan Morrow, both bapt Jul 4, 1863
        (423)
BROCK, Chas. R. d. 3/12/1905 (454)
    David 1893 (455)
    John V. 1820 (423)
    Obadiah 1831 (450)
    Sarah 1819? (423)
BRONN, James 1894 (440)
BRONSON, Miss Bell 1872 (478)
    Harriet N. 1875 (401)
    Lucian 1875 (401)
BROODDERS, Mrs. Harriet 1844? (401)
    Joseph E. 1844 (401)
BROOKE, Birtha Smith adult bapt 1892 (dau of
        Gilbert M) (356)
    Margaret m. Horace E. Reed, Jan 25, 1897
        (503)
BROOKS, Alvie O. m. Emma Rushton Jan 22, 1877 (503)

BROOKS, Austin Newton, son of Gilman E. & Celestia
E. b. 21 Feb 1862 (503)
- Buena Vista, dau of Alvie O. & Emma, b. Aug 16, 1877 (503)
- C. C. (m) 1878 (288)
- Emma 1878, d. Apr 2, 18__ (288)
- James T. 1856 (448)
- John Beal 1843 (423)
- R. L. 1886 (409)

BROSCINS, George W. 1857 (left church during war) (423)
- Mary O. 1857 (left church during war) (423)

BROTBECK, Fanny Featherston, dau of John R. & Martha, b. 12 Jul 1887 (503)

BROTHICK?, J. R. 1889 (455)

BROUGH, Stewart b. Feb 9, 1894 (son of Mrs. Nellie) (400)

BROUGHTON, Mr. G.? S. d. Feb 15, 1900, age 74 (356)

BROWER, T. K. 1873 (421)

BROWN, A. F., Virginia (Morgan), Virginia Morgan (Jun 1, 1884), Mary Louie (Jun 3, 1889), Elija Franklin (Jun 3, 1889)--family listing (438)
- Dr. Alex. Hamelton adult bapt 1876 (438)
- Dr. Alex. Hamilton buried Mar 18, 1889 (438)
- Mrs. Amanda (of St. Louis MO) d. Aug 1901 (438)
- Amanda d. May 29, 1879, age 71 (356)
- Amey 1885 (428)
- Mrs. Anna bapt 1889 (356)
- Anna Judith, dau of Chas. H. & Mary, bapt 1887 (356)
- Anna Speed, b. Jan 25 18__, Owensboro KY, adult bapt 1889 (400)
- Anna Virginia, dau of William E. & Mary L., b. 25 Jul 1887 (503)
- Anne Margarett m. William J. Parkes Apr 25, 1861 (438)
- Annie 1885 (507)
- Annie J. d. Jul 11, 1900, age 17 (356)
- Archie Franklin infant son of Mr. & Mrs. A. H., bapt Apr 22, 1899 (438)
- Archie Franklin, age 57, d. Feb 1, 1907 (438)
- Belle 1882 (406)
- Benjamin b. 28 Aug 1856 (503)
- Mrs. Bettie early member 1898-1900 (375)
- Binney G. m. Mary E. Wilson, widow, May 9, 1899 (503)
- Bula (see Bula Wall) (409)
- C. 1892 (393)
- C. C. 1894 (401)
- C. V. 1895 (393)
- C. Victor m. Catherine K. Colburn Dec 15, 1896 (503)
- C. Victor 1892 (393)
- Maj. Campbell m. Susie R. Polk Sep 11, 1866 (438)
- Charles 1896 (423)

BROWN, Charles H. 1894 (423)
- Charles Hanking b. Jul 30, 1887 (son of Charles H. & Mary) (356)
- Charles M. & Medora C. parents of Mattie b. Oct 5, 1859, Sallie Howard b. Oct 19, 1861, Bailey b. Aug 15, 1863 and Guss b. Sep 11, 1866 (all children bapt 1868) (401)
- Charlottie 1821 (419)
- Crowley Victor m. Martha M. Davidson 17 Jan 1888 (503)
- Dudley Southworth b. Mar 30 1895, son of Capt. & Mrs. T. LeRoy) (356)
- E. G. (m) 1896 (411)
- E. P. (f) 1896 (411)
- Edd 1895 (507)
- Edward Otis, son of Otis A. & Helen, bapt 1887 (356)
- Effie 1885 (428)
- Miss Effie M. 1875 (487)
- Effie Taska b. Apr 7, 1893, dau of Robert & Victoria (356)
- Elisabeth 1855 (435)
- Eliza Franklin b. Apr 11, 1888 (438)
- Elizabeth 1811, 1847 (511)
- Ellen Carlton, dau of Richard H. & Nancy J., b. Nov 29, 1895 (503)
- Miss Elva 1891 (423)
- Emily Hill b. Apr 9, 1890 at Columbia (438)
- Francis J. d. Apr 19, 1851, age 29 (356)
- Francis Nathaniel, son of Dr. C. W. & Sallie, bapt Jul 17, 1864 (438)
- Fred 1895 (507)
- George 1821 (419)
- George Ellis & Annie Elizabeth, twin children of Richard H. & Nanny J., b. Feb 21, 1898 (503)
- George Lee, son of George T. & Mary E., b. 25 Mar 1891 (503)
- Gideon Pillow, son of Thos. J. & Amanda, b. Oct 7, 1861 (438)
- Gordon 1899 (438)
- infant son of H. A. G. buried Sep 24, 1877 (438)
- H. Allen, Amelia T.?, James Hamilton (Dec 13, 1876), Hugh Thomas, John, J. B. Gordon --family listing (438)
- Harold Vivian b. St. Paul Minn, Jan 23, 1888 (son of George & Annie) (356)
- Harriet b. Mar 18, 1892 (dau of Charles H. & Mary) (356)
- Henry Clay Evans, son of George M. & Mary L., b. 8 Nov 1888 (503)
- Mrs. Horace, age 28, d. May 1901 (438)
- Hugh 1828, 1840 (423)
- Hugh d. 1838 (423)
- Isaac C. 1832 (502)
- James b. Jan 24, 1877 (440)
- James M. 1880 (361)

BROWN, James Hamilton, son of Allen, bapt Dec 13, 1876 (438)
    Jane Hosack, dau of Joseph & Mary, bapt Jun 6, 1829 (423)
    Jane M. 1832 (502)
    Jesse B. 1894 (401)
    John, son of Joseph, bapt May 15, 1831 (423)
    John 1899 (438)
    John 1880 (409)
    John d. Jan 1890 (409)
    John Armie? 1857 (478)
    John David, son of Richard & Nancy J., b. Feb 18, 1882 (503)
    John P. 1847 (511)
    John Randolph adult bapt 1889 (356)
    John Wycliffe 1884 (409)
    Johnnie 1891 (511)
    Joseph 1821?, d. May 1843 (423)
    Joseph d. May 7, 1843 (423)
    Josephine 1885 (507)
    Laura C. 1865 (448)
    Leonard confirmed 1890 (400)
    Leonard A. 1896 (400)
    Lizenka Campbell d. Aug 28, 1899 (438)
    Mrs. M. 1847 (438)
    M. A. 1695 (393)
    M. D. (m) 1878 (288)
    Mabel Webster, dau of Otis A. & Helen, bapt 1887 (356)
    Mrs. Maggie, age 30, d. Apr 1900 (438)
    Margaret Ann, dau of William & Mary L, b. 13 Jun 1885 (503)
    Margaret Esther, dau of Richard Henry & Nanny Jane, b. 2 Jun 1887 (503)
    Mrs. Martha E. 1875 (487)
    Martha Livingston, dau of Richard, b. Nov 26, 1893 (503)
    Martin N. 1875 (487)
    Mary d. Aug 1893 (511)
    Mary 1847 (511)
    Mary E. m. John F. Saunders Aug 25, 1867 (503)
    Mary Elizabeth, age 6, Wm. Chadwick, age 5 & Rolf Whisler, age 3, children of Chas. H. & Mary C., bapt 1882 (356)
    Mary J. buried Aug 14, 1883, age 62 (438)
    Mary K. bapt 1833 (423)
    Mary Louise b. Aug 20, 1886 (438)
    Mary M. 1872 (466)
    Mary R. d. Jun 29, 1904 (507)
    Mary Ross d. Jun 29, 1904 (507)
    Mrs. Medora C. 1868, 1873 to Memphis TN (401)
    Medora C. adult bapt 1868 (401)
    Moses 1811 (511)
    Nancy 1847 (511)
    Nancy d. May 1892 (511)
    Nora ca. 1880 (448)
    Mrs. Otis d. Oct 4, 1892 (356)

BROWN, Otis A. m. C. Helen Bailey 1874 (356)
    Otis Ainsworth adult bapt 1874 (356)
    Patsey 1811 (511)
    Pope d. 17 May 1912, age 20 (350)
    R. A. 1880 (409)
    R. T. & wife Nannie Gardner 1867 (406)
    Richard Ewele, son of Campbell & Susie, bapt Sep 18, 1870 (438)
    Richd. H. m. Nancy J. Livingston Apr 25, 1882 (503)
    Richard Henry, son of Richard H. & Nancy, b. 2 Sep 1889 (503)
    Roy Palmer 1892 (461)
    Roy Palmer, son of Ashley Asero & Lavinia Sarah, b. Aug 22, 1876 at Tullahoma (461)
    S. L. 1874 (401)
    Sa. E. m. Thomas A. Alexander Sep 1, 1880 (503)
    Theodore F. m. Belle Cooper Nov 17, 1897 (503)
    Theron 1885 (454)
    Thomas buried Jan 20, 1878 (438)
    Thomas J., age 22, buried Jul 9, 1884 (438)
    Thomas James, son of Thos. J. & Amanda, b. Feb 16, 1863 (438)
    Thomas James of Pulaski m. Mary Mary Amanda Pillow, Apr 21, 1859 (438)
    Virginia 1896 (438)
    Virginia Morgan b. Mar 8, 1883 (438)
    W. A., ordained minister, member 1896 (411)
    W. G. 1885 (428)
    W. M. m. Ida Vyles Jan 29, 1881 (503)
    William d. Mar 21, 1890, age 13 (356)
    Wm. E. m. Lulu M. Gilliam Jan 23, 1884 (503)
    Cap. Wm. H. d. Jan 17, 1903, age 63 (356)
    William Henry Clay, son of William E. & Mary L., b. 3 Feb 1889 (503)
    Willie 1899 (507)

BROWNING, Artelia 1887 (401)
    Mrs. Callie d. Jun 1896 (454)
    Lydia Ann, dau of Edd. & Mary, b. Dec 17, 1871 (356)
    Maggie Anna, dau of Wm. H. & Elizabeth, b. Oct 9, 1861 (356)
    Octavey C. 1887 (402)
    Tennie m. Samuel Strauss Jul 11, 1867 (503)
    Thomas Walter, son of Wm. H. & Elizabeth, b. Jan 4, 1866 (356)
    William Mowbray, son of Wm. H. & Isabella, b. 19 Dec 1870 (503)
    William Mowhay, son of Wm. H. & Elizabeth, b. Dec 19, 1870 (356)

BROWNLEE, Joseph Templeton m. Helen Sherwood Gibson Oct 30, 1890 (356)

BROWNLOW, Annie m. Wm. F. Patrick Jan 26, 1881 (356)
    Edith, dau of Geo. & Helene, b. 18 Jan, 1874 (356)

BROWNLOW, Edith m. George W. Metcalf Jun 9, 1896 (356)
    George d. Nov 8, 1897, age 63 (356)
    George m. Hilene Porta 1872 (356)
    Mabel Elizabeth, dau of George, bapt Mar 1879, about 1 yr old (356)
    Mary Alice (see Mary Alice Williams) (423)
BROYLES, Maggie M. 1889 (507)
    Mrs. Margaret 1891 (423)
BRUCE, Avery Credow b. May 2, 1893, son of Avery C. & Hannora (356)
    John E. 1897 (401)
    Joseph 1885 (401)
    Margaret Eliz. 1885 (401)
    Mariah 1896 (429)
    Mrs. Mary d. Mar 2, 1899 (429)
    Mrs. Nancy d. 1906 (401)
    Mrs. Rebeca 1896 (429)
    Robert R. 1896 (454)
    Thos. P. 1898 (429)
BRUER, Jef 1892 (450)
BRUGEN, Harry Ellwood 1894 (502)
BRUME, Starcy 1831 (450)
BRUMET, Stacy 1831 (450)
BRUMMET, Solomon m. Rebecca Tiester Jan 17, 1878 (356)
BRUMMITT, Robert Little, son of Doc? & Teresie B., bapt Sep 5, 1891 (409)
BRUNSEN, Geo. H. 1891 (401)
    John S. 1891, 1895 to M. E. Ch (401)
    Minerva Belle 1890 (401)
    Bell 1873 (401)
    Donie (Luckett) 1884, 1886, 1890 (401)
    Harriet N. (Isaac) 1875, d. Dec 6, 1898 (401)
    Hudson Garland 1892 (401)
    Isaac 1875 (401)
    Isaac adult bapt 1875 (401)
    Isaac K. 1884, d. Feb 1, 1899 (401)
    Lillie 1874 (401)
    Lilly adult bapt 1874 (401)
    Locky 1874 (401)
    Locky d. May 17, 1913 (401)
    Lucien adult bapt 1875 (401)
    Ludin 1875, d. Dec 8, 1898 (401)
    Maggie d. Jun 25, 1885 (400)
    Margaret (Mrs. Bagby) 1884, 1898 to M. E. Ch (401)
    Mary Franklin, dau of Isaac & Mary, bapt Mar 20, 1887 (401)
    Mary Franklin (Mrs. Abner) 1887 (401)
    Mary Villers 1887 (401)
    Robt. S. 1889, d. Nov 26, 1891 (401)
    Sarah (see Allen Johnson) (400)
BRUSH, A. C. 1855 (478)
BRYAN, Miss Bessie 1874 (487)
    Miss Bessie 1891, d. May 22, 190_ (401)
    Charles B. 1873 to 2nd Ch Memphis (401)
    Elizabeth 1811 (511)
    Mrs. Elizabeth 1896 (400)

BRYAN, H. H. member 1875, d. Dec 1878 (400)
    Hardy 1874, 1879 to Westminster Ch Nashville (401)
    Henry Avery bapt 1878 (400)
    Henry Bailey confirmed 1894 (400)
    Henry Hunter d. Dec 16, 1878 (400)
    Henry Hunter, son of Jesse & Mary, bapt 1877 (400)
    James H. deacon 1874 (487)
    Jessee confirmed 1879 (400)
    John D. T. d. Nov 6, 1880 (400)
    Mrs. Kate 1874, 1879 to Westminster Ch Nashville (401)
    Mrs. Madeline (wife of James H.) (487)
    Matilda C. 1876 (409)
    Thomas B. ca. 1880 (448)
BRYANT, A. D. 1892, 1885 (409)
    A. O. d. Dec 7, 1898 (409)
    Aletha 1892, 1885 (409)
    Archabald 1811 (511)
    Bettie 1893 (409)
    Eva 1885, 1892 (409)
    Jeremiah 1811 (511)
    Miss M. A. 1887 (438)
    Mary 1811 (511)
    Mary Elizabeth m. Peter Johnston Davenport Jul 8, 1896 (356)
    Mary Elizabeth d. Jul 13, 1812 (401)
    Mrs. Mary Guthrie d. Apr 7, 1912 (401)
    Maud 1892 (409)
    Minnie 1885, 1892 (409)
    Miss Ollie 1891 (455)
    William 1811 (511)
BRYARLEY, Geo. W. 1855 (401)
    Lucie F. ca. 1854 (401)
    Mrs. Mary 1853 (401)
BRYARLY, George W. 1855, d. Jun 10, 1892 (401)
    Lucie T. 1866, 1900 First Ch, Louisville KY (401)
    Mrs. Mary 1853 (401)
BRYERLY, Wm. Helm 1885, d. Jun 1903 (401)
BRYLES, Elizabeth d. Aug 28, 1892 (507)
BRYSON, Revd. John H. pastor 1867-1872 (gone to Columbia SC) (478)
    Mary E. d. 1-6-1907 (454)
BUBLE?, Miss Hazel 1898 (438)
BUCH, Elizibeth 1888 (429)
    Mrs. Mary J. 1886 (429)
    Sam 1892, d. 1893 (429)
    Wm. C. 1889 (429)
BUCHANAN, Emiline E. 1868 (423)
    George W. 1855 (478)
    George W. d. Jul 1, 1868 (478)
    Jennie? 1896 (429)
    John C. 1857 (478)
    Karl A. m. Effie E. Johnson Dec 22, 1892 (503)

BUCHANAN, Mrs. M. E., L. L.?, John Maury, Wm. &
	Miss Lutie, members 1895, went to TX,
	joined M.E. church there (415)
	Miss Mary 1877 (478)
	Mrs. Virginia 1855 (478)
	Willie T. 1869 (423)
	_attie Lou 1896 (429)
BUCHANNAN, George W. 1855, d. Aug 2, 1868 (478)
BUCK, Alice Gertrude Return?, dau of Walter Vernon
	& Cora Lebree, b. Apr 9, 1884 at
	Trenton KY (461)
	Alice Putnam 1896 (461)
	Geo. W. 1887, Mar 1888 to Memphis TN (401)
	Patience T. J. 1872 (504)
	Mrs. Virginia 1869 (502)
BUCKANAN, J. W. 1845 (478)
BUCKHANAN, Robert 1859 (448)
BUCKHANNON, David 1841 (389)
	Dennis d. Sep 1847, member 1842 (389)
	Sarah 1841 (389)
BUCKLEY, Altaman Abraham d. 1857 (423)
	Ed L. 1889 (497)
	Mrs. Mary 1866 (497)
	Mrs. Mary A. 1872 (497)
	Miss Z. R. 1872 (497)
	Miss Zebba 1866 (497)
BUCKNER, A. (colored) 1884 (401)
	Miss Bell (Mrs. John M. Bright?) 1878 (487)
	Bruce m. Elizabeth Littlefield Nov 5, 1889
	(438)
BUCKWELL, George Augustus b. Jul 23, 1894 (son of
	Edward & Lucie) (356)
	Hilda b. Oct 2, 1892 (dau of Edward &
	Lucie) (356)
BUCY, Lucy 1824 (421)
BUELL, Mrs. A. O. d. Mar 21, 1902, age 25 (of
	Duluth Minn) (356)
BUFORD, Clifton R. 1889 (455)
	Emeline 1856 (448)
	Miss Mabel 1895, 1897 to Presby Ch Pulaski
	(401)
	Marcellus A. 1856, moved to Williamson Co
	1857 (448)
BUG?, Henry 1872, d. 1874 (401)
BUGG, Samuel D. 1843, d. 1843 (423)
BUGNA?, Chas. H. 1893 (409)
	Florence 1893 (409)
BULLARD, Bentley, b. Jul 27, 1883 (438)
	Edwin b. May 28, 1880 (438)
	Florence 1887 (438)
	Florence bapt Jan 15, 1882 (438)
	Joseph John Washington, son of Sarah Cath-
	erine, b. Nov 17, 1882 (461)
	Mary 1898 (438)
	Mary Neoma?, dau of Mr. & Mrs. Will, bapt as
	inf on Apr 15, 1900 (438)
	Pearl Ellen m. James R. Barber Oct 21, 1896
	(438)

BULLER, Elizabeth 1839 (389)
BULLION, Geo. & Etta, parents of Grover Cleveland
	(age 9) and Mamie (age 6) bapt 1901
	(438)
	Grover Cleveland, son of George & Etta, b.
	Dec 24, 1892 (440)
	Mamie, dau of George & Etta, b. Sep 16, 1894
	(440)
	Mary 1821 (419)
BULLOCK, Sarah Lee, dau of Granville & Maggie Lee,
	bapt 1890 (502)
BULLOND, George, Florence (Jan 15, 1882), Luzene,
	Willie, Earl, Harrison, Calvin (Mar
	28, 1886), Calvin, Bentley--family
	listing (438)
BUMPUS, Mary E. 1893 (409)
BUNCK, Mrs. J. C. (wife of Chas. M.) d. 1902 (423)
BUNN, Fannie 1873 (409)
BUNTIN, W. F. (m) 1891 (288)
BUNTING, Mrs. C. S. C. 1886, Jan 1890 to Gallatin
	TN (401)
	George Herbert 1887, Jan 1890 to Gallatin TN
	(401)
	Harry S. 1886, Apr 1891 to Gallatin TN (401)
	Robt. F. 1886, Jan 1889 to 1st Ch Nashville
	(401)
	Wm. M. 1886, Jun 1889 to Florence AL (401)
BUNTORY?, W. F. 1878 (288)
BURCH, Cave 1891 (371)
	Cave J. 1888 (371)
	John C. & Lucy Whitman, parents of Mary
	Lollard b. Jul 13, 1853 and Catharine
	Newell b. Jul 19, 1853 (sic) (503)
	Lucy Whitman, dau of Chas. & Anne Newell,
	wife of J. C. B., b. Dec 31, 1831,
	bapt 1853 (503)
	Mary Collard?, dau of John C. & Lucy A.,
	bapt 1860, age 3 yrs (503)
	Morton Newman bapt 1860, age 5 mos, son of
	John C. & Lucy A. (503)
BURCHEL, Thomas 1857 (423)
BURCHELL, Mary 1869 (423)
BURDET, Gustave 1891 (423)
BURDETT, Mrs. Charlotte 1852 (478)
BURDINE, Blanch Warren 1889 (429)
BURDOROF, Mrs. Ida C. 1884 (478)
BURENES, Mary 1872 (396)
BURFORD, Mrs. A. C. 1898 (454)
	Joycey 1838 (389)
BURGDORF, Mrs. Amelia 1879 (502)
	Miss Beulah (Lenehan) 1892 (502)
	Buela, dau of Mrs. Amelia, bapt 1892 (502)
	Ella Louise, dau of L. H. & Amelia, bapt 1894
	(502)
	Miss Ellen Louise (Beckwith) 1894 (502)
	Miss Josie 1892 (502)
	Louis 1884 (478)
BURGESS, Miss Cephalia m. P. C. Hambaugh, member
	1875 (400)

BURGESS, Dellah (see P. C. Hambaugh) (400)
BURK, Anna (see Anna Street) (429)
    Mrs. Arimenta 1886 (429)
    Elisey 1873 (450)
    Jack J. 1885 (429)
    Miss Jennie Street 1888 (429)
    John d. Feb 16, 1884 (429)
    Miss Lenora 1886 (429)
    Mrs. Martha J. 1854 (429)
    Mrs. Martha J. 1881 (429)
    Mrs. Mary E. 1854 (429)
    Sam 1896 (429)
    T. H. 1881 (429)
    Thomas M. 1881 (429)
BURKE, Aileen Isabelle, dau of Alfred Wm. & Mary Wright, b. Dec 24, 1895 (503)
    Alfred W. m. Mary Wright Butler Apr 28, 1895 (503)
    Gertrude Douglas, dau of Alfred W. & Mary W., b. Jun 28, 1898 (503)
    Harry Rupert b. Penn. Feb 17, 1882, son of Edward & Ida (356)
    Jack J. 1885 (429)
    Lavinia Anne (Hiller) 1892 (461)
BURKET, Elisabeth 1821 (419)
BURKETT, Elisabeth 1860 (419)
BURLAN?, Charley 1889 (455)
BURLES, W. A. M. 1872 (497)
BURN, Mag 1886 (396)
BURNAHM, Mai Elise, b. Nov 6, 1868 (438)
BURNES, E. T. d. 1900 (408)
    Elisabeth 1872 (396)
    Elisibeth 1881 (348)
    Gorge L. 1882 (348)
    H. F. 1881 (348)
    Henry 1869, 1870 (396)
    J. L. 1881 (348)
    J. T. 1884 (409)
    Joiner Ferguson m. Julia Baird Flemming Jun 4, 1895 (438)
    Lucy J. 1872 (408)
    Marthy J. d. Jun 4, 1871 (408)
    N. deacon 1872 (396)
    N. 1869, 1870 (396)
    Nancy Ann 1881 (348)
    Theodoshia 1879 (348)
    Thomas 1871 (396)
    Thomas E. 1894 (423)
    Thomas J. 1881 (348)
BURNET, Brom 1889 (415)
    Emma 1892 (415)
BURNETT, Mrs. Alice May 1875, d. Sep 9, 1895 (429)
    Allice May d. Sep 9, 1895 (429)
    Ann P. m. Herbert Edwin Hodgson Jun 1, 1870 (356)
    Arthur Lewis, son of Joseph C. & Cora H., b. 1883 (455)
    Geo. W. 1891 (423)

BURNETT, Mrs. Lydia d. Jul 14, 1887, age 80 (356)
    Nancy 1839 (389)
    Nannie M. 1875 (409)
    Otto Raymond, son of Joseph C. & Cora H., b. 1884 (455)
BURNETTE, J. C. 1889 (455)
    James 1882 (511)
BURNEY, Clar S. (see Clara S. Kennedy) (401)
    Clara Kennedy 1897 (401)
    Clara S. (R. H.) 1872 (401)
    Clara S., mother of Mary Vick & Clara Kennedy, both bapt Oct 26, 1887 (401)
    Mary Vick 1897 (401)
    Robert Harris, son of R. H. & Clara S., b. Jun 16, 1881, bapt 1882 (401)
    Sarah B. 1894 (401)
    Sarah Bailey, dau of R. H. & Clara S., bapt 1884 (401)
BURNS, A. P. 1872 (408)
    Andy 1886 (396)
    Angy 1886 (396)
    Bessie 1890 (409)
    Charley 1821 (419)
    E. T. 1872 (408)
    E. T. 1858 (408)
    Elisabeth 1821 (419)
    Ida 1860 (419)
    Lucy J. 1858 (408)
    Mamie 1893 (409)
    Margret d. 1890 (396)
    Martha J. 1858 (408)
    Mary 1853 (467)
    May 1895 (454)
    P. D. 1860 (419)
    Rebecca member 1821 (419)
    Rebecca 1860 (419)
    Sallie 1860 (419)
    Sallie 1886 (396)
    Sarah Jane (see Sarah Jane Collins) (461)
    T. J. 1886 (396)
    W. T. 1872 (408)
    Wm. 1868 (369)
    Willie A. 1891 (454)
    Amelia adult bapt 1869 (356)
BURR, Chaillon m. Josephine Morris Apr 29, 1885 (400)
    Col. George H. d. Apr 29, 1902, age 72 (356)
    Wm. 1842 (448)
BURRESS, James m. Mary J. E. Goodman Nov 16, 1868 (356)
BURRIS, Ella D. m. Edward S. Nixon 27 Jul 1886 (503)
    Emelia M. m. George H. Cope May 10, 1898 (503)
    Kessie 1898 (348)
    Paul 1885 (455)
    Sary 1897 (348)
BURRISS, Jonathan m. Sarah Amble (at residence of John Burriss) 1855 (356)

BURRONS, David L. 1842 (478)
BURROUGHS, Frank D. 1891 (455)
BURROW, Freemon d. Aug 1871? (396)
    Fremon member 1868, d. 1871 (396)
    Jarrell & wife 1899 (478)
    John W. & wife 1899 (478)
BURRUM, Carrie Gertrude, dau of Charles R. & Mary Magdalene, b. Feb 22, 1890 (461)
BURSBY, John 1858 (504)
BURT, Cassy 1871 (480)
    Mrs. J. O. d. Feb 1, 1912 (454)
    Lend. 1872 (480)
    Miss Mary G. 1883 (478)
    Susan E. 1858 (478)
    Thos. S. 1858 (478)
BURTHWRIGHT, C. A. 1879, d. 4/18/1900 (339)
BURTON, Almedia 1881 (339)
    Callie B. 1891 (339)
    James H. 1872, 1882 (339)
    Miss Lavinia (dau of Mary) 1885 (478)
    Luisa 1861 (444)
    Mary 1882, 1890 (339)
    Mrs. Mary A. 1885 (478)
    R. L. 1885, d. 1912 (339)
    Rufus 1896 (339)
    Sam bapt 1891 (339)
BUSBY, Dolly 1832, 1823 (504)
BUSB, Adolph 1889 (454)
    Chas. W. 1885 (454)
    Elizabeth E. 1888 (454)
    Robt. W. 1885 (454)
BUSH, Ada A. 1887 (455)
    Dr. Eli ca. 1875 (448)
    Laura Bell 1896 (401)
    Mrs. Mollie 1893 (401)
BUTCHER, Jacob 1857 (457)
    William d. Oct 31, 1882 (503)
    William B. 1858 (450)
BUTLER, Alice ca. 1880 (448)
    Bell 1896 (411)
    C.? C. 1872 (396)
    C. C. 1878 (396)
    C. L. 1891 (444)
    E. T. (m) 1896 (411)
    Elizah 1896, d. Nov 1897 (411)
    Ethel 1896 (411)
    I. G. (m) 1896 (411)
    L. C. 1878 (396)
    Margrett G. 1896, d. Jun 1898 (411)
    Mary Wright m. Alfred W. Burke Apr 28, 1895 (503)
    Milford C. 1869 (423)
    Mollie 1896 (411)
    Nancey Ann 1891 (444)
    Nannie 1869 (423)
    Nellie m. Frank Agiler Apr 13, 1882 (503)
    Mrs. R. E., age 38, buried Jun 17, 1878 (438)
    Susanna 1866 (444)
    T. J. P. ca. 1880 (448)

BUTLER, Thomas Overton, son of J. H. & Mary, bapt 1894 (502)
    Wm. Lillard, son of Mary P. & W. L., b. Dec 18, 1891 (502)
BUTTER, Mrs. R. W. member 1875, resides in Pittsburgh (400)
BUTTERFIELD, Jennet (McLeay) 1892 (461)
    Mrs. Jonel? d. Feb 5, 1891 (461)
BUXTON, Mrs? Marion M. m. Harvey W. Earnest Aug 14, 1870 (503)
BYARS, James 1835 (400)
BYERLEY, Jacob d. Sep 1880 (465)
    Matilda d. Feb 1901 (465)
BYERS, Miss Alice (Decks?) 1894 (401)
    Alice Virginia m. Edward Richard Beach Jun 10, 1890 (400)
    Ernest T. d. Nov 1910? (401)
    George N., Ellen, Alice Margaret A., Laurence N.--family listings 1875-1902 (400)
    George Newton, age 70, d. Jan 12, 1904 (400)
    Laurence Newton confirmed 1892 (400)
    Lawrence Newton b. Mar 10, 1878, son of George Newton & Ellie? (400)
    Margaret Hine b. Jul 28, 1876, dau of George N. & Ellen (400)
    Margarite Hine? conf 1892 (400)
    Marjorie 1896 (400)
    Mrs. Narcissa (Thos) 1894 (401)
    Newton L. 1896 (400)
    Miss Rosa A. (Fosco) 1894 (401)
    Thomas 1899 (401)
    Mrs. (see J. D. Reutch) (400)
BYINGTON, ____ (m) d. Nov 24, 1905, age 47 (350)
BYNUM, Mable (see Mable Dallas) (423)
    Mrs. Mable 1891 (formerly Mable Dallas) (423)
BYRAM, Baxter Boyd m. Myrtle Amanda Adcock Jul 25, 1893 (438)
    John 1840 (504)
BYRD, Ada Lillian 1893 (440)
    Delora, dau of Leonard & Mary, b. Mar 25, 1896 (440)
    Fanny 1888 (440)
    George Lenard d. Jun 11, 1892, age 2 mos (440)
    Hannah Elizabeth (Nix) d. Apr 9, 1892, age 18 (440)
    Lena 1888 (440)
    Leonard 1895 (440)
    Mrs. Mary E. 1887 (440)
BYRNE, Amanda G. 1868 (now Mrs. Feech) (401)
    Amelia 1868, 1876 to Bowling Green KY (now Mrs. Graham) (401)
    Amelia adult bapt 1868 (401)
    Mrs. Flora d. Apr 14, 1893, age 84 (400)
CABANISS, Miss Lute 1887 (401)
CABE, Nancy 1821 (419)
CAELL?, Ida 1885 (428)
CAGLE, Martha 1891 (423)
    Mrs. Martha 1867 (423)

CAIN, Elizabeth Victoria b. May 3, 1897, dau of
    Henry & Nellie (400)
    John Ervin d. 1906? (401)
CAIRNES, Alexander 1891 (423)
CAIRNS, Mrs. Jane 1891 (423)
CALAHAN, J. T. 1874 (462)
    John d. May 30, 1888 (465)
    L. C. (f) 1874 (462)
    Sarahann 1874 (462)
CALDWELL, Alex. Saml. 1874 (401)
    Alexander Samuel 1874 (401)
    Benjamin Palmer, son of John W. & Mary P.,
        b. Apr 2, 1875 in N. O., bapt Jun 13,
        1875 by his gr grdfather Rev B. M.
        Palmer (401)
    Chas. T. 1890, preacher (401)
    Christopher C. 1832 (466)
    Revd. G. A., father of Margaret Almeda bapt
        1854 (466)
    Rev. G. A. father of Joseph Alexander bapt
        1853 (466)
    Rev. Geo. A. preached his first sermon in
        Marshall Co. Jun 20, 1852 (466)
    GeorgeAnna, dau of Rev. G. A., bapt 1859 (466)
    Hassie member 1869 (369)
    Hattie Moore, inf of J., bapt 1887 (356)
    J. W. elder 1877 (401)
    J. W. 1888 (406)
    John Barnard, son of Mr & Mrs J. C., inf
        bapt 1885 (356)
    John Henderson, son of Rev. G. A., bapt 1857
        (466)
    John W. 1874, 1885 to 1st Pres Ch, N. Orleans
        LA (401)
    Joshua Willie, son of Alfred, bapt 1860 (466)
    Katherine b. May 19, 1888, dau of J. W. &
        Kate (356)
    Lou 1882 (406)
    Malind J. 1875 (409)
    Mrs. Mary P. 1874, 1885 to 1st Pres Ch,
        N. Orleans LA (401)
    N. J. 1880, 1870 (406)
    Col. N. J., wife Evelina Davis & dau Fleta
        1867 (406)
    Richard D. m. Eva Fauche Sep 24, 1890 (400)
    Ruth Jane 1833 (423)
    Walter Preston (son of G. A.) bapt 1863 (466)
CALET, Elizbeth d. May 25, 1877 (428)
CALHOUN, Dora 1890? (425)
    Eller J. 1880 (348)
    John C. 1887 (348)
    Lourena 1887 (348)
    Martha 1893 (467)
    Martha d. Jul 1908 (467)
    Mattie 1886, 1888 (421)
    Miney 1895 (348)
    Noar 1898 (348)
    Susan 1897 (348)
    Thomas d. Jan 20, 1899 (421)

CALHOUN, Thomas 1865 (421)
CALICUTT, Florence 1891 (288)
CALKINS, Douglass m. Lucy Tydeman 1884 (356)
CALLAGHAN, R. F. 1842 (478)
CALLET, Joseph 1855 (428)
CALLETT, G. W. d. Mar 23, 1885 (400)
CALLEY, Eliza 1860 (467)
    Signer 1821 (386)
CALLIN, Mabel 1890 (409)
    Mary d. Apr 1895 (409)
CALLIS, J. F. 1893, d. Nov 4, 1894 (467)
    Kitty d. Nov 23, 1893 (467)
CALLISON?, Eliza J. 1877 (425)
CALVERT, Stephen 1847 (450)
CAMACK, Robert Chew b. Aug 5, 1874 and Carleton
    Hunt b. Dec 17, 1875, children of
    Albert & Florence (400)
CAMBLE, Abe 1885 (492)
CAMFIELD, Kergus Jackson, son of Wm. Thos. & Martha
    J. Graham, b. Jan 31, 1876 (438)
    Noah Thomas, son of Martha J. Graham & Wm.
        Thos., b. Sep 23, 1878 (438)
CAMMACK, Capt. Albert, age 72, d. Jul 25, 1906
    (400)
    Carlton Hunt of New Orleans LA d. 1912 (400)
    Mrs. Florence, age 62, of New Orleans, d.
        Jan 27, 1903 (400)
    Robert, age 16, of New Orleans, d. Jan 1891
        (400)
CAMP, Elzie May m. Reuben Frank Bernard Oct 26,
    1898 (356)
    James M. d. Jun 23, 1910 (454)
    Mrs. Minnie E. 1891 (423)
    Richard O. 1872 (448)
    Mrs. Sarah L. 1891 (423)
    Mrs. Sarah L. d. Jun 28, 1913 (423)
CAMPBELL, Albert 1895 (401)
    Allen b. 1866 (441)
    Anna Elanor 1896 (502)
    Anne m. Julius Liody 1854 (356)
    Annie Elenora, dau of Wm. & Nora, bapt 1882
        (502)
    Annie Laurie, dau of J. A. & Anna, b. Franklin
        TN Jun 20, 1895 (461)
    Betsy 1802 (389)
    Miss Caroline R. d. Jun 2, 1858 (466)
    Chas. W. 1889 (455)
    Colin M. 1860, d. May 29, 1865 (438)
    Connally b. Aug 11, 1878 and Clarine b. Oct
        20, 1876, children of J. W. (400)
    D. A. 1868, 1871 (401)
    D. C. 1886 (409)
    David L. Hope 1842 (423)
    Dee, Bettie, Eugene Albert (Jul 3, 1887),
        Ethleen Brownie (Jul 3, 1887), Fannie
        Floy (Jul 3, 1887)--family listing (438)
    E. M. 1886 (409)
    Edwin Cook, age 55, of Washington DC, d. Sep
        2, 1912 (400)

CAMPBELL, Edwin Cook b. Hopkinsville KY 1855 (400)
    Mrs. Eleanor (wife of Allen) b. 1881 (441)
    Mrs. Elizabeth, wife of the late Robert
        Campbell, buried Jul 15, 1856 (438)
    Elisabeth 1886 (409)
    Eolin M., Esqr. buried May 30, 1860 (438)
    Ethleen Brownie, dau of Dee & Bettie Tucker,
        b. 1881 (438)
    Eugene Albert, son of Dee & Bettie Tucker, b.
        1879 (438)
    Eva Young, dau of Colin M. & Sallie E., b.
        Sep 1854 (438)
    Fannie Floy, dau of Dee & Bettie Tucker, b.
        1883 (438)
    Mrs. Francis, mohter of Victor Moreau bapt
        1849 (466)
    George W. b. 1880 (441)
    Hugh adult bapt 1893, b. Apr 13, 1859,
        Hopkinsville KY (400)
    Hugh b. Hopkinsville KY Apr 18, 1869, d.
        Clarksville TN Apr 4, 1893 (400)
    J. B. adult bapt 1874 (401)
    J. R. 1875, 1877 to Franklin TN (401)
    Jeannie Donelson, dau of John P. & Rebecca
        W., b. Sep 3, 1852 (438)
    Jemima 1887, d. Apr 28, 1888 (401)
    John 1802 (389)
    Jno. A. 1867 (502)
    John A. deacon 1885 (502)
    John K. 1819 (423)
    Josephine A. adult bapt 1868 (401)
    Louise Forrest m. Montgomery Davie Dec 11,
        1895 (503)
    Lucy 1855 (497)
    Malvinah 1828 (389)
    Marion confirmed 1878 (400)
    Martha m. L. Alexis Ott Oct 25, 1899 (503)
    Mrs. Martha 1875 (487)
    Martha Ann, dau of William, bapt May 11,
        1822 (423)
    Mary Elizabeth, dau of Jno. P. & Rebecca,
        bapt Jul 5, 1849 (438)
    Mary Lucretia inf bapt 1835 (466)
    Mary Otey bapt 1878 (400)
    Matilda Jane (see Washington C. Whitthorne)
        (438)
    Mollie 1860 (448)
    Nannie H. m. James H. McKay May 27, 1877
        (438)
    Mrs. Nora (Wm.) 1877 (502)
    Ora ca. 1880 (448)
    Parker Braxton (son of Parker & Isabel) b.
        Feb 22, 1860 (356)
    Pattie 1886 (409)
    Penelope 1833 (466)
    Mrs. Penelope, mother of Elizabeth Penelope,
        Wm. Dedrick, & Caroline Lorenia bapt
        1833 (466)

CAMPBELL, Mrs. Penelope mother of Henrietta
    Moreau bapt 1850 (466)
    Puss 1894 (504)
    Mrs. Rebecca W. 1849, d. Nov 1855 (438)
    Mrs. Rebecca W. & Mary Elizabeth (dau of
        John P.?)--mother & dau d. during the
        same night & buried in one grave--
        buried Nov 18, 1855 (438)
    Richard B. 1842 (466)
    Robert Argyle, son of John P. & Rebecca W.,
        b. Mar 23, 1850 (438)
    Sallie (see Albert James) (438)
    Miss Sallie confirmed 1894 (400)
    Mrs. Sallie E. wife of Colin M., Esqr.,
        buried Oct 24, 1857 (438)
    Sallie Eugene, dau of Colin M. & Sallie E.,
        b. Jan 1856 (438)
    Sallie Eugenia m. Albert S. James Apr 25,
        1875 (438)
    Mrs. Sallie Lee 1896, d. Feb 4, 1900? (400)
    Miss Sallie Lee d. Feb 4, 1910 (400)
    Saml. S. & T. C., parents of Ora, Saml. A. &
        Annie M. bapt May 13, 1875 (448)
    Sarah E., Mary Otey, Sarah, Fanny Cook--
        family listings 1875-1902 (400)
    Mrs. Sarah E., age 80, d. May 27, 1902 (400)
    Sarah Elizabeth confirmed 1876 (400)
    Sophia 1860 (419)
    Sumpter (son of Geo. A. & Nettie) bapt 1882
        (502)
    Thos. F. 1883 (401)
    Thomas J. jr. 1843 (423)
    Thos. R. C. m. Anna Davis Nov 28, 1865 (356)
    Virgil James (son of D. A. & J. A.) bapt 1880
        (487)
    Virginia buried Aug 5, 1883 (438)
    Wm. Bridges (son of Frances E.) bapt 1852
        (466)
    William Dake (son of D. A. & J. A.) bapt
        1880 (487)
    Wm. E. 1858 (502)
    Willie m. William A. Henderson Sep 29, 1895
        (503)
CAMPFIELD, Lula m. Frank Grissom Aug 2, 1891 (438)
    Mary m. Isaac Cummins Aug 2, 1891 (438)
CANADY, Caty 1828 (421)
CANBRIDGE, Mrs. Bettie 1883 (478)
    Miss Eliza Jane 1885 (478)
    Miss Emma 1883 (478)
    Harry L. 1885 (478)
CANEY, A. C. 1897 (393)
CANFIELD, Addie 1894 (440)
    Carl, age 27, d. Aug 13, 1904 (438)
    Jack 1899 (440)
    Lula m. Frank Grissom Aug 2, 1891 (440)
    Martha Jane 1891 (440)
    Mary m. Isaac Cummins Aug 2, 1891 (440)
    Sarah Lucy, dau of Wm. Thomas & Martha Jane,
        b. Nov 28, 1890 (440)

CANFIELD, Wm. Thomas 1891 (440)
CANNADA, Madison 1850 (450)
CANNON, Miss Bettie 1868 (478)
    Emma, dau of T. W. & S. A., bapt Mar 29, 1891 (409)
    Rev. I. F. & Mary H. parents of Julia bapt 1881 (478)
    J. F. & Mary parents of John Franklin bapt 1883 (478)
    J. F. & Mary H. parents of Mary Lupton bapt 1885 (478)
    Miss Jennie 1874 (478)
    Rev. John F. pastor 1881-1888 (gone to St. Louis MO) (478)
    Loyd (see Ruth Edwards) (409)
    Miss Mary of Philadelphia TN m. Joseph M. Logan in Nov 1897 (423)
    Mary H. 1842 (478)
    Mary Hall (see Mary Hall Lupton) (401)
    Ola 1893 (421)
    Otho 1898 (502)
    Mrs. Mary L. 1881 (478)
    Minos T. 1871 (478)
    Ruby 1889 (409)
    Sallie A. 1890 (409)
    Miss Sue 1868 (478)
    T. W. 1890 (409)
    W. J. 1880, 1873 (406)
CANSELL, Aubrey b. May 12, 1881 (440)
CATNERBERRY, Harvy Hunter b. Jun 18, 1868 (438)
    Lopez bapt Nov 6, 1870 (438)
    Sallie bapt 1872 (438)
CANTERL, Pearce 1873 (428)
CANTIH, John & Rebecca 1895 (348)
CANTRELL, Elizabeth, dau of T. D. & Mary, b. Jan 18, 1894 (440)
    Jane 1825 (421)
    Jimmie, son of Tillman & Mary, b. Dec 25, 1899 (440)
    Mary F. A. 1898 (507)
    Ollie d. Sep 1904 (507)
    Saidie, dau of Tillman & Mary, b. May 16, 1891 (440)
    Sarah 1828 (421)
    Sarah M. 1898 (507)
    W. C. m. Ollie Carter Jul 21, 1895 (507)
CAPERTON, Jasper W. 1886 (478)
CAPPS, E. L. 1872 (408)
    Elin 1872 (408)
CAPS, William 1832 (504)
CAPSHEW, Josiah 1894 (401)
CARD, Andrew Headley, son of Andrew Cincinnatus & Adarine Clay, b. Oct 13, 1873 at Shelbyville TN (461)
    Andrew Headley 1892 (461)
    Rachel Ann m. Fredck. J. Jones Dec 18, 1880 (503)
CARDAN, T. A. pastor 1887-89 (507)
CARDER, Annie B. 1892 (455)

CARDIN, Jos. H. 1889 (455)
    Mary Bell (dau of Joseph H. & Laura) b. Apr 1885 (blind) (455)
CARDWELL, Mrs. Amanda 1892 (401)
    Micajah Doyle, son of Amanda S., bapt Dec 8, 1888 (401)
CAREY, Mrs. Amie M. 1891 (423)
    Mrs. Annie M. (left for Dayton OH May 28, 1887) (423)
    Mr. Harmon (left for Dayton OH May 28, 1887) (423)
    Harmon 1891 (423)
    Helen, dau of Wm. & Melinda E., bapt Oct 6, 1860 (423)
    Helen 1891 (Mrs. Helen Ross) (423)
    Helen 1867 (423)
    Miss Helen Kate d. Nov 16, 1909 (423)
    Melinda E. 1860 (423)
    Malinda E. 1891 (423)
    Rosa d. Mar 17, 1867 (423)
    Rosa 1819?, d. 3-17-1867 (423)
    Wilson d. Jul 1858 (497)
CARGAL, Ellen m. Levi Millard May 15, 1898 (503)
CARHAN, Nancy Jane 1872 (396)
CARHART, Ethel Alberts b. Jul 16, 1890 (dau of Henry B. & Emma) (356)
    Mrs. Emma Dora 1891 (423)
    Emma Dore (see Emma Dore Albers) (423)
CARLILE, Annie Wilde (dau of William & Maggie) bapt 1870 (503)
    Cornelia? Sullender (dau of Thos. J. & Marion A.) b. Oct 9, 1865 (503)
    Cornelia Tullender m. James Robert Reid 2 Oct 1889 (503)
    Elise B. was formerly Miss Borne, dau of a Swiss Gardener. Mrs. Carlile adopted and educated her as her own child. I do not know that her name was ever legally changed--remarked along with marriage entry (503)
    Elise B. m. Richard E. Ulbricht Apr 13, 1884 (503)
    Helen A. m. William W. Yonge Dec 2, 1880 (503)
    Thomas Burnham, son of Walter C., b. 27 Dec 1884 (503)
    Thomas J. d. Oct 29, 1878 (age 44) (503)
    Thomas Jenks, son of Wm. & Maggie, bapt 1878 (503)
CARLIN, Agnes W. d. Sep 14, 1878 (455)
CARLOSO, Lucy B. 1891 (now Mrs. Donell) (423)
CARLOSS, Lucy B. 1869 (423)
CARLYLE, Jane 1873, 1876 (401)
CARMACK, E. W. (m) m. E. Cobey? (f) Dunnington Apr 29, 1890 (438)
    Edward Ward (infant) son of Mr. M. & Coby Drayton? bapt Apr 22, 1899 (438)
    Miss Julia 1872 (466)
CARN, Mrs. Addie 1893 (502)
CARNAHAN, Frank W. m. Frances B. Aiken Jul 5, 1886 (356)

CARNAL, E. A. M. (f) 1891 (444)
    J. 1891 (444)
    L. L. (f) 1891 (444)
    Mary L. 1891, 1893 (444)
    W. G. (m) 1887 (402)
CARNEL, Jinnie 1886 (396)
CARNEY, Addie 1892 (288)
    Mrs. Amelia 1884, d. 17 Jan 1890 (478)
    Miss Dora 1882 (478)
    E. W. 1893 (478)
    F. W. 1887 (497)
    Miss Minnie 1882 (478)
    Paton 1883, 1890 (339)
    Peyton W. 1882, 1894 (339)
    Samuel Geo. m. Sarah Ann Wheeler Aug 23, 1870 (356)
CARNY, Miss Mary (dau of E. W. C.) 1886 (478)
    Miss Virginia March (dau of E. W.) 1889 (478)
CAROTHERS, Andrew G. 1889 (415)
    Hattie W. 1889 (415)
    Linda 1889 (415)
    Mattie S. 1889 (415)
    Rebecca S. 1889 (415)
    Wm. H. 1889, d. 1890 (415)
CARPENTER, Edward S. m. Fannie House Oct 24, 1895 (356)
    George 1891 (455)
    J. W. Scott 1896 (478)
    Thompson W. (23) m. Lillian M. Petty (22) Aug 18, 1887 (both of New York, NY) (356)
CARR, B. S. (m) 1883 (348)
    Edd 1895 (507)
    Mary 1883 (348)
    Mrs. Mary N. d. Mar 18, 1911 (454)
    Thomas A. 1828 (left 1831) (423)
CARRELL, Mrs. Catherine 1897, 1899 to West Phil (401)
CARRELL, Charles H. P.? (son of Charles) b. 1837 (503)
    James Danniel? (son of Charles) b. 1858? (503)
CARRICK, Mary d. Mar 3, 1907 (507)
CARRIGER, Dr. J. S. 1886 (423)
    James A. 1870, 1874 to Morristown TN (401)
CARRINGTON, Miss Bettie buried Mar 24, 1867 (438)
CARROLL, Anna Bart 1875 (409)
    Elizabeth M. 1875 (409)
    Evis (f) d. 1909 (371)
    John D. 1875 (409)
    Mary B. d. 4/18/1908 (454)
    Minnie (see Minnie Bell) (423)
    Serah E. formerly Sarah E. Roe, b. Oct 19, 1879, d. Aug 31, 1908, known as Eva, m. Mar 8, 1895 (survived by a father, 4 sisters, 2 bros) (371)
    Sister Zillian 1824 (previously from VA) (421)
CARROLTON, Mary 1872 (408)

CARRUTH, Lilley 1897 (348)
CARSEY, Charles W. 1882, d. Jul 17, 1898 (429)
    Ermma Lee, dau of F. D. & L. E., bapt Jul 7, 1895 (429)
    F. D. 1886 (429)
    F. D. m. Lillian E. Fly Nov 8, 1887 (429)
    Frank D. 1885 (429)
    George T., son of F. D. & L. E., bapt Jun 2, 1889 (429)
    J. P. 1855 (429)
    Mrs. Lillian E. 1889 (429)
    Miss Lizzie 1881, left 1900 (429)
    Mrs. Louisa M. 1854 (429)
    Sallie m. Jas. W. Davis Feb 3, 1880 (429)
    Sam C. d. Aug 14, 1894 (429)
    Thomas P. 1854, d. Oct 25, 1897 (429)
CARSON, Isabel (see Isabel Hager) (503)
    J. Harvey 1891 (423)
    Mrs. Maggie 1891 (423)
    Mrs. Virginia 1892 (454)
    William A. 1832 (466)
CARTER, A. J. (f) 1867 (409)
    A. J. 1875 (409)
    Almina 1890 (415)
    Amanda 1853 (became the wife of W. Williams, d. Jan 1862) (467)
    Annie 1892 (339)
    Annie Elizabeth adult bapt 1870 (466)
    B. Frank of Pulaski m. Cynthia H. Rivers Apr 6, 1852 (438)
    Barton 1872 (448)
    Daniel buried Pulaski Feb 26, 1885 (438)
    David member 1821 (419)
    E. J. 1896, d. 1902 (454)
    Easter 1891, d. Sep 14, 1892 (444)
    Elizabeth Linsley, dau of Frank & Cynthia, bapt May 19, 1860 (438)
    Emeline 1845 (389)
    Emmett Ramsey (son of Zach & Mattie) b. May 27, 1889 (502)
    Erma Adeline, dau of Tony Lee (Nashville) & Bessie Lee (Columbia) (both Carters), b. Jan 15, 1899 at Nashville (461)
    Esther ca. 1860 (444)
    Ethel 1889 (455)
    Frances 1838 (361)
    Mrs. Hannah 1888 (440)
    Harry 1894 (339)
    Mrs. J. E. 1890 (455)
    J. R. d. Nov 12, 1874 (409)
    James 1842 (478)
    James 1888 (455)
    James R. 1867 (409)
    James R. d. Nov 1874 (409)
    John 1858, 1872 (408)
    John 1838 (361)
    John Rivers (of Pulaski) son of Benj. F. & Cynthia R., b. Apr 8, 1855 (438)
    Jones? M. 1838 (361)

CARTER, Lena (Jennings?) 1892 (339)
    Maggie 1891 (415)
    Margaret m. Napoleon Gwynne Aug 4, 1859 (356)
    Martha 1858, 1872 (408)
    Mattie 1892 (429)
    Myra Bella (of Pulaski), dau of Benj. F. & Cynthia R., b. May 12, 1853 (438)
    N. H. 1897 (339)
    Naoma 1892 (339)
    Nellie 1899 (339)
    Ollie 1894 (507)
    Ollie m. W. C. Cantrell Jul 21, 1895 (507)
    Polly 1861 (444)
    Rebecca d. Mar 1854 (389)
    Robt. Y. moved 1882 (406)
    Sarah 1838 (361)
    Susie 1888 (415)
    Thomas 1852 (435)
    Tony Hardy, son of Tony Lee Carter & Bessie Lee Carter (Columbia), b. Nashville Dec 14, 1897 (461)
    W. A. 1880 (401)
    Walter 1887 (423)
    Will 1898 (348)
    Brig. Gen. C.S.A., wounded battle of Franklin, buried Dec 11, 1864 (438)
CARTOR, John 1811 (511)
CARTRELL, Hardin 1828 (421)
CARTWRIGHT, Albert R. d. 1857 (448)
    Albert R. 183__ (448)
    Percela ca. 1850, d. 1858, Shelby Co. (448)
    Priscilla d. 1858 (448)
    Sarah 1832 (504)
    Sarah E. 1855 (448)
CARVER, C. 1893 (467)
    George D. 1884 (348)
    H. F. (f) 1891 (444)
    Jennie 1893 (467)
    John 1869 (467)
    Lettie 1893 (467)
    Liza 1893 (467)
    M. N. 1893, 1899 (467)
    R. N. 1893 (467)
    Sarah 1893 (467)
    Thomas 1811 (511)
CARVERS, B_____ 1811 (511)
CARY, Mary 1897 (411)
CARYL, Lucy H. m. George H. Toombs 18 Sep 1887 (503)
CASE, Miss Evalin Diana 1889 (423)
    Francis Owen, son of Frank L. & Minnie L. b. Dec 9, 1894 (503)
    Mrs. Frank L. d. Jun 1896 (503)
CASEY, A.? M. 1897 (409)
    Mrs. J. W.? 1897 (409)
CASH, Mrs. Diddie 1888 (454)
    James m. Ada Foster Feb 21, 1888 (356)
    Mary D. 1855 (448)
CASHART, Sarah Virginia bapt 1882 (356)
CASKEY, John 1836 (389)

CASKEY, Mandy 1848 (389)
    Sarah 1836 (389)
CASKY, Elizabeth 1844 (389)
    William 1848 (389)
CASON, Thomas 1809 (511)
CASS, Andrew 1883 (348)
CASS, Martha Maggie member 1895 (m. Will Prince) (454)
    Mrs. Rachael L. 1895 (454)
    Simon (son of S.) inf bapt 1885 (356)
CASSELL, Edna Graham, dau of Schuyler & Mary Ellen, b. Nov 3, 1893, in Chicago (503)
CASTLEMAN, Willie V. (see Miss Willie V. Austin) (415)
CASTNER, Charlotte confirmed 1899 (400)
    Charlotte M. 1898 (400)
    George L. 1898 (400)
    George Lewis b. Oct 1, 1894, son of George Lewis & Nannie H. (400)
    Lucy A. (Mrs.), age 89, d. Jul 20, 1910 (400)
    Lucy A., Matthew Gracy, Marion (Castner) Gracy, Lucy Castner Gracey, Frank P. Gracey, Mary Gracey, Matt--family listings 1875-1902 (400)
    Mrs. Lucy A. 1896 (400)
    Marion m. Matthew Gracey Nov 30, 1876 (400)
    Nancy Palmer b. Dec 10, 1899 (dau of George L. & Nannie H.) (400)
    Mrs. Nannie F. 1898 (400)
    W. J. 1852 (400)
CASTNERS, Miss Marian member 1875, m. Matt Gracey 30 Nov 1876 (400)
CASWELL, Elizabeth C. 1842 (left Jul 6, 1844) (423)
    Elizabeth C. 1867 (423)
    Walter d. Oct 25, 1891, age 36 (356)
    Wm. A. & Eliza, parents of Frank & Elizabeth, bapt Apr 6, 1861 (423)
CATE, Mrs. R. H. d. Oct 29, 1904 (356)
    Rosannah 1830 (450)
CATENA, Ellen, age 56, buried Nov 4, 1890 (438)
    Emma Roxana, dau of Horace & Caroline, bapt Sep 2, 1877 (438)
    Horace m. Caroline Taylor Aug 10, 1874 (438)
    Martin Alex., son of Horace & Carrie, b. Nov 2, 1880 (438)
    Minnie Thos, dau of Horace & Carrie, b. Jan 24, 1879 (438)
CATES, Benjamin (see Clarissa Howe Terry) (423)
    Benjamin m. Miss Clarissa Howe Terry Nov 18, 1896 (423)
    _____ (see Gracie Pate) (409)
CATINA, Horace (Jan 5, 1871), Caroline, Emma Roxana (Sep 2, 1877), Minnie Thomas (Feb 12, 1882), Martin Alexander (Feb 12, 1882), Horrace Hays, Joseph Llewellyn, Peter, Ellen May--family listing (438)
    Mr. & Mrs. Horace 1887 (438)
    Horace bapt Feb 5, 1871 (438)

CATINA, Martin Alexander, age 27 (Louiseville, KY), d. Apr 11, 1908 (438)
CATINE, Ellen, age 56, d. Nov 3, 1890 (438)
CATINNA, Ellen May, dau of Horace Hays & Caroline Alice, b. Jun 11, 1885 at Columbia (438)
    Horace Hays, son of Horace Hays & Caroline Alice, b. Jul 30, 1882 at Columbia (438)
    Joseph, son of Horace Hays & Caroline Alice, b. Jun 11, 1885 at Columbia (438)
    Llewellyn, son of Horace Hays & Caroline Alice, b. Aug 11, 1887 at Columbia (438)
    Martin 1896 (438)
    Peter, son of Horace Hays & Caroline Alice, b. May 17, 1889 at Columbia (438)
CATLETT, Fannie 1898 (400)
    Fannie Elizabeth, mother of Richard b. Oct 6, 1893, Marion b. Aug 4, 1895, Margaret b. Nov 29, 1897 (400)
    Fanny E. (see Fanny E. Patch) (400)
    Mrs. N., age 25 (Montgomery AL) d. Apr 14, 1905 (438)
    Nathaniel Pendleton m. Emma Dyre? Grigsby Aug 15, 1899 (438)
CATRON, A. G. 1897, d. Jan 1901 (454)
    Mrs. A. G. 1897 (454)
CAUDLE, Christian m. Wm. Turner 1817 (386)
    Elizabeth 1817 (386)
    J. 1842 (386)
    Jesse 1817 (386)
    Jessee d. before 1821 (386)
    Joshua 1821, 1817 (386)
    Thomas (colored) bapt 1877 (401)
    William 1821 (386)
    Wm. J. 1846 (386)
CAUFIELD, M. C. 1885, Jun 1886 to Waco TX (401)
    Thomas A. 1882, Jul 1885 to Waco TX (401)
CAUL, H. E. 1891 (423)
CAULDER, Isabella A. 1869 (423)
CAUSEY, Sarah I. ca. 1855 (448)
    J. A. (see Mary E. McAffrey) (423)
CAVANA, Jesse W. 1868 (361)
CAVIS, P. A. 1886 (396)
    Sarah 1851 (435)
CAVITT, Beulah 1897, 1899 to Wheelock TX (401)
    Catherine 1897, 1899 to Wheelock TX (401)
    John B. 1880, 1885 to Wheelock TX (401)
CAWDLE, Thomas (colored) 1884 (401)
CAWLEY, Mrs. Annie d. Dec 4,1881, age 21 (503)
CAWSE, Clair W. m. Anabel Belcher Apr 19, 1890 (356)
CAWTHON, Eva Lee (dau of Richd. & Kate) bapt 1882 (502)
CAWTHORN, E____ (see Mrs. Ewing Patterson) (502)
    Richd. 1880 (502)
        Vinnie 1897 (changed to Key?) (407)
CAWTHRONE, Mrs. Kate 1880 (502)

CAY, Franas 1811 (511)
CAYCE, C. H. (m) 1891 (288)
    Claud H. 1891 (288)
    Elder S. F. 1891 (288)
    Flora M. 1891 (288)
    Lula 1894 (288)
    Meda E. 1891 (288)
CAYWOOD, Caty 1832 (466)
    Madison 1832 (466)
    Polly A. 1832 (466)
CAZIER, Dr. J. T. 1891 (423)
    Dr. J. T. d. Aug 8, 1910 (423)
CECIL, Charles P. m. Eliza C. Whitthorn Oct 5, 1875 (438)
    Charles Perry, son of Charles & Lillie, bapt Oct 29, 1876 (438)
    Jennie Campbell, dau of Charles & Lillie bapt Jan 13, 1878 (438)
    Loyd m. Virginia W. Porter Apr 2,1868 (437)
CELLEY, Lucindy 1832 (504)
CEMENT, N. Mariah 1872, 1888 (339)
CHADOIN, J. J. 1894 (467)
CHADWELL, Mrs. Carrie 1892, left 1895 (429)
    Emma 1896 (429)
    Mr. Lonnie C. 1885 (429)
CHAIRS, Anna ca. 1880 (448)
    Martha A. d. Aug 16, 1874 (448)
    Sarah d. 1858 (448)
    Susan T. d. Apr 30, 1874 (448)
    Willie (see J. M. Mayes) (438)
CHAMBERLAIN, Mrs. D. L. 1891 (423)
    Mrs. D. L. d. Feb 8, 1905 (423)
    Fred Wm. 1894 (423)
    Harper Leander 1890 (423)
    Hiram S. m. Amelia J. Morrow 1867 (356)
    Hiram Sanborn, son of Hiram S. & Amelia J. b. 26 Jun 1882 (503)
    Mrs. Kate 1891 (423)
    Louise Armstrong, dau of Capt H. S. & Amelia J., bapt 1878 (503)
    Mary E. (see Mary E. Morrow) (423)
    Mary Emmer 1882 (492)
    Mary Hattie (dau of H. T.? & Amelia Isabella) b. Jul 9, 1871 (503)
    Minnie M. m. Henry O. Ewing 20 Jan 1892 (503)
    Minnie Morrow, dau of H. S. & Amelia, b. Jan 28, 1869 (356)
    Morrow, son of Hiram S. & Amelia J., bapt 1881 (503)
    Susie Willey, dau of Amelia Isbella & Hiram S., bapt 1875 (503)
    Mrs. W. (Mary Morrow) d. Mar 17, 1870 (423)
    William P. 1891 (423)
CHAMBERLIN, Charles Edwin 1892 (461)
    Della May (single) 1876 (455)
    Eva 1889 (455)
    Frederic Alanson, son of Frederic Alanson & Hattie Arthelia, b. Aug 29, 1889 at Tullahoma (461)

CHAMBERLIN, Frederic Denton 1892 (461)
    Hattie Arthelia 1892 (461)
    Herbert Elton 1892 (461)
    Maria H. d. Oct 1878 (455)
CHAMBERLON, William G.? 1868 (423)
CHAMBERS, A. A. d. Oct 9, 1866, age 45 (503)
    Mrs. Bettie 1882 (454)
    Cordelia 1885, 1887 (339)
    D. G. ordained Apr 20, 1884 (361)
    Fanny ca. 1870 (444)
    George 1881, 1885 (339)
    John W. ca. 1876 (444)
    Miss Kate 1891 (454)
    Laura 1883, 1897 (339)
    Lizzie 1856 (437)
    Mattie (see Mattie Williams) (407)
    Miss Maud 1891 (454)
    Nancy A. 1884, 1896 (339)
    Prater 1891 (454)
    S. J. 1898 (407)
    Sarah ca. 1860 (444)
    Mrs. W. A. (see Martha Alice Gold) (401)
CHAMBLIS, George Edward b. Jun 2, 1898 (356)
CHAMBLISS, Bathurst Lee b. Jul 28, 1899 (son of
    Charles & Lucy) (356)
    Charles E. m. Lucy Page Smith Jun 1896 (356)
    Daniel M. m. Rebecca Lambright May 11, 1897
        (356)
CHAMPE, A. K. 1847 (423)
    A. K. d. May 24, 1857 (423)
    A. K. & Eliza, parents of William Green, John
        Lafayette & Amos Kendall, bapt Jul 3,
        1852 (423)
    A. W. d. May 24, 1857 (423)
    Amos Kendall d. May 24, 1857 (423)
    Ann Amanda 1842, d. Mar 1844 (423)
    Ann Amanda d. Jul 27, 1844 (423)
    Eliza J. 1852 (423)
    Eliza J. 1891 (423)
    George Edward, son of A. K. & Eliza J., bapt
        Jul 4, 1857 (423)
    Margaret Virginia, dau of A. K. & Eliza, bapt
        Jul 1, 1854 (423)
CHAMPES?, George Hurdle, son of Amos K. & Ann
    Amanda, bapt Dec 17, 1843 (423)
CHAMPION, Chas. Thomas 1891 (423)
CHANCE, C. W. 1891 (371)
CHANDLER, Alsia Ann 1872, 1858 (408)
    Amanda 1885, 1890 (421)
    Charles 1893 (467)
    D. J. d. 1905 (393)
    Daniel J. 1892 (393)
    Danniel 1889 (421)
    David 1885, 1890 (421)
    J. M. 1884 (425)
    Jack 1885 (421)
    Jackson m. Mollie Garrett Jan 18, 1877 (425)
    James 1893 (467)
    Mrs. Jane 1888 (440)

CHANDLER, John d. Apr 3, 1902 (421)
    Lizzie 1885 (421)
    Nannie V. 1859 (448)
    Samuel 1891 (421)
    Sarah 1893 (467)
    Susan 1859 (448)
    Titia 1893 (467)
    Titicia d. Jun 4, 1907 (467)
    Unice 1811 (511)
CHAPMAN, Mrs. Emeline d. 11/23/1904 (454)
    George M. d. Mar 4, 1908, age 81 (350)
    Harry E. bapt 1890 (454)
    Josephine d. 14 May 1911, age 56 (350)
    Miss Julia M. d. Feb 15, 1900 (350)
    Nancey 1811 (511)
    Wm. P. 1880, Dec 1882 to Ch at Memphis TN (401)
    Mr. d. Mar 16, 1900, age 48 (356)
CHAPPELL, D. T. 1856 (448)
    E. B. 1880 (406)
    Jennie moved 1882 (406)
    William W. moved 1882 (406)
CHARLES, Wm. pastor 1898 (507)
CHARLTON, John 1895 (415)
CHASE, Dudley Hubbard b. Jun 26, 1899 (son of John
    B. & Gertrude H.) (356)
    Isaac A. m. Blanche Harrison 8 Feb 1876 (400)
    Isaac A. (of Memphis) m. Mary Blanche Harris-
        on Feb 8, 1876 (400)
    Mable 1891 (438)
CHAUDOIN, Betsia d. 1905 (467)
    Elizabeth 1853 (467)
    Lewis 1853 (467)
    Louis d. Jul? 21, 1881 (467)
    Martha 1853, d. 1860 (467)
    Robert 1889 (371)
    Sarah 1853, 1868 (467)
CHAUDOINE, Willie N. 1889 (371)
CHAVANNES, Mrs. Anna d. Sep 26, 1891, age 81 (356)
CHEAIRES, Hariet P. (Figner) 1865 (448)
    Henry D. 1870 (448)
    James 1855 (448)
    Jenettia C. 1865 (448)
    John W. d. Jan 6, 1872 (448)
    Leanora (Thompson) (448)
    Mrs. M. Lou ca. 1875 (448)
    Martha A. 1844, d. Aug 16, 1874 (448)
    Mary T. (Bailey) 1858 (448)
    Nannie R. 1858 (448)
    Nathaniel F. 1808, d. in Miss (448)
    Nathaniel J. 1849 (448)
    Sallie R. (Moore) 1870 (448)
    Sarah 1808, d. 1858 (448)
    Susan P., dau of D. W. & M., bapt Apr 20,
        1876 (448)
    Susan P. ca. 1850 (448)
    Susan T. ca. 1850, d. Apr 30, 1874 (448)
    Thos. G. ca. 1865 (448)
    William ca. 1875 (448)

CHEAIRES, William M., son of Wm. & M. L., bapt
    Sep 26, 1880 (448)
CHEAIRS, John W. 1840, d. Jan 6, 1873 (448)
    Martin T. 1844 (448)
CHEATHAM, Miss Ellen F. 1873 (487)
    Mary m. C. M. Hood 1872 (356)
CHEEK, Amanda 1885 (409)
    Barsha 1832 (504)
    Barshaby 1823 (504)
    James 1852 (504)
    Lizzie 1898, m. _____ Edmondson in 1904
        (409)
    Robert 1838, 1832 (504)
CHENEY, Martha F. 1888 (454)
CHENOWORTH, Geo. Alfred, son of D. B. & J. F.,
    bapt 1882 (356)
CHERRY, Mrs. Alice 1885 (429)
    Celoma A. d. Mar 15, 1879 (429)
    Charles Tinsley b. Mar 14, 1801?, d. Aug 6,
        1892 of old age (461)
    Ella (Rivers) 1896 (429)
    Dr. Fred T. D., Kate E. & children Mortimer
        F., Charles Quintard & Arthur Donne
        1877 (503)
    Henry 1896 (429)
    Jos. A. m. Saloma Weeks Feb 3, 1878 (429)
    Martha 1847, 1853 (511)
CHESSUN?, S. A. 1895 (409)
CHESTNUT, John d. 1874 (401)
    Mrs. Ruth d. 1874 (401)
CHEVANNE, Emil 1891 (423)
CHEVANNES, Adele m. William Ogden Dec 18, 1869
    (356)
CHIDESTER, Tho. H. 1876 by letter from Boonville
    MO (401)
CHIDUR, Jane d. Feb 1, 1878 (408)
CHILCOAT, Pauline 1828 (478)
CHILDERS, Calvin 1858 (450)
    Gracy (see Jeanie M. Glenn) (401)
    Jane 1872 (408)
    John 1831 (450)
    Pane 1858 (408)
    Thomas 1872 (408)
CHILDRESS, A. R. d. Sep 20, 1891 (429)
    Andrew R. d. Apr 30, 1896 (429)
    Bettie B. m. Sam Macpherson Dec 26, 1888
        (429)
    Miss Bettie B. (Macpherson) 1878 (429)
    Miss Dora (Warren) 1881, left Aug 8, 1902
        (429)
    G. T. d. Mar 11, 1871 (429)
    H. R. 1882, d. Apr 30, 1896 (429)
    Horace (son of Horace & Shelley) b. Jun 1?,
        1889 (502)
    Horace member 1873, dismissed to Murfrees-
        boro (401)
    J. Grig 1892 (429)
    John B. 1869 (429)

CHILDRESS, Louis Maney (son of Horace & Shellie)
    bapt 1885 (502)
    Mrs. Martha 1869, d. Nov 27, 1901 (429)
    Sallie 1899 (438)
    Mrs. Sallie E. 1879, left 1894 (429)
    Mrs. Shellie Horace 1876, d. 1913 (502)
    Miss Tommie 1886, d. Aug 29, 1892 (429)
    Mrs. W. H. 1870, d. Sep 20, 1891 (429)
    W. H. 1886 (429)
    W. S. & Inez parents of Jno. Whitseth, Levi
        Wade & Ida Lee bapt 1885 (502)
    Mr. Wm. H. d. Sep 20, 1891 (429)
CHITWOOD, Cyrena J. 1890 (454)
CHOAT, Albert 1863 (467)
    Arsavilla d. 1865 (467)
    Arter member 1821 (419)
    Cyntha 1853, d. Oct 1854 (467)
    Drucilla 1853 (467)
    Edward d. 1872? (467)
    Elizabeth 1853, d. Jan 1863 (467)
    Jane 1853 (467)
    John 1889 (371)
    Loving 1853, 1863 (467)
    Mary 1853 (467)
    Mary A. 1853 (467)
    Nancy 1862, 1878 (467)
    Pheby 1853 (467)
    Rether 1853, 1863 (467)
    Rilda d. 1877 (467)
    Samuel E. 1853 (467)
    Sabry d. 1864 (467)
    Wm. 1853, 1856 (467)
CHOATE, Mildred A. (dau of William & Mildred
    Bridges) d. Jun 15, 1911, age 28 yr 9
    mo 17 da, m. Beave Choate May 19, 1901
    (mother of 4 children) (371)
    Noami 1827 (502)
CHOCKLEY, Ed. Cooper 1891 (478)
    Jesse Jones 1889 (478)
CHOCKLY, Miss MaryLou (dau of Philip) 1889 (478)
    Mrs. Elianna (wife of Philip) 1890 (478)
CHRISTENBERRY, Thomas 1886 (421)
CHRISTIAN, Addison Arlly? 1896 (461)
    Addison Willey, son of Marchbanks Christian &
        Mary Eliza, b. Aug 1, 1886 at Man-
        chester TN (461)
    Marchbanks, son of Lemuel James & Tebatha
        Hannah, b. Apr 15, 1858 (461)
    Mary Eliza (Willey) 1892 (461)
CHRISTY, Rebecca 1852 (389)
CHUCKLEY, Lean Laura d. Jan 8, 1895, age 4 (356)
CHUMLEY, Mariah d. Sep 1, 1889 (465)
CHURCH, Mrs. C. W. 1891, 1892 to Wilsey Kans (401)
    Florence A. 1891 (married Henry W. Clark)
        (423)
    Florence A. 1869 (423)
CHURCHWELL, Molly 1860 (419)
    Ulysses 1860 (419)
CISCO, Martha 1891 (361)

CLAFLIN, Mrs. Libbie H. 1887 (left for Cincinnati
    OH Nov 28, 1888) (423)
    P. C. & Libbie, from Presbyterian Ch, Stevens
        Point WI, parents of Harvey Huntington,
        Mabel Faith, Edward Enos & Elsie Grace,
        bapt Nov 23, 1887 (423)
    Price C. 1887 (left for Cincinnati OH Nov 28,
        1888) (423)
CLAGGETT, T. A. 1896, 1898 (minister) (401)
    T. A. 1893, Nov 1895 to 2nd Ch, Louisville
        (401)
CLAIBOURNE, Maj. Gen. C.S.A., fell in battle at
    Franklin Nov 30, buried Dec 2, 1864
    (438)
CLAPP, Ellen B. (see Ellen B. Kennedy) (401)
    Russel Adams, son of Russell A. & Catharine,
        bapt Jun 11, 1899 (423)
CLARK, Alzada d. Oct 8, 1911, age 77 (350)
    Mrs. Amanda b. Dec 20, 1874, d. Jul 20, 1906,
        m. Mr. David Clark Dec 20, 1904 (371)
    Anna Butid? 1894 (401)
    Annie Bertie 1886 (401)
    Arnetta (see Arnetta Dismukes) (478)
    C. T. 1880, 1870 (406)
    C. Todd & wife Martha Wilson & daus Mattie
        and Willie, 1867 (406)
    Clara E. b. Aug 5, 1835, d. Feb 15, 1909,
        age 73 yr 6 mo 10 da, m. J. U.? Clark
        May 18, 1854 (371)
    Clary E. d. Feb 15, 1909 (371)
    D. T. 1897 (371)
    Delazon W. 1833 (466)
    Dorothy b. Aug 23, 1899, dau of Morris K. &
        Nellie (400)
    Effie 1893 (421)
    Mrs. F. A. 1899 (401)
    Florence A. 1891 (423)
    Florence A. (see Florence A. Church) (423)
    Frances P. B., age 22, d. May 15, 1888 (400)
    Frank 1887 (423)
    Frank (see Lilly Rodgers) (423)
    Frank Rodgers, son of Frank & Lilly, bapt
        Oct 15, 1899 (423)
    George A. b. Apr 15, 1856, son of G. A. &
        M. F. (455)
    George S. 1875 (487)
    George W. 1891 (423)
    Hariet 1893 (371)
    Harriet b. Jan 4, 1867, dau of Mrs. Nessie
        Randolph, m. Nathan Clark 1885,
        survived by husband and 5 children,
        d. 1900 (371)
    Harry 1875 (487)
    Miss Helen Perkins 1891 (now Mrs. Pees) (423)
    Henry W. 1875 (487)
    Henry Wyman d. Dec 27, 1896 (423)
    Herbert H. (see Florence M.McIntyre) (423)
    Mrs. Isabella (wife of Henry W.) 1875 (487)
    Mrs. Isabella M. (see Anna S. Long) (487)

CLARK, J. N. 1890 (371)
    James Richard, son of Jay & Minnie E., b.
        Oct 11, 1897 (440)
    Jasper N. (see Sallie Eliser Bridges) 1890
        (371)
    Jasper N. b. Mar 29, 1828, d. Jul 11, 1906
        (371)
    Jasper N. & Amanda d. 1906 (371)
    Jessie (wife of John) 1876 (487)
    John 1876, deacon 1883 (487)
    John C. m. Margaret E. Allison Feb 28, 1860
        (356)
    Josephine (dau of William) bapt 1889 (400)
    Miss Julia m. George E. Oldham 1899 (423)
    Mrs. Julia 1891 (423)
    Miss Julia A. 1891 (423)
    Miss Julia Evelyn 1889 (Mrs. George E.
        Oldham) (423)
    Mrs. L. d. Oct 15, 1874 (401)
    Lillie, age 75, d. Dec 8, 1907 (400)
    Mrs. Lillie (M. H.) 1896 (400)
    Lizzie C. m. Arthur Gholson Jun 26, 1893
        (couple from Mississippi) (400)
    Lucy (see Elizabeth Henry Mumford) (400)
    Lucy N. confirmed 1882 (400)
    Lucy N. m. Edward S. Munford Apr 21, 1892
        (400)
    Lulu 1893 (425)
    M. H., L. W., Lucy N., Morris K., Lewis R.
        --family listings 1875-1902 (400)
    Margret d. Feb 1885 (361)
    Margret member 1873 (361)
    Martha L. b. Jan 11, 1865, d. May 17, 1904,
        age 39, m. Dec 26, 1889 to David T.
        Clark, mother of Willie and Erma,
        predeceased by dau Ora b. Nov 22, 1890,
        d. Feb 21, 1904 (reel number omitted)
    Mary 1867 (423)
    Mrs. Mary 1891 (423)
    Mary Helm, dau of Walter & Kate, bapt Jul 21,
        1895 (401)
    Mrs. Mary T. (wife of W. C.) 1890 (478)
    Micajah Henry b. May 7, 1888, Glen_____ KY
        (son of Morris Kerr & Frances P. B.)
        (400)
    Mollie 1891 (467)
    Mollie E. 1891 (371)
    Morris m. Nell Saunders Dec 1, 1891 (400)
    Morris K. 1896 (400)
    Nathern G. 1889 (371)
    Mrs. Nellie (M. K.) 1896 (400)
    Polly d. Jun 1892 (467)
    R. E. 1889 (467)
    R. P. 1855 (478)
    Reuben Grove 1857 (left for Rome GA Dec 1,
        1867) (438)
    Robt. W. elder 1892 (478)
    Rose, dau of Frank & Lilly, bapt Oct 13,
        1889 (423)

CLARK, Miss Sallie P. 1875 (487)
    Sarah 1899 (361)
    Miss Susie McC. 1875 (487)
    W. C. & Mary T., parents of Agnes Young,
        bapt 1890 (478)
    Rev. W. C. pastor 1889-1897 (gone to KY)
        (478)
    W. C. & Mary T. parents of Wm. Monroe, Kate
        Adair & Bessie Brower, bapt 1891 (478)
    W. F. 1893, 1883 (401)
    W. G. 1896 (371)
    William Bruce, son of John & Jessie, b. Nov
        15, 1874 (487)
    Mrs. Wyman 1889, d. Nov 26, 1890 (423)
CLARKE, Miss Cora d. 1912 (502)
    Herbert H. of Decatur IL m. Miss Florence M.
        McIntyre of Lansing MI Jul 22, 1897
        (423)
    Miss Ida d. 1913 (502)
    Joseph T. m. Sallie Barnett White Sep 18,
        1883 (438)
    Laura B. adult bapt 1875 (455)
    Mrs. Mary L., mother of Willie Edward &
        Sterling Price bapt Apr 4, 1863 (423)
    Wm. Nunne? 1897, 1901 to Cattallsburg KY
        (401)
CLATON, Elisabeth 1821 (419)
CLATWORTHY, John B. 1867 (423)
CLAUS, B. G. & wife 1896 (478)
CLAUSON, Fletcher F., Mary Andrews (Webster),
    Sarah May (Mar 29, 1891)--family
    listing (438)
CLAWSON, Mrs. Mary A. d. Oct 1894 (438)
    Sarah May, dau of Fletcher F. & Mary
        (Andrews), b. Ashwood, Maury Co., Dec
        14, 1890 (438)
CLAY, Green 1831 (502)
    Janie Rhodes confirmed 1877 (400)
    Janie Rhodes member 1875, resides in Miss-
        issippi (400)
    Rhodes bapt 1877, son of _____ & Jane R.
        (400)
    Sarah 1858 (408)
CLAYBROOKE, Eliza adult bapt Mar 14, 1876 (438)
    Saml. Perkins d. Feb 23, 1910 (400)
CLAYTON, Hon. A. M. 1835 (400)
    Decator 1858 (428)
    Miss Emma D. 1881 (502)
    Frank d. ca. Apr 1873 (428)
    Geo. C. 1897 (502)
    George Cowan (son of James & Hadassah) bapt
        1885 (502)
    Mrs. Hadassah 1869 (502)
    Mrs. Harrieta d. 1913 (502)
    Henry 1821 (419)
    James sr. 1885 (502)
    James jr. 1884 (502)
    Jennie (dau of James & Hadassah) bapt 1879
        (502)

CLAYTON, Jennie Patterson (dau of James &
        Hadassah) bapt 1875 (502)
    Miss Jennie Patterson 1893 (502)
    John Walker, son of James & Hadassah, bapt
        1875 (502)
    Mary McClellan, dau of James & Hadassah,
        bapt 1886 (502)
    Miss Mary McClelland 1897 (502)
    N. J. (f) 1858 (428)
    Robt. (son of James & Hadassah) bapt 1875
        (502)
    Robt. Holmes 1891 (502)
CLEAGE, Alexander 1872 (466)
    Jamima (Mrs. Alex) 1872 (466)
    John H. 1872 (466)
    Kate 1872 (466)
    Mary E. m. Robert D. Field Sep 2, 1896 (356)
    Richard V. 1872 (466)
    Samuel d. Dec 1872 (466)
    T. A. 1868 (466)
    T. A. & Nellie V. D. parents of Sue Coffin
        bapt 1868 (466)
    Thos. A. father of Richard Van Dyke bapt 1862
        (466)
    Thos. A. & Nellie V. D. parents of Fannie
        Hamilton bapt 1869 (466)
    Thomas A. jr. 1872 (466)
    Will Ella (child of Samuel & Hattie) bapt
        1870 (466)
    Wm. C. 1872 (466)
    Wm. Deaderick (son of Mrs. Penelope S.)
        bapt 1858 (466)
CLEEK, Milley 1811 (511)
CLEMENS, Leroy member 1838 (361)
CLEMENTS, Argency 1838 (361)
    Blanche m. Lucius Eugene Polk Aug 30, 1898
        (356)
    Jessie May (see Jessie May Groner) (423)
    Lucia E. d. Jun 21, 1899, age 8 mos (356)
CLEMENTSON, George M. 1842, 1845 (466)
CLEMMONS, Allen 1811 (511)
    John W. 1847 (511)
    Mrs. Silas d. Sep 24, 1902 (454)
    Thos. A. 1847 (511)
    Winby 1847 (511)
CLEMONS, Ed 1888 (511)
    Jephthal 1811 (511)
    Mary T. 1847 (511)
CLEMENTSON, Sarah L. 1842 (466)
CLEVELAND, Georgia 1871 (480)
    Harriet 1871 (480)
    Jesse, age 21, m. Elizabeth Harper (age 23)
        Dec 20, 1893 (he of Spartanburg SC &
        she of Wartrace TN) (461)
    Mrs. Mat 1871 (480)
    Robt. Mathis 1895 (461)
    _____ m. Georgia Clevland, Nov 4, 1872
        (480)
CLIFT, John 1871 (396)

CLIFTON, B. F.--family listings 1875-1902 (400)
    George Louis b. Sep 16, 1875, son of B. F. & S. C. (400)
    Miss Lou member 1875, m. J. H. Holmgreen (400)
CLINARD, Mrs. Caroline 1869 (401)
    R. H. 1891 (371)
CLOPP, Katie (see Katie Pumphrey) (423)
CLOPTON, Britain Drake buried Feb 7, 1880 (438)
    Brittain Drake b. Apr 17, 1871 (438)
    Brittain Drake of AR m. Mary Turney Booker Nov 25, 1858 (438)
    Caroline Hoyyatt m. David Sinclair Glass? Mar 5, 1895 (438)
    Drake, son of B. D. & M., b. Feb 22, 1862 (438)
    Drake, inf son of B. D. & M., buried Sep 5, 1862 (438)
    Ellen Imogen buried May 22, 1869 (438)
    Eugenia m. Johnson Wifford Long Aug 18, 1896 (438)
    Haggab m. Ellen L. Booker Dec 19, 1867 (438)
    Helen Juryzie? bapt May 9, 1870 (438)
    James buried Aug 9, 1883 (438)
    James Booker, son of B. D. & M., b. Jan 28, 1860 (438)
    John Anderson, son of B. D., bapt Mar 8, 1874 (438)
    Martha A. (see Martha A. Moore) (409)
    Mary (Booker) (Apr 1858), Carrie Hoggat (Dec 6, 1863), Susie, Ella, Brittan Drake (Apr 17, 1871), John Anderson (Mar 8, 1874)--family listing (438)
    Susie, dau of Drake & Mary, b. Jan 7, 1866 (438)
    Susie m. Judge Sam Hoding Dec 7, 1898 (438)
CLOSE, Margaret 1893 (454)
CLOSSON, Elisabeth 1849 (435)
    G. W. 1855 (435)
    Margarett 1849 (435)
    Nancy 1855 (435)
CLOTWORTHY, John B. 1891 (423)
    Master Charles W. 1891 (423)
    Mrs. Susan 1891 (423)
CLOUSTON, James buried Feb 8, 1872 (438)
    Wm. H. m. Alice L. Turner Nov 8, 1898 (503)
CLOUT, E. Warren, Mrs., Edith, Edwin, Ruth, Neomi, Edward--no dates--family listing (438)
CLOWER, Frederick Flynn, son of John E. & Minerva J., b. 22 Dec 1888 (503)
CLOYD, Ella 1888 (507)
    Jennie 1886 (507)
COAL, Hanner 1887 (402)
COALMAN, Nannie 1870 (425)
COAMBS, Phebe 1829 (389)
COATNEY, Ester 1883 (348)
    Saml. m. Millerd M.N. Pelten 1874 (356)
COATS, Anna d. Sep 1865 (389)
    Nancy 1802 (389)
COATS, William 1802 (389)
COB, Katharine 1860 (419)
COBB, Mrs. Bertha d. Jun 6, 1913 (401)
    Irene Gracey d. May 1886 (400)
    James S. 1872 (408)
    John 1824, d. 11-1-1848 (423)
    Robert bapt 1891 (400)
    Robt. 1821 (419)
    Capt. Robert L. d. Jun 2, 1895 (400)
COBEAN, Miss Mary J. 1891 (423)
    Mrs. N. E. 1891 (423)
COBLEIGH, Clarence 1891 (455)
    E. A. member Sun schl 1870 (369)
    Eddie member Sun schl 1870 (369)
    Doct. N. E. 1868 (369)
    Miss Victoria 1891 (455)
COBLE, Mr. Dr. step father of Miss Ella Gilliland (478)
    Mrs. Emma J. (wife of D. C.) 1885 (478)
    George W. 1889 (478)
    Sam G. 1885 (478)
    Thomas 1885 (478)
COBLEY, Eliza d. 1887 (511)
COBLIEGH, E. 1868 (369)
COCHRAN, Frances 1875 (288)
    Frances 1878, d. Dec 21, 1878? (288)
    John 1855 (from Ireland) (478)
    Sarah Ann 1832 (502)
    Susan R. 1827 (502)
    W. I. 1847 (from Ireland) (478)
COCHRANE, Elizabeth Barber b. Nov 16, 1899 (dau of Wm. R. & M. P.) (356)
    William Robinson b. Sep 3, 1897 (son of Wm. R. & M. P.) (356)
COCKE, Albert Richard, son of Margaret E., bapt Jun 10, 1841 (423)
    Ella m. John Overton Lea Aug 18, 1870 (356)
    James R. 1854 (423)
    James R. 1852 (left for Episcopal Ch) (423)
    John 1857, d. Jun 6, 1857 (423)
    John & S. Lavinia, parents of Laura, Etta & John bapt May 25, 1857 (423)
    John d. Jun 6, 1857 (423)
    Josephine R. m. Edmund Winston Sep? 13, 1860 (503)
    Lavinia 1857, d. Sep 3, 1861 (423)
    Margaret E. (see Margaret E. King) (423)
    S. Lavenia d. Sep 3, 1861 (423)
    William M. 1832 (left for Rutledge) (423)
COCKERTON, John m. Margery Johanna Mary Draper Mar 20, 1888 (356)
COCKRELL, Elizabeth Jane, age 9, bapt Sep 23, 1866 (438)
    Granville Lewis, age 10, bapt Sep 23, 1866 (438)
COE, Calley 1891 (348)
    Lillie 1898 (348)
    Nancey E. 1897 (348)
    Sarah A. 1891 (348)

COFFEE, Charles and Claude bapt 1880 (356)
    Hugh member 1838 (368)
COFFER, Polly member 1821 (419)
COFFIN, Albert E. bapt 1888 (454)
    Mrs. Alice G. m. Woodbury Coryton Jun 2,
        1892 (356)
    Daniel L. 1853 (423)
    Daniel L. d. Sep 30, 1834 (423)
    Daniel L. 1852, d. Sep 30, 1854 (423)
    Sarah 1852, 1860 (423)
    Sarah d. 1871 (423)
COFFMAN, Cary Anderson child of S. J. & E. bapt
        1877 (401)
    D. Davis (child of Saml. J. & L. P.) bapt
        1874 (401)
    Dabney D. 1885, Jun 1891 to Lewisburg VA
        (401)
    Hunter Minor (son of Saml. J. & L. P.)
        bapt 1875 (401)
    Jos. Randolph, son of S. J. & Lucy, bapt
        1878 (401)
    Lucy P. 1871, Jun 1891 to Lewisburg VA (401)
    Mrs. Lucy T.? 1871 (401)
    N. B. 1885, Oct 1894 to Richmond VA (401)
    S. J. elder 1877 (401)
    S. J. jr. 1885, Jun 1891 to Lewisburg VA
        (401)
    Samuel (son of S. J. & L. P.) bapt 1872 (401)
    Samuel J. 1871, Jun 1891 to Lewisburg VA (401)
COIL, D. H. P. 1889 (423)
    Mrs. H. P. 1889 (423)
    Orin Rex 1889 (423)
COKER, Lemuel d. 1866, about 60 yrs (356)
    Len J. & Margaret A., parents of James
        Rodgers, Charles Leonard & Lucy Ann,
        bapt Apr. 3, 1869 (423)
    Leonard J. 1869 (423)
    Margaret Ann 1891, 1867 (423)
    Matilda Caroline 1891 (423)
COLBINE, Ellen d. 1902 (454)
COLBOURN, Catherine K. (dau of W. I., bapt 1873)
    (503)
COLBOURNE, Thomas Brabson (son of Webster G. & Ada)
    bapt 1870 (503)
COLBURN, Albert Scott d. Aug 28, 1902, age 17 (350)
    Albert Scott, son of Webster J. & Ada E., b.
        1 Dec 1884 (503)
    Catherine K. m. C. Victor Brown Dec 15, 1896
        (503)
    Charles Storey, son of W. J. & Elizabeth, b.
        May 4, 1893 (503)
    Etta Whitney, dau of Webster J. & Ada E. b,
        Feb 23, 1881 (503)
    Maria Henrietta m. James B. Naylor Oct 10,
        1894 (503)
    Mary Older m. Henry A. Kropp Apr 23, 1896
        (503)
    Mary Oldes, dau of W. J. & Bettie, bapt 1875
        (503)

COLBURN, Rose Louise, dau of W. J. & Ada b. Mar 29,
    1879 (503)
    Thomas d. 1910, age 40 (350)
    Mrs. W. J. d. 16 Jun 1911, age 64 (350)
    Webster, son of W. J. & Ada, b. Nov 9, 1876
        (503)
    Whitney Carswell, son of Thos. B. & Elizabeth
        C., b. Apr 1, 1899 (503)
COLBY, Mrs. W. W. d. 1905 (393)
COLDWELL, Mrs. A. B. 1884, d. 23 Apr 1885 (478)
    Addie N. 1871 (478)
    Alice E. 1858 (478)
    Miss Amanda 1874 (478)
    Annata J. (see Annata J. Brame) (478)
    Mr. E. A. 1884, 1885 to Orlando FL (478)
    Elisabeth 1839 (478)
    Emet elder 1879 (to FL) (478)
    Emet A. & Annette A. parents of William Brame
        & Mary Annette bapt 1876 (478)
    Miss Emma (dau of T. M. C.) 1871 (478)
    Emmet 1855 (478)
    Ernest 1891 (478)
    Jane 1834, d. Aug 30, 1868 (478)
    Jane C. 1855 (478)
    John C. jr. 1842 (478)
    John C. 1842, d. 12 Feb 1880 (478)
    John M. 1865 (478)
    Joseph C. 1871 (478)
    Miss Maggie (dau of T. M. C.) 1871 (478)
    Maggie I. 1871 (478)
    Mrs. Margaret I. 1852 (478)
    Mrs. Margaret J. B. (wife of T. M. C.) 1857
        (478)
    Mary 1871, 1866 (478)
    Miss Mary B. 1855 (478)
    Mary I. 1845 (478)
    Mary S. 1848 (478)
    Dr. Rufus, Mrs. Turner, Miss Corah Turner,
        Willie Turner--family listing Jan 1867
        (480)
    Sarah 1866 (478)
    Sarah H. A. 1854 (478)
    Sophia 1829 (478)
    Thos. H. 1842 (478)
    Thos. M. 1829 (478)
    Thomas M. d. Mar 26, 1871 (478)
    Thos. M. elder 1844, d. Mar 1871 (478)
    Thomas Templeton b. May 25, 1887, son of
        Thomas W. & Jeanie (356)
    W. B. 1857 (478)
COLE, Angeline d. Nov 1892 (467)
    Amanda Melvina b. Aug 8, 1889 (356)
    Ann 1893 (467)
    Bill d. Nov 1910 (467)
    E. 1865 (467)
    Edward Washington, son of J. B. & Winna,
        bapt Mar 30, 1898 (409)
    Haner (f) d. 1873 (402)
    Idella d. 1889 (467)

COLE, J. C. 1893 (467)
    Jos. B., son of Jos. & Minnie, bapt Jun 17, 1888 (409)
    Joseph J. 1887 (402)
    Julas 1860 (402)
    Julia 1823 (402)
    Julias 1850 (402)
    Julius 1823, 1887 (402)
    Lucey A. d. Apr 1865 (467)
    Mrs. Margaret R. d. Jan 23, 1898 (409)
    Martha 1893 (467)
    Mary 1860, 1887 (402)
    Mary Ann 1860, 1887 (402)
    Mary M. m. L. M. Howe 1855 (356)
    Mary Roy m. Washington Curran Whitthorn Jun 5, 1889 (438)
    Mary Roy, dau of P. C. & M. E., b. Sep 1, 1866 (438)
    Maud (see Maud Keaton) (455)
    Minnie R. (Covington) d. Jan 1898 (409)
    N. M. 1893 (467)
    Pernina 1865 (467)
    Rachel d. Apr 12, 1904, age 10 (356)
    Russle B. 1858 (448)
    Samuel 1831 (462)
    Miss Victoria member 1875, m. R. C. Hollins, PO Guthrie KY (400)
    Victoria H. m. R. Clarence Hollins Nov 20, 1879 (400)

COLEMAN, Addie d. Dec 29, 1875 (421)
    Alerbamer (col'd) 1865 (421)
    Alice J. 1876 (425)
    Anna 1890? (425)
    Bitha (col'd) 1865 (421)
    Bob (col'd) 1865 (421)
    Catherine (col'd) 1865 (421)
    Charles F. m. Nancy F. Watters Jun 4, 1868 (356)
    Clarissa 1839 (437)
    Dalt 1860 (421)
    E. 1872? (425)
    Elizabeth S., dau of Rufus, bapt Dec 2, 1855 (437)
    Elviry (col'd) 1865 (421)
    Esequel 1865 (421)
    Eve 1823 (504)
    Ezekiel 1876 (425)
    Fannie 1890? (425)
    Hardy 1823 (504)
    Hattie 1890? (425)
    J. D. 1897, 1881 (425)
    J. M. 1890, 1896 (425)
    J. P. 1887 (415)
    J. W. 1890 (425)
    James A. 1890 (425)
    Mrs. Jane B. 1887 (415)
    John M. 1876 (425)
    John W. 1876 (425)
    Kernie 1886, 1891 (421)

COLEMAN, L. L. & Mary C., parents of Mary Blount, Jesse Isler & Charles Leonidas bapt Oct 6, 1860 (423)
    Launa 1887 (421)
    Leona E. 1887 (425)
    Leonidas L. 1857 (left for Nashville Aug 12, 1865) (423)
    Lillie 1890? (425)
    Lillie d. Jun 13, 1907 (425)
    Loucasy 1865 (421)
    M. L. 1881 (425)
    Mrs. Margaret 1887 (415)
    Margarett R. d. Mar 2, 1907 (425)
    Margret R. 1872? (425)
    Mary D. 1857 (left for Nashville Aug 12, 1865) (423)
    Michy 1890? (425)
    Micky 1888 (425)
    Paul S. 1895 (478)
    Plesant (col'd) 1865 (421)
    Rachel 1839 (389)
    Rebecca (m. Neul) 1890? (425)
    S. H. 1890? (425)
    S. R. 1890? (425)
    S. R. 1893 (425)
    Sallie 1890?, 1887 (425)
    Sallie R. 1889 (421)
    Sarah E. d. 1877 (425)
    Miss Tennie 1889, 1890 (497)
    W. A. d. Feb 1907 (425)
    W. A. 1876, d. Feb 1876 (425)
    W. A. 1883 (425)
    W. J. m. Annie Peedles Jul 1886 (425)
    Wiat 1839 (389)
    Wiatt 1832 (389)
    Mrs. sr. 1838?, 1 child 1 adult from NC (437)

COLEMON, S. H. 1886 (425)
COLETHROP, John 1893 (467)
    W. N. 1893 (467)
COLHONE, Leora 1887 (425)
COLLANS, Mary 1888 (450)
    Wm. H. 1888 (450)
COLLBRAN, John Stuart, son of H. H. & H. K. b. Jul 26, 1883 (503)
COLLET, Elizabeth 1854 (428)
    Joel 1854 (428)
COLLEY, Nancy 1829 (389)
COLLIER, Alpherd 1835 (450)
    Mrs. C. E. d. Apr 20, 1898 (409)
    Wm. M. 1855 (437)
COLLIN, Marie M. m. Charles S. Rauschkolb Aug 13, 1892 (503)
COLLINS, Anna 1888 (455)
    B. F. 1887 (415)
    Benjamin Burns 1892, d. Aug 19, 1893, age 29 (461)
    Betty 1885 (428)

COLLINS, Rev. C. F. m. Loula M. Hamner Feb 11,
        1857 (438)
    Catharine 1846 (421)
    Charles F. 1852 (437)
    David d. Jan 26, 1887, age 63 (461)
    David 1892 (461)
    Duram 1821, 1817 (386)
    E. M. 1895 (450)
    Ed. J. d. Jan 1876, age about 30 yrs (356)
    Edmond 1887 (415)
    Edna May, dau of John L. Collins & Edith,
        b. Tullahoma Dec 3, 1889 (461)
    Elizabeth C. 1860, 1848 (421)
    Elvin 1897 (450)
    Emma Isabel Ida 1892 (461)
    Everett Emery 1892 (461)
    G. R. 1889 (455)
    Henry 1890 (511)
    Isaac Newton 1893 (455)
    J. C. 1886 (396)
    John Lichtlevehter d. Aug 1, 1892 (461)
    John 1886 (396)
    John Liletlevihter 1892 (461)
    Joseph 1846, 1860 (421)
    Mrs. M. J. 1887 (415)
    Maggie Brook? inf bapt 1889 (455)
    Marthy 1894 (450)
    Marthy L. 1888 (450)
    Mary d. Sep 1881 (465)
    Mary Elsie (Spears) 1892 (461)
    Nancy M. 1894 (450)
    Rebecah 1817 (386)
    Robert 1886 (396)
    Sarah 1886 (396)
    Sarah Jane (Burns) 1892 (461)
    Wm. J. 1848, 1860 (421)
    Willis 1888 (455)
COLMAN, Hardy 1832 (504)
    Rebeckah 1889 (425)
COLT, Elijah 1870, d. Sep 28, 1893 (492)
COLWELL, A. A. 1878 (492)
    James A. m. Emma G. Smith Sep 1881 (400)
    Jeanette Homes m. William Dewees? Maiks
        May 27, 1874 (503)
COMB, K. L. Davis? 1890 (409)
COMBS, David 1840, 1832, 1823 (504)
    James m. Mattie Haskins Nov 2, 1891 (couple
        from Christian Co. KY) (400)
COMES, Christian 1832 (466)
COMINGS, Salley 1847 (511)
COMINS?, Frances d. Jul 1876 (511)
COMPTON, Aron pastor 1838 (361)
    Elisabeth member 1838 (361)
    Mrs. Emily G. 1874 (487)
    Mr. Felix H. 1874 (487)
    Miss Louise L. 1874 (487)
    Martha d. Aug 1895 (389)
    Martha 1876 (389)
    Matthew 1835 (389)

COMPTON, Nancy 1835 (389)
CONANT, Alice Frances, age 14, 1892 (438)
    Alice Frances, dau of Geo. F.& Annabel (Ober)
        b. Oct 17, 1878 (438)
    Frances 1891 (438)
    Geo. F. (1889), Mrs. Annabelle (Obxr?),
        Frances, Allice Frances, Hope Adgate
        --family listing (438)
    Hope Adgate, dau of Geo. F. & Annabel (Ober)
        b. Aug 4, 1891 (438)
CONDER, J. B. 1821 (419)
CONGA, Susan Dulana (see Susan Dulana Robertson)
        (461)
CONGOW, Joshua 1802 (389)
CONKLING, R.? W. 1886 (455)
CONLEY, Mrs. G. J. ca. 1878 (455)
    Margaret A. 1892 (454)
    Nannie 1892 (454)
CONLY, Pearl 1893 (454)
CONN, George W. 1841 (423)
    Hany G. 1889 (455)
    Thomas J. 1842 (423)
    Wm. D. F. 1841, 1843 (423)
CONNABLE, Fanny b. Feb 18, 1879 (503)
    Harriet Mary b. Sep 16, 1880 (503)
CONNELL?, Nellie 1879 (455)
CONNELLY, Clara F. (Photographer) m. Edgar S.
        Courtwright (Photographer) Dec 6, 1890
        (455)
    Walter T. 1888 (454)
    _____ buried Apr 4, 1881 (438)
CONNER, June W. 1892, 1893 to Nashville (401)
    John Wesley b. Feb 5, 1885 (son of J. W. &
        K. R.) (356)
    Sallie 1821 (419)
CONNERS, Nancy 1856 (462)
CONNOR, Jane 1811 (511)
CONOHO, Doct. T. J. 1843 (400)
CONOVER, Hurbert S. (of Minneapolis, MN) m. Edith
        Margaret Saxton Jan 11, 1893 (356)
CONOWAY, Grace Louise, dau of Arthur & Nelly L. b.
        19 May 1886 (503)
    Nelly Lilian b. 14 Jan 1865 (503)
CONRAD, Mrs. Carrie 1898 (401)
    Fred Chas. 1898 (401)
CONYERS, Chales W. 1877 (487)
    Mrs. Christiana 1877 (487)
COOCK, Mary 1811 (511)
COOK, Mrs. Adda 1880 (504)
    Anna 1885 (504)
    Annie 1893 (467)
    Auston d. 1891 (467)
    Bettie 1870 (492)
    Mrs. Chas. jr. confirmed 1890 (400)
    Delana 1847 (511)
    Edward Aylett confirmed 1889 (400)
    Elliza J. 1847 (511)
    Elizabeth 1869, 1871, d. 1890 (467)
    Ella 1893 (467)

COOK, Emaline 1893 (467)
    F. D. 1893 (467)
    Fancy 1880 (504)
    Miss Fannie member 1875, resides in Hopkins-
        ville (400)
    Fanny (see Sarah E. Campbell) (400)
    G. M. 1893 (467)
    G. T. 1893, 1898 (467)
    George Washington 1885 (429)
    Gus 1893 (467)
    Hattie 1896 (429)
    Hattie F. (Mrs.) 1885 (454)
    J. A. d. 1891 (467)
    J. A. 1893 (467)
    J. R. 1893 (467)
    J. T. 1893 (467)
    James 1893, 1896 (467)
    James A. 1853 (467)
    John B. & wife Matilda 1884 (348)
    Josiah 1858, 1869 (408)
    Laura Sedgwick confirmed 1881, bapt 1869
        (400)
    Leota 1893, 1898 (467)
    Louvinie 1885 (429)
    Lucey 1853 (467)
    Mrs. Lucy B. d. May 16, 1890 (480)
    Lulu? 1896 (429)
    Miss M. 1871 (478)
    Margaret 1893 (467)
    Martha E. 1872 (408)
    Marry E. 1884 (348)
    Mary d. Jul 20, 1878 (467)
    Mary d. Mar 23, 1887 (467)
    Mary 1853, 1893 (467)
    Mary 1880 (504)
    Mary E. 1858, 1872 (408)
    Mary E. left Jan 17, 1875 (408)
    Mary E. left Feb 1869 (408)
    Maud E. m. John H. McReynolds Aug 16, 1893
        (503)
    P. W. 1858, 1869, 1872, 1875 (408)
    Rebecka d. 1886 (467)
    Rebecca F. d. Oct 12, 1884? (467)
    Richard O. 1893 (467)
    Robert 1853 (467)
    Dr. S. B. 1886 (454)
    Mrs. S. H. 1885 (369)
    Sarah 1893 (467)
    Sarah A. 1893 (467)
    Sarah J. 1858 (408)
    Sarah Jane 1875 (408)
    Sary Jane 1872 (408)
    Sary L. 1869 (408)
    Temperance 1858, 1869 (408)
    Thomas 1893 (467)
    W. A. 1893 (467)
    W. A. pastor 1896 (360)
    W. L. d. Oct 7, 1903, age 51 (350)
    Wilis 1862, 1871 (467)

COOK, William A. d. Nov 10, 1907 (467)
COOKE, Carrie H. 1896 (400)
    Caroline H. confirmed 1886 (400)
    Mrs. Caroline H. 1896 (400)
    Caroline Homizell bapt 1876, dau of George E.
        & Homizelle (400)
    Charles E. 1896 (400)
    Chas. L. 1896, d. Jul 6, 1911 (400)
    David d. at Spring Hill TN Sep 17, 1894 (400)
    Edward A. 1896 (400)
    Edward Aylett b. Sep 13, 1876, son of George
        E. & Homizelle (400)
    Revd. George 1855 (left for Yonkers NY Mar 13,
        1858)(423)
    George E. 1896 (400)
    George E., Homizelle?, Laura S., Thorton F.,
        Charles L., Carolin H., May Dee,
        Edward Aylett? Cooke, Chas. L.--
        family listings 1875-1902 (400)
    George E. 1857 (left for Yonkers NY Mar 13,
        1858) (423)
    George E., age 67, d. Aug 4, 1902 (400)
    Mrs. George Edward D. Aug 10, 1902, age 68
        (356)
    Henry H. m. Agnes Kearsley Apr 26, 1892 (356)
    John O. 1838?, came from NC (437)
    Laura d. Jan 21, 1911 (401)
    Miss Laura 1852 (401)
    Laura m. Marshall Hicks of Laredo TX Dec 30,
        1891 (400)
    Miss Laura D. member 1875, m. Hicks & gone to
        TX (400)
    Laura Sedgwick d. Apr 9, 1881 (400)
    Miss Laura Willis, age 83, d. Jan 21, 1911
        (400)
    Mary confirmed 1892 (400)
    Mary Dee bapt 1881, dau of George E. &
        Homizelle (400)
    Mrs. Mary Dee (Foust) 1896 (400)
    Mary G. 1855 (left for Yonkers NY Mar 13,
        1858) (423)
    Mary Lucia 1857 (left for Yonkers NY Mar 13,
        1858) (423)
    Polly Anderson d. Sep 7, 1908 (400)
    Thomas Henderson, son of Mrs. D. Penelope,
        bapt 1853 (466)
    Thornton F. confirmed 1883 (400)
    Thornton F., age 18, d. Sep 15, 1888 (400)
    Wm. Henry, son of Mrs. D. P., bapt 1856 (466)
COOKSEY, E. N. 1888 (497)
    James B. 1841 (389)
    Timothy 1888 (497)
COOLEY, Eliza Caroline 1891 (401)
    Frederick Flournoy b. Dec 24, 1896, son of
        Wm. M. & Annie M. (356)
    H. M. 1892 (401)
    Lizzie Hobson (Mrs. Wm. A.) d. Jul 1913 (401)
    Martin d. May 22, 1896, age 5 mos (356)
    Mary Vick 1892 (401)

COOLEY, Olivia Tennessee 1885 (401)
    William 1885 (401)
    Wm. & Olivia, parents of Maggie Olivia, John
        Robert & Grace, bapt Jul 12, 1891 (401)
    William d. Mar 14, 1911 (401)
    William Martin m. Annie Morris Flournoy Apr 3,
        1895 (356)
COOMER, Richard J. m. Charlotte Crouch Jun 20, 1879
    (356)
COON, Robert F. (see Robert F. Roberts) (429)
COONEY, Arabella Virginia b. Dec 28, 1884, dau of
    Richard T. & Matilda C. (400)
COOPER, Addison, son of Eva C. & Addison, b. Oct 6,
    1878 (438)
    Belle m. Theodore F. Brown Nov 17, 1897 (503)
    Christina McCleland 1884 (478)
    Miss Christine McC., dau of Hon. Henry
        Cooper, dec'd, 1884 (478)
    Edmond & Lucy B. parents of Ernest Bonnet
        bapt 1870 (478)
    Edmund, son of Edmund & Mary, b. Mar 4, 1853
        (438)
    Hon. Edmund, Horace, Miss Sallie, Edmund,
        Jan 1867--family listing (480)
    Edmund 1876 (480)
    Hon. Edmund m. Miss Lucy Bonner Oct 22, 1868
        (480)
    Mrs. Edw. buried in Shelbyville Jan 23, 1863,
        dau of the late Rev. Dr. Stephens (438)
    Fanny Bell (colored), dau of Leon & Harriet,
        b. Oct 1878 (438)
    Frank 1886 (409)
    Henery 1855 (478)
    Henery elder 1859 (478)
    Herman 1811 (511)
    J. H. 1871 (478)
    John F. d. Aug 6, 1884, age 72 (503)
    John L. d. 1901 (454)
    John L. 1890 (454)
    Miss Lizzie 1895 (454)
    Mrs. Lizzie 1898, d. May 3, 1900 (400)
    Mrs. Lucy B. 1870 (478)
    Mrs. Lucy B. 1876 (480)
    M. E. 1872 (408)
    Mrs. Maria 1892 (455)
    Marion, child of Eva, bapt Oct 15, 1877 (438)
    Marthy 1850 (402)
    Mary left Nov 15, 1876 (408)
    Mrs. Mary d. 1863 (480)
    Mrs. Mary 1837, d. Sep 1861, age 57 (401)
    Mary Frances m. William Hamlin Pratt May 5,
        1875 (503)
    Mrs. Matthew B., age 34, d. Aug 11, 1910
        (438)
    Minervia 1858 (408)
    Oswald O. m. Elizabeth Cummings Dec 29, 1896
        (356)
    Dr. Oswald O. of Hinton WV m. Miss Elizabeth
        Cummings, Dec 29, 1896 (423)

COOPER, Parlee 1875 (409)
    Parlie 1867 (409)
    Mrs. S. K. d. 1911 (350)
    Sallie m. Rev. N. A. Hoyt Jun 2, 1874 (480)
    Sallie 1876 (480)
    Sallie Eugene bapt Jul 4, 1875 (438)
    Mrs. Sarah d. Feb 18, 1880, age 65 (503)
    Seophia 1832 (466)
    V. C. left Nov 15, 1876 (408)
    William F. d. 1880, age 22 (356)
    Mr. d. May 2, 1900, age 89 (350)
COOPPER, M. E. 1858 (408)
    V. J. 1872 (408)
COOVINGTON, J. W. 1873 (409)
COPE, George H. m. Emelia M. Burris May 10, 1898
    (503)
    Mary C., dau of J. W. & Mary C., b. Dec 17,
        1867 (455)
    Mila 1885 (455)
    Mildred C., dau of J. W. & Mary C., b. Nov
        20, 1866 (455)
COPENHAVEN, James d. Mar 1851, age 27 (356)
COPPAGE, Lucy 1847, 1848 (511)
COPPEDG, Judeth 1811 (511)
COPTON, Carrie Haggat, dau of B. D. & Mary, b. Nov
    19, 1863 (438)
CORAM, J. S. 1849 (435)
CORBITT, N. H. 1879 (504-2)
CORBRIDGE, Mrs. Bettie (wife of A. C.) 1883 (478)
    Mrs. Bettie & A., parents of James Harry Lee,
        Sarah Ward Silby & William Edleston
        bapt 1883 (478)
    Miss Eliza J. (dau of H. & A. C.) 1885 (478)
    Eliza Jane b. Nov 25, 1868, dau of Anthony &
        Betty (480)
    Miss Emma (dau of A. C.) 1883 (478)
    Miss Lillie (dau of A. C.) 1887 (478)
CORCORAN, Carl Patrick, son of John & Pearl, b.
    Jan 8, 1895 at Columbia (438)
    Earl, son of John & Pearl, b. Jan 26, 1893
        (438)
    Mrs. Pearl 1894 (440)
CORDER, Louis b. May 13, 1896 (son of James Irvine
    & Maggie Newhouse) (400)
    Margaret (Marguerite) b. Oct 12, 1899, dau
        of James Irvine & Maggie Newhouse (400)
COREY, Mrs. Martha d. Sep 1878, age 33 (503)
    Saml. H. d. Feb 24, 1879 (503)
    Saml. Harvey & Martha T. parents of Joel
        Hamilton & Richd. Sparks bapt 1875 (503)
CORIN, G. W. 1882 (348)
    Mary Jane 1882 (348)
    Teny 1883 (348)
CORINTH, Daisy 1898 (348)
    Martha adult bapt 1895 (356)
CORLEY, Mrs. C. D. 1895, Nov 1895 to Dewitt? KY
    (401)
    John E. 1891, 1858 (423)
    John E. member 1836 (left for MO) (423)

CORLEY, Margaret A. 1891, 1858 (423)
    Martha J. 1856 (423)
    Richard King, son of J. E. & M. A., bapt
        Apr 6, 1861 (423)
    Richard W. d. May 26, 1864, age 48 (356)
    William Foute, son of J. E. & M. A., bapt
        Jun 20, 1858 (423)
CORMANY, Clara Helen May b. 12 Nov 1859 (503)
CORN, G. W. d. Jun 1911 (348)
CORNELL, Alice Louise, dau of Henry & Susan, b.
        Apr 6, 1885 (438)
    E. M. 1888 (406)
    Franklin bapt May 18, 1874 (438)
    Henrietta 1858 (448)
    Mrs. Leonora G. 1893 (401)
    Mrs. Leonora G. d. Feb 7, 1908 (401)
    Robert 1874, 1877 to Memphis (401)
CORNES, Annie 1886 (455)
    Wm. 1886 (455)
CORNEY, Samuel George d. Nov 1894, age 48 (503)
CORNIELSON, Mrs. Ada C. 1893 (454)
    Dr. Alex C. 1893 (454)
CORNICK, Miss Ella m. Dr. David H. Williams Dec 21,
        1896 (356)
    Elvira b. Oct 7, 1876, dau of Tully R. &
        Laura (356)
    Howard d. Jan 26, 1895, age 3 (356)
    Mrs. Tulley d. Feb 8, 1895, age 43 (356)
    Tully R. d. Aug 2, 1902, age 49 (356)
CORNISH, C. C. d. 1863, age 43 (503)
CORRIEL, Sarey Martha 1881 (361)
CORRUTH, Rachel 1820 (423)
    Walter 1898 (348)
CORTNER, Almeda (see Almeda Smith) (461)
    Emiley 1890 (492)
    Mary 1892 (461)
    Mary d. Jan 16, 1896 (461)
CORTNEY, Mary m. William M. Hasson Mar 10, 1874
        (503)
CORUM, Thomas 1895 (440)
CORWICK, Tully b. Jul 5, 1879, son of Tully &
        Laura (356)
COSWALL, Annie 1899 (438)
COTE, James 1853, d. 1862 (467)
COTHERAN, Anna 1885, d. Aug 10, 1887 (492)
COTTEN, Ida A. d. Apr 11, 1900 (507)
    John 1898 (507)
COTTICK, Elizabeth 1830 (462)
COTTON, Eugenie F. 1892 (423)
    Frank Smith d. Nov 23, 1851, age 1 (356)
    Hollens 1894 (507)
    Ida 1897 (507)
COTTRELL, Elizabeth 1832 (462)
    G. W. d. Jul 22, 1906 (462)
    G. W. 1894 (462)
COUCH, Mary E. 1883 (492)
COULES, Carrie F. 1885 (478)
COULTON, Mrs. Grace P. stacker 1896 (400)
    Mrs. Sophia Louisa 1891 (423)

COUNCIL, David 1866 (497)
    Mrs. E. 1872 (497)
    Miss Emily (now Mrs. Small) 1856 (497)
    Frank 1885 (455)
COURTNER, J. T.? 1870-1881 (492)
COURTNEY, Nancy d. ca. 1871, age 28 (356)
    Sallie C. 1870 (492)
COURTS, Juliet confirmed 1876 (400)
    Juliet (see Mrs. Susan McDaniel) (400)
    Richard Winn 1896 (400)
    Richard Winn b. Jun 23, 1896, son of Richard
        Winn & Mary J. (400)
COURTWRIGHT, Edgar S. (photographer) m. Clara F.
        Connelly (photographer) Dec 6, 1890
        (455)
    Wilber S. 1889 (455)
COUSAR, Robert M. m. Hettie Humphreys Sep 17, 1879
        (400)
COUSINS, Jonathan 1866 (497)
    Jonathan killed Feb 10, 1870 (explosion) (497)
COUTS, William & wife Amanda 1889 (371)
COVEY, Georgia Elizabeth, dau of Emma, b. Jul 2,
        1883 (438)
    Jane member 1892, 1893 (361)
    Nellie Maud, dau of Emma, b. Mar 20, 1882
        (438)
COVINGTON, Asa 1823 (504)
    Dora 1893 (467)
    Elisabeth 1823 (504)
    H. B. 1867, pastor (401)
    James Greer 1875 (409)
    Joseph d. 1863 (467)
    Miss Josephine 1868 (502)
    Minnie R. (see Minnie R. Cole) (409)
    Thomas Butler d. 1880 (409)
    Thomas Butler 1875 (409)
    Winnie R. 1872 (409)
COVINTON, Harret 1832 (504)
COVY, N. W. member 1893 (361)
COWAN, Alex 1852 (from Ireland) (478)
    Alex jr. 1855 (478)
    Alexr. & Lou parents of Alice bapt 1878 (478)
    Alexander & Lou parents of Robert & Mary bapt
        1875 (478)
    Mrs. Alexr. sr. 1874 (478)
    Miss Alice Jane, dau of A., 1891 (478)
    Anna 1857 (478)
    Mrs. Annie E. d. Feb 13, 1890, age 52 (356)
    Charles (see Helen C. Wallace) (423)
    Charles M. m. Miss Helen Wallace of Covington
        KY Dec 16, 1897 (423)
    Charles McGhee son of Jas. & Anna b. Nov 16,
        1870 (356)
    Eliza J. 1855 (478)
    Elizabeth 1880 (455)
    Felicia 1855 (478)
    George 1855 (478)
    H. B. 1883 (478)
    Hadissa 1857 (478)

COWAN, Hannah 1851, d. Dec 23, 1870 (478)
    Mrs. Hannah 1851 (from Ireland) (478)
    Hugh White d. 1882, age 18 (356)
    Isabella W. 1868 (423)
    James D. d. Mar 14, 1897 (423)
    James D. 1891, 1851 (423)
    James D. d. Mar 13, 1897, age 62 (356)
    James D. m. Ann E. White 1860 (356)
    James Dickinson m. Virginia Swepson Dodson Jun 25, 1891 (356)
    James H. & Lucinda D., parents of Mary & James, bapt about 1835 (423)
    James H. d. Oct 25, 1871 (423)
    James H. 1840, d. 10-25-1877 (423)
    James H. 1828, d. Oct 25, 1871 (423)
    James Hervey, son of James D. & Annie E., b. Jan 31, 1862 (356)
    Jane d. 1868 (478)
    Jane 1827, d. Aug 22, 1868 (478)
    Jane 1852 (from Ireland) (478)
    Jeannette b. Apr 30, 1895, dau of J. D. & V. S. (356)
    Jennie d. Sep 1, 1868 (478)
    Jennie 1852, d. Sep 1, 1868 (478)
    Miss Jennie B., dau of O. C., 1888 (478)
    John 1842 (from Ireland), d. Aug 24, 1900, age 85 yr 15 das (478)
    John H. 1890 (455)
    John W. 1831 (from Ireland) (478)
    John W. sr. 1831, d. 12 Jan 1879 (478)
    John W. jr. 1855 (478)
    Miss Laura, dau of T. M. C. 1855 (478)
    Miss Leah, sis of Oliver, 1852 (478)
    Leah sr. 1852 (478)
    Leah jr. 1855 (478)
    Miss Letitia 1851 (from Ireland) (478)
    Mrs. Lou (wife of A. C. sr.) 1874 (478)
    Lucinda D. d. Apr 7, 1849 (423)
    Lucinda D. 1839, d. Apr 27, 1849 (423)
    Lucy F. (see Lucy C. Finegan) (423)
    Lucinda Foster, dau of James H. & Lucinda D., bapt May 3, 1840 (423)
    Lucy F. (now Alexander) 1858 (423)
    Margaret d. 1883 (423)
    Margaret (McClung) 1850 (423)
    Margaret, dau of James H. & Lucinda D., bapt Feb 10, 1832 (423)
    Margaret J. E. 1868 (478)
    Mary 1891 (423)
    Miss Mary 1850 (423)
    Miss Mary d. Sep 12, 1906 (423)
    Mary, dau of Jas. D. & Ann W., b. Aug 23, 1866 (356)
    Mrs. Mary 1852 (from Ireland) (478)
    Mary d. Feb 2, 1868 (478)
    Miss Mary, dau of A., 1891 (478)
    Miss Mary Ann 1853 (478)
    Mary Elizabeth m. George Stratten Andes Jun 16, 1891 (356)

COWAN, Nancy 1857 (478)
    Nancy Estabrook, dau of James H. & L. D., bapt Jun 26, 1842 (423)
    Nannie E. d. Jun 21, 1869 (423)
    Nannie E. 1858, d. Jun 21, 1869 (423)
    O. & Sallie, parents of Olive b. 4 Aug 1877 (478)
    Miss Olive, dau of O., 1888 (478)
    Oliver & Sallie parents of John Knox b. 17 Dec 1880 (478)
    Oliver & Sallie parents of Jennie Bryson b. Oct 19, 1874 (478)
    Oliver & Sallie parents of William Guy b. Feb 16, 1872 (478)
    Mrs. Oliver? 1869 (478)
    Oliver & Sallie parents of Henry Bryson bapt 1870 (478)
    Oliver 1852 (from Ireland) (478)
    Petez D. 1857 (left for Amhurst MA Dec 27, 1863) (423)
    Perry Dickinson E., son of James H. & Lucinda D., bapt Apr 7, 1844 (423)
    Robt. 1838 (from Ireland), 1852 (478)
    Robt. 1855, 1891 (478)
    Robert G. 1852, d. 22 Aug 1889 (478)
    Robert Sweepson b. Sep 4, 1892, son of James D. & V. S. (356)
    Robert W. d. Aug 17, 1869 (478)
    Robert W. 1851, d. Aug 17, 1869 (478)
    Robt. W. 1851 (from Ireland) (478)
    Mrs. Sallie B. (wife of Oliver) 1869 (478)
    Susan Penniman, dau of James H. & Lucinda D., bpat Jul 26, 1846 (423)
    Thomas E. 1871 (478)
    Thomas Eakin 1871, d. Nov 1873 (478)
    W. G. elder 1859, d. May 15, 1880 (478)
    Wm. G. 1885 (478)
    Wm. G. 1835 (from Ireland) (478)
    William G. 1835, d. 25 May 1880 (478)
COWARD, Benjamin 1839 (450)
COWE, Wesley P. 1879 (348)
COWEN, Rosanna 1832 (466)
    William 1832 (466)
COWLES, Carrie F. 1885, 1887 to Atlanta GA (478)
COWLEY, L. m. Mary Josephine Woodside Oct 21, 1879 (438)
    Signer 1817 (386)
COWLISHAW, Alice 1859 (497)
COX, Miss Alice 1892 (454)
    Ann (see Ann Shields) (423)
    B. B. 1872 (408)
    Chas. H. & Emma A. parents of Emma Caroline b. Apr 21, 1889 and Frederick Ward b. Jul 3, 1892 (503)
    Charles Harding, son of Charles Harding & Emma A. b. 24 Aug 1885 (503)
    Charley d. 1887 (465)
    Cora 1879 (455)
    E. A. (f) 1871 (435)

COX, Eleanor Maude m. James O'Reilly Griffeth Aug
        12, 1898 (438)
    Eliza A. 1887 (438)
    Miss Emily 1892 (454)
    Frank (Mar 4, 1875), Mrs. (Peters), Ella A.,
        Sallie Peters--family listing (438)
    Dr. Henry S., Rebecca, Ella Martin Simms
        (Jun 4, 1893)--family listing (438)
    Henry Young 1896 (438)
    J. 1872 (408)
    James B. 1857 (423)
    Lucy Ann (see Lucy Ann Nance) (423)
    Mae E. 1871 (435)
    Martin Semmes, son of Henry S. & REbecca,
        b. 1876 at Columbia (438)
    Martin Semms, age 18, 1893 (438)
    Mary Ann, dau of James B. & Ann, bapt Apr 2,
        1859 (423)
    Ophelia m. George Dunn Jun 12, 1897 (400)
    Polley ca. 1832 (504)
    W. M. 1895, Sep 1899 to Columbus MS (401)
COXE, Mrs. Emily 1835 (423)
    Rosalie dau of Joseph C. & Virginia R., inf
        bapt 1884 (356)
COY, Mrs. Sarah W. 1866 (478)
COYKENDALL, Minnie (see Minnie Barker) (423)
    Saml. D.? bapt 1885 (356)
    Samuel D. m. Irene Alberts Oct 5, 1898 (356)
COYLE, Bertha May 1895 (423)
    Miss Elda Zeffre 1893 (423)
    Fred Allen 1895 (423)
    Harry A. 1895 (423)
CRABTREE, Mrs. Agnes W. 1888, Oct 1890 to Ottumwa
        IA (401)
    Carrie m. James Wilcox May 11, 1871 (503)
    Darcas 1886 (now Darcas Gentry) (348)
    Miss Della Florence 1888, Oct 1890 to
        Ottumwa IA (401)
    Mrs. Edna 1893 (454)
    Isabella S. A. 1867 (409)
    J. S. A. (f?) 1875 (409)
    James E. 1875 (409)
    James E. 1867 (409)
    Mrs. Jane 1855 (497)
    Jane 1851 (497)
    John R. 1896 (454)
    Mrs. L. J. d. Sep 1903 (497)
    Margret E. 1875, 1867 (409)
    Marshal 1893, 1896 (467)
    R. F. 1889 (497)
    Mrs. S. A. 1868, 1870 Zanesville O Ch (401)
    Mrs. S. J. 1866 (497)
    Samuel M. 1867 (409)
    Taris? 1851 (497)
    W. R. (see Jennie Isbester) (454)
    William A. 1875 (409)
CRAFFORD, Ercis? 1895 (409)
CRAFT, J. S. d. 1896 (423)
    J. S. 1890 (423)

CRAFT, Mrs. J. W. 1891 (455)
    Lloyd Johnson 1893 (423)
    Miss Maggie Matilda 1889 (423)
    Mrs. Margaret N. (wife of J. S.) 1890 (423)
CRAFTON, Laney (Gilem) ca. 1875 (448)
    Wesley J. ca. 1880 (448)
    William Z. ca. 1850 (448)
CRAFTS, Lucy 1885 (428)
    Mary 1885 (428)
    Paley 1885 (428)
    Susana 1885 (428)
    Washey 1885 (428)
CRAIG, Ada J. L. (see Ada J. L. Michaels) (423)
    Ada Jennie Louisa 1891 (now Mrs. Michaels)
        (423)
    Ann 1882 (396)
    Mrs. Ann L. 1891 (423)
    Elizabeth d. 1862, age 21 yrs (356)
    Florence, dau of J. J. & Mary C., bapt Jan 2,
        1859 (423)
    John 1828, 1831 (423)
    John, age 57, d. 1/17/1908 (438)
    Col. John J. 1895 (423)
    John J. & Mary C. parents of Mary & William
        Lyon bapt Jun 30, 1855 (423)
    John J. 1843 (left for Harmion AL, Lauderdale
        Co., Sep 16, 1845) (423)
    John James, son of J. J. & Mary C. bapt Jul 6,
        1861 (423)
    John L. d. 1904 (423)
    Mrs. Lucy C. 1895 (423)
    Mary C. 1859 (423)
    Mrs. Mary C. d. Sep 9, 1904 (423)
    Mrs. Mary C. 1891 (423)
    Mary Catharine (see Mary Catharine Lyon) (423)
    Mary Lyon (see Mary Lyons McMullan) (423)
    Miss Mary Lyon 1891 (m. to W. B. McMullan)
        (423)
    Minnie 1894 (401)
    Robt. J. 1888 (448)
    Miss Ruth S. B. 1890 (423)
    William Lyon 1891 (423)
CRAIGHEAD, James? 1819 (423)
    John bapt Jan 16, 1821 (423)
    Mary 1819? (left for Athens) (423)
    Mary 1821 (left for Athens Ch) (423)
    Robert 1819? (423)
    Thomas 1819? (left for Athens) (423)
    Thomas d. May 7, 1821 (423)
    William Edwards son of Thomas & Mary bapt Jan
        16, 1821 (423)
CRAIK, Gertrude, age 15, 1895 (438)
    Hewitt m. Catherine Reauth Lewis Feb 18, 1892
        (503)
    James 1891 (438)
CRAM, Fred Moulton Brook (son of Augusta H.) b. Aug
        1856 (503)
CRAMPTON, C. G. 1886 (455)

CRANDELL, Amos W. m. Frances E. Easton Dec 28,
    1875 (503)
CRANE, Mrs. Anna M. 1891 (423)
    George Roland 1892, 1896 (461)
    George Roland, son of George Roland & Mary
        Elizabeth, b. Aug 20, 1882 at Tulla-
        homa (461)
    George S. m. Priscilla Rowland Jul 3, 1894
        (356)
    Mr. John d. Apr 27, 1902, age 90 (356)
    Jno. C. m. Mary B. Atherton? 1881 (356)
    John C. inf bapt 1882 (356)
    John C. d. Feb 17, 1883, age 50 (356)
    Mrs. Mary Elizabeth 1892 (461)
    Olive Walton, dau of George Roland & Mary
        Elizabeth, b. Sep 15, 1888 at Tulla-
        homa (461)
    Rowland Lawson b. Jul 29, 1899, son of
        George & Precilla (356)
CRANFORD, Charles 1853, d. Oct 1853 (467)
CRANSSHAW?, Fannie S. M. 1875 (409)
CRASS, Annie Mai 1896 (454)
    J. T. 1894 (454)
    Maggie 1894 (454)
    W. K. & wife M. A. 1882 (435)
CRAVEN, Ethel, dau of Alfred & Mary Florence, b.
    Mar 11, 1883 (461)
CRAVENS, Alfred m. Mary Florence Lowman Mar 16,
    1882 (503)
    Jno. R. 1890 (401)
    John Robert 1882 (401)
CRAWFORD, Mrs. Adella Catherine d. Jun 2, 1904, age
    32 (356)
    Alexander 1838 (361)
    Alice 1885 (455)
    Blanch 1890 (409)
    Burdie? (Johnston) 1883 (409)
    Conelia (see Conelia Rogan) (423)
    Mrs. Eugenia P. 1891 (454)
    Juliet m. Larry B. Graham Dec 15, 1896 (503)
    Lenora 1893 (467)
    Lucile M. d. Oct 1890 (455)
    M. B. 1890 (409)
    M. Blanch m. J. A. McAllen 1883 (356)
    Mary ca. 1865 (448)
    Norman 1832 (466)
    Roberta (dau of Robert A. & L. F.) bapt 1871
        (503)
    Stanley Elmo, son of John Crawford & Rebecca
        Jane b. May 22, 1892 at Tullahoma
        (461)
    Vetorine 1891 (409)
    W. R. d. May 6, 1910 (454)
    W. R. 1890 (409)
CRAYNOR, Mary Bilbro (dau of Sam & Fannie) bapt
    1891 (502)
CREAMER, Burton Eugene (son of Eugene Henry &
    Martha Adalaide) b. 16 Aug 1870 (503)
    Miss Jennie C. 1895 (423)

CREAMER, John Marion 1895 (423)
    Mrs. Lydia Virginia 1894 (423)
CREDEN, Ellen bapt 1833 (423)
CREEK, Amanda 1883 (421)
    Amanda d. Feb 1888 (421)
CREEL, Will 1888 (511)
CREIGHTON, R. T. deacon 1892 (487)
CREPEY, E. H. rector 1844 (400)
CRESSWELL, Annie G. m. Carl P. E. Young Jul 30,
    1892 (503)
CRESWELL, Matilda d. 5/1892 (339)
    William d. 7-29-1888 (339)
CREW, Roburta (see Roburta Parham) 1832 (423)
CREWS, Eliza (from Fairfield IL) Nov 28, 1875 (455)
    John 1885 (421)
    John d. Dec 11, 1900 (421)
    Joseph G. (from Fairfield IL) Nov 28, 1875
        (455)
    Robert 1858 (408)
CRICKETT, Miss Maggie I. 1884, 1895 (429)
CRIDER, Elton 1833 (423)
CRISMAN, Mrs. M. E. d. Jun 16, 1871 (401)
CRISP, Vina 1891 (444)
CRISWELL, Arthur 1892 (339)
    James 1898 (339)
    Jim 1890 (511)
    Lee 1885 (339)
    Terry 1893 (339)
CRITCHELL, Ada Frances bapt 1880 (400)
    Charles confirmed 1880 (400)
CRITTENDEN, Elisie 1882 (348)
    Henry W. d. Sep 18, 1880, age 45 (503)
    Henry W. m. Mary H. Read Oct 15, 1879 (503)
    J. N. 1882 (348)
    Mary 1882 (348)
    Sabina 1897 (348)
    Sarah 1886 (348)
    Wm. H. 1882 (348)
    Z. C. 1897 (348)
CRITTENDON, Fannie d. 5-5-1895 (339)
    Maud 1888 (339)
CRITTON, Joseph W. 1860 (444)
    Nancy 1860 (444)
CROCKER, J. R. 1893 (467)
CROCKET, Prof. S. A. 1885 (369)
CROCKETT, A. J. d. Jan 26, 1895 (429)
    A. J. & M. C. parents of Mary Charlott &
        Margaret? Jane Belle bapt Aug 24, 1878
        (429)
    A. J. 1879, d. Jan 26, 1895 (429)
    Amanda 1893 (467)
    Eliza 1828, 1830 (423)
    Mrs. Elia P. 1891 (423)
    Elizabeth J. m. John T. Marley Jun 7, 1852
        (356)
    George 1893 (467)
    Hill R. 1888 (429)
    J. B. 1875 (429)
    Jennie m. Jas. Hyde Dec 4, 1890 (429)

CROCKETT, Miss Jennie (Hyde) 1882, left Feb 26,
    1891 (429)
    Miss Josephine 1873, left Mar 3, 1895 (429)
    Kate Luvinia d. Jan 1854, age 2 (356)
    Miss Lillian 1878, left for Nashville Nov 26,
    1893 (429)
    Maggie J. 1886? (429)
    Mrs. Malvina 1873, d. Jun 22, 1894 (429)
    Mary B. m. Jas. K. Renshaw ca. 1850 (356)
    Mary B. 1886? (429)
    Mrs. Mary C. d. May 5, 1891 (429)
    Mary C. 1884, d. May 15, 1891 (429)
    Nannie m. B. H. Paschall Dec 29, 1887 (429)
    Miss Nettie 1878, d. Sep 24, 1894 (429)
CROFFORD, Addie 1890 (409)
    Benj. 1890 (409)
    Felix 1863, 1869 (467)
    Martha 1863, 1869 (467)
    Mary 1853, d. 1869 (467)
    T. T. 1890 (409)
CROFTS, William 1885 (428)
CROIX, Capt. Joel T. d. Apr 28, 1906 (438)
CRON, Ann E. 1879 (504-2)
    Joseph E. 1879 (504-2)
CROSBY, Daisy d. Jul 22, 1901 (454)
    George Frank, son of Julia B., bapt 1877
    (503)
    Ida E. 1892 (454)
    J. E. 1892 (454)
    H. (f) d. Jan 1, 1881, age 55 (503)
    Mrs. Mary 1860, d. May 1865 (438)
    Mary m. H. W. O'Neil Oct 20, 1880 (438)
    Mrs. Mary, wife of T. J., buried May 16,
    1866 (438)
    Mary Eliza d. Oct 15, 1855 (437)
    Robert 1838?, 4 children, no adults (?),
    came from Ireland (437)
    Robert (Ireland) d. Sep 17, 1838 (437)
    Robert Gordon, son of Thos. James & Mary,
    bapt Aug 4, 1861 (438)
    Thomas J. 1861 (438)
    Thos. J. & Eliza, parents of Mary Eliza &
    Ada Byron, bapt Dec 9, 1855 (437)
    Thomas J. m. Mary E. Gordon in 1860s? (437)
    Thos. J. m. Mary Caroline McFall Dec 31,
    1867 (438)
    David ca. 1875 (448)
    Elisabeth d. Jan 1871 (389)
    Lavina ca. 1877 (444)
    Mattie ca. 1870 (448)
    Patrick Henry b. Jun 25, 1898, son of Martin
    L. & Susie Henry (400)
    Susie (Martin) (Mrs. M. L.) 1896 (400)
CROSSETT, Annelle W., dau of Junius & Gertrude T.,
    bapt Apr 26, 1891 (360)
    Fulton & wife 1886 (421)
    Mrs. J. L. d. Jan 1900 (360)
    M. E. d. Dec 6, 1895 (421)
CROSSWY, Amelia 1893 (467)

CROSSWY, Elias 1893 (85 yrs when bapt) d. 1898
    (467)
    Emma Savage 1893 (467)
    Ida 1893 (467)
    Mary 1893 (467)
    Rosie 1893 (467)
    Rosy 1889 (371)
CROSSY, David 1889 (371)
CROUCH, Charlotte m. Richard J. Coomer Jun 20, 1879
    (356)
    Joseph T., Louise, James, Gertrude, no dates
    --family listing (438)
    Miss Mary 1891 (now Mrs. Harris) (423)
    Samuel d. 1903 (393)
    Thomas P. & Kittie M. parents of Howard
    Brockway b. Aug 3, 1896 and Annie
    Marion b. Oct 18, 1897 (356)
    Thomas Pendleton d. Jun 13, 1898, age 24 (356)
    William C. 1887 (423)
    Mrs. d. Feb 18, 1905, age 81 (356)
CROW, A. H. 1868 (369)
    Elmer Z. m. Marietta Appling Jun 1, 1892
    (503)
    Hatte 1869 (369)
    Jennie 1869 (369)
    Mary Susan 1875 (409)
    Minnie Lee bapt 1888 (m. Will R. Long) (454)
    Mrs. 1876 (369)
CROWDER, Miss Beesie 1885 (455)
    Beulah 1886 (455)
    Dora F. (single) 1873 (455)
    E. (f) 1898 (462)
    Miss Jennie 1885 (455)
    Jennie H. m. R. M. Neil Nov 10, 1887 (455)
CROZIER, Dr. C. W. 1870 to Knoxville (401)
    Miss Elizabeth 1870 to Knoxville (401)
    Mrs. Hattie (wife of W. C.) d. Sep 1902 (423)
    Mrs. Hattie (wife of W. C.) 1889 (423)
    John H. d. Oct 25, 1889, age 78 (356)
    John H. & Mary W. parents of Etheldred
    Williams b. 14 May 1842 and Cornelia b.
    27 Jul 1844, children bapt 1844 (356)
    John Hervey (son of John H. & Mary W.) b.
    Aug 14, 1846 (356)
    Kate Annah (dau of J. H. & M. W.) b. Sep 4,
    1861 (356)
    Miss Kate E., 1870 to Knoxville (401)
    Margaret Elizabeth, dau of John H. & Mary W.,
    b. May 7, 1851 (356)
    Mrs. Mary E. 1870 to Knoxville (401)
    Mary Humes, dau of John H. & Mary W., b. Nov
    16, 1858 (356)
    Mary W. 1843 (423)
    W. C. 1889 (423)
    William Copeland, son of Jno. H. & Mary W.,
    b. Feb 13, 1854 (356)
CRUCHFIELD, Emma A. 1878 (288)
    Sarah J. 1891 (288)
CRUM, Mrs. E. A. d. Jun 9, 1910 (400)

CRUM, Mrs. (Lutheran) confirmed 1897 (400)
CRUMBLEY, Guneran d. Aug 29, 1903, age 22 (350)
CRUMP, Dr. Charles C. d. Aug 7, 1882 (448)
    Charles C., M. D. ca. 1865 (448)
    Leweza ca. 1865 (448)
    Louisa A. ca. 1860 (448)
    Martha D. (Alexander) ca. 1865 (448)
    Phebe 1838 (361)
    Sulia F. ca. 1870 (448)
    Rev. W. M. 1890 (429)
    William 1838 (361)
CRUNK, Mr. Doct. 1883 (478)
    Miss Minnie 1882 (478)
CRUSE, Mary E. 1872 (408)
CRUSO, Mary E. d. Jan 4, 1878 (408)
CRUTCHER, Forestine 1892 (461)
    Frank 1872 (478)
    Irene 1892 (461)
    Miss Jennie 1874 (478)
    L. J. 1853, 1857 (467)
    Mattie 1874 (478)
    Robert E. 1871 (478)
CRUTCHFIELD, Emma A. d. Feb 24, 1904 (288)
    N. F. (m) 1891 (288)
    N. F. (m) 1878 (288)
    Sarah J. d. Oct 1903 (288)
    Sarah J. 1878, 1829, 1875 (288)
CRUTHER, Ed d. Jul 24, 1897 (371)
CRUZE, Will 1889 (455)
CRUZEN, Eva Corinne, dau of C. W. & S. A., bapt 1880 (487)
CUFFMAN, D. P. 1865 (467)
    Robert N. ca. 1865 (467)
CULEY, John 1868 (396)
CULLEN, G. M. member Sun schl 1871 (369)
    James Henry bapt Jan 16, 1821 (423)
    John M. 1819? (left for Alabama) (423)
    Rachel 1819? (left for Alabama) (423)
    Rachel Ann, dau of John & Rachel, bapt May 11, 1822 (423)
    Susannah Anderson, dau of John M. & Rachel, bapt Nov 15, 1824 (423)
    Temperance Nelson bapt Jan 16, 1821 (423)
CULLEY, Caroline 1870 (492)
    J. C. 1876, d. Nov 28, 1885 (492)
    Pauline W. 1885, Nov 2888 to Durant MS (Mrs. Pauline W. Drane) (401)
CULLOM, Clevie Hendrix, dau of T. S. & Irene, bapt 1886 (507)
    T. S. pastor 1884-88 (507)
    Vinnie Leal 1887 (507)
    Thos. 1838 (361)
CULP, Elisabeth 1838 (361)
    Julia 1872 (361)
    Peter 1838 (361)
    Tabitha d. 1867 (361)
CULPEPPER, A. E. d. Mar 1888 (348)
    Laura 1879 (348)
    Thursa 1883 (348)
CULTON, Alexander 1838 (466)
    Alexr., father of Nancy Almira bapt 1855 (466)
    Ann B. 1832 (466)
    James 1860 (466)
    James & wife 1832 (466)
    Margaret Jane 1839 (466)
    Ursula 1839 (466)
    Mrs. d. 31 Oct 1855 (466)
CULVER, Nannie Lislie b. Jan 14, 1880, dau of James D. & Mary A., adult bapt 1896 (356)
CUMMINGS, Ann Amelia 1852 (423)
    Anna Amelia d. 1906 (423)
    Edward Adelmarth b. Oct 9, 1871 (423)
    Elizabeth 1881 (Mrs. Oswald O. Cooper) (423)
    Elizabeth 1891 (423)
    Elizabeth m. Oswald O. Cooper Dec 29, 1896 (356)
    Miss Elizabeth m. Dr. Oswald O. Cooper of Hinton WV Dec 29, 1896 (423)
    Ellen Preston, dau of D. H. & Ann Amelia, bapt Apr 16, 1853 (423)
    James 1891 (423)
    John B. 1887 (left for Natchez MS Jun 3, 1891) (423)
    John Beresford b. Jan 8, 1868 (423)
    Louisa 1871 (480)
    Mary Ann 1832 (423)
    Mary Campbell, dau of D. H. & Ann A., bapt Apr 7, 1861 (423)
    Mary (Canfield) 1888 (440)
    Mrs. Rachel 1895 (423)
    Rebecca 1821? (423)
    Robert Carter, son of D. H. & Ann Amelia, bapt Apr 17, 1852 (423)
    Robert J. d. Nov 26, 1890 (423)
    Robert J. 1889 (423)
    Thomas 1821? (423)
    Thomas & Rebecca, parents of Elizabeth Mary, Isabella Susan, Charlotte Emily, children bapt Aug 19, 1821 (423)
    William H. 1898 (400)
CUMMINS, Isaac m. Mary Canfield Aug 2, 1891 (440)
    Isaac m. Mary Campfield Aug 2, 1891 (438)
    Mrs. Stewart S. 1891 (423)
    Wm. F. 1891 (423)
CUNEO, Agnes Urenco, dau of Francis J. & Merina, b. Jun 17, 1893 (503)
    Doris Mary, dau of Frank & Minna, b. Sep 4, 1897 (503)
    John Windle, son of Frank & Minna, b. 29 Jul 1888 (503)
CUNINGHAM, Jennie 1889 (429)
    Lillie 1892 (429)
    Pamelia 1853, 1855 (467)
    Sallie 1892 (429)
CUNNINGHAM, Rev. A. N. 1857-1860 (gone to Confederacy) (478)
    Amanda 1832 (466)

CUNNINGHAM, C. &? S. parents of Elizabeth bapt
    1878 (478)
    Carina 1832, 1837 (466)
    Cy & Susan parents of Georgia Moody bapt
        1888 (478)
    Cy & Sue parents of Kate Tucker bapt 1876
        (478)
    Cy 1874 (478)
    Cyras & Susan parents of J. Cannon bapt 1882
        (478)
    Cyrus & Susan parents of Mary Jasaphine bapt
        1884 (478)
    Miss Elizabeth, dau of Cy, 1889 (478)
    Elizabeth 1845 (removed to LaPort IN) (423)
    Esther 1832 (466)
    Miss Fannie B. 1888 (429)
    G.? T. 1832, d. Sep 9, 1834 (466)
    G. T. 1893 (401)
    George W. d. 2 Jun 1908 (375)
    Harriet Almira, dau of Susan E., bapt Jul
        30, 1854 (423)
    Harriet L. 1860, 1867 (467)
    James, son of Mrs. M. A., bapt 1853 (466)
    Miss Jennie C., dau of Cy, 1892 (478)
    Jesse & wife 1898 (478)
    Jesse H. 1886 (478)
    John d. Dec 1871, age 59 (503)
    Rev. John W. became minister Feb 15, 1845,
        terminated 2-15-1846 (423)
    Jos. A. adult bapt 1875 (401)
    Julia A. 1858 (478)
    Miss Kate Tucker, dau of Cy, 1889 (478)
    Mrs. Mala L. 1895 (423)
    Margaret 1832, d. autumn of 1847 (466)
    Margarat C. 1857 (478)
    Martha Ann m. Hamilton Ellsworth Aug 1, 1865
        (356)
    Mary C. 1853 (504)
    Marshall 1832 (466)
    Pleasant parent of Sarah Drucilla bapt 1830
        (466)
    R. L. 1895 (423)
    S. A. d. 1905 (393)
    Miss Sallie 1888 (429)
    Miss Sarah William 1897 (401)
    Mrs. Susan (wife of Cy) 1868 (478)
    Susan E. 1854 1857 (423)
    Willie E. 1858 (478)
CURD, Elizabeth 1847, d. Nov 19, 1857 (511)
    Elliza 1847 (511)
    Jas. d. Feb 1890 (511)
    James 1847 (511)
    John jr. 1847, d. 1853 (511)
    John 1847, 1811 (511)
    Martha 1847 (511)
    Mary 1847 (511)
    Price d. Sep 1883 (511)
    Price 1847 (511)
    Susan 1847 (511)

CURD, Tennessee 1847, d. Oct 1853 (511)
CURDD, Elisabeth 1811 (511)
    Martha 1811 (511)
    Nancy 1811 (511)
    Polly Ann 1811 (511)
    Sarah 1811 (511)
CURDS, Thos. H. 1847, 1862 (511)
CURRAN, C. P. 1867 (406)
CURREY, C. W. d. Nov 1878, age 30 (503)
CURRIE?, B. M. 1897 (406)
CURRIER, Elizabeth 1823, 1829 (423)
    Matthew 1821, 1829 (423)
    William 1821?, 1829 (423)
    William, father of Elizabeth, Margaret, James
        and John, children bapt Sep 11, 1821
        (423)
CURRIN, Miss Adele 1871 (502)
    Miss (see Mrs. Danl. P. Perkins) 1879 (502)
CURTIS, Andrew J. 1848, 1849 (423)
    Andrew J. d. Aug 2, 1849 (423)
    Evaline 1872 (396)
    Miss Frances N. d. Jan 13, 1903 (356)
    Henry F. d. Oct 23, 1892, age 73 (356)
    James 1867, 1870 (396)
    Jasper L. 1891 (423)
    Liddia (Meabane) 1883 (409)
    Lillian 1896 (409)
    Lillian H. 1895 (409)
    Sarah E. m. H. Bryan Branner Sep 18, 1889
        (356)
    Thomas 1869, 1872 (396)
CUSHING, Sarah Mildred (dau of J. M. & M. T.) b.
    Jun 17, 1851 (356)
CUSTER, William Edward (son of Zach & Mattie)
    bapt 1887 (502)
CUYENDALL, Been 1872 (361)
CYPLERS, Mrs. Fanny 1891 (415)
CZAPEKY?, Benj. 1887 (438)
    Miss Bianca 1887 (438)
DABBS, Ana 1821 (419)
    Winnie 1821 (419)
DABNEY, Judy confirmed 1883 (400)
    Judy (Col), age 65, d. Feb 27, 1889 (400)
    Sally D. ca. 1860 (448)
    W. W. ca. 1855 (448)
DADE, J. M. 1873 (421)
DAHL, John F. 1868 (423)
    John W., son of John F. & Mary M., bapt
        Jul 1, 1867 (423)
    Mrs. Mary M. 1867 (423)
DAILEY, Alexander 1889 (423)
    Miss Harriet C. 1888 (423)
    James T.? 1854 (497)
    John M. d. 1911 (423)
    John M. 1879 (423)
    John W. 1888 (423)
    Mrs. Lou Welty 1889 (423)
    Mahala 1879, d. Oct 1887 (423)
    Miss Margaret G. 1888 (423)

DAILEY, Miss Margaret G. (Mrs. Taylor) (423)
DAILY, Affie Louise bapt Oct 11, 1891 (423)
    Miss Blanche 1866 (497)
    Mrs. E. 1866 (497)
    Miss Ella M. 1891 (423)
    J. G. (m) 1866 (497)
    Rebecca Bett 1882 (423)
    Miss Viola 1866 (497)
DAIN, Mrs. Nora 1885, 1886 to Macedonia (401)
DAINGERFIELD, Dr. J. E., age 74, d. Aug 1889 (400)
    N. W. d. Jul 1882 (400)
DAKIN, Rosina Fransisca 1895 (461)
    Rev. Walter Edwin 1895 (later to Cleveland) (461)
DALE, Frances Plummer m. Lionel Howkins May 22, 1855 (438)
    Miss Ida 1885 (423)
    Mrs. M. E. (wife of Robert) 1875 (487)
    Mary Eliza, dau of W. T. & L. J., bapt Apr 20, 1879 (429)
    Robert 1875 (487)
    Rosalie Alla, dau of W. T. & L. J., bapt May 6, 1877 (429)
    Rev. W. T. 1877 (429)
DALLAS, Catherine L. 1870 (423)
    James C. 1870 (423)
    Katharine L. 1869 (now Mrs. Peters) (423)
    Miss Mable 1878 (now Mrs. Bynum) (423)
DALLIS, MissNellie M. (now Mrs. Oldham) 1885 (423)
DALTON, Coby V. (f) ca. 1860 (444)
DAME, Mrs. M. L. 1880, left for Harriman Sep 28, 1891 (423)
DANCY, Winfield buried Dec 22, 1872 (438)
DANE, Mrs. Arabella 1884, 1886 to Macedonia (401)
DANELS, W. H. 1894 (361)
DANIEL, Anna Wallace bapt 1880, dau of Travis & Mary) (400)
    Charles P.? 1882, 1884 1st Ch, Austin TX (401)
    Elisabeth 1823 (504)
    Elizabeth 1832 (504)
    Mrs. Florence Stratton (Mrs. F. P.) 1892 (401)
    Font? D. & Florence, parents of Fountain de Graffenreid, bapt Aug 26, 1894 (401)
    Font. D. 1886 (minister) (401)
    Miss Gean, Mr. John M., Mrs. Mary & Capt. Travis member 1875, removed to Columbia (400)
    Louise (see Louise Barnitz) (461)
    Lucy 1843 (478)
    M. M. (Mrs. Wm.) d. Apr 29, 1912 (401)
    Mrs. M. M. (Wm.) 1867 (401)
    Maggie McLemore 1885, 1892 to First Ch, Chattanooga (401)
    Susie Belle 1886, 1893 to 1st Ch, Columbia (401)
    Travers b. Aug 11, 1881 (son of Travers & Mary) (400)

DANIEL, W. M. & M. M., parents of Bessie Lowe & John Spencer, both bapt Sep 12, 1896 (401)
    Wm. Madison, son of F. D. & Florence, bapt Sep 12, 1896 (401)
    William Short m. Mrs. Mary Louise Barnitz Feb 8, 1892 (461)
DANIELS, E. S. 1889, d. Jul 6, 1909 (454)
    Mrs. J.?, Mary, Jean, Eleo, John, no dates-- family listing (438)
    Mrs. J. 1887 (438)
    Jean 1887 (438)
    M. F. ca. 1894 (450)
    Mary 1887 (438)
    Mary 1894 (450)
    Orville m. Clara Belle Kedfield Mar 4, 1880 (429)
    Mrs. Sarah 1885 (455)
    Zenie 1894 (450)
    Zinie 1895 (450)
DANIELSON (Davidson?), Mr. Andreas Cedar? 1893, Oct 1893 to Valpairso LA (401)
DANNELY, Amy member 1821 (419)
DANNEY, Clery d. 1858 (389)
DARDEN, Eliza ca. 1850, d. during the war (448)
    J. R. E. 1889 (511)
    Mary 1881 (339)
DARDIS, Miss Mary 1869? (423)
    Mary 1828 (423)
DARITY, Susan 1878 (288)
DARK, Mary B. 1894 (440)
    Sam 1894 (440)
DARLING, Mrs. Emma J. 1873 (487)
    Hannah (dau of Mary) b. Mar 10, 1856 (503)
DARNALL, Margett d. Aug 5, 1911 (421)
DARNEL, Alice 1886 (396)
    Dilly 1886 (396)
    Moses 1886 (396)
DARNELL, R. L. d. Jun 27, 1894 (421)
DASH, George William d. 9 Sep 1887, age 49 (503)
    Sarah Lillian, dau of Geo. W. & Sarah E., b. Feb 18, 1887 (503)
DASHEILL, Sophia R. 1842 (478)
DASHIELL, Rev. A. H. pastor 1841--1847 (gone to MD) (pastor 1848-1856) (478)
    A. H. jr. 1844 (478)
    Ann 1842 (478)
    Elisabeth 1842 (478)
    George 1842, 1850 (478)
DASS, Ciller 1839 (389)
DAUGHERTY, Charles L. 1864 (448)
DAUGHETY, Elisebet 1873 (361)
    Elizabeth d. May 27, 1892 (361)
    Joseph 1885, 1889 (361)
    Ollie 1889 (361)
    Olly 1883, 1885 (361)
    W. L. 1873 (361)
    W. S. d. Mar 17, 18(80)? (reel no. omitted)
DAUSEY, Bledsoe 1886 (396)

DAVANT, Edward Taylor b. Feb 1890, son of Thomas
    S. & Mary (356)
    St. Clair b. Jun 12, 1892, son of T. S. &
        Mary (356)
DAVENPORT, Mrs. Maggie 1887 (454)
    Peter Johnston m. Mary Elizabeth Bryant
        Jul 8, 1896 (356)
    Rodolph B. 1887 (454)
    T. H. 1865 (448)
DAVIDSON, A. A. 1886 (409)
    Abraham Lincoln, son of George Washington
        & Sophronia, b. May 27, 1873 at
        Tullahoma (461)
    Abraham Lincoln 1892 (461)
    Agnes Lucille, dau of Robert & Eliza R., b.
        Sep 19, 1892 (503)
    Albert S. 1895, Feb 1896 to Memorial Ch,
        Indianapolis (401)
    Annie 1886 (409)
    Bettie H. 1866, d. 14 Feb 1889 (478)
    Blanche 1896 (400)
    Charles Alexander, b. in Aberdeen Scotland,
        d. Jul 17, 1899, age 64 (503)
    Miss Cora C. 1859 (438)
    David 1831 (421)
    Mrs. Dora 1884 (401)
    Edward (son of Charles A. & Margaret J.) b.
        Apr 29, 1871 (503)
    Edward Strauss, son of Mr. Ed., b. Apr 1,
        1896 (503)
    Mrs. Elisabeth Nice 1862 (478)
    Mrs. Elizabeth 1833 (466)
    Miss Elizabeth d. 1870 (401)
    Ella S. (Mrs.) 1894 (401)
    George Washington b. Jun 21, 1825 (461)
    Georgia Booth, dau of Robert Henry & Love
        McGruda, b. Apr 18, 1897 at Tullahoma
        (461)
    H. L. 1842 (478)
    Hugh 1899 & wife (478)
    Hugh 1866 (478)
    Joan, dau of George Washington & Sophronia,
        b. Sep 10, 1869 at Tullahoma (461)
    Joan 1892 (461)
    John 1839 (466)
    John 1852 (478)
    John 1872 (396)
    John D. A. 1833 (466)
    Jno. D. A. & Elizabeth parents of Wm. Patton
        bapt 1838 (466)
    John W., Mary, family listing 1875-1902 (400)
    John W. m. May A. Wayne Jun 7, 1882 (400)
    Kate 1886 (409)
    Katie Omega b. Mar 8, 1894, dau of William &
        Mary (400)
    Miss Lattie confirmed 1897 (400)
    Lottie 1897 (400)
    Love McGruda 1892 (461)
    M. A. 1886 (396)

DAVIDSON, Mrs. Marganer d. 22 Mar 1911, age 81
    (350)
    Martha M. m. Crowley Victor Brown 17 Jan 1888
        (503)
    Mary d. Oct 11, 1895 (461)
    Mrs. Mary 1896 (400)
    Mary (see Mary Wayne) (400)
    Mary An 1872 (396)
    Mary E. m. Charles T. Wilson Jan 22, 1880
        (503)
    Maud Alex, dau of George Washington & Sophronia, b. Jun 25, 1879 at Tullahoma
        (461)
    Maud Alix 1892 (461)
    R. H. 1892 (461)
    Richd. B. 1892, Oct 1893 to Elkton KY (401)
    Robt. B. elder 1870 (478)
    Robt. B. 1842 (478)
    Robt. H. 1855 (478)
    Robert Henry, son of George Washington &
        Sophronia, b. May 17, 1865 at Tullahoma (461)
    Robert Mowbray, son of Robert & Eliza R., b.
        Sep 5, 1897 (503)
    Ruth, dau of Robert Henry & Love McGenda,
        b. Feb 13, 1894 at Tullahoma (461)
    Sallie 1886 (409)
    Sam 1833 (478)
    Sarah 1837 (466)
    Mrs. Sarah A. (widow of Robt.) 1855 (478)
    Sophia W. 1827, d. Jul 1890 (478)
    Sophia W. d. Jul 1870 (478)
    Thomas 1838 (466)
    Thomas C. 1894 (401)
    Virginia Susan (wife of R. B. D.) 1855 (478)
    Wil Joel, son of Sophronia, b. Sep 16, 1875
        at Tullahoma (461)
    William & Mary parents of Earl Wilcox b. Jan
        1884, Earnest Jones b. Nov 1886, Ruby
        May b. May 1889 & William Wilson b.
        Sep 1891 (400)
    William Moubray (son of Chas. A. & Margt. J.)
        bapt 1870 (503)
DAVIE, Mrs. Emma, mother of Sarah Reita, Nina Louise
    & Mary Ione?, children bapt Dec 12,
    1896 (401)
    Ernest 1896, d. Jul 11 1896 (401)
    Hattie Paschall 1896 (461)
    Isaac 1855 (497)
    Montgomery m. Louise Forrest Campbell Dec 11,
        1895 (503)
DAVIES, Alfred Earnest, son of Ernest & Mary, b.
    2 Mar 1891 (503)
    Annie Marian, dau of Elmer Hudson & Annie
        Dixon, b. May 3, 1890 at Magnolia AR
        (461)
    Rev. D. Owen (see Hettie N. Davies) (401)
    David 1892 (461)
    Elias 1868 (left for MO Dec 7, 1868) (423)

DAVIES, Elmer Hudson 1892 (461)
    Estelle Etta 1892 (461)
    Evan Dixon, son of Elmer Hudson & Annie
        Maude?, b. May 4, 1888 at Magnolia
        AR (461)
    Hanar 1869 (423)
    Hettie N. 1868 (wife of Rev. D. Owen) (401)
    J. L. 1891 (423)
    James Arthur, son of Edwin & Alice, b. 29
        Jul 1891 (503)
    Joseph 1869 (423)
    Mary 1868 (423)
    Mary Ann 1868 (423)
    Isaiah 1832 (466)
    Nancy Hall 1832 (466)
    Olney David 1892 (461)
    Olney Hudson, Jun 10, 1896, age 2 yrs (461)
    Olney Hudson, son of Elmer Hudson & Annie
        Dixon, b. Oct 5, 1893 at Magnolia AR
        (461)
    Ruth Emmeline (Pierce) 1892 (461)
    Ruth Ina 1892 (461)
    William 1808 (511)
DAVIS, Mrs. A. J. 1866 (497)
    A. J. member 1880, ordained 1884 (361)
    Mrs. A. T. 1856 (497)
    Angelina ca. 1880 (448)
    Anna m. Thos. R. C. Campbell Nov 28, 1865
        (356)
    Anne Maria, dau of Windom & Martha bapt 1874
        (503)
    Annie L. member 1897, m. Wilber M. Johnston
        (454)
    Antoinette, dau of W. D. & Eliza Marie Hall,
        bapt Jul 24, 1887 at age 13 (438)
    Arthur 1801 (511)
    Becky J. 1882 (348)
    Benjamin, son of Thomas B. & Mary, bapt Jan
        30, 1870 (423)
    Benjamin F. 1896 (438)
    Bettie 1883 (348)
    C. A. 1895 (507)
    Charlotte 1811 (511)
    Mrs. Charlotte d. Oct 2, 1897, age 76 (503)
    Christopher d. Feb 5, 1911 (507)
    Claiburne 1885 (478)
    Clara 1893 (455)
    Cristine, dau of Macklin Hezakia & Tina Lee,
        b. Jun 14, 1894 at Tullahoma (461)
    David m. Lillie F. Ruston Sep 10, 1884 (503)
    David J. 1868 (423)
    David J. & Sarah B. parents of Maggie b. Dec
        10, 1866, Clara Bell b. 6 Jul 1868
        and Gertrude (birthdate not given) (503)
    Mrs. Dora 1866 (497)
    Dorcas 1832 (466)
    Dury 1898 (348)
    E. J. d. Mar 28, 1911 (423)
    Edgar 1888 (511)

DAVIS, Edger 1886 (492)
    Elisa 1835 (478)
    Mrs. Eliza Moore (Mar 8, 1889), Jennie--
        family listing (438)
    Mrs. Elizabeth 1886 (423)
    Elizabeth d. Feb 1870 (423)
    Elizabeth 1868, d. Feb 1870 (423)
    Elizabeth W. d. Nov 1888 (511)
    Mr. Evan D. 1889 (423)
    Fanney 1891 (348)
    Mrs. Fannie (H. B.) 1887, 1899 to Moore Mem.
        Ch., Nashville (401)
    Fanny Caroline, dau of William James & Mary
        b. Jul 16, 1882 at Estill Springs TN
        (461)
    George 1883 (348)
    George C. sr. 1892 (348)
    Mrs. Grace (wife of Evan D.) 1891 (423)
    Hannah 1868 (423)
    Hariet 1847 (511)
    Harriet 1834 (478)
    Harry Thursteon 1892, 1898 to 1st Ch,
        Nashville (401)
    Miss Hassie (Hapie?) 1866 (497)
    Hattie m. Alexander Rudd Feb 19, 1880 (356)
    Hattie adult bapt 1880 (356)
    Hennery 1832 (504)
    Henry Alva, son of William James & Mary, b.
        Nov 1, 1887 at Tullahoma (461)
    Henry B. 1887, 1899 to Moore Mem. Ch.,
        Nashville (401)
    Henry B. 1885 (369)
    Hollen member 1880, d. 1885 (361)
    Isaac 1832 (466)
    Isham 1801 (511)
    Isham F. 1847, 1811 (511)
    J. D. 1885 (423)
    J. Edward 1885 (423)
    Mr. J. T. 1886 (423)
    J. T. d. Jan 20, 1880 (511)
    J. W. 1883, 1888, 1894 (361)
    Jacob 1892 (348)
    James R. 1894 (348)
    Jas. W. m. Sallie Carsey Feb 3, 1880 (429)
    Jane 1847, 1851 (511)
    John 1882 (435)
    Joseph 1851 (& wife) (from Ireland) (478)
    Joseph Elmer, son of Joseph & Hannah, bapt
        Jan 30, 1870 (423)
    Miss Josephine Bonaparte 1847, later moved
        to Greensboro AL (438)
    Mrs. L. A. 1847, later to Greensboro AL (438)
    Laura 1886 (348)
    Leona 1890, d. 7-21-1900 (339)
    Logan C. 1894 (401)
    Louise Elizabeth b. Feb 22, 1898 (adopted
        child of Mrs. Sophie Louise Davis) (356)
    Lusany 1832 (504)

DAVIS, Lydia Ann, dau of John & Lydian Ann, bapt 1828 (438)
    Maggie 1879, 1888 (339)
    Margaret 1867 (423)
    Marget A. d. Feb 1890 (348)
    Mrs. Marian 1896 (454)
    Mrs. Martha Julia Hodgson 1896 (400)
    Martha Elisabeth 1885 (361)
    Mary 1883 (348)
    Mary 1867 (423)
    Mary 1886, nee Jordan (507)
    Mary 1811 (511)
    Mary 1847, d. Apr 1854 (511)
    Mrs. Mary C. 1886 (wife of Rev. J. M.), left for Grand Rapids MI Feb 16, 1892 (423)
    Mary Etter 1886 (507)
    Mary R. 1842 (478)
    Mary Scott 1897, 1899 to Moore Mem. Ch., Nashville (401)
    Mrs. Mattie 1896 (401)
    Mattie 1889 (455)
    Mattie A. 1885 (369)
    Mattie Sims d. Mar 26, 1873 (503)
    Maud Mary m. Thomas C. Baker Nov 14, 1882 (400)
    Millie Ann L. 1886 (507)
    Mollie 1889 (339)
    *Emma m. Richard Reese 25 May 1891 (503)
    Nan 1883 (348)
    Nancy 1882 (435)
    Nannie 1882, d. Apr 1890 (511)
    P. L. d. Feb 1, 1898 (348)
    Polly 1839 (389)
    Prisy 1886 (396)
    R. H. 1891 (371)
    Rachel d. Dec 1889 (348)
    Rachel 1811 (511)
    Rebeckah 1811 (511)
    Richard T. 1847 (511)
    Robert 1883 (348)
    Rosie Lee 1897 (339)
    Sally 1847 (511)
    Sallie & Lizzie, daus of John T. & Emma, both bapt Jan 30, 1870 (423)
    Sallie d. Aug 11, 1887, 84 yr 9 mo 1 da (511)
    Sarah 1882 (348)
    Sarah 1872, 1886 (396)
    Sarah B. (wife of David J.) bapt 1872 (503)
    Sarah Belle d. Jun 22, 1900, age 67 (350)
    Sarah J. 1883 (348)
    Sidney Eugene 1887, 1901 to Moore Mem. Ch., Nashville (401)
    Sidney Isadore, son of Sidney & Mattie, bapt Jan 24, 1897 (401)
    Susan 1884 (361)
    Susan 1847 (511)
    Mrs. Susan buried Nov 17, 1864 (438)
    Mrs. Susan E. (B. F.), age 53, d. Mar 10, 1891 (438)

DAVIS, Mrs. Susan E. (Jan 21, 1885), Lelia Fletcher Holman (Jan 2, 1883)--family listing (438)
    Susanah 1831 (462)
    Susannah 1830 (389)
    Thomas 1868 (423)
    Thomas 1856 (497)
    Thomas 1847 (511)
    Thomas B. 1867 (423)
    Thomas H. 1868 (423)
    Thos. H. 1847, d. 1861 (511)
    Thuramn, son of Maclin H. & Christine, b. Nov 20, 1890 (461)
    Mrs. Virginia ca. 1880 (448)
    W. X.? L. 1886 (396)
    Will Elie? 1894 (361)
    Wm. 1872 (396)
    Wm. d. Sep 30, 1867 (396)
    William 1847, 1851 (511)
    Wm. Brownlee adult bapt 1846, aged 21 (356)
    Wm. M. 1889 (423)
    Wm. M. 1880 (448)
    Wilson d. Sep 1883 (511)
    Wilson C. 1811 (511)
DAVISON, James Y. 1842 (466)
    Jane A. 1842 (466)
DAVISSON, Janes 1838 (389)
DAWES, Charles 1874 (423)
    Miss Lelia 1874 (423)
    Octavia Miller d. 1864, age 38 (356)
    Miss Rose 1874 (423)
    Mr. Samuel 1885 (423)
DAWSON, Augie 1885 (409)
    Eliza m. Charles F. Schofield Sep 27, 1893 (503)
    Mariah 1885 (409)
    Mary T. 1886 (409)
    Nellie T. (see Nellie T. Groner) (423)
DAY, Charles T. m. Elizabeth Gaddiss 1856 (356)
    Mrs. Everett (of Indianapolis) d. 1 Feb 1912, age 58 (350)
    Mrs. Fillmore (see Mary R. McKeage) (401)
    John R. 1880, 1882 to Memphis (401)
    Lucinda Ellen (see Lucinda Ellen Johnson) (423)
    Martha d. Nov 1879 (400)
    Richard 1896 (400)
    Mrs. Richard d. Aug 4, 1895 (400)
DAYTON, A. C. 1842, 1847 (478)
    Mrs. L. 1847 (478)
    Lucinda H. 1842 (478)
    Mrs. Lucy H. 1853 (478)
DEADERICK, Alexander H. d. Jul 1860 (466)
    Francis T. 1842 (466)
    Joseph H. 1842 (466)
    Margaret A. 1842 (466)
    Thomas S. 1842 (466)
    Wm. & Louis parents of Mary McKinnon bapt 1838 (466)

DEADMAN, Adalade 1876 (389)
    Elizabeth 1876 (389)
    Henry 1876 (389)
    John 1876, d. Dec 6, 1882 (389)
    Mary 1876 (389)
    Susannah 1876, d. Dec 1881 (389)
    William F. 1876 (389)
DEADMON, Elizabeth d. Jul 2, 1904 (389)
DEADRICK, Eliza Ann 1833 (466)
    Frances F. d. Jul 5, 1857 (466)
    John Franklin 1892, 1900 to Marianna AR (401)
    Mrs. Jos. J. 1892 (401)
    Marg. A. d. Feb 15, 1859 (466)
    Penelope 1833, d. Apr 10, 1836 (466)
    T.? O. 1892 (401)
    W. H. d. Oct 30, 1857 (466)
    William H. 1892, 1899 to Marianna AR (401)
    Dr. William M.? 1833 (466)
DEAN, Anna Sophia, dau of J. R. & R. C., bapt Feb 13, 1853 (423)
    Mrs. Annette 1896 (400)
    Annie 1898 (400)
    Casper M. 1879 (492)
    Clara, dau of J. R. & R. C., bapt Jun 30, 1855 (423)
    Clara confirmed 1894 (400)
    Clay E. 1896 (400)
    Clayra 1896 (400)
    Edith, age 12, d. Jun 10, 1890 (400)
    Elijah H., Clay E.--family listings 1875-1902 (400)
    Fannie B. 1887 (492)
    Finis Mather, Annie & Clay Howard (children of Clay) bapt 1892 (400)
    H. H. deacon 1892 (487)
    J. M. 1872-1880 (492)
    Mrs. Jane B. 1896 (400)
    John R. 1871 (478)
    Miss Kate confirmed 1890 (400)
    Kate Ella (Baker) d. Apr 18, 1912 (400)
    Rebecca C. 1856 (423)
    Miss Ruth confirmed 1890 (400)
    Rutt & Kate Ella, children of Clay Dean bapt 1877 (400)
    Wm. H. 1881, 1886 to Macedonia (401)
    Mrs., member 1875, d. Apr 21, 1878 (400)
DEANE, Eligah H. d. Jan 1878 (400)
DeANGUENOS, Alexander Melhado (son of L. L. & ___) b. Aug 12, 1891 (502)
    Leon Purdy (son of L. L.) bapt 1890 (502)
DEAR, Cathrin 1894 (450)
DEARING, Joseph 1885 (455)
    Luke 1885 (455)
    Rosie L. (single) 1876 (455)
    Washington L. (married) 1876 (455)
DEARMOND, Ellen jr. 1833 (423)
    Ellen 1833 (432)
    John 1833 (423)
DeBARDEBEN, Mrs. 1898 (400)

DeBOW, G.? J.? 1872 (409)
DECKER, Miss Edith 1893 (455)
    Edith May 1891 (455)
    Miss Kate m. J. S. Wyly Apr 29, 1896 (438)
DEDMAN, Gladys, dau of James M. & Bessie, b. Jan 1892 at Red Boiling Springs TN (438)
DEEBLE, Volney A. m. Anna A. Allen Nov 17, 1880 (503)
DEELING, Miss Laurina 1874 (487)
DEERING, Miss Beulah 1891 (455)
    Hennie? 1889 (455)
DEERY, Eliza J. 1842 (478)
    Elizabeth 1827, d. Oct 1873 (478)
    Mrs. James 1827 (478)
    James elder 1825, d. Oct 31, 1857 (478)
    Miss Margaret 1829 (478)
    Mary Ann 1833 (478)
DeGEORGIS, Frank d. Nov 19, 1907 (350)
    Katherine m. Reuben Hunt May 3, 1894 (503)
    Louisa d. 7 Jun 1890, age 54 (503)
DeGRAFFENREID, Flora S. m. Samuel E. Wilson Mar 7, 1883 (400)
    Susande, Flora, Samuel Wilson, Flora Wilson-- family listings 1875-1902 (400)
    Penelope b. Jan 9, 1876 in Franklin, dau of M. F. & H. F. (400)
DeLACEY, Charles Brasfield b. Aug 8, 1864 (480)
    Lizzie Christine b. Sep 24, 1866, S. Carolton KY (480)
    Martha b. Sep 20, 1872, Branen KY (480)
    Susan Elzira b. Mar 23, 1846, Shelbyville (480)
DELANY, Elizabeth 1858, 1872 (408)
    Jacob M. 1858, 1872 (408)
    Mc. C. 1872, 1858 (408)
    R. A. 1872 (408)
    Sousanah 1872 (408)
    W. B. 1858, 1872 (408)
DeLEE, John, age 32, buried Jul 23, 1884 (438)
DELINGHAM, Mary 1883 (348)
DELK, Jimmy 1886 (396)
    Lettry E. ca. 1867, 1869 (396)
    Martha 1886 (396)
    Mat d. Aug 2, 1890 (396)
DELLAHANTY, Delia, dau of G. T. & S. H. Ridley (can't tell if surname is Dellahanty or Ridley) bapt Nov 13, 1898 (409)
DELLOACH, John 1869 (396)
DELOACH, James 1869 (396)
DELONG, Annie L. d. Aug 26, 1879, age 24 yr 8 mo (503)
    Cyrus d. Oct 13, 1875, age 34 (503)
    W. E. m. Fannie H. Giff Oct 29, 1877 (455)
DELPUECH, Albert Charles b. Nov 4, 1895, son of William & Marie (356)
DELZELL, John N. 1849 (466)
    Nancy Jane 1849 (466)
DEMARCUS, Amos 1889 (435)
    Amos & Polly 1833 (450)

DEMARCUS, Jobe 1834 (450)
    Mary 1830 (450)
    Susa 1834 (450)
    Winny 1835 (450)
DEMARGUIS, Polly 1832 (450)
DEMENT, Charles d. Oct 11, 1897, age 18 (503)
    Evelyn Helen dau of Thos. J. & Zoe L., bapt 1875 (356)
DEMOSS, J. W. 1873 (421)
DEMPSEY, Bethania 1860, 1867 (467)
    Cornelia 1879 (504-2)
    G. L. 1879 (504-2)
    Marry 1823, 1832 (504)
    Nancy 1879 (504-2)
    Prudence 1872, 1858 (504)
    Prudence 1879, d. Jan 11, 1882 (504-2)
    Wm. E. d. Sep 26, 1868, age 23 (356)
DENIS, Amanda C. 1853, d. Aug 7, 1853 (467)
DENIT, Sousan A. 1872 (408)
DENNES, Oscar Lloyd 1889, 1895 to Goliad TX (401)
DENNEY, Bettie 1896 (389)
    Mary 1832 (389)
    N. C. d. Mar 16, 1908 (389)
    Wiley 1849 (389)
DENNING, Charlie 1880 (409)
DENNIS, Hattie 1892 (455)
DENNISON, Isaac 1835 (400)
DENNY, Aggy d. 1851 (389)
    Benjamin d. Jun 16, 1844 (389)
    Patsey 1871 (389)
DENTION, C. 1895 (348)
DENTON, Mrs. A. L. 1889 (455)
    E. K. ca. 1880 (448)
    Francis E. ca. 1850 (448)
    James H. 1860, 1856 (448)
    John 1891 (511)
    Sophia ca. 1860 (448)
    Susan 1857 (448)
DePUE, Ada m. Aurick S. Brackett Dec 25, 1869 (356)
DERANY?, George 1887 (415)
DERBY, James C. m. Annie K. Phelan Apr 26, 1882 (503)
    Minnie m. Oliver T. Ambrose Nov 30, 1880 (503)
DERICKSON, Frederick Stuart, son of George W. & Frederika E. b. 14 Nov 1882 (503)
    George W. H. m. Frederika E. Habich Oct 18, 1881 (503)
    Thomas Miller & Henry Hobick, twin sons of George W. & Frederika E., b. 20 Jun 1886 (503)
    William 1861 (444)
DeROCHEMONT, C. E. m. Buena Vista B. Martin Jun 3, 1896 (503)
DeROCHMONT, Perkins H. 1886 (454)
DERRICKSON, George W. d. Mar 25, 1909, age 58 (350)
DERRLINGER, H. K. 1892, left for Princeton NJ Sep 25, 1892 (423)
DESAM, Sarah adult bapt 1873 (356)

DEVANT, Charles Ringgold b. Jun 7, 1888 (son of Thomas S. & Mary) (356)
DEVONS, Emma A. 1892 (455)
    Lewis A. 1892 (455)
DEVOY, Jessie m. Clara Smith Dec 14, 1890 (455)
DEVYER, Daniel 1827 (478)
    Mary 1827 (478)
DEW, John 1808, 1811 (511)
    Joseph d. Sep 1, 1899 (438)
    Nancey 1811, 1847 (511)
DEWEES, Edward E. 1893, d. 4/11/1909 (454)
    Edward Grady, son of Charles W. & Bessie S., b. May 16, 1898 (503)
    Frederic Perkins, son of Fred P. & Charlotte Esther, b. Jan 29, 1880 (503)
DeWITT, Mrs. Bettie d. 1-15-1905 (454)
    Wm. H. jr. 1885 (454)
DEWLINGER, Jennie (see Jennie Sutherland) (423)
DEWS, Caroline 1828 (left for GA) (423)
DEXTER, John, age 32, d. Apr 1902 (438)
    Mrs., John Crittenden Dexter (Jan 2, 1887)--family listing (438)
DIAL, Oscar 1897 (440)
    Thomas George 1887 (401)
    Wm. Rob., son of John & ____, b. Dec 24, 1881 (438)
    Wm. Robert Oscar, son of John & Scilla, b. Dec 24, 1881 (440)
DIBBRELL, Chas. H. d. Oct 1895, age 56 (503)
    James 1890 (507)
DICK, Mrs. Ann C. 1851 (401)
    Nannie m. Winfield Roach 1868 (401)
    Miss Nellie Hampton 1893 (423)
    Mrs. Sam d. Jul 29, 1904 (356)
DICKEN, Mary Vera, dau of J. L. & Mattie, bapt Aug 17, 1889 (409)
DICKENS, J. L. 1885 (409)
    James O. m. Rosa L. Staub Apr 14, 1880 (356)
    Mary 1896 (409)
    Rosa d. 1881, age 22 (356)
DICKENSON, Lucinda 1843, d. Dec 12, 1855 (423)
DICKERSON, Carrie 1897, d. Feb 23, 1898 (407)
    Daupha? 1887 (407)
    Demsey d. Feb 1908 (407)
    Don member Sun schl 1870 (369)
    Ellen 1897 (407)
    George 1891 (401)
    James 1893 (407)
    M. J. 1882, d. Apr 1907 (407)
    Martha 1891 (407)
    Mary 1878? (407)
    Mary (see Mary Tooms) (407)
    Rebecker d. Nov 1904 (407)
    Sarah sr. d. Aug? 1902 (407)
    Mrs. 1876 (369)
DICKERT, Jennie 1888 (454)
    Wm. E. 1888 (454)
DICKEY, A. S. 1884 (454)
    Elisabeth 1851 (435)

DICKEY, Jennie Maud, dau of H. L. & Octie, bapt
        Sep 3, 1884 (409)
    Martha Delina 1855 (435)
    Mary, dau of H. L. & Octie, bapt Sep 3, 1884
        (409)
    Mrs. Nettie 1885 (454)
DICKINSON, C. N. 1898 (478)
    James Warren m. Mamie Anderson 4 Feb 1892
        (503)
    Katherine M. m. Geo. C. Tucker May 3, 1893
        (503)
    Lucinda d. Dec 12, 1855 (423)
    Lucy member Sun schl 1870 (369)
    Lucy Penniman, dau of Perez & Susan P., bapt
        Aug 1, 1846 (423)
    P. d. 1901 (423)
    P. 1854 (423)
    S. 1870 (423)
DICKS, Emma Josie m. John G. Prior Nov 22, 1899
    (454)
DICKSON, J. M. 1873 (421)
    John 1860 (421)
    Mary 1884, d. Jan 24, 1885 (409)
    Sally (col'd) 1865 (421)
DIEHL, Addie M. 1883, Nov 1884 to Fishing Creek
    SC (401)
DIEKS, Joseph d. 1901 (454)
DIEL?, Thos. Geo. 1891 (401)
DIESEL, Samuel 1858 (448)
DIETZ, Catherine Charlotte, dau of Oswald &
        Augusta, b. Nov 23, 1861 (503)
    Katherine Coleman, dau of Oswal A. & Susie
        M., b. Oct 17, 1897 (503)
    Lawrence August, son of Oswald H. & Susan
        M. b. Aug 8, 1895 (503)
    Mary Augusta, dau of Oswald A. & Susan M., b.
        11 Jan 1890 (503)
    Oswald A. m. Susie M. Tucker 5 Sep 1888 (503)
    Mrs. Susie (Mrs. O. H.) d. 21 Jul 1911, age
        51 (350)
DIFFENDERFER, Mrs. Louis 1868 (now Mrs. N. B.
    Leavell) (401)
DIKEMAN, Louise (Mrs. Oliver), dau of Joel & Kate,
    b. 15 Jun 1847 (503)
DILLARCUS, Polly 1830 (450)
DILLON, Col. Edward m. Frances Ann Polk Nov 29,
        1866 (438)
    Minnie 1887 (438)
    Roxanna m. Edward O'Neil Sep 4, 1879 (438)
DILTY?, Mrs. C. B. 1889 (455)
DINGS, Emily V. bapt Mar 11, 1875 (438)
DINTON, John 1825 (421)
DINWEDDIE, Pattie 1875 (409)
DINWIDDIE, A. A. 1883 (died in the army) (409)
    Mrs. A. B. (see Carrie A. Summey) (401)
    A. B. C. 1880 (409)
    Albert Bledsoe 1897 (401)
    Mrs. Anna B. 1897, 1904 to 1st Ch, Charlotte-
        ville VA (401)

DINWIDDIE, Mrs. B. M. 1870 (401)
    Bessie 1896 (409)
    Cora 1874 (now Mrs. Thompson) (401)
    E. E. 1890 (409)
    Edgar E. 1897, 1904 to 1st Ch, Charlotteville
        VA (401)
    Elizabeth McMustrie? 1897, 1904 to 1st Ch,
        Charlotteville VA (401)
    Ellen 1895 (409)
    Hattie (Peirce) 1889 (409)
    Miss Helen 1897, 1904 to 1st Ch, Charlotte-
        ville VA (401)
    Inez d. Apr 21, 1907 (409)
    Inez 1893 (409)
    J. A. 1890 (409)
    J. O. 1890 (409)
    J. P. 1890 (409)
    James 1870 (401)
    James jr. 1874 (401)
    John McIlwaine, son of Jas. & Bettie, bapt
        1879 (401)
    Laura, dau of A. B. C. & Hattie D., bapt
        Oct 7, 1891 (409)
    Lula 1885 (409)
    M. F. d. Dec 24, 1898 (409)
    Mack W. 1895 (409)
    Maggie (Thorn) 1890 (409)
    Maggie E., dau of M. B. & Mary E., bapt Aug
        16, 1876 (409)
    Mary 1890 (409)
    Mary E. 1876 (409)
    Mary Morton, dau of Jas. & Bettie, bapt 1875
        (401)
    Maud (Ownby) 1885 (409)
    Nannie C. 1876 (401)
    Ora B. 1882 (409)
    Page 1890 (409)
    R. A. d. Apr 16, 1913 (409)
    Samuel 1875 (409)
    Susie H. 1878 (401)
    Tennie R. (Snead) 1884 (409)
    W. A. 1885, d. Feb 19, 1889 (409)
    W. L. 1893 (409)
    Wayne d. Jul 16, 1897 (409)
DIREHAM, Joseph 1823 (504)
DISBRON, Benjamin L. 1852 (left for Charleston SC
    Dec 5, 1853) (423)
DISMUKES, Miss Arnetta (now Clark) 1855 (478)
    Cornilea b. Sep 9, 1886 (356)
    M. L. & wife 1855 (478)
    Marcus 1855, d. 9 Jan 1874 (478)
    Margaret Humes, dau of Jno. L. & Andrea R.
        b. Nov 10, 1870 (356)
    Mary P. 1855 (478)
    Sabina 1855 (478)
DIVINE, Mrs. Emma C. 1892 (454)
    Hal H. 1892 (454)
DIX, Dorson (colored) 1884 (401)
DIXON, Miss E. C. 1848 (466)

DIXON, Emma Kayle 1874 (409)
    J. W. 1891 (371)
    Jessie (of Catoosa Co. GA) m. Charles Redwood
        (of Mobile AL) Nov 22, 1893 (503)
    John J. father of Richard Ivey bapt 1852 (466)
    Joseph 1812 (502)
    Margaret 1812 (502)
    Mary 1812 (502)
    Wm. M. 1851 (466)
    Mr. buried Jan 22, 1874 (438)
DIXSON, John & Mary parents of William M. bapt
    1832 (466)
    Mary 1832, d. Feb 1840? (466)
DOAK, Archibald Alexander (son of H. M. & M.) bapt
    1872 (401)
    Eli Lockart (son of H. M. & M.) bapt 1872
        (401)
    H. M. 1875 (401)
    H. M. 1869 (401)
    Henry Melville (son of H. M. & Margaret) bapt
        1875 (401)
    Mrs. Margaret 1877 to Nashville (401)
    Margaret (dau of H. M. & Margaret) bapt 1874
        (401)
    Saba 1870 (401)
    Miss Saba 1870, 1881 to Moore Memorial Ch.,
        Nashville (401)
    Mrs. Sarah P. 1892 (401)
    Mrs. Sarah P. d. Sep 22, 1906 (401)
DOAN, Jno. E. 1886 (409)
DOBB, Miss Marietta 1859 (438)
DOBBINS, Betty 1886, 1897 (339)
    James Wilson bapt Dec 14, 1876 (438)
    Wilkes, Kitty (Adams), Mrs. Adams, no dates
        --family listing (438)
DOBELL, W. L. and Alice E. parents of Columbia
    Edwina b. Oct 18, 1870 and William
    Lamar b. Nov 20, 1875 (503)
DOBSON, David, son of John A. & Martha, bapt Jul 8,
    1867 (423)
    John A. 1869 (423)
    Martha H. 1868 (423)
    Mary J. 1869 (423)
DOCHLEMAN, Anna K. m. William A. Pitton Sep 3, 1887
    (356)
DOCKENDOFF, John 1889 (455)
    Lizzie 1889 (455)
DOCKERY, Wm. Lawson d. Jul 17, 1909 (423)
DODD, A. G. & Jenny, parents of Ruth Hughes b.
    1 Dec 1888 and Grace Elisabeth b. 13
    May 1891 (503)
    Mary (see Mary Webber) (511)
DODDS, Andrew J. m. Jennie M. Hughes 21 FEb 1888
    (503)
    D. A. 1893 (401)
    Hughes Andrew son of Andrew J. & Jennie May b.
        May 3, 1896 (603)
    Martha 1878, 1829 (288)
DODSON, John 1895 (507)

DODSON, Joseph 1857 (421)
    Martelie 1886 (507)
    Virginia Swepson m. James Dickinson Cowan
        Jun 25, 1891 (356)
    Willie elder 1821 (419)
DOGGENS, O. H. 1893 (406)
DOIZER, Jackey (f) ca. 1832 (504)
DOLAHITE, Robert 1858 (408)
DOLEHITE, Robert 1869 (408)
DOLLENSON, Elisabeth E. ca. 1867 (396)
DONAHO, John 1823 (504)
DONAHU, Anna May (see Anna May Boyd) (423)
DONALD, Geo. 1889, d. Jan 1897 (409)
DONALDSON, Burks 1888 (497)
    C. J. 1891 (455)
    R. R. 1872 (497)
    R. R. (m) 1866 (497)
    W. A. 1888 (497)
DONELL, Lucy B. (see Lucy B. Carloso) (423)
DONNALSON, WIlliam 1878 (435)
DOOGON, Cala 1873 (428)
DOOLEN, George 1853, d. 1864 (467)
DORANY?, Mrs. Sue 1887 (415)
DORAS, Silvainis 1892 (371)
DOREHAM, Dale? 1823 (504)
DOREN, Margaret M. 1842, 1848 (466)
    Mary Ann 1842, 1848 (466)
    Sarah L. 1842, 1848 (466)
DORIS, Samuel 1832 (504)
DORITY, Susan 1829, 1875 (288)
DORMAN, Arthur 1875 (487)
    Mrs. Fanny (wife of Roderic) 1873, d. Nov
        1875 (487)
    R. & Fanny, parents of Arthur, Katee G. &
        Fanney (no dates given) (487)
    Roderic elder 1874 (487)
DORRIS, Abigal 1832, 1823 (504)
    Albert 1893 (467)
    Amanda S. 1893 (467)
    Caroline Isa d. 1882 (or Thompson) (467)
    Celie J. 1879, d. Jun 1913 (504-2)
    Colista Baggette 1893 (467)
    Eliza 1853 (467)
    Elizabeth d. Oct 9, 1902 (467)
    Elizabeth 1853, 1893 (467)
    Ellen 1853 (467)
    Harriet M. 1853, 1867 (467)
    Henry 1853 (467)
    Hila 1853 (Phipps) 1860 (467)
    Hiley 1853 (467)
    Hulda 1893, 1853 (467)
    Huldy d. 2/1905 (467)
    Ida Addams 1894 (467)
    J. J. d. 1903 (467)
    J. J. 1893 (467)
    J. P. 1893 (467)
    J. R. 1893 (467)
    John 1853, 1893 (467)
    Joseph G. 1867 (467)

DORRIS, Joseph W. 1853, d. 1899? (467)
    Lillian 1893 (467)
    Lula (Randolph Nov 15, 1891) (467)
    M. C. 1897 (467)
    Maggie A. (Morris) 1898 (467)
    Mahaley 1853 (467)
    Margaret E. 1853, 1867 (467)
    Margret D. 1863 (467)
    Mariah 1853 (467)
    Marley d. 1875 (467)
    Marley 1853 (467)
    Martha d. Dec 1861 (467)
    Marry 1823 (504)
    Mary 1862 (467)
    Minnie 1893 (467)
    Mollie 1893, 1898 (467)
    Mollie Foster 1893, 1896 (467)
    Presilla 1853 (467)
    Plummer 1893 (467)
    R. B. 1853, 1867 (467)
    R. B. 1893 (467)
    R. T. 1853, 1869 (467)
    Rebecca 1853, 1869 (467)
    Rebecca 1897 (467)
    Roland 1893 (467)
    Rolen 1871 (467)
    Salena 1893 (467)
    Salley 1853 (467)
    Samuel 1823 (504)
    Sarah 1853, d. Jun 1869 (467)
    Silvanus 1888 (371)
    Susen 1853 (467)
    T. E. 1898 (467)
    W. P. d. Nov 4, 1873 (467)
    W. P. 1853 (467)
    W. R. 1893, 1898 (467)
    Wilie d. 1869 (467)
    William 1893 (467)
    William H. member 1875, moved to New York (400)
    Willie 1893 (467)
DORSET, Holly Berry m. Gilmer Meriwether of Little Rock AR, Dec 4, 1895 (438)
DORSETT, Elizabeth Mary 1883 (437)
    Harriet, dau of Thos. J. & Mary E., bapt Aug 6, 1864, apparently as a child (437)
    Holly, age 18, 1893 (438)
    Irene buried Aug 10, 1882 (438)
    Laura m. Otey Walker May 30, 1878 (438)
    Laura Rebecca (spinster) m. James Otey Walker (bachelor) May 30, 1878 (437)
    Lily 1883 (437)
    Lily Greenfield 1878 (437)
    Miss Pauline d. May 1898 (438)
    Thos. J. & Mary E., parents of Lillie Greenfield & Mary Elizabeth, both bapt Aug 26, 1866 (437)

DORSETT, Thomas Jefferson, son of Thos. J. & Mary E., bapt in 1862 (437)
    W. C., Jennie (Arnell) (Jun 19, 1872), Marion, Hollyberry--family listing (438)
    Dr. Walter C., age 51, d. Mar 13, 1893 (438)
    Wm. B. d. Sep 13, 1855 (437)
    William Brogden, son of Thos. J. & Mary, bapt 1859 (437)
DORTCH, Eliza J. 1868 (401)
    Mrs. Ellen T. 1855, d. May 25, 1875 (401)
    George, son of Geo. E. & E. J., bapt 1875 (401)
    George C. 1868 (401)
    John M. 1873 (401)
    John McKeage (of Shreveport LA) d. May 1, 1910 (400)
    Joseph H. 1875 (401)
    Mrs. Lena 1870, d. Jul 17, 1881 (401)
    Nina (dau of Geo. C. & E. J.) bapt 1872 (401)
    Miss Nina 1878, 1891 to Owensboro KY (Mrs. Porch?) (401)
    Miss Susie 1872, 1889 to Kissimmee FL (Mrs. Susie D. Wilson) (401)
    W. T. deacon 1869 (401)
    William Hilliard, son of William T. & Lena, b. Aug 30, 1880 (401)
    Wm. T. adult bapt 1868 (401)
    Wm. T. 1868, Sep 30 to Pensacola FL (no year given) (401)
DOSIER, Jacky 1853 (504)
DOSS, Jonathan 1839 (389)
DOSSER, Sarah Jane (see Sarah Jane Braine) (423)
DOTSON, Joseph 1853 (421)
DOUD, Amia 1885 (478)
DOUGHTY, Adeline 1833 (left for W. Tenn) (423)
    James A. 1842 (423)
    Lorenzo 1843 (389)
    Marcellus 1833 (left for W. Tenn) (423)
DOUGLAS, Charles A. m. Jessie A. Hodges May 30, 1888 (455)
    Mrs. Mariah E. 1887 (415)
    R. C. 1893 (406)
DOUGLASS, Betsy M. 1845 (466)
    Charles d. 1861, age 40 (?) (356)
    George Sprague (son of Edward F. & Susan) b. Feb 26, 1846 (356)
    Harriet Jane (colored) 1852 (left for 1st Col. Pres. Ch. 1865) (423)
    Mary Ann 1842 (466)
    Pegg Ann 1843 (466)
    Polly 1845 (466)
    Reuben Emmet, son of Peter & Harriet Jane, bapt Jul 4, 1852 (423)
    W. W. d. Dec 2, 1902 (504-2)
    Wm. 1879 (504)
    William m. Leonah Miller 1862 (356)
    William E. m. Sarah Bise May 1851 (356)
    Wm. R. 1843 (466)
    Wm. W. 1879, d. Dec 2, 1902 (504-2)

DOUGLESS, Sarah 1846 (466)
DOULE, Marth Ann d. 1864 (467)
DOVER, Charlotte 1886 (462)
    David d. Dec 1911 (462)
    David 1886 (462)
DOWAN, Isabella White, dau of James H. & Lucinda
    D., bapt Apr 29, 1849 (423)
DOWDY, Miss Fanny 1893, d. Jul 1897 (497)
    Henry 1893 (497)
    Herman d. Jul 1908 (497)
    Miss Minnie Roberta 1899 (401)
    Saml. M. 1892 (401)
DOWEL, Alizabeth 1857 (389)
    Elisha 1857 (389)
    Mrs. Lucy, mother of William, bapt Apr 18,
    1880 (423)
DOWELL, Martha 1839 (389)
    Nancy C. 1876 (389)
    W. M. 1876 (389)
    Willis 1839 (389)
DOWNES, Joseph Warren b. Jul 4, 1861 (503)
    Marion Wood, son of James R. & L. N. bapt
    1887 (503)
DOWNEY, Alicia (see Alicia Downey LeClercq) (503)
    Martha Magdalene b. May 19, 1880 (503)
DOWNING, Mrs. Martha 1885, d. 1910 (502)
DOWNS, Gladys, dau of James R. & Lily Wood, b.
    9 Oct 1890 (503)
    Lettie Vick, dau of Alfred C. & Clara B. b.
    7 Oct 1885 (503)
    Milly d. May 5, 1845 (462)
    Milly 1830 (462)
DOYLE, Catharine Elizabeth (dau of Nicholas &
    Caroline) b. 23 Jul 1869 (503)
    Catharine Elizah d. Aug 5, 1870 (503)
    Colorid? H. 1853, 1865 (457)
    Harriet 1853 (467)
    James H. 1853 (467)
    Nicholas m. Carrie E. Stevens Apr 18, 1868
    (503)
    Thomas 1853 (467)
    Willis M. 1877 (448)
DOZIER, Mrs. Jackey 1880, d. Nov 1890 (504)
    Leonard 1869, d. 1877 (504)
    Sallie d. Jul 1892 (511)
DRAIN, Charles H. & Flora L. parents of Edith May
    b. Sep 12, 1896 and Horace William b.
    Mar 5, 1895 (356)
DRAKE, Mrs. Dr. d. Apr 24, 1887, age 33 (356)
    Mrs. Dr. d. Apr 22, 1887, age 33 (356)
    Fanny (see Fanny Rogan) (423)
    Margarett E. 1867 (409)
    Margret E. 1875 (409)
    Martha E. 1867 (409)
    Richard 1811 (511)
DRANE, Mrs. B. W. m. George Willig of Waco TX
    Jul 18, 1895 (400)
    Bettie bapt 1885, dau of Henry T. & Elizabeth
    (400)

DRANE, Bettie 1896 (400)
    Bettie Thomas confirmed 1894 (400)
    Mrs. Bettie Thomas, in the 41st year of her
    age, buried Jul 28, 1892 (400)
    Miss Donie confirmed 1890 (400)
    Donie 1896 (400)
    Donie bapt 1879, dau of Henry T. & Elizabeth
    (400)
    Mrs. E. 1883, Jun 1886 to 1st Ch, Nashville
    (401)
    Edward, Rosa (Flournoy) Drane--family listing
    1875-1902 (400)
    Mrs. Eliga, Walter H., Jenny (Drane) Johnson,
    Marion Johnson, Kate Johnson, Eliga D.
    Kessee, Wood Keesee--family listing
    1875-1902 (400)
    Mrs. Eliza J. age 81 d. Jul 27, 1889 (400)
    Emma 1883, Jan 1893 1st Ch, Paducah KY (401)
    Henry T., Bettie (Thomas), Laura, Lewis
    Thomas, Bettie, Henry Tupper Drane--
    family listing 1875-1902 (400)
    Henry T. 1896 (400)
    Henry Tupper bapt 1885, son of Henry T. &
    Elizabeth (400)
    Henry Tupper confirmed 1899 (400)
    Hugh M., Bettie (Wheeler), Rosa F.--family
    listing 1875-1902 (400)
    Hugh M. d. Sep 20, 1878 (400)
    Mrs. Jane, age 78, d. Nov 10, 1910 (400)
    Miss Laura confirmed 1890 (400)
    Laura m. Chiles K. Barnes Nov 20, 1895 (400)
    Laura bapt Dec 1875, dau of Henty T. &
    Elizabeth (400)
    Lewis Thomas confirmed 1894 (400)
    Louis 1896 (400)
    Louise (see Paul Augustin Rodriguez) (400)
    Miss Louise confirmed 1892 (400)
    Lucy Castner (Gracey) 1896 (400)
    Mary Stacker (Luckett) 1896 (400)
    Maud adult bapt 1891, dau of Mr. Wm. (400)
    Miss Maud confirmed 1891 (400)
    Myrtle adult bapt 1892, b. Sep 9, 1872 (dau
    of William McClure & Amelia Haddox)
    (400)
    Myrtle 1898 (400)
    Mrs. Pauline W. (see Pauline W. Culley) (401)
    Rosa 1896 (400)
    Miss Rosa confirmed 1890 (400)
    Rosa Flournoy bapt 1880, dau of Edward &
    Rosa (400)
    Doct. W. H. 1843 (400)
    Walter Harding d. Dec 28, 1893 (400)
    William bapt adult 1892, son of Wm. & Mrs.
    Amelia (400)
    William M. 1896, d. Dec 9, 1909 (400)
    Wm. M. sr., age 83, d. Dec 9, 1909 (400)
    William McClure 1898 (400)
    William McClure jr. m. Mary Stacker Luckett
    (at home of Mr. T. D. Luckett) Dec 14,
    1899 (400)

DRAPER, Margery Johanna Mary m. John Cockerton
    Mar 20, 1888 (356)
    Sarah m. John Beney? Feb 23, 1865 (356)
    Mrs. Wm. (Bertha Wilkinson) 1897 (502)
    Wm. 1899 (502)
DRAUGHON, Lula d. Jan 23, 1905? (371)
    Martha L. (see Martha L. Clark) (371)
    Mattie 1893 (467)
DRENNON, Wm. 1811 (511)
DREW, Laura Clare, dau of Julius & S. Kate, b.
    Dec 2, 1891 (503)
    Newet 1811 (511)
    Pricilla 1811 (511)
    Sarah 1811 (511)
DREWRY, Mrs. Ora C. 1896 (454)
DRIVER, D. H. member 1881, 1885 (361)
    David Miller of Winchester TN m. Mrs. Maud
        Estell Gross of Winchester on Oct 7,
        1896 (461)
    Mary L. 1871 (402)
    Patsey 1811 (511)
DRUMMOND, Caroline S. d. Dec 10, 1857, age 33 yrs
    (356)
    Caroline S. m. James H. Morris 1856 (356)
    Rev. J. H. m. Ada S. Lewis 1872 (356)
DRUMRIGHT, Miss Lillian d. 1909 (454)
    Miss Mattie F. d. 8/12/1904 (454)
DRUST, Mary 1858 (448)
DuBOSE, Wm. S.? & Lucy W. parents of Carrie W.,
    Henery W., Luceille, & Ethel bapt 1892
    (502)
DUCKER, Miss Emma 1891 (455)
DUCKWORTH, George 1832 (466)
    Jane 1832 (466)
    Mary 1832 (466)
    Percy? J. T. 1842 (466)
DUDLEY, Ann 1858 (408)
    Francis M. B. 1828 (423)
    Fritz Alexander b. Oct 25, 1888, son of
        Fritz & Margaret (356)
    G. L. 1889 (455)
    John d. 1850, age 77 (356)
    Martha 1832 (423)
    Martha C. m. John Rutherford Jun 26, 1851
        (356)
    Peter L. & Mary S. parents of Stella b. Jun
        29, 1878 and Lila Thornton b. Jul 3,
        1881 (503)
    Samuel, son of Francis, bapt Sep 8, 1833
        (423)
    Stephen Foster, son of Francis, bapt May 15,
        1831 (423)
DUDLY, Ann 1858 (408)
DUEPREE, Anderson d. 1898, member 1879 (361)
DUFF, Hugh 1888, 1878 (429)
    Jessie 1896 (429)
    Katie 1896 (429)
    Mrs. Mary E. 1882 (429)
    Susie (jr.) 1896 (429)

DUFF, Miss Susie 1873 (429)
DUFFEL, Eddie 1895 (415)
    Lou Lee? 1890 (415)
    Mamie 1893 (415)
    Nona member 1894 (m. Geo. Gowan) (415)
    Virgie 1896 (415)
    Danl. L.? 1884 (454)
DUFFY, James M. d. Jan 1903 (454)
DUFOUR, Mary 1872 (455)
DUGGER, Lula E. m. Robt. H. Madden Nov 18, 1880
    (503)
DUGGINS, O. H. pastor 1893 (360)
DUKE, George B. 1866 (467)
    John d. Apr 6, 1871, age 23 (503)
    Mary 1811 (511)
    Ruth 1885 (339)
    Tempy 1879, 1884 (339)
    William 1811 (511)
DUKES, Indianna 1847 (511)
    Nancy 1811 (511)
DULING, Fredric Hall (son of S. A. & E. J.) b.
    Sep 7, 1876 (487)
    S. A. & Emma J. parents of John E. b. Jul 14,
        1855; Sarah E. b. Mar 26, 1862; Albert
        b. May 5, 1868; and Charlie Hoyt b.
        Jul 1, 1872 (487)
DUMBELL, George Wm. jr. m. Anna Dunbar Thornton
    18 Apr 1887 (503)
DUNAGAN, John C. ca. 1844 (448)
DUNAGIN, Mary ca. 1850 (448)
DUNBAR, Mrs. A. D. 1878 (423)
    Austin D. 1878 (423)
    Miss Jessie 1881, left for Buffalo NY, Oct
        3, 1882 (423)
    Miss Laurie May 1881, m. Mr. Suson, left for
        New Albany IN, Mar 30, 1892 (423)
DUNCAN, Bertha R. 1894 (454)
    Chaty 1835 (389)
    Mrs. D. L. 1885 (454)
    Miss Daisy 1885 (454)
    Elbert 1896 (371)
    Elbert d. 1891, b. Dec 25, 1821 (371)
    Eldridge member 1838 (361)
    Estelle member 1887 (m. F. V. D. Weatherford)
        (454)
    Frank S. 1889 (371)
    Garrett 1899, 1901 to Brownwood TX (401)
    Grace bapt 1890, m. Hugh Ferrell (454)
    Gusty M. 1890 (371)
    Helen Coffee, dau of M. M. & Harriette b.
        25 Nov 1890 (503!
    Iven 1894 (435)
    J. C. 1895 (371)
    J. T. pastor 1899 (507)
    Ja. L. (f) 1889 (371)
    John 1838 (389)
    Louis S. 1888 (454)
    Lucy May 1887 (454)

DUNCAN, Pauline Coffee, dau of Murray M. & Harriet,
b. 26 Jun 1887 (503)
 Pearl member 1891, m. Leroy Pettus (454)
 Rhoda 1838 (361)
 Richard 1834 (389)
 Saml. W. 1890 (454)
 Sarah d. Sep 11, 1831 (389)
 Sarah 1838 (361)
 Brig. Genl. T. K. (P.A.C.Y.) d. 1863, 35 yrs
9 mos (356)
 Tyrrel 1842 (386)
 Wm. A. 1894, d. 5-4-1911 (454)
DUNEWAY, Mrs. Tiny 1873 (435)
DUNKLEY, Isett 1838 (361)
DUNLAP, Archibald S. 1892 (393)
 Elenor, dau of J. F. & E. E., b. Dec 13, 1867
(455)
 Emma d. Jun 15, 1879 (455)
 Emma Adeline, dau of Jasper & Emma E., b. 30
Nov 1877 (503)
 Flora Alina b. 22 May 1879 (503)
 J. M. d. Apr 1, 1912 (409)
 Mary Rebecca b. 12 Sep 1874 (503)
 Sarah Ann, dau of J. F. & E. E., b. Feb 12,
1872 (455)
 Walter Robt. S., son of J. F. & E. E., b.
Nov 27, 1865 (455)
DUNLOP, Henry 1867 (437)
 Mrs. Mattie 1878, d. Feb 1902 (401)
DUNN, Andrew 1875 (497)
 Edd d. 1899 (407)
 Elsie b. Jan 17, 1893, dau of Seely & Maude
(400)
 George m. Ophelia Cox Jul 12, 1897 (400)
 James m. Nancy Malone 1867 (356)
 James C. 1845 (423)
 James C. & Mildred Ann, parents of William
Columbus, Thomas Alexander & Margaret
Elizabeth bapt Apr 16, 1853 (423)
 James C. & Mildred A., parents of Harriet
Ann, James Martin & Julia Frances bapt
Jun 30, 1860 (423)
 Joseph 1881 (407)
 Miss Mary Louisa member 1849, later moved to
Nashville (438)
 Mildred Ann 1845, d. Dec 11, 1860 (423)
 Miss Narcissa 1875 (497)
 Seely b. Oct 13, 1869, Sylvania OH (400)
 Seely m. Maude Thomas Feb 4, 1892 (400)
DUNNINGTON, Miss Cobey 1887 (438)
 E. Cobey (f) m. E. W. Carmack (m) Apr 29,
1890 (438)
 Elizabeth Coby, dau of F. C. & E., b. Feb 18,
1861 (438)
 Mrs. Ellen R. (Oct 8, 1854), Lucellia
Breathett (Jul 6, 1856), Elizabeth
Coby (Mar 5, 1862)--family listing
(438)
 F. C. 1864 (438)

DUNNINGTON, Frank C. buried Sep 6, 1875 (438)
 Lucelia Breathitt, dau of Frank E. & Ellen
Rebecca, b. Dec 18, 1855 (438)
 Miss Lucile 1887 (438)
 Col. John W. adult bapt Dec 5, 1875 (438)
 Mrs. Sue (Gray) Dec 5, 1875--family listing
(438)
 Sue Grey adult bapt 1875 (438)
 W. J. buried Mar 11, 1882 (438)
DUNSCOMB, Mrs. C. G. 1875 (487)
DUPREE, Calista 1829 (478)
DUPUY, Ella 1876 (401)
 Ella N. 1876, Jul 1881 to Gordonsville VA
(401)
DURAND, Chas. 1886 (455)
DURDEN, Alfred H. d. 15 Aug 1891 (360)
DUREN, Absolem 1821 (419)
DURST, Mrs. Geo. d. 29 Jan 1912, age 78 (350)
DUTTON, DeWitt Clinton 1872 (423)
 Horrace William 1873 (423)
DWIGGIN, Sarah A. 1871 (462)
DWIGGINS, George A. 1871 (462)
DYER, Arthur 1886 (455)
 Charles H. (married) 1876 (455)
 W. T. pastor 1889-91 (507)
DYRE, El 1885 (396)
 Isac 1872 (396)
 M. J. d. 1854 (396)
EAGAN, Deborah d. Jun 8, 1904, age 84 (350)
 J. H. 1877 (339)
 Jas. M.? 1879 (339)
 John W. 1883, d. 12-14-88 (339)
 Lillard 1889 (339)
 Mary d. 10-21-92 (339)
 Narcissa d. 8-1-1885 (339)
 S. J. 1887 (339)
 Tenny 1884, d. 1-30-84 (339)
 W. B. d. 1894 (339)
EAGAR, Ben Addie member 1896 (m. Hugh W. Powell)
(454)
 Calhoun 1896 (454)
 Chas. Jones 1896 (454)
 Cornelia m. J. DuBrutz Eagar 10 Nov 1886
(503)
 Cornelia Williams, dau of J. DeB. & C. W.
b. Apr 13, 1893 (503)
 Eugenia P. 1895 (454)
 Henry P. 1895 (454)
 Joseph DeBrutz, son of J. DeBrutz & Cornelia
bapt 1888 (503)
 J. DuBrutz m. Cornelia Eagar 10 Nov 1886
(503)
 Joseph Turner, son of William H. & Sarah J.,
b. 9 Oct 1888 (503)
 Mary m. Turner Sanders Sep 10, 1884 (503)
 Mary Saunders, dau of J. DeB. & Cornelia, b.
Nov 20, 1890 (503)
 Roberta m. Frank Sanders 16 Jun 1886 (503)
 Sarah Louise, dau of Jos. DeeBrutz and
Cornelia Williams, b. Sep 29, 1898 (503)

EAGAR, W. H. & Sarah parents of Sarah Henry b.
    9 Feb 1885, William Hamilton b. 24 Jul
    1879 and Robert DuBrutz b. 31 Mar 1877
    (503)
EAGEN, Barnard 1811 (511)
EAGER, Henry P. & Eugenia H. parents of Eugenia
    DeBruty b. May 5, 1882 and Henry
    Harrison b. Apr 26, 1880 (503)
    Sallie Pope m. Thos. F. Steele Apr 19, 1883
    (503)
EAGIN, Hannah 1811 (511)
    Mary 1811 (511)
EAGLE, Mrs. Rosetta 1848 (438)
EAGLETON, Edgar J. 1899 (401)
    Mrs. Fannie T. 1899 (401)
    Wm. pastor 1829-1866, d. 1866 (502)
EAKIN, Albert 1857 (478)
    Alexander 1842, d. 11 Sep 1877 (478)
    Annie 1857 (478)
    Audley 1894, d. Oct 1902 (415)
    Charles 1871 (joined Method. Ch. in St.
        Louis MO) (478)
    Miss Eliza 1829 (478)
    Emma J. 1855 (478)
    Fannie C. (wife of Geo.) 1884 (478)
    Miss Fanny S. (dau of Geo. N.) 1890 (478)
    Mrs. G. N. 1884 (478)
    G. N. & Fanny parents of Fanny Swift bapt
        1885 (478)
    Geo. & Fanny parents of Margaret Northern
        bapt 1886 (478)
    George N. 1855 (478)
    George N. (from Atlanta) 1884 (478)
    Geo. N. & Fannie parents of William Swift,
        John, Lucy Frierson and George
        Newton, children bapt 1878 (478)
    Hugh 1877 (478)
    Hugh C. 1877, 1880 to NY City (478)
    James H. 1855 (478)
    Miss Jane 1827 (from Ireland) (478)
    Miss Jessie 1875 (497)
    John 1886 (478)
    Mrs. John 1827 (from Ireland) (478)
    John 1831 (478)
    John R. 1842 (478)
    Julia Ann 1842 (478)
    Mrs. Lucretia 1827 (478)
    Mrs. M. J. 1885, d. 11-12-1910 (454)
    Miss Mary 1827 (from Ireland) (478)
    Wm. 1833 (478)
    Wm. E. 1887 (415)
    Wm. S. jr. 1885 (478)
    William S. 1885, 1891 to Chicago (478)
    Mrs. 1871 (480)
EALACE, Robbert 1883 (348)
EALAM, Alexander 1838 (504)
EARL, E. W. ca. 1832 (504)
    Isabela ca. 1832 (504)

EARNEST, Harvey W. m. Mrs? Marian M. Buxton Aug
    14, 1870 (503)
EASIN, Effie 1875 (497)
EASLEY, Mrs. J. A. d. Feb 3, 1909 (415)
    J. D. ordained Apr 17, 1887, d. Feb 3, 1909
        (415)
    Mrs. Jemima 1887 (415)
EASON, Alsey (colored) 1887 (402)
    Free Alsy 1860 (402)
EAST, J. W. d. May 5, 1904, age 70 (350)
    Lizzie Meridith 1890 (401)
    Lucy A. (Mrs.) 1882, d. Nov 2, 1902 (454)
    Maggie Bell 1889 (401)
    Mattie Ethelina 1890 (401)
    Sarah Jane (see Sarah Jane Edgar) (503)
    Thomas Jefferson 1889 (401)
EASTEN, Susie A. m. Geo. E. Purvis Nov 11, 1875
    (438)
EASTER, Free 1860 (402)
EASTLAND, Charles S. d. Dec 1887 (507)
    Chas. Wm. 1886 (507)
    Mary Barbara 1886 (507)
    Sarah d. 1889 (507)
    T. M. 1895 (507)
    Thos. M. 1886 (507)
EASTMAN, Edward Ivenson b. Nov 23, 1860 and
    Charles b. May 7, 1859 (503)
    Frank Carr, son of Frank & Ellie b. 15 Jan
        1889 (503)
    Mrs. Margaret b. May 22, 1826 (503)
EASTON, Frances E. m. Amos W. Crandell Dec 28,
    1875 (503)
EASTWICK, Mrs. Elizabeth 1896, d. Feb 1902 (454)
EATHERLY, Charlie 1890 (511)
    J. H. d. Aug 1873 (511)
    P. H. 1847 (511)
EATON, C. H. pastor 1888 (348)
    Kate Clara, dau of Albert & Amanda, b. 17
        Sep 1867 (503)
    Mrs. Louise P.? d. Jun 8, 1895, age 43 (503)
EAVES, Amanda E. 1883 (348)
    Jane 1881 (348)
    Julia Ann 1881 (348)
    Mary Jane m. Jacob Astor Yordie Sep 27, 1871
        (503)
    P. (m) 1881 (348)
    Rebeca E. d. Nov 5, 1907 (348)
    Rebecca 1883 (348)
ECHOLS, Judah 1811 (511)
ECKERT, Alfred d. 7/2/1904 (454)
EDDIE?, Nannie 1879 (455)
EDDING, Tempy 1811 (511)
EDDINGS, Mrs. J. W. d. 8/13/1904 (454)
EDDINGTON, Flora May, dau of John M., b. 1 Sep
    1868 (503)
EDEN (EADON), Charles T. m. Lucy Anna McCarty 10
    Feb 1890 (503)
EDGAR, Mrs. John T. 1853 (478)

EDGAR, Sarah Jane, dau of William & Nancy East,
    b. 27 May 1857 (503)
EDGE, Elizabeth, widow, m. David J. Shanahan Aug
    26, 1893 (503)
EDISON, Elmer Jones d. at age 4 mos, buried Sep
    1911 (440)
EDLIN, J. B. 1888, d. Oct 20, 1900 (497)
    James 1851 (497)
    Jas. 1866 (497)
    James 1855 (497)
    Miss Mary 1872 (497)
    Miss Nannie 1875 (497)
    Mrs. Sarah 1866 (497)
EDMONDS, M. F. 1890 (507)
EDMONDSON, Lizzie (see Lizzie Cheek) (409)
EDMONS, Clarence Hamilton b. Oct 24, 1886, bapt
    1900 (son of C. H. & H. K.) (356)
EDMUNDSON, Mary m. William J. Parkes Mar 1, 1871
    (438)
EDWARD, George 1885 (455)
EDWARDS, A. d. May 1868 (409)
    Amanda 1860 (419)
    Annie K. d. Jan 21, 1900 (454)
    Augusta 1831 (502)
    Mrs. B. d. Jan 22, 1890, age 87 (356)
    Bradford 1823 (402)
    Carrie 1860 (419)
    D. L. 1860 (419)
    Edwin b. Jan 7, 1893 (son of Thomas & Annie)
        (400)
    Elizabeth 1860 (419)
    Hannah & Myrtle bapt 1890, children of
        Mrs. Margaret (356)
    Hazel Martha b. Apr 1, 1895 (dau of Thomas
        & Annie) (400)
    Hiram 1823 (402)
    J. J. d. 15 Mar 1888 (503)
    Jemma 1858 (504)
    John 1889 (507)
    John Whitfield b. Oct 21, 1888 & Jesse
        Thomas b. Jan 3, 1891, sons of
        Thos. & Annie (400)
    Joseph 1831 (502)
    Mrs. Mary (Mrs. Wm. Moon) 1874 (487)
    Metildy 1832 (504)
    Mrs. Miriam C. d. Apr 23, 1900, age 57 (350)
    Mollie J. 1878 (492)
    Myrtle Lee, dau of Manuel & Ida, b. Oct 19,
        1891 (440)
    Nancy 1823 (402)
    Miss Nancy d. Apr 7, 1898, age 16 (356)
    Precella 1832 (504)
    Pricilla 1823 (504)
    Rachel 1821 (419)
    Miss Ruth 1890, m. Loyd Cannon (409)
    Sarah ca. 1855 (448)
    Sart 1823 (402)
    Spenser 1823 (402)
    Thomas 1823, 1832, 1840 (504)

EDWARDS, W. L. T. 1821 (419)
EGGLESTON, Mrs. (H.) Cecilia Louise d. Dec 6,
    1908 (350)
EICHHORN, Caroline M. (single) 1874 (455)
EICKHOFF, Rudolph Erwin (son of Henry & Mina) b.
    Jun 8, 1886 (502)
EIDSON, Mary 1853 (467)
    Mollie 1893 (467)
    Nancey 1853 (467)
    Nancy 1862 (467)
    Sarah 1893 (467)
EILL, Mary F. 1875 (288)
ELAM, Sarrah 1832 (504)
ELBON, Gus 1867 (409)
ELBOW?, Guss 1875 (409)
ELCAN, George H. 1896 (400)
    Mrs. Lena May adult bapt 1899 (400)
ELDER, Eliza A. 1827 (502)
    Elizabeth Mai 1896 (454)
    Enerstine, dau of J. E. & Mary K., bapt Feb
        5, 1893 (401)
    Geo. S. 1891 (454)
    Jno. S. 1872 (401)
    Martha G. 1896 (454)
    Melissa adult bapt 1868 (401)
    S. John 1872 (401)
    Mrs. Sarah Finley 1893 (401)
    Sarah Helan, dau of J. E. & Mary, bapt Sep
        20, 1896 (401)
ELDERS?, Mrs. Mary N. 1892 (401)
ELDRIDGE, Alfred b. Dec 11, 1865, in Salem, O;
    bapt 1889 (356)
    Clarence Sneed (several months old) son of
        Jno. W. & Fannie L. bapt 1880 (356)
    Jno. m. Fanny Lanier Sneed 1872 (356)
    John Wesley 1895 (461)
    John Wesley b. Bolier Co., MS, Feb 26, 1882,
        son of John W. & Fannie S. (356)
ELEAZER, Creola 1894 (401)
    John d. Apr 12, 1900 (401)
    Mrs. Lou Ann d. 1902? (401)
    Stephen Doak 1896 (401)
    Willie May b. Jul 8, 1899, child of Wm. &
        Florence E. (400)
ELERSON, Alley 1869 (467)
ELINOR, E. T. 1872 (408)
    Elizabeth 1872 (408)
ELIOT, Mrs. Virginia S. (wife of Elliot) 1885 (478)
ELISON, Uchy? 1850 (389)
ELKINS, Pheby 1894 (450)
    W. H. 1894 (450)
ELLARSON, Delia d. 1903? (401)
ELLAS, Ell 1894 (507)
ELLETT, Edw. C. 1885 (401)
    Edward Coleman 1885 (401)
ELLICE, John 1811 (511)
ELLINGTON, Jessie Collier, child of Wm., bapt 1879
    (502)
ELLINOR, Mary 1884 (407)

ELLIOT, David James 1867 (478)
    Miss Gertrude member 1875, m. Gardner (400)
    Harry W. 1867 (478)
    Mrs. J. K. 1866 (478)
    Josie H. 1891 (454)
    Maj. d. Nov 10, 1877, age 48 (356)
ELLIOTT, Eli 1824 (386)
    Elizabeth S. d. 1854, age 22 (356)
    Fred 1889 (455)
    Harry Wilson 1898 (502)
    Harry Wilson, son of W. Y. & Maggie, bapt 1886 (502)
    Miss James Adaline 1849 (502)
    Joseph H. d. Dec 9, 1896, age 52 yrs (of New York NY) (400)
    Judge 1889 (455)
    Mrs. Maggie 1872 (502)
    Margarett 1830 (389)
    S. P. 1889 (455)
    Wm. Yandel, son of Wm. Yandel, bapt 1896 (502)
ELLIS, Agnes Dunvegan, dau of Dr. Saml. C. & Mary Ida, b. May 30, 1893 (503)
    Clay Stocker, son of Ed & Maria S., bapt Jun 17, 1898 (401)
    D. W. M. 1893 (401)
    David 1834 (389)
    Elizabeth 1834 (389)
    Miss Gertrude d. Feb 20, 1904, age 24 (356)
    H. (m) 1891 (288)
    Haywood 1878 (288)
    Hulda 1892 (288)
    J. Edward m. Maria Stacker Oct 28, 1896, at residence of Mrs. Maria Stacker (400)
    J. H. (m) 1892 (288)
    John A. bapt 1889 (454)
    Mrs. Mary E. 1887 (454)
    S. E. (f) 1891 (288)
    Sallie (see Mrs. T. D. Slover) (401)
    Mrs. Sallie A. 1893, d. Feb 15, 1903 (401)
    Dr. Saml. C. d. Oct 10, 1907, age 50 (350)
    Dr. Saml. G. & Margaretta parents of Eunice Jean Claudia b. Oct 17, 1886 and Annie Dean Marguerite b. Dec 26, 1889 (503)
    Susan E. 1878 (288)
    Susie S. 1894 (401)
    Susie Seat, dau of Sallie A. & M. W., b. Apr 20, 1883, bapt Oct 7, 1883 (401)
    William A. (father), Maria (mother), William W. 14, Anny Fairchild 11--1887 (503)
ELLISON, Mary 1834 (389)
    Sarah Florence d. 1903? (401)
    Sarah Florence 1894 (401)
ELLSBERRY, B. L. preacher 1885 (421)
    Odie B. 1885 (421)
    Ollie 1884 (421)
ELLSEY, Eliza 1853 (left for Methodist Ch., E. Knoxville Nov 18, 1866) (423)
ELLSEY, Joseph 1853 (left for Methodist Ch., E. Knoxville Nov 18, 1866) (423)
ELLSWORTH, Guy Trigg, son of Charles R. & Thirza T., b. 17 Mar 1890 (503)
    Hamilton m. Martha Ann Cunningham Aug 1, 1865 (356)
    William Martin, son of Chas R. & Thirza, b. Jul 9, 1894 (503)
ELLZY, Sarah Ann 1859 (left for Methodist Ch, E. Knoxville Nov 18, 1866) (423)
ELMORE, Anna Dorris 1897 (467)
    Boyd 1893 (467)
    Elbert 1897 (371)
    Elizabeth 1889 (467)
    Martha 1893 (467)
    Mary 1853 (467)
    Mary 1880 (409)
    Mollie d. 6/1905 (467)
    R. T. (f) d. May 2, 1892 (371)
    R. T. 1889 (371)
    Rena 1893 (467)
    Susan Anna (see Susan Anna Oats) (423)
    Tennesse d. May 1892 (467)
ELSEY, Elisabeth 1872 (396)
    Mary Caroline 1858 (left for Methodist Ch., E. Knoxville Nov 18, 1866) (423)
ELY, Rev. Isac 1848 (478)
ELZEY, Elizabeth Jane 1852 (left for Methodist Ch, E. Knoxville Nov 18, 1866) (423)
EMERSON, Mrs. Willie Corum 1888 (440)
EMERY, Mrs. Amelia S. 1896 (400)
    Amelia Stewart confirmed 1881 (400)
    Arthur confirmed 1889 (400)
    Bertha confirmed 1886 (400)
    Eliza confirmed 1892 (400)
    Eliza L. V. 1896 (400)
    William, Amelia S., Bertha, Winifred, Arthur, Eliza Virginia--family listings 1875-1902 (400)
    William 1896 (400)
    Winifred confirmed 1886 (400)
    Winifred member 1896, d. Oct 12, 1898 (400)
    Miss Winifred, age 23, d. Oct 12, 1898 (400)
EMMETT, Harriet 1836 or 37 (left Sep 1865 to 1st Col'd Pres Ch, Knoxville) (423)
    Reuben 1835 or 36, d. Mar 3, 1860 (423)
EMORY, Mrs. Amelia M. 1867 (423)
    Mrs. Amelia M. d. Apr 2, 1907 (423)
    Chas. M. 1881 (423)
    Rev. Isaac 1867 (423)
    Myron H. 1868 (423)
EMPSON, Mollie 1895 (467)
ENDICOTT, Mrs. Jessie 1893, 1894 to Hamilton? OH (401)
ENGLAND, A. R. 1893 (467)
    Almyra 1893 (467)
    Atlanta (see Atlanta Sprouse) (467)
    Francis 1893 (467)
    Gennie 1886 (396)

ENGLAND, H.? W. 1893, 1899 (467)
    Joseph 1893 (467)
    L.? G. 1893, 1899 (467)
    Laurie d. Jun 12, 1887 (467)
    M. A. d. Dec 15, 1882 (467)
    Mahala d. 1876 (467)
    Martha Birl? d. Sep 1880 (467)
    Mary 1893 (467)
    Mary 1853 (467)
    Mary J. 1893 (467)
    Minor d. Jan 1863 (467)
    Robert B. d. Aug 6, 1900, age 26 yr 3 mo 13 da (leaves a wife & 2 children) (371)
    Susan 1898, 1893, 1899 (467)
    Susan 1853, 1869 (467)
    W. A. 1893, 1899 (467)
    Weltey? 1889 (455)
ENGLE, John Alexander, age 5 mos 3 days, buried Jun 26, 1890 (438)
ENGLEDON, Miss Mary 1883 (454)
ENGLEHARDT, Carrie 1892 (455)
    Catherine 1887 (401)
ENGLEHART, Kate 1889 (455)
ENGLIS, E. J. 1893 (415)
ENGLISH, Miss Hallie d. Oct 26, 1889, age 26 (356)
ENNESS, U. B. 1853 (467)
ENNIS, Aron S. 1893 (467)
    Billie 1898 (467)
    Curly 1893 (467)
    Mrs. Martha J. 1888, d. May 1893 (497)
    Mary d. May 1889 (467)
    Mollie Elmore 1894 (467)
    W. B. 1893, 1895 (467)
ENOCH, Elizabeth d. Apr 1879 (400)
ENSIGN, Julia L. m. Wm. E. Pettee Oct 25, 1871 (356)
EPPERSON, Wm. P. 1893, May 1895 to First Ch, Macon GA (401)
    Wm. Pollard?, son of Lula & Wm., bapt Apr 16, 1893 (401)
EPPS, Wm. 1847 (438)
ERDMAN, Elvira H. 1857 (left for Covington Dec 8, 1858) (423)
ERMANS, Helen Blanch 1897 (438)
ERNEST, Fred H. 1886 (409)
ERNI, Henry m. Mary McFarlane at residence of Geo. McFarlane Aug 16, 1853 (356)
ERVIN, Maud member 1894 (m. Geo. Winterman) (454)
ERVINE, Penelope 1838 (466)
ERWIN, Anna Coldwell b. Mar 1860, dau of Henry & Sarah (480)
    Annie Coldwell m. George Washington Bridges Dec 24, 1889 (480)
    E. A. 1883 (406)
    Emaline 1869 (450)
    Georgia William 1891 (see Mrs. Annie Robinson) (438)
    Harry J. 1890 (454)
    Hooper 1891 (454)

ERWIN, Miss Maggie 1891 (454)
    Maggie H. 1886 (454)
    Mattie 1883 (406)
    Minerva 1836 (437)
    Mrs. Minerva b. Aug 6, 1819, d. Apr 9, 1851 (437)
    Mrs. Mollie 1890 (454)
ESCO, George 1887 (415)
    John H. 1896 (415)
    Mrs. Nancy E. 1887 (415)
ESCUE, Rachel 1885 (339)
    Wm. 1879 (339)
ESKEW, Benjamin 1811 (511)
    R. 1843 (448)
ESKRIDGE, Sue A. (see Sue A. Hibbett) (415)
    Tolbert 1897 (415)
ESLIN, Emily Gertrude bapt Jul 29, 1886 (400)
    Robert B. & Emily G. (see Martha Jackson) (400)
    Robert Burns bapt Jul 29, 1886 (400)
ESPY, Miss Blanch (dau of Robert) 1891 (478)
    Mrs. Mary (wife of Robert) 1891 (478)
    Robt. J. & wife 1891 (478)
ESTABROOK, Nancy D. 1843, d. Mar 31, 1846 (423)
ESTERE?, Marie E. m. William Braxton Starke Jan 8, 1889 (438)
ESTERS, Drew 1806 (511)
    Micajer 1809 (511)
    Richd. B. 1809 (511)
ESTES, Alfred Nicholson, son of Mary, bapt Jun 1, 1879 (438)
    Baker m. Mary N. Martin Jun 10, 1878 (438)
    Capt. C. A. M. d. Feb 1879 (503)
    George B. 1881, d. 1891 (339)
    Hattie (age 18), dau of Frank Estes--mother deceased--bapt Dec 26, 1904 (438)
    Hattie, age 18, d. Dec 31, 1904 (438)
    Jessy 1891 (339)
    Lula Moss 1898 (467)
    Mrs. Martha 1873, 1875 to 2nd Ch at Nashville (401)
    Mary Elisabet 1883, d. 2-11-86 (339)
    Minny 1883 (339)
    Sarah 1881, d. 7-87 (339)
    Taply P. 1872, d. 2-28-87 (339)
ESTEVE, Gustave? d. Jun 17, 1899 (of Wash DC) (438)
    Leonie Marie, age 21, buried Jul 12, 1887 (438)
ESTILL, John H. m. Maud A. Hill Mar 2, 1897 (503)
ESTIS, Micajah 1811 (511)
    Richd. B. 1811 (511)
ETHERIDGE, Samuel b. Apr 1, 1898 (440)
    W. R. 1889 (455)
ETTES, Richd. B. 1808 (511)
EUBANK, George m. Roberta H. Bracewell 6 Nov 1889 (503)
EUBANKS, E. M. (m) d. Oct 5, 1908 (411)
EVANS, Adelende May b. May 2, 1868, bapt 1872 (356)
    C. L. 1897 (406)

EVANS, Catherine G. 1842 (478)
    David Edward, son of Thos. A. & Virginia H.?
        b. Aug 14, 1880 (503)
    Eder 1899 (411)
    Elizabeth confirmed 1880 (400)
    Emily A. adult bapt 1868 (466)
    Evan 1868 (423)
    Faney d. Mar 23, 1885 (400)
    Fanny 1896 (411)
    George P. 1885 (478)
    Gracie 1897, d. Jan 1900? (407)
    Hannah 1896 (454)
    Mrs. Hattie 1898 (411)
    James 1868 (423)
    James Smith m. Clara Jane Parker Dec 20,
        1899 (his parents Joseph Christopher
        & Nancy Caroline Evans; hers--Thomas
        & Mary Elizabeth Parker) (461)
    Jane 1869 (left for Danville PA Dec 9, 1869)
        (423)
    Jenny b. Aug 18, 1862, bapt 1872 (356)
    John G. 1868 (423)
    John W. & Hallie E. parents of Cora Margaret
        b. May 28, 1870 and Mattie Wilkerson
        b. Jun 12, 1872 (503)
    Lucy Catherine m. Cyrus Zimmerman (at house
        of Thos. Evans, the bride's father)
        Jun 16, 1858 (356)
    Mrs. Mary 1876 (480)
    Mary 1868 (423)
    Mrs. Mary Coldwell, age 72, d. Apr 23, 1907
        (480)
    Miss Mennie R. 1897 (401)
    N. P. elder 1886 (478)
    Panephillia? A. 1842 (478)
    Payton 1868 (478)
    Dr. R. F., Frank Evans Tucker--family listing
        Jan 1867 (480)
    Dr. R. F. m. Mrs. Mary C.? Fite Xmas Eve
        1867 (480)
    Robt. F. 1876 (480)
    Sion P. 1879 (504-2)
    Stella (dau of Robert Evans & widow of
        Mr. French) 1882 (478)
    Stella 1882 (478)
    Stella b. Oct 16, 1868, dau of Robert F. &
        Mary C. (480)
    Susanah 1868 (423)
    Thos. A. & Virginia H. parents of Charles
        Wilfred b. 25 Nov 1882 and Mary b. 31
        Dec 1884 (503)
    Thomas Allen & Virginia Henderson, parents of
        Thomas Baxter b. Mar 26, 1872, Catherine
        Margaretta b. Dec 10, 1873, Rosena Mar-
        setta b. Dec 14, 1875, Robt. Beck b.
        Feb 18, 1878 and James Alban b. Apr 1,
        1869 (503)
    Thomas Parker b. May 11, 1889 (son of Frank
        & Sarah) (356)

EVANS, William Clay 1875 (401)
    William Sutherland b. Mar 8, 1888 (son of
        Joseph L. & Mary A.) (356)
EVENS, Thomas J. 1872 (450)
EVERET, John & wife 1827 (421)
    John 1825 (421)
    Pheby 1825 (421)
EVERETT, Douglas & Fanny parents of Mary Thankful
        b. Jul 21, 1888 and Mary Anderson b.
        Nov 13, 1891 (503)
    Douglas m. Fannie A. Johnson Apr 16, 1884
        (503)
    Douglas d. Mar 1895, age 35 (503)
    Elber? G. 1867 (409)
    Elbert G. 1875 (409)
    Ella R. 1880 (409)
    Ellen Douglass, dau of Mr. & Mrs. Frank, b.
        Sep 14, 1899 (438)
    Elliza 1847 (511)
    Frank Foster, son of E. T. Everett & Ellen
        Everett, bapt Jan 22, 1896 at age 30
        (461)
    Frank Foster of Columbia TN m. Marietta Ewing
        of Bell Buckle TN Jan 22, 1896; his
        parents E. T. & Ellen Everett of
        Columbia TN; hers--J. W. Ewing of
        Pulaski TN (461)
    Irvine Alexander 1897 (502)
    Joel 1872 (408)
    John H. m. Nance E. Senter Oct 18, 1869 (356)
    M. S. (f) 1867, 1875 (409)
    Malone Johnson, son of Douglas & Fanny, b.
        6 Jul 1886 (503)
    Sarah A. 1875 (409)
    Stephen C. 1875 (409)
    W. B. 1892 (409)
EVERETTE, W. B. d. Feb 5, 1908 (409)
*EVRITT, John m. Girtie Gilkey 1886 (425)
*EVERTT, T. A. 1872 (408)
EVES, Mary Jane (Mrs. C. R.) d. Jul 11, 1871, age
        27 (503)
EWELL, Mrs. L. C. buried Jan 24, 1872 (438)
    Gen. Richard S. buried Jan 26, 1872 (438)
EWING, Mrs. Ada B. (Hord) 1860 (502)
    Andrew 1883 (478)
    Bessie (dau of Finis & Delinier) bapt 1877
        (400)
    Bessie May bapt 1877 (400)
    Bessie May & Finis, children of Finish &
        DeSevier? bapt 1877 (400)
    Bowman 1896 (400)
    Cecil Lee 1868 (left for Rose Hill VA Jun 9,
        1868) (423)
    Ed. H. 1889 (478)
    Edwin (son of Mrs. Emma) bapt 1868 (478)
    Ella Delinier confirmed 1876 (400)
    Ella Delinier, dau of Finis & Delinier, b.
        Sep 7, 1859 (400)
    Emma jr. 1885 (478)

EWING, Emma 1876, d. 18 Mar 1885 (478)
    Mrs. Emma J. 1873 (487)
    Emmet (son of J. W. & Ada) bapt 1868 (502)
    Finis (son of Finis & Delinier) bapt 1877 (400)
    Finis, age 78, d. May 1, 1906 (400)
    Master George C. 1881 (423)
    Henry O. m. Minnie M. Chamberlain 20 Jan 1892 (503)
    Malvene Bass m. William Henry Fox 31 Dec 1889 (503)
    Marietta m. Frank Foster Everett Jan 22, 1896 (461)
    Mary Donglas (dau of Finis & Donglas) bapt 1890 (400)
    Maud Ewing (dau of Finis & Donglas) bapt 1890 (400)
EZEAL, Nancy ca. 1869 (450)
EZELL, Avalina 1844 (462)
    Cynthia 1854 (462)
    David S. 1867 (406)
    Edmond D. & wife Elizabeth 1853 (462)
    J. B. 1891 (m) (288)
    J. B. 1875 (288)
    James 1872 (408)
    John K. 1872 (408)
    L. J. 1872 (408)
    Mary C. 1886 (462)
    Nancy 1833 (462)
    R. G. 1872 (408)
    Sally 1842 (462)
    Sally d. Dec 1884 (462)
EZZELL, Albert W., son of D. S. & Louie, bapt Sep 3, 1884 (409)
    Benjamin G. 1880 (409)
    Benjamin G. 1875 (409)
    Earnest Loving, son of B. G. & Elouise, bapt Aug 16, 1876 (409)
    Edgar 1875 (409)
    Elouise 1876 (409)
    Grace 1889 (409)
    Irma Alice, dau of B. G. & E., bapt Aug 16, 1874 (409)
    Joe 1889 (409)
    M. A. (f) 1878 (288)
    Nannie (see Nannie McCrae) (409)
    Nannie S. & Joseph, children of B. G. & _____, bapt Aug 29, 1869 (409)
    Roach 1892 (409)
    Roy Fitzgerald, son of D. S. & Louie E., bapt Mar 11, 1892 (409)
    Sallie B. d. Dec 20, 1906 (421)
    Searcy 1892 (409)
FACKLER, Sam'l. 1885 (455)
FAHNERBOCK, Hester Ann (see Hester Ann Balentine) 1832 (423)
FAHNESTOCK, Pleasant A. 1868 (423)
FAIDLEY, Mrs. A. B. (Adam Graham) 1891 (454)
FAIN, Ida May b. May 5, 1888, orphan bapt 1898 (356)

FAIRCHILD, Wm. A. m. Irene Gracey Acree Oct 29, 1896 (503)
FALK, Elizabeth adult bapt 1872 (356)
FALLON, Edward J. m. Kate E. Stanton Feb 7, 1880 (503)
    Mabel Stanton, dau of Ed. J. & Kate E. b. Sep 11, 1880 (503)
FALLS, Mrs. E. F. mother of James Marshall b. Mar 17, 1861, Missouri France b. Nov 24, 1862, Mary Lizzie b. Mar 28, 1867 & Henry Mason b. Jul 14, 1869 (356)
FANCIS, Luie 1898 (339)
FANE, Charles 1845 (386)
FANING, Elizabeth 1871 (408)
    Henry 1871 (408)
FANN, J. A. 1898 (454)
    Mrs. J. A. 1898 (454)
    Miss Ruth 1898 (454)
FARE, Elizabeth 1839 (389)
FAREER, Nathaniel 1802 (389)
FARGASON, Hubard 1836 (389)
FARGUSON, James 1846 (423)
FARIS, Hugh C. 1887, Oct 1887 to Cynthiana KY (401)
FARISS, Mrs. Ella 1891 (438)
    Mora (Feb 15, 1891, Mrs., Mary Ellen--family listing (438)
    Mr. Mora 1891 (438)
FARLEY, Mary A. 1851 (497)
    Mrs. Mary A. 1855 (497)
    Mary E. 1889 (507)
    W. L. 1889 (507)
FARMER, Elizabeth ca. 1832 (504)
    Mrs. Elizabeth M. 1880 (504)
    Fannie Otey, dau of Henry, bapt 1873 (503)
    Florrence 1872 (361)
    George M. 1897 (348)
    Gilley 1896 (348)
    Isaac 1868, 1880 (504)
    M. A. 1887 (361)
FARNLY?, John m. Beulah Starkey Jun 2, 1896 (438)
FARNSWORTH, R. F. 1877 (401)
    Robt. F. 1877 (401)
    Robert F. 1878 (401)
    Sadie Waters b. Memphis TN 1863 (400)
    Sadie Waters, age 42, d. Jul 17, 1905 (400)
FARQUHAR, Anna 1889 (455)
    Gracie 1889 (455)
    Harry 1889 (455)
    Maggie 1889 (455)
FARR, Anna S. 1895 (409)
    Sarah 1883 (348)
FARREL, Florence, age 14, 1893 (438)
    John K., Mrs. Florence Lee, Ernest (Jan 1891) 17, Lee 15, Florence 13, Evelyn 8-- family listing (438)
FARRELL, Evylyn Wallace, age 29?, d. Nov 20, 1900 (438)
    Florence Lee, age 24, d. Nov 1900 (438)
FARRESS, Mary E. 1881 (492)

FARRIER, Agnes 1802 (389)
FARRIS, Charlie 1893 (467)
    Elen 1893 (467)
    Elizabeth Claiburne Bibb, inf dau of Mr. &
        Mrs. Mora Fariss, bapt Oct 1898 (438)
    Mrs. Fanny R. 1887 (415)
    Mary Ellen, dau of Ella Claybourn & Mora,
        b. Nov 4, 1891 at Columbia (438)
FARTHING, Emma S.? 1885 (504)
    Mrs. M. C. 1880 (504)
    R. T. 1880 (504)
FAUCH, Mr. (of New Orleans) d. Jul 1887 (400)
FAUCHE, Eva m. Richard D. Caldwell Sep 24, 1890 (400)
    Mr. Wm. A., age 38, d. in New Orleans Feb 1889 (400)
FAUGHT, Samuel 1851 (421)
FAULKNER, Curtis 1892 (497)
    E. C. 1891 (497)
FAUST, Rev. Allen d. Mar 15, 1910 (409)
    J. L. (see Miss Nina E. Snow) (454)
FAUTER, Margaret m. Green Gilbert Nov 14, 1852 (356)
FAXON, Mrs. Florence H. 1872, 1891 to 1st Ch, Chattanooga (401)
    George B. member 1875, moved to Memphis (400)
    Jno. W. 1868, 1891 to 1st Ch, Chattanooga (401)
    Jno. W. & Florence H. parents of Ruth, Ross Steele & Reita, bapt 1877 (401)
    Jno. W. deacon 1869 (401)
    Marion, offspring of Jno. W., bapt Oct 25, 1888 (401)
    Miss Marion 1891, Jul 1891 to 1st Ch, Chattanooga (401)
    Miss Reita 1891, Jul 1891 to 1st Ch, Chattanooga (401)
    Ross Steele 1885, 1891 to 1st Ch, Chattanooga (401)
    Ruth 1883 (Mrs. Jno. M. Macrae) (401)
FAY, John Clarence, age 8, d. Mar 27, 1868 (480)
FAYETT, Mrs. Margaret E. 1871 (423)
FEATHERSTON, Charly 1858 (408)
    David 1872 (408)
    G. W. pastor 1899 (371)
    Jane 1858 (408)
    Lucy 1872 (408)
FEATHERSTONE, Cherley 1872 (408)
    Jane 1872 (408)
FEECH, Amanda G. (see Amanda G. Byrne) (401)
FEHRMAN, Eddie 1893 (467)
FELL, Lawrence? O'Bryan deacon 1891 (502)
FELLS, Wm. Burr (young man from Atlanta with John F. Reynolds), aged 22 yrs, bapt 1871 (503)
FELTON, Emma d. Jan 24, 1911 (507)
FELTS, Ellie? 1896 (415)

FENTON, Milton Deaderick b. Sep 21, 1890 (son of George F. & E.) (356)
FENTRESS, James jr. 1886 (401)
    Jas. jr. 1890 (401)
FERGAS, Ellen (see Mary Lou Finch) (415)
FERGUESON, Spencer Field, son of Archie & M. M., b. Jun 10, 1884 (423)
FERGUISON, Archibald 1874 (423)
    Mrs. Marion M. 1876 (423)
    Mary Cornelia, dau of A. & M., bapt Jul 8, 1879 (423)
FERGUSON, Miss Alice 1888, 1889 to Franklin TN (401)
    Benjamin 1891 (455)
    Caroline M. (Mrs.) 1884 (401)
    J. W. 1883 (348)
    J. W. (m) 1880 (348)
    Miss Jennie d. Sep 16, 1898, age 31 (356)
    Miss Martha 1891 (455)
    Sarah 1847 (511)
    W. C. d. Sep 1, 1911 (454)
    Mrs. 1849, d. May 4, 1850 (423)
FERGUS(SON), Thomas Duncan, son of John & Florence, bapt 1877 (356)
FERRELL, Hugh (see Grace Duncan) (454)
    Mrs. Lethea 1899 (410)
    Mrs. S. F. d. 3/4/1906 (454)
FERRILL, Mrs. Sarah 1856 (497)
FERRIS, Miss Daisy 1891 (455)
FERRISS, Sarah 1851 (497)
FIDLER, Lucy M. 1885 (478)
    Mast. W. P. 1885 (423)
    Mrs. Sallie 1877 (478)
FIEDERLING, Mr. & Mrs. Frank, parents of Robt. Ellis, infant buried May 9, 1893 (400)
    Robert Ellis b. Apr 27, 1893, son of Frank (400)
    Mrs. member 1896, d. Mar 7, 1899 (400)
FIELD, Alexandra Penelope b. Jun 8, 1897 (dau of Robert D. & Mary E.) (356)
    Mrs. Lizzie H. 1890, d. Dec 29, 1892 (423)
    Robert D. m. Mary E. Cleage Sep 2, 1896 (356)
    Sam Cleage b. Jun 8, 1899, son of Robert D. & Mary E. (356)
    William 1832 (left for TX) (423)
FIELDS, Mrs. Cinthia 1887, d. Apr 30, 1888 (415)
    Eliza 1891 (288)
    H. R. D. (m) 1878 (288)
    H. R. D., husband of Rebecca, b. Mar 1, 1856, m. Rebecca Miles Jun 11, 1882, d. Mar 12, 1888 (288)
    J. P. (m) d. Oct 1903 (288)
    Mariah 1849 (462)
    Philip (colored) 1861, d. 1863 (423)
FIGURES, Leolia 1873 (448)
FILLIPS, Benjamon 1850 (402)
FILSON?, Mary member Sun schl 1870 (369)
FINCH, E. E. 1897 (407)

FINCH, E. L. 1885, d. Feb 22, 1886 (409)
    Mrs. Eliza 1887 (415)
    Emma Hite 1883 (409)
    George ordained Dec 20, 1890, d. Feb 1899 (415)
    George deacon 1887, 1890 (415)
    George T. 1887, d. Feb 1899 (415)
    J. H. 1885 (409)
    John 1891 (415)
    Miss Johnnie 1885 (409)
    Mary Lou member 1893 (m. Allen Fergas) (415)
    Nannie 1897 (407)
    Parks 1894 (415)
    Pearl 1895 (409)
    Sallie 1894, d. 12/?/1910 (415)
    Stoddie 1895 (409)
FINDLAY, W. S. 1867 (507)
FINDLEY, Isabella 1883 (507)
    W. S. 1883 (507)
FINEGAN, Mrs. Lucy C. 1891 (423)
    Mrs. Lucy C. (joined as Lucy F. Cowan) d. Aug 20, 1910 (423)
FINLEY, C. B. 1893 (393)
    John Asa Hancks (son of Hugh Lawson & Phalby) b. Mar 28, 1845 (356)
    Phalby d. 1847, age 34 yrs (356)
FINNER?, N. J. (Mrs.) d. Jul 1913 (409)
FINNEY, Bettie C. 1892 (339)
    Claud Lee, son of George Washington & Dovie, b. Nov 21, 1896 in Lincon Co. TN (461)
    Lida A. 1892 (339)
    Sally E. 1847 (511)
FINNY, Thomas 1894 (339)
FINSON, E. J. (f) d. Oct 1, 1900 (371)
FIRESTONE, Alfred 1832 (466)
FISHER, Mrs. Ann Mariah mother of Margt. Elizabeth, Florence & Eliza Gettys bapt 1855 (466)
    Annie member Sun schl 1870 (369)
    Caurine? member 1875, m. Stott, resides in New Orleans (400)
    Daisy adult bapt Mar 8, 1893, d. Aug 8, 1915 (438)
    Mrs. E. F. 1873 (401)
    Ella Edith, dau of Joseph Daniel & Amanda Fisher, b. Aug 30?, 1866 (461)
    Ellen Bridges, dau of Mrs. Ann Maria, bapt 1862 (466)
    Frances Ella (see Frances Ella Locke) (423)
    Miss Harriet Belle 1891 (423)
    Ivy 1889 (455)
    Joy 1888 (455)
    Mrs. Lucy M. 1895 (423)
    R. M. & Ann M. parents of Anna Linn b. Apr 8, 1861, James Gettys b. May 30, 1863 and Mary Frances b. Nov 24, 1865 (466)
    Robert Joseph, son of Mrs. Ann Maria, bapt 1862 (466)
    William E. d. Jun 23, 1909, age 63 (350)
FITCH, Charles W. 1868 (423)

FITCHPEARE, Linda 1860 (428)
FITE, Dr. Campbell 1882 (478)
    Campbell C. 1876 (480)
    Frank Evans b. Sep 18, 1887, son of Dr. C. C. & Mrs. B. S. (356)
    Jennie N. 1872 (480)
    Jennie Nixon, dau of Jacob L. & Mary C., bapt 1867 (480)
    Mrs. Mary, Campbell C., Jennie Nixon, Mrs. Burt, Miss Cassy Burt & Miss Lucy Burt--family listing Jan 1867 (480)
    Mrs. Mary C.? m. Dr. R. F. Evans Xmas Eve 1867 (480)
    Mrs. Mary S. 1858 (478)
FITTS, Fairfax b. Apr 6, 1880, son of Philip Augustus & Sophia Holland (400)
    Harden Holland b. Dec 16, 1871, son of Philip A. & Sophia H. (400)
    Harden Holland b. Dec 16, 1877, son of Philip A. & Sophia H. (400)
    Virginia b. Apr 11, 1883, dau of Philip & Sophia H. (400)
FITZGERALD, Allen 1893 (409)
    Allen d. Mar 13, 1899 (409)
    B. A. 1892 (409)
    B. S. d. Feb 28, 1900 (409)
    Florence Eugenia, dau of Phillip P. Walter & Louisa Elizabeth Walter, b. Feb 18, 1879 at Monterey TN (461)
    Gerald, son of D. M. & Edna F., bapt Mar 11, 1892 (409)
    Ida J. 1893 (409)
    R. E. 1893 (409)
    Richard Harry, son of Richard Harry & Charlotte Rochester, b. Jan 8, 1893 at South Pittsburg TN (461)
    S. E. 1893 (409)
    Mrs. S. E. d. Apr 1, 1910 (409)
FITZHUGH, Lizzie Gates 1891, age 16 (438)
    Lizzie Yates, dau of George Townman & Minnie, b. Nov 17, 1874 (438)
FITZPATRICK, Joel 1889, 1895 (339)
    Joseph E. 1891, 1895 (339)
    Kerby 1891, 1895 (339)
    Louisa 1889 (339)
FLANAGAN, John 1833 (423)
    Tallos? 1833 (423)
FLANIKIN, Mary B., dau of F. P., bapt Jun 30, 1889 (429)
FLEECE, Agnes, Mrs. 1871 to Stanton Station (401)
FLEMING, Fannie m. Matthew R. Mann Jun 21, 1882 (503)
    Henry d. Jun 3, 1859 (408)
    Henry d. Jun 23, 1859 (408)
    James S. & Catharine parents of Sarah Eliza b. 24 Sep 1880, George Godfrey b. 20 Jan 1883 and Gomer Elmer b. 14 Aug 1886 (503)
    Jane G. 1849 (435)

FLEMING, John H. 1849 (435)
    Jula Ann 1858 (408)
    Mary 1893 (438)
    Mary 1893 (440)
    Sarah m. William G. McAdoo 16 Jun 1886 (503)
    T. F., Sallie (Baird), Julia (May 4, 1890),
        Julia F. Burns--family listing (438)
    Thomas m. Lillie Baird Jun 9, 1873 (438)
    W. J. (in the Southern Army) d. 1864 (408)
    Wm. J. 1858 (408)
FLEMMING, Julia Baird m. Joiner Ferguson Burnes
    Jun 4, 1895 (438)
FLENNIKEN, Barbara m. Samuel J. Sebley 1867 (356)
FLESHART, Susan 1828 (423)
    Mrs. 1828 (left 1830) (423)
FLETCHER, Ellen House, dau of Jas. W. (infant 1877)
    bapt 1878 (356)
    James, son of James W. & Ellen R. b. Sep 20,
        1870 (356)
    Jas. W. m. Ellen R. House 1867 (356)
    James Washington adult bapt 1874 (356)
    Johnnie Houser child of James & Iden? R. b.
        Jan 9, 1869 (356)
    Magey member 1895 (361)
FLINN, Mrs. M. 1860, 1884 to Mobile AL, returned
    1892, d. Jun 3, 1894 (401)
    Richd. O. 1886, 1890 to Macon GA (401)
FLOOR, John d. Sep 9, 1841 (389)
FLORER, Miss Birdie 1898 (454)
    Virginia R. m. Harry H. B. Mack Dec 20, 1899
        (503)
FLOURNOY, Mrs. Anna 1873 (423)
    Annie M. m. Charles H. Flournoy Jul 11, 1894
        (remarriage) (356)
    Annie Morris b. Jul 14, 1874, dau of C. H.
        & Annie (356)
    Annie Morris m. William Martin Cooley Apr 3,
        1895 (356)
    Charles H. m. Annie M. Flournoy Jul 11, 1894
        (remarriage) (356)
    Chas. H. m. Anna Morris 1867 (356)
    James b. Aug 17, 1884, son of Charles H. &
        Annie M. (356)
    Katie Marie b. Apr 23, 1872, dau of C. H. &
        Annie (356)
    Loucille? child of Chares H. & Anna b. Nov 5,
        1868 (356)
    Miss Marcella d. Feb 17, 1900, age 76 (356)
    Rosa (see Edward Drane) (400)
    Mrs. W. C. d. Dec 27, 1909, age 22 (350)
    W. F. 1876 (401)
    Wm. F. 1876 (401)
FLOWERS, Elizebeth 1811 (511)
    Nancey 1811 (511)
FLOYD, Edna Jone, dau of William A. & Fidelia, b.
    16 Aug 1879 (503)
    Mrs. Florance Irvine 1895 (454)
    J. P. 1887 (415)
FLURNOY, Mary Elizabeth b. Dec 18, 1857 (438)

FLY, Lillian E. m. F. D. Carsey Nov 8, 1887 (429)
FLYNN, Carrie 1889 (455)
FOBBES, Caledonia Florence (11 yrs 8 mos) &
    Charles Henry (8 yrs) bapt Jun 12, 1881
    (orphans) (356)
FOGARTIE, Mrs. Elizabeth 1897 (401)
    Marion 1900 (401)
    Mary Edna 1897 (401)
FOGLEMAN, Catherin E. 1858 (478)
    George 1895 (478)
    Kate m. Barclay Martin ca. 1867 (480)
    Mrs. Mary V. 1855 (478)
FOLKNER, Martha 1842 (originally bapt in VA) (462)
FOLLIS, Orilla 1874 (504)
FONDA, Chas. 1889 (455)
FONTE, Geo. W. and Mary A. parents of Mary Lucinda
    aged 9 yrs 10 mos; Robert Chester aged
    8 yrs; Martha Emeline aged 5 yrs;
    Geo. Washington aged 2 yrs; children
    bapt Jun 11, 1848 (356)
    Mary Amanda adult bapt 1848, aged 38 yrs (356)
FORBES, Arthur J. & Sara R. parents of Zoe Mabyel
    b. Aug 19, 1892; Dorothy Eleanor (birth-
    date not given); and Nightingale Tracy
    b. Oct 28, 1894 (356)
    Miss Delia 1891 (455)
    Edith F. 1889 (455)
    Geo. 1891 (455)
    Miss Jennie 1891 (455)
    Mrs. M. E., Miss Bettie Garland, William A.
        Forbes--family listing 1875-1892 (400)
    Mrs. Mary Elizabeth, age 71, b. & reared in
        Clarksville, d. Nov 14, 1891 (400)
    Nellie E. 1889 (455)
FORD, Albert m. Olive Jones Dec 24, 1896 (400)
    Ann 1846 (466)
    Annie Elizabeth 1898, 1902 to Louisville KY
        (401)
    Charles Quintard, son of Morgan Lafayette &
        Mary Louise, b. Woodbury TN Aug 7, 1879
        (461)
    Irene 1896 (454)
    Lizzie (Mrs.) 1874 (454)
    Miss Lula Jessie 1889, 1902 to Baltimore
        (401)
    Mary (see Mary Barnes) (423)
    Mike 1893 (409)
    Mrs. Mollie 1885 (454)
    Nimrod 1846 (466)
    Olive M. (see Olive M. Jones) (401)
    Mrs. Sallie d. Mar 8, 1907 (401)
    Saml. Taylor 1894 (401)
    Mrs. (W. B.) d. Oct 12, 1908 (350)
    William B. 1885 (454)
    Wm. Benj.? 1895 (454)
    Wm. H. 1888 (454)
    Williamson 1846 (466)
FORDE, Mrs. H. N. (Alice H.) 1880 (487)
FORQUHAR, Chas. 1889 (455)

FORSTNER, Harry B. 1898 (454)
    Milton A. 1898 (454)
FORSYTHE, J. R. 1888 (507)
FORTNER, Joe m. Birdie Anderson Oct 27, 1892
    (couple from Hopkinsville KY) (400)
FOSTER, Ada m. James Cash Feb 21, 1888 (356)
    Ailcy Ann d. Jul 1861 (396)
    B. S. 1893, 1897 (467)
    Charlotty ca. 1867, 1872 (396)
    Charloty 1872 (396)
    Cynthia 1832 (466)
    D. M. (m) 1866 (497)
    Frank P. 1893 (454)
    George F. m. Nona H. McAdoo Jun 29, 1899 (356)
    Isaac 1830 (450)
    Isaac & Mary 1833 (450)
    J. L. d. Apr 9, 1871 (396)
    J. W. 1886 (396)
    Jas. L. d. Apr 9, 1871 (396)
    Jas. S.? deacon, d. Apr 9, 1871 (396)
    John B. 1867 (396)
    John R. 1886 (396)
    L. A. 1893 (409)
    Lucy 1886 (396)
    Lucy d. Jul 15, 1893 (396)
    M. C. d. Feb 2, 1896 (396)
    M. J. d. Nov 15, 1896 (396)
    M. J. 1886 (396)
    Mary 1830 (450)
    Mary E. 1872 (396)
    Mary E. ca. 1867, 1869 (396)
    Mary M. 1871 (396)
    Mat. 1885 (396)
    Matilda E. 1872 (396)
    Minerva 1860 (423)
    N. E. A. 1885 (396)
    Nancy d. Jan 2, 1867 (396)
    Peter 1886, 1872 (396)
    Rezin d. May 1, 1861 (396)
    Sarah 1886, d. Oct 1903 (396)
    Sarah Jane d. May 9, 1864 (396)
    Sary 1872 (396)
    Susan 1893 (409)
    Theodocia 1884 (396)
    W. H. 1872 (396)
    Willis 1886 (396)
    Zora 1886 (396)
FOSTNER, Mrs. Amanda 1887 (454)
FOUCH, Texas 1893 (467)
FOUCHE, Blanch (see Warren Douglas Williams) (400)
    Charles, son of John & Louiza, bapt Oct 22, 1853 (423)
    Charles M. d. Jan 18, 1905, age 55 (356)
    Chas. M. m. Katie Staub 1881 (356)
    Charles McGhee & Katherine Staub parents of Walter Dukens b. Jan 24, 1882; John Staub b. Jan 3, 1884; Charles Frederick b. Aug 10, 1885 & Katherine Pauline b. Mar 1, 1887 (356)

FOUCHE, Fanny dau of John & Louiza M., bapt Apr 16, 1853 (423)
    Hugh Craig, son of John & L. M., bapt Mar 4, 1848 (423)
    John 1857 (left for Episcopal Ch) (423)
    Dr. John d. Mar 13, 1898, age 81 (of Washington) (356)
    John James, son of John & Louiza M., bapt May 3, 1859 (423)
    Mrs. Katie d. Sep 14, 1898, age 44 (356)
    Louisa M. (see Louisa M. Nance) (423)
    Mary adult bapt 1851 (356)
    Mary Williams Frances d. Sep 1, 1852, age 26 (356)
    Rosa Louise b. Jun 23, 1875 (dau of Charles & Kate) (356)
FOULER, Dr. J. G. 1872 (408)
    Lizzia 1872 (408)
    Sarah 1871 (478)
FOULLAR, Thiletha d. Jan 1878 (408)
FOUST, A. E. 1890 (409)
    Allan 1897 (409)
    Miss Eva Lee 1875 (now Mrs. Bowers) (423)
    Henry 1897 (409)
    Hugh d. Feb 1, 1901 (423)
    John L. 1873, d. Jul 1893 (423)
    John Leroy 1852 (left for New Market TN Aug 14, 1859) (423)
    Mrs. Lavinia 1873 (423)
    Lillie Gertrude, dau of Allen, bapt Apr 8, 1892 (409)
    Lucinda d. Sep 21, 1863, age 45 (356)
    Miss Mary Bynum 1890 (423)
    Mary C. 1897 (409)
    Mast. Hugh 1885 (423)
    Robert L. 1895 (423)
FOUTS, Mrs. Hattie d. Apr 1900 (454)
FOWLAR, Tilitha 1872 (408)
FOWLER, Alice Ellyfare b. Jun 21, 1879 (dau of W. M. & Sarah) (356)
    J. G., Dr. 1858 (408)
    James G. d. 1905 (393)
    Josiah C. 1858 (408)
    Miss Kate Bell (Mrs. Geo. Crands?) (502)
    Lizzia 1858 (408)
    Mary Elizabeth b. Dec 21, 1884 (dau of W. M. & Sarah) (356)
    Milton Greene b. May 16, 1883 (orphan) (356)
    S. W. (f) m. E. B. Morcey Jan 28, 1889 (455)
    Telitha 1858 (408)
    W. 1896 (448)
FOX, A. G. (see Elvena Pearce) (409)
    Claud Porterfield m. Franc Dickens Marshall Feb 6, 1890 (356)
    Mrs. Elizabeth d. Jan 8, 1893, age 68 (356)
    Fonaine d. Feb 1879 (400)
    Gideon 1821 (386)
    John m. Sarah Moore 1867 (356)
    Jussa 1899 (348)

FOX, Laney 1817 (386)
    Lawrence b. Jan 1, 1886 (orphan) (356)
    Margaret Rowton (dau of Walter D. & Josie
        Ewing) bapt 1897 (502)
    Puss 1869, 1871 (467)
    William Henry m. Malvene Bass Ewing 31 Dec
        1889 (503)
FOY, Oliver 1871 (480)
FRANCIS, Joannah d. 12-3-1894 (339)
    John 1889? (339)
    Jno. E. m. Katie Ryder Oct 26, 1875 (503)
FRANCISCO, Nancy d. 1868 (497)
    Mrs. Nancy 1866 (497)
FRANKFORD, George W. 1886 (478)
FRANKLIN, Addie M. d. Jul 26, 1866, age 36 (503)
    Benj. 1877, 1885 to Memphis, 1887 returned
        to Clarksville (401)
    Benjamin Edward adult bapt 1877 (401)
    Mrs. E. 1851 (401)
    Mrs. Elizabeth 1851 (410)
    Ellen 1870 (492)
    Fanny Baker 1885, 1893 to Guthrie OK (401)
    Ida V. 1872, 1899 to 1st Ch, Columbia (Mrs.
        T. T. Osborn) (401)
    Miss Isabella 1860 (401)
    Miss Isabella F. 1860 (401)
    Jas. 1892 (401)
    John A. 1817 (386)
    John Mitchell, son of John & Lou, b. Feb 9,
        1893 (440)
    Justine Latham 1893 (438)
    L. W. (Mrs) 1886, Apr 1888 to Washington Inda
        (401)
    Lily, dau of James & Alice, b. 1879 (503)
    Lou (Johnson) 1890 (440)
    Mary 1891 (440)
    Mary 1831 (left for Grassy Valley Ch) (423)
    Mary (free col'd) m. Lawson Thomas (slave)
        1855 (356)
    Minnie Etta, dau of John & Lou, b. Sep 9,
        1899 (440)
    Mollie D. d. Jan 23, 1908 (401)
    Mollie D. 1872 (401)
    P. 1831 (left for Grassy Valley Ch) (423)
    R. J. adult bapt 1868 (401)
    Reuben Byron, dau of John & Lou, b. Apr 12,
        1896 (440)
    Robert J. 1868 (401)
    Wm. D. adult bapt 1875 (401)
    Wm. D. 1875, May 1889 to Grand Ave Ch, St.
        Louis (401)
FRANKS, Miss Alice 1890 (m. J. M. Luttrell) (455)
FRASER, Nannie 1893 (507)
FRASIER, Henry 1885 (409)
    Lou 1885 (409)
    M. J. 1885 (409)
    W. F. 1885, d. Dec 1887 (409)
FRAYSER, Mrs. Ann Eliza 1870, 1895 to 1st Ch,
    Nashville (401)

FRAZER, Thomas A. 1843 (400)
FRAZIER, Alice 1886 (409)
    Anna 1886 (409)
    Anna K. member 1896 (m. Summerville) (454)
    Anna R. 1889 (455)
    Beriah A. & Annie Wiseman parents of Julia
        Wiseman Lucane? b. 1889 and Ida Wise-
        man Veneya b. Sep 28, 1892 (503)
    Eliza I. 1850 (478)
    J. W. 1897 (454)
    John S. 1850 (478)
FREAMAN, Giddion A. 1832 (504)
FRECH, Mrs. Amanda G. 1868 (401)
    Henry 1868 (401)
    Mary Blackman 1885 (401)
FREDERICK, Fritz, son of Chas. & Matilda, b. Aug
    12, 1878 at New Orleans (461)
FREDERLING, Frank, ____--family listings 1875-1902
    (400)
FREDRICK, Fritz member 1896, later moved to
    McMinnville (461)
FREEMAN, A. M. 1886 (396)
    Alice (dau of John) 1887 (478)
    Charles 1893, 1899 (467)
    Charley d. Nov 1905? (396)
    Drusy 1886 (396)
    Earle Louie, child of Ethan A. & Lavinia E.,
        b. 13 Sep 1886 (503)
    Elisabeth 1874 (462)
    Elisha d. 1857, age 22 (356)
    Ethan A., Elith. L., Stuart E. 22, Frank A.
        19, George H. 18, Veena P. 16, Earle
        L. 14, 1887 (503)
    Eva J. (see Eva J. Parker) (454)
    F. V. 1886 (396)
    Frances E. 1881 (462)
    Frucy d. Aug 2, 1892 (396)
    Miss Gertrude d. Apr 1, 1905 (356)
    Harry m. Jessie Bowen Jun 16, 1890 (455)
    Henry B. d. Mar 1898, age 72 (503)
    Irene 1898 (438)
    Irene Mayes b. Columbia, bapt Jun 4, 1893
        (438)
    J. B. 1886 (396)
    Kearney 1840 (504)
    Kiginy? 1823 (504)
    Kinchen 1832 (502)
    M. J. 1886 (396)
    M. T. 1892 (455)
    Miss Mary Ella, dau of John 1889 (478)
    Pick d. May 1909 (396)
    Susan 1886 (396)
    Thomas 1886 (396)
    Willis J. m. Willie E. Mayes Nov 17, 1880
        (438)
FREEMON, D. F. 1868 (396)
    Druciler 1872 (396)
    H. M. 1872 (462)
    Marthy 1872 (396)

FREEMON, Mary 1872 (396)
    Samuel P. 1868 (396)
    W. B. 1872 (396)
FREMAN, Perrey 1832 (504)
FREMON, Aelexander 1868 (396)
    Henderson 1868 (396)
    James D. 1868 (396)
    Martha ca. 1867 (396)
FRENCH, Evalin (see Evalin Pier) (423)
    Mrs. Evaline d. May 14, 1905 (423)
    George Pearson 1870 (423)
    Isabella Lawson adult bapt 1852, b. Feb 19, 1820 (356)
    John P. 1870 (423)
    Martha 1856 (448)
    Martin L. d. Dec 19, 1896, age 29 (503)
    Martin L. m. Corinne M. Sellers Sep 28, 1895 (503)
    Mrs. Martin L. (nee Miss Corinne M. Sellers) d. Dec 1895, age 26 (503)
    Mattie 1856 (448)
    Sarah J. 1870 (423)
    Mrs. Sarah S. 1870 (now Mrs. Thos. D. Lewis) (423)
    Stella (see Stella Evans) (478)
    Wm. B. d. Oct 24, 1851, age 35 (356)
FREY, H. V. 1869 (504)
    Miss Mamie 1896 (Mrs. John Handly?) (454)
FRICH, Henry 1868 (401)
FRICK, Mary B. 1893 (401)
FRIERSON, Albert & Felicia parents of Ann Payne bapt 1870 (478)
    Albert & Felicia parents of Sarah Cowan bapt 1868 (478)
    Albert 1887 (478)
    Albert 1857, d. 2 Jan 1886 (478)
    Ann 1837 (478)
    Miss Ann P. (dau of Albert) 1883 (478)
    Miss Carrie P. (dau of Robt.) 1885 (478)
    Miss Charlotte F. (dau of Wm.) 1885 (478)
    Mrs. Elizabeth (wife of John) 1866 (478)
    Ervin I. 1842 (478)
    Erwin 1882 (478)
    Felicia E. (widow of Albert) 1855 (478)
    Miss Irene (dau of John) 1884 (478)
    Irine 1884 (478)
    John B. 1885 (478)
    Jno. W. & Elizabeth parents of Albert bapt 1876 (478)
    John W. & Elizabeth parents of Irene bapt 1872 (478)
    John W. & ELizabeth parents of Mary Eliza bapt 1871 (478)
    John W. jr. 1889 (478)
    John W. 1866 (478)
    John W. elder 1875 (478)
    Miss Lizzie F. (dau of Wm.) 1883 (478)
    Louise 1891 (438)

FRIERSON, Lucius (Sep 19, 1880), Sara Kate (Morgan) (May 25, 1868?), Morgan, Lucius (Oct 10, 1875), Sam Davis, Louise, --family listing (438)
    Lucius m. Sarah Catharine Morgan May 17, 1870 (438)
    Lucius, son of Lucius & Sibetha bapt Oct 10, 1875 (438)
    Mrs. Lucy (widow of William) 1871 (478)
    Margaret Miner, dau of Will & Maggie, bapt Aug 26, 1894 (401)
    Miss Mary A., dau of John, 1884 (478)
    Mary Agnes 1884 (478)
    Mary Agnes 1848 (478)
    Mrs. Mary J. Little, wife of Robt. 1857 (478)
    Robert P. 1857 (478)
    Robt. P. jr. 1888 (478)
    Samuel D., age 19, 1893 (438)
    Samuel Davis, age 26, d. Jan 1900 (438)
    Sarah C. 1882 (478)
    Thomas Jas. 1838?, 4 children 5 adults, came from SC (437)
    W. L. 1882 (478)
    William & Lucy parents of Ervin J. (4 yrs old) bapt 1871 (478)
    William & Lucy parents of Lizzie Furlow (2 yrs old) bapt 1871 (478)
    William 1871, d. 27 Jul 1882 (478)
    Wm. Guy 1888 (478)
    Wm. S. (son of John) 1889 (478)
FRITH, J. R. elder 1888 (487)
    John M. 1843 (423)
FRITS, Nancy 1885 (450)
FRITTO, Henry & wife Peggy J. 1878 (435)
FRITTS, Benj. F. 1892 (454)
    Mrs. Fred Wiehl d. Jan 26, 1912 (454)
    Fredk. W. 1896 (could be Freda) (454)
    Mrs. Inez A. 1885 (454)
    Thomas d. Oct 21, 1909 (350)
    Thomas W. & Annie L. parents of William Jake b. 1875, Annie Mary b. 13 Apr 1878, Lena Davidson b. 16 Sep 1883 and Thomas Warner b. 11 May 1885 (503)
    Captain Tom d. 22 Dec 1912, age 63 (350)
FRITZ, Mrs. Fred (Mynders) d. 26 Jan 1912, age 21 (350)
    Jacob d. Feb 1879 (503)
FRIZZELL, J. R.1889 (455)
FROMBERGER, Mrs. Alice F. d. Apr 6, 1902, age 52 (356)
FROST, Emily Cornelia b. Aug 8, 1894, dau of Mrs. Mary T. (356)
    Joshua 1826 (450)
FRY, Adam 1864 (467)
    Adam d. Dec 3, 1883 (467)
    Ally d. Dec 30, 1868 (389)
    Annette 1871 (467)
    David 1876 (389)
    Davy d. Aug 14, 1885 (389)

FRY, Elba bapt 1889 (454)
    Elizabeth C. m. David S. Page Jan 12, 1898 (503)
    Col. Geo. T. d. May 29, 1897, age 57 (503)
    Henry d. Sep 1862 (389)
    Hugh bapt 1889 (454)
    Ina bapt 1889 (454)
    Mrs. Jennie M. member 1893 (m. Warner McCall) (454)
    Margret B. 1872 (409)
    Sarah Jane d. Jun 1872 (389)
FRYE, Miss Cora 1896 (454)
FRYER, Elizabeth 1821? (left for Grassy Valley Ch Oct 24, 1829) (423)
    James, father of Nancy Jane & William bapt Sep 11, 1821 (423)
    James 1822 (left for Grassy Valley Ch 10-24-1829) (423)
FULBRIGHT, C. A. E. d. 1867 (467)
FULENWILER, Oscar Givens bapt Jan 18, 1874 (438)
FULGEN, Emma m. Joseph Morgan Feb 23, 1867 (503)
FULKES, George 1850 (402)
    Samuell 1811 (511)
FULKS, Lizzie 1897 (407)
FULLER, Ava Dellie, dau of Columbus Perkins & Phoebe Lou V--- (Rhoades) Phillips, b. Mar 18, 1884 (print out of focus) (444)
    Ed. W. 1885 (478)
    Eugene F. m. Jeann E. Lockett 1881 (356)
    George 1872 (435)
    Harris? 1838 (389)
    J. W. m. Edith Helfenberger Dec 12, 1899 (454)
    Jane 1871 (435)
    Jasper Newton b. May 19?, 1868 (or 9?) m. first Sarah Phillips (one child--both d.); 2nd m. Winnie K. Parsons 1899 (444)
    Mrs. Jennie (wife of Ed) 1889 (478)
    Jesse 1839 (389)
    Jones 1838 (389)
    Margarieta Frances dau of Mr. E. F. & Jean (in Jersy City, NY) bapt Jan 11, 1885 (age 14 mos) (356)
    Mary 1839 (389)
    Mary 1832 (502)
    Massy 1839 (389)
    Nancy 1838 (389)
    Mrs. Nannie 1892 (454)
    Olin member Sun schl 1871 (369)
    Sarah 1838 (389)
FULMER, Mrs. Addie confirmed 1892 (400)
    Edith Beaumont b. Jul 20, 1887 (dau of John E. & Addie) (400)
    Evelyn Jennings b. Sep 15, 1891, child of John E. & Addie (400)
    Evelyn Jennings b. San Antonio TX FEb 15, 1891, d. Clarksville Jul 3, 1892 (400)

FULTON, Robert Edward 1894 (401)
FULWILER, Oscar G. buried Nov 25, 1879 (438)
FUNCK, Chas. Edward 1895 (423)
    Charles M. 1892 (423)
    Miss Cora R. 1895 (423)
    Miss Ella Elizabeth 1893 (423)
    Miss Ella M. d. Jan 27, 1901 (423)
    Mrs. J. C. 1888 (423)
FUNING, Elizabeth 1858, left 1871 (408)
    Henry 1858, left 1871 (408)
FUNSTON, Clark R. 1888 (409)
FUNTON, Mary E. 1888 (409)
FUQUA, A. D. 1891, 1893 (421)
    B. A. 1890 (409)
    David 1858 (408)
    Ella 1887 (421)
    Jacob (col'd) 1865 (421)
    James P. 1860 (421)
    James P. 1865 (421)
    Jo 1894 (339)
    Lagrand (black) 1858 (408)
    Lide 1893 (409)
    Lura L. 1885 (421)
    M. L. d. Nov 3, 1907 (421)
    Mary d. Nov 1894 (409)
    Nora 1886 (421)
    Walter 1858 (408)
    Willie 1894 (339)
FURGASON, Mandy 1900 (339)
FURGESON, Miss Anna B. 1892 (423)
    G. W. 1847, 1849 (511)
FURGISON, Mrs. Louisa 1871 (423)
    Rufus 1871 (423)
FURGUSON, Miss Mary Cornelia 1893 (423)
FUSCH, Edward A. of Nashville m. Margaret J. McKinney Apr 13, 1893 (438)
    Henry J., Edmond A.--no dates--family listing (438)
FUTON, Ethel Izonia, dau of James & Fanny, b. Dec 26, 1894 at Nashville (438)
    Samuel Wesley, son of James & Fanny, b. Jul 6, 1892 at Knoxville (438)
GADDISS, Elizabeth m. Charles T. Day 1856 (356)
GADON, Laura J. m. Col. James Wallace Nov 4, 1852 (437)
GADONE, Jennie m. Isaac Rossen Feb 24, 1870 (438)
GAGE, Charles L. m. Susan Richards Nov 28, 1895 (356)
GAINES, H. P. d. May 1906 (409)
    Henry P. 1875 (409)
    Doct. James S. 1847, d. at Mobile Nov 15, 1853 (423)
    Matthew son of Mrs. Mary b. Mar 3, 1870 (356)
    Nell d. Nov 5, 1908 (409)
    Mrs. P. T. d. 1906 (409)
    R. T. 1885 (423)
    Rufus Morgan, son of Mrs. Mary, b. Aug 8, 1868 (356)
    Susan H. 1861 (423)

GAINES, Mrs. Tate A. 1885 (423)
GAINS, Anthony 1811 (511)
    Antoney 1808 (511)
    Harry P. 1892 (409)
    Nell 1893 (409)
    Nellie T. 1872 (409)
    Ula 1886 (409)
GAITHARD, George d. Dec 13, 1884, age 12 (356)
GAITHER, Nat m. Mary D. Zollicoffer Jun 10, 1869 (438)
GALBRAITH, Catherin Ann 1856 (478)
    Mrs. E. 1855 (401)
    Edith I. 1857 (478)
    Mrs. Ellen 1855 (401)
    J. Frank 1886 (478)
    Jesse Tipton 1871 (478)
    Mary 1829 (478)
    Mary L. 1842 (478)
    Robt. 1875 (478)
    W. E. 1856 (478)
    Mrs. Wm. jr. 1873 (478)
    Wm. 1833 (478)
    Wm. Abram 1886 (478)
    Wm. elder 1837, d. Apr 13, 1879 (478)
GALBREATH, Mary 1829, d. May 13, 1864 (478)
    W. D. 1880, moved to Memphis 1884 (401)
    William sr. 1833, d. Apr 13, 1879 (478)
    William E. jr. 1856, d. May 9, 1875 (478)
GALLAGHER, Bessie Melville, dau of Charles M. & Mollie, b. 21 Apr 1869 (503)
    Mrs. Elsabeth 1869 (478)
    John & Henriette parents of Charles Albert b. Mar 8, 1864; John Henry b. May 16, 1866; and Henrietta Isabella b. May 18, 1868 (503)
    Miss Mary 1869 (478)
    Mary A. 1869, d. Oct 26, 1873 (478)
    Thos. Alexander, son of John & Henrietta, b. May 17, 1862 (503)
GALLAHER, Edwin P. W. d. Mar 27, 1889, age 30 (356)
    Margaret 1822 (423)
GALLAWAY, Sherwood ca. 1850 (448)
GAMBILL, An 1847 (511)
    Anna d. 1886 (511)
    J. T. d. May 1879 (511)
    J. T. 1847 (511)
    Mary 1847 (511)
    Thos. 1847 (511)
GAMBLE, Abbie 1889 (507)
    Sally member Sun schl 1870 (369)
GAMBLING, James 1832 (504)
    James 1823 (504)
    Marry 1823 (504)
    Mary 1832 (504)
GAMBREL, Isaac 1894 (415)
    James 1893 (415)
    Joseph 1896 (415)
    R. E. L. 1896 (415)
GAMMON, Miss Jane L. 1853 (423)

GAMMON, John H. 1853 (504)
    Margaret S. 1853 (504)
    Mary d. 1890 (423)
    Mrs. Mary 1853 (423)
    N. 1854 (423)
    Nathan 1853 (423)
GAN, John d. 1876 (408)
    L. J. 1872 (408)
GANN, John 1872 (408)
    Maggie M. 1875 (409)
GANT, Amanda 1840? (437)
    Angeline ca. 1850 (448)
    Benjamin 1870 (448)
    Benj. 1844 (448)
    James H. 1858, later moved to AR (448)
    Jesse 1871 (448)
    Jesse S. m. Miss Anna Priest Oct 26, 1881 (448)
    William ca. 1850 (448)
    Wm. G. 1870 (448)
GANTE, Elizabeth 1839 (437)
GANTS, Geo. H. 1838?, 4 children 5 adults, came from MD (437)
GANTT, Kellus Friedman Tyler buried Jun 3, 1839 (Mr. Gantt emigrated from MD some years since, and died in Hickman Co. TN more than 12 mos previous to date of funeral) (437)
    Sarah 1832 (466)
GARDENHIRE, Geo. W. 1893 (454)
    Julian 1889 (455)
GARDNER, Gertrude (see Gertrude Elliott)(400)
    Harriet Myrtle, b. Apr 13, 1882 (438)
    Capt. J. N., wife Ann Jones & dau Sallie, 1867 (406)
    J. N. 1880 (406)
    J. T. 1867 (406)
    J. T. member 1885, 1900 (361)
    Narcises member 1885, 1900 (361)
    Pearl 1894 (440)
    Robert d. Feb 14, 1904, age 44 (350)
    W. H. pastor 1868, 1869 (406)
GARETT, Cornelas 1872 (408)
    Elizabeth 1872, 1858 (408)
    J. F. 1872 (408)
    John F. 1872 (408)
    Joseph H. 1887 (402)
    Nancy 1887 (402)
    Simpson 1872 (408)
    Simson 1858 (408)
    Susan 1887 (402)
GARISON, J. R. 1880, moved to Memphis Aug 31, 1890 (401)
GARLAND, Bettie 1896 (400)
GARMONY, Mrs. E. 1884 (454)
GARNALL?, Nancy 1850 (402)
GARNER, Carrie Louise m. Howard Erwin Felton Jones (of Cartersville GA) Sep 22, 1897 (503)
    Enoke (Rev.) 1896 (375)

GARNER, J. A. d. Jun 11, 1911 (454)
    Jas., father of Jas. R. & Fannie E. bapt
        Jun 12, 1892 (429)
    Mrs. Mary 1890 (429)
GARNETT, Callie 1876 (425)
    Eddie d. Dec 18, 1877 (425)
    Francis 1876 (425)
    George B. d. Mar 1886 (425)
    Mary sr. 1872? (425)
    Mary jr. d. Nov 1873 (425)
GARNIS, James jr. d. Jun 29, 1845 (423)
GAROT, Jemiah 1850 (402)
GARRABRANT, Jennie A. (single) 1874 (455)
    Virginia A. (dau of A. & H. E.) b. Mar 30,
        1861 (455)
GARRATT, Ernst H. m. Linda H. Miller Mar 26, 1894
    (356)
    Stephen d. Apr 30, 1870 (402)
GARRET, Dolly d. 6-6-89 (339)
GARRETT, C. P. 1891 (423)
    Elizabeth left Nov 1, 1858 (408)
    Emma 1897 (m. Quinn) (425)
    Emma d. Aug 1903 (425)
    Fanie m. Albert Barlow Feb 1887 (425)
    Fannie 1890? (425)
    G. B. d. Mar 1886 (425)
    George d. May 1902 (425)
    George 1852 (504)
    George D. 1880 (425)
    Georgia 1897 (425)
    Hattie 1890? (m. Baxter) (425)
    Hattie 1891 (425)
    J. T. 1891 (423)
    James H. 1899 (339)
    John F. 1858, left in 1871 (408)
    Joseph H. 1860 (402)
    Lula 1890?, d. May 6, 1899 (425)
    Maria C. 1894 (339)
    Mary Barnett bapt May 18, 1874 (438)
    Mollie m. Jackson Chandler Jan 18, 1877 (425)
    Nancy 1860 (402)
    Nancy 1872 (401)
    Robt. 1884 (421)
    Susan 1872 (402)
    Susannah 1835 (389)
    Thomas 1899, d. 1910 (339)
    Wm. R. 1872? (425)
    W. R. 1878 (425)
GARRETTE, Mark 1896 (339)
GARRISON, Bengamin 1825 (421)
    John 1825 (421)
    John & Nellie, parents of John Rufus, Emma
        May & Eloise bapt Jun 23, 1890 (401)
    Lydia 1825 (421)
    Nellie L. (J. R.) 1894 (401)
    Mrs. Nellie Ligon 1890, moved to Memphis
        Aug 31, 1890 (401)
    Richard 1832 (504)
    Sarah d. Nov 27, 1840? (389)

GARRISON, Susanny 1825 (421)
GARROT, Stephen 1850 (402)
    J. J. 1889 (497)
GARROTT, Mima 1850 (402)
    Mrs. Polk 1889 (497)
GARVIN, James sr. 1842 (left for MI) (423)
    James & Sarah A., parents of James Augustus
        & Lucius Fayette Clark, both bapt Jul
        17, 1842 (423)
    James jr. 1842, d. Jun 29, 1846 (423)
    John & Laura Emily, parents of Theodore
        Frelinghuysen, Anna Maria and Helen
        Luthera, all bapt Mar 30, 1850 (423)
    Laura Emily 1843 (left for MI Mar 31, 1851)
        (423)
    Sarah A. 1842 (423)
    *Justin P. 1842 (left for NY Jun 30, 1845)
        (423)
GARY, Thomas Crumley, son of Thomas R. & Sally, b.
    13 Aug 1891 (503)
GARZA, Francisco Leon, son of Francisco Garza &
    Fanny C. bapt in private by the side
    of the dead father Oct 30, 1892, b.
    Aug 4, 1892 (503)
GASKILL, Varney A. m. Harriet L. Whiteside May 17,
    1871 (503)
GASTIN, H. E. 1890 (425)
    Mattia 1890 (425)
GASTINE, E. H. 1890 (425)
GASTON, E. H. 1890? (425)
    H. E. 1890? (425)
    John Henry b. Feb 14, 1894, orphan (356)
    Mattie (see Mattie Parnell) (425)
    Mattie 1890? (425)
    Mattie E. d. Dec 1911 (425)
GATCHILL, Dr. Edwin A. 1888 (423)
GATES, Catharine Correy dau of Russell & Nellie,
    bapt Nov 12, 1883 (438)
    Catharine Correy burief Nov 18, 1884 (438)
    Edith Ireland, dau of William & Sarah J. b.
        Feb 1891 (503)
    Frank Lewis, son of William & Sarah Jane, b.
        10 Oct 1888 (503)
    George Jewell m. Sarah T. McQuade Apr 4,
        1899 (503)
    Louis Russell, son of Russell & Nellie, bapt
        Dec 23, 1884 (438)
    Noble N. m. Nellie A. LeGras May 5, 1867
        (503)
    Wm. 1889 (455)
    William Frederick, son of William & Sarah J.
        b. 21 Nov 1886 (503)
GATLEY, Lavinia 1896 (411)
GAUGH, W. A. member 1896 (361)
GAY, Elias 1811 (511)
    Eliza Jane 1855 (423)
GAYLEY, Gertrude Martha, dau of Harvey W. & Hannah
    J., b. 16 Jun 1858 (503)
GEAR, John 1858 (408)

GEARY, Eva Louisa m. Alexander Wood Jan 14, 1897
(503)
GEBELEIN, Marlin d. Sep 30, 1881, age 26 (503)
    Oscar Adam Martin, son of Martin, b. Dec 27,
1878 (503)
GEE, Adaline ca. 1860 (448)
    J. N. H. (m) 1866 (497)
    Jos. N. H. 1851 (497)
    Joseph N. H. 1855 (497)
    Lucy 1825 (421)
    T. N. H. 1851 (497)
    Wiley ca. 1860 (448)
GEERS, W. H. 1893 (423)
    W. H. d. May 20, 1903 (423)
GEHEGAN, A. J. 1885 (455)
GENOE, Mrs. d. ca. 1903 (393)
GENTLE, Margaret d. ca. 1871, age 70 (356)
GENTRY, Alace J. 1894 (450)
    Charles 1866 (450)
    Chesley & wife 1891 (450)
    Darcas 1886 (was Darcas Crabtree) (348)
    Elizabeth 1830 (450)
    I. C. 1888 (450)
    Isaac 1857 (450)
    Isaac 1830 (450)
    Marion L.? 1866 (450)
    Mary E. 1894 (450)
    Sally 1826 (450)
    Sally & dau Rachel Mitchel 1833 (450)
    Sarah 1827 (450)
    Sarah A. 1888 (450)
GEORGE, Charles R. & Annie E. parents of Charles
Forrest b. 9 Aug 1882 and William
Clyde b. 2 Sep 1886 (503)
    Edward 1890 (455)
    Mrs. Ellen d. Oct 22, 1897, age 81 (503)
    Emmer D. 1885, 1892 (339)
    Gabriel 1858 (423)
    Travice & son Travice 1831 (450)
    Wm. d. Jul 31, 1884, age 72 (503)
GERDING, John G. W. m. Victoria Vaux 1862 (356)
GERHARDT, Mrs. Anne E., age 27, wife of Mr. Chas.,
living near Lexington KY, d. Aug 1890
(400)
GERHART, Mrs. Ann Eliza 1896 (400)
    Mrs. Ann Eliza d. Aug 12, 1910 (of old age)
(400)
    Bayless confirmed 1886 (400)
    Chas. C. m. Mamie Gold Jun 14, 1893 (400)
    Charles C. 1896 (400)
    Charles Curtis confirmed 1876 (400)
    Isaac P. 1896 (400)
    Joseph H. 1896 (400)
    Joseph Haddox confirmed 1881 (400)
    Lovicia Bryan d. Oct 17, 1896, age 5 mos (400)
    Mrs. Mamie 1896 (400)
    Mrs. Mamie Gold confirmed 1894 (400)
    Martha M. 1893 (401)
    Mrs. Mary Campbell 1896 (400)

GERHART, Harry Curtis confirmed 1881 (400)
    Millard S. confirmed 1881 (400)
    Millard S. d. Feb 1881 (400)
    Millard Seymour bapt 1880, son of Nathaniel
V. (400)
    Nathaniel V., Anne E., J. Piedmont, Joseph H.,
Loulis?, Heny C., Bayless--family
listings 1875-1902 (400)
    Piemont Isaac confirmed 1881 (400)
    Virginia A. m. Oscar G. McGuire of Rosedale,
MS, Sep 23, 1880 (400)
    Virginia Bryan b. Mar 28, 1887, dau of Carrie
Bryan & Isaac Redmont (400)
GERSTLE, Mrs. (Hal) Carrie Glenn d. Oct 26, 1908
(350)
GETTYS, Miss Eiza? Jane d. Dec 1854 (466)
    Hannah 1832 (466)
    J. father of Wm. Linn bapt 1835 (466)
    J. father of Wilberforce, bapt 1847 (466)
    James 1832 (466)
    James 1873 (466)
    James & Hannah parents of Robt. Todd bapt
1828 (466)
    James & Hannah parents of Margaret D. bapt
1829 (466)
    James & Doratha parents of Hannah Amelia
bapt 1838 (466)
    Julia Belle (see Julia Belle McKeldin) (466)
    Margaret D. 1842 (466)
    Rebecca 1872 (423)
    Wm. sr.? d. Apr 3, 1860 (466)
GHOLSON, Arthur m. Lizzie C. Clark Jun 26, 1893
(couple from Mississippi) (400)
    Miss Lulie member 1875, m. to John Marable
(400)
    Margaret G. d. Apr 1878 (400)
    Mrs. Margaret member 1875, d. Apr 21, 1878
(400)
GHOMLEY, Mrs. Lida H. 1894 (454)
GIBBENS, Elizabeth 1832 (462)
    William E. d. Jan 3, 1901 (423)
GIBBINS, Miss Ala Craig 1895 (423)
    Mrs. Ellen E. (joined as Ellen Henry) (423)
    Howard Bruce, son of W. E. & Ellen, b. Dec 2,
1881 (423)
    Miss Mamie Lyon 1884 (Mrs. Edward Manning)
(423)
    Miss Ola Craig (Mrs. Huntington) 1895 (423)
    William E. d. Jan 3, 1901 (423)
GIBBONS, Elizabeth 1843 (462)
    Ellen E. (see Ellen E. Henry) (423)
    Ellen E. 1865 (423)
    Mamie Lyon, dau of Wm. E. & Ellen E., bapt
Jan 1, 1870 (423)
    Mary Lelia b. Euhart, AL, Aug 9, 1860, dau
of Robert E. & Nannie Wheatley (400)
    Mary Lelia confirmed 1877 (400)
    Mary Lelia member 1875, m. B. A. Spicer (400)

GIBBONS, Melinda, servant of Mrs. Annie Philips,
    age 11 yrs, buried Jan 22, 1860 (438)
    William E. 1868 (423)
GIBBS, Ann 1850 (402)
    David & wife Sarah 1833 (450)
    Ernest, son of Charles N. & Matilda F. b.
        29 Sep 1874 (503)
    Ernest d. Oct 28, 1898, age 24 (503)
    John 1830 (450)
    John & Susannah 1833 (450)
    Martha 1867, 1875 (409)
    Mary Lee adult bapt 1872 (438)
    Nannie May b. May 3, 1895 (356)
    Susan 1830 (450)
GIBSON, Anne, dau of Aaron & Mary Ann, b. Dec 4,
        1895 (503)
    Caroline 1865 (421)
    E. A. d. Jun 23, 1898 (396)
    E. A. 1886 (396)
    E. A. (f) 1872 (396)
    Elias member Sun schl 1870 (369)
    Fannie b. Jun 28, 1874, dau of Henry &
        Frances (356)
    Frances 1879 (492)
    Geo. W. d. Dec 1891 (511)
    Helen Sherwood m. Joseph Templeton Brownlee
        Oct 30, 1890 (356)
    J. 1853 (421)
    James D. d. 1855 (356)
    John 1847, 1860 (421)
    John & wife 1844 (421)
    John 1856 (421)
    John 1868 (369)
    Mr. Joseph 1877 (487)
    Joseph 1868 (369)
    M. Wm. member Sun schl 1870 (369)
    Mahaly C. d. Jun 30, 1861 (396)
    Miss Mary 1877 (487)
    Nannie member 1869 (369)
    Robt. G.? m. Mary Knox Pickell Mar 29, 1883
        (438)
    Sally member Sun schl 1870 (369)
    Samuel (see Ida Hornsby) (423)
    Mrs. Sarah 1885 (369)
    Tho. 1845 (421)
GIDDINGS, James 1856 (448)
GIFF, Fannie H. m. W. E. DeLong Oct 29, 1877 (455)
GIFFE, Fidelia m. W. H. Wilson 14 Jan 1892 (503)
    Thomas & Margaret parents of Lemuel b. Feb
        19, 1858, Frances Hannah b. May 5,
        1860 and Fidelia b. Nov 30, 1866 (503)
GILBARES, Mrs. Jennie 1884 (left for Chattanooga
        1889) (423)
    Mr. O. N. 1884 (left for Chattanooga 1889)
        (423)
GILBERT, Benjamin P. d. Feb 4, 1891 (409)
    Benj. P. 1869 (409)
    Benjamin Prince 1875 (409)
    Captin 1825 (421)

GILBERT, Carie 1886, 1887 (396)
    D. A. deacon 1871 (396)
    D. A. d. Feb 19, 1902 (396)
    Fannie 1886 (396)
    Green m. Margaret Fauter Nov 14, 1852 (356)
    J. M. & wife Carrie Whitten 1867 (406)
    J. M. jr. 1875 (409)
    J. M. sr. 1885 (409)
    J. W. 1868, 1876 (369)
    Jack H. 1875 (409)
    James 1872 (396)
    James L. 1868 (396)
    John d. 1864 (396)
    John C. d. 1863 (396)
    Johnathan M. 1867, 1875 (409)
    Julia Louise b. 22 Dec 1868, dau of Lucy
        (503)
    L. C. 1886 (396)
    Lucretia d. Mar 24, 1893 (396)
    Lucretia 1872 (396)
    Margret 1872 (396)
    Martha E. 1875 (409)
    Mary E. 1872, 1858 (408)
    Mary Louisa 1875 (409)
    Mattilda 1824 (421)
    Matilda 1874 (409)
    Matilda E. d. Aug 1870 (409)
    Maty? 1872 (408)
    P. C. 1886 (396)
    Peter 1867, 1872 (396)
    Priscilla 1886 (396)
    Ra 1884 (396)
    Rachol 1872, ca. 1867 (396)
    Ruth 1886 (396)
    Sarah d. Feb 10, 1862? (396)
    Sarah W. 1875 (409)
    Sarah W. 1874, d. Mar 13, 1885 (409)
    Sis 1872 (408)
    Stephen M. d. 1905 (393)
    Thomas E. 1872 (408)
    Thomas R. 1875 (409)
    W. A. 1872 (396)
    W. C. 1872, 1858 (408)
    W. C. preacher 1883 (421)
    W. W. 1886, 1887 (396)
    Wm. 1872 (396)
GILBERTT, J. K. 1872 (408)
GILCHRIST, Daniel 1827 (478)
    Malcolm J. 1842 (left for AL 1844) (423)
    Nancy 1827 (478)
    Philip P. 1842 (left 1843) (423)
GILES, Lucy 1892 (455)
GILKE, L. G. 1881, d. 1896 (425)
GILKEY, Girtie m. John Evritt Apr 1886 (425)
    Lucey D. L. d. Jan 12, 1892 (425)
    Samuel B. d. Oct 1876 (425)
GILL, Ellen D. m. Robt. Park Miller ca. 1850 (356)
    Miss Elvira, Jan 21, 1885, family listing
        (438)

GILL, Geo. E. d. Oct 15, 1885 (455)
    Mr. J. O. m. Miss Emma Meacham Dec 5, 1894
        (couple from Pembroke KY) (400)
    Nancy 1838 (389)
    Rudolph Z. m. Nellie Maxwell Oct 10, 1889
        (356)
    Suni? F. (of Christian Co. KY) m. Thomas J.
        Simmons Apr 12, 1883 (400)
    Winston W. jr. 1871 (478)
    Winston Washington 1871, d. Mar 22, 1875 (at
        U of VA) (478)
GILLASPIE, Wm. M. (left for MS Mar 1842) (423)
GILLBERT, John member Sun schl 1870 (369)
GILLEN, Eliza m. Cornelius Armstrong 1854 (356)
GILLESPIE, Adelaide Louisa d. Mar 1866 (356)
    B. G. member 1869 (369)
    Miss Bettie 1868 (401)
    David & Sarah E. parents of Mary Jemima,
        Elbert David, Anna Neilson & Sarah
        Elizabeth bapt 1869 (466)
    David E. jr. 1872 (466)
    Jacob jr. 1898 (478)
    James 1852 (left for Talladega AL Nov 29,
        1858) (423)
    John Henry, son of Sarah E., bapt 1870 (466)
    John K. m. Hortense Booth Oct 24, 1895 (356)
    John K. 1891 (423)
    John King, son of John King & HOrtense, bapt
        Jun 12, 1898 (423)
    Joseph 1848 (438)
    Lillian (see Lillian Wilcher) (455)
    Lizzie L. 1867 (left for Chattanooga May 18,
        1867) (423)
    Margaret 1819? (left for West TN) (423)
    Mary Jamima 1872 (466)
    Miss Mary K. (moved to Birmingham AL Oct 6,
        1896) (423)
    Miss Mary Knox 1893 (423)
    Mrs. Minnie L. 1891 (454)
    Sarah Elizabeth adult bapt 1869 (466)
GILLESPY, James b. Jul 19, 1829, d. Oct 30, 1909
    (423)
GILLIAM, Arther 1890 (511)
    Belle 1885, 1892 (339)
    Bettie 1884, 1885 (339)
    Rev. G. P. 1899 (371)
    Hattie 1894, 1896 (339)
    J. B. J. 1884, 1885 (339)
    J. P. 1885, 1892 (339)
    James 1894, 1896 (339)
    Lillie G. 1873, 1896 (339)
    Lulu M. m. Wm. E. Brown Jan 23, 1884 (503)
    Pearl 1889, 1896 (339)
    W. F. 1896 (339)
GILLIAT, Clara confirmed 1893 (400)
GILLIATT, Ellen C. confirmed 1880 (400)
GILLILAND, Carrie S. 1852 (478)
    Miss Ella (foster dau of Mr. Dr. Coble) 1891
        (478)

GILLILAND, Kittie 1855 (478)
    Martha A. 1852 (478)
    Sam E. 1852 (478)
    Violet B. 1852 (478)
GILLISPIE, Jacob & wife 1898 (478)
    W. B. (see Mamie Hood) (423)
GILMO(RE), Charles Hudson (son of Andw. P. &
        Cath.) b. Feb 22, 1855 (356)
GILSON, E. An ca. 1867 (396)
GINKENS, S. A. 1858 (408)
GINKINS, S. A. 1872 (408)
GINN, James 1870 (435)
    Martha 1872 (435)
GIPSON, E. T. 1887 (421)
    G. W. 1885 (428)
    John 1885 (428)
    Lea 1893 (421)
    Lucresey 1885 (428)
    Lucretia d. Feb 11, 190__ (428)
    Maranda 1885 (428)
    Martha L. 1872 (408)
    William 1873 (428)
GIST, Charles E. member 1885, gone to TX (507)
    Chas. Ellis 1885 (507)
    Jennie 1886 (507)
    Norman 1886 (507)
    Novella 1889 (507)
    Ollie Jane 1886 (507)
    Ova 1884 (507)
    Sarah Allen 1886 (507)
    Sarah Elizabeth 1886 (507)
    William Van 1885 (507)
GIVAN, Mrs. Caroline 1894 (454)
GIVENS, Charles 1855 (428)
GIVIN, John E. 1875 (409)
    Miss Lucy A. 1891 (now Tipton) (423)
    Robert D. 1867, 1875 (409)
GIVINS, Mary E. m. William Marshall May 28, 1867
    (438)
GLADSON, Frances P. 1882 (348)
GLASIER, Puss d. 1871 (396)
GLASS, Agnus Sinclair, dau of David & Carrie Clop-
    ton, b. Mar 30, 1896 at Columbia (438)
    David Sinclair d. Apr 18, 1896 (438)
    David Sinclair m. Caroline Hoyyatt Clopton
        Mar 5, 1895 (438)
    Hattie 1891 (288)
    John W. to Allensville Ch, KY, 1869 (401)
    Mary Isabel bapt 1876, confirmed 1876 (423)
GLASSCOCK, Charles J. d. Nov 1879 (400)
GLEAVES, James C. 1878 (487)
    Miss Mary Thomas 1875 (487)
    Miss Willie Addie 1875 (487)
GLENN, Alice 1885 (429)
    Miss Allice (Ladd) 1885 (429)
    Amy, dau of F. I. & E. Glenn, b. 21 Dec 1887
        (503)
    Ella m. Milton Harper Feb 26, 1880 (429)
    Mrs. Ella d. Apr 1875 (401)

GLENN, Hattie (Watters) 1896 (429)
    James (Bud) 1878 (429)
    Jas. L. father of James Lyle bapt 1869 (401)
    James L. 1847 (401)
    James J. sr. 1854, d. Jul 7, 1892 (429)
    James L. 1847 (401)
    Jane Grey, dau of J. L. & Ella, bapt 1872 (401)
    Miss Jeanie M. 1887, became Mrs. Gracy Childers 1900 (401)
    John Tomlinson, son of Martin Luther & Nina Blair, b. 5 Oct 1880 (503)
    Mrs. Lela 1885 (429)
    Miss Mary E. 1866, d. May 18, 1898 (401)
    Richard W. 1887 (401)
    S. m. Mertie Swindell 1897 (507)
GLENNING, Tenie 1871 (409)
GLINN, Myrtie 1891, d. Apr 15, 1912 (507)
    Pat 1855 (478)
GLOSTER, Cap. d. Nov 1, 1892 (356)
GLOVER, A. J. 1872 (408)
    A. P. 1858 (408)
    A. P. d. Mar 20, 1864 (408)
    Alexr. S. m. Isabel Thomas 26 Nov 1890 (503)
    Alford P. 1858 (408)
    Ed. (from GA) 1874 (503)
    Effie d. Sep 15, 1898 (409)
    Eliza 1858, 1872 (408)
    Elizabeth 1858, 1872 (408)
    F. M. 1858, 1872 (408)
    F. M. & Louisa left 1869 (408)
    Francis 1858 (408)
    G. 1847 (421)
    G. W. 1883 (409)
    G. W. 1872 (408)
    George 1858 (408)
    George d. ca. Apr 1869 leaving widow and children (408)
    George d. Mar 23, 1869 (408)
    Grace, dau of A. S. & Isabel T., b. Sep 16, 1893 (503)
    J. D. 1890 (409)
    J. E. 1872 (408)
    Joel B. 1858, d. in war 1865 (408)
    Lou 1884 (507)
    Lizzie 1893, 1888 (409)
    Louisa 1858, 1872 (408)
    W. H. 1872 (408)
    W. H. 1891 (421)
    William Alexander, son of Alex. S. & Isabel b. Apr 13, 1896 (503)
GOAD, Charlie Eugene, son of Will & Lena, b. Mar 13, 1898 (440)
    Ethel Gertrude, dau of Will & Lena, b. Jun 19, 1893 (440)
    Willie Pearl, dau of Will & Lena, b. Mar 21, 1896 (440)
GODDARD, Mrs. Cora 1895, moved to Summerville GA Nov 25, 1900 (401)

GODDARD, Wm. 1895 (401)
GODFREY, Henry Mortimer b. Aug 6, 1882, Louisville KY, son of Harry F.? & Kate (356)
    Nannie b. Aug 10, 1886 (356)
GODWIN?, C. H. 1875 (288)
GOERGE, Lilian Maud, dau of Howell & Maud, b. Sep 27, 1896 (503)
GOETZ, Miss Abbie 1885 (423)
    Edward & Sarah J., parents of Susan McEwen & Charlotte bapt Apr 4, 1868 (423)
    Gustavus Adolphus, son of Edwd. & Sarah J., bapt Jul 3, 1869 (423)
    Mrs. Sarah Jane 1868 (423)
    Susan McEwen 1881 (423)
GOFF, Charles H. 1880 (423)
    Mrs. Fanny C. 1883 (423)
GOFORTH, Mattie (adult?) bapt Apr 1894 (440)
GOINS, Mary 1811 (511)
GOLD, Mamie m. Chas. C. Gerhart Jun 14, 1893 (400)
    Miss Martha Alice 1898 (Mrs. W. A. Chambers) (401)
    Mrs. Sally G. 1872 (401)
GOLDSBERRY, Bessie 1888 (455)
GOLDSBEY, Nancey 1825 (421)
GOLDSBY, Iva d. Jun 19, 1909 (409)
    Jos. 1825 (421)
    R. E. 1889 (409)
GOLDTRAP, Bell 1888 (507)
    Ella R. 1894 (507)
    Etta 1888 (507)
    John A. 1894 (507)
    Mary 1888 (507)
GOLDSTEIN, Jacob m. Minnie Goodenrath May 8, 1898 (503)
GOLIBART, William b. Nov 19, 1888 (son of Henry Morris & Secilia F.) (400)
GOLLMAN, George m. Mary E. Bowyer Jul 27, 1875 (503)
GOODLAKE, Allen E. d. Jun 27, 1909, age 26 (350)
GOMER, Allis 1896 (371)
    Richard 1896 (371)
    T. O. 1896 (371)
GONEKE, Wm. C. inf bapt 1829 (438)
GONSE, Lydia 1832 (466)
GOODARD, James & wife 1834 (450)
GOODEN, John 1871 (435)
    Mary 1871 (435)
GOODENRATH, Minnie m. Jacob Goldstein May 8, 1898 (503)
GOODHEART, Miss Anna 1885 (423)
    Brisco & Ida, parents of Anna Lucinda, Fred Briscoe & Rosa May, all bapt Apr 5, 1879 (423)
GOODHUE, Caroline F. d. Feb 20, 1901, age 70 (350)
GOODLAKE, Wm. G. A. E. d. 15 Jul 1911, age 25 (350)
GOODLETT, A. G., Flora, Gold, Flora, Earle Y., William V., Herbert DeL.--family listings 1875-1902 (400)

GOODLETT, Earle Gordon b. Feb 24, 1875, son of A. G.
& Flora (400)
    Herbert Deleon b. Aug 15, 1883, son of A. G. &
        Flora (400)
    William Vera b. Apr 15, 1881, son of A. G. &
        Flora (400)
GOODLOE, James K. m. Bennie Steadman 13 Oct 1891
    (503)
GOODMAN, Ann 1811 (511)
    Jacob Alexander, son of P. S. & Alice, b. 18
        Jun 1889 (503)
    Joseph 1894 (415)
    Martha Jane adult bapt 1877 (356)
    Mary J. E. m. James Burress Nov 16, 1868
        (356)
    Miss Ruth 1887 (415)
    Sam D. 1895 (415)
    Mrs. Wannie E. 1899 (415)
    William Hardin b. Jun 4, 1898 (son of
        William McDonald Goodman) (356)
GOODRICH, Allen L. 1881 (423)
    Miss Rebecca H. 1881 (423)
    Mrs. Ruth H. 1881 (given to James Thomson)
        (423)
    Miss S. Lydia 1881 (423)
GOODWIN, C. 1891 (m) (288)
    C. H. 1878 (288)
    C. H. (m) d. 1895 (288)
    Henry H. 1858 (448)
    James 1889, 1897 (339)
    Joe S. 1895 (409)
    Mag H.? 1878 (288)
    Mag W. 1891 (288)
    Mary Ellen 1872 (423)
GOOSTON, R. J. 1872 (401)
GOOSTREE, Mrs. R. J. 1872, d. Dec 5, 1900 (401)
    R. J. 1872, d. Jul 22, 1874 (401)
GORDAN, Mrs. Anna (wife of Robert J.) 1873 (487)
GORDEN, Madora 1871 (467)
GORDON, Belle m. Memukin Nelson Mar 1, 1871 (438)
    Bessie Blair, dau of Richard E. & Mary Camp,
        bapt Spring 1883 at age 3 (438)
    Bolling 1838?, 3 children, 2 adults, came
        from VA (437)
    Camille & Lucile (twins) dau of Richard E. &
        Mary Camp, bapt Spring 1883 at age 5
        (438)
    Caroline M., age 77, buried May 7, 1887
        (438)
    Mrs. Dolly of Wmsport, age 83 (a Cumberland
        Presbyterian). She was the rel--- of
        John Gordon, captain of the spies in
        the AD 1812-14 in the Creek War under
        Gen Jackson. She was connected with
        some of the most stirring scenes in the
        early history of Tennessee; buried
        Dec 7, 1859 (438)
    Eddie Allen 1874 (487)
    Ella, dau of Col. V. buried Feb 29, 1856 (438)

GORDON, Miss Fanny Dudley 1873 (487)
    Frederick ca. 1860 (444)
    Henry W. inf son of Richard & Mary buried
        Jul 25, 1865 (438)
    Isabella m. Memukan Nelson Jan 25, 1872 (437)
    Mrs. Jane 1852 (437)
    John 1860 (444)
    John 1838?, 4 children, 3 adults, came from
        TN (437)
    John Milton, son of Joseph W. & Beatrice
        Parker, b. Feb 10, 1887 (438)
    Miss Laura J. 1852 (437)
    Mary 1840? (437)
    Mary E. m. Thomas J. Crosby in 1860s? (437)
    Mary E. buried Nov 5, 1880 (438)
    Mary E. 1840?, later moved to Columbia (437)
    Mary Eloise, dau of Richard E. & Mary Camp,
        bapt Sprin 1883 at age 8 (438)
    Powhatan 1860 (438)
    Powhatan 1838?, 4 children, 2 adults, came
        from TN (437)
    Richard Cross m. Mary Camp Webster Aug 20,
        1863 (438)
    Robert J. elder 1873 (487)
    T. K. 1892 (401)
    Thos. Kennedy 1889 (401)
    Mrs. Virginia C., age 70, d. 1908 (438)
    W. D., Mrs. Powatan, Eliza, Godon Rosser,
        no dates--family listing (438)
GORDY, Caroline Eliza (see Caroline Eliza Plumlee)
    (423)
GORMAN, Fred C. d. Oct 5, 1908 (350)
    Maria d. May 1, 1901, age 70 (350)
    Mary E. m. Wm. E. Birchmore Oct 26, 1892
        (503)
    Stanley Ware bapt 1891 (400)
GORTON, Wily 1876 (369)
GOSLING, Mrs. Amanda A. d. 1863 (480)
    Annie 1855 (478)
    Hary Lee 1871 (478)
    Henry 1871 (480)
    Laura Augusta, dau of Dr. W. E., bapt 1871
        (480)
    Laura H. 1855 (478)
    Mrs. Lucinda 1871 (480)
    Lucinda 1844 (478)
    Miss Margaret 1874 (478)
    Dr. P. d. 1874 (480)
    Dr. Philemon, Miss Margaret, Sarah H., Henry
        L.--family listing Jan 1867 (480)
    Sallie 1871 (480)
    Sallie m. W. R. Wallace Feb 18, 1875 (480)
    Miss Sarah H. 1871, d. Feb 1893 (478)
    W. E. 1855 (478)
    Wm. 1871 (480)
    Wm. 1855 (478)
    William, Mrs. Lucinda, Harry, Sarah (age 15),
        --family listing Jan 1867 (480)

GOSLING, Dr. Wm. E. & G. A., parents of Alma
	Gertrude b. Jan 1872 and Sarah?
	Lucinda b. Oct 31, 1870 (480)
	Dr. William Eugene, age 35, d. Apr 13, 1876
	(480)
	Mrs. (NY City) d. Mar 16, 1896 (480)
GOSS, John 1828, 1824 (450)
GOSSLING, Arthur Henry m. Susan A. Baker Nov 28,
	1895 (356)
GOTHARD, Annie S. m. Thomas A. Boyd Feb 4, 1892
	(356)
	Edward Clye (see Martha Osborn Ijams) (423)
GOULD, Adile, dau of John Q. & Nancy, b. 13 Jan
	1871 (503)
	Mr. Littilson? m. Melvina Hays Safferrans
	1 Jan 1895 (438)
GOWAN, Catherin 1842 (478)
	Geo. (see Nona Duffel) (415)
	Mattie 1886 (396)
GRABEAL, Mary 1889 (435)
GRACE, Harriet 1834 (389)
GRACEY, Donald b. Jul 31, 1899, son of Julian F. &
	Minnie T. (400)
	Elizabeth Fredonia b. Apr 1, 1892, dau of
	Julian F. & Minnie Thomas (400)
	F. P., Irene, Julien--family listings 1875-
	1902 (400)
	Capt. Frank P. d. Apr 27, 1895 (400)
	Frank Patton confirmed 1893 (400)
	Frank Patton 1896 (400)
	Frank Patton b. Sep 14, 1879, son of Matthew
	& Marion C. (400)
	Hope Irene b. 26 Aug 1886, Julian b. 28 Aug
	1888 and Francis Patton b. 7 Nov 1890,
	children of Julian & Minnie (400)
	Irene 1896 (400)
	Irene b. Jan 7, 1898, dau of Julian F. &
	Minnie T. (400)
	Irene Cobb, age 68, d. Mar 31, 1906 (400)
	Julian F. 1896 (400)
	Miss Lucy confirmed 1890 (400)
	Lucy Castner (see Lucy Castner Drane) (400)
	Lucy Castner b. Sep 15, 1877, dau of Matthew
	F. & Marion C. (400)
	Louise b. Feb 15, 1885, Lebanon, dau of
	Julien & Minnie (400)
	Mrs. Marion C. 1896 (400)
	Mary confirmed 1899 (400)
	Mary B. 1898 (400)
	Mary Beaumont b. Feb 24, 1883, dau of Matt &
	Marion (400)
	Matt m. Marian Castners 30 Nov 1876 (400)
	Matthew m. Marion Castner Nov 30, 1876 (400)
	Matthew b. May 4, 1887, son of Marion &
	Matthew (400)
	Matthew 1896 (400)
	Capt. Matthew, age 61, d. Aug 20 1907 (400)
	Mrs. Minnie (J. F.) 1896 (400)
	Mrs. Susie (see Susie Settle) (400)

GRACY, Mr. Julian member 1875, removed to Montgom-
	ery AL (400)
	Julien (see Minnie J. Thomas)(400)
	Mrs. Marion Castner d. 1912 (400)
	Matthew, Marion, Lucy, Frank P. & Mary (see
	Lucy A. Castner) (400)
GRADY, Annie V. 1893 (454)
	Marsha 1828, 1830 (423)
GRAEME, George B. m. Daisy B. Walsh Nov 17, 1897
	(503)
GRAFF, Jacob 1896 (461)
	Mary E. d. Apr 10, 1898 (461)
	Mrs. Mary Emma 1892 (461)
	Mildred Von 1892 (461)
GRAHAM, Amelia (see Amelia Byrne) (401)
	Edward & Lucy Ann, children of Harriet
	(colored) bapt Apr 20, 1845 (423)
	Eugean 1896 (462)
	Larry B. m. Juliet Crawford Dec 15, 1896
	(503)
	Lisey 1879 (450)
	Luisa? 1869 (450)
	M. T. deacon 1892 (487)
	Margaret m. William Simmons Aug 14, 1861
	(438)
	Mary m. Robert Graham 1882 (400)
	Mary Lou 1886, nee Vincent (507)
	Mary Wheatley d. Jul 1883 (400)
	Nellie d. Oct 1906 (507)
	Robert m. Mary Graham 1882 (400)
	Rose 1894 (507)
	Tom & Mary parents of Ethel Hollen & Lillie
	Elizabeth bapt 1895 (507)
	William M. m. Anna C. Jones 25 Dec 1889 (503)
GRANBERRY, Robert (see Mrs. Miles C. Mays) (438)
GRAND, Madam Antoinette d. Jan 18, 1903, age 86
	(356)
GRANDBURY, Brig. Gen. C. S. A. fell in the Battle
	at Franklin Nov 30, buried Dec 2, 1864
	(438)
GRANGE, Harriet 1889 (454)
	Dr. James 1889 (454)
	Mabel 1891 (454)
	Nana m. Fred F. Andrews Nov 17, 1897 (503)
GRANT, A. C. d. Feb 1, 1902, age 63 (350)
	Ambrose C. & Bessy S. parents of Bessy Monell
	b. 14 Feb 1876 and Ambrose Childs b.
	18 Jan 1879 (503)
	Ambrose C. & Bessie F. parents of Anna Lou b.
	Jun 20, 1865 and Edna Pride b. Apr 11,
	1867 (503)
	Anna Louise m. Enoch Tidyman 30 May 1888 (503)
	Mrs. Bessie (wife of Mr. A. C.) d. Jan 1897,
	age 50 (503)
	Bessie F. (wife of A. C.) bapt 1869 (503)
	Bessie M. m. J. Herbert McVeigh Jun 30, 1898
	(503)
	Clary ca. 1860 (444)
	F. Rogers m. Aanna M. Boose Aug 7, 1889 (356)

GRANT, G. W. 1858 (444)
    Geo. W. deacon ca. 1860 (444)
    Dr. James C. father of Willie White & Lizzie
        bapt 1868 (466)
    Katy Harris, dau of Ambrose C. & Bessie L.,
        bapt 1870 (503)
    Lanie? Lee, child of Ambrose C. & Bessie L.,
        bapt 1873 (503)
    Major Marcus d. Oct 1896, age 57 (503)
    Rachal 1811 (511)
    Thomas Pride, son of A. C. & Bessie S. b.
        Jul 22, 1880 (503)
GRATY, Jannie m. William Miller 1883 (356)
GRAVES, Ariella d. 3-29-90 (339)
    B. F. deacon 1892 (487)
    D. A. 1891 (454)
    Mrs. Hattie E. 1891 (454)
    Ider 1883 (339)
    Lorena m. Charles Tolsen Oct 11, 1896 (438)
    Mrs. Margaret mother of George Artheron?
        bapt 1843 (466)
    Mary 1811 (511)
    Nera (Bass?) 1890 (339)
    Rachel ca. 1855, d. in Texas (448)
    Sarah Ella d. Sep 30, 1896, age 38 (461)
    Thos. 1821 (386)
GRAY, Annie 1885, moved to Vicksburg MS Mar 10,
    1887 (401)
    C. F. 1891 (415)
    Charles M. priest Jan 15, 1882 to Jan 1, 1893
        (441)
    David F. 1895 (454)
    Eliza (see Eliza Walker) 1819? (423)
    Elizabeth 1823 (402)
    F. F. 1887, d. May 1897 (415)
    F. F. deacon 1887, 1890 (415)
    J. J. 1887, d. Oct 1897 (415)
    Leora 1890 (409)
    Mary d. 1904 (350)
    Mrs. Mattie 1887 (415)
    Nellie F. 1892 (415)
    Polly 1830 (450)
    R. E. 1890 (409)
    Robert 1833 (left for Cedar Grove Ch) (423)
    Robt. Y. m. Fannie L. Paxton 1881 (356)
    S. P. & wife 1882 (478)
    Sam B., age 41, d. Jun 1902 (438)
    Sue (see Mrs. Sue Dunnington) (438)
    T. L. 1895 (497)
    W. H. m. Mary E. Lockhart 1851 (356)
    William & wife 1835 (45__)
GRAYBEAL, M. J. (f) 1871 (435)
    Wm. 1871 (435)
GRAYHAM, Jennie (single) 1879 (455)
    Tabitha 1889 (507)
GREABEAL, James 1871 (435)
GREAR, Barthena 1858 (389)
    Lee 1884, 1893 (339)
    Mary H. 1876 (389)

GREDIG, Anna 1850 (423)
    Anne Mary, dau of Jeremiah & Anna, bapt Nov
        11, 1854 (423)
    Jeremiah 1850, d. Oct 23, 1869 (423)
    Jeremiah jr. d. Jan 9, 1861 (423)
    Jeremiah d. Oct 23, 1869, age 69? (423)
    John Peter, son of Jeremiah & Anna, bapt Oct
        22, 1853 (423)
    William Leonard, son of Jeremiah & Anna, bapt
        Jan 4, 1851 (423)
GREEN, Aron 1823 (402)
    Augustus P. 1838 (466)
    Barbery 1811 (511)
    Mrs. Bertha W. 1892 (423)
    Mrs. Bertha W., moved to Charlotte NC Dec 8,
        1896 (423)
    Bessie Lee, dau of Perry H. & Mary T., b. May
        13, 1880 (503)
    China 1860 (421)
    Chiny 1865, d. Nov 1867 (421)
    Culpepper 1823 (402)
    Mrs. Cynthia M. 1876 (401)
    David 1823 (402)
    Elizabeth 1823 (402)
    Elizabeth d. Oct 7, 1864 (402)
    Elizabeth 1850 (402)
    Emer 1879 (492)
    Emmer 1880 (492)
    Fannie Burton, dau of Dr. John B. & Sallie,
        b. Sep 5, 1854 (438)
    Fannie Burton, inf dau of Dr. John B. & Sallie
        buried May 31, 1855 (438)
    Fannie Lee 1895, 1885 (401)
    J. C. 1896 (454)
    James Walker, son of Dr. Jno. B. & Sally,
        bapt May 26, 1850 (438)
    Jane 1823 (402)
    Jane Barnett, dau of Dr. J. B. & Sallie, b.
        Nov 13, 1862 (438)
    Jennie 1880 (492)
    Jinnie 1878 (492)
    Dr. John B. (of Nashville) buried Sep 29,
        1887 (438)
    Dr. Jno. B. 1847 (438)
    John Landis 1899 (478)
    John Webb m. Ellen Marshall McClung Jan 26,
        1897 (356)
    Lela, dau of P. H. & Mollie T., b. Apr 7,
        1880 (503)
    Lewis L., moved to Charlotte NC Dec 8, 1896
        (423)
    Lewis L. 1893 (423)
    Lidd d. 1891? (348)
    Lydia 1823 (402)
    M. A. 1876 (492)
    Margie B. 1883 (492)
    Maria Polk, dau of John B. & Sallie, b. 1856
        (438)
    Mary 1898 (401)

GREEN, Mary, servt. of W. C. Whitthorne, buried
    Oct 30, 1861 (438)
  Mary 1811 (511)
  Mary 1877 (401)
  Mary (Patel) 1876 (401)
  Mattie (see E. P. Randle) (406)
  Morgan (see E. P. Randle) (406)
  N. 1826 (421)
  Nancy E. 1894 (348)
  Neadham 1853 (421)
  Needham 1824 (421)
  P. H. m. Mollie Taylor Feb 5, 1874 (503)
  Prissilla 1882 (492)
  R. A. 1870-1885 (492)
  Ramsey, son of P. H. & Mollie, b. Jun 21,
    1875 (503)
  Rebeca 1858, 1872 (408)
  Richard jr. 1823 (402)
  Richard G. 1826 (450)
  Richard sr. 1823 (402)
  Salley J. 1870 (492)
  Sallie E. 1870 (492)
  Sallie Naomi, dau of Dr. J. B. & Sallie, b.
    Apr 12, 1859 (438)
  Mrs. Sally 1847 (438)
  Stephen 1811 (511)
  Miss Susie 1896 (454)
  Susanah 1823 (402)
  Mrs. Tennessee 1879 (504-2)
  Tho. P. 1815 (386)
  Mrs. W. T. 1888, d. Mar 5, 1909 (454)
  William 1811 (511)
  Mr. & Mrs. Wm., parents of Jennie Bess (7
    yrs), Kitty (5 yrs), Anne ____ (4 yrs),
    Marie Marguerite (2 yrs), Rosa Walker
    (9 mos), all bapt Jan 24, 1900 (438)
  Mrs. William 1876 (401)
GREENE, Aveline 1858 (408)
  Coray Everett b. 3 Apr 1864 (503)
  Flora B. 1889 (455)
  Mary 1811 (511)
  N. W. 1889 (455)
  W. C. 1889 (455)
GREENER, Martha 1896, d. Feb 26, 1897 (411)
GREENFIELD, G. T. 1838?, 2 children, 3 adults,
  came from MD (437)
  James Sanford, son of Dr. G. T. & Kena? W.
    P., b. Sep 17, 1831 (437)
  Mrs. Jane buried Jan 22, 1874 (438)
  Jane H. Y. 1839 (437)
  T. G. T. d. Nov 13, 1895 (438)
GREENLAW, W. E. 1873 (448)
  William ca. 1880 (448)
GREENLESS, Jno. D. (see Mamie Hoadley) (454)
GREENWAY, John M. 1861 (423)
  John M. 1868 (423)
GREENWOOD, Charles d. 1908 (423)
  Miss Mary E. 1893, d. May 3, 1894 (401)
GREER, J. N. 1883, 1894 (339)

GREER, Lena 1891, 1894 (339)
  Mary M., age 14, 1893 (438)
  Mollie 1883, 1894 (339)
  Sarah 1884, 1894 (339)
  W. E. 1884 (339)
  Capt. _____ USA, Mary M., Elsie, no dates--
    family listing (438)
GREGGS, Napoleon Paine (colored), son of James &
  Cordelia (Rankin), b. Nov 17, 1877 at
  Columbia (438)
GREGORY, Alva 1893 (409)
  Ed. Cooper 1893 (478)
  Edward 1893 (409)
  John 1858 (408)
  Laura 1894 (409)
  Lettie Elis 1889 (478)
  Lizzie 1894 (409)
  Mallie? 1894 (409)
  Mrs. Mollie d. Feb 12, 1902 (409)
  Neuton Tillman 1889 (478)
  T. W. 1882, moved to Austin Tx Jan 14, 1885
    (401)
GRENADE, Annie 1898, m. Kirby Wyley (409)
  Kate (see Kate McCall) (409)
GRESIM, Sarah 1811 (511)
GREY, Robert Eugene (a baby) buried Dec 20, 1909
  (440)
  S. P. & Mary M. parents of Cecil Dobbins
    bapt 1886 (478)
GREYBEAL, Hariet 1871 (435)
GRICE, E. T. d. Jan 28, 1880 (465)
  Elizabeth d. Apr 16, 1876 (465)
  James d. Apr 16, 1873 (465)
  Nancy d. Jul 11? 1876 (465)
  Nancy d. Aug 1880 (465)
  Sarah adult bapt 1873 (401)
  E. __ d. Jan 28, 1880 (465)
GRIDER, Georgia D. 1896 (438)
  Georgia Doublass, dau of Wm. Henry & Sue
    (McGavock) b. Aug 2, 1881 (438)
  Josephine Louise, dau of Wm. Henry & Sue
    (McGavock) b. Mar 18, 1886 (438)
GRIEB, Mrs.? D. Y. d. Aug 4, 1869, age 25 (503)
GRIER, John 1861 (408)
GRIFFAN, Cortney 1850 (402)
  Hazel Virginia, dau of Mach & Jennie, b. Oct
    25, 1895 in South Columbia (438)
GRIFFEN, Lena 1888 (288)
GRIFFERO, Mo A. 1875 (409)
GRIFFETH, James O'Reilly m. Eleanor Maude Cox Aug
  23, 1898 (438)
  Mrs. d. Aug 1898 (438)
GRIFFIN, Mrs. Bessie Keith 1889 (Mrs. Geo. D.
  Taylor) (423)
  Mrs. Bessie Keith m. George E. Taylor Sep 3,
    1896 (423)
  Bertha m. L. N. Voigt 1862 (356)
  Chas. (see Bessie Keith) (423)
  D. A. (f) 1887 (339)

GRIFFIN, E. W. 1884, 1887 (339)
    George 1884 (339)
    Ider 1884, 1886 (339)
    James Wilkes, son of J. J. & Maria Susan,
        b. Feb 20, 1893 (438)
    John H. 1896 (415)
    Lee 1881, 1892 (339)
    Lena 1891 (288)
    Mack 1899 (440)
    Malissa C. 1872 (339)
    Maria d. Oct 23, 1894, age 24 (440)
    Marriah (Johnson) 1890 (440)
    Mary A. 1867 (409)
    Mrs. Mary Jane of Owl Hollow in Franklin Co.,
        d. Jun 1, 1887, age 57 (461)
    Otis Lee, son of Mack & Jennie, b. May 18,
        1899 (440)
    Roda d. Nov 30, 1896 (438)
    Rody Neely d. 1895 (440)
    Ruth May, dau of Jennie & Mack, b. Aug 3,
        1897 (440)
    Wm. Edgar, son of J. J. & Maria Susan, b.
        May 26, 1891 (440)
    Mrs. d. 1898 (440)
GRIFFIS, Cortney (f?) 1823 (402)
    Eliza J. 1876 (389)
    Mrs. Fud? 1895 (423)
    Jane d. Apr 26, 1876 (465)
    M. E. 1889 (455)
    Mrs. Mary L. 1896 (454)
GRIGGS, Annie Lou Adelaide b. Mar 25, 1884, child
        of Merritt & Margaret (356)
    Claud Francis b. Nov 26, 1882 (son of
        Merritt & Margaret) (356)
    Cornelius b. Nov 6, 1890, son of Merrit &
        Margaret (356)
    Ernest d. Jan 17, 1898, age 4 mos (356)
    Helen Edward b. Aug 2, 1895, dau of Merritt
        & Margaret (356)
    James d. Jan 2, 1895, age 2 (356)
    Shady Arthurbornon b. Sep 6, 1886, son of
        Merritt & Margaret (356)
GRIGSBEY, Mary Ellen, orphan aged 5 yrs, bapt 1898
        (356)
    Thomas Calvin, orphan aged 10 yrs, bapt 1898
        (356)
GRIGSBY, Benjamin 1845 (448)
    Booker P. ca. 1855 (448)
    Charles W. ca. 1870 (448)
    Emma Dyre? m. Nathaniel Pendleton Catlett
        Aug 15, 1899 (438)
    Etchison 1849, d. in the army (448)
    Henry M. 1865 (448)
    J.? C. d. Sep 5, 1879 (448)
    James T. 1873, deacon 1874 (487)
    John 1871 (448)
    Lizzie (Rainey) ca. 1870 (448)
    Mary 1870 (448)
    Mary D. 1865 (448)

GRIGSBY, Mary F. ca. 1860 (448)
    Mary F. ca. 1850, married & moved away 1875
        (448)
    Matilda ca. 1880 (448)
    Mrs. Nettie mother of Willie Bell b. Jun 31,
        1897 and Maud May b. Sep 23, 1899 (356)
    Robie Lee 1873, d. Sep 14, 1879 (448)
    Sallie S. 1865 (448)
    Samuel 1858, d. Oct 5, 1879 (448)
    Mrs. Wm. 1858 (448)
    William 1858 (448)
GRIM, Sarah 1832 (504)
GRIMES, Elizabeth (col'd) m. Jackson Pope 1867
        (356)
    Francis 1872 (408)
GRISHAM, J. A. 1856 (448)
    Mary 1856 (462)
    Peter H. 1866 (423)
    Thomas 1856 (462)
GRISSIN, Soulie (Canfield) 1888 (440)
GRISSOM, Evalina? 1893 (455)
    Frank 1894 (440)
    Frank m. Lula Canfield Aug 2, 1891 (440)
    Frank m. Lula Campfield Aug 2, 1891 (438)
    Wm. Herman, son of Frank & Lou, b. Jul 13,
        1894 (440)
    William Hermon, son of Frank & Lou, b. Jul
        13, 1894 (438)
GRISTE, Aileen W. m. Howard P. Jack Oct 27, 1898
        (503)
    Bryan Grimes d. Oct 11, 1893, age 18 (503)
    Freddie m. Gilbert H. Sneed Jun 6, 1895 (503)
GRISWOLD, Henry 1892 (461)
GRIZZARD, Sarah Elizabeth (see Sarah Elizabeth
        Witherby) (461)
GRONER, Mrs. Alice 1889 (423)
    Jesse Mary 1895 (423)
    Miss Jessie May 1895 (Mrs. Clements) (423)
    Miss Nellie T. 1895 (Mrs. Dawson) (423)
    Nellie Therissa 1895 (423)
GROSS, Miss Emma 1883 (now Mrs. Emma Smith) (455)
    John 1886 (455)
GROVER, Rev. A. E. 1877-1879 (gone to WV) (478)
    Dwight Witherspoon, son of Alfred E., bapt
        1879 (478)
    Miss Fanny 1847 (438)
GROVES, Dr. J. B. & T. parents of Fanny, Sarah
        Eliza, Mary Turney, John Smiser &
        Ellen bapt 1840 (438)
    Jacob R. m. Susan P. Roche Oct 15, 1856 (438)
    Jacob Roscoe, son of Jno. B. & Sally, bapt
        as an adult on Feb 7, 1850 (438)
    Mary 1847 (438)
    Mrs. Sally 1847 (438)
    Sarah 1847 (438)
GRUBB, Earnest member Sun schl 1870 (369)
    K. W. (m) 1887 (435)
GRUBBS, Edward 1853, d. in 1862 or 63 (467)
GRUNDY, Jane Eliza 1827 (502)

GUDE, Hatten Alberta 1893 (438)
GUDIG, Jeremiah jr. 1857, d. Jan 9, 1861 (423)
GUELL, Elizabeth 1829 (389)
GUERNSEY, Henry Joseph, son of Arnold D. & E. L.
    b. Aug 4, 1875 (503)
GUILL, Elizabeth 1829 (389)
GUILLAM, Mary d. Feb 8, 1903, age 63 (350)
GUILLE, Mrs. d. 1904 (393)
GULLY, Mary d. Sep 20, 1868 (396)
    Nancy d. Oct 1, 1868 (396)
    Wm. 1868 (396)
GUPTON, S. M. 1888 (371)
GUTERY, B. F. 1898 (462)
    E. (f) 1898 (462)
    W. J. 1898 (462)
GUTHREE, George N. 1865 (467)
GUTHRIE, G. H. 1873 (421)
    J. H. 1852 (425)
    Mary 1894, d. Jan 15, 1895 (425)
GUY, Gethey 1885 (428)
    H. J. 1885 (428)
GUYAZ, David d. Feb 5, 1893, age 62 (356)
GWILLIM, Mr. W. R. 1891 (455)
GWIN, Bettie 1896 (409)
    Clarence Brannock 1875 (409)
    George Wilson b. Jul 6, 1892 (356)
    Gladdys 1890 (409)
    Margret W. d. Oct 1872 (409)
GWINELL, Charles R. d. Jan 20, 1897, age 58 (503)
GWINN, Gertrude Mabel b. Feb 16, 1890 (356)
GWYN, Clarance B. 1870 (409)
GWYNN, Charles R. 1894 (454)
GWYNNE, Napoleon m. Margaret Carter Aug 4, 1859
    (356)
HABICH, Frederika E. m. George W. H. Derickson
    Oct 18, 1881 (503)
HABISH, Fredrica Augusta Elizabeth, dau of Julius
    Martin & Mary Louisa, b. Dec 10, 1862
    (503)
HACKER, Mary A. 1868 (423)
HADDOCK, Amanda d. Dec 4, 1900 (421)
HADEN, Jane 1839 (389)
HAEFER, Edna E. 1891 (401)
    Irene 1891 (401)
    Mary J. 1891 (401)
HAFFORD, Lela 1885 (409)
HAGEMAN, Prof. S. A. 1869, 1870 to Greenville KY
    (401)
    Mrs. Sue M. 1869, 1870 to Greenville KY (401)
HAGER, Isabel, dau of William & Mary Carson, b.
    12 May 1857 (503)
    J. W. d. 1888 (415)
    John ordained Dec 11, 1887, d. Jan 1889 (415)
    John W. 1887, d. Jan 1889 (415)
    Mrs. Sarah E. 1888, d. 1892 (415)
HAGGARD, Mrs. A. M. 1896 (454)
HAGEY, J. M. 1890 (455)
HAGOOD, Ellen M. m. Thomas Richardson Dec 25, 1869
    (503)

HAGUE, Frances Ellen (see Frances Ellen Oats) (423)
HAHN, Regina, dau of Wm. Chas. & Clyde, b. 20 May
    1887 (503)
HAIL, Nancy jr. & sr. 1872 (396)
    Pricella 1823 (504)
    Thomas 1872 (396)
    Wm. d. 1868 (Jul 4) (396)
    Wm. d. Jul 4, 1867 (396)
HAILY, R. T. 1858 (448)
HAIRE, James A. m. Ann Bowen 1856 (356)
HAIRSON, Dean 1896 (371)
    Jim 1897 (371)
HALBERT, Stephen 1829 (450)
HALBROOK, Catherine 1874 (361)
HALBROOKS, Wm. 1874 (361)
HALE, Charlotte M. 1851 (466)
    James 1845 (421)
    Jane 1832 (466)
    John 1874 (423)
    Mrs. Margaret L. mother of Catharine Moreau
        bapt 1862 (466)
    Minnie 1890 (407)
    Minnie (see Minnie Williams) (407)
    Saml. & Matilda parents of inf bapt 1842 (466)
    Samuel 1832, 1851 (466)
    Samuel & Matilda parents of Amanda Elizabeth
        bapt 1838 (466)
    Thos. 1868 (369)
HALEY, Irene member 1897 (m. Shipp) (454)
    James A. m. Temperance A. Miller 1862 (356)
    Jane d. 10-1903 (339)
    John B. 1872, d. 8-6-82 (339)
    Wm. m. Ella Kernell? Mar 5, 1891 (455)
    Wm. B. d. 1883, age 19 (356)
HALFACRE, Mr. D. J. 1891 (429)
HALFAKER, Jefferson 1872, d. 1-26-88 (339)
    Susan A. d. 1-21-85 (339)
HALFULA, Nancy 1832 (462)
HALING?, Anna Bell 1893 (409)
HALL, A. M. (m) 1896 (411)
    A. A. (f) 1896 (411)
    Andrew 1827 (502)
    Annie (see Annie Beach) (423)
    Mrs. Bettie 1881 (423)
    Catherin 1871, d. Oct 13, 1884 (492)
    Charles Henry, son of Benjamin & Ann H., b.
        Nov 15, 1852 (356)
    Charles N. bapt 1890 (454)
    Charlotte M. 1832 (466)
    Christiana member 1870, d. Jul 13, 1882 (492)
    E. M. 1870 (492)
    Elizabeth 1831 (502)
    Eugenia A. 1881 (492)
    G. N. 1870 (492)
    George H. 1870 (492)
    Hase D. 1892, moved to Nashville Mar 24, 1895
        (423)
    Henry D. & wife Nanny T. bapt 1870 (503)
    J. N. preacher 1883 (421)

HALL, James 1853, d. 1857 (467)
    John 1859, 1869 (389)
    Jno. W. pastor 1826-1829 (502)
    Jos. elder 1870-1890 (492)
    Joseph 1871, d. Feb 24, 1871 (478)
    J_____, child of Worthy Frances & John Harry, b. Jan 18, 1853 (503)
    Lea & Margaret Blanche parents of Bessie Lawrence b. Dec 17, 1884; Henry William b. Oct 19, 1887; and Margaret Louise b. Dec 6, 1890 (356)
    Lois Anna d. Jan 25, 1854 (504)
    Louis S. 1892 (423)
    Maggie (see Maggie Atkins) (455)
    Mrs. Maggie (clk Loveman's) (b. IN) m. Theodore V. Atkins (head clerk for THH?) (b. NY) Nov 25, 1890 (455)
    M. J. C. d. Oct 13, 1886 (492)
    Mrs. M. L., wife of T. P., 1875 (487)
    Mrs. Mand W. (wife of Louis) 1892 (423)
    Martha 1831 (502)
    Martha jr. 1876 (389)
    Martha sr. 1876 (389)
    Martha sr. d. Aug 1884 (389)
    Martha 1860, d. 1871 (423)
    Martha 1859 (389)
    Martha Louise, dau of Louis & Maud W., bapt Jun 9, 1895 (423)
    Marthy Frances, dau of Summers & Hanna Pettingill, b. Oct 9, 1825, bapt 1854 (503)
    Mary B. 1870-1881 (492)
    Mary E., age 91, buried Mar 9, 1898 (400)
    Mary Ellen m. Thomas Milton Hampton Feb 17, 1895 (444)
    Miss Mary Porter 1875 (487)
    Mathew 1817 (386)
    Mrs. Mattie C., wife of Hase, 1892, moved to Nashville Mar 24, 1895 (423)
    Mattie W. 1867 (left for Jackson TN Sep 1, 1869) (423)
    Maud Mather d. Nov 19, 1904, age 46 (350)
    P. A. 1876 (389)
    Mrs. Rilla F. 1887 (415)
    Sarah 1860, 1865 (467)
    Sarah A. B. (see Sarah A. B. McCampbell) 1832 (423)
    T. P. 1875 (487)
    Thomas & wife 1868 (478)
    Thos. J. pastor 1814 (502)
    Thos. P. & Margaret L. parents of James Alexander bapt 1870 (478)
    Thos. P. & Mary L. parents of James Alexander bapt 1871 (478)
    W.? A. 1870 (492)
    William R. m. Eveline Woodward 5 Jan 1887 (503)
HALLMAN, E. H. 1860 (402)
    E. H. (m) 1887 (402)

HALMER, Guy? b. Sep 17, 1883, child of J. C. & M. (356)
    Mrs. M. d. Oct 17, 1904 (356)
    Maud adult bapt 1892 (356)
HALSEY, Mrs. Jennie member 1875, removed to Dallas, Texas (400)
    Jenny H. m. Frank E. Rick FEb 2, 1886 (400)
HAM, C. C. 1883 (454)
    Georg D. 1872 (396)
    Lillie member 1883 (m. McKinley) (454)
    Virginia 1883 (454)
HAMBAUGH, Mrs. Cephalia 1896, d. May 11, 1899 (400)
    P. C., Cephalia, Dellah Burgess--family listings 1875-1902 (400)
    P. C. m. Cephalia Burgess (400)
HAMBOUGH, Mrs. Cephalia, age 55, d. May 11, 1899 (400)
HAMED, Mrs. P. L. (see Myra G. McKay) (401)
HAMELTON, Thomas (Col) 1872 (396)
HAMERSLY, Mrs. M. 1887, 1888 to Lynchburg VA (401)
    W. L. 1887, 1888 to Lynchburgh VA (401)
HAMIL, Emma Eglantine, dau of James & Hannah E., b. 30 Mar 1877 (503)
    Hannah Eliza, dau of Joshua N. & Hannah, b. 21 Nov 1844 (503)
    James Joshua, son of James & Hanna, b. 16 Nov 1873 (503)
    Juanita Angeline, dau of James & Hannah E. b. 31 Mar 1875 (503)
HAMILTON, Cartier 1885 (428)
    Ethel 1884 (409)
    Fannie Washington 1891 (438)
    Hanor 1872 (408)
    Helen, dau of Robt. D. & Mary, bapt 1873 (503)
    J. H. jr. 1899 (339)
    (Hambleton), J. H. (m) 1885, d. 12-9-91 (339)
    J. Pearce (f) 1891, 1896 (339)
    James m. Mary J. Whelan 1866 (356)
    James Linton, son of Newton W. Hamilton & Lily, b. Jan 24, 1899 (461)
    (Hambleton), Joseph P. 1885, 1896, d. Dec 17, 1897 (339)
    Josephine C. d. Apr 28, 1881 (455)
    Lenora E. 1871 (409)
    Leora E. 1875 (409)
    M. L. (f) 1885, 1897 (339)
    Mary m. John Henry Ilsley 24 Aug 1889 (503)
    Martha A. 1875 (409)
    Martha L. 1875 (409)
    Mrs. Mary Helen m. Frank Forrest Morrill Jan 23, 1884 (503)
    Mary Susan 1875 (409)
    Mattie Elizabeth 1875 (409)
    R. B. d. Sep 24, 1904 (409)
    Robert B. 1869, 1875, 1881 (409)
    Dr. Robert D. d. Jan 21, 1875, age 41 (503)
    Robert Delancy, son of late Dr. R. D. & Mary H., b. May 24, 1875 (503)
    Robt. S. 1871 (409)

HAMILTON, Sarah d. May 28, 1868, age 67 (356)
    Prof. T. E. 1887 (455)
    T. S. 1880 (409)
    Thomas S. 1875 (409)
    William W. 1871 (409)
HAMLIN, Leonidas M. m. Ida Grigsby Mikelson Nov 14, 1876 (438)
    Miss Mary B. 1873 (478)
    Mrs. Mary E. (James) d. Mar 29, 1897 (400)
HAMLITT, James m. Mary E. Bates Jan 22, 1891 (400)
HAMMACK, Ephraim 1833, 1844 (450)
    Isaac 1857 (450)
    Isac 1866 (450)
    Jane 1834 (450)
HAMMARS, Elizabeth 1839 (466)
    Felix 1843 (466)
HAMMEL, Katie m. George Weeks Mar 25, 1867 (503)
HAMMER, Eddie Benjamin, son of James Thurman & Laura Alaphare, b. Jan 12, 1884 in Lincoln Co. TN (461)
    Fredrick Lawson, son of James Thurman & Laura Alaphare, b. Dec 21, 1887 in Lincoln Co. TN (461)
    Flossie Dora, dau of James Thurman & Laura Alaphare, b. Feb 15, 1886 in Lincoln Co. TN (461)
    Jimmie Alaphare, son of James Thurman & Laura Alaphare, b. Apr 17, 1892? in Lincoln Co. TN (461)
    John Thomas, son of James Thurman & Laura Alaphare, b. Apr 9, 1896 in Moore Co, TN (461)
    John Thomas d. Sep 24, 1897, at age 1 yr 5? mos (461)
    Nancy Luana, dau of James Thurman & Laura Alaphare, b. Nov 10, 1889 in Lincoln Co, TN (461)
    Virginia Adelaide, dau of James Thurman & Laura Alaphare b. Apr 4, 1894 in Madison Co. AL (461)
HAMMOCK, Ephraim 1830 (450)
    J. N. 1869, 1880 (504)
    Mary 1869 (504)
    Mrs. Mary 1880 (504)
    Wm. & Susan 1875 (450)
HAMMON, Miss Julia Gertrude 1889, dau of H. Clay Hammond (478)
HAMMOND, Harry C. 1885 (478)
    Martha A. (Mrs.) 1891, d. M 1908 (454)
HAMMONS, Ursley 1886 (462)
    Ursley 1830 (462)
    William 1883, 1897 (339)
HAMNER, George Washington m. Virginia Alice Hammer Oct 5, 1858 (438)
    Loula M. m. Rev. C. F. Collins Feb 11, 1857 (438)
HAMPTON, Benjamin 1838 (504)
    Catharine 1869? (444)
    Frances ca. 1870 (444)

HAMPTON, Frances E. ca. 1870 (444)
    Franses E. 1891 (444)
    J. R. 1891 (444)
    Margaret 1819? (left for Maryville) (423)
    Orgia?, child of J. F. & Lou, bapt 1890 (507)
    Thomas Milton b. Feb 17, 1867, m. Mary Ellen Hall Feb 17, 1895 (444)
    Wiley Newton 1891 1887 (401)
    William d. Dec 25, 1882, age 38 (503)
HANCOCK, Annie 1894 (467)
    E. D. 1884 (502)
    Elizabeth 1829 (389)
    J. C. 1874 (497)
    James & Lucy DeLancey, parents of Catherine Douglas b. Jan 23, 1894 and Wortie Marshall (f) b. Nov 17, 1896 (503)
    James D. m. DeLancy Appling 21 Oct 1890 (503)
    Jennet Austine, child of Jas. D. & DeLancy, b. Nov 9, 1892 (503)
    John Gabriel 1891 (502)
    Mrs. M. A. 1870 (478)
    Mary E. d. Aug 13, 1870 (503)
    Mary Isabel, dau of James D. & Delaney, b. 3 Aug 1890 (503)
    Mattie, dau of Neil & Jennie, bapt May 3, 1892 (438)
HAND, George W. d. Dec 1, 1891, age 76 (356)
HANDLEY, Mrs. J. L. d. Aug 15, 1913 (454)
HANDSER, John & wife 1874 (450)
HANE, Ann d. ca. 1871, age 75 (356)
HANES, Bertha Louisa, dau of J. G.? & Amelia?, b. May 26, 1881 (356)
    Carlisle 1845 (450)
HANESBOROUGH, Peyton 1870 (504)
HANEY, Miss Eliza d. Jul 20, 1899, age 41 (356)
HANKINSON, Agnes L. 1895 (454)
    Frank E. 1893 (454)
HANNA, James d. Mar 6, 1855, age 44 yr 7 mo 9 da (503)
    Josephine Bell, child of James & Jane, b. May 14, 1854 (503)
    Margaret P. 1854, d. Apr 17, 1859 (423)
HANNINGS, David b. May 4, 1816, d. Jan 22, 1894 (461)
    Garrett b. Jan 24, 1821, d. Aug 3, 1892 (461)
HANSARD, A. B. 1866 (450)
    Alfred ca. 1894 (450)
    B. 1869 (450)
    Burton 1869, 1875 (450)
    Nancy 1869 (450)
HANSBROUGH, Peyton 1880 (504)
HANSEL, Jane 1872 (361)
    John 1872 (361)
HANSERE, A. B. 1877 (450)
HANSON, Fletcher F. m. Mary A. Webster Feb 18, 1890 (438)
    John D. 1896 (478)
    Mrs. Mollie, wife of John, 1887 (478)
HAPTEN, Irvin R. 1876 (444)

HARADSON, Mary 1846 (450)
HARBIN, N. M. 1891 (454)
HARDAWAY, Allice 1892 (339)
HARDCASTLE, Mrs. Sallie R., wife of Yeatman, 1875 (487)
 ally Kendrick, dau of Y. & Sallie K., bapt 1875 (487)
HARDEN, Mary d. Mar 13, 1892 (465)
HARDIN, Miss Alice 1849 (m. J. B. Hanley & moved to NC Dec 1858) (438)
 Alice Margaret m. Isaac Bennett Hawley Dec 27, 1858 (438)
 Ailcy 1849 (435)
 Chas. E. d. 1883, age 30 (356)
 Mrs. James O. buried Apr 22, 1880 (438)
 John Campbell, son of Thomas H. & Mary C., b. Oct 29, 1853 (438)
 John G. 1851 (435)
 Joseph 1849 (435)
 Josephine (Thompson) 1892 (461)
 Mary Zebulon, wife of Wm. L. 1864 (438)
 Polly Caroline 1849 (435)
 R. W. 1849 (435)
 Robert 1874 (435)
 Mr. & Mrs. W. H. 1849 (438)
 Walter Lanniston b. Aug 24, 1898 (son of Walter Lannitson & Libbie Troy) (356)
 Wm. Laureston m. Mary Zebulon Hassel Oct 19, 1864 (438)
HARDING, Alice 1871 (480)
 Alsey 1873 (435)
 Mrs. Ann, Miss _____, Miss Ellen, Miss Alice, Geo. N. Eakin--family listing Jan 1867 (480)
 Mrs. Ann 1871 (480)
 Ann E. 1855 (478)
 Ella 1871 (480)
 Mary J. 1855 (478)
 Mrs. Maud 1874, 1900 (401)
HARDIWAY, P. N. (m) 1874, 1877 (339)
HARDWICK, Emma b. Dec 8, 1873, dau of Henry & Emma (400)
HARDY, Richard 1810 (511)
HARE, James 1828 (left for AL) (423)
 Margaret 1890, d. May 18, 1902 (454)
 Samuel Bennett, son of James & Elizabeth, bapt Feb 10, 1832 (423)
 William Anderson, son of James & Elizabeth, bapt Sep 26, 1833 (423)
HARGROVE, Nancey 1838 (361)
 Wylie member 1838 (361)
HARINGTON, Higdon 1811 (511)
 Luraney 1811 (511)
HARIS, Many 1873 (448)
HARISON, Amanda ca. 1870 (448)
 Calvin 1894 (348)
 Mollie 1871 (448)
 Wm. 1872 (448)
HARKINS, Mrs. Martha 1885 (454)

HARKINS, William W. 1885 (454)
HARLAN, Allen Dorsett, son of George Henry & Mary Elizabeth, b. Jan 20, 1895 at Williamsport (437)
 B. J., M.D. buried May 26, 1889 (438)
 Benjamin Joseph, son of Mr & Mrs S. P. b. Aug 9, 1893 at Harlan Place (438)
 Lucius Polk, son of Mr & Mrs S. P., b. Jun 24, 1895 at Harlan Place (438)
 Scott P. m. Rebecca Polk Feb 4, 1890 (438)
HARLEY, Delay Fletcher d. Jan 1899, age 45 (503)
HARLIN, James 1830 (462)
 James 1832 (462)
 Sally 1858 (462)
HARMON, Jesse orphan bapt 1890 (5 yrs old) (356)
 Kittie C. ca. 1865 (448)
 Winifred Zelpha 1891 (455)
HARNED, Mary Lee, dau of P. L. & Myra, bapt Jul 24 1897 (401)
HARNESS, Martha d. Feb 15, 1882 (421)
HARPER, Anna J. 1888 (429)
 B.? H. 1877 (429)
 Charlann 1878 (288)
 Dora 1896 (429)
 Edward adult bapt 1894 (356)
 Elizabeth m. Jesse Cleveland Dec 20, 1893 (see his entry) (461)
 Mrs. Ella 1878 (429)
 Isaac 1885 (429)
 Mr. J. T. 1870 (429)
 Jennie 1889 (429)
 Miss Josie (Waters) 1891 (429)
 Miss Lila Glenn 1885 (429)
 Mrs. Malvina E. 1874 (429)
 Milton 1874 (429)
 Milton m. Ella Glenn Feb 26, 1880 (429)
 Sallie F. (see Sallie F. Mangrum) (429)
HARRALL, Josiah 1832 (left for AR) (423)
HARRELSON, Sarah W. C. 1860 (497)
HARRIGAN, Kathleen Bristow, dau of Andrew & Mattie bapt Sep 12, 1880 (438)
HARRINGTON, Elizibeth 1811 (511)
HARRIS, Adelaide dau of Adlai O. & Frances A., inf bapt 1836 (438)
 Ader Medora 1875 (409)
 Albert G. 1884 (409)
 Bethsheba 1811 (511)
 C. Hudson 1888, moved to Danville VA Nov 27, 1889 (423)
 Clarrissa V., dau of J. B. & Carrie, b. Feb 6, 1892 (455)
 Charles P. 1881, 1885 to Evansville IN (401)
 Edward 1821 (386)
 Elizabeth 1850 (402)
 Elizabeth 1825 (421)
 Elizabeth 1811 (511)
 Elizabeth 1823 (402)
 Miss Eugenia Elizabeth 1847 (438)
 G. 1845 (386)

HARRIS, Garard, son of Capt. Jas. W. & Mrs.
    Gertrude Garard b. 14 May 1874 (503)
  George W. d. Dec 8, 1869, age 48 (503)
  Gideon 1821, 1840 (386)
  Harrison 1811 (511)
  Helen Glenn dau of Capt. Jas. W. & Mrs.
    Gertrude Garard, b. 5 Aug 1881 (503)
  Isabel Urquhart, dau of Capt. Jas. W. &
    Mrs. Gertrude Garard, b. 29 May 1878
    (503)
  J. R. 1891 (497)
  J. W. d. 1/28/1912 (454)
  James W. & Gertrude G. parents of Eva
    Castleman b. Mar 5, 1886 and David
    Urquhart, b. Nov 9, 1887 (503)
  Mr. & wife Jane 1804 (511)
  Jennie Ellen (Beall) 1892 (461)
  John 1823 (402)
  John 1875 (487)
  John William 1875 (409)
  L. 1853 (428)
  Mrs. L. P. d. Apr 19, 1902 in Indian territory (409)
  L. Dora 1898, d. Feb 1913 (411)
  L. Pernecia 1875 (409)
  Mary (see Mary Crouch) (423)
  Mary E. m. John D. Lester May 24, 1870 (401)
  Miss Nellie 1891 (455)
  Porcia A. 1875 (409)
  Ranceleor A. 1857 (423)
  Samuel 1811 (511)
  Solomon 1821 (386)
  Texas d. Jun 4, 1889 (465)
  W. E. d. 8/1906 (454)
  W. H. d. Jul 28, 1910 (454)
  William T. bapt 1888 (400)
  Wm. Warner inf son of Adlai O. & Mary, d.
    Mar 14, 1839 (438)
  Williamson 1825 (421)
  Willoughby M. 1857 (423)
HARRISON, A. B. 1877, d. Jun 11, 1877 (401)
  Addie M. 1858 (478)
  Anna M. (see Anna M. Heiskell) (423)
  Annie 1898 (348)
  Arthur Elwin, son of G. E. & S. R., b. May 2,
    1886 (455)
  Mrs. Betsy 1827 (478)
  Blanche member 1875, m. Isaac A. Chase 8 Feb
    1876 (400)
  Mrs. Carrie 1885 (429)
  Mrs. Catherine ca. 1837, moved to Memphis
    Apr 15, 1885 (sister never reached
    destination & she has returned to us)
    1892 to 1st Ch, Nashville (401)
  Crock 1870 (507)
  D. A. 1878 (401)
  D. W. & A. M. parents of Addie bapt 1868
    (dismissed to Greenville TX) (478)
  Delaney 1828 (389)

HARRISON, Duke jr. 1879, 1890 to Greenville TX (478)
  Duke W. 1850 (478)
  Duke W. & Adie M. parents of Bessie & John
    Burton, infants bapt 1872 (to Greenville TX) (478)
  Miss Elizabeth 1849 (438)
  Miss Elizth. 1847 (438)
  Erwin W. 1871 (478)
  George M. m. Frank Price Apr 30, 1894 (503)
  Herbert Hooker b. Jan 28, 1893, son of Abner
    P. & Marian (356)
  Idah H. 1836 (478)
  J. E. 1884 (448)
  Rev. J. H. 1888 (406)
  J. H. 1892 (406)
  Mary 1898 (348)
  Mary Blance m. Isaac A. Chase (of Memphis)
    Feb 8, 1876 (400)
  Miss Narcissa 1874, 1883 to Weatherford TX
    (478)
  Narcissa 1842 (478)
  Robt. P. 1842 (478)
  Sallie (see Mrs. Sallie Powell) (502)
  Sarah 1872 (462)
  Mrs. Sophia 1884 (502)
  Sophia Deschiel, dau of Wm. T. & Elizabeth
    Harrison Buckner, bapt 1894 (502)
  William P. m. Anna M. Travers Dec 4, 1889
    (503)
HARRY, Betty 1891 (339)
HART, Ella 1889 (409)
  Emma 1892 (409)
  James bapt 1844, b. 19 Dec 1812 (356)
  Kate Cravens m. John Edgar Meadowcraft Feb
    14, 1861 (438)
  Susan Gill bapt 1844, b. 1832 (350)
  Wm. d. ca. 1903 (393)
  Mrs. (see William A. Quarles) (400)
HARTFORD, Martha Dudley, dau of Richard F. & Ellen
    A., b. Jul 10, 1879 (503)
HARTLEY, James 1860 (435)
  Naomi Jane 1865 (435)
  Roxana 1860 (435)
HARTMAN, Grace Caroline, dau of A. & Laura, bapt
    1883 (502)
  Wm. 1887 (415)
HARTON, Annie May, dau of James Edward & Susan Ann,
    b. Nov 10, 1879 at Tullahoma (461)
  Blanche Morgan, dau of James Edward & Susan
    Ann, b. Aug 27, 1883 at Dyersburg TN
    (461)
HARTSING, Henry 1879 (487)
HARTT, Elizabeth m. Chas. Aurin 1867 (356)
HARTUNG, Henry deacon 1887 (487)
HARTWELL, Lorenzo D. 1838 (389)
HARVES, John Albert 1860 (423)
HARVEY, Alexandey m. Ella Mayes Whitthorn Jun 7,
    1882 (438)
  Berry 1821 (419)

HARVEY, Gladys Bertha, dau of Leonidas Polk & Alice
    Noel, b. May 7, 1895 at Tullahoma (461)
  Jane Whitthorn, dau of Alex. & Ella Mayes,
    bapt Jul 2, 1883 (438)
  Mrs. Ida Locke d. 1899 (423)
HARVIE, Mrs. Marie 1897 (401)
  Roy Longueville (401)
  Tho. L. 1880 (401)
  Thos. L. d. Jan 14, 1913 (401)
HARVILLE, James & Lillie parents of Stella Pearl,
    b. Mar 7, 1892 and Robert Lee b. Dec
    22, 1893 (356)
HARVY, James 1821 (419)
  Rachel 1821 (419)
  Rosan 1821 (419)
  Sarah 1821 (419)
  Susan 1821 (419)
HARY, James 1860 (419)
HASKETT, Geo. A. 1895 (423)
HASKIN, Mary m. John Bachtel Aug 10, 1871 (503)
HASKINS, B. Dennis m. Mary E. Turner Dec 3, 1899
    (454)
  Benjamin confirmed 1878 (400)
  Dr. Benjamin Aaron, age 73, d. 1912 (of
    Birmingham AL) (400)
  Mattie m. James Combs Nov 2, 1891 (couple
    from Christian Co. KY) (400)
  Tennessee, Benjamin L., Nannie, H. P.
    Williams, Nannie Williams--family
    listings 1875-1902 (400)
  Mrs. Tennie, age 81, of Birmingham AL, d.
    Mar 25, 1903 (400)
HASLET, Elizer d. Sep 1894 (361)
HASLIP, M. J. 1886 (396)
HASSEL, Mary Zebulon m. Wm. Laureston Hardin Oct
    19, 1864 (438)
HASSLER, Lorenzo 1889 (455)
HASSON, William M. m. Mary Cortney Mar 10, 1874
    (503)
HASTING, Mary 1886 (396)
HASTINGS, W. O. 1873 (409)
HATCH, Lemuel D. of Pensacola m. Willie G. Adams
    Aug 14, 1893 (438)
HATCHE, Polly d. May 1890 (348)
HATCHER, Cora A. 1886 (348)
  Rev. J. W. 1880 (429)
  James S. 1898 (348)
  M. E. 1880 (348)
  Martha H. 1890 (348)
  Mrs. Mary D. d. Feb 15, 1908 (350)
  Polly d. May 1870 (348)
  W. C. d. Oct 14, 1903 (348)
  W. S. & wife Dosia & Teague 1892 (348)
  Wm. M. m. Louise H. Haverkamp Nov 23, 1898
    (503)
HATCHY, Garrott 1895 (497)
HATEN, Aberham 1885 (428)
  Mary A. 1885 (428)
  S. M. 1885, d. Nov 21, 1899 (428)

HATFIEL?, Susannah 1811 (511)
HATFIELD, George b. Mar 3, 1887, bapt Mar 51, 1891
    (356)
  Mary Elizabeth b. Mar 23, 1883, bapt Mar 15,
    1891 (356)
  Nancy 1832 (462)
HATHAWAY, Mr. E. S. 1891 (455)
  Snowdon K.? m. Eliza J. Smith Jul 31, 1865
    (438)
HAUL, Elizabeth 1893 (467)
HAUN, Aberham 1873 (428)
  Caley 1873 (428)
  Calley b. Aug 7, 1858; m. Aug 1877; d. Jan
    19, 1892; left husband & 3 children
    (428)
  Faney 1885 (428)
  J. M. 1854 (428)
  Jane 1857 (428)
  L. S. 1885 (428)
  Lefaett 1873 (428)
  M. 1853 (428)
  M. A. 1853 (428)
  Mary d. Apr 20, 190__ (428)
  Mary A. 1873 (428)
  Ransom 1885 (428)
  S. M. 1873 (428)
  Samuel 1851 (435)
  Sarah d. Mar 24, 1884 (428)
HAVENSTRITE, Samuel 1850 (423)
HAVERKAMP, Aarne? Charles, son of Henry & Agnes,
    bapt 1873 (503)
  Louisa, dau of Henry & Agnes, bapt 1871 (503)
  Louise H. m. Wm. M. Hatcher Nov 23, 1898
    (503)
HAVEY, Mrs. D. E. 1883 (423)
  L. 1883 (423)
  Marshall L. 1894 (423)
  Miss Mary E. 1884 (now Mrs. C. W. Perry)
    moved to Atlanta GA Mar 1, 1895 (423)
HAWK, Ray 1893 (455)
  Wm. M. 1891 (455)
HAWKE, Mattie b. Jan 7, 1877, dau of John (356)
  Susan Levinia b. Sep 22, 1880, dau of John
    (356)
HAWKINS, Francis, child of Lionel & Frances, bapt
    Sep 7, 1862 (438)
  Lionel, son of Lionel & Frances, b. May
    1860 (438)
  Lionel, inf (age one month) son of L. & F. P.,
    buried Jun 16, 1860 (438)
  Nelly? m. Capt. Frank Daniel Balke May 1,
    1865 (438)
  W. C. 1867 (406)
HAWKS, Margaret 1878 (288)
  Margarett 1891 (288)
  Marietta G. 1888 (288)
  Mryetta G. 1891 (288)
HAWLEY, Isaac Bennett of NC m. Alice Margaret
    Hardin Dec 27, 1858 (438)

HAWS, Christiana T. m. Henry T. Roney Nov 23, 1898
        (356)
    Mrs. Fanny S. d. ca. 1871, age 28 (356)
    Kenneth?, son of Mr. & Mrs. T.?, inf bapt
        1885 (356)
HAWTHORN, Charles Philip, son of Charles A. & Coar,
        bapt Nov 30, 1881 (438)
HAY, Frank L. m. Hannah M. Todd Jan 22, 1894 (356)
    Gertie (see Mrs. Gertie Hobbs) (454)
    Henry P., Mrs. Almera G., Wm. H. Odenheimer
        Hay, Geo. Genon?, Malcom St. John,
        R. C. WHITE, Mrs. White, R. CRUTCHER,
        Frank Crutcher--family listing Jan
        1867 (480)
    L. Ellen 1847, later moved to Nashville
        (438)
    Malcom St. John b. 27 Dec 1867 (St. John
        Evangelist's Day) (son of Rev. Dr.
        Henry P. & Almira G.) (480)
HAYES, B. A. 1880 (406)
    Edith 1889 (455)
    Matilda m. Arthur Ryan Jul 30, 1858 (356)
    Thomas T. 1811 (511)
HAYLEY, Benjamin 1882 (401)
HAYNES, Elizabeth 1845 (466)
    G. C. d. Sep 10, 1907 (409)
    G. C. 1885 (409)
    Marietta adult bapt 1860 (356)
    Saml. B. 1845 (466)
HAYNIE, Lelia, dau of Danl. & Izonia, b. Dec 9,
        1873 (438)
HAYS, Andrew C. adult bapt 1838 (438)
    Frank Tilden b. Jun 21, 1878 (356)
    James H. d. 1905 (393)
    Jane 1826 (421)
    Miss Jane Virginia (Mrs. Lee) 1847, d. Sep
        1857 (438)
    Jane Virginia m. Edward Franklin Lee Dec 26,
        1854 (438)
    Jane Virginia, dau of Jno. B. & O., inf bapt
        1838 (438)
    Maria Naomi, dau of Jno. B. & O., inf bapt
        1838 (438)
    Maria Naomi m. Maj. Wm. Edwin More CSA
        Dec 18, 1864 (438)
    Mrs. Sallie H. mother of Lucinda Belle bapt
        1863 (466)
    William 1826 (421)
    Dr. buried Jul 2, 1868 (438)
HAYSE, Joseph M. b. Mar 3, 1890 at Lorena TX, son
        of Joseph Adams & Aetna Murray (438)
    Rebecca 1811 (511)
HAYTES, Walter H. d. Aug 27, 1880, age 23 (503)
HAYWOOD, Joseph d. Aug 7, 1867, age 55 yrs (356)
HAZEN, Henry E., US Officer, d. Aug 14, 1869, age
        27 (503)
HAZLEHURST, Frances W. m. Joseph M. Stone 22 Dec
        1886 (503)

HAZLEHURST, Frances Wingfield, child of George H.
        & Irene W., b. 2 Mar 1867 (503)
HAZLETT, M. J. d. 1907 (396)
HEABLER, Annie Pauline b. Sep 7, 1880 (356)
    Jesse C. d. Dec 27, 1904, age 32 (356)
HEAD, Alice member 1896 (m. Nixon) (454)
    Mrs. Alice B. 1892, d. 3/10/1904 (454)
    Chas. R. 1891 (454)
HEAFER, F. T. (Mrs.) 1885 (401)
    S. N. & F. T., parents of Edna Earl, Irene R.,
        & Mary Jessie, bapt Dec 6, 1880 (401)
    S. N. 1885 (401)
HEALD, Henry Thomas 1891 (423)
    Mrs. Minnie 1891 (423)
    Minnie 1868 (423)
    Thomas Henry 1868 (423)
    Thomas Henry d. Feb 6, 1903 (423)
HEARD, Clio, child of G. M. D. & Lillie T. b. Oct
        28, 1876 (503)
    G. M. D. & Lillie parents of Rawlings Walton
        b. 12 Sep 1878 and Charles Wallace b.
        9 Nov 1880 (503)
    G. M. D. m. Lillie Tutt Jan 20, 1875 (503)
    Lillie Tatt (see Lillie Tatt) (503)
HEARN, Georg 1823, 1850 (402)
    Mary Ann d. 1869 (402)
    Rachel 1850 (402)
HEART, Joseph 1839 (466)
HEATH, Minnie d. Feb 1907 (396)
HEATHCOAT, Lily 1899 (440)
    Mrs. T. J. 1899 (440)
    Mittie 1896 (429)
HEATON, Mrs. Anne d. Jan 1, 1899, age 72 (503)
    Mrs. Polly, wife of J. W., d. Mar 10, 1899,
        age 40 (503)
HEBERT, Marguerite d. Jan 8, 1808 (350)
HECKARD, May 1896 (409)
HEDGE, Donnie 1898 (348)
HEDGECOCK, W. E. 1860 (435)
HEFFLEFINGERS, Margaret 1857 (left for Phila Sep 6,
        1858) (423)
HEFFNER, Jennie Lee 1892 (440)
    John 1887 (440)
    Susie W., mother of James Bell, Mary Sadie &
        Charles Bennie, all bapt Jun 16, 1898
        (401)
HEFLEN, Frances d. 1853 (389)
    Pete 1888 (511)
HEFNER, Jennie Lee 1892 (438)
    Sarah J. 1894 (450)
    Sherrill Lee, dau of John & Myrtle, b. Nov 6,
        1899 (440)
    W. R. ca. 1894 (450)
    Wm. 1897 (440)
    Wm. R. 1895 (450)
HEGGIE, L. A. 1882, 1886 to Macedonia (401)
    Mrs. Pelle 1873, moved to Macedonia Mar 28,
        1886 (401)
    Mrs. Sallie d. 10-17-1913 (454)

HEIRS, George 1887 (421)
HEISKELL, A. M. (see Anna M. Rice) (423)
    Mrs. Anna M. 1883 (now Mrs. Anna M. Harrison)
        left for Meridian MS Mar 11, 1885 (423)
    Mrs. Julia J. d. Jul 18, 1896, age 63 (356)
HELFENBERGER, Edith m. J. W. Fuller Dec 12, 1899
    (454)
HELM, Wm. S. d. ca. 1875, age 79 (356)
HELMER, Frederick R. d. Jan 28, 1892, age 19 (356)
    J. C. d. Dec 10, 1891, age 50 (356)
HELMS, Alicia Maria d. Jan 21, 1852, age 56 (356)
    Jame 1876 (435)
    Joseph M. S. 1871 (409)
    Mary Jane d. 1861, age 35 (356)
    Mary Jane adult bapt 1853, b. Dec 19, 1828
        (356)
    Mary Jane member 1853, d. Feb 1860 (356)
    May 1876 (369)
    Wm. T. m. Mary J. Reynolds Nov 15, 1853 (356)
    William Tascar Reynolds, son of Wm. T. &
        Mary J., b. Sep 11, 1854 (356)
HELPER, Minnehaha (see Minnehaha Beard) (503)
HELTER, Nancy 1878, 1897 (339)
HEMIL, Mrs. Charles W. d. Oct 10, 1898 (356)
HEMPHILL, Mrs. E. M. 1881 (401)
    Frances A. 1832 (466)
    Frank P. m. Mary C. Polk Dec 18, 1877 (438)
    James & Francis parents of Mary Francis bapt
        1840 (466)
    James & Frances A. parents of child bapt
        1832 (466)
    James 1832 (466)
    Wm. P. 1842 (466)
HENDERLIGHT, William Henry b. Sep 1892, orphan
    (356)
HENDERSON, Miss Annie 1883 (423)
    Bessie, dau of Evander & Met, b. Aug 17, 1885
        (502)
    Clifford 1884 (502)
    Clifford Courtsworth, son of Cliff & Hattie,
        bapt 1884 (502)
    Ernest L. & Roscoe Frank, children of Gan?
        & Met?, bapt 1884 (502)
    Elizabeth A. 1831 (502)
    Evander S. 1884 (502)
    Miss Fannie 1896 (454)
    Frances 1812 (502)
    Fred H. 1875 (409)
    Mrs. Harriett (formerly Harriett Smiley)
        1891 (423)
    Mrs. Hattie Buford 1884 (502)
    Hettie, dau of Clifford & Hattie, b. Nov 17,
        1889 (502)
    J. E. 1890, 1891 to Bigbyville, Maury Co. TN
        (401)
    James Franklin (son of Frank & Sophia) b.
        Oct 21, 1885 (502)
    Jno. Lock, son of R. K. & Mary, adult bapt
        1894 (402)

HENDERSON, Lavinia Daschield, dau of Frank & Sophia,
    bapt 1884 (502)
    Lena, dau of Cliff & Hattie, b. Sep 12, 1887
        (502)
    Louisa P. 1856, left for Huntsville AL Feb 19,
        1866 (423)
    Lucy Clayton, dau of R. K. & Mary, bapt 1894
        (502)
    Maggie 1871 (409)
    Mary 1811 (511)
    Miss Mary E. 1881, moved to Nashville (423)
    Mrs. Met (McMurry) 1879 (502)
    Nath P., 1838 (361)
    Pattie 1875 (409)
    Richd. 1811 (511)
    Robt. pastor 1818-1825 (502)
    Robert pastor 1811-1813 (502)
    Sammie McMurray, child of Evander & Mattie
        McM., bapt 1893 (502)
    Samuel 1811 (511)
    Saml. M. S. & L. P. parents of Margaret
        Esther, Amy Lucian & Samuel Anderson
        bapt Apr 10, 1859 (423)
    Samuel McSpadden d. Jan 7, 1861 (423)
    Samuel McSpadden 1856, d. Jan 27, 1861 (423)
    Miss Tella 1892 (502)
    William d. Jan 25, 1901 (428)
    William 1873 (428)
    Wm. A. m. Hattie Smiley 1866 (356)
    William A. m. Willie Campbell Sep 29, 1859
        (503)
    William D. 1875 (409)
    Wm. Douglas, son of Evander & Met, b. May 3,
        1888 (502)
HENDLY, John 1872 (396)
HENDMAN, Miss MaryLaurena 1895, 1895 to Covington
    KY (401)
HENDRIC, Albert W., son of Webb & Portia, bapt Jun
    17, 1888 (409)
HENDRICK, David S. & Pattie, parents of Elizabeth
    Warfield & Sypert, bapt Oct 21, 1880
    (401)
    David S. 1873, 1884 to 1st Ch, Nashville
        (401)
    Ed. C. 1881 (401)
    George W. 1884, 1891 to Waco TX (401)
    Horace member 1875, removed to Paducah (400)
    Horace W. confirmed 1879 (400)
    John Tihlman, son of D. S. & Pattie, bapt
        1877 (401)
    Laura W. 1884, 1888 to Waco TX (401)
    Mrs. Lula B. 1888, 1891 to Waco TX (401)
    Lydia 1878 (288)
    Lydia (formerly Brassfield) 1875, d. Apr 16,
        1887 (288)
    Mrs. Mary C. 1884, 1893 to Waco TX (401)
    Nancey 1811 (511)
    Nancy 1811 (511)

HENDRICK, Mrs. Patty Warfield 1882, 1884 to
    1st Ch, Nashville (401)
HENDRICKSON, Cornelius J. 1874 (423)
    Mrs. Helen A. 1874 (423)
HENDRIX, Florence 1872 (409)
    Mrs. M. J. d. 1911 (409)
    M. Jane 1875 (409)
    Maggie E. 1875 (409)
    P. E. m. Lidia Brasfield (288)
    Susan 1860 (435)
    W. W. 1875 (409)
    W. W. jr. 1880, 1875 (409)
HENDRIXSON, Willis & wife 1849 (435)
HENLEY, Ann Evelina adult bapt 1845, b. Sep 27,
    1829 (356)
    Arthur H. & Ann Evelina parents of Lavinia
        Walker b. Jun 16, 1840 and Chas.
        Fairfax b. Dec 10, 1842 (356)
    Chas. D. m. Miss Joe Nixon Dec 21, 1892 (503)
    D. P. 1854, 1856 (423)
    Mary Keller adult bapt 1845, b. Nov 16, 1822
        (356)
    Rachel 1854, 1856 (423)
HENLY, Ella 1896 (409)
HENNINGER, Joseph & Jennie I. recvd from Shavana?
    IL Dec 19, 1875 (455)
HENRY, Caroline N. 1857 (left for Spring Place,
    Knox Co., Jun 1, 1858) (423)
    Caroline N. 1865, d. Oct 14, 1868 (423)
    Ellen 1857 (left for Spring Place, Knox Co.,
        Jun 1,1858) (423)
    Ellen (see Ellen E. Gibbins) (243)
    Mrs. Ellen M. (wife of Mr. Patrick Henry) d.
        Jan 18, 1890 (d. at Colorado Springs
        CO) (400)
    Miss Ellen M. 1889, 1890 to Memphis (401)
    Ellen Morris bapt 1882 (400)
    G. A. 1835, 1843 (400)
    Gustavus A. d. Sep 10, 1880, member 1875
        (400)
    Gustavus A., Marion McClure, Susan (Henry)
        Martin, Mortimer A. Martin, Marion
        Heny Martin--family listing 1875-1902
        (400)
    John 1812 (502)
    John R. 1857 (left for Spring Place, Knox Co,
        Jun 1, 1858) (423)
    John R. 1865, d. May 25, 1869 (423)
    Marion d. Jan 1882 (400)
    Patrick, age 62, d. Nov 23, 1908 (400)
    *Maj. T. F. member 1875, d. Nov 25, 1886 (400)
    *Thomas F., age 51, d. Nov 25, 1886 (400)
    Saline 1857 (left for Spring Place, Knox Co,
        Jun 1,1858) (423)
    Selina F. (Trent) 1865 (423)
    Susanna 1812 (502)
HENSEL, Mrs. C. H. (of New York City) d. Dec 6,
    1910, age 55 (350)
HENSELEY, Charles 1885 (507)

HENSELEY, Elizabeth 1862 (507)
    Ida 1885, nee Arnold (507)
    Josephine 1885 (507)
    Logan 1884 (507)
    Mary Jane 1885 (507)
    P. F. d. Aug 13, 1893 (507)
HENSEN, Frances m. George Peden 1862 (356)
HENSLEY, Caroline m. William Rowlett Sep 6, 1853
    (356)
    Jay Douglas son of W. R. & Ida bapt 1890
        (507)
    L. B. 1898, 1899 to Bunks Chapel LA (401)
    Lewis 1860 (419)
    Louis 1821 (419)
    Mattie m. Lewis Malkus (RR carpenter) Nov 14,
        1890 (455)
    P. H. jr. 1898, 1894 to Bunks Chapel LA (401)
HENSLY, Charlette 1894 (507)
HERD, Charles W. d. Dec 1913 (507)
    Charles W. d. Dec 1907? (507)
    Dora 1886 (507)
    Eddie 1894 (507)
    Eliza d. Feb 12, 1909 (507)
    John B. 1843 (507)
    Mary Ann (see Mary Ann Arnold) (507)
    Mary E. 1889 (507)
    Minnie 1886 (507)
    Minnie m. S. Hooton Feb 11, 1894 (507)
    Nora L. (see Nora L. Padgett) (429)
    Oscar d. Feb 27, 1902 (507)
    S. J. 1895 (507)
    Sarah 1886 (507)
    Willie, child of C. W., bapt 1895 (507)
HERDMAN, Shackelford, 1887 (400)
HERIN, George 1887 (402)
HERINGTON, Mary R. 1854 (428)
HERNDON, Dr. Jo. d. Nov 24, 1912 (438)
    Joseph m. Josephine Mauries Jul 20, 1868
        (438)
    Joseph P. (Dec 12, 1866), Josephine (Maurice),
        Camille, Louise--family listing (438)
    Josephine d. Jun 29, 1896 (438)
    Louise m. George Martin Jul 29, 1896 (438)
HERNZLY, George 1877 (402)
HERON, Sarah Jane 1843 (466)
    Mrs. Sarah Jane mother of MaryJane bapt 1843
        (466)
HERRIN, Holland 1889 (409)
    Jno. D. 1889 (409)
HERRING, B. N. 1866 (497)
    Ben Gaither adult bapt 1877 (401)
    Ben Gaither 1877, 1890 to Chicago (401)
    C. Owen adult bapt 1870 (401)
    Clemmie adult bapt 1877 (401)
    Clemmie 1877, 1888 to Edwards MS (401)
    Miss E. H. 1866 (497)
    E. H. 1875, 1887 to Westminster Ch, Nashville
        (401)
    Mrs. H. E. 1866 (497)

HERRING, Nannie Ross 1875, 1891 to Chattanooga (401)
HERSEY, Miss Carolyn Jordan 1893, moved to Cleveland OH Jan 1, 1896 (423)
HERSMAN, Mrs. Abbie M. 1888, 1892 to Prince Edward Co. VA (401)
    Miss Ethel B. 1888, 1892 to Prince Edward Co. VA (401)
    Hugh Steele? 1892 (401)
    Miss Margaret 1888, 1888 to Cuthbert GA (401)
HERTER, Catherine m. Otis F. Hill Jan 8, 1865 (356)
HERTHA?, A. Edward 1867 (409)
HESSEE, Jennie L. m. Henry Pennywitt Nov 12, 1890 (356)
HESTER, Mrs. E. P. d. Apr 20, 1902 (360)
    Harvy A. 1887, 1893, 1899 (339)
    John 1887, 1897 (339)
    Mary 1887 (339)
    Sarah 1886 (396)
    Sarah d. May 1908 (396)
HERVEY, Mrs. Alice 1892 (later moved to Selma AL) (461)
    Leonidas Polk 1892 (later moved to Selma AL) (461)
HEVERCAMP, Samuel Frederick, son of Henry & Agnes, b. Mar 5, 1867 (503)
HEWELL, Mrs. H. A. 1866 (497)
HEWING?, Owen 1870 (401)
HEWITT, Mary 1819? (left for Roane Co.) (423)
    Nathaniel 1819? (left for Roane Co.) (423)
HEYCOCK, Thomas 1879 (423)
HIBBELL, Ann E. 1889 (415)
HIBBERT, Albert Edward, son of Edward & Annie, bapt Jul 28, 1878 (438)
    John 1884 (348)
HIBBET, Grace member 1896, joined church in AL (415)
HIBBETT, B. K. 1893 (415)
    Easley 1891 (415)
    Eugene A. 1887 (415)
    Ira K. d. Oct 24, 1912, age 74 yr 10 mo 16 das (415)
    J. K. 1887, d. 10/24/1912 (415)
    J. K. ordained Apr 17, 1887, d. Oct 24, 1912 (415)
    Jo. Cannon 1889 (415)
    Mary (Pierson) 1893 (415)
    Mrs. Mary 1887 (415)
    Miss Nannie E. 1887 (415)
    Sue A. (Eskridge) 1887 (415)
HICKERSON, Nathanel 1833 (389)
    Octava 1832 (389)
    Walter W. m. Jessie May Hulbert Feb 8, 1895 (461)
    Walter Whitfield, son of Walter W. & Rose May, b. Nov 16, 1895 at Tullahoma (461)
    Walter Wood d. Oct 8, 1905, age 34 (461)
    Walter Word 1895, d. Oct 8, 1905 (461)

HICKEY, A. G.? & J. C. parents of Mary C. & Nannie bapt Sep 26, 1880 (448)
    James 1826 (450)
    John T. 1832 (423)
    Mary M. 1832 (left for W. TN) (423)
HICKMAN, Keziah 1811 (511)
    Lemuel 1811 (511)
    M. P. 1883 (454)
    William 1811 (511)
HICKS, A. C. (f) 1896 (411)
    Allexander 1803 (511)
    Mrs. Allie 1896 (429)
    Edward D. m. Mary Ann White Jun 6, 1855 (437)
    E. E. (m) 1896 (411)
    G. P. (m) 1896 (411)
    Gordon R. 1892 (461)
    Jo R. 1875 (409)
    Laura D. (see Laura D. Cooke) (400)
    Marie Adele b. Jul 30, 1893, dau of Robert A. & Margaret (356)
    Marshall of Laredo TX m. Laura Cooke Dec 30, 1891 (400)
    Mary 1836 (389)
    Mason 1887 (429)
    Milley 1825 (421)
    Dr. Robert A. (of Chicago IL) m. Margaret Thomas Oct 26, 1892 (356)
    Robert Noble b. Aug 20, 1894 in Rome GA, son of Robert A. & Margaret (356)
HICOCKS, Horace member Sun schl 1870 (369)
HIDHAM, Rhepsa? member 1838 (361)
    Wm. 1838 (361)
HIETT, M. E. 1899 (401)
HIGDON, Agatha 1889 (415)
    Anna 1811 (511)
    Miss Emma G. 1884 (423)
    G. W. 1888 (415)
    H. H. 1884, d. Nov 11, 1887 (423)
    Harry 1884 (423)
    Miss Jennie 1884, moved to KY & married there (423)
    Jessee 1893, d. 1898 (415)
    Mrs. Martha 1888 (415)
    Mrs. Sarah 1884 (423)
    Mrs. Sarah d. Mar 16, 1910 (423)
    Miss Sue 1891 (415)
HIGGENS, Susanna d. 13 Dec 1909 (375)
HIGGINS, Mrs. E. B. 1882, 1886 to Elkton KY (401)
    Katie T. 1889, 1902 to Fulton KY (401)
    P. Lemoine to Owensboro KY 1877 (401)
    W. H. deacon 1887 (401)
    W. S. 1882, 1886 to Elkton KY (401)
    Wm. H. 1852, d. Jan 27, 1897 (401)
HIGGINSON, Green 1890 (401)
    Green 1885 (401)
HIGGS, Anna 1889 (455)
    Emma 1891 (288)
    T. J. (m) 1878, 1891 (288)
HIGH, Alexander 1860 (435)

HIGHEM, Mary Caroline b. 1866, dau of Frederick & Mary (480)
HIGLEY, Ellen Adelaide d. Jul 17, 1859, age 2 mos (356)
HIGHTOWER, D. Mims 1889 (454)
 D. N. 1889 (454)
 Dollie m. Joseph L. Mitchell May 30, 1888 (455)
 Harry 1886 (454)
 Mrs. M. F. 1889 (454)
 Maud E. 1896 (454)
HIGTOWER, Nancey 1811 (511)
HILD, Elisabeth 1838 (361)
HILEMAN, Jaulia b. Jun 10, 1882, child of Sarah (356)
 John Leslie b. Sep 18, 1884, son of Sarah (356)
 Mary Alvy (Alva) b. Jul 15, 1880, dau of Sarah (356)
HILL, Abner 1809 (511)
 Adele de Grennon (3 mos & 5 das) bapt Mar 31, 1881, dau of Willard F. & Cecilia (356)
 Alfred James 1870 (423)
 Amos 1882, 1891 (423)
 Ann Eliza 1821?, left for Grassy Valley Ch Oct 24, 1829 (423)
 Cecilia J. 1882, 1891 (423)
 Charles Otis, son of Otis F. & A. Catherine b. Nov 6, 1869 (356)
 Charles Otis b. Oct 14, 1899, son of Charles O. & Ella O. (356)
 Charlotte P. d. 1862, about 40 yrs (356)
 Edward F. d. Nov 1, 1857, age 3 wks (356)
 Elisabeth 1832 (361)
 Ella R. (see Ella R. Ogden) (423)
 Miss Elsie 1893 (455)
 Emily d. Aug 14, 1902, age 70 (350)
 F. W. 1893 (454)
 Felix R. 1862 (448)
 Frances Catherine b. Jun 6?, 1896, dau of Charles Otis & Ella Ogden (356)
 Mr. Geo. P. d. May 18, 1897, age 58 (503)
 Henry H. d. Jan 5, 1892 (455)
 Hugh Harvey, son of Walter Taylor & Mary Ellen, b. Aug 27, 1884 (455)
 J. B. (m) 1876, d. 7-20-80 (339)
 Rev. J. F. 1873-1876, gone to Pittsburg PA (478)
 Rev. J. F. & M. G. parents of Harriet Jesse bapt 1875 (478)
 Dr. J. Willard d. Dec 4, 1898, age 45 (356)
 James T. d. Nov 1898 in Birmingham AL (an aged Englishman), age 78 (503)
 John, son of John & Joan, bapt Sep 30, 1867 at age 6 (438)
 John T. m. Bessie Baynham Oct 26, 1892 (couple from Cadiz KY) (400)
 Mrs. K. 1847 (438)
 Mrs. Keenan (see Virginia Morgan) (438)

HILL, Laura E. moved to Cleveland TN Oct 25, 1879 (455)
 Laura Langdon d. Mar 20, 1859 (child) (356)
 Law C. 1811 (511)
 Mrs. Lizzie 1893, d. Jul 31, 1909 (454)
 Luther 1884 (478)
 Miss Margaret J. 1874 (423)
 Mrs. Martha 1891 (423)
 Mary Jane b. Nov 11, 1862 (480)
 Maud A. m. John H. Estill Mar 2, 1897 (503)
 Nancy 1822? (423)
 Otis F. m. A. Catherine Herter Jan 8, 1865 (356)
 Otis Freeman d. 1811, age 64 (356)
 Mrs. R. K. buried Dec 29, 1860 (438)
 Rhoda m. George W. Stuart 1851 (free colored) (356)
 S. A. d. Oct 24, 1909 (504-2)
 Terry 1839 (450)
 Miss Virginia (Mrs. Morgan) 1847, d. Jan 1889 (438)
 Virginia Morgan, dau of John & Joan, bapt Sep 30, 1867 at age 4 (438)
 William 1811 (511)
 William 1852, 1871 (423)
 Wm. G. & wife 1898 (478)
 Wm. Kennan, son of Wm. K. & M., child bapt 1843 (438)
HILLANEY, T. deacon 1887 (487)
HILLBURN, Miss Leah (Guinn) d. 1907 (454)
HILLER, Lavinia Anne (see Lavinia Anne Burke) (461)
HILLIARD, Carrie P., widow, m. Joseph W. Horton 17 Jan 1889 (503)
 Donie 1899 (411)
 Eliza 1896 (411)
 F. B. buried Feb 24, 1869 (438)
 Mr. Geo., brother of Mrs. Geo. W. Polk, buried May 22, 1864 (438)
 Harden 1893, d. Jul 22, 1898 (467)
 Isaac m. Carolina Polk Nov 18, 1880 (438)
 J. H. buried Apr 19, 1882 (438)
 J. L. (m) 1896 (411)
 Lena, dau of F. B., buried Feb 24, 1869 (438)
 Miss Lillian d. Sep 1904 (411)
 M. L. (f) 1898 (411)
 Mrs. Virginia d. Jan 29, 1909 (423)
 Mrs. Virginia 1878 (423)
HILLHOUSE, J. B. 1887, 1890 to Calhoun GA (401)
 John C. 1838 (478)
HILLIS, Job 1889 (455)
 William 1823 (402)
HILLS, Mary A. 1825 (421)
HILLSMAN, J. R. 1873 (421)
 Myrta 1897 (409)
HILLYARD, F. B. m. Amanda Lewis Oct 11, 1866 (438)
HILSMAN, Mary A. 1825 (421)
 Reddick 1811 (511)
 Redrick 1825 (421)

HIMEL?, Charles Morice b. Sep 11, 1895, son of
    Charles M. & Marcella (356)
HINDS, James M. 1890 (507)
    Polly Ann 1830 (450)
HINE, Barnett 1898 (438)
    Barnett Ryland, son of William & Mary, b.
        Dec 10, 1885 (438)
    Jane buried Feb 7, 1882 (438)
    Janes?, child of Mary, bapt Jun 1, 1879 (438)
    Rosa, age 2 yrs, d. Sep 11, 1892 (438)
    Rosa, dau of W. J. & Mary, b. Jan 18, 1890
        (438)
    William J., age 13, 1896 (438)
    Wm. J. d. Nov 12, 1891 (438)
    William J., Mary Barnett, William James (Sep
        23, 1883), Barnett Ryland (Apr 11,
        1886), Rosa (Apr 13, 1890)--family
        listing (438)
HINES, Lucilla m. George Wallace Hunter Jun 2, 1853
    (503)
    William James b. Aug 8, 1883 (438)
HINKLE, G. H. 1893 (467)
    John T. 1888 (371)
    Nannie 1893 (467)
HINTON, John 1825 (421)
HIRE, Sary A. 1855 (428)
HIRSCH, John 1870, 1876 to Knoxville (401)
    Mrs. Rebecca 1868, to Knoxville 1876 (401)
HIRST, Arthur 1892 (461)
    Eliza 1892 (461)
    Eliza, dau of Henry Hartley & Martha Hartley,
        b. Jan 4, 1841 at Corsland? Moor,
        Yorkshire, England (461)
    James Edward 1892 (461)
    Lillie 1892 (461)
    William 1892 (461)
HIX, Calea 1873 (428)
    Callie d. Jul 12, 1900 (428)
    Jeferson 1873 (428)
    Jeff 1885 (428)
    Julia An 1873 (428)
    Martha A. 1873 (428)
    Marthy 1885 (428)
    Marthy A. 1885 (428)
    Riley 1885 (428)
HIZZIE, L. A. 1899 (401)
    Miss Louise 1899 (401)
HOADLEY, Mamie member 1895, m. Jno. D. Greenless
    (454)
HOARD, Harriet 1829 (478)
HOBBS, Alexander N. member 1855, d. Nov 1866 (356)
    Alexander N. d. Nov 22, 1866, age 43 yrs
        (356)
    Cornelia Alice d. 1856, age 1 yr (356)
    Frank M. 1889 (454)
    Gertie (Mrs.) member 1885 (m. Hay) (454)
    Jeremiah Thomas d. Jul 14, 1859, age 1 yr 15
        das (356)
    John A. d. Oct 10, 1882, age 19 (503)

HOBBS, M. J. Elvie 1894 (502)
    Mary 1842 (478)
    Rachel 1836 (478)
HOBING, Elizabeth Woods adult bapt 1899 (400)
HOBSON?, Mrs. J. E. 1895, 1896 to Senatobia MS (401)
HOCKET, H. member Sun schl 1871 (369)
HODG, John d. Nov 1855 (402)
    Sary 1850 (402)
    Wilson J. 1850 (402)
HODGE, B. E. 1889 (455)
    Mrs. Emma 1879 (502)
    Emma Sue, dau of S. H. & Emma, bapt 1886 (502)
    Gilordia 1887 (402)
    Innix? Rosa, child of Mills Richard & Sarah
        Adella, b. Jul 25, 1888 at Tullahoma
        (461)
    J. W. (m) 1887, 1860 (402)
    James 1887, 1860 (402)
    James R. 1887 (402)
    John d. Nov 1855 (402)
    Joseph d. May 15, 1874 (402)
    Miss Lillian 1893 (502)
    Mary J. 1860, 1887 (402)
    Permelia F. 1860, 1887 (402)
    S. H. & Emma parents of George W., Florence
        & Lillian bapt 1880 (502)
    Sarah Ann d. May 1864 (402)
    Sary 1860 (402)
    Wm. 1848 (478)
    Wilson 1859 (444)
HODGEON, Eliza d. Mar 25, 1870, age 53 (356)
HODGES, Calloway 1879 (423)
    Elizabeth 1802 (389)
    James 1839 (450)
    Jessie A. m. Charles A. Douglas May 30, 1888
        (455)
    Mrs. Margaret 1879 (423)
    Mrs. Wilson (nee Pratt) d. Aug 2, 1888 (461)
HODGKINS, John D. 1896 (454)
    Kate 1896 (454)
    S. C. 1896 (454)
HODGSON, Alice Whitfield infant d. Jul 1887 (400)
    Alie Whitefield b. Feb 23, 1887, dau of Alice
        & Charles W. (400)
    Mrs. Blanche confirmed 1896 (400)
    Charles confirmed 1889 (400)
    Charles W. m. Alice M. Whitfield (at residence
        of J. P. Y. Whitfield) Apr 10, 1878
        (400)
    Charles W. member 1896, d. Sep 8, 1899 (400)
    Charles William d. Sep 8, 1899 (400)
    F. T. & E., parents of Julia & Evalin bapt
        Jun 12, 1892 (401)
    F. T. deacon 1887 (401)
    Mrs. F. T. (see Mary E. Wilson) (401)
    Frank Thomas, son of F. T. & Evalyn W., bapt
        Sep 2, 1888 (401)
    Herbert Edwin m. Ann P. Burnett Jun 1, 1870
        (356)

HODGSON, Janie confirmed 1896 (400)
    Janie MaGuire b. Apr 17, 1881 (400)
    Jesse member 1896, d. May 31, 1901 (400)
    Jesse F. m. Blanche O'Brien Jun 11, 1896 (400)
    Jesse F. d. May 31, 1901 (400)
    Jessie Lee b. Oct 27, 1890, child of Chas. W.
        & Alice M. (400)
    John d. Nov 12, 1904 (356)
    John O'Brien b. Apr 8, 1898, son of Jesse F.
        & Blanche (400)
    John O'Brien, age 10 mos, d. Mar 2?, 1899
        (400)
    Martha Julia b. Aug 19, 1879, dau of Chas. W.
        & Mary Alice (400)
    Mrs. Martha Julia (see Mrs. Martha Julia
        Davis) (400)
    Mrs. Mary Alice 1896 (400)
    Mattie confirmed 1892 (400)
    Saml. John 1885 (401)
HOFF, Lana 1892 (455)
    Susan 1888 (455)
HOFFAR, Miss Fanny 1878 (Mrs. Kuntz) (423)
    Fanny (see Fanny Kuntz) (423)
    Miss Inez 1878 (423)
    John P. 1881, moved to Atlanta GA (423)
    Miss Laura G. 1878, married, gone to TX (423)
    Susan E. 1870 (423)
    Walker A. 1870 (423)
HOFFER, Mrs. Susan E. d. Mar 16, 1906 (423)
    Walker A. d. Sep 6, 1903 (423)
HOFFMAN, William infant buried Mar 13, 1864 (438)
HOGAIN, Dr. James E. of Nashville, d. Feb 16, 1902,
    age 82 (461)
    James Edward 1892 (461)
    Laura Jane Augusta (Anderson) 1892 (461)
HOGAN, Edward Ulver, son of R. C. & Della, b, Aug
    22, 1898 (440)
    Laura Jane d. Jan 24, 1900, of old age at
        74 (from Nashville) (461)
HOGG, Barbara 1899 (467?)
HOGSCASE, C. (m) 1857 (435)
HOLBERT, Stephen 1825 (450)
HOLBROOK, Alfred 1894 (423)
    Miss Irene Hebe 1894 (423)
    Josiah 1894 (423)
    Mrs. Laura 1894 (423)
HOLDING, Judge Sam m. Susie Clopton Dec 7, 1898
    (438)
HOLLADAY, Ada m. Mr. Plummer 1876-77 (406)
    James Wilton b. Mar 6, 1882 (444)
    Tirel (see Tirel Williams) (407)
HOLLAN, John 1838 (389)
HOLLANBY, Mary P. 1891, d. Jan 21, 1892 (288)
HOLLAND, B. C. (m) 1878 (288)
    Mrs. Beady 1880, d. Mar 1889 (504)
    Bedy d. Mar 1889 (504-2)
    Bedy 1853, 1832 (504)
    C. C. (m) 1891 (288)
    Mrs. Caroline 1880 (504)

HOLLAND, Elizabeth E. 1870 (504)
    Mrs. Eula D. 1895 (454)
    Frances L. 1889 (507)
    G. C. 1895 (507)
    H. E. 1880 (504)
    Hariet 1853 (504)
    Horatio 1869 (504)
    James 1847 (511)
    Joe 1890 (511)
    L. 1869 (504)
    Lisander A. 1880 (504)
    Madora 1865 (511)
    Malvine 1880, 1885 (504)
    Maryanne P. 1878 (288)
    N. A. 1895 (507)
    P. E. 1880, 1869 (504)
    R. 1869, 1857 (504)
    Richard d. Aug 31, 1887 (504-2)
    Richard 1880, d. Aug 31, 1881 (or 87) (504)
    Richard ca. 1832, 1853 (504)
    Richard E. 1880 (504)
    Thomas jr. 1853 (504)
    Wiley ca. 1832 (504)
    Willie 1853, 1857, 1869 (504)
    Wilmoth ca. 1832 (504)
HOLLBROOKS, Sarah 1811 (511)
    Wm. 1811 (511)
HOLEMAN, Elen E. (Mrs.) 1880, d. 189__ (504)
HOLLES, Anney 1832 (504)
    Jesse 1832 (504)
HOLLEWAY, Polley ca. 1832 (504)
HOLLIDAY, Pearl 1897 (407)
HOLLIFIELD, W. S. 1890 (409)
HOLLINGSWORTH, Mrs. Annie (see Annie Williams) (401)
    Miss Daisy 1891 (455)
    E. M. 1891 (455)
    Edw. A. 1893 (454)
    Mrs. Emma E. 1891 (455)
    David m. Mary Annie Pierson Aug 13, 1870
        (503)
HOLLINS, Mary 1894 (450)
    R. C. (see Victoria Cole) (400)
    R. Clarence m. Victoria H. Cole Nov 20, 1879
        (400)
HOLLIS, Anne 1858 (504)
    Jessey 1823 (504)
    John M. 1879 (504-2)
    Orilla 1858 (504)
    Orilla 1879, d. Feb 24, 1889 (504-2)
    Willa 1872 (504)
HOLLISTER, Mrs. Emma member 1875, d. Jun 16, 1878
    (400)
HOLLMS, Eugene Thompson 1885, 1887 to Edgefield TN
    (401)
HOLLOWAY, Jane Elizabeth 1847 (438)
    Jesse 1857 (462)
    Levi 1811 (511)
    Nancy 1832 (462)
    Polly, wife of Jesse, 1857 (462)

HOLLOWAY, Rose bapt 1878, b. Lynchburg VA (400)
    Rose Ken (Col) confirmed 1878 (400)
HOLLY, Ezekiel (col'd) m. Winny Mays (col'd) Jul
    31, 1853 (356)
    Katherine 1823 (504)
HOLM, Ada, dau of Sarah Eliza, bapt Jan 22, 1882
    (438)
HOLMAN, Eunice d. 1910 (371)
    Henry 1895 (371)
    Henry L., age 14, 1893 (438)
    Harry Lee bapt Jan 10, 1886 (438)
    John 1889 (371)
    Lelia, Mrs. Davis 1887 (438)
    Lelia Fletcher adult bapt 1883 (438)
    Lelia Fletcher (see Mrs. Susan E. David)
    (438)
    Levi b. Sep 20, 1893 (438)
    Mrs. Sarah & Ada 1887 (438)
    Sarah Eliz. bapt Jan 22, 1882 (438)
    Mrs. Sarah Eliza (Jan 22, 1882), Ada Owen,
    William, Henry L., Mrs. Tennessee
    Roberts--family listing (438)
    William Lee bapt 1883 (438)
HOLMGREEN, J. H. (see Lou Clifton) (400)
    Julius H. member 1875, moved to Indiana (400)
    Julius H. J. confirmed 1876 (400)
HOLMES, Miss B. 1887 (438)
    Bella (Jan 21, 1885), Mrs. McSparron, Anne
    McSparron (age 14)--family listing
    (438)
    George H., son of George W. & Jennie H.,
    bapt 1891 (360)
    Lucy A. 1871, 1892 joined Meth Ch, Clarks-
    ville (401)
    Mary 1832 (502)
    Nancy 1876 (361)
    Retina Pinson 1893 (467)
    Sarah H. 1878, 1888 to Meth Ch, Clarksville
    (401)
    Mrs. Susan A. 1896 (454)
    Dr. W. J. father of Lucy A., Sarah Harris &
    Alfred, bapt 1871 (401)
    W. J. 1837, d. Apr 17, 1897 (401)
    Dr. W. J. 1837 (401)
HOLMS, Gardner 1883 (421)
    Nancy 1876, d. 1876 (361)
HOLT, Elijh 1870 (492)
    Eliza E. 1885 (492)
    Emeline M. 1870, d. Oct 19, 1883 (492)
    Emily Scott 1892 (461)
    Emily Scott b. 21 Jul 1867, dau of Henry C.
    & Kate A. (480)
    Emily Scott m. James Hervey Moore Oct 7,
    1886 (see his entry) (461)
    H. H. & Mrs. parents of H. Clay bapt 1878
    (478)
    Mrs. Hiram 1868, d. 27 Nov 1878 (478)
    Ira Dean, son of Mr. & Mrs. B. H., bapt Nov
    5, 1893 (401)

HOLT, J. G. (m) 1867 (409)
    J. G. 1875 (409)
    James E. 1883 (492)
    Joseph Daniel member 1892, later moved to
    Texas (461)
    Katherine 1899 (438)
    Mary Emma 1892 (461)
    Mollie 1878 (492)
    Rufes F. 1885 (492)
    S. A. (f) 1867 (409)
    S. Ann 1875 (409)
    Salley J. 1881 (492)
    Sally 1881 (492)
    William 1885 (492)
HOLTZCLAW, Berlin Cooper, child of Graham T. &
    Daisy F. b. Apr 20, 1897 (503)
    Julia Graham b. Jan 24, 1895 (503)
HOMAN, Mrs. Ress 1866 (497)
HOMER, Mrs. Ila 1891 (454)
    James M. m. Louisa A. Stillings Dec 19, 1858
    (356)
    Lucy C. m. Wm. E. D. Johnston Sep 7, 1876
    (356)
    Mrs. M. d. Sep 25, 1894 (497)
HOMES, Eliza 1872 (435)
HOMMEL, Henry & Amanda, parents of Melinda Ellin,
    Margaret Lucinda, William Montgomery,
    Elizabeth Catherine & Mary Ann, bapt
    Apr 20, 1845 (423)
HONE, Amos 1880 (478)
HONEA, Annie Lou 1903, m. a Travis (409)
    Hiram 1875 (409)
    James H. 1875 (409)
    James H. d. Jun 4, 1876 (409)
    Joseph 1883 (409)
    Martha J. 1875 (409)
    Robert F. 1883 (409)
HONEY, John 1884 (421)
    Mary J. 1860 (402)
HONEYMAN, Mrs. Kate Ellin 1890 (423)
HOOD, C. M. m. Mary Cheatham 1872 (356)
    J. B. 1832, 1834 (466)
    Mrs. J. M., age 22, d. Oct 31, 1903 (438)
    Miss Mamie 1884, m. W. B. Gillispie Oct 1893,
    moved to Bristol TN Nov 15, 1893 (423)
    Margaret 1832 (466)
HOODS, Joseph C. S. 1832 (466)
HOOKER, Mrs. C. B. ca. 1875 (448)
    Clarissa 1889 (455)
    Polly 1840, 1849 (389)
    Sarah 1831, 1853 (389)
    Temperance d. Jul 1849 (389)
    Thomas d. Oct 16, 1831 (389)
HOOP, Cordelia adult bapt 1876 (orphan) (356)
    John Crittenden 1894 (502)
HOOPER, Miss Ann Eliz. 1882 (423)
    C. P. d. Apr 11, 1900 (428)
    Frank 1889 (455)

HOOPER, Howard, son of Jno. C. & Mary T., bapt
    1897 (502)
  Jno. C., son of John & Mary Tompkens, b. Jul
    30, 1892 (502)
  John M. C. 1882 (423)
  John W. m. May Auld Dec 2, 1896 (503)
  Miss Malinda A. 1882 (423)
  Margaret Ann (Mrs. L. B.) d. May 20, 1911
    (401)
  Margaret Anna (Mrs. L. B.) 1884 (401)
  Mrs. Margt. M. 1882 (423)
  Marylizbeth d. Jan 24, 1900 (428)
  Roberta, dau of John C. & Mary, b. Aug 18,
    1890 (502)
HOOPERE, Florance Chambers 1897 (438)
  Ninayett 1897 (438)
HOOSER, Arabell 1847 (511)
  Falisia Ann 1847 (511)
  Lamberth V. 1847, d. Mar 1865 (511)
  Lavina 1847 (511)
  Mary V. 1847 (511)
  Nemisa 1847 (511)
HOOSFELDT, Mrs. Katherine 1880 (401)
HOOTON, "Robert" b. Lincolnshire, Engd., near
    Keelby, adult bapt 1889 (400)
  S. m. Minnie Herd Feb 11, 1894 (507)
HOOVER, C. S. 1889 (455)
  Claude 1889 (455)
  Judah 1811 (511)
  Mrs. Milton early member 1898-1900 (375)
HOPE, David James, son of David L. & Mary E., bapt
    Oct 30, 1847 (423)
  David L. 1842 (423)
  Jane Strong, dau of David L. & Mary E., bapt
    Dec 6, 1841 (423)
  John W. 1857, 1860 (423)
  John Welch, son of David L. & Mary E., bapt
    Aug 20, 1843 (423)
  Lizzie (see Lizzie Richards) (423)
  Margaret 1874 (401)
  Mary E. 1840, d. May 1849 (423)
HOPEWELL, Ch___ket? 1832 (462)
HOPGOOD, James 1894 (348)
HOPKINS, Aron 1811 (511)
HOPPER, Ida 1890 (409)
  J. W. 1890 (409)
  Nina Gett, dau of Joseph A. & Florence
    Chambers, b. Nov 2, 1879 in Texas (438)
  S. W. (f) 1896, 1897 (411)
HORD, Ada B. (see Ada B. Ewing) (502)
HORN, Frances 1896 (411)
  Hanah d. Oct 8, 1850 (402)
  Hannah 1823 (402)
  Harriet 1886 (409)
  Ida 1896 (411)
  Mrs. James 1898 (411)
  John 1823 (402)
  John d. Jan 20, 1856 (402)
  Josie 1896 (411)

HORN, Lidia 1896 (411)
  William 1896 (411)
HORNBERGER, J. G. 1846 (400)
  J. G. ordained May 16, 1869 (400)
  J. G. d. 3 Jul 1871 (401)
  Mrs. Martha 1860 (401)
HORNE, George d. Jun 16, 1899, age 33 (356)
  John N. d. May 1895 (d. in New Orleans &
    body brought here), age 35 (503)
  Lila A. 1863 (467)
HORNER, Mr. John d. Apr 8, 1904, age 40 (356)
  Thomas b. Little Rock AR, Nov 10, 1863, son
    of Andrew & Lizzie (356)
HORNSBEY, Mr. J. 1883 (423)
HORNSBY, Mrs. A. M. 1883 (423)
  Miss Emma B. 1887 (423)
  Miss Ida 1894 (married, Mrs. Samuel Gibson)
    (423)
  James member Sun schl 1870 (369)
  Jas. H. 1868, 1876 (369)
  Lizzie member Sun schl 1870 (369)
  Nolly member Sun schl 1870 (369)
  W. J. d. 1902 (423)
HORTEN, Mrs. Ida (wife of Skeen) 1871 (478)
  Carrie 1888 (507)
HORTON, Mrs. Jno. A. d. Mar 1901 (454)
  John Elliott d. 16 Nov 1836 (438)
  John L. 1888 (507)
  Joseph W. m. Carrie P. Hilliard, widow,
    17 Jan 1889 (503)
  Martha Jane m. William Auren Mar 1, 1853
    (356)
  R. C. (f) 1887 (402)
  S. H. 1895 (507)
  Sarah E. 1888 (507)
  W. C. (m) 1887 (402)
HOSEA, Capt. L. M. USA m. Fanny Polk Smith Jul 20,
    1865 (438)
  Lewis M., Fannie Polk (Smith) Hosea (Sep 5,
    1856?), Sarah Davis Hosea (Aug 10,
    1867), Louise Lyon?, gone to Cincinati
    --family listing (438)
  Sarah Davis, dau of L. M. & Fannie, b. Aug
    10, 1867 (438)
HOSFORD, Mrs. Bessie 1883, d. May 30, 1884 (401)
HOSKINS, Miss Bessie O. 1895 (Mrs. M. D. Beeler)
    (423)
  Horace M. 1895 (423)
  James D. 1887 (423)
  Lynn W. 1895 (423)
  Miss Mary Margaret d. 1908 (423)
  Miss Nellie T. 1887 (423)
HOSS, Addie m. Saml. C. House Jan 11, 1872 (356)
  Mrs. L. P. d. Nov 30, 1892 (356)
  Mrs. Lauretta 1870 (423)
  Molly H. 1868 (423)
HOTENSTINE, Helen 1886 (455)
HOUCK, William 1894 (348)
HOUSE, Elizabeth 1811 (511)

HOUSE, Ellen R. m. Jas. W. Fletcher 1867 (356)
    Emma 1896 (462)
    Elizabeth d. 1882, member 1876 (389)
    E. L. 1878 (288)
    Fannie m. Edward S. Carpenter Oct 24, 1895 (356)
    Fannie m. Thos. O'Connor Nov 15, 1870 (356)
    Fletcher d. Mar 17, 1890, age 6 (356)
    Mrs. Frances d. Jan 14, 1892, age 87 (356)
    Jacob 1811 (511)
    Julia b. Feb 21, 1889 (dau of Sam & Addie) (356)
    Lelia b. Jul 9, 1886, dau of Samuel & Addie (356)
    House 1811 (511)
    Nettie 1889 (429)
    Sallie (age 4), Thomas O'Conner (age 3) and Fletcher (age 1), children of Saml. & Sar.? S., bapt 1884 (356)
    Sam d. Jun 8, 1890, age 53 (356)
    Saml. C. m. Addie Hoss Jan 11, 1872 (356)
    Thomas Oconner (see Mary Lou McMullin) (423)
    W. H. 1896 (462)
HOUSELY, Rebecca d. Sep 15, 1888 (465)
HOUSER, John 1871 (423)
    Mrs. Lizzie 1867 (423)
HOUSLEY, Nancy d. Sep 16, 1888 (465)
    Rebecca d. Sep 15, 1888 (465)
    S. D. d. Aug 10, 1887 (465)
HOUSTON, Anna L. 1839, came from Charleston SC (437)
    Charlotte d. Apr 21, 1861 (408)
    Charlotte 1858 (408)
    C. P. & Virginia parents of Mary Leffler & Virginia Motley bapt 1870 (478)
    Claud V. 1892 (478)
    Flora Ann, dau of Oswald & Anna L., b. Apr 16, 1838 (437)
    James m. Margaret White Nov 2, 1858 (356)
    Oswald 1838?, 4 children, 2 adults, came from SC (437)
    Oswald 1839, came from Abbeville SC (437)
    P. F. & Virginia parents of Henry bapt 1870 (478)
    Miss Virginia (dau of Phifer) 1890 (478)
    Virginia A. 1855, d. 15 Jul 1880 (478)
    Virginia M. 1880 (478)
    W. 1872 (408)
    Wm. 1858 (408)
HOWARD, Abert 1899 (348)
    Amanda 1885 (462)
    Mrs. Ann Eliza 1887 (401)
    Annie Stella, b. Jun 6, 1881 (438)
    C. A. 1853, 1857 (467)
    C. L. d. 10/7/1904 (454)
    Charles 1850 (435)
    Chas. W. 1895 (454)
    E. M. 1893 (401)
    Mrs. Ella 1895 (454)
    Edward M. 1872, 1893 (401)
    Emma H. 1888 (454)
    Harry Francis b. Jul 22, 1883 (438)
    Henry Ripley (priest) b. May 5, 1838, d. Mar 19, 1895 (461)
    Ida 1899 (348)
    J. T. 1884, d. 2-12-1905 (454)
    James d. Mar 11, 1905 (462)
    James 1878 (462)
    Jerald Branch, son of John W. & Lucia (Branch), b. Dec 29, 1890 at Columbia (438)
    John T. 1853, 1857 (467)
    Mary An d. 1873 (467)
    Mary Maloney b. Mar 15, 1879 (438)
    *Miss Margaret 1887 (401)
    Mary M., age 8, buried Aug 27, 1887 (438)
    Polly 1831 (450)
    Polley 1828 (450)
    Miss Sallie A. 1852 (401)
    W. H. jr. 1876 (369)
    W. H. H. 1876 (369)
    W. J. F. 1853, 1856 (467)
    William J., Lucia Golt (Branch) (Oct 30, 1864), William Howard, Jerald Branch Howard (Jun 12, 1892)--family listing (438)
HOWARD-SMITH, Marian m. Eben Alexander 1872 (356)
HOWE, Frances Louisa 1870 (401)
    L. M. m. Mary M. Cole 1855 (356)
HOWELL, Mrs. Adaline 1854 (497)
    Aleuisa? 1828 (423)
    Alfred 1876 (409)
    Bettie (Miss) 1866 (497)
    Charlie, son of Chas. & Emma E. b. Feb 22, 1877 (503)
    Cornelia Cooper b. Jan 27, 1895, dau of C. C. & C. C.) (356)
    David C. & Emma E. parents of Edna b. 13 Apr 1870, Miriam b. 4 Mar 1872 and Ethel b. 6 Dec 1881 (503)
    Delila 1882, d. 12-19-96 (339)
    Emily Collier, dau of S. E. & Emma B., b. 3 Apr 1890 (503)
    Emley 1873 (448)
    Emma 1878, d. 9-21-83 (339)
    Henry 1809 (511)
    J. W. 1872 (m) (497)
    John 1808 (511)
    Jno. R. 1885 (339)
    Martha (Pickett) 1832 (423)
    Mary 1811 (511)
    Phillip 1811, 1809 (511)
    Robert C. d. Feb 2, 1880 (400)
    Robt. E. 1872 (497)
    Mrs. S. J. 1898 (400)
    Sally 1885, 1900 (339)
    Samuel 1892 (409)
    Samuel F. 1880 (409)

HOWELL, Samuel Withers, son of Stephen Elliott &
    Emma, b. Nov 28, 1893 (503)
    Thomas Clark, son of William S. & Martha,
        bapt Jun 14, 1830 (423)
    William J. 1829 (423)
    William S. 1828 (423)
    Wm. T., father of Martha Harriet, John
        Marshall, James Anderson, William
        Price & Mary Frances, bapt Oct 17, 1828
        (423)
HOWELLS, James 1868 (423)
HOWERTON, Mrs. Anna 1887, 1900 to Charlotte NC
    (401)
    James pastor Corpus Christi TX Mar 31, 1887
        (401)
    James 1877 (401)
    James Lawrence, son of Jas. R. & Mrs., bapt
        9 Jun 1895 (401)
    John Thomas 1882 (401)
    Margret A. E. 1888 (450)
    Miss Mary Ann 1883 (401)
HOWKINS, Lionel m. Frances Plummer Dale May 22,
    1855 (438)
HOWLIN, W. H. 1886 (409)
HOYT, Mrs. A. M. 1897, 1899 to West Phil (401)
    Mrs. Ed. F. (formerly Mrs. Getchell & dau of
        famous Gen. Birney of OH) d. Dec 1895
        (503)
    J. Carroll 1897, 1899 to West Phil (401)
    Rev. N. A. m. Sallie Cooper Jun 2, 1874
        (480)
    Nelson 1897, 1899 to West Phil (401)
HUBBARD, Easter Lloyd child of James C. & Edith, b.
    27 Apr 1890 (503)
    Hower infant bapt 1884 (356)
    James C. d. Mar 1898, age 36 (503)
    Nettie C. (see Nettie C. Bankston) (454)
    P. P. & wife 1893 (455)
HUBBART, Ann 1832 (466)
    James 1832 (466)
HUBER, James F. & Julia parents of James Minnefee
    (b. Colorada, Texas) (bapt 1887) and
    Blanche Comley b. Sep 16, 1887 (356)
HUCHINGS, Richard 1857 (504)
HUCHISON, Robbert 1872 (396)
HUDDLESTAD, J. W. 1893 (371)
HUDDLESTON, Susie Herbert? 1889 (455)
HUDDLESTONE, Ada 1886 (455)
HUDEBURGH, Margaret Adeline 1848 (423)
HUDGENS, Chaley 1865 (507)
    Clarissa J. 1855 (507)
    Daisy May 1887 (507)
    Eliza 1862, d. Jan 17, 1905 (507)
    Elizabeth 1886 (507)
    Ellis F. 1885 (507)
    Everett 1894, gone to TX (507)
    Everette 1894 (507)
    H. Claud m. Arra Miller Dec 15, 1898 (507)
    H. Clerence 1894 (507)

HUDGENS, Hampton 1863 (507)
    Hershell 1894 (507)
    H. Claud 1894 (507)
    Ida May 1894 (507)
    Jas. A. m. Carrie W. Moore Jan 5, 1891 (507)
    James P. 1865 (507)
    John 1870 (507)
    Kate 1897 (507)
    Laura Findly 1887 (507)
    Lee Ann (nee Meek) 1864 (507)
    Lena May & Sallie Betrice children of Ritha &
        Stanton, bapt 1894 (507)
    Lou Bell 1885 (507)
    Mary & D. B. parents of Lester & Ernest bapt
        1894 (507)
    Mary A. 1866 (507)
    Mary A. d. 1878 (507)
    Melvina 1858 (507)
    Nicholas 1885 (507)
    Ora 1894 (507)
    Robert H. 1885 (507)
    Wiblie 1894 (507)
    William M. 1885 (507)
    Willie Fester?, child of W. S. & R., bapt
        1895 (507)
HUDIBURG, Louise Christin b. Apr 25, 1899, dau of
    Charles A. & Louise S. (356)
    Wm. N. m. Carletta G. Rea Nov 27, 1899 (503)
HUDGINS, Henry Cleveland adult bapt 1887, b. Jul 6,
    1841 (356)
HUDSON, Bettie 1891 (407)
    Marry 1823 (504)
    Mary 1832 (504)
    Walter C. 1878 (401)
    Wm. E. elder 1892 (502)
HUFFER, James Rodgers, son of Walker A. & Susan E.,
    bapt Dec 5, 1852 (423)
    Mrs. Susan E. 1852, d. Mar 16, 1906 (423)
    Walker A. 1851 (423)
HUFFMAN, Alice 1885 (492)
    Clem 1886 (492)
    Eliza J. member 1870, d. Nov 1, 1887 (492)
    G. C. deacon 1870-1875 (492)
    George C. member 1870 (492)
    John d. Jun 18, 1878 (492)
    John member 1870, d. Jun 18__8 (492)
    L.? C. d. Feb 27, 1906 (407)
    M. A. 1876 (492)
    Matta 1880 (492)
    Polley d. Feb 22, 1876 (492)
    Polly member 1870, d. Feb 22, 1876 (492)
    T. L. elder 1892 (492)
    Thomas 1886 (492)
    William A. 1885 (492)
HUGENS, James 1849 (386)
    Martha 1849 (386)
    Ziley 1849 (386)
HUGGINS, Charles 1821 (386)

HUGHES, Charlotte Whitthorne, dau of Leonard & Charlotte W., bapt Dec 17, 1899 at 3 yrs (438)
    Claride? Bedford b. Jan 1892, Besemore AL, child of Robert & Florence (356)
    Crofford 1853 (504)
    Eliza M. 1875 (409)
    Flora Imogen b. Apr 7, 1889, dau of Cola? Frank Arnold & Dona (356)
    Frank 1885 (409)
    George M. E. 1876 (409)
    Helen 1896 (339)
    J. G. 1871 (409)
    J. White 1881, moved to Topeka KS (423)
    James B. 1871 (409)
    Mrs. Jennie Franklin d. Jan 24, 1910 (400)
    Jennie M. m. Andrew J. Dodds 21 Feb 1888 (503)
    John 1876 (409)
    John H. d. Jun 5, 1862 (425)
    John M. 1875 (409)
    Larimer b. Nov 11, 1895, son of Robert R. & Florence E. (356)
    Leonard Bentley, son of Leonard & Charlotte W., b. May 19, 1897, bapt Dec 17, 1899 (438)
    Leonard Bentley m. Charlotte Morton Whitthorne Jun 7, 1894 (438)
    Lucy B. 1871 (409)
    Marcellus J. 1868 (423)
    Mattie 1883 (409)
    Mrs. Sarah J. 1887 (423)
    Sarah J. 1869 (423)
    Violet b. Sep 5, 1893, dau of Robert P. & Florence E. (356)
    Virgil, Bell (Ruttle), no dates--family listing (438)
    Virginia 1875, 1867 (409)
    W. W. & Jennie, parents of Mattie Lee & India bapt Aug 16, 1876 (409)
    W. W. 1875, d. 1875 (409)
    William ca. 1860 (448)
    William W. 1867 (409)
HUGHS, A. T. (m) 1884 (339)
    Fannie d. Apr 17, 1876 (465)
    Lizzie m. Saml. B. Rogers Apr 18, 1875 (503)
    Stokley 1887 (339)
HUGUE, William elder 1821 (419)
HUILIER, Thos. L. 1860 (478)
HULBERT, Jessie May m. Walter W. Hickerson Feb 8, 1895 (461)
    Mary K. m. William C. Baird Jul 17, 1883 (503)
HULL, Jenety 1872 (396)
    Lucy 1878 (492)
    Nancy 1811 (511)
HUMBLE, Wm. 1884 (462)
HUME, Mrs. Augusta T. 1866, 1890 to Bedford City VA (401)

HUME, Bryce Stewart 1882, 1895 to Richmond VA (401)
    Eliza Sanderson d. ca. 1871, age 85 (356)
    Harry 1892 (409)
    Mrs. J. C. d. Jan 4, 1872 (401)
    J. R. 1888 (409)
    James W. d. Sep 11, 1872 (401)
    Lena 1870, now Mrs. W. T. Dortch (401)
    Rachel J. d. Aug 1910 (401)
    Rachel J. 1876, later to Memphis (401)
    W. P. 1855 (400)
    W. P. ordained Feb 22, 1852 (401)
    Wm. P. 1844 (401)
HUMES, Andrew R. (Monroe Co.) d. Sep 25, 1848 (356)
    Andrew R. 1842 (423)
    Andrew R. 1828 (left for Episcopal Ch) (423)
    Andrew Russell, son of Thos. W. & Cornelia W. b. Sep 18, 1847 (356)
    Andrew Russell, son of Andrew R. & Mary W., b. Nov 22, 1847 (356)
    Andrew Russell d. 1847, age 30 yrs 5 mo 16 da (356)
    Anna B. d. 1879, member 1850 (356)
    Anna B. d. May 30, 1879, age 58 (356)
    Augusta T. (see Augusta T. Tinsley) (401)
    Betsey Jones, dau of Andrew R. & Margaret W., bapt Dec 6, 1841 (423)
    Cornelia W. 1842, left for Episcopal Ch (423)
    Cornelia W. d. Nov 1847 (356)
    Cornelia Williams d. 1847, age 30 yrs 5 mos 16 da (356)
    Elizabeth d. 1847, age 23 mos 6 da (356)
    Elizabeth, dau of Thos. W. & Cornelia W., b. Aug 8, 1845 (356)
    Frances Mowbray, child of Thos. W. & Anna B., b. Nov 9, 1862 (356)
    Frank A. R. d. Aug 31, 1851, age 1 yr (356)
    Jane m. John Alley Parker Jun 1, 1892 (503)
    Julia R. m. William O. Rhodes 18 Sep 1891 (503)
    Lowry White, son of W. Y. C. H. & Margaret P., bapt Mar 29, 1856 (423)
    Margaret, dau of Andrew R. & Margt. W., b. Nov 11, 1845 (356)
    Margaret P. d. Apr 17, 1859 (423)
    Margaret W. 1842, left for Episcopal Ch (423)
    Mary, dau of Thomas W. & Cornelia, bapt ca. 1835 (423)
    Mary m. William E. Boyd Jun 19, 1860 (356)
    Newton McKinney, son of W. Y. C. & Margaret P., bapt Jan 2, 1859 (423)
    Rev. Thomas W. d. Jan 16, 1892, age 77 (356)
    Thomas W. 1828, 1843 (423)
    Thos. W. m. Anna B. Williams ca. 1850 (356)
    Thomas William, son of Andrew R. & Margaret W., bapt Dec 3, 1843 (423)
    Wm. Y. C. 1857 (423)
HUMPHEREE, Bery 1895 (450)
    Malinda 1894 (450)
    Malinda 1895 (450)

HUMPHEYS, Robert W. member 1875, d. at Bailey
        Springs AL, May 1878 (400)
HUMPHRES, Sarah L. 1894 (450)
HUMPHREY, Mary C. 1887 (nee Hutson) (507)
    Parry West 1895 (401)
    William 1840 (450)
HUMPHREYS, Miss Amanda Pillow buried Oct 8, 1865
        (438)
    Any 1834 (450)
    Miss Carrie 1889 (401)
    Edward Merriwether confirmed 1881 (400)
    Edward Merriwther bapt 1881, son of Robert
        W. (400)
    Elen Ann ca. 1869 (450)
    Henly 1869 (450)
    Hettie m. Robert M. Cousar Sep 17, 1879 (400)
    Mr. John B. confirmed 1890 (400)
    John Barker adult bapt 1890 (400)
    Mrs. Louise G. (wife M. W.) 1877 (487)
    Louise Garland, dau of M. W. & L. G., bapt
        1880 (487)
    Lucinda 1853 (450)
    Mrs. Lucy confirmed 1890 (400)
    M. W. elder 1880 (487)
    Malinda 1853 (450)
    Mrs. Mannie West 1896 (401)
    Mrs. Mary 1896 (400)
    Robert W. d. Aug 9, 1880 (400)
    Robert W. d. May 26, 1878 (400)
    Robert W., Mary, Edward M. R. West Humphreys,
        John--family listings 1875-1902 (400)
    William 1866 (450)
    William & wife Amy 1849 (450)
HUMPHRIES, Joseph O. 1890 (454)
HUMPHRY, Jesse d. Dec 1875 (361)
    Mollie 1891, d. Jul 1903 (407)
HUMPHRYS, Edward confirmed 1883 (400)
    Bettie H. m. Cary N. Weisiger Apr 21, 1881
        (400)
HUMPRES, Henly ca. 1894 (450)
HUNICUT, Honor 1823 (504)
HUNT, Abel 1842 (389)
    Almeda 1895 (339)
    Mrs. Annie B. 1879, 1882 to Forest City AR
        (401)
    Avery G. 1879, 1882 to Forest City Ch, AR
        (401)
    Benj. 1811 (511)
    Carrie 1879, 1882 to Forest City Ch, AR (401)
    Eldorus R. 1874 (single) (455)
    Eliza P. 1847 (437)
    Elizabeth 1843 (389)
    Elizabeth Forster, dau of Samuel P. & Eliza
        P., b. Mar 26, 1851 (437)
    Miss Ella 1891 (455)
    Miss Ella 1879 (423)
    Ella O., dau of C. O. & S. A., b. Mar 7, 1875
        (455)
    Florence 1899 (339)

HUNT, Jas. 1844 (421)
    Mary 1850 (389)
    Mary 1844 (386)
    Milton 1879, 1882 to Memphis (401)
    Nancy 1828 (389)
    Reuben m. Katherine DeGeorgis May 3, 1894
        (503)
    S. P. 1841 (437)
    S. V. member Sun schl 1871 (369)
    Samuel Tardiff, son of Sam'l. P. & Eliza P.,
        bapt Dec 2, 1855 (437)
    Susannah 1811 (511)
    William Crosby, son of Samuel T. & Elizabeth
        P., bapt Aug 13, 1854 (437)
    Wm. H. 1854 (437)
    William Henry 1854 (437)
    William R. d. Jun 11, 1890, age 53 (356)
HUNTER, Adam 1823 (504)
    Charlotte 1823 (504)
    Dayton 1823 (504)
    Elija? 1817 (386)
    Elizabeth 1826 (421)
    Elizabeth 1817 (386)
    Eliza 1875 (409)
    Ella (Tilman) 1881 (409)
    Francis 1859 (448)
    George Wallace m. Lucilla Hines Jun 2, 1853
        (503)
    Gilley 1823 (504)
    Layton 1840, 1832 (504)
    Lizzie 1896 (429)
    Miss Lizzy Bell 1898 (415)
    Sallie Kennedy (see Sallie Kennedy Owen) (401)
    Sallie Marshall, dau of T. M. & S. O., bapt
        Jun 16, 1897 (401)
    Sarah A. 1859, later moved to Texas (448)
    Susannah 1826 (421)
    T. M. 1892 (preacher) (401)
HUNTINGTON, Ola Craig (see Ola Craig Gibbins) (423)
HURDLE, Ann Amanda dau of Truman & Sarah bapt Jan
        16, 1821 (423)
    Sarah (was a Nelson?) d. Dec 2, 1850 (423)
    Sarah 1819?, d. Dec 2, 1850 (423)
HURLBERT, Orion L. d. May 30, 1909, age 53 (350)
HURLHERT?, Jessie May Whitfield 1892 (461)
HURLEY, Lucy 1872 (361)
    Martha 1838 (361)
    Martha 1832 (361)
HURST, Nathan S. 1872 (450)
HURSY, Leslie 1899 (438)
HURT, Amanda Morgan adult bapt 1882 (438)
    J. M. 1847 (421)
HURXTHAL, Katharine b. Jul 2, 1890, dau of __ew &
        Myrta (356)
HUSE, Sarah 1887, 1889 (339)
HUSON, Nelly, dau of M. A. & Mollie b. 1 Jun 1873
        (503)
HUSSEY, Hannah d. May 27, 1857, age 77 (356)
HUSSIE, Miss Eliza d. Jul 20, 1899, age 85 (356)

HUSTON, C. T. jr. 1857 (478)
    Mary Lefler 1874 (478)
    Robet 1885 (478)
HUTCHENS, Henry d. 8 Jun 1911, age 63 (350)
    Mrs. Henry d. 26 Nov 1911, age 58 (350)
HUTCHERSON, Andrew W. 1887 (415)
    Mrs. Catherine 1887 (415)
    Evaline? 1866 (450)
HUTCHINGS, Dicy ca. 1832 (504)
    Dicy 1853 (504)
    Richard ca. 1832 (504)
    Richard 1853 (504)
    Zacha. 1811 (511)
HUTCHINS, Mrs. Sarah b. Apr 18, 1848 (503)
    William (son of William & Sarah) b. Jun 17, 1867 (503)
HUTCHISON, Luisa T. 1894 (450)
    Orlina 1894 (450)
HUTSON, J. M. 1895 (507)
    Lucindah S. 1876 (389)
    Mary C. 1887 (see Mary C. Humphrey) (507)
    Rachel Jane d. May 28, 1877 (389)
HUTT, Miss Ella Lou 1889, 1892 to Columbus GA (401)
    Miss Sallie 1894 (401)
HUTTON, Mrs. Annie V. (wife of John B.) 1892 (478)
    Mrs. George 1870 (478)
    John D. 1886 (478)
    John D. elder 1896 (478)
    W. R. 1892 (478)
HYDE, Callie 1892 (455)
    Isaiah 1885 (507)
    Jas. m. Jennie Crockett Dec 4, 1890 (429)
    James H. 1885 (507)
    James Henry d. Apr 16, 1887 (507)
    Jennie (see Jennie Crockett) (429)
    Miss Nell Fleming 1899 (401)
    Sallie 1888 (429)
HYDEN, Rev. J. Albert 1868 (369)
    Mrs. J. E. member Sun schl 1870 (369)
    Jennie 1869 (369)
    John member Sun schl 1870 (369)
    Tem__ member Sun schl 1870 (369)
    Willie member Sun schl 1870 (369)
HYDER, Inez Murray, dau of Wm. & Ada b. May 30, 1886 (503)
HYLAND, Charles A. 1878, 1883 (401)
HYLE, Fanny 1897 (440)
    Fanny Henrietta, dau of Henry & Fanny, b. May 17, 1881 (438)
    Henry, Fanny, Maggie (age 18), Mary (age 13), Fany Harietta (age 12), Louis (age 9) (Apr 6, 1892 listed for each person) --family listing (438)
    Louis, son of Henry & Fanny, b. Sep 14, 1883 (438)
    Maggie, dau of Henry & Fanny, b. Dec 8, 1874 (438)
    Maggie, age 18, 1892 (438)

HYLE, Mary 1895 (440)
    Mary Lou, dau of Henry & Fanny, b. Feb 13, 1879 (438)
HYLEMAN, Mrs. S. L. d. Mar 6, 1894 (356)
HYMAN, Mrs. Ellen Crosbie 1896 (400)
    Emma Mai b. May 28, 1889, dau of Sam & Nellie (400)
    Col. J. H. m. Sadie P. Raynes Nov 13, 1867 (438)
    Samuel, age 43, d. Oct 8, 1906 (400)
    Samuel A. confirmed 1882 (400)
    Samuel A. 1896 (400)
HYMEN, Ellen Gilliat bapt 1891, dau of Saml. & Nellie (400)
HYNSON, Mary Lawrence 1891 (438)
IDE, Mary Worth adult bapt 1848, age 29 yrs (356)
IDOL, Joshaway 1882 (450)
IJAMS, Miss Carrie 1895 (Mrs. Geo. Miles Manning) (423)
    Joseph H. 1869 (423)
    Miss Martha Osborn 1894 (Mrs. Edward Clyde Gothard) (423)
    Martha Osbun, dau of Jos. H. & Mary H., bapt Apr 5, 1879 (423)
    Mrs. Mary H. 1866 (423)
    William Edwin 1881 (423)
ILSLEY, John Henry m. Mary Hamilton 24 Aug 1889 (503)
IMPSON, Eliza 1811 (511)
INGERSOLL, A. B. 1878, moved to Sidney OH, Nov 28, 1886 (423)
    Edward R. 1881, moved to Canton OH Mar 31, 1886 (423)
    Ella H. (Miss) 1881, moved to Sidney OH Nov 28, 1886 (423)
    Mrs. M. S. 1878, moved to Sidney OH Nov 28, 1886 (423)
    Mable R. m. Oliver W. Ingersoll (of Brooklyn, NY) Nov 30, 1892 (356)
INGHRAM, Margret A. 1867 (409)
    Margret A. 1875 (409)
    Martha 1875 (409)
    Martha J. 1875 (409)
    Thomas 1875 (409)
INGLAND, Bill 1891 (371)
INGLE, George 1871 (478)
INGLEDON, Alice member Sun schl 1870 (369)
INGLES, Mrs. Phebe 1885 (423)
    Sidney Laa? 1893 (423)
    Thomas M. 1885 (423)
INGMAN, Mrs. Clara 1889 (455)
    O. M. 1889 (455)
INGRAHAM, Andrew Jackson, son of Jane, b. Dec 23, 1856 (503)
    Susan b. Sep 1859, dau of Jane (503)
    Susan d. Nov 13, 1866, age 7 (503)
INGRAM, A. D. 1856 (421)
    China 1860, 1847 (421)
    J. D. 1853 (421)

INGRAM, Margaret ____ m. Herman ___ Rubens? Mar 29, 1899 (438)
    Mary m. Robert W. Watkins Jan 14, 1890 (438)
    Mary A. 1867 (409)
    Mrs. d. Feb 18, 1899 (438)
IRBY, H. C. (Capt.) 1873 (406)
    Martha 1811 (511)
    Tanny 1811 (511)
IRICK, Susana 1857 (450)
IRISH, George Elbert 1872 (423)
    Jonas 1873 (423)
    Miss Mable S. 1887 (423)
    Sarah D. 1873 (423)
IRONS, Sarah E. 1885 (428)
    Sarah E. d. Aug 30, 1903 (428)
IRVIN, Mrs. Celia A. d. Nov 3, 1889 (429)
    Mrs. Celie A. 1872, d. Nov 3, 1889 (429)
    Louisa (Miss) 1885 (429)
    M. J. 1872, 1890 (429)
    M. P. & Anna, parents of Mattie, Tommie & Oakley, bapt Oct 12, 1890 (429)
    Merideth B. 1886, 1890 (429)
    Susie (Wray) 1886 (429)
    William 1887 (429)
    William d. Nov 29, 1851, age 15 (356)
IRVINE, John A. 1891 (401)
    Mrs. Mary Cross d. Apr 15, 1910 (401)
    R. G. 1841 (448)
IRVING, M. J. parent of M. L., John J. C., Dora J. & Susie E. bapt Sep 6, 1875 (429)
IRWIN, Mrs. Amelia Ann 1891 (429)
    Mrs. Cattie 1892 (429)
    Mr. Charlie 1890 (429)
    Clay 1879, 1892 (361)
    Drew d. Mar 1902 (438)
    Frank 1884 (429)
    James L. 1879, 1898 (429)
    Miss Lillie 1885, 1893 (429)
    Miss Lillie A. 1890 (429)
    Mrs. Martha J. 1879, d. 1894 (429)
    Mr. Robert & wife 1885 (423)
    Miss Sallie 1890 (429)
    Mr. Willie 1890 (429)
    ___ddie 1889 (429)
ISBELL, Buck 1885 (428)
    Mary 1885 (428)
ISBESTER, Jennie member 1879, m. W. R. Crabtree (454)
    Mrs. Virginia 1879, d. Jan 28, 1901 (454)
ISHAM, William H.? 1870 (492)
ISLEY, Rowena E. m. Carroll Zachary 1867 (356)
ISOM, Bedie R. 1870, d. May 4, 1882 (492)
    Evvie? J. 1870 (492)
    F. M. 1889 (492)
    J. W. 1870 (492)
    Jas. M. 1870, d. Apr 12, 1884 (492)
    Joe B. 1871 (492)
    L. C. 1870 (492)
    Louisa 1870 (492)

ISOM, Nannie A. 1870-1872 (492)
    Pollie? K. d. May 4, 1882 (492)
IVANS?, Jennie 1889 (455)
IVENS, Dorothy May, dau of Harry Kersey & Rosa F. b. in New Orleans LA, May 11, 1898 (503)
    Edmund Masters d. Jun 30, 1901, age 69 (350)
IVES, Jessica m. W. H. Waddell 18 Feb 1890 (503)
IVEY, Anderson 1821 (386)
    Ida H. 1878 (478)
    Luke 1867 (478)
    Mary W. 1871 (478)
IVIE, Charles S. 1871 (478)
    Charles S. elder 1890 (478)
    Mrs. Matilda I. 1859 (478)
    Matilda J. (wife of T. B.) 1859 (478)
    Thompson B. 1889 (478)
IVINS, John W. 1811 (511)
IVY, Anderson 1817 (386)
    Lucinda, dau of Richard & Henrietta, b. Oct 24, 1838 at Bankvue?, Franklin Co, TN (461)
    Sarah 1817 (386)
    Thos. & M. J. parents of Ida Hortense adult bapt 1871 (478)
    Thomas & Matilda prents of Miss Mary Ward Ivy adult bapt 1871 (478)
JACK, Howard P. m. Aileen W. Griste Oct 27, 1898 (503)
JACKSON, Adaline 1847 (511)
    Amey 1853, d. 1860 (467)
    Anna May b. May 4, 1898, dau of Milton J. & Thida (400)
    Annie 1892 (461)
    Bill 1897 (371)
    Brown 1860, 1858 (408)
    Mrs. C. 1866 (497)
    Carolina d. Jan 7, 1883, age 64 (503)
    Catharin 1871 (497)
    Charity 1893 (467)
    Clarissa 1842 (466)
    Cora (nee Vincent) 1885 (507)
    D. 1893 (467)
    Dorothy, dau of Peelie?, bapt Sep 4, 1898 (409)
    Edith, mother of Rosie Lavinia bapt 1871 (478)
    Edith, mother of William Franklin bapt 1874 (478)
    Eli 1860 (419)
    Elizabeth 1847 (511)
    Elizabeth 1829 (450)
    Emma Victoria, dau of John & Susan B., b. Jul 22, 1857 (356)
    Fannie member 1896, d. Aug 10, 1901 (400)
    Fannie member 1860, d. 1893 (419)
    George Ransom (son of Mrs. Julia) bapt 1856 (466)
    Hannah 1844 (462)
    James 1844 (462)
    James 1821 (419)

JACKSON, James, child of Mrs. Julia, bapt 1868
  (466)
 Jas. M. & Nancy parents of Harriet Lowry b.
  Nov 22, 1867 (466)
 Jane 1832 (466)
 Mrs. Jane mother of Lucy Caroline, James M.,
  Peggy Ann & Clarissa bapt ca. 1831
  (466)
 Miss Jane D. d. 14 Feb 1911, age 89 (350)
 Jim 1897 (371)
 John & Jane parents of Martha Jane bapt 1833
  (466)
 John K. 1832 (466)
 Jonathan 1853, d. May 1855 (467)
 Joseph, son of Mrs. Julia, bapt 1853 (466)
 Julia, dau of Mrs. Julia, bapt 1856 (466)
 Mrs. Julia, dau of Mary Reese bapt 1849 (466)
 Lillie Rosalind 1892 (461)
 Miss Lou Ella 1885, 1899 (401)
 Lucy C. 1842, d. 1846 (466)
 Mrs. Lucy Caladonia 1898 (401)
 M. L. 1888 (m. Largent?) (507)
 Miss Maggie 1884, 1886 to Macedonia (401)
 Magie 1897 (371)
 Margaret J. 1869 (423)
 Martha 1849 (462)
 Martha, _____, _____, Robert B. Eslin, Emily
  G. Eslin--family listings 1875-1902
  (400)
 Mrs. Martha, age 97, d. Apr 21, 1909 (400)
 Mrs. Martha member 1896, d. Apr 21, 1909
  (400)
 Martha Elizabeth, dau of Mrs. Julia, bapt
  1858 (466)
 Mary 1821 (419)
 Maryan 1874 (504)
 Maryann 1872 (504)
 Maryann 1879, d. Oct 30, 1885 (504-2)
 Mary Anne 1858 (504)
 Meltin 1836 (450)
 Milton & wife Elizabeth 1850, 1840 (450)
 Peggy Ann 1842 (466)
 Priscilla (colored) d. Feb 24, 1902, age 78
  (350)
 Sally 1893 (462)
 Sarah 1888 (507)
 Sarah V. confirmed 1892 (400)
 Sarah Virginia adult bapt 1891, b. Winchester
  TN, dau of T. J. & Mildred C. (400)
 Susan 1821 (419)
 Mrs. Thida (Milton) 1898 (400)
 Mrs. Thida d. Apr 2, 1903 (400)
 William 1832 (504)
 William Brazelton, son of Mrs. Julia bapt
  1853 (466)
 William David, son of Carolina & Priscilla
  (colored) b. Apr 12, 1867 (503)
 Wm. Frank (Edith's son) 1889 (478)
 Wm. Franklin (son of Edith) bapt 1874 (478)

JACOBS, Basey 1811 (511)
 Mrs. Catharine 1889, moved to Cleveland TN
  Nov 5, 1889 (423)
 Catharine 1822, left for Jonesborough (423)
 Miss Helen 1889, moved to Cleveland TN Nov 5,
  1889 (423)
 Louis J. & Clara L. parents of Leah Amelia b.
  Jan 23, 1887, Louis Eugene b. Apr 5,
  1890 and Harry Archibald b. May 31,
  1892 (356)
 Moz. 1819? (423)
 S. D. d. Mar 10, 1850 (423)
 S. D. 1849, 1842 (423)
 Solomon D. 1833, 1850 (423)
 Susan M. 1843, 1850 (423)
 Warren C. 1889, moved to Cleveland TN Nov 5,
  1889 (423)
JACUPS, Alph d. Aug 22, 1894 (396)
JAKSON, Nannie (Sullivan) d. Nov 1881 (511)
JAMES, Albert, Sallie (Campbell), Cotlin Campbell,
  Eva Campbell--no dates--family listing
  (438)
 Albert S. m. Sallie Eugenia Campbell Apr 25,
  1875 (438)
 Axom, wife of (free colored) buried Oct 11,
  1855 (438)
 Bart A. d. Mar 9, 1909 (400)
 Cassander 1831, left for Grassy Valley Ch
  (423)
 Charley 1870 (462)
 David & Mary Lou, parents of Clauda & Eugene
  bapt 1893 (507)
 Delilah 1830 (450)
 E. A. 1883 (421)
 Easter A. (f) 1871 (462)
 Eliza Jane (wife of the late Col. James)
  bapt 1870 (530)
 Elizabeth m. Robert Shepherd Sep 14, 1853
  (356)
 Elizabeth 1811 (511)
 G. W. 1871 (448)
 Isabella m. William S. Stuart May 14, 1857
  (356)
 Jane 1832 (466)
 Jessie 1871 (462)
 Jesse A. 1831 (423)
 John 1830 (450)
 John 1840 (504)
 John, son of Benjamin & Ann, b. 19 May 1871
  (503)
 John H. & Eliza Jane, parents of Mary Eliza-
  beth b. Jan 6, 1854, Levina Isabella b.
  Feb 2, 1856, Robert Franklin b. Apr 5,
  1858 and Lethe Ann b. Jan 20, 1861 (503)
 Joseph, son of G. W. & M. H., bapt Mar 22,
  1875 (448)
 Matilda J. 1885 (339)
 Nancy L. ca. 1885 (421)
 Nancy L. d. Oct 18, 1900 (421)

JAMES, P. E. d. May 1, 1907 (462)
    P. E. (f) 1886 (462)
    Phebe 1832 (466)
    Pleasant 1874 (462)
    S. M. (f) 1870 (462)
    T. E. 1891 (425)
    W. H. 1871 (448)
    Webster Thomas, son of Charles E. & Kate,
        b. 7 Oct 1885 (503)
    Wm. 1872 (462)
    William 1811 (511)
    William Thomas, age 35, buried Apr 9, 1886
        (438)
JAMIESON, Robert H. buried Oct 28, 1884 (438)
JAMISON, Mr. Bev 1887 (429)
    Emma? 1896 (429)
    J. K. 1875 (409)
    Mrs. Nancy E. 1888 (429)
    Thespis A. adult bapt 1890 (356)
JANES, Rosa (Whitfield) 1896 (400)
JANNEY, Coline 1868 (423)
    Mary Elizabeth, dau of Mrs. Coline, bapt
        Feb 2, 1868 (423)
JANSEN, Theodore d. Feb 1884 (400)
JANUARY, Harriet 1847, 1849 (511)
    R. W. 1847, 1849 (511)
JARNAGEN, Claney 1823 (left for Methodist Ch) (423)
    Hampton L. 1832 (left for MS) (423)
JARNAGIN, Elizabeth 1896 (454)
    Harriet 1896 (454)
    Mrs. Kate 1896 (454)
    M. A. 1870 (466)
    M. P. 1848 (466)
    Morris 1896 (454)
JARRAL, Edward 1847, 1867 (511)
JARRED, Thomas 1894 (507)
JARRETT, Mrs. Annie M. P. 1894, 1896 to Hopkins-
        ville (401)
    Chas. Pusey, son of C. S. & Annie M., bapt
        Dec 25, 1894 (401)
    Chas. S. 1894, 1896 to Hopkinsville (401)
    Clara 1891 (425)
    Jennei 1891 (425)
    Maria A. ca. 1850 (448)
    Martha 1891 (425)
    O. A. ca. 1850 (448)
    Richard H. 1894 (415)
    S. J. 1891 (425)
JARROL, Matilda 1847, 1867 (511)
    Nancy 1847, 1867 (511)
JARROT, William 1850 (402)
JARVICE, Erben 1897 (507)
    Willie 1897 (507)
JARVIS, Daniel 1886 (507)
    Ella 1886 (507)
    Floyd A. 1873 (401)
    Harvey M. 1886 (507)
    Henry P. 1899 (507)
    John Pery 1886 (507)

JARVIS, Maranda 1899 (507)
    Martha Allen 1887 (507)
    Mattie Della 1887 (507)
    Myranda 1886 (507)
    Robert F. 1886 (507)
    Sallie, dau of Harvey & Effie, bapt 1888 (507)
    Sylvester 1886, 1899 (507)
    Vaughta Maranda dau of Harva M. & Effie O.
        bapt 1890 (507)
    Wm. L. 1888 (507)
JASSEY, Mrs. Nancy 1838?, 3 children 4 adults came
        from NC (437)
JEALMAN?, Mary Polk of Knoxville m. Thomas Shepard
        Webb Aug 11, 1896 (438)
JEFFERSON, Thos. (orphan) inf bapt 1883 (356)
JEKIS, Amelia F. m. John O. Sohorn Feb 22, 1881
        (503)
JELLISON, Clarence m. Ellen Taylor Jul 21, 1896
        (356)
JENKINS, Mr. A. B. 1885 (423)
    Addie 1878 (288)
    Adie 1891 (288)
    Miss Alma 1886 (455)
    Bessie Lee, dau of John Robertson jr. &
        Frances Emma White, b. Feb 11, 1879
        (438)
    Charles adult bapt 1896 (356)
    D. L. 1886 (455)
    Frank Mowbray, son of Peter F. & Fannie Emma
        bapt 1871 (503)
    H. C. 1889 (455)
    Henry 1883 (348)
    Mrs. Herbert 1886 (455)
    J. A. (m) 1878 (288)
    J. A. (m) 1891 (288)
    J. D. (m) 1866 (497)
    J. D. 1872 (497)
    Josie Thatcher, dau of Frances Emma White &
        John Robertson jr., b. Apr 15, 1881
        (438)
    Mrs. Mary E. 1870, to Edgefield 1871 (401)
    May Bell, dau of John Robertson jr. &
        Frances Emma White, b. Jun 5, 1877 (438)
    Nellie Free, dau of Frances Emma White &
        John Robertson jr., b. Jul 24, 1886
        (438)
    Richard Henry Sheridan (son of Peter F. &
        Fannie Emma) bapt 1871 (503)
    Sarah L. 1886 (455)
    W. P. 1887 (454)
    _____ Kyle adult bapt 1894 (356)
JENNINGS, Emms S. 1881 (339)
    Essie 1897 (339)
    Ether (Ferrel) 1881, d. 1898 (339)
    Hershal 1890 (339)
    Luella Bradly 1885 (339)
    Lulu member Sun schl 1870 (369)
    Mary (Mrs. J. G.?) 1887 (339)
    Nanie 1887 (339)

JENNINGS, Olevia 1869? (339)
    Parish 1889 (339)
    Tempy 1881 (339)
    Walter S. 1896 (339)
    Wm. jr. 1877 (339)
    Wm. B. d. Jul 26, 1881 (339)
JET, John 1845 (450)
JETT, A. O. 1870, d. 6 Oct 1905 (507)
    Mrs. Alice 1878 (478)
    Ann F. 1855 (m. Ths. S. Steele) (478)
    Annie 1890 (507)
    Carrie 1871 (478)
    D. F. & C. A. parents of William Stark inf
        bapt 1871 (478)
    Dora 1886 (507)
    Duncan F. 1855 (478)
    Ed. L. 1866 (478)
    Erwin P. 1857 (478)
    Jane C. 1839, d. 11 Feb 1876 (478)
    John d. Aug 20, 1876 (450)
    Maria 1869 (450)
    Mary m. Joseph Smith Dec 27, 1894 (507)
    Miss Mildred P., Miss Jane Carie, Miss Sallie
        & James (3 sisters and brother of Ann
        F. Steele) 1871 (478)
    Milt 1866 (478)
    Rose 1855 (478)
    Miss Sallie 1880 (478)
    William S. 1842, d. 3 Feb 1876 (478)
JETTE, Jennie 1894 (507)
JETTON, Isaac 1832 (502)
    Jane 1831 (502)
    John B. 1831 (502)
    Margeret 1812 (502)
    Margaret W. 1831 (502)
    Miss Nannie W. 1884 (502)
    Saml. W. 1879 (502)
    William 1832 (502)
JEW? (could read Lew), David 1832 (450)
JEWELL, Rev. S. L. 1892 (406)
JINNINGS, Annah 1811 (511)
JOB, Elizabeth (free col'd) m. Richard Bates (free
    col'd) 1855 (356)
JOHNS, Miss Addie 1854 (437)
    Andrew T. 1832 (466)
    Betty Ann 1832, d. 1832 (466)
    Mrs. Hannah 1884 (423)
    Jessee Lee (child of J. B. & Nannie) b. Jul
        13, 1885 (502)
    Miss Maggie 1884 (now Mrs. Geo. G. McCulley
        Jan 23, 1889) (423)
    Martha 1827 (502)
    Miss Mary Ann 1884, moved to Asheville NC
        Jan 14, 1893 (423)
    Mrs. Mary Hale d. May 18, 1839 (437)
    Nancy 1832 (466)
    Saml. 1842 (466)
    Samuel 1832 (466)
    Sarah 1832, d. May 1838 (466)

JOHNSON, A. J. 1887, d. Jan 6, 1899 (415)
    A. Malone & Thankful parents of Mary Thankful
        & Anderson Malone (twins b. Nov 2, 1858)
        James Whiteside b. Oct 7, 1861, Fannie
        A. b. Aug 10, 1864 and Helen R. b. Oct
        20 1866 (503)
    Abraham Malone d. Apr 21, 1903, age 73 (350)
    Ada 1875 (409)
    Ada (Mitchell) 1871 (409)
    Albert O. & Mary A. parents of Clara May b.
        Jan 25, 1872 and Edwin Albert b. Jan 29,
        1878 (503)
    Alfred b. Mar 15, 1899, son of Tyne & Lucia
        (400)
    Allen, Sarah (Brunson), Miss Maggie Brunson--
        family listing 1875-1902 (400)
    Allen d. Apr 1886 (400)
    Andie, son of Ben & Bettie, b. 1881 (440)
    Ann, dau of Henry & Eliza, b. Dec 13, 1871
        (356)
    Miss Anna C. 1888, 1889 to Memphis (401)
    Anna Pearl, dau of Thomas & Sally, b. May 20,
        1897 (440)
    Annie, dau of A. Malone & Thankful T., bapt
        1870 (503)
    Bailey 1875, 1886 to Macedonia (401)
    Benjamin F. 1858 (408)
    Bengamon F. 1872 (408)
    Bessie m. John R. Willis Oct 1879 (400)
    Mr. Boyd confirmed 1891 (400)
    Boyd 1896 (400)
    Caroline 1853 (435)
    Mrs. Carrie L. 1896 (400)
    Carrie Lurton b. Jul 26, 1890, dau of Dr. T.
        D. & Mrs. Carrie (400)
    Cave b. Aug 11, 1877, child of Polk G. &
        Annie (400)
    Cave member 1896, d. Nov 25, 1904 (400)
    Cave, age 27, d. Nov 25, 1904 (400)
    Cave Lurton b. Aug 17, 1845, son of Dr. T. D.
        & Carrie (Lurton) (400)
    Chloe 1811 (511)
    Chrissie confirmed 1885 (400)
    Christina d. 1849, age 63 (356)
    Crawford T. m. Anne Carolyn Acree Nov 2, 1897
        (503)
    Crawford Toy, son of Crawford T. & Caroline
        b. Oct 22, 1898 (503)
    Cyrris F. 1888, 1895 to Idelwild Ch, Memphis
        (401)
    Mrs. Daisy McComb (T. B.) 1893 (401)
    Miss Della 1891 (455)
    Drusilla Louisa, dau of William E. & Lucy,
        inf bapt 1878 (356)
    Effie E. m. Karl A. Buchanan Dec 22, 1892
        (503)
    Miss Elisa C. 1888, 1889 (number omitted)
    Mrs. Eliza J. (R. L.) 1893 (401)
    Elisabeth 1853 (435)

JOHNSON, Elizabeth b. Jul 28, 1882, dau of Thomas
D. & Carrie (400)
Elizabeth d. Apr 9, 1883 (400)
Elizabeth 1832 (466)
Ella Gertrude 1892 (461)
Ellen Armstead b. Nov 22, 1892 (dau of
Richard & Kate) (356)
Ephraim Foster, son of A. M. & Thankful, b.
Dec 17, 1879 (503)
Miss Eulah Lee 1887 (415)
Mrs. Eveline 1887, d. Decr? 1899 (415)
Fannie A. m. Douglas Everett Apr 16, 1884
(503)
Frances 1811 (511)
Geneva S. m. Geo. R. Knox Feb 13, 1868 (438)
Gen. Geo. D. m. Maria Barnett Aug 31, 1865
(438)
Geo. H. 1892 (461)
George Henry 1892 (461)
Gertrude Ella 1892 (461)
Horace Lurton b. Sep 20, 1888, son of Dr. T.
D. & Carrie Lurton (400)
Horace Lurton, infant son age 8 mos, of
Dr. T. D. & Carrie L., d. May 1889 (400)
Helen, dau of James W. & Sue C., b. Apr 1,
1895 (503)
Mrs. J. D. 1898 (454)
J. Hickman d. Sep 1880 (400)
J. N. 1867 (409)
J. P. 1875 (409)
James B. 1868 (423)
James F. 1881, 1886 to Macedonia (401)
James Jeffison 1890 (371)
James V. m. Nannie E. BIse 1855 (356)
James W. & Sue C. parents of Raymond Hamilton
b. Nov 9, 1890 and Abraham Malone b.
May 8, 1898 (503)
James W. d. Mar 15, 1908, age 48 (sex
marked as female) (350)
Jemima S. 1872, 1858 (408)
Jennie 1890 (440)
Jessee 1831 (462)
Jessie Mayberry 1891 (440)
Joel 1883 (348)
John 1858, 1872 (408)
John 1834 (478)
Capt. John B. d. Oct 1, 1893 (400)
John B., Margaret, Nannie, Crissie--family
listing 1875-1902 (400)
John Brown? confirmed 1881 (400)
John Benton, son of John & Emma, b. Feb 18,
1896 at Columbia (438)
John C. 1830 (462)
John L. 1823 (402)
Joseph jr. 1884, 1886 to Macedonia (401)
Jos. T. & Louisa M., parents of Thomas
Barksdale and Laura, both bapt Nov 13,
1881 (401)
Kate m. James McD. Massie Oct 18, 1881 (400)

JOHNSON, Kate member 1875, m. J. M. D. Massie (400)
Kezia 1849, left for 1st Col'd Pr Ch, Knox-
ville Sep 25, 1865) (423)
Kittie 1889 (455)
Laura 1884, 1886 to Macedonia (401)
Mrs. Lillie 1884, 1886 to Macedonia (401)
Miss Lillie W. 1888, 1892 to Lauderdale St.
Ch, Memphis (401)
Louisa Barksdale, dau of Bailey & Lillie,
bapt May 3, 1885 (401)
Mrs. Louisa M. 1886 to Macedonia (number
omitted)
Lucinda Ellen 1880 (now Mrs. Day) (423)
M. W. 1888 (497)
Maggie Ada confirmed 1881 (400)
Manly m. Malinda Catharine Kelly Aug 10,
1882 (438)
Mrs. Margaret d. Nov 6, 1881 (401)
Mrs. Margaret 1896 (400)
Margaret 1872 (462)
Margaret J. m. John Bowman Jul 27, 1876 (503)
Maria buried Aug 12, 1868 (438)
Maria b. Aug 4, 1868 (438)
Maron confirmed 1878 (400)
Mrs. Marth Jane 1887 (440)
Mrs. (O. B.) Martha d. Nov 19, 1908 (350)
Mrs. Mary B. 1896 (400)
Mary Bessie member 1875, m. J. R. Willis (400)
Mary Della 1897 (440)
Mary Eleanor, dau of Albert & Mary A., b.
Aug 23, 1867 (503)
Mary Elizabeth b. Dec 1, 1892, dau of Dr. T.
D. & Carrie (Burton) (400)
Miss Mary Eugenia 1874 (487)
Mattie 1890 (440)
Maud 1889 (455)
Mel 1871 (408)
Mell 1858, 1871 (408)
Mildred 1896 (400)
Mrs. Mildred M. 1888, 1889 to Memphis (401)
Mildred Waller, age 25, d. Jun 5, 1905 (400)
Mildred b. Jan 8, 1880, dau of Polk G. &
Anne (400)
Milly (Mrs.) 1872 (423)
Minnie F. d. Feb 22, 1881, age 22 (503)
Misam 1849 (462)
Mollie m. Arnold Adams May 29, 1880 (503)
Nancy Alcorn & Chrissy bapt 1881, daus of
John Brown & Maggie Ada (400)
Nannie 1892 (438)
Nannie 1892 (440)
Nannie A. 1896 (400)
Nannie, dau of Benj. & Bettie, bapt Feb 8,
1891 (440)
Mrs. Nannie T. 1896, d. Mar 24, 1912 (400)
Mrs. Nannie Tyler, age 71, d. Mar 24, 1912
(400)
Nanny Alcorn confirmed 1881 (400)
Narvie d. May 13, 1901, age 17 (440)

JOHNSON, Narvil 1898 (440)
    Nora Geneva 1897 (440)
    Miss Novie, age 17, d. May 1901 (438)
    Polk, infant son of Dr. Johnson, d. Aug 1887 (400)
    Polk G., Annie, Care, Mildred W., Emma Tyler--family listing 1875-1902 (400)
    Polk Grundy b. Jan 31, 1886, son of Thomas D. & Carrie (400)
    Capt. Polk Grundy, age 45, d. Jul 28, 1889 (400)
    R. P. jr. 1889 (455)
    Mrs. Racheal 1888, 1889 (497)
    Robert 1893 (467)
    Robt. L. 1893, d. Jun 18, 1895 (401)
    Rosa 1889 (455)
    Mrs. Salley 1888 (440)
    Sallie 1885 (409)
    Mrs. Sallie d. Jun 1, 1900 (409)
    Sallie N. 1875 (409)
    Sara 1888 (455)
    Sarah confirmed 1897 (400)
    Sarah b. Apr 20, 1881, dau of Thomas D. & Carrie (400)
    Mrs. Sarah (Allen) 1896 (400)
    Mrs. Sarah Brunson, age 86, d. Jan 12, 1905 (400)
    Mrs. Sarah E. 1891 (454)
    Soloman 1811 (511)
    T. O. 1888 (450)
    T. Dickson, M. D. 1896 (400)
    Tennie 1892 (440)
    Tennie, dau of Benj. & Bettie, b. 1878 (440)
    Mrs. Tennie 1892, d. 1895 (415)
    Thos. 1888 (497)
    Mrs. Thos. 1888, d. 1896 (497)
    Thos. Barksdale 1885 (401)
    Thomas C. 1894 (348)
    Thomas Dickson m. Carrie Lurton Apr 22, 1880 (400)
    Thomas Dickson b. Feb 23, 1884, son of Thomas D. & Carrie (400)
    Thos. Dickson d. Jun 22, 1913 (400)
    Thomas M. 1890 (440)
    Tomima S. 1872 (408)
    Mrs. Victoria 1883, d. Feb 26, 1883 (401)
    W. B. 1881, 1885, 1897 (409)
    W. B. d. Aug 28, 1911 (409)
    W. C. 1888 (401)
    W. Wm. 1875 (462)
    Weakley d. Mar 3, 1874 (429)
    William 1811 (511)
    Wm. 1890 (440)
    Mrs. Wm.?, age 40, d. Mar 31, 1905 (438)
    William d. Oct 1901 (soldier at arsenal) (438)
    Wm. A. 1887 (415)
    Wm. Edward Dusston adult bapt 1876 (356)

JOHNSON, William McNutt b. Oct 21, 1896, son of R. P. & K. W. (356)
    Zeke 1884 (421)
    Capt. C.S.A. fell in battle at Franklin Nov 30, buried Dec 2, 1864 (438)

JOHNSTON, Bettie May 1888 (409)
    Burdie (see Burdie Crawford) (409)
    Charles D. 1891 (423)
    Elijah & wife Rebecca 1879 (435)
    Elizabeth 1831 (462)
    George 1849 (435)
    H. M. 1883, 1890 to San Francisco (401)
    Hugh Bondinot, son of Hugh Bondinot & Vara Erma, b. Jul 15, 1894 (503)
    James Ellis, child of John & Caroline of Nashville, age 7 yrs, buried Jun 13, 1860 (438)
    Jessee 1831 (462)
    Joab? A. 1849 (435)
    John C. 1886 (462)
    Joseph Rogers 1895, moved to Nashville Oct 24, 1899 (423)
    Miss Mamie C. 1893 (423)
    Mary (Mrs.) (wife of Charles D.) 1891 (423)
    R. F. & S. E., parents of infant bapt Apr 8, 1888 (409)
    Samuel 1879 (435)
    Sarah E. 1886 (409)
    W. E. & B. M. parents of infant bapt Apr 8, 1888 (409)
    Walter E. 1888 (409)
    Washington W. 1851 (435)
    Wm. 1886 (462)
    William 1832 (462)
    Wm. E. D. m. Lucy C. Homer Sep 7, 1876 (356)

JOINER, Chas. 1889 (455)
    Feraby ca. 1860 (444)
    Lucy Ann ca. 1860 (444)

JONES, A. D. d. Dec 11, 1883 (467)
    A. D. 1853 (467)
    Mrs. A. J. 1892 (454)
    A. L. 1883 (462)
    A. T., Jeney W., Robert B., William W., Azlea, Olive--family listings 1875-1902 (400)
    Albert, son of John & Mary, bapt Jan 30, 1870 (423)
    Albert member Sun schl 1870 (369)
    Albert C. member Sun schl 1870 (369)
    Alice, dau of Sarah, b. May 19, 1864 (503)
    Allen 1834, 1830 (462)
    Amanda M. 1862 (467)
    Anna m. Niles Shields Jun 20, 1867 (503)
    Anna C. m. William M. Graham 25 Dec 1889 (503)
    Anna Mary 1896, later moved to Nashville (461)
    Mrs. Anne Mary 1892 (461)
    Asa F. m. Nannie Thompson Dec 26, 1880 (503)
    B. F. d. Jul 1912 (425)
    B. F. 1878, 1874 (425)
    Benjamin 1865 (421)

JONES, Bertha 1886, 1893 (421)
    Bettie Sneed m. James Niell Mitchell Mar 18, 1890 (356)
    Bobby 1885 (492)
    Bryant 1868 (396)
    C. d. May 8, 1870 (497)
    C. (m) 1866 (497)
    C. Clarke 1897, 1898 to Holland Patent? NY (401)
    Caty 1824 (421)
    Charity 1893 (467)
    Charlotte H. 1835 (478)
    Christopher d. 10 May 1912, age 78 (350)
    Mrs. Clack 1887 (438)
    Mrs. Clara (or Clark?) d. 1910 (438)
    Clark T. 1896 (438)
    Clarke Tindale, son of Clarke T. & Hattie, bapt Jun 5, 1883 (438)
    Clarke Tindale m. Hattie Blair Webster Nov 20, 1878 (438)
    Cloute E., Hattie (Webster) (Mar 14, 1870), Cloute Tindal (Jun 5, 1883), Cornelia --family listing (438)
    Cora 1893 (429)
    Cornelia? bapt Sep 13, 1881 (438)
    Daniel d. 1897 (467)
    Daniel 1853 (467)
    Daniel 1867 (423)
    David J. 1885 (455)
    Doc 1893 (467)
    Dollie 1893 (429)
    Drucilla 1893 (467)
    E. J. W. d. Jun 5, 1860 (Fireman ET & VRR) age 28 (356)
    Ed L. 1892 (461)
    Edgar & Sue C. parents of Edgar jr. b. Jan 15, 1868, Foster b. Nov 19, 1869 and Verner Moore b. Jul 31, 1871 (487)
    Edgar 1873, elder 1887, deacon 1873 (487)
    Edwin 1899 (438)
    Elizabeth d. Nov 21, 1894 (467)
    Elizabeth 1838 (466)
    Mrs. Elizabeth d. Jun 9, 1909, age 74 (350)
    Elizabeth D. 1842 (left for GA) (423)
    Elizabeth S. d. Aug 9, 1876 (467)
    Emma 1889, 1897 (339)
    Ephraim 1883 (462)
    Etta 1886, 1893 (421)
    Fannie 1886 (396)
    Fanny 1872 (396)
    Fredck J. m. Rachel Ann Card Dec 18, 1880 (503)
    G. W. 1886, 1876 (389)
    George 1893 (467)
    George & Mary, parents of Ethel Maud and Ivor Warren, bapt 1882 (503)
    George 1872 (435)
    George d. Jul 1905 (467)
    Gillie d. Aug 7, 1900 (467)

JONES, Gillis 1893 (467)
    Harriet 1893 (467)
    Harriet 1870 (492)
    Harriett 1844 (462)
    Henry 1838 (466)
    Howard Erwin Felton (of Cartersville GA) m. Carrie Louise Garner Sep 22, 1897 (503)
    Hume (son of Edgar & Sue C.) b. May 12, 1874 (487)
    J. E. 1891 (371)
    J. M. 1893 (467)
    J. S. 1893 (467)
    James 1866 (467)
    Jamison 1898 (348)
    John jr. 1898 (339)
    John 1867 (423)
    John 1808 (511)
    John Alexr. McEwen, son of Jno. T., b. Feb 26, 1863 (438)
    John Morgan, b. McMinnville TN, bapt May 3, 1896 (adult?) (461)
    Josie ca. 1885, 1893 (421)
    Julia m. Louis Jones Nov 20, 1867 (503)
    Kiszeah, wife of Allen (462)
    Laura 1885 (429)
    Laura Pitt 1896 (467)
    Lena B. 1885, left 1889 (425)
    Lena B. m. C. A. Alexander Dec 11?, 1888 (425)
    LeRoy Edward b. Sep 5, 1894, son of Henry S. & Bessie D. (356)
    Levina 1858 (black) (408)
    Lillian Kyle b. Apr 23, 1898, dau of Mr. & Mrs. T. E. (356)
    Lillie (see Lillie Saunders) (455)
    Lorraine 1868 (401)
    Louis m. Julia Jones Nov 20, 1867 (503)
    Louisa 1854 (462)
    Lula 1893 (467)
    M. B. 1893 (467)
    M. C. d. Jun 1873 (396)
    Mrs. M. E. 1879 (423)
    M. J. 1886 (396)
    M. V. 1893 (467)
    Maggie? (Prilley) 1889 (429)
    Margaret d. Jan 24, 1891 (465)
    Margaret Andrew (dau of Andrew Mackey & Catharine Douglas) b. 30 Dec 1867 (503)
    Margaret Howard, dau of Edward Sepncer Jones & Anna Mary Jones, b. Jul 3, 1889 (461)
    Margarett d. Jan 24, 1891 (465)
    Marget 1823 (402)
    Martha d. Nov 23, 1890 (467)
    Martha A. 1872? (425)
    Martha 1847 (462)
    Mary 1867 (423)
    Mary? 1889 (429)
    Mrs. Mary and Louisa 1869 (369)
    Mary 1885 (492)

JONES, Mary A. 1872? (425)
    Mary Jane? 1885 (429)
    Mary Jane (married) 1876 (455)
    Matilda 1851 (497)
    Mrs. Matilda 1856 (497)
    Mattie 1886 (396)
    Medley b. Jun 13, 1882, Christian Co. KY (400)
    Mickimer? 1858 (408)
    Minnie Virginia b. Apr 17, 1892, dau of Henry & Bessie (356)
    Minous C. 1872 (396)
    Moses 1811 (511)
    Mosouria 1876 (389)
    Myrtle 1893, 1899 (467)
    Nancey 1853, d. Jan 22, 1859 (467)
    Nancy 1885 (429)
    Nancy d. 1888 (396)
    Nehemiah 1857 (462)
    Netty Lee Adams 1896 (467)
    Miss Olive M. 1893 (Mrs. Ford) (401)
    Olive m. Albert Ford Dec 24, 1896 (400)
    Oliver P. (married) 1876 (455)
    Paul 1845 (421)
    Peter (a Welsh man) d. Oct 8, 1870 (503)
    Quickaner 1872 (408)
    R. W. 1899, 1897 (407)
    Ray b. Sep 19, 1876, child of Edgar & Sue C. (487)
    Rebecca 1821 (419)
    Richard G. 1879, moved to Chattanooga Mar 8, 1882 (423)
    Rosanna 1893 (467)
    Roxie Dorris 1899 (467)
    Miss Ruth J. to Lewisburg TN 1870 (401)
    S. P. 1854 (421)
    Sadie 1889 (455)
    Silas P. 1845 (421)
    Stephen 1893 (467)
    Mrs. Sue? C., wife of Edgar, 1873 (487)
    Susan 1879, moved to Chattanooga Mar 8, 1882 (423)
    T. E. 1890? (425)
    Temperence 1853 (504)
    Tennessee 1899, 1897 (407)
    Tennessee 1876 (389)
    Thomas & Anne parents of Thomas b. 19 Oct 1879 and hlizabeth Anne b. 10 Feb 1881 (503)
    Thomas M. 1885 (492)
    W. E. 1890, 1893 (421)
    W. F.? 1876, 1881 (389)
    W. P. 1890, 1893 (421)
    W. S. member 1895 (gone back to MS) (409)
    Wiley jr. 1885 (429)
    William 1893, 1897 (467)
    Wm. (Tailor) m. Lillian G. Saunders Apr 26, 1888 (455)
    Wm.? Ponel? d. Oct 11, 1871 (409)

JONES, William S. of Nashville m. Mattie May Killebrew Jun 12, 1879 (400)
    Wm. Wallace 1899 (401)
    Willie 1893 (467)
    Winnifred 1828 (421)
JONNARD, Margaert Louise, dau of Wm. E. & Lily b. Apr 6, 1893 (503)
JORDAN, Mrs. Amelia S. d. Sep 6, 1907 (401)
    C. B. 1896 (415)
    E. J. 1896 (415)
    Eliza 1889 (507)
    Mrs. Eliza B. buried Dec 19, 1858 (438)
    Mrs. F. E. 1896 (415)
    Francis 1802 (389)
    Frank E. 1896 (415)
    G. M. 1880, 1875 (504)
    Grace 1892 (455)
    Hattie 1889 (507)
    Mrs. Jennie A. (wife of Jasper) 1889 (478)
    John M. 1873 (448)
    Mary ca. 1875 (448)
    Mary 1886 (see Mary DAvis) (507)
    Mary F. 1875 (401)
    Miley 1895 (415)
    Mrs. Nancy d. 1877 (401)
    Nelly J. 1895 (415)
    Parthenia 1889 (507)
    T. G. (from GA) 1874 (503)
    William 1887 (507)
    William m. Alberta C. Boulding Sep 21, 1893 (356)
JORDIN, Mrs. Bashaba 1880 (504)
    Thomas 1802 (389)
JOSSEY, Sallie m. A. W. Walker Nov 13, 1845 (437)
    Sophia E. m. William A. Baker Nov 20, 1851 (437)
    William W. d. Jun 29, 1853 (437)
    Wm. W. 1840? (437)
JOY, Willie 1888 (455)
JOYCE, E. Irvin & wife 1898 (438)
    Mrs. E. Irvin, age 33 in coming March, d. 2/24/1904 (438)
    Nancy S., age 57, d. Sep 4, 1891 (438)
    P. R. H. m. Nancy Lethgrow Feb 10, 1891 (438)
JOYNER, Cecle? 1897 (407)
    E. M. ordained minister 1896 (411)
    Garvin 1896 (411)
    J. N. 1898 (407)
    Lydia B. 1899 (411)
    Lucy 1896, d. Dec 1898 (411)
    M. C. 1897 (407)
    M. J. (f) 1898 (411)
    N. E. (f) 1898 (411)
    N. G. 1873 (444)
    Watler 1896 (411)
    __ J. d. 1913 (407)
JUDD, Amos W. son of Amos W. & Carrie M. b. 29 Jun 1885 (503)
    Miss Anna 1895 (461)

JUDD, Carrie May, dau of A. W., b. 29 May 1887 (503)
    Charles 1871 (480)
    Charles S., Mrs. Helen, Maj. Benj. E. & Mrs.--family listing 1867, 1868 to Atlanta GA (480)
    Clara Lee (dau of Rev. Harvey Orrin) bapt 1867 (480)
    Clark, son of Chas. Stewart Judd & Helen A. b. Aug 19, 1887 at Monteagle TN (461)
    Effie Lucy, dau of Chas. Stewart & Helen A., b. Feb 9, 1883 at Columbia TN (461)
    Frank Nelson 1895 (461)
    Frederick, son of Chas. S. & Helen, bapt 1871 (480)
    Harvey 1895 (461)
    Rev. Harvey O., Mrs. & Clara Lee--family listing 1867 (480)
    Mrs. Helen 1871 (480)
    Mrs. Helen A. 1895 (later moved to Monteagle) (461)
    Helen Lorraine b. Mar 23, 1869, dau of Charles S. & Helen (480)
    John Spencer, son of Amos Wilson & Ida Eakin, b. Jan 14, 1897 (503)
    Saml. McPhail, son of Amos W., b. Mar 19, 1878 (503)
    Searcy Wilson, child of Amos Wilson & Carrie M., b. Oct 3, 1880 (503)
    Walter Leroy, son of Chas. Stewart & Helen A., b. Sep 26, 1891 at Monteagle TN (461)
JULIAN, Edward d. 1896 (409)
    Ella 1891 (409)
    Jennette 1891 (409)
    M. J. 1891 (409)
    S. H. 1891 (409)
    Sudie 1891 (409)
JURMAN, Susannah 1809 (511)
JUSTIN, Frank B. (of South Pittsburgh) m. Nettie VanPool Oct 21, 1890 (455)
KAIN, Ada Edwards, dau of John G. & Anna E., b. May 14, 1875 (503)
    Anne, dau of John G. & Anne E. b. Sep 1, 1877, bapt in private 1878 (503)
    Mrs. Annie d. Feb 1899 (503)
    John G. d. Feb 25, 1910, age 72 (350)
    John H. & wife 1827 (478)
    Laura Maria, dau of Wm. C. & Mary, b. Dec 8, 1857 (356)
    Mary Elizabeth, dau of Wm. C. & Mary, b. Mar 9, 1854 (356)
KAISER, Jennie Hallie b. Jul 11, 1887, dau of T. C. & F. K. (356)
    Theodore C. 1883 (423)
KALOOD, James 1875 (409)
KAMITE?, J. M. & H. R. 1889 (455)
KANE, James McCormick McCampbell, son of James & Elizabeth, bapt Jun 6, 1829 (423)

KARSTEN?, Alfred H. d. Jun 4, 1907, age 62 (350)
KATES, Alice member Sun schl 1870 (369)
KATING, James & Mary 1827 (421)
KATON, James 1867 (409)
KAUFMANN, John L. m. Mary Quist 1867 (356)
KAY, Alice L. 1899? (429)
    Frances buried 1875 (400)
    John 1868, 1867 (396)
KEAN?, Mariah 1825 (421)
KEARSLEY, Agnes m. Henry H. Cooke Apr 26, 1892 (356)
KEATH, Miss Katharine d. Dec 12, 1903, age 84 (356)
KEATHLEY, D. W. 1894 (507)
    Flora P. 1893 (507)
    Gyda 1893, nee Naylor (507)
    H. P. m. Gyda Naylor Mar 8, 1894 (507)
    Harrison 1863 (507)
    Hellen 1884 (504)
    Henderson 1830 (507)
    J. Smith 1895 (507)
    J. Smith d. Dec 25, 1901 (507)
    Jennie N. 1893 (507)
    John Casts? 1887 (507)
    M. S. 1894 (507)
    Mary Lizie 1884 (507)
    Ophelia d. 1900 (507)
    Ophelia 1886 (507)
    Samuel M. 1885 (507)
    William B. 1893 (507)
    William R. 1870 (507)
KEATING, Abram 1848 (421)
    Carroline 1860 (421)
    Disa 1860, 1848 (421)
    Hiram 1845, 1860 (421)
    Iona 1860 (421)
    James 1831, 1860 (421)
    James & wife 1844 (421)
    Jas. R. 1859, 1848 (421)
    Lydia 1860 (421)
    Mary 1851, 1858 (421)
    William 1856, 1844, 1860 (421)
KEATON, Mrs. Maud 1890 (formerly Miss Cole; m. Robert Keaton) (455)
KEDFIELD, Clara Belle m. Orville Daniels Mar 4, 1880 (429)
KEE, Caroline 1887 (361)
    John A. 1898 (minister) (401)
    Lula (see Lula Osier) (407)
KEEBLE, Mrs. Ann Nelson 1888, d. 1908 (502)
    Miss Eliza Doty (Mrs. Jos. Clayton?) 1894 (502)
    H. P. sr. 1841 (502)
    H. P. jr. 1866 (502)
    Mrs. Ann Nelson 1888 (502)
    Miss Mary Eva 1890 (502)
    Miss Mary Nelson 1893 (502)
    Robert, son of Mrs. J. C. Rye by former marriage, buried Apr 14, 1856 (438)
    Miss Sallie 1868 (502)

KEEF, Miss Ella 1890 (455)
KEELAN, Elijah 1835 (450)
KEELING, Dickenson b. Nov 11, 1885 (son of James H.
      & Jennie) (356)
    Elijah & wife Elizabeth 1833 (450)
    Elsey T. 1885 (492)
    F. C. H.? 1870, d. 1888 (492)
    F. C. M. d. 1888 (492)
    Isaac J. 1886 (492)
    Dr. J. H. 1882, d. Dec 29, 1891 (423)
    James 1821 (419)
    James Henry b. Nov 27, 1889, son of James H.
      & Jennie (356)
    Jennie bapt 1892 (adult) (356)
    Lizzie K. orphan bapt 1894 (356)
    Maree Stove b. Jun 15, 1888, dau of James H.
      & Jennie (356)
    Patsey 1821 (419)
KEENER, Bruce D. 1892 (423)
    Elizabeth Sheppard, dau of Mrs. Nevada, bapt
      Apr 21, 1889 (423)
    Nevada (see Nevada Sheppard) (423)
    Wm. Bruce, son of Bruce & Nevada, b. May 21,
      1891 (423)
KESSEE, Annie Sue, dau of John W. & Sue Johnson,
    b. Dec 25, 1875 at Schere? AR (438)
    Annie Sue, age 17, 1892 (438)
    Miss Eliza member 1875, m. Walter Woolridge
      and lives in Columbia (400)
    Eliza J. m. Walter P. Wooldridge of Columbia,
      Apr 27, 1882 (400)
    Frances (colored) 1884 (401)
    Fannie 1872 (497)
KEETHLEY, Mrs. S. M. 1898 (507)
KEETON, Wm. m. Sarah Swindell Aug 14, 1894 (507)
KEITH, Miss Bessie 1889 (now Mrs. Chas. Griffin)
    (423)
    Chas. Fleming & Elizabeth Douglass (see
      Elizabeth Douglass Bell) (503)
    John Hamilton, son of W. J. & M. J., bapt
      Jun 10, 1841 (423)
    Martha J. 1843, d. 1844 (423)
    Martha S. d. 1844 (423)
    Sarah d. Jun 1846 (423)
    W. N. 1886 (409)
    William F. d. 1856, age 32 (356)
    William Flemming 1843 (left for Charlotts-
      ville VA Sep 22, 1845) (423)
KELING, Eligah 1833 (450)
KELLER, Citty 1879 (492)
    F. M. elder 1889, d. Dec 23, 1900 (492)
    Franklin M. 1881 (492)
    Kitty C. 1886 (492)
    Lucinda 1881 (492)
    Maggie 1879 (492)
    Maggy 1879 (492)
    Mary 1881 (492)
KELLEY, Miss Annie 1884 (455)
    Florence 1884 (455)

KELLEY, Jno. M. d. Aug 28, 1896? (455)
    Metta? 1884 (455)
    R. d. 1873 (361)
    W. A. d. Nov 1904 (465)
    Wm. d. Dec 17, 1894 (465)
KELLOUGH, Mrs. Alice L. 1873 (502)
    Martin D. 1854 (502)
    Miss Medora 1858 (502)
KELLS, A. G. & Mrs. C., parents of Mary Lula & Ida
    bapt 1882 (478)
    A. G. & Mrs. C. 1879, 1884 to Arkansas City,
      KS (478)
    Mrs. C. 1879 (478)
KELLY, A. C. (f) 1889 (339)
    B. H. (m) 1888, 1899 (339)
    Barbary 1838 (389)
    Mrs. (J. W.) Elizabeth J. d. Nov 7, 1907
      (350)
    Flora C. 1839 (466)
    James 1842 (466)
    James & Lois A., parents of William Bridges
      bapt 1844 (466)
    James W. d. Mar 10, 1907, age 62 (350)
    Jno. M. 1872 (401)
    Kizzy 1886, d. __-4-87 (339)
    Malinda Catharine m. Manly Johnson Aug 10,
      1882 (438)
    Notie J. 1894 (339)
    Robert 1885 (401)
    Samuel 1839 (466)
    Utah E. 1894 (339)
    Vick 1886, 1893 (339)
    Warren 1832 (504)
    Wm. sr. d. Dec 17, 1884 (465)
    Wm. 1889 (339)
KELSO, Dena Rowena, dau of John R. & Ann, b. Dec
    27, 1867 (438)
KELSON (could be read Wilson), John & Rebecca
    parents of Harrison Tyler bapt 1840
    (466)
KELTON, Cora H. 1889 (371)
    Elizabeth 1831, 1812 (502)
    Rev. J. T. 1896 (375)
    Margaret L. 1831 (502)
    Mary Ann 1831 (502)
    Rachael 1831 (502)
    Robert 1831 (502)
    Samuel 1831 (502)
KEMP, Mrs. F. A. d. 1906 (454)
    Lewis Maury 1892 (461)
    Miss Sabina 1849 (438)
KEMPER, Ida d. Dec 1888 (467)
    Wm. d. Jun 1888 (467)
KENDRICK, Charles Bryan (son of J. C. & H. B.)
    bapt 1877 (401)
    Mrs. Harriet Bryan 1876 (401)
    Hattie Donoho, dau of J. C. & H. B., bapt
      1877 (401)
    Miss Hattie J. 1894 (Mrs. Jno. Beach) (401)

KENDRICK, Mr. J. C. & Mrs. Harriet B., parents
 of Thos. Terry, Sarah Loneg? & Mary,
 children bapt Dec 10, 1892 (401)
 James, son of J. D. & Hattie, bapt Sep 10,
  1889 (401)
 James 1892 (401)
 Jas. C. 1892 (401)
 Mary 1900 (401)
 Maud B. (Mrs. Long) 1892 (401)
KENEDAY, Olive Montgomery b. Apr 5, 1890, child of
 John & Gertrude (356)
 Stanley O'Conner b. Dec 25, 1888, son of
 John & Gertrude (356)
KENIMORE, Charity, wife of Jacob, 1842 (462)
 Jacob 1842 (462)
KENNEDY, Clara S. 1872 (now Mrs. R. H. Burney) (401)
 D. N. 1855 (401)
 D. N. 1844, d. Apr 22, 1904 (401)
 David Newton, son of Jas. T. & Lois, bapt
  Sep 10, 1887 (401)
 Ellen B. 1872, 1882 to 2nd Ch Memphis (now
  Ellen B. Clapp) (401)
 Isabella 1832 (left for Cedar Grove Church)
  (423)
 Mrs. J. T. (Virginia V.) 1896 (401)
 Jacob 1832 (466)
 James L.? 1879 (401)
 James T. d. Mar 19, 1908 (401)
 James T. 1879 (401)
 John m. Gertie T. Rodefer Dec 4, 1887 (356)
 John M. d. Sep 22, 1845 (423)
 John M. m. Maria L. Ramsey Dec 25, 1876
  (356)
 John M. 1832, d. 1842 (423)
 Margaret 1832 (466)
 Mary A. m. Albert Martin Mar 8, 1892 (503)
 Miss Mary B. (now Mrs. B. H. Owen) ca. 1844
  (401)
 R. L. 1896 (401)
 Mrs. Sallie A. 1844, d. Jun 26, 1899 (401)
 Sallie G. 1871, 1879 to 1st Ch, Nashville
  (now Mrs. J. D. Plunkett (401)
 Sarah, dau of Jno. M. & Cynthia, bapt Jul 17,
  1842 (423)
KENNEY, Mrs. Lois d. Mar 22, 1898, age 63 (503)
KENNON, Emma 1889 (425)
 John 1884 (421)
 Lucy Atkisson 1886 (409)
 Susan A. d. Dec 30, 1874 (425)
 W. B. 1873 (421)
 W. B. 1877 (425)
KENSER, Theodore C. m. Matilda A. Knabe Sep 9,
 1886 (356)
KENT, Sarah 1872 (408)
KERK, John d. 1870 (361)
KERN, Elizabeth 1858 (408)
 John 1858 (408)
 Mandaline b. Oct 7, 1868 (58?) Terrehaute
  IN (400)

KERN, Peter d. Oct 28, 1907 (423)
KERNELL?, Ella m. Wm. Haley Mar 5, 1891 (455)
KERNS, Charles Willis, son of David & Mary Ann, b.
 Jan 12, 1851 (438)
 James Williams, son of David & Mary Ann, b.
  Oct 23, 1853 (438)
KERR, John (US Army), age 39, d. Jul 15, 1891 (438)
 Mary 1878, 1882 to 1st Ch, Nashville (401)
 Peter m. Henrietta Meyer Nov 1864 (356)
 W. M. 1873, d. Oct 1876 (401)
 William Morris bapt 1877 (400)
KESNER, Lucinda 1860 (419)
KESSEE, Louise Drane (see Walter T. Woldridge)(438)
KESSLER, Fannie 1890 (454)
 Nancy d. 1908 (454)
 Nora 1896 (454)
 Robert 1896 (454)
KETING, Liddy 1865 (421)
 Mary 1865 (421)
 Sarah 1865 (421)
KEY, Elisabeth Lenoir, dau of David M. & Elisabeth
 b. 30 Mar 1876 (503)
 Elizabeth L. m. Garnett Andrews Jr. Oct 30,
  1895 (503)
 Isabella 1849 (later moved to Louisville KY)
  (438)
 Lenoir 1886 (454)
 Nancy ca. 1870 (444)
 Sarah Avery, dau of David M. & Elisabeth, b.
  16 Aug 1864 (503)
 Vinnie (see Vinnie Cawthorn) (407)
KEYES, A. D. & Adeline parents of James Alexander
 bapt 1833 (466)
 A. D. d. Apr 29, 1859 (466)
 A. D. & M. parents of Nancy Emeline bapt 1835
  (466)
 Alexander? D. 1832, d. Apr 21, 1859 (466)
 James A. d. 12 Mar 1854 (466)
 Miss N. Emma d. Aug 21, 1854 (466)
KEYSER, James H. (of Atlantic City NJ) d. Dec 30,
 1907 (350)
 Kate E. d. Mar 7, 1903, age 54 (350)
 Wm. B. d. Oct 21, 1899, age 31 (503)
KGLE (sic), Mollie J. 1875 (409)
KIBBEY, Miss S. A. 1884 (425)
KIDD, Mahala 1831 (left for Grassy Vally Ch) (423)
 S. G. 1886 (396)
KIDDER, Mrs. Ann Mary 1882 (formerly Miss Ann Mary
 Maynard) moved to Washington DC Apr 19,
 1882 (423)
 Jerome H. (see Ann Mary Maynard) (423)
KILBUCK, Patience 1858 (504)
KILGORE, Emoline 1878, d. Apr 17, 189__ (288)
 Margaret Belle confirmed 1894 (400)
 T. O. (m) 1878 (288)
KILLBUCK, Patience 1879, d. Mar 22, 1883 (504-2)
KILLEBREW, Alfred (son of J. B. & Mrs. Kate) bapt
 1887 (400)

KILLEBREW, Catherine Wimberley, dau of J. P. & Ruby
    Ross, bapt 1900 (400)
    J. Buckner bapt 1896, son of J. P. & Ruby M.
        (400)
    John Ross, son of Jo P. & Ruby M., bapt 1896
        (400)
    John Ross ("Jack") (son of J. B. & M. R.) b.
        Feb 17, 1895 (400)
    Joseph confirmed 1883 (400)
    Joseph Buckner bapt 1877 (400)
    Joseph Buckner (son of A. B. & Meke) bapt
        1896 (400)
    Dr. Joseph Buckner, age 35, d. Jul 24, 1907
        (400)
    (Col.) Joseph Buckner, age 75, d. Mar 17,
        1906 (400)
    Joseph Buckner bapt 1883 (400)
    Letitia 1887 (410)
    Letitia d. Jan 30, 1906 (401)
    Lula confirmed 1881 (400)
    Lula (dau of J. E.) bapt 1881 (400)
    Lula m. Charles B. McCuddy Dec 30, 1885
        (400)
    Mary Catherine, age 68, d. Jan 31, 1906
        (400)
    Mattie May m. William S. Jones of Nashville
        Jun 12, 1879 (400)
    Meke Boyd, dau of A. B. & Meke, bapt 1892
        (400)
KILLGORE, Mrs. Ann 1868 (369)
KILLHEFFER, Alexander C. (Sep 30, 1895), Mary
    Louise (Ayres), Daivd Iserbert Quint-
    ard, Alberta Ayres--family listing
    (438)
    David Herbert Quintard, son of Alexander C.
        & Mary Louise, b. Dec 22, 1895 at
        Columbia (438)
KILLIAN, Miss Lola d. 2-12-1906 (454)
    Miss Lola R. V. d. 11/7/1903 (454)
KILLIHEW, Lula bapt 1881, dau of J. B. (400)
KILLON, Alice 1866 (448)
KILLOUGH, Martin C. 1891 (502)
    Martin C., son of W. A. & Alice, bapt 1873
        (502)
    Mary 1832 (502)
KILPATRICK, Margaret (Mrs. Mitchner) 1855 (437)
    Margaret A. m. Isaac F. Michner Jan 13,
        1857 (437)
    Thomas 1827 (502)
KIMBEL, George & wife 1827 (421)
    Nancy 1825 (421)
KIMBELL, F. A. 1857 (448)
KIMBER, Mrs. d. at Nashville Jan 1897 (393)
KIMBLE, George 1825 (421)
KIMBOUGH, Kate (see Mrs. Maria R. Stacker) (400)
KIMBRO, Miss Ellen 1887 (415)
    J. A. 1893, d. Sep 1893 (415)
KIMBROUGH, Frank Richmond, b. Oct 28, 1877 (son of
    Landon F. & Kate) (400)

KIMBROUGH, Frank Richmond, age 26, d. Dec 23, 1902
    (400)
    Kate confirmed 1876 (400)
    Mrs. Kate Stacker d. Apr 8, 1893 (400)
    Landon Frank bapt 1875 (400)
    Landon Frank confirmed 1876 (400)
    Margaret d. Aug 2, 1853, age 5 yr 5 mo 16 da
        (503)
KIMES, Clinton S. m. Cecil M. White 15 Aug 1891
    (503)
KIMMONS, Lizzie D. 1898 (339)
    Maggie 1886 (339)
KIMPER, Belle 1893 (467)
    John 1893 (467)
KINCAID, Wm. B. (runner for ____ in Cincinnat) m.
    Dora Webster Feb 7, 1888 (455)
KINCANNON, Allice (Mrs. C. S. Bradley) 1884 (401)
    D. 1884 (401)
    Josie (see Josie Wood) (407)
KINCH, Jacob ca. 1865 (448)
    Rebecca E. ca. 1865 (448)
KING, A. B. (f) 1896, d. 1906 (411)
    Abigell 1850 (402)
    Abigill 1823 (402)
    B. M. 1860 (419)
    Bettie 1899 (407)
    C. B. 1872 (492)
    Carrie 1895 (407)
    Catharine 1839 (423)
    Catharine Ann 1839 (left for First Ch,
        Knoxville) (423)
    Chas. 1889 (455)
    Charles F. (son of G. M. & M. A.) b. Jul 11,
        1867 (455)
    Cyrene 1885 (492)
    D. 1851 (497)
    D. d. Nov 25, 1867 (497)
    D. (m) 1866 (497)
    Dickler? B. 1885 (492)
    Dora 1899 (407)
    Duncan 1855 (497)
    G. T. 1866 (444)
    Genevia 1899, changed Spelling (407)
    George H. 1870 (492)
    Herbert b. Mar 5, 1895, son of Mrs. Lizzie
        (356)
    J. M. 1873 (421)
    J. N. elder 1889-1892 (492)
    James N. 1880 (492)
    Jane 1860 (419)
    Jemima 1828, 1825 (421)
    Jennie C. 1878 (492)
    John 1860 (448)
    John 1866 (497)
    Jno. 1872 (497)
    John B. 1832 (466)
    John B. elder 1870-1881 (492)
    John T. 1841, d. 1845 (423)

KING, John W. & Lily M. parents of Mabel b. Oct 15, 1884; Frank Folsom b. Mar 28, 1886; Guy Vernon b. Oct 5, 1891; and Egbert Raymond b. Jan 1?, 1892 (503)
    Josep 1860 (421)
    Joseph Lynn, son of John T. & Sarah A., bapt Jun 24, 1843 (423)
    Josey (Cully?) d. Nov 28, 1885 (492)
    Josie d. Sep 4, 1893 (396)
    Lorinda Marguerite, dau of John & Lily, b. Jul 26, 1898 (503)
    Lurettie 1897, Morris (407)
    M. A. 1886 (396)
    Maggie G. 1899, changed Rogers (407)
    Margaret E. (Cocke) 1832 or 1833 (left for P Ch Knoxville Dec 25, 1849) (423)
    Marion Louise b. Jul 22, 1898, dau of W. P. & Marion (356)
    Marry A. 1877 (425)
    Mary 1897 (407)
    Mary m. George P. Kramer Sep 27, 1887 (400)
    Mary J. adult bapt 1868 (466)
    Mary Jane 1893, d. Apr 1904 (407)
    Mrs. Mary K. d. Mar 1911 (423)
    Mary M. 1870 (formerly Mary U. McCluskey) (423)
    Minnie (see Minnie Osier) (407)
    Mollie 1878 (492)
    Mrs. Nancey d. Jan 1875 (497)
    Mrs. Nancy 1855 (497)
    Nannie 1891? (407)
    Narcissa 1892 (492)
    R. D. 1876 (492)
    R. Dale 1876 (492)
    Richard b. Dec 4, 1896, son of Richard King & Felicia Steger (356)
    Robert McReynolds, son of Oswald L. & Ernestine, b. Jan 18, 1894 (503)
    S. A. 1897 (407)
    S. E. 1893, d. Jun 17, 1913 (407)
    Sallie d. Aug 24, 1878 (425)
    Sallie May (dau of G. M. & M. A.) b. May 27, 1871 (455)
    Sarah Ann 1841 (left for Jefferson Co. 1871?) (423)
    Sarah M. 1873, 1885 (428)
    Mrs. Susan 1866 (497)
    Susan 1872 (497)
    Susie 1897, changed Brewer? (407)
    Thomas 1872 (466)
    Thomas Oliver, son of Thomas S. & Mary P., b. 4 Oct 1866 (503)
    Walter 1896 (375)
    William 1876 (492)
    Wm. J. 1872? (425)
    William J. 1874 (425)
KINSLOE, Catherine 1853, 1859 (423)
    John B. G. 1852, 1859 (423)
    Robert A. 1858 (423)

KINTON, Clarinda 1879 (339)
    Coar (Peck?) 1891, d. 9-11-02 (339)
    Cooper 1870 (339)
    Ella C. 1888, 1897 (339)
KINZEL, Edward J. m. Martha J. Murphy Apr 7, 1870 (503)
    Mobray C. m. Margaret E. Roby Oct 3, 1898 (356)
KIPLEY, Monroe 1867 (467)
KIRBEY, Albert 1885 (507)
KIRBY, Anna Emma adult bapt 1899 (356)
    Bessie Hellen b. Jun 15, 1876 in Adrian, MI (dau of T. B. & A. E.) (356)
    Mrs. Caroline Augusta b. Nov 27, 1841 (503)
    Lulu Ruth b. Sep 22, 1897, dau of John & Lulu (356)
    Lulu Ruth, d. Nov 12, 1901, age 4 (356)
    Mrs. Sarah E. d. Jan 20, 1904, age 57 (356)
KIRK, Ann d. Sep 14, 1854 (423)
    Mrs. E. d. Sep 16, 1892 (455)
    Eleanor W. 1831 (502)
    Elizabeth 1868 (401)
    Hugh 1832 (502)
    Jno. (see Trixie S. Street) (401)
    John W. 1894 (401)
    Mary 1853, 1855 (467)
    Mary 1870, 1871 to Bowlinggreen KY (401)
    Nettie 1894, 1898 to Hopkinsville KY (401)
    Pattie 1899, d. 2-16-1900 (339)
    Saml. A. (of Cincinnati OH) m. Donnia Inez Paige Nov 28, 1888 (455)
KIRKE, John P. m. Mary S. Acker Jun 20, 1898 (503)
KIRKLAND, Mary Lou (see Miss Mary Lou Martin) (454)
    William C. 1876 (487)
KIRKMAN, Norman m. Nellie Mayes Apr 11, 1887 (438)
KIRKPATRICK, Martin 1831 (450)
    William bapt 1880 (356)
KIRKWOOD, Robt. J. d. Feb 20, 1892 (455)
KIRSHNER, A. H. 1886 (455)
KISER, Theodore d. Jun 25, 1887, age 30 (356)
KITCHELL, Herbert H. 1891, moved to Chicago Dec 14, 1891 (423)
    Maud W. M. 1891, moved to Chicago Dec 14, 1891 (423)
KITCHEN, James 1802 (389)
    Mourning 1802 (389)
KITER, P. Theodore d. Feb 5, 1903 (from Joplin MO) (350)
KITTRELL, Jas. M. 1882 (406)
KLINE, Joseph H. deacon 1892 (487)
    Mrs. Victoria A. (wife Wm. D.) 1874 (487)
    William D. 1874 (487)
    William Davis deacon 1874 (487)
KNABE, Adele V. m. Ralph R. Laxton Nov 1, 1893 (356)
    Gustavus Robert & Matilda A. C. W., parents of Gustavus Alexander (adult), Pauline Annie (adult), Lizzie Mary (adult), Henry Frank b. Jun 22, 1860, Matilda Augusta b. May 15, 1862, Wm. Anderson b. Feb 13, 1864 & Adele Virginia b. May 5, 1866 (bapt 1871) (356)

KNABE, Matilda A. m. Theodore C. Kenser Sep 9, 1886
(356)
KNAFL, Louis Rudolph, son of Rudolph & Stella S.,
bapt Jun 12, 1898 (423)
Rudolph d. Dec 30, 1905 (423)
KNAFLE, Isabella Rosa Lee, dau of Rudolph & Stella
bapt Jun 9, 1891 (423)
KNAPP, Miss Sarah 1892 (423)
KNETCH, Alfred Howes, son of Ed & Adela (age 6 yrs)
bapt 1884 (356)
KNIGHT, James & Bettice? parents of James & Buster
Lewis bapt 1894 (504)
Dr. L. W. elder 1887 (487)
KNISLOE?, John B. G. 1854 (423)
KNOTT, Mrs. Julia Bell (wife of Sam) 1869 (478)
S. F. & wife Julia 1898 (478)
Sam 1865 (478)
Sam F. elder 1882 (moved to Tullahoma) (478)
Miss Sarah Willie (dau of Sam) 1885 (478)
KNOWLES, Eliza 1899 (507)
Galena 1899 (507)
J. C. d. Sep 27, 1913 (507)
J. C. 1899 (507)
Jas. C. d. Sep 27, 1913 (507)
Lizzie d. Jun 1908 (507)
Minnie Lee 1899 (507)
Naoma 1899 (507)
Nora May 1899 (507)
Sarah Ann m. Thomas Smith O'Brien Oct 9,
1862 (438)
Sulavan 1899 (507)
KNOX, Mr. F. E. & wife 1887, moved to Marietta GA
Mar 18, 1889 (423)
Geo. R. m. Geneva S. Johnson Feb 13, 1868
(438)
Jamie Doris, child of Lawrence Owen & Ada
Delgartho, b. Jun 19, 1890 at Pine
Bluff AR (461)
Lizzie (Miss) 1883, moved to Maryville TN
Mar 31, 1886 (423)
W. E. 1877 (502)
KOCSIS, Alex Rutledge m. John Townsend Anderson
Dec 26, 1882 (see his entry) (461)
KOON, Maney? d. Jul 28, 1867 (503)
KOONCE, Christopher 1811 (511)
George 1811 (511)
Jessee 1806 (511)
Mary 1811 (511)
Phillip 1803 (511)
Susannah 1811 (511)
KRAMER, George P. m. Mary King Sep 27, 1887 (400)
Hellen Simmons?, age 18, buried Jun 5, 1886
(438)
John A. buried Jul 8, 1884, age 49 (438)
KREIGNER, Edward d. Sep 21, 1882, age 28 (503)
Emma d. 30 Mar 1885, age 18 (503)
Louis M. & Josephine parents of Otto b. Apr
28, 1865 and Emma b. Feb 1, 1867 (503)
KRISLE, C. K. 1891 (371)

KRISLE, Sim 1891 (371)
KROFT, Florence Magdalen (dau of Roswald H. &
Narcissa N.) b. Feb 13, 1862 (503)
Mary Francanna b. Apr 15, 1851 (503)
Mrs. Narcissa b. Dec 7, 1843 (503)
KROPP, Christian 1868, d. Sep 22, 1876 (401)
H. A. 1897 (393)
Henry A. m. Mary Older Colburn Apr 23, 1896
(503)
Mrs. Medora 1858 (401)
Medora (see Medora Newell) (401)
KRUTCH, Charles Edward b. Aug 20, 1887 (son of
Edward & Addie) (356)
Joseph Wood b. Nov 25, 1893 (son of Edward &
Addie) (356)
KUHN, Miss Cecilia 1875, d. Sep 1876 (487)
Katharine Jolay b. Jul 13, 1896, dau of David
Wilson & Antoinette (356)
Wilson 1891 (423)
KUNTZ, Fanny (see Fanny Hoffar) (423)
KUSS, Albert 1886, d. Oct 30, 1911 (454)
Cecilia 1891 (454)
George 1886 (454)
Hester A. 1888 (454)
Lizzie 1890 (454)
KYLE, Ema 1873 (409)
Flora E. 1871 (409)
Mrs. Johnnie 1896 (454)
Mary J. 1867 (409)
Moxie 1889 (409)
Robt. G. d. Nov 26, 1893 (409)
Robert G. 1875 (409)
S. A. 1895 (409)
LACKEY, George W. 1889 (507)
LACKLIN, Wm. 1827 (502)
LACKSON, Jessee 1843 (504)
LACY, Arthur 1891 (478)
J. Horace jr. 1900 (401)
Mrs. Jane W. 1891 (478)
Mrs. Mary Sedden 1899 (401)
LADD, Albert b. Aug 1, 1883 (orphan) (356)
Allice (see Allice Glenn) (429)
Ewell C. 1889 (429)
Jennie 1885 (429)
N.? N. 1889, left Jul 27, 1893 (429)
Nancy E. 1889 (429)
LAFERTY, Myra 1860 (419)
LAFFERTY, Alley M. 1871 (478)
LAIN, Sarah 1811 (511)
W. C. (m) 1890, 1897 (339)
LAINE, Mariah 1847, 1868 (511)
LAINIUS, Nancy 1847, d. Jan 25, 1872 (511)
LAIRD, Bertha 1872 (480)
William Thomas, son of Henry Maney & Mary
Ida Williams, b. Mar 18, 1895 at
Atlanta GA (461)
LAKE, Harold McCollum b. Sep 5, 1891, son of Wm. G.
& Martha M. (356)
Henry 1889, 1892 to Memphis (401)

LAMAN, A. J. 1893, d. 8-1906 (454)
    Ella 1893 (454)
    Geo. 1891 (455)
    Starling 1898 (454)
LAMASTER, Susan Virginia 1891 (371)
    Verjinia 1891 (371)
LAMB, Abram 1886 (429)
    Abriem 1886 (429)
    Abrum 1866 (429)
    Mrs. E. M. 1866 (429)
    J. D. 1885 (429)
    Julia F. 1866 (448)
    Martha ca. 1865 (448)
    Mary d. 1883 (465)
    Mary E. 1866 (448)
    Mary E. (see Mary E. Waggoner) (429)
    Tom 1885 (429)
LAMBERT, A.? B. d. Jan 23, 1872 (f) (396)
    Dudley James b. Nov 9, 1889 (son of Daniel & Ida) (356)
    J. M. 1886 (396)
    Mrs. Mary mother of Lydia age 5 and Edward age 3, bapt 1896 (356)
    Susan 1886 (396)
    Suson 1872 (396)
    T. B. (f) member ca. 1867, d. 1871 (396)
    Thomas 1886 (396)
LAMBETH, Dempsey 1811 (511)
    Ferrebee 1811 (511)
    William 1811 (511)
LAMBRIGHT, Mary d. Dec 16, 1901, age 22 (356)
    Rebecca m. Daniel M. Chambliss May 11, 1897 (356)
LAMPKIN, Benj. S. d. Jul 9, 1897 (429)
    Clay 1897 (429)
    Miss Fannie O. (Mockbu) (429)
    Fannie Ophelia 1885 (429)
    Miss Genie 1890 (429)
    J. H. father of Albert bapt Aug 14, 1896 and Mary Mariah bapt Oct 1897 (429)
    J. H. father of Jas. W., John M. & Saml. H., children bapt Jun 5, 1892 (429)
    J. H. jr. 1890, 1871 (429)
    J. Harvy sr. d. Sep 20, 1895 (429)
    Lizzie J. 1885 (429)
    Manly 1898 (429)
    Mr. R. S. 1890, killed by lightning Jul 9, 1897 (429)
    Mrs. Susan 1854, d. Jan 19, 1901 (429)
    __ H. sr. 1854, d. Sep 20, 1895 (429)
LAMPKINS, E. H. m. Mollie Whitefield Jan 15, 1880 (429)
    J. H. & Lizzie J. parents of Benj. Shaw, Henry Clay, Wm. Harvy, and Alexanda Manly, children bapt Jul 4, 1886 (429)
    P. H. 1855 (429)
LANCASTER, Benjamin 1821 (419)
    Benjamin elder 1821 (419)

LANCASTER, Dr. C. C. 1890, d. Feb 3, 1891 (423)
    Miss Fannie D. 1890, moved to Gainesville, FL Nov 9, 1891 (423)
    Miss Lucy 1890, moved to New York City Nov 3, 1891 (427)
    M. E. (Mrs.) (wife of C. C.) 1890, moved to Gainesville FL Nov 3, 1891 (423)
    Mary d. Aug 22, 1848 (389)
    Mary 1836 (389)
    Nancy 1838 (389)
    Nathaniel A. 1890, moved to Gainesville FL Nov 9, 1891 (423)
    Sallyan 1876, 1880 (389)
    Samuel d. 1862 (389)
    Samuel H. 1862 (389)
    Mrs. Susan R. 1890, moved to Gainesville FL Nov 9, 1891 (423)
    Mr. W. J., age 72, d. Mar 1902 (438)
    William jr. d. Dec 28, 1839 (389)
LANCASTOR, P. M. 1876, 1880 (389)
LAND, Lily, dau of Yearby & Caroline, b. 9 Aug 1874 (503)
LANDERS, John 1828 (421)
    Polly A. 1881 (492)
LANDESS, (sister) m. Willis Wright 1817 (386)
LANDMAN, Pattie 1886 (421)
    Wade 1855 (could read 1895) (421)
LANDON, Worth m. Virginia Lane Mallet Oct 16, 1877 (438)
LANDRUM, David 1824, 1826 (450)
    Lucinda 1833 (423)
    Mary d. 1882 (339)
LANDS?, Elison 1855 (428)
LANDSTREET, G. Frank m. Ida J. Neville Aug 7, 1893 (503)
LANE, Alberta Lilian, dau of Edward R. & Minnie S., b. 29 Oct 1871 (503)
    Annie d. Jun 1, 1880 (400)
    Arthur Sullivan adult orphan bapt 1894 (356)
    Dorah M. 1875 (409)
    Frances 1871, 1884 (339)
    Harry O. 1881 (454)
    Hugh C. 1875 (409)
    Iva May orphan bapt 1894 (356)
    J. T. 1890 (455)
    James U. 1875 (409)
    John (see Maggie Bell) (423)
    Lena member 1875, m. Dr. T. H. Marable (400)
    Lena H. confirmed 1883 (400)
    Mrs. Lillie K. (wife of R. J.) 1889 (423)
    Mrs. Lille K. d. Sep 25, 1912 (423)
    Mrs. Mary 1871, to church at Corsicana TX 1874 (401)
    Mary E. 1850 (478)
    Mrs. Mollie R. d. Apr 21, 1900 (454)
    R. J. & Lillie K., from 1st Presby. Ch, Bristol, parents of R. Kyle & Vernon C., both bapt Jan 4, 1889 (423)
    Robert Kyle 1894 (423)

LANE, Ross orphan bapt 1894 (356)
LANFORD, Hugh Wheeler, son of Mr. & Mrs. E. J.,
    bapt 1882 (age 2 yrs) (356)
        Louise, dau of Mr. & Mrs. E. J., b. Apr 29,
        1882 (356)
LANGHAM, Mrs. E. 1860 (438)
    Thomas 1860 (438)
LANGHAN, Thomas, age 76, d. Aug 25, 1896 (438)
LANGLEY, Nellie Esther adult bapt 1880 (356)
LANIER, Mrs. Jessie P. 1885 (454)
    Julian M. 1890 (454)
LANIUS, Catherine E. 1847 (511)
    James 1847 (511)
    Lizzie 1877, 1890 (511)
    Margerett L. 1847, May 1860 (511)
    Marion 1884 (511)
    Mary 1847 (511)
    Mary d. Apr 1892 (511)
    Mary J. 1847 (511)
    Nancy jr. 1847, 1867 (511)
    Pattrick 1847 (511)
    Phillip 1841, 1847 (511)
    Richard B. 1847 (511)
    Willey 1888 (511)
    Wm. jr. 1847 (511)
    Wm. 1847 (511)
    Wm. 1843, d. Feb 26, 1874 (511)
LANKFORD, Elizabeth d. 1852 (389)
    Hallie 1898, m. a Waddle or Wadell (409)
LANNING, Miss Alma (Seagh?) d. 9/22/1913 (454)
LANTRUM, J. L. 1884 (409)
    S. E. 1884 (409)
LANY, W. P. 1889 (455)
LARDE, A. 1890 (409)
    D. J. d. Jul 10, 1897 (409)
    Maude 1895 (409)
    R. G. 1890 (409)
LAREW, Charles Linville 1889 (423)
LARGE, Wm. 1858 (448)
LARGEN, Lou Ida (see Lou Ida Ward) (507)
LARGENT, Ella 1884 (507)
    Madison 1885 (507)
LARKIN, Mrs. Emma V. 1871, d. Oct 9, 1897 (401)
    James Monroe 1887 (401)
    Jennie Finley (dau of J. M. & E. V.) (401)
    Neil B. 1871 (401)
LARSON, Horace B. m. Elisabeth B. Brayton Jul 7,
    1877 (503)
LASEFIELD, Mary 1885 (428)
LASSATER, Thomas Jefferson, son of Hugh & Caroline
    b. Aug 17, 1870 at Tullahoma (461)
LASSITER, John m. M. C. Aydelotte Feb 16, 1869
    (480)
    Lissie 1897 (407)
    Rev. & Mrs. B. S. 1887 (438)
    Rebaca 1823 (504)
LATEMER, Harret 1832 (504)
LATIMER, R. M. 1887, 1889 to Columbia SC (401)
LATIMORE, Lizzie S. (Mrs. Thos. C.) 1889 (454)

LATIMORE, Thos. C. 1889 (454)
LATTA, George G. m. Fannie Brownlow Feb 29, 1876
    (356)
    Wm. Brandon B. 1887 (478)
LAUNICE, Ellizabeth 1847, 1867 (511)
LAURENCE, William L. B. deacon 1874 (487)
LAUTER, Belle 1894 (507)
LAVENDER, Elizabeth 1899 (507)
    W. R. 1899 (507)
LAW, John B. 1857, left for Memphis Jul 26, 1858
    (423)
LAWING, Miss Lizzie 1893 (454)
    Mrs. Lizzie G. 1888 (454)
    Miss Lula member 1893 (m. Geo. A. Turner)
        (454)
    Saml. N. 1888 (454)
LAWNIS, George 1847, d. Dec 7, 1861 (511)
LAWRANCE, Carrie M. (see Carrie M. Lipe) (409)
    M. H. (f) 1891 (444)
    Mollie m. Milton Moore Jul 13, 1899 (444)
LAWRENCE, Mrs. Corinne (wife of Wm. L. B.) 1874
    (487)
    Miss Eva (dau W. L. B.) 1878, d. 1878 (487)
    Leavitt confirmed 1881 (400)
    Mamie Clark 1891 (409)
    Miss Sallie early member 1898 (375)
    Miss Sallie Hightower (dau W. L. B.) 1878
        (487)
    W. L. B. & Corinna parents of Wm. Pitt b.
        Mar 28, 1857; Eva b. Aug 10, 1860;
        Risley Pomeroy b. Mar 3, 1862; Sallie
        Hightower b. Jul 28, 1864; Laura b. Jul
        8, 1867; Katie Thompson b. Aug 17, 1870
        (487)
    William L. B. 1874 (487)
LAWSON, Alice 1894 (507)
    David d. 27 Jan 1913, age 67 (350)
    Miss Lillian 1891 (455)
    Lucius 1889 (455)
    May 1894 (507)
    Rachel 1859 (435)
    Willie 1894 (507)
LAWTER, Ralph 1894 (507)
LAWTON, P. 1851 (497)
LAWYERS, Lillie James 1878 (now Mrs. Lilly J. Long)
    (423)
LAXTON, Agusta Antoinette b. Aug 22, 1896, dau of
    Ralp & Adele (356)
    Ralph R. m. Adele V. Knabe Nov 1, 1893 (356)
LAY, Isabella M. m. W. A. Wilson Nov 29, 1890 (455)
LAYNE, Mrs. Fannie S. 1885, left for Tusculum 1888
    (429)
    Thomas M. 1889 (429)
LEA, Albert M. (to Texas 1858) (356)
    Alexander McKea (son of Albert Miller & C. S.
        D. H.) b. Dec 27, 1846 (356)
    Catherine S. D. H. by removal Nov 2, 1845
        (Texas) (356)
    Charles Heath d. 1856, age 22 mos (356)

LEA, Charles Heath (son of A. M. & C. S. D. H.) b.
    Nov 1854 (356)
  Elizabeth Houston adult bapt 1846 (356)
  John Overton m. Ella Cocke Aug 18, 1870 (356)
  Luke (son of Albert M. & C. O. H.) b. Jun 26,
    1850 and Albert b. Jun 26, 1850, bapt
    Jul 1850 (356)
  William Wilson adult bapt 1849 (356)
LEACH, Emma McKnight (Mrs. Geo.) d. Jul 2, 1911
    (401)
  Malcolm J. d. 1844 (423)
LEACOCK, Leonidas P., son of Wm. T. & Eliza, bapt
    1838 (438)
  Wm. T. & Eliza parents of Appolina & James H.
    infs bapt 1837 (438)
LEADBETTER, Emmertt? b. Jan 1897 (438)
  Myrtle, dau of Tom & Molly, b. Jun 1895 (438)
LEAHMAN, John H. 1858 (448)
LEAKE, N. F. pastor 1890 (360)
LEATH, Joseph d. Sep 7, 1904, age 56 (356)
LEATHERMAN, Miss Kate 1891 (502)
  Miss Linda, dau of Minos L. & Amanda, bapt
    1893 (502)
LEAVELL, Mrs. Christina 1868 (401)
  Mrs. Christina G. d. Apr 2, 1908 (401)
  N. B. (see Mrs. Louis Diffenderfer) (401)
LEAVILL, Annie Kirtney (Mrs. Gardner) 1889 (401)
LECKARY, Delilah 1811 (511)
LeCLERCQ, Alicia Downey, adopted dau of Mr. & Mrs.
    LeClerq & dau of James & Martha W.
    Downey, b. near Saledo, Bell Co. TX,
    Aug 5, 1892 (503)
LECOMPTE, Eugene m. Augusta W. H. Lessor Sep 19,
    1860 (356)
LEDBETTER, James 1841 (386)
  Mrs. Kate 1871 (502)
  Wm. jr. (Doc) 1885 (502)
LEDDY, John 1838, 1840 (504)
LEDERCQ, Samuel Augustine son of James A. &
    Florence A. b. 3 Jan 1876 (503)
LEE, Alsa J. ca. 1880 (448)
  Rev. Baker P. jr., rector 1898 (438)
  E. F. m. Jane Virginia Hays 1854 (438)
  Mrs. E. J. 1866 (497)
  Edward Franklin m. Jane Virginia Hays Dec
    26, 1854 (438)
  Mrs. Elizabeth 1895 (454)
  Eunice, dau of James & Edna b. 25 Dec 1888
    (503)
  Francis W. received from Church of the
    Advent, Nashville, Nov 4, 1895; later
    moved to Nash AR (461)
  George G. 1881, 1883 (401)
  Grace b. Sep 19, 1890, dau of James G. &
    Edna (356)
  Ida d. Jun 13, 1870 (497)
  Miss Ida Mary 1872 (423)
  Miss Ida Mary d. Feb 23, 1898 (423)

LEE, Mrs. Jane Virginia, wife of Mr. Ewd. J. buried
    Sep 20, 1857 (438)
  John A. sr. 1891, d. 3-18-1905 (454)
  John Brown Hays, son of Edwd. F. & Virginia
    Jane, b. Apr 23, 1857 (438)
  Lillian, received from Church of the Advent,
    Nashville, Nov 4, 1895; later moved to
    Nash AR (461)
  Miss Lulu 1875 (497)
  Miss Mamie 1891 (455)
  Mary E. 1874 (454)
  Robert E. ca. 1880 (448)
  Saml. Castis 1898 (401)
  Theodore Kinmon? (infant) son of Rev. Baker
    & Lulu Kinmon, b. Columbia, bapt Jan
    26, 1899 (438)
  W. W. 1895 (454)
LEECH, Elizebeth 1811 (511)
LEEK, A. D. (m) 1887, 1889 (339)
  Ada 1885, 1889 (339)
  Daisy 1885, 1889 (339)
  Hellen 1885, 1889 (339)
  M. A. (f) 1887, 1889 (339)
  Thomas 1885, 1889 (339)
LEFTWICH, Mary (see Jessie Mae Perkins) (400)
LEGAND, Elisabeth 1811 (511)
  J. H. 1811 (511)
LEGARE, Julian Keith 1875, to Walhalla SC 1880
    (401)
  W. W. & wife 1872, to Walhalla SC 1880 (401)
LEGENFELTER, Elizabeth Winchester, dau of John &
    Bella, b. Mar 21, 1875 (438)
LEGGETT, Miss Bettie 1866 (497)
LeGRAND, Lilly R. 1873, 1882 to Diamond Hill VA
    (401)
LeGRAS, Nellie A. m. Noble N. Gates May 5, 1867
    (503)
LeHARDY, Mary Kingsley, dau of Paul and Kate, b.
    Jan 29, 1877 (503)
LEHMAN, Mrs. Mollie 1870, 1893 to Newstead KY (401)
LEIGH, Henry 1889 (497)
  Miss Ida 1866 (497)
  Jno. 1873, d. Aug 1882 (497)
  Rosa Augusta (dau of Jno. W. & Sarah A.) b.
    May 26, 1872, private bapt May 30, 1871?
    (503)
LEIPER, Elnora C. 1885 (478)
  Mrs. J. C. 1885 (478)
LEIPSCOMB, A. 1890 (409)
LELAND, Katharine Allen b. Dec 30, 1891, dau of
    Frank & May (356)
LELES, Lelia (Wedington) 1877 (409)
LEMAKER, Maggie d. 1883, age 50 (356)
LEMMONS, Lizzie 1897, Fulks (407)
LEMON, Wm. L. 1879 (348)
LEMONS, A. B. (m) 1896 (411)
  Elisabeth 1886 (348)
  Julie 1882 (348)
  Theodore 1896, 1898 (411)

LEMONS, William 1886 (348)
LENEHAN, Beulah (see Miss Beulah Burgdorf) (502)
LENITHALL, Mrs. d. Oct 14, 1893 (356)
LENTHALL, Alfred Henry Walbridge, Charles Wm. Harvey,
    Maria Theresa & Emily Alma, bapt 1880
    (356)
LEOFFER, Henry Charles, son of Henry & Eva, b. Jan
    15, 1898 (503)
LEONARD, Annie E. 1873 (409)
    Hester 1890 (455)
LeREAU, Cyrel Mortimore b. May 21, 1893 (son of
    Mrs. Louisa) (356)
LESSOR, Augusta W. H. m. Eugene Lecompte Sep 19,
    1860 (356)
LESTER, John D. m. Mary E. Harris May 24, 1870
    (401)
LETHGO, James, age 59, buried Jan 24, 1888 (438)
    Mrs. Nannie (Joyce) (Jan 6, 187__) d. Sep 4,
    1891--family listing (438)
LETHGROW, Nancy m. P. R. H. Joyce Feb 10, 1891
    (438)
LETHILL?, Mary 1832 (462)
LETNER, Eliza 1891 (455)
LETSINGER, Martha 1871 (435)
LEVER, Carrie Louise, dau of John & Allie, b. Feb
    4, 1881 (503)
    John, Alice Emma, Carrie Louise (6), John Roy
    (4), William Robert (4 mos) 1887 (503)
    John Roy, son of John W. & Alice E., b. Jan
    28, 1883 (503)
LEVEY, Edith Corenne b. 1892, dau of Henry & Stella
    (356)
LEVI, Henry m. Emmeline Bowron Oct 12, 1881 (503)
LEWELLEN, Miss 1888 (423)
LEWELLYN, Morgan 1870 (423)
    Mrs. S. A. 1870 (423)
LEWIS, Ada S. m. Rev. J. H. Drummond 1872 (356)
    Amanda m. F. B. Hillyard Oct 11, 1866 (438)
    Authur A. infant of Ida J. bapt 1875 (455)
    Miss Blanche 1859, 1876 to McMinnville (401)
    C. (f) 1890 (288)
    Catherine Reauth m. Hewitt Craik? Feb 18,
    1892 (503)
    David 1868 (423)
    David d. 3 Nov 1887, age 28 (503)
    Della 1893 (409)
    Miss Della E. 1891 (455)
    E. H. ordained May 16, 1869 (401)
    E. H. deacon 1869 (401)
    E. H. 1859 (401)
    Ed. H. 1859 (401)
    Elizabeth 1868 (423)
    Miss Etta 1898 (454)
    G. F. 1872 (408)
    Harriet E. 1869 (423)
    Ida 1899 (348)
    Ida Jane adult bapt 1875 (455)
    J. F. d. Feb 25, 1875 (408)
    J. J. (m) 1878, 1891 (288)

LEWIS, J. W. 1886 (409)
    James N.? d. 29 Jul 1912, age 73 (350)
    Jesse 1831 (450)
    Jesse 1869 (450)
    Jno. 1883 deacon 1883, elder 1892 (487)
    Julius d. 1881, age 29 (buried Brooklyn NY)
    (356)
    Leona L. 1891 (455)
    Mrs. M. O. 1853, 1876 to McMinnville TN (401)
    Mrs. Martha 1860 (401)
    Mary 1866 (423)
    Mrs. Mary A. 1874, d. 1892 (423)
    Nancy 1872 (408)
    S. (f) 1891, d. Jan 4, 1908 (288)
    Sallie, dau of William O. & Mary, bapt Jan 30,
    1870 (423)
    Sallie, dau of Isaac & Ellen, bapt Jan 30,
    1870 (423)
    Sarah A. 1876 (435)
    Shelve ca. 1894 (450)
    Mrs. T. R. 1868 (423)
    Thos. 1893 (409)
    Thomas D. 1868 (423)
    Thos. D. (see Sarah S. French) (423)
    William 1872 (408)
    William & wife 1879 (504-2)
    Wm. 1831 (450)
    Wm. B. 1876 (435)
    William Owen, son of William & Mary, bapt
    Jan 30, 1870 (423)
LIBBY, Geo. H. (soldier from Camp Thomas, 1st IL
    Cav) m. Alice Meredyth Aug 1, 1898
    (503)
LIDDELL, Miss Allie M. 1898 (454)
    Robert Dove d. 6 Jan 1889, age 62 (503)
LIEWIS, Carsiller (f) 1849 (435)
    Elisabeth J. 1853 (435)
    Frances H. 1853 (435)
    Henry H. 1849 (435)
LIGGETT, M. E. (f) 1873 (497)
LIGHT, Kate (Mrs) 1892, d. Jan 23, 1901 (454)
    S. T. d. 18 Mar 1912, age 67 (350)
LIGHTFOOT, Elizabeth C. d. Nov 1895, age 45 (503)
    Samuel & Elizabeth, parents of Mary Magnolia,
    age 5, Otie Caledonia, age 2; and
    Samuel Theodore age 4 mos, bapt 1894
    (403)
LIGMIER, William 1892 (461)
LIGON, Mrs. Emma L. 1894, moved to St. Louis Sep 5,
    1904 (401)
LILAS, H. A. 1890 (409)
LILES, America 1870 (462)
    D. J. 1880 (409)
    Edwin H. 1886 (409)
    Ludna S. 1875 (409)
    Mary E. 1875 (409)
    Rs. M. 1875 (409)
    William 1870 (462)
LILLIARD, Mrs. Dr. 1892 (502)

LINCOLN, Ida Brown 1848 (423)
    Jesse d. Sep 14, 1854 (423)
    Jesse 1849 (423)
    Jesse 1848, d. Jul 13, 1857 (423)
    Nancy 1848 (423)
LINDBURY, Sarah (see Sarah Sutton) (461)
LINDLEY, Laura d. Sep 1882 (400)
    Laura bapt 1880 (400)
    Norman Percival confirmed 1881, bapt 1872 (400)
    Pearl, age 40, d. Jan 8, 1914 (400)
    Pearl Rener (see Louisa Anderson) (400)
    Pearl Reviere bapt 1880, dau of William P. & Laura (400)
    William P. d. Apr 1879 (400)
LINDSEY, Benjamin F. 1847 (511)
    Mrs. C. A. (see Miss Laura Lake Schrodt) (401)
    Caleb 1831 (502)
    Cornelia 1875 (409)
    Elizabeth 1847 (511)
    George 1847 (511)
    Lelia, dau of William & Sallie?, b. Jul 23, 1876 (438)
    Nancy 1847 (511)
LING, Parez Quong? 1898, moved to Memphis Dec 9, 1899 (401)
LINK, Herman d. Dec 21, 1900, age 49 (350)
LINKINHOKER, Wm. P. ca. 1865 (448)
LINN, Miss Bertha Ann 1891 (455)
LINSEY, Poley d. Oct 6, 1882 (465)
LIPE, Carrie M. (Lawrence) 1883 (409)
    Frances d. Jun 20, 1867 (402)
    Lawrence, son of N. B. & Carrie, bapt Jun 17, 1888 (409)
    Mary 1895 (409)
    Mary Victoria, dau of N. B. & Carrie, bapt Sep 3, 1884 (409)
LIPSCOMB, Agnes 1855 (478)
    Mrs. Alice 1883 (478)
    Mrs. Elizabeth L. 1833 (466)
    Emma F. 1865 (478)
    Fanny 1871 (478)
    Miss Fanny S., dau of Dr. L. 1871 (478)
    Harriet E. 1855 (478)
    J. S. deacon 1892 (487)
    Jas. S. & Lula A. parents of Evander McIver bapt 1885 (478)
    James S. 1876 (478)
    James S. 1865, 1872 to Peoria IL (478)
    Mrs. Martha A. 1880 (504)
    Mary Ann 1848 (478)
    Mrs. Mary Ann (widow of Dr. L.) 1891 (478)
    Mrs. Rebecca 1832 (478)
    Rebecca Stevenson, dau of J. T. & Lulie, bapt 1880 (487)
    Sarah 1855 (478)
    Mrs. Sulie 1876 (Mrs. J. S.) (487)
    Dr. Thos. 1832 (478)

LIPSCOMB, Thomas Allison, son of James T. & Lulie, b. Aug 8, 1877 (487)
    Thomas C. 1871 (478)
    Dr. Thos. elder 1882 (478)
    Virginia 1855 (478)
    Walter S. 1856 (478)
LISENBY, R. R. 1854 (497)
LISTER, Henry d. Jan 1900 (438)
LITCOMB, J. A. m. Lucy P. Smizer Aug 11, 1881 (438)
LITTLE, A. J. 1888 (409)
    D. L. 1860 (444)
    Miss Fannie C. 1867 (478)
    H. C. 1871 (478)
    H. Lawson W. 1871, d. 13 Aug 1873 (478)
    Hugh Lawson & Thomas Lipscomb, sons of Mrs. Virginia Lipscomb Little, bapt 1882 (478)
    John 1871 (478)
    Lauson W. 1871 (478)
    Linnie 1890 (409)
    Lucy C. 1857, d. 28 Jan 1876 (478)
    Lyda 1871 (478)
    Mary 1811 (511)
    Mary 1888 (409)
    Mary J. 1857 (478)
    N. L. 1885 (369)
    Octave 1889 (409)
    Sarah 1811 (511)
    Sarah Ann 1867 (478)
    Tennie E. 1857 (478)
    Thos. C. 1867 (478)
    Wm. & Lucy C. parents of Henry Clay adult bapt 1871 (478)
    William 1867, d. 1 Sep 1875 (478)
    Wm. & Lucy C. parents of Lyda Battle Little adult bapt 1871 (478)
    Wm. 1871 (478)
    Wm. L. 1888 (478)
LITTLEFIELD, Miss Bessie 1887 (438)
    Elizabeth dau of William & Mary, bapt Sep 18, 1870 (438)
    Elizabeth (see Bruce Buckner) (438)
    Elizabeth m. Bruce Buckner Nov 5, 1889 (438)
    Fridian? d. Sep 14, 1899 (438)
    John Eastin, son of William & Mary, bapt Jun 18, 1873 (438)
    John Easton bapt Jun 8, 1873 (438)
    Preston Player, son of Wm. & Mary Easton, b. Nov 3, 1882 (438)
    Mrs. W. 1887 (438)
    William (Oct 4, 1888?), Mary Easton, Elizabeth (Sep 18, 1870), John Easton (Jun 8, 1873), Euston Elseyer? (May 15, 1887), Mrs. Cornelia--family listing (438)
LITZ, Ebenezer J. 1879 (455)
LIVELY, Fletcher James b. 31 Oct 1869 (503)
LIVENGOOD, Blanche b. Jun 4, 1874 (503)

LIVINGSTON, Nancy J. m. Richd. H. Brown Apr 25, 1882 (503)
LIVY, Earnest Bruce b. Feb 14, 1894, son of Henry W. & Stella (356)
LLEWELLYN, Harriet 1868 (423)
    M. 1894 (393)
    Mary 1868 (423)
    Mrs. Morgan d. ca. 1903 (393)
    Sallie, dau of William & Mary, bapt Jan 30, 1870 (423)
LLOYD, Elisabeth A. d. Mar 23, 1884, age 79 (503)
    Richard Henry, son of James & Eliza, b. Aug 21, 1866 at Macon GA (461)
    Richard Henry 1892 (later moved to Milan TN) (461)
LOCHERT, Lucy Smith (Mrs. Lacy) d. Oct 8, 1912 (401)
LOCKE, Emma D. m. James G. Martin Apr 16, 1884 (503)*
    E. C. 1862 (423)
    Mrs. E. C. 1870 (423)
    Mrs. E. C. d. May 23, 1906 (423)
    Miss Edith m. Ralph Mountcastle Oct 19, 1896 (423)
    Miss Edith C. 1881 (423)
    Edith Carter, dau of Mrs. E. C., bapt Oct 17, 1868 (423)
    Elisabeth 1811 (511)
    Emma Drucilla, dau of Mrs. M. E., bapt 1875 (503)
    Frances Ella, dau of Mrs. E. C., bapt Apr 4, 1863 (423)
    Miss Frances Ella 1878 (now Mrs. Fisher) (423)
    Miss Ida 1881 (now Mrs. Harvey) (423)
    Ita Grace, dau of Mrs. E. C., bapt Nov 25, 1866 (423)
LOCKERT, Mrs. Amy d. Jan 1875 (401)
    Carrie L. m. Thomas M. Sleeper Oct 23, 1890 (400)
    Mr. Chas. confirmed 1890 (400)
    Charles 1898 (400)
    Frank B. 1896 (400)
    Frank Burris confirmed 1894 (400)
    George William buried Aug 19, 1894 (400)
    James L. 1868 (401)
    James Lacy d. Feb 7, 1879 (400)
    Mrs. Lacy? (see Miss Lucy D. Smith) (401)
    Mrs. Mary 1896 (400)
    William confirmed 1889 (400)
LOCKETT, Hettie M. m. George M. Marks Dec? 12, 1878 (356)
    Jeann E. m. Eugene F. Fuller 1881 (356)
LOCKHARDT, Mrs. d. 8 May 1892, age 81 (503)
LOCKHART, Allis 1880 (348)
    Francis Bemiss bapt 1881 (400)
    George William b. May 29, 1875, son of James L. & Mary (400)

LOCKHART, Hattie Bell, dau of David E. & Harriet A., b. 14 Oct 1874 (503)
    Mary E. m. W. H. Gray 1851 (356)
LOCKHERT, Carrie L. member 1875, m. Sleeper (400)
    Carrie Lacy confirmed 1884 (400)
    James L., Mary, Carrie L., Charles, William, Francis B.--family listing 1875-1902 (400)
LOCKWOOD, D. E. (Miss) 1878 (423)
    Lulu 1889 (455)
LODGE, Edith Harvey dau of Joseph & Anna E., b. Feb 9, 1881 (503)
LODOR, Duke d. Apr 6, 1875, age 22 (503)
    Mrs. Elizabeth Duke d. Aug 13, 1898, age 68 (503)
    Elizabeth Duke, dau of Nap. & Susan D., b. Sep 22, 1894 (503)
LOGAN, Allen b. Feb 13, 1898, in KY, bapt 1900 (356)
    Annie 1871 (478)
    Fanny 1868 (423)
    Hilen b. Oct 10, 1895 in KY, bapt 1900 (356)
    John Gilford 1894 (423)
    John Guilford, son of S. T. & M., b. Feb 14, 1879 (423)
    Mastr. Joseph M. 1885 (423)
    Joseph M. m. Miss Mary Cannon of Philadelphia TN Nov 1897 (423)
    Joseph M. 1868, d. Oct 2, 1869 (423)
    L. T. 1868 (423)
    Mariah R. 1871 (423)
    Mary Eleanor, dau of S. T. & M., b. Jul 23, 1877 (423)
    Miss Mary Eleanor 1894 (Mrs. Harold R. Ryder) (423)
    N. Earnest 1895 (423)
    Mrs. Nancy 1874 (487)
    S. T. 1870 (423)
    S. T. jr. 1895 (423)
    S. T. d. Oct 15, 1901 (423)
    Samuel T. d. Oct 15, 1901 (423)
    Miss Sarah Ann 1875 (487)
LOGEL, George, son of George & Sarah Ellen, b. Jun 7, 1885 at Lafayette IN (461)
    Henry, son of George & Sarah Ellen, b. Jan 28, 1889 at Tullahoma (461)
    Lena, dau of George & Sarah Ellen, b. Feb 7, 1882 at Lafayette IN (461)
    Mary, dau of George & Sarah Ellen, b. Dec 29, 1887 at Matcalla? IN (461)
    Sarah Ellen 1892 (461)
LOGSDON, Hiram M. 1891 (455)
LOHMAN, Louis 1847, 1867 (511)
LOLLACE, Elizabeth m. William Woods Nov 19, 1857 (356)
LOMAN, Martha 1847, 1867 (511)
LOMBARD, Joseph 1868, left for Ft. Wayne IN, Jul 9, 1869 (423)

LONG, Miss Addie d. May 4, 1900 (454)
    Amos 1839 (450)
    Miss Anna B. S. 1875 (487)
    Anna S. (dau of Mrs. Isabella M. Clark) (16 yrs old in 1875) (487)
    Bell member 1898, m. Wm. Prater, d. Nov 18, 1902 (454)
    Charity member 1838 (368)
    Chas. Quintard, son of Olivia & Johnson, b. Feb 1883 (438)
    Charles Sturtevant d. Apr 8, 1879 (400)
    Charlotte 1831 (450)
    Darling 1832, 1838 (361)
    Miss E. L. 1885 (369)
    Ella m. Micklejohn Orr Dec 22, 1881 (438)
    Eugene R. 1895, moved to Batesville AR Jul 5, 1897 (401)
    Eugene Webster m. Virginia Long Webster Dec 28, 1899 (438)
    Francis Kendrick, child of Jno. & Maud K., bapt Jun 19, 1898 (401)
    Isaac 1826 (450)
    J. 1892 (393)
    Johnson & Martha O., parents of Martha Olivia, Mary Olivia, Eugene Webster, bapt Oct 16, 1870 (438)
    Johnson Wifford m. Eugenia Clopton Aug 18, 1896 (438)
    Layfette 1891 (478)
    Lilly J. (see Lillie James Lawyers) (423)
    Lucile, age 2, buried Jul 30, 1887 (438)
    Martha Davis, b. Aug 8, 1877 (503)
    Mary A. 1890 (454)
    Maud B. (see Maud B. Kendrick) (401)
    Nancy Emeline b. Jun 16, 1878, dau of Richard & Jennie (356)
    Nervia 1893 (467)
    Rebecca Anne, age 10, bapt Sep 23, 1866 (438)
    Temperance 1838, 1832 (361)
    Thomas 1876 (450)
    Viney 1826 (450)
    Wm. P. (chief clk ___ RR office) m. Miss Mary E. Thompson (b. IN) Dec 4, 1890 (455)
    Will R. (see Minnie Lee Crow) (454)
LONGBORG, John Ludwick d. Apr 7, 1871, age 24 (503)
LONGLEY, Thomas 1831 (450)
LONGWORTH, Miss Jane S. 1875 (487)
LONY, Martha J. 1842 (478)
LOOMIS, Hattie 1868, 1870 to Milwaukee WIS (401)
    Hattie M. m. Robert Marquis of Milwaukee WI, Apr 25, 1870 (401)
    J. F. 1881 (393)
    Mrs. Mary (of Philadelphia) d. 14 Mar 1911, age 46 (350)
LOON, Mrs. E. P. (see Alice Larkin Wilson) (401)
LOONEY, Benjamin F. bapt 1833 (423)
LOOSE, Mrs. Alice W. 1895 (401)
LOOSE, Cornelius Gamalial, son of E. P. & A. W., bapt Jun 2, 1898 (401)
    E. P. 1891, 1893 to Carlinville IL (401)
LORD, Bertie Amelia, dau of John S. & Sarah J., b. Feb 1, 1844 (503)
    Henry & Susan E. parents of James Robert b. Aug 12, 1851 and John Henry b. Aug 12, 1851 (356)
    James Robert & John Hersey (twin sons of Henry & Susan E.) b. Aug 12, 1851 (503)
    John C. 1887 (423)
    Saml. Dehon m. Laura Jarnigan Smith Jul 9, 1872 (356)
LORDE, Kuny? d. Oct 14, 1895, age 16 (461)
    Mrs. L. A. d. Nov 26, 1908 (409)
LOSHEN, Louisa 1879 (455)
LOT, Manerva 1847 (511)
LOUIS, Mary 1832 (left for Cedar Grove Ch) (423)
LOVE, C. S. member Sun schl 1871 (369)
    Elizth J. m. Wm. J. Marshall Sep 13, 1865 (356)
    Hugh Marshall 1887, 1889 to Yazoo City MS (401)
    J. R. d. Jun 30, 1910 (454)
    Joseph B. 1884 (478)
    Miss Maggie C. 1880 (423)
    Margaret Campbell 1891 (438)
    Mary 1819? (left for Rhea Co.) (423)
    Saml. 1831 (450)
    Mrs. Sarah E. 1880 (423)
LOVEALL, W. H. (m) 1891 (288)
LOVEL, Eliza Jane 1863 (467)
    G. W. 1863, 1871 (467)
    Margret E. 1863 (467)
LOVELACE, Bessire d. Nov 1911 (435)
    Isabella 1878, 1891 (288)
    Kirtis D. 1860 (421)
    S. (m) 1891, 1878 (288)
LOVELAW, Curtis D. 1844 (421)
LOVELESS, P. C. 1873 (421)
LOVELL, Caleb R. 1869, 1883 to 1st Ch, Little Rock AR (401)
    Delania Lou 1875, 1890 (401)
    G. W. 1869 (401)
    Hula B. 1886 (401)
    John W. m. Florence J. Smith Sep 8, 1881 (448)
    Mary Eliza 1875 (401)
LOVING, W. B. d. Feb 20, 1904 (409)
LOW, E. A. (m) 1879, 1890 (339)
    Neri 1897 (339)
    Pauline 1891, 1894 (339)
LOWARD, David 1876 (435)
    John 1876 (435)
LOWARDS, Westley 1876 (435)
LOWE, Blanche (see Blanche Swan) (423)
    Neri 1890 (511)
    Polly 1831 (502)
    S. B. m. Elsie E. Tucker Sep 1, 1880 (503)

LOWE, Thomas 1875 (487)
LOWERY, Eulalia 1884 (507)
    James Cleveland, son of Jas. Madison &
        Carrie, b. Feb 5, 1889 (440)
    John A. 1846 (507)
    John E. 1893 (361)
    Mathew McGhee infant bapt 1835 (466)
    Minnie Judson, dau of Jas. M. & Carrie, b.
        Sep 25, 1886 (440)
    Mrs. Sarah Ann 1885, d. 3/25/1906 (454)
LOWMAN, Margaret Elizabeth d. 20 Jan 1913, age 75
    (350)
    Mary Florence m. Alfred Cravens Mar 16,
        1882 (503)
LOWRANCE, D. E. 1891 (444)
    D. E. 1876 (444)
    Mary H. ca. 1870 (444)
LOWREY, Eva 1876 (507)
    Jno. A. d. May 29, 1902 (507)
    Mollie m. W. J. Smith Jan 12, 1891 (507)
    Samuel Edgar, child of James A. & Sarah
        bapt 1894 (507)
LOWRY, Elenor 1836 (466)
    J. A. & Sarah parents of Eston & Fletcher
        Ernest bapt 1890 (507)
    J. M. & L. Caroline parents of John Martin
        b. May 15, 1870 (466)
    Jane H. 1842 (466)
    James M. 1843, left for Greenville TN Apr 23,
        1845 (423)
    Jim 1895 (507)
    John C. & L. E. C. parents of Mary Isabella
        b. Jun 8, 1867 (466)
    John H. 1843 (466)
    John J. d. 1905 (393)
    John R. 1891 (423)
    Mrs. Laura, wife of J. R. 1891 (423)
    Lina 1889 (507)
    Mattie 1889 (507)
    Mrs. P. mother of William bapt 1829 (466)
    Polly 1832 (466)
    Mrs. Polly mother of John Henry bapt 1827
        (466)
    R. A. & L. C. parents of William Benjamin
        bapt 1870 (466)
    S. M. 1885, moved to Rome GA Dec 17, 1888
        (423)
    Sara A. 1842, 1845 (466)
    Sarah Frances 1890 (507)
    Vance 1890 (507)
    Willie (son of Willie) bapt 1862 (466)
LOYD, James 1811 (511)
LUAGER?, Frederick (of South Pittsburgh) (store
        founder?) m. Josephine Phillips Apr 23,
        1891 (455)
LUCKETT, Donie (see Donie Brunson) (401)
    Gracey H. confirmed 1889 (400)
    Gracey Hobbs b. Apr 28, 1877, dau of T. D. &
        Maria G. (400)

LUCKETT, Mrs. Maria G. 1896 (400)
    Mrs. Maria Gracey, age 66, d. Jan 18, 1910
        (400)
    Miss Mary confirmed 1890 (400)
    Mary Stacker (see Mary Stacker Drane) (400)
    Mary Stacker m. William McClure Drane, jr.
        (at home of Mr. T. D. Luckett) Dec 14,
        1899 (400)
    Robbie confirmed 1892 (400)
    Roberta 1896 (400)
    Roberta b. Aug 4, 1878, dau of T. D. & Maria
        G. (400)
    T. D., Maria, Mary, Gracy H., Roberta, Mrs.
        Mary Stacker--family listing 1875-1902
        (400)
    Thomas Dade member 1896, d. May 24, 1913 (400)
    Thomas Dade, age 69, d. May 24, 1913 (400)
LUCKEY, Alexander 1831 (502)
    Cornelius E. 1870 (423)
    Mrs. Julia 1875 (423)
    Mrs. Mary 1870 (423)
    Mrs. Mary d. 1903 (423)
    William K. 1831 (502)
LUCY, Eveline 1832 (423)
    Thomas Jefferson, son of Wm. B. & Eveline,
        bapt Dec 3, 1843 (423)
    W. B. & E., parents of Clarinda Susan &
        Margaret Crittenden, bapt Jun 26, 1842
        (423)
    William B. 1832 (423)
LUDLOW, Clara Southmaid adult bapt 1867, b. Dec 26,
    1852 (356)
LUIN, Ellizabeth 1847, 1860 (511)
LUINTTEAL, Sarah Margarett Helen (age 4), Thos.
    Edgar Wallace (age 2) & Saml. Victor
    Franklin (inf) bapt 1886 (356)
LUMKIN, Nancy W. 1811 (511)
LUMKINS, Elizabeth 1811 (511)
    Wm. M. 1811 (511)
LUMPKINS, Elizabeth 1826, 1831 (450)
    John W. 1811 (511)
    Obediah 1811 (511)
LUNIUS, Docia 1847, d. 7 Mar 1856 (511)
LUNN, B. N. 1892 (409)
LUNY, Eleanor 1828 (423)
LUPPER, Jacob 1891 (455)
LUPTON, Carrie 1882, 1889 to Leesburg VA (401)
    Charlotte 1897, moved to Leesburg VA Nov
        19, 1898 (401)
    Harry McClusky 1885 (401)
    Henry McClusky, son of H. N., bapt Apr 25,
        1897 (401)
    Henry North, son of J. W. & J. R., b. 13 Nov
        1873 (401)
    Imogene Smith 1896 (400)
    James S. 1882, 1885 to Shelbyville TN (401)
    James S. 1885, 1889 to St. Louis (478)
    Jno. S. 1891, 1893 to Franklin TN (401)
    Julia 1880 (401)

LUPTON, Julia R. 1872, d. Feb 3, 1891 (401)
    Mary H. 1872, later moved to Leesburg VA (401)
    Mary Hall member 1872, to Leesburg VA (wife of Rev. J. T. Cannon) (401)
    Millicent, dau of J. W. & Julia R., bapt Mar 10, 1882 (401)
    Millicent 1892, moved to Leesburg VA Nov 19, 1898 (401)
    Stewart? K. 1887 (401)
    Stewart Kennedy, son of J. W. & J. R., bapt 1876 (401)
    William Bailey 1875, 1888 to Franklin TN (401)
LURTON, Carrie m. Thomas Dickson Johnson Apr 22, 1880 (400)
    Carrie (see Cave Lurton Johnson) (400)
    Clara confirmed 1880 (400)
    Clara member 1875, m. N. T. Randle, removed to Hodgenville? KY (400)
    Edmond B. member 1875, d. Nov 30, 1878 (400)
    Edmund B. d. Nov 20, 1878 (400)
    Edmond Brown bapt 1880, son of Edmond B. & Clara (400)
    Horace H. member 1875, moved to Nashville (400)
    Horace H., Fanney, Kate H., Leonidas L., Mary, Horace H.--family listings 1875-1902 (400)
    Horace Harmon b. Dec 4, 1875, son of Horace H. & Fanny (400)
    Kate Howard confirmed 1883 (400)
    Kate Howard d. Sep 29, 1884 (400)
    Rev. L. L. d. Jun 1877 (400)
    Maud bapt 1880 (400)
LUSK, F. M. d. Feb 13, 1904 (348)
    Lida R. 1879 (348)
    Sarah d. Sep 15, 1886 (348)
LUTEN, John member Sun schl 1871 (369)
LUTES, S. C. 1876 (369)
LUTON, Armon d. 1881 (421)
LUTTON, Frank Foe b. Sep 13, 1871, d. Feb 3, 1890 (461)
LUTTRELL, Alice (see Alice Franks) (455)
    Mrs. Clarinda 1891, 1891 to Nashville (401)
    Mrs. Clarinda 1892, 1893 to Nashville (401)
    W. J. N. 1892, 1893 to Nashville (401)
    W. J. N. 1888, 1891 to Nashville (401)
LUTY, Mrs. Adelia Armstrong 1891 (423)
LUTZ, Mastr. C. O. 1885 (423)
    John E. 1876 (423)
LYLE, Mrs. A. P. 1879, 1882 (401)
    Berta L. confirmed 1897 (400)
    Bertha L. 1897 (Mrs. Bertha L. Lyle Sawyer) (400)
    Charles L. 1843 (466)
    Clarissa Jane 1843 (466)
    Ira W. 1898 (400)
    Ira William confirmed 1893 (400)

LYLE, Mary ca. 1855 (448)
LYLES, Jane 1832 (466)
LYNN, Mrs. Alice 1875 (423)
    Carrie P. 1882 (423)
    Ellen A. 1882 (423)
    Hugh Walker 1870 (423)
    James 1882 (423)
    Mrs. James (see Sarah Rogan) (423)
    John F. 1882 (423)
    John G. 1860, left for Reedy Creek Ch (423)
    Mrs. Josephine 1879 (423)
    Joseph Hunt 1895 (423)
    Mrs. Josie 1882 (423)
    Lelia May 1882 (423)
    Miss Nancy Rhea 1894 (423)
    Ona 1889 (455)
    S. Eddie 1882 (423)
    S. J. 1882 (423)
    Mrs. S. R. 1882 (423)
    Sarah Obrian 1895 (423)
    Mrs. Sarah R. 1882 (joined church as Sarah Rogan 1857) (423)
    Strother J. 1874, moved to Sweetwater TN Nov 9, 1879 (423)
    Will Napoleon, son of Strother J., bapt Sep 21, 1884 (423)
LYNCH, Mrs. A. V. 1889, d. Nov 16, 1899 (454)
    Margaret J. m. James H. Smith Dec 25, 1872 (503)
    Mary A. m. James Barnard May 20, 1873 (503)
    Miss Rosebud 1889 (454)
LYNDE, George Francis, son of Francis & Marie Antoinette b. Jan 10, 1893 (503)
LYON, Elizabeth Berneger, dau of J. A., bapt 1888 (401)
    J. A. elder 1886 (401)
    Jas. A. 1885 (401)
    Jas. A. jr. 1891, 1891 to Natchez MS (401)
    Lizzie B. 1885 (401)
    Mary Catharine (Craig) 1843, left for Florence AL Jan 7, 1848 (423)
    Mary P. 1843, d. Mar 31, 1861 (423)
    Scott Cary 1896 (401)
    T. S. 1886 (455)
    Theodoric Cecil 1896, moved to New Orleans Oct 12, 1903 (401)
    Willie Mae 1887, 1890 to Kansas City (number omitted)
    Winter 1896, moved to Nashville Dec 1900 (401)
LYONS, Mrs. Eliza 1871 (480)
    Mahala Dempsey m. Pendleton Shropshire Jan 1, 1866 (356)
LYPE, Mary 1860 (402)
LYPES, Frances 1850 (402)
LYTLE, Mrs. A. E. 1882 (502)
    Miss Bessie 1885 (502)
    Evander & Kate parents of Kate Bibb & Wm. Robt. bapt 1884 (502)

LYTLE, Evander 1885 (502)
    Dr. Wm. H. 1868 (502)
MABE, Caroline 1895 (462)
MABERING, Alberta 1888 (455)
MABERRY, Mellay? 1892 (455)
MABREY, F. E. 1875 (409)
MABRY, Anna b. Nov 1875, dau of Thomas Lawson &
    Elizabeth Dabney (400)
    Miss Anna confirmed 1891 (400)
    Anna, Thomas L., Bettie D., Anna, Julia,
        Thomas, Manert?--family listing 1875-
        1902 (400)
    Mrs. Anna M. 1896 (400)
    Bettie Dabney confirmed 1878 (400)
    Edmond Read b. Oct 6, 1888, son of Thos. S. &
        Elizabeth D. (400)
    Elizabeth, age 15, d. Jan 26, 1905 (400)
    Elizabeth b. Feb 6, 1890, dau of Thos. S. &
        Elizabeth D. (400)
    Mrs. Elizabeth 1896 (400)
    Isabella 1868 (423)
    Isabella 1870 (niece of Wm. Temple) (423)
    John E. confirmed 1878 (400)
    John Elliott b. Feb 24, 1895, son of
        Thomas L. & Elizabeth (400)
    Julia bapt 1879, dau of Thomas L. & Bettie
        D. (400)
    Miss Julia confirmed 1894 (400)
    L. E. 1875 (409)
    Laura Evelyn adult bapt 1893 (356)
    Laura Evlyn m. John H. Wagner Oct 7, 1895
        (356)
    Melinda b. Oct 5, 1884, dau of Thomas L. &
        Elizabeth (400)
    Robert Wainhardt b. Jul 22, 1897, son of
        Thomas L. & ELizabeth (400)
    Ruth b. Sep 9, 1891, dau of Thomas Lawson &
        Elizabeth Dabney (400)
    Thomas Dabney b. Apr 21, 1880, son of Thomas
        L. & Bettie D. (400)
    Thomas L, age 55, d. Dec 10, 1902 (400)
    Virginia b. Oct 6, 1886, dau of Thos. L. &
        Elizabeth D. (400)
    William Marrast b. 26 Jul 1882, son of
        Thomas L. & Elizabeth D. (400)
MACADO, John A. ca. 1865 (467)
MACFERION, Samuel 1833 (450)
MACK, Elizabeth S. 1842, left for Columbia (423)
    Harry H. B. m. Virginia R. Florer Dec 20,
        1899 (503)
    Mary Elizabeth, dau of W. & E. S., bapt Jun
        10, 1841 (423)
    Rev. William ended ministery Dec 1843 (423)
MACLEAN, Helen Margaret d. Oct 12, 1903, age 23
    (350)
MACON, Albert L. 1890 (401)
    Mattie A. 1890, d. Jul 4, 1904 (401)
    Roland B. 1890 (401)
    Miss Sadie Anne 1897 (401)

MACON, William 1873 (428)
    William L. 1897 (400)
    William Linus adult bapt 1897 (400)
MACPHERSON, Mrs. Bettie, widow of Rev. Sam, mother
    of John M. & Saml. A., children bapt
    May 26, 1892 (429)
    Bettie B. (see Bettie B. Childress) (429)
    Rev. J. M. d. Nov 1885 (429)
    Rev. John M. org. Belleview Church in 1854,
        d. Nov 1885 (429)
    Mrs. Mary E. d. 1897 (429)
    Mattie 1893 (429)
    Nellie? Virginia, dau of W. & C., bapt Jun
        26, 1881 (429)
    Pollok m. F. E. Macpherson Dec 1, 1875 (429)
    Pollok 1873 (429)
    Rhea Wilton, son of S. & F. E., bapt Jun 26,
        1881 (429)
    Sam d. Feb 18, 1891 (429)
    Sam m. Bettie B. Childress Dec 26, 1888 (429)
    Watts? 1896 (429)
    Willis Robertson, son of P.? & Ada, bapt Aug
        16, 1885 (429)
    __osie 1896 (429)
MACRAE, Anna, dau of J. H. & Mary, bapt Dec 12,
    1891 (401)
    Frank Withron, son of J. H. & M. A., bapt
        Dec 7, 1889 (401)
    G. Uythe? 1869, 1871 to Memphis (401)
    Jno. H. deacon 1887 (401)
    John H. 1884, d. Aug 21, 1898 (401)
    John M. 1889, moved to Memphis Apr 3, 1904
        (401)
    Ross Faxon, son of Ruth & John, bapt Jun 14,
        1890 (401)
    Ruth (see Ruth Faxon) (401)
MADDEN, Louis A. m. Kate A. Roberts Jun 6, 1888
    (356)
    Robt. H. m. Lula E. Dugger Nov 18, 1880 (503)
MADDOUX, James H. & Marry A. 1895 (348)
MADDOX, Elijah 1811 (511)
    Elisabeth 1811 (511)
    Mrs. F. E. (see Laura Ellen Wilson) (401)
    J. H. & Mollie parents of Hattie Cordelia,
        Nettie Orlivia & John Houston bapt
        1890 (507)
MADISON, Fredonia ca. 1880 (448)
    Genoah Hellen 1881 (448)
    Virginia Lee d. 1878 (448)
    Virginia Lee 1875 or 6, d. 1878 (448)
    W. J. 1875 or 6 (448)
MADOLE, Mrs. A. J. 1866 (497)
    Miss M. A. 1866 (497)
MADOUX, A. J. 1894 (348)
    George 1882 (348)
    Hatta R. 1890 (348)
    Ida 1882 (348)
    Nancy 1893 (348)
    Polley E. 1891 (348)

MADOUX, Sallie 1882 (348)
MADOX, July C. 1880 (348)
MAGER, Sarah 1845 (389)
MAGUIRE, John P. buried Feb 19, 1887 (438)
    John Patrick, son of Chas. P. & Mary P., b. Mar 6, 1856 (438)
MAGAHA, Wm. 1860 (428)
MAHAFFEY, Miss Helen d. Jan 23, 1911 (454)
MAHAFFY, W. A. 1889 (455)
MAHANY, Mrs. Delilah 1849, d. Dec 7, 1857 at Drapers Valley VA (423)
MAHEN, P. (Col) d. 1879 (396)
MAHONEY, Chas. E. d. 11-5-1913 (454)
MAIKS, William Dewees? m. Jeanette Homes Colwell May 27, 1874 (503)
MAINER, James & wife Rebekah 1825 (421)
    Rebekah 1826 (421)
MAINWARING, Albert Harold, son of Isaac & Emily, b. Oct 7, 1891 (503)
MAJORS, Minerva (see Minerva Peterson) (423)
MALIN, Jennette 1878, d. Apr 3, 1880 (288)
    Jennie? 1829 (288)
MALKUS, Lewis (RR carpenter) m. Mattie Hensley Nov 14, 1890 (455)
MALLET, Virginia Lane m. Worth Landon Oct 16, 1877 (438)
MALLETT, Caroline Hooper, dau of Dr. A. F. & Susan M., b. Sep 30, 1854 (438)
    Maria Louisa (of Texas), dau of William Smith & Frances Harriet, b. May 26, 1857 (438)
    Mrs. Susan 1849 (438)
    Thomas Henry Seymour, son of A. F. & Susan M., b. Sep 8, 1859 (438)
MALONE, Adie d. Dec 23, 1903 (428)
    Bethany 1853 (428)
    Bitha 1853 (428)
    Constance Vernon b. Mar 15, 1885?, dau of Col. James C. & Eva (356)
    Emily member 1866 (361)
    Mrs. Frank 1893 (455)
    James 1885 (428)
    John 1885 (428)
    Joseph 1885 (428)
    Joseph S. 1861 (448)
    Mandia d. Feb 10, 1902 (428)
    Mary d. May 21, 1880 (428)
    Mary 1873 (428)
    Mary 1853 (428)
    Melvinia 1885 (428)
    Melvina 1873 (428)
    Nancy m. James Dunn 1867 (356)
    Prestler? 1853 (428)
    Rachel 1853 (428)
    Rachel m. George Tuchs 1862 (356)
    Robert 1855 (389)
    Robert d. Nov 8, 1865 (389)
    Susan Stith b. Jan 4, 1889, dau of Col. James C. & Eva (356)

MALONE, Tennessee? 1885 (428)
    Thomas 1853 (428)
    Thomas 1873 (428)
    Venia 1885 (428)
    Z. 1873, 1853 (428)
    Zack 1885 (428)
MALLORY, George J. m. Nannie J. Pettus May 23, 1869 (401)
    Sophie J. (see Sophie J. Newell) (401)
    Mrs. Sophie J. 1858 (401)
MALLOY, Eliza ca. 1880 (448)
MANERD, Mary d. 1887 (465)
MANEY, Newton Cannon 1885 (502)
    Mrs. R. A. 1850, d. Aug 1911 (502)
MANGRUM, Fannie 1888, 1895 (429)
    J. L. 1888, 1895 (429)
    Mrs. Lewis 1888 (429)
    Mrs. Sallie F. (Harper) 1888 (429)
MANGUM, G. W. 1873 (421)
    Mary 1850 (423)
MANIS, John 1880 (348)
    Mary 1880 (348)
    Z. 1880 (435)
MANKER, David 1885 (455)
    J. J. (see Charlotte Holmes Patten) (455)
    Myron J. 1886 (455)
MANLEY, Susan 1867 (409)
    Mrs. Susan d. Oct 7, 1899 (409)
MANLY, Rev. A. H. 1885 (429)
    N. E. 1895 (406)
MANN, Arthur M. (b. OH) (lawyer & preacher) m. Ida Blair (b. OH) Jun 12, 1890 (455)
    Budd & Carrie parents of Charles Lewis (age 7) and Annie Udena (age 10 mos) bapt 1894 (503)
    Elvira 1891 (339)
    J. B. (m) 1879, 1897 (339)
    M. M. (f) 1889, 1891 (339)
    Matthew R. m. Fannie Fleming Jun 21, 1882 (503)
MANNAN, Joe b. Jan 26, 1891 (440)
    Mary 1888 (440)
    Sarah C. 1888 (440)
MANNEN, John, age 14, buried Jul 25, 1887 (438)
MANNIAN, Martha Willie Elizabeth 1892 (440)
MANNING, Bental 1889 (455)
    Elizabeth F. 1832 (502)
    Geo. Miles (see Carrie Irams) (423)
    Joseph 1831 (502)
    Joseph R. m. Mamie Alma Moore (at home of Mr. J. S. Moore) Nov 22, 1899 (400)
    Madaline Tiers, dau of Edward T. & Mamie L., bapt Jul 25, 1898 (423)
    Mamie Alma Moore 1896 (400)
    Rebecca K. 1831 (502)
MANNINGTON, W. S. & wife 1889 (455)
MANNON, Jennie D. 1893 (438)
    Jennie D. 1893 (440)
    Martha Willie Elizabeth 1892 (438)

MANOR, Robt. Lee m. Emily Rosa Shirley Aug 8, 1887 (438)
MANSFIELD, G.? K. 1872 (408)
    Mrs. M. A. 1885 (454)
    Samuel 1842 (423)
    Samuel H. 1846 to Memphis (356)
MANTHEY, William d. Mar 22, 1883, age 43 (503)
MARABLE, Cora bapt 1876 (400)
    Dudley Schoolfield b. 16 Jan 1890, dau of Dr. Thos. H. & Lena (400)
    Grace Gholson d. Apr 1882 (400)
    John d. Feb 22, 1911 (400)
    John H. 1896 (400)
    John Hartwell & Earnest Howard bapt 1877 (400)
    Lena & J. H. (see Anna Saunders) (400)
    Lula G. d. Oct 1881 (400)
    Maud 1874 (401)
    Paul Douglas bapt Oct 9, 1881 (400)
    Paul Douglas 1896 (400)
    Dr. T. H. (see Lena Lane) (400)
MARBERRY, Allice J. 1871 (478)
    John H. 1871 (478)
MARBURRY, Amanda C. mother of Alice, John O. Neal & Leonard bapt 1868 (478)
MARBURY, Philip 1871 (480)
MARCH, Chas. (see Miss Bettie Arlege) (454)
    Stephen W. & Mary A., parents of Henry Edwards and Charles Sumner bapt Apr 6, 1861 (423)
MARCHAND, Celina? Haman m. Albert Belastro Aug 1874 (503)
MARCUM, Mary Jane d. 1861 (423)
    Sarah Jane, dau of Mary Jane, bapt Mar 31, 1860 (423)
MARCUS, Amos D. 1830 (450)
    Polly D. 1830 (450)
MARFIELD, Samuel d. Apr 25, 1905, age 62 (356)
MARGEN, Ellonee 1832 (504)
MARGUS, Elizebeth 1832 (504)
    Mary 1832 (504)
MARKIE?, Mrs. H. A. 1891 &455)
MARKS, George M. m. Hettie M. Lockett Dec? 12, 1878 (356)
MARLEN, Marget 1832 (504)
MARLER, W. N. member 1876, d. Jun 1904 (339)
MARLEY, Elizabeth Jane d. ca. 1875, age 43 (356)
    Elizabeth Jane adult bapt 1860, b. Dec 8, 1830 (356)
    Fannie B. m. Charles A. Sanberb Nov 29, 1893 (356)
    Fanny Burner? (dau of Mrs. E.) bapt Apr 1874 (356)
    Jefferson Davis (son of John T. & Elizth) b. Apr 25, 1861 (356)
    John T. m. Elizabeth J. Crockett Jun 7, 1852 (356)
    Mary Eliza d. 1855, age 2 yrs (356)
    Thomas d. Nov 16, 1895, age 33 (356)

MARLIN, Barclay jr. 1858 (478)
    Jane W. 1832 (502)
    Marthe E. 1832 (502)
    Polly 1831 (502)
MARLON, Robt. H. 1892 (478)
MARLOW, Elisabeth 1821 (419)
    Elizebeth 1809 (511)
    Ellen 1821 (419)
    Nancey 1811 (511)
MARQUIS, Robert of Milwaukee WI m. Hattie M. Loomis Apr 15, 1870 (401)
MARR, Duncan 1894 (401)
    Duncan d. Jan 1908? (401)
    Mrs. Eliza Ann 1893 (401)
    George m. Mary Lilian Young Oct 29, 1895 (356)
    James Young b. Jan 12, 1897, son of George & Lilian (356)
MARRAY, Emma H. 1894 (454)
MARSH, Miss Annie d. Sep 4, 1910 (400)
    Geo. Winning 1894 (423)
    Lieut. C. S. A. fell in battle at Franklin, Nov 30, buried Dec 2, 1864 (438)
MARSHAL, James 1870 (429)
MARSHALL, Charles bapt Nov 6, 1870 (438)
    Charles F. 1888 (423)
    Mrs. Eliza (wife of Rev. M.) 1889 (423)
    Ethel Frances b. May 1, 1891, dau of Arthur B. & Frances M. (356)
    Franc Dickens m. Claud Porterfield Fox Feb 6, 1890 (356)
    Frank 1881 (423)
    Frank Jeffries b. Jul 9, 1893, son of Arthur B. & Frances M. (356)
    Horace D. m. Carrie Ross Oct 17, 1878 (400)
    Rev. James 1870 (429)
    Rev. John 1880 (423)
    John Edward, son of Horace Dudley & Caroline Hortense, b. Sep 23, 1879 (400)
    Josephine bapt Nov 6, 1870 (438)
    Mrs. Mary E. 1883 (423)
    Mary Elizabeth, dau of Horace Dudley & Caroline Hortense, b. Feb 27, 1882 (400)
    Mildred, dau of H. D. & Caroline Hortense M., b. Oct 1895 (400)
    Quincie L. m. William H. O'Keefe Oct 17, 1888 (356)
    W. S. 1881 (393)
    Walter bapt Feb 5, 1871 (438)
    Walter W. m. Strobelia Agnes Young Nov 20, 1877 (438)
    Walter William, son of Walter Wm. & Strabelia (Underwood), b. Sep 28, 1878 (438)
    William m. Mary E. Givins May 28, 1867 (438)
    Wm. J. m. Elizth. J. Love Sep 13, 1865 (356)
MARSHE?, Strotesha? A. m. James Jefferson Underwood Dec 23, 1884 (438)
MARSTON, Harry Foster, son of Alfred H. & Carrie M., b. Dec 25, 1878 (503)

MARTIN, Albert m. Mary A. Kennedy Mar 8, 1892 (503)
    Alis 1832 (462)
    Anne P. (see Mrs. Anne P. Branch) (438)
    Barclay m. Kate Fogleman ca. 1867 (480)
    Barclay, inf of Barclay & Kate, bapt 1869 (480)
    Branch 1866 (438)
    Buena Vista B. m. C. E. DeRochemont Jun 3, 1896 (503)
    Clara Gladys b. Mar 14, 1890, dau of Thomas Rochester & Georgiana Dorothy (400)
    Clara L. 1892 (423)
    Miss Cynthia 1865 (438)
    D. R. 1889, moved to San Antonio TX May 13, 1891 (423)
    Mrs. Dora C., dau of E. W. C., 1882 (478)
    Dorothy Jane b. Aug 10, 1895, dau of Thomas Rochester & Georgiana Dorothy (400)
    Duncan confirmed 1886 (400)
    Duncan 1883, 1891 (401)
    Eliza 1853 (423)
    Ellen Henry b. Dec 1899, dau of Mortimer A. (400)
    Emma M. 1892 (423)
    Eugene Franklin, son of Samuel? bapt 1891 (400)
    Fannie, child of Rev. J. H. & Julia, bapt 1870 (466)
    Frances Clarke bapt Apr 19, 1868 (438)
    Frederic, son of George W. & Narcissa C., b. Aug 12, 1852 (438)
    G. W. 1859 (448)
    George m. Louise Herndon Jul 29, 1896 (438)
    George 1899 (438)
    Geo. Cornwallis, son of Geo. & Carrie A., bapt Oct 17, 1894 (401)
    Lieut. Geo. S. CSA m. Mary Gordon Nicholson Nov 13, 1862 (438)
    Cpt. Geo. M., C.S.A., buried Sep 25, 1863 (438)
    Maj. George W. buried Aug 20, 1854 (438)
    Hugh Coffin, son of J. H. & Julia, bapt Jul 4, 1863 (423)
    Ibby 1830 (462)
    Ida A. (Mrs.) member 1893 (m. Simpson) (454)
    Issabeller 1834 (462)
    J. C. & C. E., parents of Mildred Anderson & Carrie Ellen bapt Aug 24, 1889 (401)
    Rev. J. H. became minister 7-1-1851 (423)
    James G. m. Emma D. Locke Apr 16, 1884 (503)
    James H. 1899 (& wife) (478)
    James Oscar 1891 (478)
    Miss Jennie Maria 1891 (401)
    John 1823 (402)
    John E. m. Nannie Mitchell Jun 26, 1884 (503)
    John F., age 41, of Birmingham AL, d. Nov 16, 1906 (400)
    John G. 1883 (406)
    John S. 1885, d. 5/6/1912 (454)

MARTIN, Joseph, son of J. H. & Julia C., bapt Oct 6, 1860 (423)
    Joseph H. d. 1887 (423)
    Joseph H. 1842, left for NY 1843 (423)
    Julia, dau of Joseph H. & Julia, bapt Apr 16, 1853 (423)
    Julia A. 1852, left for Athens (423)
    Miss Julia Ann 1885 (478)
    Miss Laura Maria b. Mar 8, 1852 (503)
    Lewis H. 1834 (462)
    Miss Lillie 1885 (478)
    Lizinka m. Frank Armstrong 1872 (356)
    Lull 1896 (400)
    M. (f) 1898 (462)
    Mrs. M. A. 1879 (478)
    Mamie 1896 (400)
    Manie 1896 (400)
    Margaret Coffin, dau of Joseph H. & Julia C., bapt Apr 4, 1857 (423)
    Marquis D. L. d. Mar 1909 (423)
    Marquis D. L. 1892 (423)
    Mrs. Mary (Duncan) age 27, d. Jun 26, 1899 (of Memphis) (400)
    Mrs. Mary G. 1866 (438)
    Mrs. Mary Gordon, dau of A. O. P. Nicholson, bapt Nov 29, 1863 (438)
    Miss Mary H. 1883 (478)
    Miss Mary Jane 1885 (478)
    Miss Mary Lou, member 1890, m. Kirkland (454)
    Mary N. m. Baker Estes Jun 10, 1878 (438)
    Mary Russell, dau of J. H. & Julia A., bapt Apr 17, 1852 (423)
    Mrs. Mary S., wife of D. R., moved to San Antonio TX May 13, 1891 (423)
    Miss Mattie Mabry b. Oct 28, 1850 (503)
    Maurice Herndon, son of Lev & Louisa Herndon, b. Columbia, bapt Nov 1898 (438)
    McCloy Harding, son of E. M. & M. Mc. A. b. 2 Jul 1884 (503)
    Nancy 1823 (402)
    Nancy M. m. T. Coleman Williams, at residence of M. W. Williams, 1855 (356)
    Narcissa, dau of the late Geo. W. & Mrs., buried Dec 28, 1854 (438)
    Percy Blackburn b. Jan 8, 1894, son of Mrs. M. A. (400)
    Ralph 1889 (455)
    Rebeca 1811 (511)
    Samuel, son of Joseph H. & Julia C., bapt Nov 11, 1854 (423)
    Samuel L. 1836 (466)
    Saml. L. & Sarah parents of inf bapt 1837 (466)
    Samuel Ryan, son of Samuel, bapt 1891 (400)
    Sarah E. 1843, left for Maryville Feb 20, 1849 (423)
    Sarah J. 1842 (478)
    Simon Peter 1889 (478)
    Susan (see Gustavus A. Henry) (400)

MARTIN, Susan d. Nov-Dec 1880 (400)
    Susan Henry bapt 1877, dau of George D. & Susan (400)
    Miss Susie confirmed 1890 (400)
    Susie (see Susie Martin Cross) 1896 (400)
    Thomas, age 42, d. Oct 31, 1910 (400)
    Thomas 1896 (400)
    Dr. W. E. m. Lena Meadow Dec 4, 1884 (448)
    Walter confirmed 1892 (400)
    Walter D. 1896 (400)
    Walter b. Aug 1893, orphan (356)
    Walter L. 1893 (454)
    Wm. 1832 (502)
    William Hansel b. Jan 1, 1854 (503)
    Mrs. Dr. d. Aug 10, 1886, age 65 (356)
MARTINE, Hettie Emma (b. May 31, 1867, Galveston, Texas) dau of Charles H. & Sarah Smith (356)
MARYE, R. B. d. May 25, 1881, age 55 (503)
MASES, Buz 1873 (428)
MASON, David D. ca. 1832 (504)
    Edgar E. 1899 (507)
    Edwin Augustus, son of P. P. & Richey, bapt 1889 (502)
    Elizabeth 1853 (504)
    Elizabeth ca. 1832 (504)
    Fannie 1885 (428)
    G. B. 1880, d. Oct 27, 1881 (504)
    G. B. 1869 (504)
    Isaac ca. 1832, 1846 (504)
    J. B. 1899 (507)
    Jesse ca. 1832 (504)
    Josie M. 1899 (507)
    K. L. 1857 (504)
    Kinchen 1853 (504)
    Mary ca. 1832 (504)
    Mattie D. 1899 (507)
    Nancy ca. 1832 (504)
    R. T. 1879 (504)
    Rebeca 1885 (428)
    Richd. Keeble, son of P. P. & Richie, bapt 1885 (502)
    S. A. 1870 (406)
    Salley ca. 1832 (504)
    Mrs. Sammie b. Jan 18, 1880, d. Aug 13, 1911, m. Robert England Feb 4, 1896 (2 children--Bonnie and Raymond--from this marriage), Robert d. 1900; 2nd m. Tilden Mason Oct 26, 1903 (3 children --Otis, Ralph and Sam)(predeceased by Otis) (371)
    Sarah d. Jul 23, 1897 (428)
    Susan B. 1891 (438)
    W. L. 1880, 1869 (504)
    William ca. 1832 (504)
    William 1885 (428)
    William P. 1899 (507)
    Mrs. Wilmorth 1880 (504)
    Wilmoth 1871 (504)

MASSEY, N. J. 1891, 1894 (444)
    W. M. 1891, 1894 (444)
MASSIE, E. B. 1880, d. 7-1-1896 (401)
    J. M. D. (see Kate Johnson) (400)
    James McD. m. Kate Johnson Oct 18, 1881 (400)
    J. McD. 1885, moved to Kansas City MO Apr 4, 1888 (401)
    Nancy 1837 (389)
    Robert Johnson b. Nov 12, 1882, son of J. McDonell & Kate (400)
    Susanna d. ca. 1875, age 35 (356)
MASSINGALE, John Whitfield, son of Henry J. & Jenne W., bapt 1860, aged 3 mos (503)
MATHENA, John 1824 (421)
MATHENEY, Hollis W. d. 1902 (454)
MATHENS, Andrew 1842 (478)
    Elisabeth C. 1885 (478)
    John 1842 (478)
    Martha 1855 (478)
    Mary Ann 1842 (478)
    Mrs. Rebecca 1874 (478)
    Robt. 1847 (478)
    Robt. I. 1866 (478)
    Virginia B. 1857 (478)
    W. H. 1866 (478)
    W. V. 1855 (478)
MATHENY, Jessie E. 1888, moved to Richmond VA Apr 24, 1890 (423)
*MATCHETT, Mrs. Eleana Lindsey d. 7 Mar 1911, age 81 (350)
MATHER, James 1880 (478)
    Jas. Wylie & Ada C. Whitside M., parents of Helen Wylie, Margaret Robinson, Albert Wylie & Thos. Cooper, bapt 1888, presented by their gr mother Margaret Whiteside & Miss Sue Whiteside, their aunt, their mother dead & father being absent and the grandmother and aunt having the care of them (478)
    Margaret, age 19, d. May 22, 1899 (480)
MATHERLEY, Lucy d. Dec 1905 (465)
MATHEWS, Mrs. Alice (widow of Wm.) 1857 (478)
    J. 1860 (444)
    James & Jane parents of James Martin, Malcaijah, Luther Cleaveland, Simon, Barbara Ann b. Jan 1892, bapt 1892 (400)
    James H. ca. 1865 (448)
    John 1855 (448)
    Leeroy d. Apr 7, 1899 (spelled Mathis on another list) (371)
    Miss Mamie? 1887 (415)
    Minnie b. May 10, 1886, d. Mar 26, 1906 (reel number omitted)
    Robert 1847, d. 1 Aug 1885 (478)
    Robert J. 1868, Mar 1868 to St. Joseph MO (478)
    Wm. H. & Alice parents of Elizabeth Coldwell bapt 1871 (478)
    William V. 1855, d. 1873 (478)

MATHIS, Johny A. 1890 (371)
    Leroy C. & wife Victory 1891 (371)
    Mary d. Nov 6, 1875 (465)
    Nuck 1896 (371)
    Sam 1891 (371)
    Victory 1891 (371)
MATILL, M. 1868 (401)
MATTELL, Jennie B. (dau of M.) bapt 1872 (401)
    M. 1868 (401)
MATTHES, Andrew J. 1854 (428)
MATTHEWS, Albert Gibbs, son of Alfred Gibbs &
    Emely Phoebe, b. Jan 16, 1893 at
    Clear Creek, Fall River, Lawrence Co.
    TN (438)
    Andrew 1872 (480)
    Berman ca. 1880 (448)
    Mrs. Elizabeth 1879 (448)
    Fannie ca. 1880 (448)
    Hulda Dora d. Mar 14, 1893, age 2 (356)
    J. B. 1879 (448)
    J. S. 1876 (369)
    Joseph 1868 (369)
    Minnie d. 1906 (371)
    Mrs. Rebeca 1874, d. 11 Apr 1884 (478)
    Sidney Arthur, son of Alfred Gibbs & Emely
    Phoebe, b. Feb 9, 1887, at Camargo,
    Douglas Co. IL (438)
    William Thomas, son of Alfred Gibbs &
    Emely Phoebe, b. Jul 10, 1885 at
    Camargo, Douglas Co. IL (438)
MATTHEWSON, John P. 1872 (409)
    Mary Ann 1872 (409)
MATTILL, Jurvin B. 1891 (401)
MATTOCK, Rebecca 1886 (435)
MAUNEY, Josephine Thompson, dau of David Dickerson
    & Mary Bryan Maundey, b. Oct 23, 1878
    at Nashville (461)
MAURICE, Josephine (see Joseph P. Herndon) (438)
    Josephine m. Joseph Herndon Jul 20, 1868
    (438)
MAURY, Abram Poindexter m. Mary Hardin Perkins
    Jun 18, 1856 (438)
    Ann 1828 (423)
    Charles 1832 (423)
    Ellen 1832 (423)
    James D. 1832 (423)
    John 1832 (423)
    Rebecca 1832 (423)
MAXEY, Lizzie Ellen d. Jan 26, 1913 (400)
MAXWELL, Elias (farmer) m. Belle Speaker (school
    teacher) May 31, 1888 (455)
    George F., widower, m. Alta H. Winney,
    widow, Oct 18, 1899 (503)
    James 1833 (423)
    Jean b. May 15, 1889, dau of John & Nellie
    (356)
    Lois b. Dec 23, 1890, dau of Wallace F. &
    Bessie May (356)

MAXWELL, Madge b. May 18, 1892, dau of Wallace F.
    & Bessie May (356)
    Marcella b. Aug 13, 1894, dau of Wallace F.
    & Bessie F. (356)
    Mary W. (see Mary Wallis Willoughby) (423)
    Mary Wallace (Willoughby) 1833 (423)
    Nellie m. Rudolph Z. Gill Oct 10, 1889 (356)
    Theresa 1833, d. Aug 20, 1852 (423)
    Mrs. d. Nov 15, 1898, age 85 (356)
MAY, Allice 1890? (425)
    Mrs. B. A. 1887 (415)
    Mrs. Dr. 1876 (369)
    Eliza 1887 (415)
    John 1887 (415)
    Lizzy 1887 (415)
    Wm. H. 1881 (339)
MAYBERRY, Albert 1888 (455)
    Minnie Belle 1888 (455)
MAYE, James 1888 (450)
MAYER, John W. buried Feb 24, 1887, age 67 (438)
    Mrs. Miles 1887 (438)
MAYES, Anna Caldwell, dau of Marshall & Willie, b.
    Apr 30, 1868 (438)
    Annie Caldwell m. Dr. John Bowen Nov 10,
    1886 (438)
    Chairs? d. Dec 20? 1912 (438)
    Irene, dau of Marshal & Willie, b. Oct 11,
    1858 (438)
    J. M. d. Feb? 1912 (438)
    J. M., Willie (Chairs) (May 25, 1868), Irene
    (Oct 11, 1858), Willie Chairs (Sep 16,
    1868-or 65), Walter Marshall, Annie
    Colwell, Cheairs Mayes, Rebecca (Jul 2,
    1888) (gone to KY)--family listing
    (438)
    James Marshall, son of W. Marshall & Alethia,
    bapt Apr 6, 1890 (438)
    Levi, wife & two daus 1850 (435)
    Mrs. Miles buried Jan 10, 1879 (438)
    Miles C. buried Sep 28, 1887, age 42 (438)
    Miles L. m. Sarah E. Webster Feb 19, 1868
    (438)
    Nellie m. Norman Kirkman Apr 11, 1887 (438)
    Rebecca, dau of Marshall & Willie, bapt Jul
    2, 1883 (438)
    Rebecca m. William Polk Nov 26, 1872 (438)
    Walter Marshall m. Alethia Allen Nov 14,
    1888 (438)
    Walter Marshall, son of Walter Marshall &
    Willie, b. Feb 6, 1864 (438)
    Willie Cheairs, child of Marshall & Willie,
    b. Aug 13, 1860 (438)
    Willie E. m. Willis J. Freeman Nov 17, 1880
    (438)
MAYNARD, Ann Mary 1868 (423)
    Ann Mary 1870 (now Mrs. Jerome H. Kidder)
    moved to Washington DC Apr 19, 1882
    (423)

MAYNARD, Anne Mary, dau of H. & L. W., bapt Jul 8,
    1855 (423)
  Edward, son of Horace & Laura W., bapt Jun
    24, 1843 (423)
  Edward R. H. 1881 (423)
  Eleanor, dau of Horace & Laura, bapt Apr 3,
    1847 (423)
  Elizabeth Payne, dau of Edward R. H. &
    Pauline P., bapt May 15, 1898 (423)
  Ephraim Horace, son of Horace & Laura, bapt
    Mar 10, 1849 (423)
  Epili? 1860 (421)
  Epili? 1848 (421)
  Horace 1847 (423)
  Horace d. Dec 17, 1898, age 15 (356)
  Horace 1870, d. May 3, 1882 (423)
  James, son of H. & Laura W., bapt Apr 2,
    1854 (423)
  James 1870 (423)
  Laura, dau of H. & Laura W., bapt Jul 6,
    1851 (423)
  Laura W. 1842 (423)
  Laura W. 1870, d. Jan 8, 1896 in Washington
    City (423)
  N.? 1849 (423)
  Pauline Payne (Mrs. Edward) d. Aug 1900
    (423)
  Thomas 1848 (421)
  Washburn 1866 (423)
  Washburn P. 1870 (423)
  Washburne, son of Horace & Laura, bapt Sep 7,
    1845 (423)
  Wilhelmina D. (see Wilhelmina D. Reeves)
    (423)
  Wilhelmina D. m. Felix A. Reeve Apr 20, 1865
    (356)
MAYO, Miss Ellen Z. 1849 (466)
  Geo. W. & M. H. parents of Ellenor Z. bapt
    1832 (466)
  Geo. W. & M. H. parnts of Sarah Elizabeth
    bapt 1833 (466)
  Geo. W. & Mary H. parents of George White-
    field bapt 1837 (466)
  Jennie Eves, dau of Wm. D. & Bettie, b. Jul
    17, 1878 (487)
  Martha K. 1842 (466)
  Mrs. M. H., mother of Mary Louisa bapt 1850
    (466)
  Mary H. 1856 (466)
  W. D. deacon 1887 (487)
  Wm. Daniel, son of W. D., bapt ca. 1883
    (487)
MAYS, Geo. W. 1832, 1840 (466)
  George W. W. 1857, d. Mar or Apr 1867 (423)
  L. P. 1847 (421)
  Levi 1849 (435)
  Maggie D. 1886 (409)
  Mamie 1896 (409)
  Mary H. 1832 (466)

MAYS, Mrs. Miles C. (married to Robert Granberry)
    --no dates, family listing (438)
  Nancy R. 1849 (386)
  Nona 1889 (409)
  Ophelia m. Robert Orr May 8, 1865 (438)
  Mrs. S. K. mother of James Larence? bapt 1828
    (466)
  William D. 1875 (487)
  Winny (col'd) m. Ezekiel Holly (col'd) Jul
    31, 1853 (356)
MAYTUBBY, Saml. W. 1890 (401)
  Samuel W. 1882 (401)
McABOY, James Lynn b. Dec 19, 1881, son of Leland
    R. & Mary G. (356)
  Maggie May b. Oct 12, 1876, dau of Leland R.
    & Mary G. (356)
McADAMS, Dorah 1886 (396)
  Fannie 1886 (396)
  Jasper N. 1891 (478)
  *Francis d. Jul 29, 1893 (396)
McADOO, Miss Emma d. Mar 17, 1896, age 45 (356)
  Floyd d. Apr 8, 1888, age 27 (356)
  Francis Huger, son of William G. & Sarah, b.
    11 Mar 1889 (503)
  Harriet Floyd, dau of Wm. G. & Sarah F., b.
    7 Oct 1886 (503)
  Julia Hazlehurst, dau of Wm. G. jr. & Sarah
    Houston, b. Feb 10, 1892 (503)
  Nona H. m. George F. Foster Jun 29, 1899
    (356)
  Nona Howard, dau of William G. & Mary F.,
    adult bapt 1889 (503)
  Rosalie Floyd (see Rosalie Floyd O'Neale)
    (503)
  William G. d. Aug 24, 1894, age 74 (356)
  William G. m. Sarah Fleming 16 Jun 1886 (503)
McAFFREY, Miss Bertha M. 1895 (423)
  James M. d. Apr 1893 (423)
  Miss Mary E. 1895 (m. J. A. Causey) (423)
  Rosanna (Mitchell) 1828 (423)
  Samuel 1895 (423)
  William P. 1829 (423)
McAFFRY, Charles James, son of James M. & Jane,
    bapt Oct 4, 1856 (423)
  Eleanor B. 1870 (now Mrs. McEwin) (423)
  Elenora B. 1868 (423)
  Mrs. Eliza 1879 (423)
  Ellen Blain, dau of James M. & Jane, bapt
    Jul 1, 1854 (423)
  James 1847 (423)
  James M. 1870, d. Apr 1893 (423)
  James M. & Jane, parents of Susan Ritter,
    bapt Apr 25, 1852 (423)
  Jane 1845 (423)
  Martha Jane, dau of James M. & Jane, bapt
    Oct 30, 1847 (423)
  Miss Mary E. 1895 (423)
  Thomas Lloyd, son of James M. & Jane, bapt
    Jun 16, 1849 (423)

McALAY, Henry H. 1895 (415)
    Neal 1893 (415)
McALEXANDER, Fanny Percy, dau of Ebenezer & M.,
    bapt Feb 13, 1848 (423)
McALISTER, J. B. 1886 (409)
McALLEN, J. A. m. M. Blanch Crawford 1883 (356)
McALLISTER, Mary M. b. May 16, 1861, dau of W. M.
    & E. A. (455)
    Mary M. (single) 1875 (455)
McALLUM, Gladys Annie (age 3 yrs 5 mos) and Mary
    (age 3 mos) bapt Feb 1887 (356)
McAMIS, Nancy 1841 (466)
McANALLY, Esther d. 1864, age 53 (356)
    Wm. C. 1893 (455)
McANDRE, John Powell (age 5) and Annie (age 2)
    children of Mrs. Mattie, bapt 1885
    (356)
McARTHUR, Fred E. 1875 (423)
    Fred E. 1892, moved to New Rochelle NY Dec
        5, 1894 (423)
    George, son of Orange & Clara, b. Aug 19,
        1881 (438)
    Mrs. H. 1875, moved to Chicago Sep 17, 1879
        (423)
    Mrs. H. M. 1892, moved to New Rochelle NY
        Dec 5, 1894 (423)
    Harry, son of Orange & Clara, b. Jan 11,
        1878 (438)
    Mrs. Mary A. (wife of Fred) moved to New
        Rochelle NY Dec 5, 1894 (423)
    Mrs. Mary A. 1875, formerly Mary A. Richards,
        moved to Chicago Sep 17, 1879 (423)
McAULEY, Amanda 1896 (411)
    J. M. 1898 (407)
    Nelie 1898 (411)
    W. C. (m) 1896 (411)
McAUTHER, John B. 1896, d. Feb 1899 (411)
    Mary 1896 (411)
McAUTHUR, Thomas A. 1896 (411)
    Tinnie? 1897 (411)
McBATH, A. M. 1873, moved to Washington DC Apr 30,
    1879 (423)
    James 1833 (466)
    M. J. 1873, moved to Washington DC Apr 30,
        1879 (423)
McBEE, Caswell 1839 (450)
    Samuel 1826, 1839 (450)
McBEILL, Elizabeth 1879 (455)
McBRIDE, Carrey, dau of Wm. & E. C., bapt 1879
    (409)
    Elizabeth C. 1876 (409)
    J. P. d. Apr 26, 1912 (423)
    Mollie E. 1876 (409)
    Wm. 1876 (409)
    infant, offspring of Wm. & E. C., bapt Feb
        21, 1879 (409)
McC, Bettie Bell 1886 (409)
McCAFFERTY, Nancy 1830 (462)
    Nancy 1886 (462)

McCAFFREY, James M. 1841 (423)
McCAHEY, Wm. 1876 (369)
McCALL, Mrs. Claudia W. 1880, d. Feb 4, 1912 (454)
    Duncan 1833 (423)
    James P. 1880, d. Jan 27, 1903 (454)
    Julia J. 1879 (409)
    Kate (Grenade) 1889 (409)
    Laura B. d. Mar 11, 1878, age 26 (503)
    Mary Ann (known as Sister Mollie) dau of
        Louie? & Martha Meals, b. Mar 1, 1859
        m. P. H. McCall Apr 1877 (444)
    Warner (see Mrs. Jennie M. Fry) (454)
    Warner S. 1885 (454)
McCALLIE, S. M. 1892, later to Chattanooga (401)
McCALLON, John 1832 (466)
    John & Polly parents of Mary Margaret and
        Eleanor Jane bapt 1827 (466)
    John & Polly parents of James B. bapt 1828
        (466)
    Polly 1832 (466)
McCALLUM, Annie 1877 (409)
McCALPIN, William ca. 1855 (448)
McCAMEY, Sarah 1871 (409)
McCAMPBELL, Andrew d. 1-23-1825 (423)
    Andrew 1821 (left for Washington Ch) (423)
    Andrew d. Jan 28, 1825 (423)
    Ann 1828? (423)
    Catharine 1822 (left for Newmarket) (423)
    Eleanor 1822? (423)
    Elisabeth 1819? (left for Sparta) (423)
    Mrs. Elizabeth d. Oct 2, 1896, age 87 (356)
    Elizabeth 1822 (423)
    John 1819?, d. Nov 18, 1853, age 96 (423)
    John 1821? (423)
    Margaret 1819? (left for Sparta) (423)
    Martha 1821? (left for Washington Ch) (423)
    Martha Elizabeth, dau of A., bapt Sep 26,
        1833 (423)
    Mary 1819? (left for Washington) (423)
    Mary B. (Mitchell) 1822 (left for MO 11-1-
        1848) (423)
    Mary Louisa 1843 (left for Nashville) (423)
    Sarah A. B. (Hall) 1832 (423)
    Susan d. 1863, age 27 (356)
    William 1819? (left for Washington) (423)
McCAN, Cora 1-84 (421)
McCANDLESS, Adam, son of Wm. Keith, 1848 (left for
    Griffin GA, Apr 26, 1849) (423)
McCANN, Lizzie 1879 (455)
McCARROLL, Mrs. (Grace Hartman) 1892 (502)
    Israil d. 1872 or 3 (448)
    Jerial 1870 (448)
McCARTER, A. D. d. Jul 29, 1913 (401)
McCARTEY, Chas. C. m. Mrs. Mary A. Wood Dec 17,
    1892 (503)
McCARTHY, Elizabeth Jane, dau of Samuel, bapt Oct
    22, 1853 (423)
    Margaret Isabella, dau of Samuel, bapt Mar
        29, 1856 (423)

McCARTHY, Samuel 1851, 1862 (423)
McCARTRY, Wm. Henry & Harriet Mariah parents of
    Lucy Ann, Alice Mariah and Eudona
    Bell bapt 1874 (503)
McCARTY, Dr. Chas. C. d.May 11, 1898, age 70 (503)
    Eudora B. m. George C. Brause 15 Jan 1890
        (503)
    Lucy Anna m. Charles T. Eden (Eadon) 10
        Feb 1890 (503)
    Walter Dolphin, son of William H. & Harriet
        M., b. 9 Sep 1877 (503)
McCARVER, James 1827 (478)
    James elder 1825, d. May 23, 1841 (478)
McCASKEL, William 1883 (361)
McCASKELL, Fannie 1876 (409)
McCASKILL, Ada F. 1892 (361)
McCAUGHEY, W. F. (and wife) 1889, moved to Lynch-
    burg VA, Mar 31, 1890 (401)
McCAULEY, James 1889 (507)
    Mrs. W. H. 1890, d. Jun 9, 1899 (401)
McCELVA, John C. 1858 (408)
McCHESNEY, Nancy 1832, d. Mar 1836 (466)
McCLAIN, Elisabeth 1828 (423)
McCLANAHAN, A. S. 1886 (409)
    A. Sidney 1875 (409)
    Agnes M. 1886 (409)
    Mrs. Bettie (wife of Edmund B.) 1874 (487)
    Edmund B. 1874 (487)
    J. A. 1892 (401)
    Jennie 1892 (401)
    Mary 1861 (462)
    Mary E. 1875 (409)
    Mary Elizabeth, dau of A. S. & Bessie, bapt
        Aug 23, 1891 (409)
    S. F. 1886 (409)
McCLANEHAM, Mary E. 1867 (409)
McCLANNAHAN, E. Green 1863 (423)
    John G. d. Jan 1906 (423)
    John G. 1870 (423)
    Mrs. Mariah A. d. Jul 10, 1902 (423)
    Maria A. 1856 (423)
    Mariah A. 1870 (423)
    Miss Norma 1874 (423)
McCLANNIHAN, John G. 1857 (423)
McCLATCHEY, W. P. 1888 (454)
McCLELAND, Mrs. John R., age 60, d. Mar 10, 1904
    (438)
McCLELLAN, John Lucius b. Nov 13, 1890, son of
    John L. & Rosalie A. (400)
    Mrs. Rosalie Anderson confirmed 1893 (400)
    Rosalie Brown b. Jan 9, 1897, dau of Rosalie
        Brown (400)
    Thomas Cary b. Sep 28, 1893, son of John
        Lucius & Rosalie Anderson (400)
    Walter Anderson b. Aug 6, 1889, son of John
        L. & Rosalie A. (400)
McCLELLAND, E. B. d. Jul 14, 1887 (465)
    Eliza 1829, d. 17 Dec 1885 (478)
    Elizabeth 1819? (left for MO) (423)

McCLELLAND, James 1837 (478)
    John L. of Memphis m. Rosalie B. Anderson
        Oct 4, 1888 (400)
McCLENAHIN, W. D. 1842 (478)
McCLENEGHAN, Mrs. Ailene 1893 (423)
    Frank 1893 (423)
McCLESKEY, Mary Eleanor 1843 (423)
    Mary Madison, dau of Mary E., bapt Jun 26,
        1842 (423)
McCLESKY, Mary M. 1857 (423)
McCLINTIC, Cittey 1825 (421)
    Citty 1826 (421)
McCLINTOCK, Harry M. 1890 (409)
McCLOUD, Easter (nee Smith) 1900 (450)
McCLUER, Elisabeth 1821 (419)
McCLUN, C. J. 1870 (423)
    Hattie 1893 (455)
McCLUNG, Anna 1845 (left for 1st Pres Ch 2-1-1870)
    (423)
    Anna Blanche, dau of Hu L. & Anna, bapt Jul
        22, 1848 (423)
    Aurelia Essex m. Rogers Van Gilder Sep 11,
        1888 (356)
    Mrs. C. J. 1891 (423)
    Calvin M. m. Annie McGhee 1881 (356)
    Charles, son of Hugh L. & Rachel K. T., bapt
        Nov 25, 1842 (423)
    Mrs. E. S. d. Apr 28, 1903, age 58 (356)
    Mrs. Eliza A. d. 1881, age 48 (356)
    Eliza Mills?, dau of Ed? & Anna? inf bapt
        1882 (356)
    Eliza Morgan, dau of C. J. & Margaret C.,
        bapt Apr 2, 1859 (423)
    Eliza Morgan, dau of F. H. & Eliza A., b. Jul
        2, 1861 (356)
    Elizabeth Trigg 1852 (423)
    Mrs. Ella Gibbins 1895 (423)
    Ellen, dau of Hugh & Ella G., bapt Jun 9,
        1895 (423)
    Ellen Marshall m. John Webb Green Jan 26,
        1897 (356)
    Ellen Marshall, dau of Fk.? H. & ___ b. May
        23, 1872 (356)
    Mr. Frank H. d. May 4, 1898, age 70 (356)
    Hu L. & Anna, parents of Hugh Lawson, bapt
        Oct 16, 1859 (423)
    Hu L. & Rachel K. T., parents of Margaret
        White, Rufus Morgan, Elizabeth Trigg,
        Mary Frances and Florence, bapt Jun
        26, 1842 (423)
    Levi & Diana (col'd) parents of Calvin b.
        Aug 30, 1844, William bapt 1844,
        John b. 26 Oct 1844 and Cynthia Ann b.
        ca. 1845 (356)
    Lucy C. 1868 (423)
    Lucy Cowan, dau of Charles J. & Margaret C.,
        bapt Dec 5, 1852 (423)
    Margaret m. Milton Barden Russell Oct 16,
        1899 (503)

McCLUNG, Margaret (see Margaret Cowan) (423)
    Margaret C. 1870 (423)
    Margaret Cowan d. 1883 (423)
    Matilda Mills d. ca. 1871, age 13 (356)
    Matthew 1868 (423)
    Matthew, son of Charles J. & Margaret C.,
        bapt Mar 24, 1855 (423)
    May Lawson, infant of C. M. & Anna, bapt
        1886 (356)
    Rachel 1857, m. Lafayette Rogers (left for
        1st Pres Ch, Knoxville, Mar 15, 1874)
        (423)
    Rachel K. T. 1833, d. Dec 2, 1843 (423)
    Rachel K. T. d. Dec 2, 1842 (423)
    Robert Gardner, son of Frank H. & Eliza, b.
        Jul 3d?, 1868 (356)
    Thomas Lee, son of F. H., b. Mar 26, 1870
        (356)
    Wallace Hugh L. 1842 (423)
    William Anderson, son of William P. & Virginia A., b. 23 Sep 1870 (503)
    William P. & Virginia A., parents of Annie
        Parsons b. 29 Nov 1872, Jessy b. 12
        Jan 1876 and Septimus Cabaniss b. 13
        Aug 1877 (503)
McCLURE, Daniel 1855 (497)
    Ella Dora 1896 (461)
    F.? G. 1880 (492)
    Fay d. Jul 21, 1906, age 9-10/12 (461)
    Fredk. M. d. Jul 14, 1907, age 18 (461)
    James D. adult bapt 1879 (401)
    James H. 1879 (401)
    Jennie 1880 (492)
    John Henderson 1896 (461)
    Levi Gordon 1871 (492)
    Tennie C. 1871 (492)
McCLUSKEY, Mary E. 1870 (423)
    Mary U. (see Mary M. King) (423)
McCOLLUM, A. C. 1884 (421)
McCOMB, Robert Fisher, son of Robt., b. Sep 20, 1880 (423)
McCOMBE, Robert & wife 1882 (423)
McCONAL, Mary 1817 (386)
    Samuel 1817 (386)
McCONNELL, Catharine 1819? (left for Kingston) (423)
    Ebby 1819? (left for Kingston) (423)
    Elizebeth 1843 (386)
    Mrs. Mary F. 1893 (423)
    Mrs. Mary F., mother of Robert McChesney &
        Margurite bapt Nov 1893 (423)
    Thomas, father of Mary Ann & James bapt May
        11, 1822 (423)
McCONNELLS?, Lucy Z. 1858 (408)
McCORD, Fanny Shott d. May 1894 (438)
McCORKLE, A. N. & wife 1894 (478)
    George Henry, son of Henry L. & Catherine J.
        b. 29 Jan 1883 (503)
McCORMACE, Lorenzo D. 1889 (507)

McCORMACK, Darkas ca. 1850 (448)
    Jane C. ca. 1850 (448)
    W. S. 1885 (423)
    Mrs. 1885 (423)
McCORMIC, J. S. 1887 (421)
McCORMICK, Ellen M. ca. 1850 (448)
    Miss Florence 1893 (423)
    Mrs. Georgia 1886 (423)
    Mrss. Georgia d. Oct 24, 1907 (423)
    James 1878 (423)
    James A. (see Julia Dunbar Minnis) (423)
    Jas. K. 1886 (423)
    Jas. K. d. Dec 27, 1897 (423)
    James L. 1886 (423)
    Mary ca. 1850 (448)
    Miss Naomia E. 1886 (423)
McCOWN, Mrs. Mary B. m. Hugh M. Neely Aug 10, 1886 (438)
McCRACKEN, Jane d. 3 Jan 1885, age 42 (503)
McCRAE, Nannie (Ezzell) 1886 (409)
McCRAKIN, S. N. 1858 (408)
McCRATH, Elsie Rachel, dau of J. W. & Elisabeth H., bapt 1879 (503)
    Libbie F. 1889 (455)
    Nellie D. 1889 (455)
McCRUSE, W. H. J. 1893 (455)
McCUDDY, Charles B. m. Lula Killebrew Dec 30, 1885 (400)
    Mary C. (dau of C. B. & Lula) bapt 1896 (400)
    Mary Catharine bapt 1896 (400)
McCUISTON, Amey 1832 (466)
    Catharine 1832 (466)
    Robt. 1832 (466)
McCULLA, Adaline A. 1870 (423)
    Hugh 1876 (423)
    Irdins Ray, son of James & A. A., bapt Jan 3, 1858 (423)
    James & A. A., parents of Hugh Argyle &
        James Passmore bapt Apr 6, 1861 (423)
    James 1852, 1861 (423)
    Julius R. 1876 (423)
    Julius R. d. 1885 (423)
    Levi (col'd) m. Sarah A. Talbot (col'd) Jun 26, 1879 (356)
    William Steptoe, son of James & Adeline A., bapt Nov 11, 1854 (423)
McCULLEY, Geo. G. (see Maggie Johns) (423)
McCUNE, Hazel Adell (dau of G. H. & Mary A.) b. Sep 10, 1891 (455)
    Henry Hopkins (son of G. H. & Mary A.) b. Apr 2, 1893 (455)
McCUTCHEON, Elizabeth 1827 (502)
    Mrs. Sallie 1895 (454)
McCUTCHON, Samuel b. Dec 30, 1892 (son of Azloy? Dealrehau & Mattie) (356)
McDADE, Ike 1884 (421)
    Isaac 1883 (425)
McDANEL, Marien d. Jun 5, 1897 (428)
McDANIEL, Alexander 1831 (423)

McDANIEL, Alva? 1868 (423)
- Mrs. Anna Henderson 1883, moved to Atlanta GA, Nov 15, 1896 (423)
- Annie 1867 (423)
- Ellen Ogilby b. May 8, 1899, dau of George W. & Mary (400)
- George, age 8 mos, son of Geo. W. & Mary O., d. Aug 13, 1889 (400)
- George W. 1896 (400)
- George Wm. confirmed 1876 (400)
- Harriet 1853 (428)
- Ida S. 1869 (423)
- J. W. 1895 (409)
- James L. 1867 (423)
- John confirmed 1883 (400)
- Joseph C. S. m. Lucy Ann Nance Feb 4, 1858 (356)
- Louise Beaumont b. Nov 10, 1892, dau of George Wm. & May Olivia Ogilby (400)
- Mrs. Mary O. 1896 (400)
- Robert Ogilby bapt 1890, son of George & Mary O. (400)
- Mrs. S. E. 1866 (497)
- Mrs. S. E. 1872 (497)
- Mrs. Susan, Eunice (McDaniel) Adams, Juliet (McDaniel) Courts, George W. McDaniel --family listing 1875-1902 (400)
- Mrs. Susanna member 1896, d. Feb 11, 1900 (400)

McDANNEL, James 1873 (428)
- James 1842, 1843 (466)
- Lucie m. William J. Yielding (of Birmingham AL) Jan 22, 1890 (356)
- Mrs. Lucy A. d. Oct 15, 1888, age 47 (356)

McDERMETT, Wm. Outlaw (son of Wm. P. H.) bapt 1853 (466)

McDERMOTT, Clarence L. 1885 (423)
- Wm. P. H. jr. killed in battle Atlanta? Jul 21, 1864 (466)

McDONAL, R. J. 1875 (288)

McDONALD, Chas. Black m. Kate L. McDonald (in the residence of Mr. Winberly, uncle of the bride) Oct 17, 1899 (503)
- Elizabeth adult bapt 1870 (401)
- Ella T. m. Thomas E. Tuttle 9 Feb 1889 (503)
- Honner (black sister) 1858 (408)
- J. A. 1894 (406)
- Rev. J. N. 1874 (429)
- J. W. 1892 (409)
- Jane (black) 1858 (408)
- Kate L. m. Chas. Black McDonald (in the residence of Mr. Winberly, uncle of the bride) Oct 17, 1899 (503)
- Kennedy d. Aug 5, 1908 (409)
- Milton (black) 1858 (408)
- Mr. Robert d. Aug 28, 1898 (438)
- Rowena 1858 (black) (408)
- Wm. H. 1821 (419)
- Willis 1886 (409)

McDONEL, J. A. 1885 (428)
- Jesey d. Feb 2, 1903 (428)
- Josey 1885 (428)
- Maron 1873 (428)
- Rebeca 1873 (428)

McDONNEL, Erine d. Jul 1908 (407)
- R. J. (m) 1878 (288)

McDOOGOLD, James 1862, 1865 (467)
- Nancey 1865 (467)

McDOUGAL, Elizabeth 1880 (462)

McDOUGALL, James H. 1899 (478)

McDOWEL, Annie Vance, dau of Edward C. & Bettie, b. Jan 10, 1876 (438)
- Edward Campl. son of Edward C. & Bettie, b. Jul 9, 1879 (438)
- Leonard Myers, son of Edward C. & Bettie, b. Jul 9, 1874 (438)
- Nathan 1834 (450)
- Sarah Caruthers, dau of Edward C. & Bettie, b. Apr 21, 1877 (438)

McDOWELL, A. J. 1891 (401)
- Abram Irvine 1881 (401)
- Gideon 1831 (502)
- Nancy 1831 (502)
- S. S.? 1858 (450)
- Saml. Houston 1898 (502)

McELHANY, Miss Mary 1883 (478)

McELROY, Ann R. 1832 (502)
- Malinda 1832 (402)
- Martha 1832 (502)

McELWAIN, Wallace S. d. Jun 28, 1882, age 49 (503)

McEWEN, Mary Alice 1869 (423)
- Miss Mary Alice 1880, m. Rev. Houston, moved to Baltimore Nov 30, 1884, d. Jan 1891 (423)
- R. A.? 1865 (423)
- Robert N. 1865 (423)
- Robert Newton 1870, moved to Cartersville GA Jun 16, 1878 (423)
- Sallie Balfour 1870 (423)
- Sallie C. 1865 (423)

McEWIN, Eleanor B. (see Eleanor B. McAffry) (423)

McFADDEN, Anna Brock, dau of S. G. & Stilla, bapt 1883 (502)
- Miss Anna E. 1872 (502)
- Edgar Gowen, son of James T. & Kate, b. Jan 31, 1888 (502)
- Francis member 1838 (361)
- J. T. & Kate parents of Wendel & James Oliver bapt 1886 (502)
- Jamie D., child of W. M. & Bettie, bapt 1881 (502)
- Miss Laura C. 1873 (502)
- William Haynes, son of S. G. & Stilla, bapt 1881 (502)
- Zadie Loretta, dau of S. G. & Stilla, b. Jun 7, 1887 (502)

McFALAND, James 1847, d. Apr 1856 (511)

McFALL, Fannie 1891 (409)

McFALL, Martha Jane, age 13, bapt Sep 23, 1866 (438)
    Mary Caroline m. Thos. J. Crosby Dec 31, 1867 (438)
McFARLA__, George & Matilda parents of Rachel Matilda; George Alexander b. Jan 10, 1847; Euphemia b. May 6, 1850; bapt 1850 (356)
McFARLAN, Jane m. James Scott Nov 24, 1891 (425)
McFARLAND, Jas. 1811 (511)
    John 1847, d. Apr 17, 1856 (511)
    Silvey 1811 (511)
    Thos. 1847 (511)
McFARLANE, Ann E. m. Wm. E. Prall 1862 (356)
    Elmira C. m. George W. Bridges 1855 (at residence of George McFarlane) (356)
    George d. Jan 1864, age 60 odd yrs (356)
    Mant.? d. Feb 21, 1870, age 58 (356)
    Margaret m. Alfred M. Alsbrook 1860 (at house of Geo. McFarlane) (356)
    Mary m. HEnry Erni at residence of Geo. McFarlane, Aug 16, 1853 (356)
McFARLIN, James 1821 (386)
McFARLING, Anna 1811 (511)
    Disey 1811 (511)
    John 1811 (511)
    Margaret 1811 (511)
McGAHEY, Mr. W. L. 1888, d. Aug 22, 1896 (429)
McGANGHEY, Mrs. S. A.? 1888, 1890 (429)
McGANN, Elizabeth L. 1871 (409)
McGUAGHEY, Rev. E. P. 1887 (429)
    R. B. 1876 (369)
    Wm. 1876 (369)
McGAW, J. P. 1887 (438)
    John Presley (Jun 20, 1885), Mrs. (Feb 1892) --family listing (438)
    John Presley, son of J. P. & Sue W., b. May 10, 1898 (438)
McGEE, Barkley b. Jan 5, 1884, son of John & S. A. (356)
    Charles Henry 1887, 1890 (401)
    John b. Nov 29, 1886, son of John & S. A. (356)
    Jno. H. 1884 (401)
    Mrs. N. M. 1887, moved to Landsford SC May 14, 1890 (401)
    Robert W. d. Jan 2, 1868, age 44 (356)
    William 1811 (511)
McGEEHEE, A. C. 1872 (408)
    A. C. 1858 (408)
    Mary 1872 (408)
    Susan 1858 (408)
    Susan 1872 (408)
McGEHEE, Jno. W. 1858 (408)
    Mary T. 1858 (408)
    Mrs. Sallie 1898 (401)
    T. W. 1872 (408)
McGHEE, A. C. 1873 (408)
    Miss Ann B. 1891 (423)

McGHEE, Annie (dau of Chas. M. & Cornelia H.) b. Nov 7, 1862 (356)
    Annie m. Calvin M. McClung 1881 (356)
    Bettie H. m. Lieut. Laurence Tyson 1884 (356)
    Charles M. 1843 (left for Episcopal Ch) (423)
    Chas. M. m. Cornelia H. White 1856 (356)
    Chas. M. m. Isabella M. (2nd dau of H. A. M. White) (1847) (356)
    Eleanor W. m. James C. Neely jr. Apr 19, 1893 (356)
    Eleanor Wilson, dau of Ch. M. & Cornelia, b. Nov 2, 1871 (356)
    Elizabeth Moore, dau of Barclay & Elizabeth Moore, b. Aug 16, 1844 (356)
    G. S. & Susan A., parents of John Harris & Benj. Harrison, bapt Jan 18, 1891 (423)
    George S. d. 1904 (423)
    Geo. S. 1891 (423)
    Hattie 1893 (454)
    Horace 1893 (454)
    Isabella M. (wife of C. M.) d. 1847, age 21 (356)
    J. W. 1873 (408)
    James Caloway 1891 (423)
    Jane 1832 (423)
    John (son of Charles M. & Isabella) b. May 5, 1848 (356)
    John d. Jun 9, 1851, age 64 (356)
    Miss Manite J. 1891 (423)
    Margaret W. m. George W. Baxter Jan 7, 1880 (356)
    Margaret White, dau of Barclay & Mary H., bapt Sep 1850 (356)
    Miss Mary E. 1891 (423)
    Mary T. 1873 (408)
    Mrs. Susan (wife of Geo. S.) 1891 (423)
    Suson 1873 (408)
McGHIE, John Longhurst, son of Mr. & Mrs. William, age ca. 18 mos, buried Nov 1, 1854 (438)
    John Longhurst, son of William & Adeline, b. Apr 12, 1853 (438)
McGILL, D. 1887 (421)
    Mrs. Georgia 1887, d. 1896 (415)
    James 1893 (415)
    John 1831 (502)
    M. C. 1887 (421)
    Richland 1840 (466)
    Robert 1831 (502)
    Zora 1887 (421)
McGINNIS, Miss Anna 1889, moved to Columbus MS, Feb 4, 1901 (became Mrs. Syks?) (401)
    Miss Julia 1890 (401)
    Mrs. M. 1889, d. 1900.(401)
McGLOHON, Manie? & Ella (children of Mary Bailey & Tandy) bapt 1872 (503)
    S. B. rector 1896-1902 (441)
McGOLDRICK, Margaret 1861, left for Augusta GA May 14, 1862 (423)
McGOWEN, Elizabeth d. Mar 1909 (288)

McGOWIN, Elder Samuel 1824 (421)
McGREW, Mrs. E. M. 1884 (478)
    Mrs. E. May (wife of James) 1884 (478)
    Letsy 1842 (478)
McGUFFEY, Charles D. 1869 (423)
McGUIRE, Miss Beatrice, dau of John P. & Rachel) 1875 (487)
    James Dickens 1895 (423)
    John P. 1873 (487)
    John Pleasant elder 1874 (487)
    Miss Lizzie 1885 (Mrs. Crittenden), moved to Savannah GA Jul 20, 1894 (423)
    O. G. d. Jan 6, 1909 (400)
    Oscar G. of Rosedale, Miss m. Virginia A. Gerhart Sep 23, 1880 (400)
    Mrs. Rachel, wife of John P., 1873, d. Jun 1880 (487)
McHAFFIE, Wm. F. 1869 (450)
McHANIS, Wm. m. Cam? V. Smith 1881 (356)
McINDOO, William Cavanaugh, son of Lieut. Jas. F. McIndoo, USA & Irena Cavanaugh, b. Dec 24, 1894 (503)
McINNIS, Mrs. Ella D. 1897 (401)
McINTIRE, Donald R. 1895 (423)
McINTOSH, Jamie, son of Dr. J. & Margaret W., bapt Apr 3, 1869 (423)
    Margaret W. 1853 (423)
McINTYRE, A. H. (Mrs.) 1890, moved to Johnson City TN, Sep 19, 1892 (423)
    Mr. D. S. 1890, moved to Johnson City TN, Sep 19, 1892 (423)
    Miss Florence M. of Lansing MI m. Herbert H. Clarke of Decatur IL Jul 22, 1897 (423)
    Miss Florence M. 1890, moved to Johnson City TN, Sep 19, 1892 (423)
    Miss Florence M. 1890 (Mrs. Herbert H. Clarke) moved to Decatur IL Dec 19, 1897 (423)
    Miss Jessie M. 1890, moved to Johnson City TN, Sep 19, 1892 (423)
    J. White (see Capt. D. W. White) (503)
McKAY, Alexander elder 1883 (487)
    Alexander 1873 (487)
    Alexander Graham, son of Alexander & Janet, b. Apr 14, 1878 (487)
    BettieK. 1878 (401)
    James H. m. Nannie H. Campbell May 27, 1877 (438)
    Mrs. Jeannette, wife of Alexander, 1873 (487)
    Jennie, dau of Alexr. & Jeannette, b. Aug 31, 1868 (487)
    John Charles, son of Alexr. & Jeannette, b. Oct 21, 1866 (487)
    Mary Kate, dau of Alexander & Jeannette, bapt 1875 (487)
    Mary R. 1878, d. Dec 1902 (401)
    Myra G. 1878 (401)
    S. H. 1878 (401)
    S. H. 1878, d. Oct 1884 (401)
    Myra G. (Mrs. P. L. Hamed) 1878 (401)
McKEAGE, Mrs. Annie M. 1891, 1894 (401)
    B. F. 1873 to Plainfield NJ (401)
    B. F. jr. 1891, 1894 (401)
    B. F. 1888, moved to Montrose PA Apr 3, 1905 (401)
    B. F. & Maria S. parents of Grace Gilmour bapt 1869 (401)
    Benj. F. ordained May 16, 1869 (400)
    Eleanor 1888, moved to Montrose PA, Jan 16, 1905 (401)
    Grace G. 1888, moved to Montrose PA, Feb 7, 1899 (401)
    Isabel 1888 (401)
    Jas. B. 1894 (401)
    Jno. 1855 (400)
    Mrs. Maggie Settle 1896 (400)
    Mrs. Maria L. 1888, moved to Montrose PA, Apr 3, 1905 (401)
    Mrs. Maria S. 1873 to Plainfield NJ (401)
    Miss Mary R. 1888, moved to Austin TX, Sep 8, 1902, became Mrs. Fillmore Day (401)
    Owen 1890 (401)
    Virginia Lee 1889 (401)
    Vesta Maud 1892 (401)
McKEAN, Charles 1858, d. 1865 (423)
    Charlotte Frances 1868 (423)
    Marie 1858 (423)
    Susan (old lady) 1861 (423)
McKEAND, Callie E., child of James & Nancy, b. Aug 23, 1868 (487)
    James 1874 (487)
    Miss Julia A. (dau of James & Nancy) 1875 (487)
    Julia A., dau of James & Nancy, b. Apr 27, 1860 (487)
    Mrs. Nancy, wife of James, 1874 (487)
    Miss Nancy E., dau of James & Nancy 1874, d. 1879 (487)
McKEE, Hugh T. bapt 1885 (356)
    J. J. 1891, 1892 to Auburn AL (401)
    Mrs. J. M. (Emma W.) 1878 (487)
    Mary Louisa 1860 (448)
McKELDIN, A. father of Isabella bapt 1852 (466)
    Andrew, father of James Reese Caldwell bapt 1860 (466)
    Andrew, father of William, bapt 1843 (466)
    Andrew, father of John bapt 1847 (466)
    And, father of Hugh Montgomery bapt 1849 (466)
    Fannie Bell (child of Wm. B. & Mary A.) bapt 1869 (466)
    Julia Belle (Mrs. W. Gettys) ca. 1870 (466)
McKELLON, Wm. B. & Mary A. parents of Richard Jackson bapt 1868 (466)
McKELSEY, William J. 1860 (402)
McKELVY, Rebecca 1860 (402)
    Sary C. 1860 (402)
McKENNA, Margaret Elizabeth, dau of Mr. & Mrs. Geo., b. Oct 12, 1897 (438)

McKENNON, George infant bapt Oct 5, 1894 (438)
    George, child d. Oct 1894 (438)
    George E., Mary (Owen) (May 4, 1890), Mary
        --family listing (438)
    George E. m. Mary H. Owen Aug 26, 1890 (438)
McKENZIA, John 1872 (408)
McKENZIE, Miss Hettie 1860 (438)
    Col. James A. confirmed 1899 (400)
    John 1873 (421)
    John R. m. Emma E. Thurston 1862 (356)
    Mrs. Josephine 1876 (487)
    Louise Edwinna, dau of M. L. & Florence, bapt
        Feb 28, 1892 (409)
    Malcolm, son of M. L. & Florence, bapt Feb
        28, 1892 (409)
    Marguerite, dau of M. L. & Florence M., bapt
        Feb 28, 1892 (409)
    Mrs. W. 1868, 1873 to Nicholasville KY (401)
McKHANN, Ella (single) 1878 (455)
McKILNEY, Emlla (sic) F. 1860 (402)
McKIM, Mary (see James S. Bridges) (466)
McKIMMEN, Georgia A. 1877 (487)
McKINLEY, Lillie (see Lillie Ham) (454)
McKINNEY, Annie M. 1896, d. Apr 1899 (415)
    Charles J. m. Lady Persey Oct 16, 1890 (356)
    Emma (June 19, 1859), Robert S. (infant, Dec
        11, 1870), Margaret Tubell? (infant,
        Apr 2, 1885), Kate (infant Jan 29,
        1889)--family listing (438)
    Emmett Eugene d. Jan 15, 1902 (350)
    G. H. 1891 (421)
    G. H. d. 1897 (421)
    Henry (colored) 1857 (left for army at
        Greenville TN) (423)
    Jo. Ed. 1892 (421)
    Kate 1887 (438)
    Kate T. m. Robert M. Williams of Bowling
        Green KY Jul 19, 1892 (438)
    Maggie B. 1887 (438)
    Margaret J. m. Edward A. Fusch of Nashville
        Apr 13, 1893 (438)
    Mary b. Mar 28, 1893, dau of Charles & Lady
        (356)
    Mrs. Robert 1898 (438)
    Robt. 1887 (438)
    Robert Lee--- m. Mary Adeane Wilkes Nov 10,
        1897 (438)
    Robert Linnon, son of Thos. F. & Emma T., b.
        Aug 12, 1870 (438)
    Maj. T. H. m. Emma A. Thomas Apr 23, 1867
        (438)
McKINNON, Mary, dau of George & Mary, b. Jul 24,
    1895 at Columbia (438)
McKISSACK, John W. ca. 1865 (448)
    Spivey ca. 1840, d. in Shelby Co. 1862 (448)
McKNIGHT, Chas. & Lucy parents of Chas. Hernel? &
    Harry Neil, bapt 1897 (502)
    Mrs. E. C. 1899 (502)
    Edmond C. 1892 (502)

McKNIGHT, Hattie (dau of Fred P.) bapt 1879 (502)
    Martha May, dau of Alexander & E. R., bapt
        1894 (502)
    W. James?, child of John P., bapt 1892 (502)
    Zadie R., child of John P., bapt 1892 (502)
McLAGAN, Earnest m. Estella Singer Jun 13, 1892
    (356)
McLAIN, Robert 1829 (423)
    W. D. (m) 1889 (339)
McLANE, H. N. (married) 1872 (455)
    Mary A. (married) member 1872 (455)
McLAUGHLIN, Charles 1860 (435)
    W. W. 1894 (401)
McLAURIN, Howel, son of M. F. & E. H., b. 15 Jul
    1886 (503)
    Martha Elizabeth d. Jul 8, 1901, age 72 (350)
McLEAN, Annie b. May 25, 1868 (438)
    Maj. Frank buried Aug 4, 1867 (438)
    Frank Jay m. Sue A. Pillow Aug 22, 1860 (438)
    Gran 1898 (& wife) (478)
    J. H. 1893 (393)
    J. Hodge 1892 (393)
    Mrs. Susan P. d. 1869 (401)
McLEAREN, Mrs. J. S. 1897 (454)
McLEAY, Jennet (see Jennet Butterfield) (461)
McLELLAN, Henry Calvin (orphan, age 8 yrs) &
    Geo. Ephraim (orphan, age 7) bapt 1884
    (356)
    John R. m. Alice Young, May 4, 1869 (438)
    Julia Young, dau of Joseph R. & Alice, bapt
        May 17, 1873 (438)
McLELMORE, Annie d. 1880 (455)
    Archy 1879 (455)
McLEMORE, Adalade 1857 (448)
    Adaline (Akin) 1858 (448)
    Berthenia 1855 (448)
    Carrie Louise 1892 (461)
    Carrie Louise, dau of William Harrison &
        Elizabeth, b. Nov 13, 1874 at Tullahoma
        (461)
    Clarance 1873 (448)
    Clarence A.?, age 44, d. Aug 1906 (438)
    Dean P. ca. 1865 (448)
    Mrs. Ellie ca. 1875 (448)
    Emma Jeanette, dau of William Harrison &
        Emma Jeanette, b. Sep 18, 1876 at
        Tullahoma (461)
    Emma Jennette 1892 (461)
    Hariet S. 1859 (448)
    Kenneth, son of Elizabeth Hanning & William
        Harrison, b. Dec 17, 1897 at Tullahoma
        (461)
    Mary D. (Warfield) 1870 (448)
    Marie Gladys, dau of C. N. & Helen M., b.
        Nov 12, 1890 at Columbia (438)
    R. W. & E., parents of Earnest E. & Robert W.
        bapt Aug 2, 1874 (448)
    Robert W. 1859 (448)
    Sallie Reece ca. 1870 (448)

McLEMORE, Thos. N. ca. 1865 (448)
    Wickliff F., son of Lemuel? & Letty?, bapt
        Jun 4, 1874 (448)
    William d. 29 Jan 1912, age 69 (350)
    William G. 1895 (461)
    William Garrett, son of William Harrison &
        Elizabeth, b. Jul 8, 1880 at Tullahoma
        (461)
McLENNON, Henry 1870 (448)
    Robert W. 1871 (448)
McLEOD, Donald 1847 (438)
    Elizabeth Scott, dau of Donald & Jane, bapt
        Feb 9, 1850 (438)
    Mrs. Jane 1847 (438)
McLESTER, Miss Annie L. 1895 (454)
    Battle 1895 (454)
McMACKINS, Sary E. 1860 (402)
McMAHAN, Bettie A. 1873 (448)
    Cal V. 1855, left for Bergen NJ May 17, 1869
        (423)
    Charlie C., son of J. M. & M. A., bapt May
        19, 1878 (448)
    Geo. M. 1873 (448)
    Horace A. 1853, 1855 (423)
    Hugh, son of M. B. & C. V., bapt Apr 10, 1859
        (423)
    John d. Oct 6, 1872 (466)
    John Mabry, son of M. B. & C. V., bapt Nov
        11, 1856 (423)
    M. B. & C. V., parents of Paralee & Mabry,
        children bapt Jul 4, 1863 (423)
    Martha Bogle, Mary Deine & Alexander Horace
        bapt 1835 (466)
    Marvin M. ca. 1880 (448)
    Mary, dau of M. B. & C. V., bapt Apr 6,
        1861 (423)
    Matthew B. 1850, left for NJ May 17, 1869
        (423)
    Matthew B. 1846, 1850 (466)
    Washington J. 1857 (423)
McMAHON, John 1839 (466)
    Louise m. Christopher Yones Aug 18, 1854
        (356)
McMAINUS, Nancey 1817 (386)
McMAKNS (sic), Sary E. 1887 (402)
McMANUS, Callie 1889 (507)
    Laurance 1821 (386)
    Lawrence 1817 (386)
    Southard 1817 (386)
    Susanah 1817 (386)
McMARTIN, John 1895 (393)
McMILLAN, Mrs. Ada L. (wife of Wm.) 1890, moved
        to Xenia OH Sep 8, 1891 (423)
    Alexander, son of Alexander & Margaret, bapt
        Mar 31, 1860 (423)
    Alexander 1848, d. Jan 1865 (423)
    Annette, dau of Alexander & Margaret, bapt
        Jan 4, 1857 (423)
    Chas. C. (single) member 1875 (455)

McMILLAN, Chs. C. d. Mar 21, 1881 (455)
    Margaret McClung, dau of Alexander & Margaret,
        bapt Apr 11, 1858 (423)
    Maria Louisa 1848, left for 1st P Ch, Knox-
        ville, Dec 25, 1849 (423)
    Mary Alexander, dau of Alexander & Mary, bapt
        Aug 31, 1867 (423)
    William 1890, moved to Xenia OH Sep 8, 1891
        (423)
McMILLEN, Alexander (son of Alx) inf bapt 1884 (356)
McMILLIN, Miss Iva Bell 1894, m. Hiram Wiley (423)
    N. J. (Mrs.) d. Jan 1902 (454)
McMIN, James Ellis (son of Thos.) adult bapt 1894
        (502)
McMINN, Mrs. Catherine adult bapt 1894, b. Nashville,
        Nov 28, 1866? (356)
    James C. adult bapt 1897 (356)
    James C. & Catherine parents of Effie Nowlin
        b. Mar 22, 1888; James Leslie b. Sep 27,
        1890; and Mildred Alvira b. Mar 9, 1893
        (bapt 1894) (356)
    Mary Hellen ca. 1870 (448)
    Mary Helen m. S. W. Sparkman Sep 6, 1883 (448)
McMINNANEY, Ann 1811 (511)
    Mary 1811 (511)
McMULLAN, Leroy Stuart, son of Mrs. Mary L., bapt
        Apr 21, 1889 (423)
    Mrs. Mary Lyons 1874, formerly Miss Mary
        Lyon Craig (423)
    W. B. (see Mary Lyon Craig) (423)
McMULLEN, Daniel m. Sarah Cornelia Reed Dec 13,
        1858 (356)
McMULLIN, Iva Belle 1894 (423)
    Lyon 1895 (423)
    Miss Mary Lou 1895 (Mrs. Thomas Oconner
        House) (423)
McMURRY, Almedia 1853, d. 1866 (467)
    Charles Reed confirmed 1876 (400)
    Eli d. Jul 10, 1878 (467)
    Eli 1853 (467)
    Elvira d. Jun 1889 (467)
    Emo bapt 1877, son of W. W. (400)
    Eno (child of W. W.) bapt 1877 (400)
    Granderson 1853 (467)
    July d. Feb 9, 1866 (467)
    Mary d. 1867 (467)
    Mary 1862 (467)
    Mary 1853, d. Aug 1866 (467)
    Merideth 1853 (467)
    Merridieth d. Nov 30, 1889 (467)
    Octava 1893 (467)
    Riccia 1893 (467)
    V. d. Jun 10, 1883 (467)
    William 1891 (371)
McMURY, Boss d. Oct 8, 1883 (467)
McNABB, Dr. Chas. 1894 (423)
    Christiana Ann bapt 1876, dau of John & Mary
        Ann (400)
    Emma bapt 1878, dau of John & Mary A. (400)

McNABB, Miss F. L. 1886 (423)
    John confirmed 1876 (400)
    John member 1875, removed to Chattanooga (400)
    John Edward bapt 1881, son of John & Mary A. (400)
    John Edward d. Jul 1881 (400)
    Lizzie 1876 (409)
    Mary Ann confirmed 1876 (400)
McNAIRY, Miss Jenny 1873 (487)
McNAUGHTON, Miss Anna 1879, moved to Edgefield TN Jun 25, 1882 (401)
    Hugh 1879, moved to Edgefield TN Jun 25, 1882 (401)
    Mrs. Jane 1879, moved to Edgefield TN Jun 25, 1882 (401)
McNEIL, Mary 1833 (423)
    Susanna 1833 (423)
    Susanna jr. 1833 (423)
McNEILL, David bapt 1833 (423)
    Jno. Seymour m. May Percy 1872 (356)
    William Simpson 1875 (409)
McNEILLY, Hugh Colhoun, son of W. E. & Margaret, b. Jun 21, 1885 (487)
    Robert Hugh, son of J. H. & M. W., b. Sep 30, 1879 (487)
    Wm. E. elder 1883 (487)
    Wm. Warner, son of W. E. & Margaret, b. Oct 7, 1882 (487)
McNEW, Salley Baird, age 34, d. Dec 5, 1891 (438)
McNIGHT, Sidney 1890, 1897 (339)
McNISH, J. P. 1889, d. Sep 1891 (429)
McNORTON, Thos. B. 1857 (478)
McNULTY, Alex C. & Clara Va. parents of Mildred b. Jun 22, 1893 (Washington DC) and Wm. Alexander b. Mar 7, 1896 (356)
    Mr. Frank d. Jan 23, 1900, age 67 (356)
McNUTT, Luther Wilson 1885 (423)
McPHERON, Saml. 1835 (450)
McPHERSON, Alice, dau of R. M. & Mary, bapt Jul 6, 1861 (reel number omitted)
    Huzen, son of R. M. & Mary, bapt Jul 4, 1857 (423)
    Mary, dau of Rufus M. & Mary, bapt Jul 3, 1852 (423)
    Mattie (see Mattie Paschall) (461)
    Rufus M. 1852, 1858 (423)
    Susan, dau of R. M. & Mary, bapt Jun 30, 1855 (423)
    Wallace, son of Rufus & Mary E., bapt Mar 30, 1851 (423)
    Wm. Hill, son of P. & Florence, bapt Aug 14, 1896 (429)
McQUADE, A. A. (m) d. 1907 (350)
    Josephine E. m. Carl Crum Branch 4 Jun 1891 (503)
    Lucile Marie d. May 24, 1903, age 54 (350)
    Sarah T. m. George Jewell Gates Apr 4, 1899 (503)

McQUITHIE, Tennessee d. Nov 30, 1901, age 50 (350)
McRAE, Miss Myra 1898 (to Atlanta GA) (438)
McREYNOLDS, Dicy 1843 (466)
    John H. m. Maud E. Cook Aug 16, 1893 (503)
    Robert H. 1843 (466)
McROBERTS, Matilda 1833 (466)
McROY, Thomas d. Oct 1896 (465)
McSPARRON, Anne, age 14, 1891 (438)
McSWAIN, David W. moved 1882 (406)
    Isaac A. moved 1882 (406)
    John H. moved 1882 (406)
    Robert E. moved 1882 (406)
McTEER, Mrs. Ella 1879 (423)
    John H. 1895 (423)
    Miss Lula d. Sep 29, 1898 (423)
    Miss Lula 1895 (423)
    Mrs. Margaret 1879, moved to Maryville TN Jan 1, 1896 (423)
    Mrs. Margaret d. Nov 29, 1900 (423)
    Margaret Eleanor, dau of Richard P. & Ella, bapt Sep 9, 1894 (423)
    Margaret Erskin, dau of Mrs. Mary N., bapt Apr 21, 1889 (423)
    Margaret Jane 1857 (left for TX Sep 6, 1858) (423)
    Miss Mary 1879, moved to Maryville TN Jan 1, 1896 (423)
    Mary Louisa bapt Jun 26, 1881 (423)
    Mrs. Mary Nelson 1884 (423)
    Mrs. Mary Nelson d. Jul 10, 1902 (423)
    Mary Priscilla 1857 (left for TX Sep 6, 1858) (423)
    Richard P. & Ella, parents of Joseph Morgan & Florence Bell, bapt Apr 21, 1889 (423)
    Richard Perez 1884 (423)
    Richard Pirez bapt Mar 23, 1883 (423)
    William d. Oct 1882 (423)
    William 1880 (423)
McVEIGH, J. Herbert m. Bessie M. Grant Jun 30, 1898 (503)
McWERTER, G. R. 1885 (409)
McWHINNEY, Alice 1868 (423)
    Eleanor 1822 (left for Ohio) (423)
    Stephen 1822? (left for Ohio) (423)
    William 1868 (423)
McWHIRTER, Charles 1811 (511)
    Fount member Sun schl 1871 (369)
    Martha 1811 (511)
    Mc, member Sun schl 1871 (369)
    Tom member Sun schl 1871 (369)
    W. M. 1899 (339)
McWILLIAMS, Mrs. A. R. 1856 (497)
    David 1843 (478)
MEABANE, Liddia (see Liddia Curtis) (409)
    Lula (see Lula Ware) (409)
MEACHAM, Emma m. J. O. Gill Dec 5, 1894 (couple from Pembroke KY) (400)
    N. 1851, 1855 (497)
    Nancy 1851 (497)

MEAD, Arthur E. d. Feb 9, 1895, age 33 (356)
    Mrs. Frances d. Aug 18, 1900 (356)
MEADOW, Lena m. Dr. W. E. Martin Dec 4, 1884 (448)
MEADOWCRAFT, John Edgar m. Kate Cravens Hart Feb 14,
    1861 (438)
MEADOWES, Bell 1881 (492)
    E. C. 1876 (492)
    Harret A. 1880 (492)
    Samuel & Saley parents of Marge't J. b. Sep 7,
        1877, Thomes J. L. (no birthdate given),
        Eliza Wades b. Sep 9, 1879 and Louis
        W.? A. b. Sep 5, 1883 (492)
MEADOWS, Elias P. 1870 (492)
    F. A. 1872-1877 (492)
    John M. 1870-1877 (492)
    Martha 1870 (492)
    Mary J. 1870 (492)
    Sallie 1870 (492)
    Saml. 1870 (492)
    William 1870, d. Oct 8, 1873 (492)
MEALS, Acie Leroy b. Mar 18, 1875 (reel number
    omitted)
    M. J. (f) 1891, 1894 (444)
    Mary Ann (Mollie) m. P. H. McCall Apr 1877
        (444)
    S. H. 1876 (444)
    S. H. 1860 (444)
MEANS, George J. 1856 (left for ME May 21, 1856)
    (423)
    Sarah 1832 (478)
MEBANE, Elmer d. Apr 19, 1877 (409)
    Elmer 1876 (409)
    F. P. 1892 (409)
    S. A. 1886 (409)
    S. A. & T. V., parents of Lilian & Lulu
        bapt Aug 16, 1876 (409)
    Sidney A. 1867 (409)
    Sidney A. 1875 (409)
    Tennessee V. 1875, d. Sep 28, 1880 (409)
    Tennessee V. 1867 (409)
MEDDOWS, Elizabeth 1825 (421)
MEDEIS, Hiarm & wife & dau (Jule?) 1895 (348)
    John L. 1897 (348)
MEDERIS, Adaline 1896 (348)
MEDLIN, Evalin 1872 (408)
    James 1872 (408)
MEDLING, James 1858 (480)
MEE, Mrs. Roberta bapt 1888 (454)
MEEK, Miss Ada B. 1887 (Mrs. David Scott) (423)
    Amy 1819? (left for Grainger Co.) (423)
    Charles 1886 (429)
    Charles William d. Jan 18, 1900, age 13 days
        (356)
    Mrs. Elizabeth J. 1887 (423)
    Fannie 1892 (429)
    Frank Hale m. Almena McGehee Smith May 4,
        1899 (356)
    James M. 1887 (423)

MEEK, James Preston, Lucinda, Mary Harriet Rebecca,
    William & Marcus deLeFayette Bearden--
    all children of John & Amy, bapt Jun 2,
    1821 (423)
    John S. 1852 (507)
    John S. d. Mar 26, 1888 (507)
    Lee Ann (see Lee Ann Hudgens) (507)
    Miss Lottie d. Sep 21, 1902 (of New York)
        (356)
    Lou Ritha 1887 (507)
    Mary 1884 (see Mary Swindell) (507)
    Polly 1881 (401)
    Mrs. Virgin L. 1896 (400)
    William 1884 (401)
    __ena (see __ena Smithson) (429)
MEEKS, B. M. 1872 (429)
    B. M. 1890 (429)
    Mrs. Mollie 1881 (429)
MEESE, Abraham m. Evalina Tidwell Dec 22, 1872 (438)
MEGINLEY, John M. 1842 (466)
    Mary Ann 1842 (466)
MEGLOPHLIN, C. B. 1857 (435)
MEGLOTHLIN, Jamima 1857 (435)
MEIGS, Sally D.? mother of Return Jonathan bapt
    1830 (466)
    Sally K. mother of John bapt 1835 (466)
    Sally K. 1832 (466)
    Theresa 1832 (466)
MEINKEN, Henry 1898 (1899 to Owensboro KY) (401)
MELCHER, Margarette m. Joseph John Paxton Jul 25,
    1892 (356)
MELHOPE, Bessie d. Jun 1878 (400)
MELLON, James 1872 (408)
MELLUNEY, Caroline 1858 (408)
MELOAN, David 1811 (511)
MELSON, Charity 1886 (396)
    M. A. d. May 19, 1885 (396)
    Mary 1872 (396)
    Mary 1886 (396)
    Mary Jane 1880 (435)
    Mary M. 1872 (396)
    Peter 1886 (396)
    Rachel 1886 (396)
    Suson 1876 (396)
    Wm. d. 1866 (396)
MELTON, Elizabeth T. 1895 (454)
    Eva member 1895 (m. Ramond? Osmont) (454)
    Jesse d. Sep 1863 (402)
    Jessee 1850 (402)
    Sally 1887 (402)
    Sealey 1850 (402)
    Sealy 1860 (402)
    William G. 1887 (402)
MELVILLE, Catherine M. 1855, 1856 (423)
MELVIN, Miss bmma 1885 (423)
    Mrs. Mary O. 1875 (423)
    William B. 1875 (423)
MENGER, James E. 1877 (435)

MERCER, Arthur Grant, son of Lawrence G. & Nora
    Isabel, b. 11 Dec 1885 (503)
  Walli? L. 1886 (401)
  Walter Leon 1886 (401)
MERIDITH, Dr. Albion d. Feb 1874 (503)
  A. M. member 1821 (419)
  A.? M. d. 1900, member 1860 (419)
  James 1821 (419)
  Jos. M. 1860, d. 1900 (419)
  Mary 1821 (419)
  Mary Ann 1821 (419)
  Mary Ann 1860, d. May 19, 1872 (419)
  Mary M. 1860 (419)
  Polly 1821 (419)
  Rebecca 1821 (419)
  Sarah 1860, 1895 (419)
  Susan 1821 (419)
  Thos. 1821 (419)
  Thomas 1860, d. Sep 7, 1889 (419)
MEREDYTH, Alice m. Geo. H. Libby (soldier from
    Camp Thomas, 1st IL Cav) Aug 1, 1898
    (503)
MERIT, John 1858 (408)
MERIWETHER, Charles Edward m. Daisy Martha Whit-
    field Dec 22, 1897 (400)
  Daisy (Whitfield) (C. E.) 1896 (400)
  Gilmer (of Little Rock AR) m. Holly Berry
    Dorset Dec 4, 1895 (438)
  Henry Tutwiler confirmed 1897 (400)
  Dr. James Hunter, age 77 (born on Merivale
    Farm) d. Aug 1890 (400)
  James McClure m. Margaret Douglas Barker
    Jan 8, 1879 (400)
  Louisa Morris b. Nov 17, 1888, dau of James
    M. & Margaret D. (400)
  Margaret McClure b. Nov 30, 1884, dau of
    William D. & Marion B. (400)
MERONEY, Mr. & Mrs. Catherine E., parents of
    John Nelson & William Oscar, both bapt
    Jan 28, 1850 (423)
  Mrs. Catharine E. 1850 (left for Campbell
    Station Sep 28, 1850) (423)
  George Houston, son of Mrs. Catherine E.,
    bapt Jul 21, 1850 (423)
MERRETT, M. M. 1884 (421)
  Mat 1886 (421)
MERRIT, H. C. deacon 1877 (401)
MERRITT, Elizabeth Lusk 1897 (401)
  Elizabeth Lusk, dau of H. C. & Maud, bapt
    Dec 12, 1885 (401)
  Francis Grattan, child of H. C. & Maude B.,
    bapt Jun 15, 1895 (401)
  H. C. elder 1886 (401)
  H. C. adult bapt 1868 (401)
  Henry C. d. Aug 17, 1913 (401)
  Henry Clay, son of H. C. & Maude B., bapt
    Jun 15, 1889 (401)
  Henry Clay 1897 (401)
  Mary Lipind, dau of H. C. & M. B., bapt Jun
    17, 1893 (401)

MERRITT, Maud Bailey, dau of H. C. & Maud, bapt
    Mar 12, 1887 (401)
  Montgomery adult bapt 1868 (401)
  Montgomery 1868, 1871 to Henderson (401)
  Philander Lee 1888, moved to Guthrie KY Apr
    8, 1898 (401)
  Susannah Caldona b. 6 Oct 1867, dau of John
    W. & Fanny (480)
MERRIWETHER, Bella (see Mary Wallace) (400)
  Leonard Tutwiler adult bapt 1896 (400)
  Lucy 1896 (400)
  Lucy McClure b. Aug 8, 1873; Robert Tutwiler
    b. Nov 27, 1874 and Henry Lutwiler b.
    Jan 5, 1879, children of Charles N. &
    Kittie T. (400)
  Marion Dorylus b. Dec 19, 1883, Clarksville,
    child of James M. & Margaret D. (400)
  Richard Barker b. Todd Co. KY, Dec 25, 1879
    (son of James M. & Margaret D.) (400)
MERYMAN, Nancy 1863 (389)
MESSINGER, Mandaline confirmed 1879 (400)
METCALF, Charles W. 1895, moved to Memphis Jul 17,
    1895 (423)
  George Brownlow b. Mar 1897, son of George &
    Edith (356)
  George W. m. Edith Brownlow Jun 9, 1896 (356)
  James M. m. Felicia Zollicoffer Jun 6, 1876
    (438)
  Martin Zollicoffer, son of James M. & Felic-
    ian, bapt Nov 4, 1877 (438)
  Mary J. 1846 (466)
  R. E. (Oct 1890), Nettie E., Ruby E., Daisy
    E., Clifford H.--family listing (438)
  Rev. R. E. d. Dec 1893 (438)
  Ruby E., age 12, 1893 (438)
METHENEY, Caroline 1872 (408)
METSINGER, Bertie 1889 (455)
  Pearl 1889 (455)
MEYER, Bertie 1888 (409)
  Chester Aull, son of Theo. V. & Julia H., b.
    Aug 3, 1896 (503)
  Fredrick H. m. Mary Magdalene Staub Nov 25,
    1890 (356)
  Harry Frederick b. Jun 30, 1892, New York
    (son of F. H. & M. M.) (356)
  Henrietta m. Peter Kerr Nov 1864 (356)
  Oscar 1888 (409)
  Theodore Valentine, son of Theodore Val. &
    Julia, b. Jul 11, 1892 (503)
MICHAEL, W. B. (RR engineer) m. Mrs. Flora A.
    Young Dec 28, 1888 (455)
MICHAELS, Mrs. Ada J. L. (formerly Miss Ada J. L.
    Craig) 1872 (423)
  Ada Jennie (see Ada Jennie Louisa Craig) (423)
  Mrs. Ada Jennie Louise d. Sep 11, 1901 (423)
  America adult bapt 1873 (356)
  Harry Leonard, son of Thos. & Ada, b. Apr 20,
    1844 (423)
  Jane Elizabeth, dau of Thos. M. & Ada J. L.,
    bapt Apr 5, 1879 (423)

MICHAELS, Thomas Melvin 1876 (423)
MICHEAL, T. 1853 (428)
MICHEL, Ely 1872 (396)
    Nancy 1872 (396)
    Sophia 1872 (396)
MICHNER, Isaac F. 1855 (437)
    Isaac F. m. Margaret A. Kilpatrick Jan 13, 1857 (437)
MIDDLETON, James Arthur William b. Oct 8, 1897, son of Edward & Elizabeth (356)
    John Edward (1st Lieut W VA Vols, stationed at Camp Thomas) m. Cornelia Susan Welch Jul 15, 1898 (503)
MIKELSON, Ida Grigsby m. Leonidas Hamlin Nov 14, 1876 (438)
MILES, Jocie 1891 (288)
    Nancy, dau of Jake Watkins & Dicey Watkins b. Dec 11, 1878 in Coffee Co. TN (461)
MILK, Lemuel, age 66, of Kankakee IL, m. May Elizabeth Sherwood, age 21, of Sherwood TN, Nov 30, 1886--bride's parents --Chas. D. & Charlotte P. Sherwood (461)
MILL, Sarah 1829 (288)
MILLEN, Ira Mai 1896 (502)
MILLARD, Levi m. Ellen Cargal May 15, 1898 (503)
MILLER, A. 1826 (421)
    A. & Polly, his wife, 1824 (421)
    A. C. 1858 (448)
    Addie F. (single) member 1874 (455)
    Adelia d. Sep 4, 1869 (503)
    Albert, son of Thos. Hoffman & Mary Miller, bapt 1844, b. 25 Dec 1840 (356)
    Miss Amelia Leona d. Feb 28, 1912 (401)
    Arra m. H. Claud Hudgens Dec 15, 1898 (507)
    Dr. B. Curtis 1896 (423)
    B. R. 1895, d. 5/15/1904 (454)
    Catherine d. 1855, age 23 (356)
    Chas. W. 1885 (455)
    Christiana Cowan, dau of Thos. H. & Mary, bapt 1848 (356)
    Dorcas 1845 (462)
    Dudley, son of Wm. H. & Mary Elizabeth, bapt 1871 (503)
    E. D. O. 1875 (409)
    E. D. O. d. 1879 (409)
    E. D. O. (f) 1867 (409)
    Mrs. Effie 1891 (455)
    Ellen P. 1882, moved to NC Jun 24, 1888 (423)
    Elliot F. 1875, 1867 (409)
    Erdie (see Erdie Williams) (407)
    F. J. & wife 1892 (461)
    George d. Apr 8, 1909 (401)
    Rev. H. F. 1894 (429)
    Harriett L., wife of J. H., 1888, moved to Topeka KS, Mar 18, 1890 (423)
    Hattie (orphan) bapt 1888 (356)
    Mr. Henry d. Apr 20, 1913 (401)

MILLER, Miss Holmes d. Jan 1901 (454)
    Isabella Tomes (dau of Thos. H. & Mary) bapt 1845 (356)
    J. Everett 1889 (455)
    John 1875 (single) (455)
    John jr. 1892 (401)
    John 1892 (401)
    John Harold 1888, moved to Topeka KS, Mar 18, 1890 (423)
    Joseph Carson 1881 (423)
    Mrs. L. C. 1895 (454)
    Lam'l. infant bapt 1886 (356)
    Lena 1885 (455)
    Leonah m. William Douglass 1862 (356)
    Leonora J. 1874 (single) (455)
    Leonora J. adult bapt 1875 (455)
    Linda H. m. Ernst H. Garratt Mar 26, 1894 (356)
    Manervia A. 1885 (428)
    Martha Jane, dau of Thos. Hoffman & Mary Miller, bapt 1844, b. 9 Jul 1843 (356)
    Martin N. 1877 (487)
    Mary, wife of Thos., d. 1847 (about 35 or 40 yrs) (356)
    Mary d. Jun 1848 (356)
    Mary A. d. Nov 1912 (401)
    Mrs. Mary Elam 1888 (502)
    Mary M. d. Dec 3, 1863, age 26 (356)
    Mary Robb, dau of Chestnut & Mattie L., b. Sep 5, 1893 (503)
    May 1889 (455)
    Minerva J. ca. 1850, d. Mar 2, 1860 (448)
    Nellie J. 1878 (single) (455)
    Mr. O. A. E. 1882, moved to NC Jun 24, 1888 (423)
    Ovel 1885 (428)
    Rob. J. 1877 (455)
    Robt. Park m. Ellen D. Gill ca. 1850 (356)
    Sam B. 1842 (478)
    Sarah 1890? (425)
    Sarah 1889 (425)
    Susan adult bapt Mar 14, 1870 (438)
    Temperance A. m. James M. Haley 1862 (356)
    Tennessee 1885 (428)
    Wilhelmina (Mrs.) 1892 (401)
    William m. Jannie Graty 1883 (356)
MILLICAN, _____ d. Aug 24, 1864, age 25 (356)
MILLIGAN, Mrs. Carrie (see Carrie Eliz. Andrews) (423)
    Mrs. Carrie Eliz. 1882, formerly Miss C. E. Andrews (423)
    Frank J. d. Jan 13, 1897, age 46 (356)
    Maggie, dau of Edward & Mary, b. Dec 1895 (438)
    Margaret Latham, dau of Mrs. Carrie, bapt Jul 6, 1890 (423)
    Mary bapt 1897, dau of Frank & Carrie (356)
MILLIKEN, John Humphreys b. Oct 27, 1877, Somerville TN, son of William Alfred & Mary Stuart (400)

MILLIKEN, Lavinia b. Nov 10, 1870?, Somerville,
    dau of William Alfred & Mary Stuart
    (400)
  Lucy Perry b. Nov 7, 1873, Somerville TN,
    dau of William Alfred & Mary Stuart
    (400)
  Sandal Humphreys b. Oct 27, 1877, Somerville
    TN, child of William Alfred & Mary
    Stuart (400)
  William A. confirmed 1880 (400)
MILLIKIN, Miss Hattie 1890 (455)
  William m. Mary Narcissa Weakly Sep 20, 1870
    (438)
MILLINER, M. L. (f) d. 1906 (288)
MILLNER, Ann 1842 (478)
MILLS, Alice 1894, later moved to Huntsville (440)
  Ellie, dau of Wm. H.& Mary, b. Mar 7, 1881
    (440)
  Ellis, son Wm. H. & Mary, b. Mar 7, 1881
    (440)
  Eula H. 1894 (454)
  Geo. Robt. S. 1894 (454)
  John N. & Eliza A. parents of Earnest b. 21
    Oct 1878 and Hubert Edward b. 24 Mar
    1885 (503)
  Miss Mary M. 1893 (454)
  Nannie 1893 (454)
  Nettie, dau of John N. & Eliza A., b. 9 Aug
    1875 (503)
  Nettie m. Wallace C. Bathman Oct 24, 1899
    (503)
MILMOW, Irene m. Tullius C. Waters Dec 15, 1898
  (503)
MILTON, Carrie McCall, wife of Geo. O., d. Sep 2,
    1897 (503)
  Mrs. George F. d. Sep 4, 1897 (356)
  George Fort b. Nov 19, 1895, son of George F.
    & Caroline W. (356)
MINDERS, Mrs. d. May 15, 1876, age 84 (356)
MINGE, Lillie Dobbins, age 24 (Faunsdale AL) d.
    Apr 11, 1908 (438)
MININGER, Amandaline bapt 1878 (400)
MINNIS, Mrs. Callie 1878 (423)
  James Hunter, son of J. B. & Callie, bapt
    Apr 21, 1889 (423)
  John B. 1878 (423)
  Miss Julia 1892 (423)
  Julia, dau of J. B. & C., bapt Mar 23, 1883
    (423)
  Miss Julia Dunbar (Mrs. James A. McCormick)
    (423)
  Paul member 1886, moved to Aberdeen MS (423)
  Penina T. d. Sep 13, 1854, age 47 yr 1 mo 1
    da (503)
MINSO(N), Samuel Boyd bapt 1874, son of Spencer &
    Eva (356)
MITCHAL, J. C. 1891 (444)
MITCHEL, Caroline 1872 (396)
  Ely 1867 (396)
  Locky 1834 (450)
  Martha L. 1848, left for MO, Nov 1, 1848
    (423)
  Nancy 1834 (450)
  Nancy A. 1829 (288)
  Rachel, widow, member 1830 (450)
  Rachel & her mother Sally Gentry 1833 (450)
  Thomas & Sarah S. 1868, to Huntington WV,
    Jun 1873 (478)
MITCHELL, Ada (see Ada Johnson) (409)
  Addie d. Feb 1896 (409)
  Agness 1811 (511)
  Ann d. Mar 6, 1891 (507)
  Ann 1819? (left for AL) (423)
  B. C. 1890 (409)
  B. G. moved to Huntsville AL 1903 (409)
  C. A. member 1896 (m. Mark Bell) (454)
  Calvin G. 1831 (502)
  Carrie 1885 (409)
  Charles & wife Nancy 1852 (450)
  Charles 1830 (450)
  Chesley 1830 (450)
  Clinton A. 1868 (423)
  Mrs. Dollie 1885 (454)
  Mrs. E. C. 1876 (487)
  Eliza 1866 (450)
  Mrs. Emmie Tyler 1898 (400)
  George Ellis, son of Clinton J. & Virginia,
    bapt Oct 9, 1869 (423)
  Green C. 1853 (478)
  Harry b. Jan 28, 1878 (461)
  Hellen P. 1875 (409)
  Henry T. 1843, left for MO Nov 1, 1848 (423)
  J. C. (m) 1885 (339)
  J. H. 1892 (415)
  J. M. E. (f) 1889, 1892 (339)
  J. R. & Julia, parents of Maggie Brammer?,
    Samuel & Henry, all bapt Jul 4, 1863
    (423)
  James Calvin, son of Thomas & Rosanna, bapt
    Aug 20, 1843 (423)
  James Niell m. Bettie Sneed Jones Mar 18,
    1890 (356)
  Janet 1870, 1871 to Louisville KY (401)
  Miss Jennie J. 1892 (415)
  John H. 1871 (478)
  Joseph L. m. Dollie Hightower May 30, 1888
    (455)
  L. E. (f) 1889 (339)
  Layfayett 1883 (409)
  Miss Lena G. 1896 (454)
  Lizzie 1889 (409)
  Lucy R. 1885 (339)
  Mary Lydia 1858 (478)
  M. D. 1827 (478)
  Mrs. M. J. 1892 (415)
  Mrs. M. L. (June) 1885 (409)
  Maggie 1885 (409)
  Margaret 1831 (502)

MITCHELL, Margaret Jane 1848 (moved to MO Nov 1, 1848) (423)
    Mrs. Martha d. 1902 (454)
    Mrs. Mary 1885 (502)
    Mary 1890, m. Porter Rogers (409)
    Mary 1853 (left for Rusk TX Aug 24, 1859) (423)
    Mary, dau of Wm. H. & E. C., bapt 1880 (487)
    Mary B. (see Mary B. McCampbell) (423)
    Mary Ella 1871, d. Mar 1873 (478)
    Mary M. 1843 (478)
    Mary Pillow, dau of John D. & Nerressa?, b. Aug 24, 1867 (438)
    Miss Mattie 1898 (454)
    Mrs. Mattie 1890 (formerly Mattie Davis) (455)
    Mrs. Minnie A. 1885 (454)
    Mrs. Minta 1888 (454)
    Nancy 1830 (450)
    Nannie m. John E. Martin Jun 26, 1884 (503)
    Nat 1893 (415)
    Neil d. Nov 7, 1893, age 11 (356)
    Neill b. Feb 21, 1891, son of James N. & Bettie S. (356)
    Nelly 1827 (450)
    Ola 1893 (454)
    Rosanna (see Rosanna McAffrey) (423)
    Sallie 1883 (409)
    Mrs. Sarah 1868 (478)
    Susan Harriet A. 1848 (left for MO Nov 1, 1848) (423)
    Thomas 1883 (409)
    Thomas & Rosanna, parents of Thomas Jefferson & Mary Ann, bot bapt Oct 30, 1847 (423)
    Thomas 1868 (478)
    Thomas & Rosanna, parents of John Joseph & Sophia Isabella, both bapt Apr 25, 1852 (423)
    Verner 1883 (409)
    Virginia 1868 (423)
    W. H. deacon 1887 (487)
    W. V. 1893 (415)
    Mr. William 1877 (487)
    Wm. 1891 (455)
    Wm. 1843 (478)
    William jr. 1831 (502)
    William Edwin, son of Thomas & Rosanna, bapt Aug 20, 1843 (423)
MITCHNER, Margaret (see Margaret Kilpatrick) (437)
MITHELL, J. M. (m) 1889 (339)
MIXON, Mrs.? Caroline 1893, d. Sep 8, 1895 (401)
    Mrs. Mary Catherine d. 1906? (401)
    Mrs. Mary Catherine 1896 (401)
MIZE, William 1887 (415)
MOAK, Dr. Charles Henry of New York City m. Katherine Aileen Wilkes Jun 8, 1898 (438)
MOAR, Mary 1874, 1876 to Louisville KY (401)
MOCKBU, Fannie O. (see Fannie O. Lampkin) (429)

MODGLIN, Anaper? 1811 (511)
    Truman 1811 (511)
MODLEN, Samuel 1832 (462)
    Samuel 1830 (462)
MOFFAT, Mrs. Jane 1839 (478)
    Mary 1842 (478)
    Robert 1848 (478)
MOFFATT, Grace d. Jan 19, 1902 (350)
    William d. Jun 24, 1910, age 54 (350)
MOFFETT, Miss Jessee B. 1894 (Mrs. Whitlow) (423)
    Miss Mary Caswell 1898 (Mrs. Eugene D. Armistead) (423)
    Thomas 1889 (423)
MOFFITT, Miss Jessie B. 1894 (423)
MOGLIN, Geo. C. 1889 (455)
MOHON, Mrs. Mary Lou, age 66, d. Apr 30, 1910 (400)
MOIR?, John 1895, 1897 (401)
MOLEY, Nancey 1811 (511)
MONDAY, Albert F., son of O. B. & E. F., b. Sep 13, 1874, bapt Oct 12, 1879 (423)
    Ida A., dau of O. B. & E. F., b. Jun 22, 1874 bapt Oct 12, 1879 (423)
    O. B. 1872, moved to New Market TN Nov 5, 1889 (423)
MONEGAN, Miss Lizzie 1860 (438)
MONGOMERY, John 1872 (435)
    Mary Jane, wife of John, 1872 (435)
MONICAL, Robert Sanford, son of Jacob B. & Laura, b. Jun 5, 1888 (438)
MONIS, Geo. Alonzo 1892 (461)
    Thomas Jowes?, son of John & Mary, b. Nov 28, 1841 at Utica NY (461)
MONK, A-onzo pastor 1899 (454)
MONNING, Jno. d. Apr 20, 1900 (454)
MONRO, Andrew A. 1888 (423)
    Lizzie 1879 (401)
MONROE, Delie 1879 (455)
    Mrs. E. 1886 (455)
    Esther Lee, dau of Andrew J., bapt Apr 21, 1889 (423)
    Mellissa 1879 (455)
    Mr. (an old Sailor) d. Feb 1, 1874 (503)
MONS, Henry 1885 (428)
    Loney 1885 (428)
    Sam 1885 (428)
MONTAGUE, Miss Cland? 1897 (393)
    Dwight P. 1892 (393)
    L. E. 1897 (393)
    T. G. 1881 (393)
    Theodore G. 1892 (393)
MONTGOMERY, Callie 1894 (415)
    Como, child of Thomas Jefferson & Matilda, b. Apr 13, 1886? at Tullahoma (461)
    Elizabeth Jane, dau of Jefferson & E., bapt May 15, 1831 (423)
    George 1894 (415)
    Harriet Isabella, dau of J. E. & G. B., bapt Feb 10, 1832 (423)
    Henry 1887 (415)

MONTGOMERY, J. A. 1876 (444)
    James Kendrick d. Jul 24, 1908, age 3 mos (461)
    Jefferson preacher 1831 to 1838 (423)
    Josiah 1889 (435)
    Major 1894 (415)
    Mary 1889 (435)
    Matilda 1892 (461)
    Nancy J. (see Nancy J. Webb) 1832 (423)
MOODY, Miss Amanda 1884 (423)
    Henry 1832 (462)
    Henry 1831 (462)
    Jane 1832 (462)
    Thos. J. 1883 (406)
MOON, Lilla 1892 (455)
    Mrs. Wm. (see Mrs. Mary Edwards) (487)
MOONEY, Blanch ca. 1875 (448)
    Patrick 1801 (511)
    Mrs. Sue ca. 1875 (448)
    Wm. ca. 1875 (448)
MOONY, Miss Mary Elizabeth b. Jun 24, 1842 (503)
MOOR, Emma 1894, 1897 (339)
    Franky 1823 (504)
    Joseph 1823 (504)
    Miss Lizzie member Sun schl 1870 (369)
MOORE, Mrs. A. 1842 (478)
    Alice d. 1902 (396)
    Miss Alma confirmed 1890 (400)
    Mrs. Ann 1873, d. Dec 24, 1874 (487)
    Anna Sarah Abigall b. Nov 14, 1889 (356)
    Anne 1884, 1897 (339)
    Mrs. Annie W. 1896 (401)
    B. P. 1888 (406)
    Benj. P. 1883 (406)
    Benjamin W. 1875 (409)
    Bular 1890, d. 7-1899 (339)
    Carrie D. 1885 (507)
    Carrie W. m. Jas. A. Hudgens Jan 5, 1891 (507)
    Mrs. Catharine 1874 (487)
    Catharine Ann b. Jul 5, 1869 (487)
    Catharine Estelle, dau of James Hervey & Emily Scott, b. Aug 17, 1889 at Tullahoma (461)
    Clary 1823 (402)
    Dosser d. Dec 29, 1913 (423)
    Ed 1886 (396)
    Edmond Middleton b. Feb 8, 1894, son of Joseph Sidney & ELizabeth Gertrude (400)
    Edwin Middleton d. Aug 5, 1896, age 2½ yrs (400)
    Mrs. Eleln 1871 (401)
    Eliza 1879 (339)
    Eliza J. 1875, d. 8-25-76 (409)
    Eliza J. 1867 (409)
    Elizabeth Minor b. May 28, 1878, dau of Rev. F. D. & L. B. (487)
    Ella b. Jun 16, 1871 (487)
    Ella 1886 (396)

MOORE, Mrs. Ellen 1874 (487)
    Mrs. Ellen 1871, transferred to Methodist Ch in Clarksville (401)
    Mrs. Ellizabeth Gertrude 1896 (400)
    Emily Scott Hold d. Sep 14, 1898, age 31 (461)
    Mrs. Emma d. 7/14/1912 (454)
    Emma C. 1865 (478)
    Emma E. Howell, dau of Eliza J., b. Feb 3, 1843 (503)
    F. A. 1885 (339)
    Finis d. Oct 1908 (396)
    Mrs. Florence adult bapt 1889 (356)
    Frances Gwathmey b. Apr 8, 1876, child of F. D. & L. B. (487)
    Francis d. 1893 (396)
    Francis 1886 (396)
    G. W. (m) 1890, 1895 (339)
    G. W. 1886 (396)
    George Washington, son of Clay & Permelia, b. May 5, 1872 at Unionville, Bedford Co. (12 mi W of Shelbyville) d. Aug 15, 1907 (461)
    George Washington d. Aug 15, 1907, age 35 (461)
    Green L. 1842 (478)
    Harry 1885 (455)
    Henry 1896 (339)
    Henry Holt, son of James Hervey & Emily Scott, b. Jul 10, 1887 at Tullahoma (461)
    J. B. 1888 (406)
    Mrs. J. C. (see Sallie J. Bachman) (423)
    J. C. 1891 (423)
    J. H. 1886 (396)
    J. L. (m) 1893 (288)
    J. M., M.D. ca. 1875 (448)
    J. S. m. Lizzie G. Bates Aug 19, 1876 (400)
    James d. May 19, 1893 (396)
    James 1879, 1886 (339)
    James C. 1832 (502)
    James Hervey m. Emily Scott Holt Oct 7, 1886; her parents Henry & Katharine A. Holt (461)
    Jno. 1887, 1897 (339)
    John B. 1872, d. 1907 (339)
    Jno. B. 1868 (369)
    Jno. H. & Edna members 1869 (369)
    John P. 1845 (478)
    John V. 1842 (466)
    John Whitfield, Thos. Bates, & Annie May Florence bapt 1892, children of J. Sid & Lizzie G. (400)
    Joseph 1888 (507)
    Joseph S., Elizabeth, Mannie A., Samuel R., James B., Nelly Gertrude--family listings 1875-1902 (400)
    Joseph Sidney 1896 (400)
    Joseph W. 1881 (423)
    Lily, dau of Rev. Frank & Lily, bapt 1875 (487)

MOORE, Mrs. Lily Brown, wife of Rev. Frank D.,
    1874 (487)
    Lizzie 1886 (396)
    Lou J. 1881 (409)
    Mrs. Lou J. d. Dec 29, 1900 (409)
    Luther 1894 (507)
    M. T. 1865 (421)
    Mamie Alma m. Joseph R. Manning, at home of
        Mr. J. S. Moore, Nov 22, 1899 (400)
    Margaret A. 1865 (421)
    Martha 1839 (389)
    Martha A. (Clopton) 1879 (409)
    Martha A. 1867 (409)
    Mary d. Jun 27, 1864, age 27 (356)
    Mrs. Matilda Y. 1873 (487)
    Mattie 1886 (396)
    Milton b. Jul 15?, 1875, son of John &
        Harriett King, m. Mollie Lawrance Jul
        13, 1899 (444)
    Mollie d. Sep 1901 (396)
    Moz? 1819? (left for Hamilton Co.) (423)
    Nelly Gertrude b. Jul 4, 1884, dau of
        Joseph S. & Elizabeth (400)
    R. B. 1890 (409)
    Rev. R. R. 1864 to 1867 (gone to Hardisburg
        PA) (478)
    R. W. 1845 (448)
    Richard m. Emeline Alford Mar 14, 1897
        (colored couple) (503)
    Ruth 1837 (389)
    Ophelia Polk, dau of Maj. W. E. & Naomi, b.
        Sep 2, 1867 (438)
    S. M. (f) 1893 (288)
    Sallie E. d. Sep 6, 1889 (409)
    Sallie R. ca. 1875 (448)
    Sam P. 1893 (454)
    Samuel 1875 (487)
    Samuel Andrew b. Apr 28, 1873 (487)
    Samuel Ringgold b. Jan 13, 1879, son of
        Joseph Sidney & Elizabeth Gertrude
        (400)
    Sarah m. John Fox 1867 (356)
    Sarah 1811 (511)
    Susan 1859 (448)
    Susan 1841, d. Jul 1841 (466)
    Tellisy? 1839 (389)
    Thomas Verner 1873, 1878 to Edinburgh Scot-
        land (487)
    Dr. W. B. 1889 (455)
    Will 1898 (438)
    Wm. 1839 (466)
    William 1875 (487)
    Wm. 1886 (478)
    Willie 1886 (396)
MOORMAN, Annie E. 1857, d. Jan 1883 (478)
    C. & N. parents of Margaret Eakin bapt 1868
        (478)
    Cy & Annie E. parents of Maggie C. bapt 1876
        (478)

MOORMAN, Cy & Nannie parents of Alexander Eakin
    bapt 1879 (478)
    Cy & Nannie parents of Emma Ewing bapt 1872
        (478)
    Maggie 1883 (478)
MORAN, Dora Margaret, dau of Wm. & Fanny, b. Jul
    29, 1893 (503)
MORCEY, E. B. (Quaker) (Fruit ____ Dealer) m. S. W.
    Fowler (f) Jan 28, 1889 (455)
*MORECOMBE, Annie (nee Wells) bapt 1889 (503)
    Arthur Wells, son of John Henry & Annie, b.
        6 Sep 1889 (503)
MORCOMBE, Constance m. Chas. Turner Nov 13, 1895
    (503)
    Ernest Andrew, son of J. H. & Annie, bapt
        1894, age 2 mos (503)
    John Blatchford, son of J. H. & Mrs. Annie,
        b. Jan 16, 1892 (503)
MORE, Adelia member Sun Schl 1870 (369)
    Frances 1872 (396)
    Sarah A. 1863 (507)
    Maj. Wm. Edwin CSA m. Maria Naomi Hays Dec
        18, 1864 (438)
    Wm. W. 1811 (511)
MORGAN, Alvin 1885 (421)
    Ann d. Jun 12, 1870, age 48 (503)
    Bula 1894 (421)
    Calvin d. 1894 (438)
    Clarrence 1890 (421)
    Conelia A. 1865 (421)
    David 1826 (421)
    Dollie 1893 (421)
    Edgar d. Jun 22, 1901 (421)
    Edgar 1889 (421)
    Elizy (col'd) 1865 (421)
    Etta 1886 (421)
    Fannie 1886 (425)
    George 1877 (425)
    George 1890? (425)
    H. J. d. Aug 23, 1885 (421)
    Hala Bell 1894 (425)
    J. A. 1865 (421)
    Jinnie 1886 (425)
    John d. Dec 9, 1882 (503)
    John buried Nov 26, 1872 (438)
    John H. 1870 (423)
    John Henry 1869 (423)
    Joiner 1853 (421)
    Joinor 1852 (421)
    Joseph m. Emma Fulgen Feb 23, 1867 (503)
    Kate (Sara) (see Lucius Frierson) (438)
    M. M. 1852 (421)
    Maggie 1869 (423)
    Mrs. Maggie 1870, moved to Atlanta GA Apr 25,
        1888 (423)
    Mrs. Martha K. mother of Mary Sevier bapt
        1850 (466)
    Mary E. d. Jan 31, 1911 (421)

MORGAN, Mary Luella b. Oct 31, 1868, dau of
    Thomas W. & Jane E. (480)
    N. d. Feb 7, 1899 (421)
    N. E. 1899 (348)
    Neadham 1853 (421)
    Nora 1889 (421)
    Mrs. Parke 1898 (438)
    Mrs. Sallie 1887 (438)
    Mrs. Sarah, Calvin, Pout? (Jan 29, 1888),
        Sarah Fochler? (Nov 29, 1885)--family
        listing (438)
    Sarah Catharine m. Lucius Frierson May 17,
        1870 (438)
    Sallie Fackler m. Robert Gordon Sparrow
        Apr 15, 1896 (438)
    Sarah Fackler, dau of A.? P. & Ponice?
        Hendly, bapt 1898 (438)
    Thomas 1891, 1897 (339)
    Virginia (see Virginia Hill) (438)
    Mrs. Virginia, wife of Calvin (of MO), dau
        of Mrs. Kennan Hill, buried Jan 11,
        1859 (438)
    Virginia Hill (of St. Louis MO), dau of
        Calvin & Virginia, b. Apr 30, 1857
        (438)
    W. H. H. 1884, d. 1895 (425)
    Will 1898 (438)
    Mrs. Wm. 1887 (438)
    William P., Nannie (Williams), William P.
        jr.--no dates--family listing (438)
MORIS, Amanda d. 1893 (348)
    Hirim member 1880 (361)
    Frank Forrest m. Mrs. Mary Helen Hamilton
        Jan 23, 1884 (503)
MORRIS, Ada Byron 1852 (left for NY Dec 5, 1853)
    (423)
    Anna m. Chas. H. Flournoy 1867 (356)
    Berta C., AGness Scott, Wallace Scott--no
        dates--family listing (438)
    Berta C. adult 1893 (438)
    Mrs. Bettie 1879, moved to Hopkinsville KY
        Nov 1, 1885 (401)
    Cora A. d. Jan 25, 1894 (360)
    Douglas 1883, moved to Rushville IN, Nov 2,
        1885 (423)
    Dwight Byington b. Aug 7, 1896, son of Caleb
        C. & Gertrude P. (356)
    E. J. 1870-1887 (492)
    Edgar 1879, moved to Hopkinsville KY, Nov 1,
        1885 (401)
    Emma Fonsey, dau of Thos. A. & Emma E., b.
        Oct 9, 1869 (438)
    Fannie 1893 (467)
    Fannie N. 1891 (371)
    G. H. 1893 (467)
    Isah 1853 (467)
    Isaih 1893 (467)
    James H. m. Caroline S. Drummond 1856 (356)
    Jesse 1853 (421)

MORRIS, Jessee 1847 (421)
    John Fiske Hill b. Aug 9, 1894, son of Caleb
        C. & Gertrude P. (356)
    Josephine m. Chaillon Burr Apr 29, 1885 (400)
    Lurettie (probably married name of Lurettie
        King) (407)
    Maggie A. (see Maggie A. Dorris) (467)
    Marion 1891 (371)
    Marion 1893 (467)
    Mrs. Marvin d. Feb 22, 1903 (454)
    Mary 1852 (left for NY Dec 5, 1853 (423)
    Mrs. Mary Louise d. May 19, 1891, age 46 yr
        15 da (461)
    Mary Louise 1892 (461)
    Mary Louisa (Anderson) (461)
    Mary T. 1889 (371)
    Nancey 1853, d. 1858 (467)
    Nancy 1825 (421)
    Nannie 1893 (467)
    O. W. 1852, left for NY Dec 5, 1853 (423)
    R. J. 1870, d. 1889 (492)
    Robert of Dallas TX d. Sep 7, 1904, age 26
        (461)
    Robert Troy, son of P. M. & Elizth. P. b.
        21 Dec 1885 (503)
    Selina 1852 (left for NY, Dec 5, 1853) (423)
    Thos. 1891, 1893 to Hopkinsville KY (401)
    Thomas James d. Jan 9, 1892, age 50 yr 6 mo
        (461)
    Thomas James jr. 1892 (461)
    Thomas James 1892 (461)
    W. M. 1893 (467)
    W. M. 1889 (371)
    Wm. 1858 (408)
MORRISON, Amzi D. 1846, 1847 (466)
    J. 1851 (497)
    John 1856 (497)
    Revd. L. K. & M. F. parents of Emily Elizabeth
        bapt ca. 1839 (466)
    Levi R. & Martha F. parents of Wm. Levi bapt
        1842 (466)
    Levi R. & Martha F. parents of Mary McKinnon?
        bapt 1844 (466)
    Levi R. & Martha F. parents of Margaret Jane
        bapt 1837 (466)
    Mrs. Lizzie 1893 (454)
    M. T. 1851 (497)
    Mrs. M. T. 1856 (497)
    Mrs. M. T. 1866 (497)
    M. T. 1868 (497)
    Miss Margaret 1855 (437)
    Martha T. 1836 (466)
    Mary 1886 (396)
    W. A. 1886 (396)
    W. H. 1842 (478)
    William Joseph, son of Mark L. & Carrie E.,
        b. Feb 10, 1894 (503)
MORRISS, Elizabeth 1838 (389)
MORROW, Amelia J. m. Hiram S. Chamberlain 1867 (356)

MORROW, Ann H. 1870 (now Mrs. Jas. A. Anderson)
      (423)
   Ann H. 1869 (423)
   Anna H. (see Mrs. Anna H. Anderson) (423)
   Ann Kate, dau of John & Susan J., bapt Jul 4,
      1863 (423)
   John & Susan S., parents of Isabella, Mar-
      garet, James & Samuel all bapt Apr 10,
      1850 (423)
   John 1848, d. 1867 (423)
   John M. 1898 (502)
   Judah 1819? (left for Madisonville) (423)
   Malinda 1870 (423)
   Mrs. Martha A. 1898 (502)
   Mary E. d. Mar 17, 1870 (423)
   Mary E. (Mrs. Chamberlain) 1869, d. Mar 17,
      1870 (423)
   Miss Maud Pearl 1898 (502)
   Melinda 1869 (423)
   Samuel 1870 (423)
   Samuel 1867 (423)
   Susan S. (see Susan S. White) (423)
MORSE, Mary 1811 (511)
   Nancey 1811 (511)
MORTEN, __. S. 1889 (429)
MORTIMER, Mrs. Mary E., age 88, d. Feb 8, 1910
      (400)
MORTON, Arty Mecie 1886 (396)
   Buny? (f) 1872 (396)
   Charles 1872 (396)
   Charlie 1886 (396)
   Elizabeth A. 1883 (406)
   F. W. 1889 (401)
   Florence 1883 (406)
   Francis J. 1883 (406)
   John 1872, 1886 (396)
   Laura E. 1883 (406)
   Letitia 1827 (478)
   Maria 1822 (left for Hamilton Co.) (423)
   Martha 1831 (left for Grassy Valley Ch) (423)
   Mary d. Sep 8, 1866 (396)
   Minnie L. 1883 (406)
   Nancy ca. 1867, 1872 (396)
   Nellie 1889 (455)
   Tazwell 1880 (478)
   Thomas 1831 (left for Grassy Valley Ch) (423)
   Wm. 1857 (478)
   Wm. 1872 (396)
   William Edward (sgt Battery A 1st OH Art) m.
      Marion Eleanor Bayless Jul 20, 1898
      (503)
MOSBY, Edward, child of Jos. Royal & Cornelia
      Littlefield, b. Oct 6, 1848 (438)
   John W. 1873 (487)
MOSELEY, A. G. 1880 (401)
   Fannie 1895 (454)
MOSELY, A. G. 1880 (401)
   Mrs. Agnes F. 1839 (478)
   Hilliary 1842 (478)

MOSELY, Mary C. 1842 (478)
MOSES, Aberham 1873 (428)
   Arty 1885 (428)
   Buz 1885 (428)
   Lewis Minor, son of Dr. Saml., b. Jun 21,
      1872 (356)
   Lucy (see Lucy Tipton) (423)
   Nancy 1885, 1873 (428)
   Saml. D. (M.D.) d. ca. 1871, age 46 (356)
MOSHIER, Dr. Chas. M. (of Greysville GA, but orig-
      inally of Troy NY) d. Jun 1894, age 63
      (503)
MOSIER, Jacob d. Jan 14, 1902 (428)
   Lily Eldora, dau of Farin? & Barbara Eldon,
      b. Jun 17, 1869 (356)
   Littleton 1811 (511)
MOSMAN, Clara 1893 (455)
   Wallace 1893 (455)
MOSS, Eva 1866 (448)
   J. H. 1893 (467)
   John P. 1811 (511)
   L. A. 1893, 1898 (467)
   Martha member 1871, later moved to Thompson
      Sta. (448)
   Mary F. 1866 (448)
   Miss Mattie A. d. 11/27/1904 (454)
   Theodore, son of Theodore F. & Adelaide
      Forbes, b. 8 Jun 1871 (503)
   Theodore d. Oct 14, 1873, age 53 (503)
MOTHERAL, Rev. N. W. 1872 (429)
MOTZ, Lolo m. Porter E. Swingle (of Wiliamsburg KY)
      Dec 21, 1892 (356)
MOULTON, M. C. 1852 (478)
MOUNGER, Allice 1885 (435)
MOUNT, BenAnna 1889 (409)
   J. W. 1889 (409)
MOUNTCASTLE, Mary Whitney, dau of Ralph H. & Edith
      C., bapt Apr 30, 1899 (423)
   Ralph m. Miss Edith Locke Oct 19, 1896 (423)
   Ralph H. 1887 (killed in RR wreck near New
      Market TN Sep 24, 1904) (423)
MOWAY, Thenia H. 1841 (462)
MOYAR, Eliza, mother of Wm. Keenan (child d. 1843)
      (438)
MOYER?, Sarah 1811 (511)
MOYES, Walter Marshal, Alethia (Allen), James
      Marshall (Apr 6, 1890), Lucy Allen,
      Virginia Allen--family listing (438)
MUCHISON, Belle (Lovelace) 1891 (288)
MULHOLLAND, Henry Bearden b. Jan 9, 1892, son of
      John H. & Mattie (356)
   John H. m. Mattie Bearden Mar 28, 1889 (356)
   Richard A. d. May 26, 1894, age 5 wks (356)
   Richard Armstrong b. Apr 1894, son of John H.
      & Mattie (356)
MULL, W. C. 1889 (455)
   William A. 1898 (348)
MULLEN, Mary D. 1821? (423)
MULLENS, Elder B. E. 1876 (389)

MULLENS, Lyon Craig, son of W. B. & M. M., bapt
    Oct 12, 1879 (423)
  Martha 1876 (389)
  Mary Low, dau of W. B. & Mary L., b. Jul 8,
    1880 (423)
  Mary T. member 1876, d. 1887 (389)
MULLER, Adolph Emile, son of John P. & Caroline,
    b. Jul 19, 1858 (503)
  John J. m. Maria Reynolds Apr 11, 1871 (503)
  Mrs. d. Jun 1896 (503)
MULLIN, S. J. Powell (f) 1894 (371)
  Sudie M. 1879, 1886 (339)
MULLINS, Mrs. Ann 1892 (415)
  Ella 1885 (421)
  Frances 1872 (396)
  Nancy 1872 (396)
  Sidnie 1884 (421)
MUMFORD, Elizabeth Henry b. Apr 25, 1893, dau of
    Edward S. & Lucy (Clark) (400)
MUNCIE, S. E. 1893 (409)
MUNDELE, Ida Evalin, dau of Stephen D. & Mary C.,
    b. Apr 22, 1851 (438)
MUNFORD, Mrs. A. G. 1843, d. Nov 8, 1900 (401)
  Arthur H. 1843 (401)
  Arthur H. 1866, d. Mar 9, 1901 (401)
  Charles Lee 1871 (401)
  Ed S. 1872 (401)
  Edward S. m. Lucy N. Clark Apr 21, 1892 (400)
  Edward Samuel b. Jan 26, 1896, son of Lucy
    Novell (400)
  Mrs. Elizabeth Underwood 1883, d. Mar 27,
    1885 (401)
  Elizabeth Underwood, dau of A. H. & Lillie,
    bapt Mar 10, 1882 (401)
  Elizabeth Underwood 1894 (401)
  Ella H. 1866 (401)
  Miss Ella H. 1843 (401)
  Irvin H. 1875, moved to New York Oct 5, 1881
    (401)
  Irving H. 1875 (401)
  Josephine Underwood, dau of A. H. & Elizabeth
    U., bapt Mar 27, 1885 (401)
  Lewis G. 1870, moved to New York Oct 5, 1881
    (401)
  Mrs. Lucy Norvell (E. G.?) 1896 (400)
  Mrs. Marion member 1875, d. Jun 21, 1878
    (400)
  Marion Henry d. Jun 21, 1878 (400)
  Richard J. 1843 (401)
  T. J. jr. deacon 1869 (401)
  Thos. J. jr. 1843 (401)
  Tho. J. jr. 1867 (401)
MUNN, James 1874, moved to Nashville Mar 11, 1893
    (401)
  Maggie P. 1880, moved to Nashville Mar 6,
    1893 (401)
  Margaret 1874, moved to Nashville Mar 6, 1893
    (401)

MUNRO, Ann G. 1880, moved to Safety Harbor FL
    May 18, 1891 (401)
  James 1874 (401)
  Jno. son of Jas. & Margaret, bapt 1877 (401)
  Lizzie 1879, moved to Memphis TN, Oct 1, 1883
    (401)
  Lucy H. 1887 (401)
MUNSELE, John Everlin?, Jan 28, 1888 (438)
MUNSON, C. W. (of Nashville) m. Mary C. Owen (of
    Atlanta TN) Jun 1, 1878 (455)
  Spencer adult bapt 1869 (356)
  Spencer m. Eva Boyd Jun 15, 1868 (356)
MURCHASON, Mary 1891 (288)
  L. E. 1888, d. Jan 28, 1890 (288)
MURCHISON, Mary 1888 (288)
MURDOCK, _____ Wallace Woodward, son of John &
    Sarah, b. Dec 15, 1828, bapt 1855 (503)
MURFREE, Mrs. Ada T. 1867 (502)
  Mrs. Bettie B. (Avent) 1897 (502)
  Fannie H., dau of J. B. & Ada, bapt 1873
    (502)
  Hardy 1879 (502)
  James B. M.D. elder 1876, d. Apr 1912 (502)
  Jos. B. Dr. 1852, d. Apr 1912 (502)
  Libbie Morrow 1890 (502)
  Mary Roberts 1893 (502)
  Matthias B. 1893 (502)
  Matthias Brickel, son of J. B. & Ada, bapt
    1885 (502)
MURPHEY, Virney d. Sep 22, 1902, age 18 (356)
MURPHY, Beulah, dau of D. H. & M. J., b. Jul 17,
    1874 (455)
  Maggie Eudora confirmed 1898 (400)
  Martha J. m. Edward J. Kinzel Apr 7, 1870
    (503)
  Mina m. Wm. Ewing Bradley Jun 23, 1898 (400)
  Peter P. m. Nelly J. Anderson 23 Dec 1890
    (503)
  Thomas J. d. May 5, 1864 (467)
  Verna bapt 1891, aged 7, parents dead and
    unknown (356)
  Mrs. Wm. L. d. Apr 24, 1903, age 48 (356)
MURRAY, Anna (wife of Thos. D.) d. 1846, age 48
    (356)
  Charlotte (Mrs.) 1871 (480)
  Ellen L. 1870 (423)
  L. Ellen (wife of Robert) 1867 (423)
  Mabel Maria, dau of M. M. & Emily P., b. 22
    Apr 1865 (503)
  Malinda 1871 (423)
  Mrs. Margaret 1892 (461)
  Margaret Jane bapt 1833 (423)
  Mary E. 1870 (423)
  Mrs. N. B. 1879, moved to Oxford MS Mar 7,
    1888 (401)
  Robert bapt 1833 (423)
  Robert 1870 (423)
  Robert d. Dec 29, 1900 (423)

MURRAY, Robt. M. 1873 (409)
    Rosabella Anna, dau of James E. & Rosanna, b. May 5, 1842, bapt 1845 (356)
    Rosanna d. Oct 20, 1851, age 32 (356)
    St. George 1894 (454)
    Sue M. adult bapt 1899 (356)
MURRELL, Alice 1870 (423)
    Alice 1867 (423)
    Mrs. E., mother of Rosanna E. bapt 1830 (466)
    Elizabeth 1832, d. Mar 30, 1847 (466)
    James 1842 (478)
    John (from Ireland) (478)
    Thos. (from Ireland) 1839 (478)
    Tempy 1811 (511)
MURRY, Charity 1872 (396)
    Emma 1893 (339)
    Emma Idella, dau of Robert & L. Ellen, bapt Apr 3, 1869 (423)
    F. H. (m) 1881 (339)
    Frances 1811 (511)
    Jenny 1886, 1888 (339)
    John 1811 (511)
    Lewesy 1811 (511)
    M. E. (f) 1891 (288)
    Malinda 1888 (339)
    Mark 1811 (511)
    Mrs. Mary E., wife of W. B., 1867 (423)
    Mary Jane 1860 (448)
    Miss Nancy 1882 (423)
    Richard 1882, 1887 (339)
    Robert M. 1873 (409)
    S. C. (m) 1879, 1887 (339)
    Sarah 1811 (511)
    William B. 1867 (423)
MUSE, Bettie 1886 (396)
    Elisabeth 1872 (396)
    F.? E. d. Sep 1905 (396)
    Ida 1886 (396)
    J. G. 1872 (396)
    J. L. 1886 (396)
    J. R. 1886 (396)
    J. R. D. 1868, 1870 (396)
    Mary 1886 (396)
    Mary Jane 1872 (396)
    Minnie 1886 (396)
    Rachal 1872 (396)
    S. E. 1886 (396)
    Sarah 1886 (396)
    Sarah d. May 9, 1861? (396)
    T. B. 1886 (396)
MUSKAT, Anna d. Oct 12, 1869, age 86 (503)
MUSTAIN, S. 1841 (386)
MUSTARD, Miss Florence 1881 (423)
MUSTEEN, T. 1846 (386)
MYERS, Mrs. Ellen J. 1848, 1852 (423)
    Ida Lee bapt 1877 (400)
    John Wheeler, son of Joseph H. & Ellen, bapt Oct 30, 1847 (423)

MYERS, Rev. Joseph H. became minister May 1846 (423)
    Joseph H. became minister 10-30-1847, left this church 4-1-1851 (423)
    Miss Lizzie J. 1873 (487)
    Ranie 1893 (409)
MYNATT, Alice Latimer (see Alice Latimer Wallace) (423)
    Campbell Wallace, son of P. L. & Alice L., bapt Sep 27, 1862 (423)
    Gordon 1849 (435)
MYRES, Maud Le---- confirmed 1877 (400)
MYRICK, Bascom m. Marie Louise Scudder Mar 30, 1875 (480)
NAIL, William S. 1885 (454)
NALL, E. D. m. Wortie B. Appling 16 Sep 1891 (503)
    James Gay, son of Ernest H. & Wortie? Bell, b. May 29, 1894 (503)
NANCE, Mrs. A. d. Mar 11, 1851 (423)
    Callaway Blanton, son of Pryor & Harriet, b. Aug 26, 1847 (356)
    Caroline Elizabeth, dau of Pryor & Harriet, b. Jan 21, 1854 (356)
    Harriet adult bapt 1853, b. Mar 5, 1819 (356)
    Harriet Cornelia, dau of Pryor & Harriet, b. Feb 24, 1852 (356)
    John W. 1868 (423)
    Louisa M. (Fouche) 1843, d. May 7, 1859 (423)
    Louise M. (Fouche) d. May 7, 1850 (423)
    Lucy Ann (Cox) 1843 (left for Louisville TN May 22, 1854) (423)
    Lucy Ann m. Joseph C. S. McDaniel Feb 4, 1858 (356)
    Mary Jane 1848 (left for Episcopal Ch) (423)
    Noah 1889, d. Decr? 1897 (415)
    Peter 1835 (423)
    Pryor, son of Pryor and Harriet, b. Jan 27, 1850 (356)
    Pryor & Harriet, parents of Margaret bapt 1861 (356)
    Samuel Houston, son of Pryor & Harriet, bapt 1856 (356)
    Mrs. 1835, d. 3-10-1851 (423)
NANNEY, Jane 1826 (421)
NAPIER, Mrs. Anna May, age 29, d. Apr 25, 1891 (438)
    Annie May, age 3 mos, d. Jun 26, 1891 (438)
    Annie May, dau of Elias W. & Annie May, b. Feb 17, 1891 at Columbia (438)
    Florence Rebecca, dau of E. W. & M. J., b. Oct 11, 1880 (438)
    Mary Lee, dau of E. W. & M. J., b. May 28, 1883 (438)
    Thomas Gerard, son of E. W. & M. J., b. Oct 1878 (438)
    Mrs. W. C. buried Mar 23, 1890 (438)
    Wm. Clement, age 69 yrs 9 mos, buried Jul 31, 1890 (438)
    Wills, son of E. W. & A. M., b. Oct 28, 1888 (438)

NASH, George A. 1893 (454)
    Mrs. Kate I. 1891 (454)
    Wilson M. 1871 (401)
NATION, Mary C. m. Chas. V. Sands Jan 24, 1868
    (503)
NATZON?, Mary Ann 1856 (428)
NAVE, Capt. A. H. m. Mrs. Mamie H. Beach Dec 30,
    1898 (423)
    Isabella Baker, dau of John H. & Margaret B.,
        bapt Oct 22, 1853 (423)
    John H. & Margaret B., parents of Mary Anne
        Virginia, Andrew R. Humes & Susan Jane,
        all bapt Aug 18, 1850 (423)
    Margaret 1850 (left for Spring Place, Knox
        Co. Jun 1, 1858) (423)
    Margaret Elizabeth, dau of John H. & Margaret,
        bapt Jul 3, 1852 (423)
NAILING, Charity (col) 1878 (288)
NAY, Miss Clift 1891 (455)
    Mr. H. G. 1891 (455)
NAYLOR, Effie 1894 (507)
    Gyda m. H. P. Keathley Mar 8, 1894 (507)
    Gyda R. 1893 (see Gyda Keathley) (507)
    J. W. 1894 (507)
    James B. m. Maria Henrietta Colburn Oct 10,
        1894 (503)
    Miss Jennie F. 1893, 1897 to Crowley LA (401)
    Mrs. Maria A. 1893, 1898 to Crowley LA (401)
    Nina T. 1893 (507)
NEAL, Albert Boyd adult bapt 1896 (356)
    Ara 1894 (415)
    Carlos 1894 (415)
    George H. 1889 (415)
    Harry? 1896 (429)
    J. N. 1875 (429)
    Mr. J. W. 1890 (429)
    James N. 1886 (429)
    Laird 1886 (455)
    Lillie d. Apr 28, 1911 (421)
    Lizzie 1889, d. 1907 (339)
    Mrs. Maggie (Williamson?) 1891 (415)
    Mrs. Nancy 1891 (415)
    Mrs. Nancy A. 1858, d. Aug 15, 1906, age 60
        yr 11 mo 14 da (429)
    Rebecca d. Apr 1904 (425)
    Robbert 1888 (339)
    Ruth 1891, d. 8-2-1899 (339)
    Thomas 1894 (415)
    W. A. 1891, d. Jul 29, 1908 (or 09) (415)
    W. P. 1891 (415)
NEALE, Pricilla 1811 (511)
    Robert R.--family listings 1875-1902 (400)
    Robert R. 1896 (400)
NEAT, Philip, father of John Matteen bapt 1860 (466)
    Wm. Francis (son of Philip) bapt 1863 (466)
NEBLETT, George Ann b. Dec 15, 1876, child of John
    S. & Pattie (400)
    John S., Lilly, George Ann--family listings
        1875-1902 (400)

NEBLETT, John S. confirmed 1879 (400)
    Lilly confirmed 1885 (400)
    Pattie d. Dec 17, 1883 (400)
    Ruth d. Oct 1878 (400)
    S. A. 1896 (missionary in Cuba for years)
        (454)
    Mrs. W. R. d. 3-19-1905 (454)
    Dr. W. R. d. Feb 26, 1902 (454)
NEELAND, Francis d. 23 Feb 1913, age 53 (350)
NEELEY, Avra 1893 (407)
    Martha 1860 (421)
NEELY, J. C. 1883, 1886 to Memphis (401)
    Hugh M. m. Mrs. Mary B. McCown Aug 10, 1886
        (438)
    James C. jr. m. Eleanor W. McGhee Apr 19,
        1893 (356)
    Rody 1890 (440)
NEES, Joanna 1870, 1882 (401)
NEICE, Miss Elisabeth 1884 (478)
NEIL, Caroline L. 1842 (478)
    Mrs. Evaline 1842, d. 22 Jul 1890, age 86 yr
        8 da (478)
    Hattie 1871 (478)
    James H. 1842 (478)
    James H. & Jane G. parents of Hattie adult
        bapt 1871 (478)
    Mrs. Jane G. 1871 (478)
    Mrs. Jane Greer (wife of Jas.) 1871 (478)
    John F. 1842 (478)
    John T. elder 1844-46 (478)
    John T. 1842 (478)
    Jno. W. pastor 1867-1871, d. 1891 (502)
    Julia G. 1871 (478)
    Mary W. 1843 (478)
    Matty B. 1842 (478)
    R. M. (foreman of factory) of Hill City TN
        m. Jennie H. Crowder Nov 10, 1887 (455)
    Virginia H. 1842 (478)
    W. T. 1842 (478)
    Wm. 1837 (466)
    Wm. father of Nancy bapt 1845 (466)
    William father of Justus Tate bapt 1840 (466)
NEILL, Mrs. Catharine 1848 (466)
    James father of Margaret Louisa bapt 1853
        (466)
    Nancy 1839 (389)
    Wm. father of Elizabeth & Thomas bapt 1843
        (466)
    Wm. father of John Meek bapt 1851 (466)
    Wm. father of William Oliver bapt 1845 or 6
        (466)
    Wm. father of Tennessee? McChai___ bapt 1848
        (466)
    Wm. father of George McMinn bapt 1854 (466)
NEIS, Joanna 1870 (401)
NELLEMS, Mary E. ca. 1850 (448)
NELSON, Abraham 1831 (450)
    Ann Helen d. 1896, member 1869 (423)
    Ann Helen 1870, moved to Jonesboro Dec 30,
        1878 (423)

NELSON, Aquila A. 1889 (415)
 Bud 1897 (371)
 Mrs. Eliza Mitchell 1886, d. 29 Apr 1886 (478)
 Helen Smith b. 28 Jul 1867 (503)
 Hugh B. d. May 26, 1911 (423)
 Hugh B. 1884 (423)
 Hugh Bachman, son of Matthew & R. A., bapt Jul 3, 1869 (423)
 James d. Mar 14, 1862 (396)
 J. D. 1887 (415)
 John (from Texas) m. Mrs. Anna Bagwell Nov 2, 1886 (502)
 Julia Langhorn, dau of Seldon R. & Nannie H., bapt Jun 12, 1898 (423)
 M. A. & Kate parents of Horace bapt 1870 and Oscar bapt 1872 (502)
 Mrs. Mary 1879 (423)
 Mrs. Mary (wife of T. A. R. N.) 1889, d. Jul 1910 (423)
 Mrs. Mary (widow of T. A. R. N. sr.) d. Jan 16, 1901 (423)
 Mary Stuart, dau of T. A. R. & Mary, bapt May 1, 1895 (423)
 Mase & Kate, parents of Alice & Ernest bapt 1884 (502)
 Mathew McGaughy 1871 (423)
 Matthew McGaughey, son of Matthew & R. A., bapt Mar 14, 1858 (423)
 Memukan m. Isabella Gordon Jan 25, 1872 (437)
 Memukin m. Belle Gordon Mar 1, 1871 (438)
 Minnie (Thompson) 1886 (409)
 Nancy 1830 (450)
 R. A. 1857 (423)
 Rebecca Ann 1870 (423)
 Sally Maria, dau of George Amandins? Nelson & Bertha Howell, b. May 23, 1890 at La Fource LA (461)
 Selden Rogers 1874, moved to Johnson City TN Apr 27, 1885 (423)
 Sister 1876 (369)
 Stewart 1868 (423)
 Stuart d. 1912 (423)
 Valentine Sevier d. in Mexico Jun 10, 1911 (423)
 Mrs. 1876 (369)
NESSELER, Elizabeth Von b. Dec 29, 1899 (dau of Mr. & Mrs. Matthew) (356)
 Mrs. Emma Rice adult bapt 1900 (356)
 (Nepeler?), Mary adult bapt 1894, dau of John & Emma (356)
 (Nepeler?), Matthew adult bapt 1894, son of John & Emma (356)
NEUBILL, Elizabeth 1852 (421)
NEUL, Rebecca (see Rebecca Coleman) (425)
NEULEN, James 1844 (386)
NEUTON, Alex 1827 (478)
 Revd. George pastor 1815 to 1840, d. in Shelbyville Dec 4, 1840 (478)

NEUTON, H. M. 1833 (478)
 James 1827 (478)
 Mrs. Martha, wife of Rev. George, 1827 (478)
NEVILL, Irene d. 30 Jan 1885, age 17 (503)
NEVILLE, David Smith b. Jun 1890, son of David Smith (400)
 David Smith, age 15 days, son of David S., d. Jun 1890 (400)
 Grace, dau of Benjamin F. & Helen T., b. Jun 6, 1898 (503)
 Ida J. m. G. Frank Landstreet Aug 7, 1893 (503)
 Mrs. Jeannette member 1896, removed to Colorado Apr 1897 (400)
 Mary Eleanor bapt 1892 (400)
 Mrs. confirmed 1890 (400)
NEVIN, James B. m. Alice Wells Nov 20, 1894 (503)
NEVINS, Sarah 1855 (478)
NEW, Rev. N. L. (of Texas) m. Sallie Raulston Sep 8, 1886 (502)
NEWBEL, Martha 1859 (421)
NEWBELL, George 1856 (421)
NEWBERRY, Tillie 1891 (455)
 Wm. 1889 (455)
NEWBILL, Allice 1872? (425)
 C. m. Martha A. Scates Dec 28, 1881 (425)
 C. 1889 (421)
 Catherine d. Feb 1878 (421)
 Catherine 1865 (421)
 Elizabeth 1853, 1865 (421)
 Elizabeth d. Jan 4, 1902 (421)
 George 1860 (421)
 George 1844 (421)
 Henry m. Josephine Scates Nov 29, 1880 (425)
 J. C. 1891 (421)
 John G. & wife Catharine 1848 (421)
 Josi 1890? (425)
 Josie d. Mar 10, 1906 (421)
 Lela 1885 (421)
 Luther 1886 (421)
 Martha G. 1865 (421)
 Martha J. 1865 (421)
 Mary 1865 (421)
 Mary P. d. Dec 6, 1885 (421)
 Nancy 1860 (421)
 Nancy 1847 (421)
 Nannie 1889 (421)
 Polley (wife of G.) 1844 (421)
 Polley 1860 (421)
 R. J. 1886, 1895 (421)
 W. G. 1865 (421)
 William 1865 (421)
NEWBURY, Richard 1893 (455)
NEWCOM, Leuvilla d. Feb 1?, 1881 (428)
NEWCOMB, Mrs. H. M. 1885 (423)
 Mrs. Laura 1891 (455)
 Mrs. Laura 1885 (455)
NEWCUMB, Mrs. H. M. d. Oct 17, 1890 (423)
NEWELL, Alice R. 1858 (401)

NEWELL, Chas. & Anne (see Lucy Whitman Burch) (503)
    E. M. 1895 (393)
    Mrs. Elizath. W. 1858 (401)
    Fred E. m. Louise W. Oehmig? Nov 8, 1898 (503)
    Lela W. (Mrs. Malloy) 1872, 1887 to Memphis (401)
    Miss Medora 1858, now Mrs. C. Kropp (401)
    Dr., priest 1878 (441)
    R. N. 1852 (400)
    Sophie J. 1858, now Mrs. Mallory (401)
    Thomas M. 1875, 1881 to Memphis (401)
    Thomas M. adult bapt 1875 (401)
    Wm. H. adult bapt 1875 (401)

NEWLAN, Mary Jane 1832, 1841 (466)
    Nancy 1832, d. Dec 15, 1839 (466)
    Mrs. Nancy mother of Elizabeth B., Archibald R. T., Thomas J. H., bapt 1830 (466)

NEWMAN, Miss Amanda Jane moved to Lakewood NJ, Jan 16, 1897 (423)
    Miss Amanda Jane 1874 (423)
    David 1872 (423)
    David d. Apr 10, 1912 (423)
    James Rodgers 1894 (423)
    John Francis b. 6 Sep 1841 (503)
    Julia F. 1854 (423)
    Margaret Lucinda 1876 (423)
    Marien 1885 (428)
    Miss Mary Eliza 1874 (423)
    Minnie M. 1892 (454)
    Patience Eliza 1872 (423)
    Rena Anna (see Rena Anna Bell) (423)
    Samuel Bell, son of Saml. & Rena, bapt Oct 13, 1889 (423)
    William G. 1854, 1857 (423)

NEWSOM, George Anderson, son of Andrew & Mary, b. Mar 15, 1875 at Tullahoma (461)
    Mary Henrietta, dau of Andrew & Mary, b. Apr 24, 1872 (461)
    W. R. 1873 (421)

NEWSUM, Edw. L., inf of W. C. & C., bapt 1838 (438)
    W. C. & C., parents of Salley Carey infant bapt 1840 (438)
    Wm. H. (son of Yelvester) inf bapt 1838 (438)

NEWTON, Agustine d. May 30, 1892 (423)
    Amanda M. 1844 (462)
    Mrs. Ann (2nd wife of Rev.) 1827 (478)
    Augustine? 1888, d. Oct 17, 1890 (423)
    Elva 1895 (462)
    Elva d. Mar 13, 1900 (462)
    F. W. 1892 (401)
    Geo. pastor 1815 (502)
    J. A. d. 1905 (393)
    J. D. 1895 (462)
    Joshua 1869 (462)
    Lizie 1896 (462)
    M. A. (f) 1888 (462)
    M. M. 1897 (462)

NEWTON, Margaret 1830 (462)
    Margarett 1843 (462)
    Mary A. d. Nov 29, 1910 (462)
    Mary E. (Augustine's wife) 1888, d. May 30, 1892 (423)
    R. R. 1869 (462)
    Rebecca 1896 (462)
    Robt. 1830 (462)
    Robert d. Jan 31, 1878 (462)
    Rosa 1896 (462)
    Ruth 1844 (462)
    Sally d. Jun 3, 1835 (462)
    Sally 1834 (462)
    Sarah M. 1881 (462)
    T. P. 1896 (462)
    W. A. 1886 (462)

NEY, Carrie 1889 (455)
    Minnie H. 1889 (455)

NICE, Wm. George (son of Mrs. E. R.) bapt 1854 (466)
    Willie G. 1871 (478)

NICHELSON, Wm. J. d. 1891 (348)

NICHOL, Esther Habershane, dau of William Lytle jr. & Charlotte Shoup, b. Aug 12, 1896 at Nashville (438)
    Francis Shoup, child of William L. & Charlotte B. (Shoup), b. Nashville TN, bapt 1894 (438)
    J. Edgar 1873 (487)
    Mrs. Susie P. (wife of J. Edgar) 1873, d. Jul 1876 (487)
    William Lytle, son of William Lytle & Charlotte Shoup, b. in West Nashville, bapt Nov 20, 1898 (438)

NICHOLLS, Wm., age 21, buried Mar 28, 1887 (England) (438)

NICHOLS, Ailcy 1872 (396)
    Ailey 1867 (396)
    Alsie d. Nov 11, 1910 (396)
    Alsie 1886 (396)
    B. F. 1872 (396)
    Baggs? 1872 (396)
    Bebcar? d. 1854 (396)
    Briggs d. Dec 27, 1891 (396)
    Brigs 1886 (396)
    Elisabeth d. 1868 (396)
    Elisabeth 1872 (396)
    Elisabeth d. Sep 30, 1867 (396)
    Fannie 1886 (396)
    Fanny 1872 (396)
    G. W. elder 1871 (396)
    G. W. d. Jun 14, 1880 (396)
    George 1886 (396)
    Gotha d. 1907 (396)
    Gothey d. May 1907 (396)
    James 1869 (396)
    James F. 1872 (396)
    John 1886 (396)
    John d. Oct 1863 (396)

NICHOLS, Littleton 1886 (396)
    Lizzie 1886 (396)
    Luther 1886 (396)
    M. 1886 (396)
    Mary A. m. George W. Watkins 1862 (356)
    Mollie 1886 (396)
    Moses d. Oct 10, 1863 (396)
    Nancy d. Jun 1910 (396)
    Nancy J. 1886 (396)
    S. E. 1886 (396)
    Wm. 1872 (396)
    William sr. 1886 (396)
    William jr. 1886 (396)
    Wm. jr. 1872 (396)
NICHOLSON, A. O. P. jr. 1890 (454)
    A. O. P. m. Sallie Yongess? Jun 26, 1872 (438)
    A. P. d. Oct 1894 (438)
    Augustus, son of Hunter & Charlotte, b. Aug 1861 (438)
    Cardy ca. 1840, d. 1869 (448)
    Caroline, dau of Hunter & Charlotte, b. Nov 1857 (438)
    Caroline m. Hugh B. Wallace Jul 31, 1883 (356)
    Charlotte Loving, dau of Hunter & Charlotte, b. Dec 1863 (438)
    Ettiol, child of Prof. & Mrs., infant bapt 1881 (356)
    Hunter m. Kate D. Martin Sep 23, 1875 (356)
    James Prestidge, son of Alfred, bapt 1874 (438)
    Kate Lowler, dau of Hunter & Charlotte, bapt Apr 13, 1868 (438)
    Lottie P. d. ca. 1871, age 28 (356)
    Lottie Stone, child of Hunter & Lottie P., b. Jan 3, 1873 (356)
    Luico? ca. 1880 (448)
    Maggie adult bapt 1896 (356)
    Mary Gordon m. Lieut. Geo. S. Martin CSA Nov 13, 1862 (438)
    Maury, son of Hunter & Charlotte, b. Jun 1859 (438)
    Maury & Maggie parents of Lottie McCampbell b. Mar 16, 1886 and Nina b. Mar 7, 1888 (356)
    Rebecca, dau of Hunter & Charlotte, b. Aug 1866 (438)
    Sarah d. 1871 (448)
NICKLIN, Capt. Ben S. d. Jul 17, 1873 (503)
NICKOLS, G. H. d. 1880 (396)
    H. 1880 (396)
    Malinda 1880 (396)
    S. E. 1883 (396)
NICKOLSON, Evaline ca. 1850 (448)
    Lillie 1893 (455)
    Mary ca. 1850 (448)
    Matilda ca. 1850 (448)
    Sarah ca. 1850, d. 1871 (448)

NICKS, Nellie Pearl Reed d. age 21, buried Apr 30, 1910 (440)
NICOLSAN, Eliza Truehart, dau of G. F. & E. T. G., bapt Apr 25, 1897 (401)
NICOLASSEN, Mrs. E. T. G. 1888 (401)
    G. F. elder 1882 (401)
NICOLASSON, Albert, son of G. F. & Eliza, bapt Apr 22, 1894 (401)
NICOLSSEN, G. F. 1882 (401)
NIEL, James C. 1895, moved to Kingsport TN Jan 12, 1895 (423)
NIELAND, Frank m. Mrs. Nelly Yonge (widow) Nov 8, 1899 (503)
NIKES, Martha 1890 (m. J. H. Hays) (339)
NILES, Abigail 1827 (502)
NISBET, Leila (see Leila Robb) (401)
NIX, Caroline 1872 (396)
    Ella N. m. Albert W. Warren Aug 22, 1886 (438)
    Milley 1817 (386)
    Willie m. James Sterling May 12, 1889 (438)
NIXON, Anna 1843, 1845 (389)
    Charlotte 1846 (389)
    Edward S. m. Ella D. Burris 27 Jul 1886 (503)
    Helen b. 21 Jun 1887 (503)
    Mrs. Helen Mar (wife of Capt. E. S.) d. Dec 16, 1895 (503)
    Helen Mar (wife of Edward F.) bapt 1869 (503)
    Jennis (Mrs.) removed to Europe before 1872 (480)
    Miss Joe m. Chas. D. Henley Dec 21, 1892 (503)
    Libison? 1817 (386)
    Lucia, dau of Ed. S. & Ella D., b. Jun 22, 1893 (503)
    Mary Lenora? 1872 (480)
    Paul Burris, son of E. S. & Ella, b. 26 Oct 1890 (503)
    Richard 1872 (480)
NOAKES, Mary (see Mary Norton) (461)
NOAKS, H. N. (m) 1884, 1897 (339)
NOBLE, Rev. John m. ____ Pedee 1846 (437)
NOE, Miss Alice 1892 (415)
    Aquila 1892, d. 1895 (415)
    Miss Betty 1891 (415)
    Beulah 1896 (415)
    Celia Ann (Williams) 1890 (415)
    George 1887 (415)
    John H. 1889, d. 1888 (sic) (415)
    Miss Maggie 1891 (415)
    Mrs. Martha 1892 (415)
    Minnie 1896 (415)
NOES, Gary A. 1849 (386)
    Nathanel 1849 (386)
    William L. 1849 (386)
NOKES, Nevar (Ellis, m. E. E. Ellis) 1889 (339)
    Noel 1896 (339)

NOLAN, Addie (Mrs. F. Schneider), dau of T. F. &
        Julia, b. 27 Sep 1859 (503)
    R. I. 1872 (497)
    Sue Evie 1893 (454)
NOLAND, Mrs. Carrie 1895 (429)
    James 1896 (429)
    Paschall 1898 (429)
    Robert? 1896 (429)
NOLEN, Mrs. J. T. 1898 (454)
NOLL, Adam m. Mary Schneider Feb 24, 1873 (503)
    Adam d. 24 Mar 1885, age 49 (503)
NOLTY, Augustus m. Amelia Schneider Feb 10, 1880
        (503)
NOOE, Miss Carrie S. 1873 to Knoxville (401)
NORMAN, D. C. 1888, 1889 to Franklin (401)
    John William, son of Francis N. & Ellen, b.
        Dec 5, 1857 (438)
    Mrs. L. A. 1888 (401)
    Lilly 1893 (415)
    Mrs. Mary F. m. William Williams 1884 (356)
NORMENT, Rev. J. H. 1838 (437)
    Robt. Loin, son of Mrs. Julia Ellen, b. Jan
        30, 1866 (503)
NORSHOTTS?, Mrs. Mary 1894 (440)
NORTH, Mrs. Elizabeth 1877 (487)
    John Lawrence, son of Geo. & Mary Ann, b.
        Jul 11, 1882 (438)
    Miss Mary Lydia (dau Ely N.) 1877 (487)
    Miss Rosa 1891 (455)
    Samuel Beverd?, son of Geo. & Mary Ann, b.
        Nov 22, 1884 (438)
    William Bruce, son of Geo. & Mary Ann, b.
        Jul 26, 1887 (438)
NORTHINGTON, J. H. (colored) 1884 (401)
    James L. m. Mary Bates Dec 5, 1895 (400)
    Mrs. Mary (Jas.) 1896 (400)
    R. (or P.) B. (colored) 1884 (401)
NORTHRUP, Miss Mabel 1891 (455)
NORTON, Celicia D. 1876 (409)
    Charles E., son of C. F. & C. D., bapt Aug
        27, 1876 (409)
    Charles Finley 1876 (409)
    George H. d. Jan 17, 1902, age 80 (461)
    Mrs. George H. (Mary) d. Jun 26, 1885 (461)
    George Henry 1892 (461)
    Mary (Noakes) 1892 (461)
    Sarah m. R. B. Scribner Jan 12, 1891 (455)
NORWOOD, Chas. Street 1898, 1901 to Norwood LA
        (401)
    Miss Louise d. Sep 5, 1887, age 36 (356)
    Martha P. 1843 (left for Baptist Ch 1847)
        (423)
    Mary A. (Anthony) 1833 (left for Nashville
        3-6-1859) (423)
    Nancy 1842 (left for Baptist Ch Jan 6, 1848)
        (423)
    Nancy 1833 (left for Madisonville) (423)
NOTTINGHAM, Clarence Crawford m. Annie Grace Rath-
        burn 22 Apr 1891 (503)

NOULIN, Docr. J. S. elder 1895, d. Dec 29, 1908
        (478)
NOURSE?, Harriet 1892 (461)
NOWELL, Zachariah 1811 (511)
NOWLEN, Ema 1872 (409)
    Ema d. 1876 (409)
    W. H. 1880 (409)
NOWLIN, B. W. 1815 (386)
    Fred 1892 (409)
    James E. 1886 (507)
    John D., son of W. H. & Erin, bapt Oct 24,
        1886 (409)
    Mrs. M. E. 1886 (409)
    Martha 1886 (507)
    Wiley Randolph b. Baltimore, MD, bapt 1885
        (400)
NOYES, Mrs. Flora 1884 (423)
    Joseph Everett, son of Chas. E. & Susan A.,
        b. 11 Mar 1876 (503)
    Susan Adelaide (see Susan Adeliade Roberts)
        (503)
    W. A. 1884 (423)
NUCKOLL, Mrs. Susie 1879 (504-2)
NUCKOLLS, Miss Emma T. 1879 (504-2)
NUNN, William 1838 (389)
NUNNELLY, Lawson H. m. Elizabeth Sandels Jun 13,
        1850 (437)
NUNNELY, Walter Sandels, son of Lawson H. & Eliza-
        beth, bapt Sep 13, 1851 (437)
NUTT, Budd m. Susana Baker 1894 (507)
    James A. 1860 (419)
    M. A. member 1821 (419)
    M. A. d. Oct 4, 1873, member 1860 (419)
    Rebecca 1821 (419)
    Rebecca member 1860, d. Dec 11, 1884 (419)
    Sarah member 1860 (419)
OAKLEY, John T. 1895 (371)
OAKS, James 1885 (507)
OATES, Edward G. 1889 (423)
    Edward G. d. Jun 20, 1913 (423)
    Georgie Edward (son of John M. & Louise M.)
        b. Jun 11, 1873 and Louie Grace b. Jun
        11, 1873 (private baptisms) (503)
    Louise M. d. Jun 11, 1873 in her 25th yr
        (503)
OATMAN, Mr. L. 1847 (438)
    Stephen Beech adult bapt 1841 (438)
OATS, Mrs. Anna 1868 (formerly Miss Anna Rodgers)
        (423)
    E. G. (see Anna Rodgers) (423)
    Eliz. (see Elizabeth White) (423)
    Miss Elizabeth 1878 (now Mrs. James H. White)
        (423)
    Miss Frances Ellen 1878 (now Mrs. Hague)
        (423)
    Miss Susan Anna 1878 (Mrs. Elmore Jun 3, 1889)
        (423)
O'BRIAN, Maggie m. Edwin A. Taylor Sep 17, 1877
        (438)

O'BRIEN, Mrs. Blanche confirmed 1894 (400)
    Blanche m. Jesse F. Hodgson Jun 11, 1896 (400)
    Mrs. Blanche member 1896, d. Jan 14, 1899 (400)
    Mrs. Caroline, age 81, d. Mar 16, 1903 (438)
    Edith, dau of Major & Mrs., infant bapt 1883 (356)
    Ellen Estell (see Hugh Lawson White) (438)
    Gaston 1896 (400)
    Gaston confirmed 1893 (400)
    Helen Estell m. Hugh Lawson White Mar 25, 1863 (438)
    Kathleen 1896 (400)
    Lucile inf bapt 1886 (356)
    Samuel Willard inf bapt 1882 (356)
    Thomas Smith m. Sarah Ann Knowles Oct 9, 1862 (438)
    William H. (see Hugh Lawson White) (438)
    Maj. (of Louisville) d. Oct 12 (356)

O'BRYAN, Barsha Gordon (child of Geo. G.) b. Dec 19, 1874 (487)
    Miss Fanny (dau of George G.) 1875 (487)
    G. G. (see Miss Agnes W. Thompson) (487)
    George G. 1873 (487)
    George G. deacon 1873-1887 (487)
    Miss Mary Bailey (dau of George G.) 1874 (487)
    Mrs. Susie R. d. Mar 8, 1875 (487)
    Mrs. Susie R. (wife of George G.) 1873 (487)

O'CALLIGHAN, Edda T. d. Jul 27, 1884, age 21 (503)

O'CONNER, Sousan 1883 (421)
    Thomas 1873 (421)
    Thos. m. Fannie House Nov 15, 1870 (356)

O'DELL, Hattie Alice 1896 (438)
    Isabell (male child) son of T. J. & Isabella, b. at Columbia, bapt Sep 10, 1892 (438)
    Isabelle, age 37, d. Sep 9, 1892 (438)
    T. B. 1849 (435)
    Thomas Garland, son of Thos. J. & Isabel, b. Apr 14, 1884 (438)

ODIL, Mrs. Annie Lou Bearden (wife of Wm. Fountain) b. 1886 (441)
    Wm. Fountain b. 1885 (441)

ODUM, Sarah d. Jul 1835 (389)

OEHMIG?, Louise W. m. Fred E. Newell Nov 8, 1898 (503)

OFFETT, Thos. May, son of N. F.? & Elizabeth, infant bapt 1882 (356)

OFFICER, Lulie 1895 (415)

OGDEN, Adele Helen dau of Jas. R. & Elise, b. Feb 12, 1869 (356)
    Miss Alice E. 1887 (Mrs. Wooley) (423)
    C. H. 1869 (423)
    Mrs. Caroline Adelia 1870 (423)
    Miss Catharine R. 1884 (423)
    Charles Howard 1895 (423)
    Charles R. 1889, moved to San Diego CA, Feb 4, 1896 (423)

OGDEN, Edward William, son of Wm. & Adele, b. Dec 12, 1870 (356)
    Elise, dau of Jas. R. & Elise, b. Dec 12, 1870 (356)
    Miss Ella R. 1887 (Mrs. Hill) (423)
    Mrs. Fannie Sophia 1876 (423)
    Mrs. Frances 1887, d. Sep 25, 1894 (423)
    George 1885 (423)
    Miss Hattie Louise 1893 (423)
    J. T. 1887, d. Dec 1894 (423)
    James 1887, d. Aug 31, 1894 (423)
    James Francis, son of Jas. R. & Elise, b. Sep 23, 1872 (356)
    James Enry? 1895 (423)
    James R. m. Elise Porta Jan 20, 1866 (356)
    James R. d. Jul 31, 1891, age 54 (356)
    Mary, dau of Jas. & Mary, bapt 1876 (356)
    Mary Louise, dau of Wm. & Adele, b. Dec 1878 (356)
    S. Arthur (see Mary Louise Barrows) (423)
    Samuel Arthur 1892 (423)
    Samuel R. 1876 (423)
    William m. Adele Chevannes Dec 18, 1869 (356)
    William P. d. 1880, age 13 (356)
    William Porta (son of James R. & Elise) b. Jan 23, 1867 (356)

OGDON, Ethel Moore, dau of S. R. & Fannie, bapt Jul 12, 1891 (423)
    Harry, son of S. R., bapt Apr 21, 1889 (423)

OGBURN, William 1886 (429)

OGLE?, H. E. 1893 (393)

O'KEEFE, William H. m. Quincie L. Marshall Oct 17, 1888 (356)

OLD, George A. d. Jul 25, 1888, age 35 (461)

OLDHAM, Miss Addie 1866 (497)
    Frank 1893 (497)
    George E. (see Julia Evelyn Clark) (423)
    George E. m. Miss Julia E. Clark 1899 (423)
    Nellie M. (see Nellie M. Dallis) (423)
    Miss Sallie Jane, dau of Judge Oldham of Austin TX, age 16 yrs (a pupil at the Athenaeum) buried Jun 29, 1855 (438)
    William d. Jan 19, 1909 (423)

OLIVER, A. A. (f) 1875 (288)
    Adelia 1884, d. 1890 (409)
    C. E. 1892 (423)
    Mrs. Charity 1887, d. Jan 8, 1901 (454)
    Clement E. m. Adalaid M. Barlow Aug 22, 1894 (356)
    Edgar 1890 (409)
    Erin 1884, d. Sep 1888 (409)
    J. D. 1886 (409)
    James & Louise, parents of Grace b. 25 Jul 1871 and Pearl b. 24 Dec 1876 (503)
    Louise (see Louise Dikeman) (503)
    Miss M. J. 1887 (454)
    Rayford 1890 (409)
    S. A. (f) 1878 (288)
    T. G. 1884, d. Mar 1892 (409)

OLIVER, William Irvin b. Sep 19, 1890, son of
    W. J. & Jennie (356)
OLMSTEAD, H. F. 1893 (393)
    Henry T. 1892 (393)
OLOFSSON, Olof H. m. Jeannie B. Austin Apr 20,
    1893 (356)
    Olof Norther b. Oct 22, 1893, son of Olof &
        Nennie (356)
    Oscar Frederick b. Dec 3, 1894, son of
        Orlof & Jennie (356)
ONEAL, Mary M. 1842 (478)
O'NEALE, James S. & Rosalie F., parents of Malcolm
    Lindsay b. 6 Nov 1886 and Mary Faith
    Floyd b. 23 Aug 1888 (503)
    James Saunders, son of James Saunders &
        Rosalie Floyd, b. May 9, 1890 (503)
    Rosalie Floyd, dau of William G. & Mary
        Floyd McAdoo, b. 8 Nov 1861 (503)
ONEIL, Armand Edward, son of Capt. Ed & Roxie,
    bapt at age 12, Apr 25, 1900 (438)
    Dr. Arthur d. Feb 27, 1899, age 56 (356)
    Edmund (Jan 14, 1866), Roxana (Benner) (Jan
        21, 1885), Estelle (Jun 1, 1879)--
        family listing (438)
    Edward m. Roxanna Dillon Sep 4, 1879 (438)
    Estelle, dau of Capt. Edward, bapt Jun 1,
        1879 (438)
    H. W. m. Mary Crosby Oct 20, 1880 (438)
    Ida Crawford adult bapt 1876 (438)
    Irene Camille, dau of Edmund & Roxanna, b.
        Jan 6, 1884 at Columbia (438)
    Pauline LaRoche, dau of Edmund & Roxanna,
        b. Dec 2, 1880 at Columbia (438)
O'NEILL, Miss Estell 1898 (438)
    Henry G. of Hopkinsville KY m. Marie Louise
        Wilson Jan 3, 1880 (400)
    Miss Irene 1898 (438)
ONESBY, Annah 1811 (511)
ONSBAY, John 1872 (408)
OOTEN?, Marget (see W. P. Watson) (428)
OOWEN, Sary 1823 (402)
OPPENHEIMER, Lilian Hayward b. Dec 22, 1899 (dau
    of Robert P. & Lilian H.) (356)
OQUIN, Daniel 1853, d. 1857 (467)
    Elizabeth N. 1853 (467)
    John L. 1853, 1867 (467)
    Wm. C. 1853 (467)
ORDWAY, Annie Knott (dau of C. F. & Mary B.) bapt
    1889 (502)
    C. F. 1876 (487)
    C. F. & Mary B., parents of Thomas Verner,
        Fanny Moore, Sally Fleming & Mary
        Brown bapt 1889 (502)
    Charles F. elder 1876 (487)
    Charles Francis elder 1891 (502)
    Fannie Moore 1892 (502)
    Mrs. Fanny (wife of C. F.) 1876, d. 1880 at
        Wilmington NC (487)

ORDWAY, Francis (child of C. F. & Mary B.) bapt
    1890 (502)
    LeRoy Brown (son of C. F. & M. B.) b. Jun 24,
        1892 (502)
    Martha Knott, dau of C. F. & Mary, bapt 1895
        (502)
    Mrs. Mary 1889 (502)
    O. P. 1889 (502)
    Thomas Verner, son of C. F. & F. M., b. Aug
        7, 1875 (487)
ORGEN?, Enoch 1811 (511)
ORGIN?, Sarah 1811 (511)
ORNDORFF, Ella, dau of Asa & Alice, bapt Mar 10,
    1888 (401)
ORR, Miss Annie 1859 (438)
    Eleager 1832 (502)
    Elisabeth S. mother of Elisabeth Susanna,
        Katie Sylvestta, Mary Elisabeth &
        Alice Gertrude, bapt 1886 (503)
    Miss Elizabeth 1859 (438)
    John sr. 1859, d. Oct 1866 (438)
    Lizzie buried Jul 21, 1876 (438)
    Mrs. Mary 1859, d. 1860 (438)
    Miss Meta 1859 (438)
    Micklejohn m. Ella Long Dec 22, 1881 (438)
    Miss Rebecca 1859 (438)
    Robert m. Ophelia Mays May 8, 1865 (438)
    Robert 1859 (438)
    S. E. 1887, 1889 to Prescott AR (401)
    Thos. 1876 (444)
    Mrs. buried Oct 1860 (438)
ORTON, William d. Feb 20, 1891, age 33 (356)
OSBORN, Ida V. (see Ida V. Franklin) (401)
    Sarah 1875 (409)
    Thomas 1875 (409)
    Thomas 1867 (409)
    Thomas d. 1878 (409)
    ___ _ (f) 1867 (409)
OSBORNE, Albert C. & Laura A. (from Oshkosh WI)
    1876 (503)
    Geo. T. 1888, 1899 to Columbia (401)
    Jessie Cady, dau of Edwin B. & Florence C.,
        b. Mar 28, 1882 (503)
    Mrs. N. Lavinia 1876, d. Apr 1, 1910 (502)
    Nellie J. d. Feb 20, 1876, age 17 (503)
OSBURN, J. C. P. 1867 (429)
OSIER, Lula 1899 (Kee) (407)
    Minnie 1891 (King) (407)
    William 1891 (407)
OSMONT, Ramond? (see Eva Melton) (454)
OSTLIN, Susannah 1828 (389)
OSWELL, T. M. 1897 (425)
OTEY, Bishop (remains removed from Memphis are
    deposited in the ground at Ashwood
    Sep 10, 1865) (438)
    Elisa Ripley b. Aug 7, 1836 to James H. &
        Eliza D. (438)
    Mrs. Eliza D. wife of the Rt. Rev. Bishop
        Otey, buried Jun 5, 1861 (438)

OTEY, Mrs. Eliza D. 1847, later moved to Memphis
(438)
    Frances Jane, child of James H. & Eliza D.,
        b. Sep 25? 1838 (438)
    Rt. Rev. James H. 1847 (later to Memphis)
        (438)
    Miss Mary Fogg 1847 (438)
    Wm. Newton Mercer, son of Jas. H. & E. D.,
        b. Apr 15, 1842 (438)
    *Miss Sarah McG. d. May 28, 1847 (438)
OTT, Elmore 1896 (454)
    L. A. 1896 (454)
    L. Alexis m. Martha M. Campbell Oct 25, 1899
        (503)
    Mamie 1896 (454)
    Mrs. Margaret 1896 (454)
    R. J. 1896 (454)
    Ridley 1896 (454)
    Capt. W. A. 1889 (478)
OTTINGER, F. M. 1890, moved to Detroit MI, Sep 4,
    1894 (423)
OUSLEY, Eli 1857 (450)
OUTLAW, Herman (Col), age 70, d. Feb 2, 1892 (400)
    Hermann (col) confirmed 1878 (400)
OVERSTREET, Helen G. (dau of Jno.) 1887 (478)
    John T. 1886 (478)
    Mrs. Mary Ann (wife of Jno.) 1890 (478)
    Mary Jane (see Mary Jane Smotherman) (461)
OVERTON, Clough m. Jennie Long Bouscaren May 2,
    1898 (356)
    D. (colored) 1884 (401)
    D. H. (colored) 1884 (401)
    Danl. H. (col'd) (401)
    Ed. H. (col'd) 1883 (401)
    G. H. 1884 (colored) (401)
OWEN, Ada member Sun schl 1871 (369)
    B. H. deacon 1877 (401)
    B. H. elder 1886 (401)
    Benjamin Howard, son of B. H. & M. K., bapt
        Oct 24, 1891, d. Mar 18, 1894 (401)
    Chas. E. (see Mollie E. Peoples) (454)
    Chlo M. 1882 (511)
    D. N. Kennedy, child of P. H.? & Mary K.,
        bapt 1876 (401)
    Emma d. Jun 1908 (407)
    Flavilla A. 1876, 1885 (511)
    Fletcher 1856 (448)
    Flora member Sun school 1870 (369)
    H. S. 1888 (415)
    H. S. ordained Apr 1899? (415)
    Howard 1894, d. 1899 (415)
    Jno. D. 1886 (401)
    Kate Safford, dau of B. H. & Mary B., bapt
        Oct 26, 1887 (401)
    Martha E. 1888 (454)
    Mary (see George E. McKennon) (438)
    Mary B. 1866 (401)
    Mary C. of Atlanta TN m. C. W. Munson of
        Nashville Jun 1, 1878 (455)

OWEN, Mary H. m. George E. McKennon Aug 26, 1890
    (438)
    Mary K. 1894 (401)
    Mary Kennedy, dau of B. H. & Mary, bapt Jul 8,
        1883 (401)
    Mrs. Mollie 1888 (415)
    P. H. 1871 (401)
    Richard W. 1856, later moved to Miss (448)
    Sallie Kennedy 1885, 1894 to Darien GA (Mrs.
        T. M. Hunter) (401)
    Sally Kennedy, dau of R. H. & M. B., bapt
        1872 (401)
    Sarah ca. 1850 (448)
    Tabitha 1833, left for Grassy Valley Ch (423)
    Wesley 1868-70 (448)
    William 1823 (402)
OWENS, Cally 1856 (448)
    Charles d. Jul 10, 1900, age 33 (356)
    Deborah 1826 (450)
    Elizabeth 1823 (402)
    Jammie Lowry b. Mar 15, 1892, child of
        Christian & Hannah (356)
    John d. Dec 22, 1899, age 21 (356)
    Malisa 1869 (467)
    Rena May bapt 1891, dau of John & Mattie
        (360)
    Wm. C. 1868 (369)
OWINGS, Alina Pearl, dau of Albert & Matilda, b.
    5 Apr 1880 (503)
OWNBY, H. R. 1886 (409)
    James 1882 (406)
    Macie 1892 (409)
    Maggie 1886 (409)
    Mary d. 1890 (409)
    Maud (see Maud Dinwiddie) (409)
    Milton & wife, 1867 (406)
    Myrtle 1890 (409)
    N. H. d. 1890 (409)
    S. E. 1894 (409)
    W. W. 1881 (409)
    W. W. d. Dec 1896 (409)
OWNES, Mary Ann m. Henry William Thomas Dec 24,
    1881 (503)
OWNSBY, Maggie 1886, m. R. J. Parnell (409)
OZBORNE, Miss Ida 1891 (429)
OZBURN, Ben 1886 (429)
    J. C. D. 1866 (429)
    Robert E. 1883 (429)
    Robert I. 1886, left 1897 (429)
    Mrs. S. Ann 1856 (429)
    W. D. 1896 (429)
    William 1874 (429)
    William 1886 (429)
OZIAS, Carrie 1889 (455)
    Nellie 1889 (455)
OZMENT, Sallie E. (see Sallie E. Williams) (429)
PACE, C. B. 1896 (409)
    D. E. 1880 (462)
    D. E. d. 1895 (462)

PACE, G. T. 1887 (minister) (401)
    M. E. 1880 (f) (462)
    M. E. d. Oct 6, 1899 (462)
    Thomas 1893 (407)
PACK, Mary 1886 (396)
PADGETT, Miss Effie L. 1891, 1898 (429)
    Mr. Jas. 1891, 1898 (429)
    Lela Bille 1896, 1898 (429)
    Nancy 1853 (435)
    Miss Nora L. (Herd) 1891, 1897 (429)
PAGE, Cordelia 1867 (423)
    David S. m. Elizabeth C. Fry Jan 12, 1898 (503)
    Frederick 1867 (423)
    Harvey 1867 (423)
    Harvey 1860 (423)
    Miss Hattie (Mrs. Robinson) 1891 (401)
    Louis 1867 (423)
    Margaret Caswell b. Sep 23, 1892, dau of Robert & Adele (356)
    Robert Edwards m. Adele Noble Thomas Oct 14, 1891 (356)
    Robert Ringgold b. Oct 22, 1894?, son of Robert & Adele (356)
PAIGE, Donnia Inez m. Saml. A. Kirk (of Cincinnati OH) Nov 28, 1888 (455)
PAINE, Jno. W. 1878 (401)
    Prissila 1873 (428)
    Sally Joanna 1878 (401)
PAINTER, Rowland 1898 (348)
PALLUS?, Zeborne 1891 (455)
PALMARE, E. (f) 1895 (462)
PALMER, Caroline 1872 (408)
    Eliza D. 1853, d. Sep 1856 (423)
    Eliza Deming, dau of Fredk. J., bapt Apr 4, 1857 (423)
    Emiline 1856 (mother of F. J. P.) (423)
    F. J. & Emiline, parents of George Kilbourn bapt Mar 31, 1860 (423)
    Frederick J. & Eliza D., parents of Charles Russell & Sarah Emiline, both bapt Jan 5, 1856 (423)
    Frederick L. 1853, left for Warren OH, Oct 19, 1868 (423)
    Ida d. Nov 21, 1903, age 27 (350)
    Jane Eliza, dau of F. J., bapt Sep 27, 1862 (423)
    Miss Ora 1891 (455)
    Polly 1823 (402)
    Thomas 1890 (407)
    W. H. 1872 (408)
    Wallace T. 1885, 1889 to Oxford MS (401)
    William 1823 (402)
PAMPHREY, Mrs. 1858 (478)
PANGAN, Calley 1885 (428)
PANNELL, Martha M. 1894 (348)
    Marthia 1883 (348)
PARDUE, Mrs. E. B. 1879 (401)
    Mrs. Elizabeth B. 1879 (401)

PARHAM, Miss Anna Pearl 1882, 1885 to Forest City AR (401)
    Emily 1832 (left for Franklin Co.) (423)
    Mrs. Ida Bell 1897 (454)
    J. H. 1885 (454)
    Lucy ca. 1855 (448)
    M. B. 1885, d. 1900 (454)
    Martha 1828 (423)
    Mary 1829 (288)
    Roburta (Crew) 1832 (left for Athens) (423)
PARHAN, Jennie 1871 (448)
PARIS, James McClung, son of James R. & Lucy J., b. 16 Jul 1851 (503)
    Patsy 1850 (389)
PARISH, Demps 1889, 1895 (339)
    Elizabeth 1884 (339)
    Hettie 1900 (339)
PARK, Mrs. A. J. d. ca. 1903 (393)
    Clara 1891 (415)
    Elisabeth 1887 (402)
    Elisibeth 1884 (402)
    Mrs. Eva L. 1884, d. Jun 1913 (502)
    Humphre 1823 (402)
    J. R. ordained Nov 20, 1887, ceased to act Nov 22, 1890 (415)
    J. T. 1887 (415)
    J. Thomas m. Saidee M. Reynolds Jun 23, 1880 (503)
    Joshua 1823 (402)
    Joshua 1850 (402)
    Joshua d. Sep 23, 1878 (402)
    Madaline, dau of Wm. & Eva, bapt 1883 (502)
    Mrs. Mary E. 1887 (415)
    Nancy 1823 (402)
    Ridgely Dashiell, son of William & Eva, b. Aug 23, 1887 (502)
    Sarah, dau of Wm. & Eva, bapt 1885 (502)
    Virginia 1893 (415)
    Willson 1887 (402)
    Willson 1860 (402)
PARKE, Robert W. m. Austine M. Appling Oct 18, 1892 (503)
    Robert Wilbur, son of Robert & Austine b. Jul 8, 1897 (503)
    Wert Yandell St. John, son of Rolt. W. & Austine M. b. May 5, 1894 (503)
PARKER, Alan 1892 (461)
    Bessie D. 1894 (507)
    Mrs. Beulah W. 1895 (461)
    Mrs. Callie 1878 (409)
    Charles B. d. Nov 16, 1904, age 79 (350)
    Clara Jane m. James Smith Evans Dec 20, 1899 (see entry for him) (461)
    *A. W. d. Dec 10, 1912 (507)
    Eliza Jane 1876 (389)
    Elizabeth ca. 1870 (444)
    Emily Elizth. adult bapt 1871 (356)
    Emily Jane b. Aug 1, 1857, Lulu b. Jan 24, 1859 and Willie b. Sep 28, 1862 (356)

PARKER, Eva J. member 1893 (m. Freeman) (454)
    Frances Elizabeth d. Aug 10, 1896, age 7 mos (461)
    Frances Elizabeth, dau of Harry Parker & Beulah, b. Jan 8, 1896 at Tullahoma (461)
    Hardy ca. 1865 (467)
    Hariet d. Mar 1902 (465)
    Harold, son of Harry & Beulah, b. Aug 27, 1897 at Tullahoma (461)
    Harriet Ann 1848, d. Jul 2, 1863 (423)
    Harriett Anne d. Jul 2, 1863 (423)
    Hattie 1889 (455)
    Henry 1892 (461)
    Ida d. Jul 1901 (465)
    J. C. 1876 (444)
    Jas. A. 1878 (409)
    James C. ca. 1860 (444)
    Jennie 1892 (461)
    John 1825 (421)
    John jr. 1893 (454)
    John 1842, d. Dec 6, 1859 (423)
    John & Margaret, parents of William James Baker & George Benjamin Franklin, both bapt Jan 3, 1841 (423)
    John Alley m. Jane Humes Jun 1, 1892 (503)
    John Henry 1848 (423)
    Kate 1889 (507)
    Laurence? 1894 (507)
    Margaret d. Nov 24, 1863 (423)
    Margaret 1831, d. Nov 27, 1863 (423)
    Martha L. 1889 (435)
    Mary 1878 (288)
    Mary Alice, dau of Geo. H. & Alice, bapt May 14, 1893 (438)
    Mary Alice 1893 (438)
    Mary K. 1893 (454)
    Mattie 1865 (507)
    Mrs. Nettie Elizabeth d. May 27, 1911 (401)
    Susan 1891 (288)
    Susan A. 1829, 1875 (288)
    Susan A. 1878 (288)
    Sister 1878, d. Jul 31, 1889 (288)
    Private Thomas wounded Nov 26, buried Dec 2, 1864 (438)
    Walter 1892 (461)
    William J. buried Nov 16, 1886 (438)

PARKES, Alexr. Brown, son of Wm. J. & Anne, b. Jun 27, 1862 (438)
    Mary Elizabeth, dau of Wm. J. & Anne, b. Oct 30, 1863 (438)
    William J. m. Anne Margarett Brown Apr 25, 1861 (438)
    William J. m. Mary Edmundson Mar 1, 1871 (438)

PARKHURST, Miss Elizabeth M. 1867 (left for IA, Nov 30, 1868) (423)
    Mrs. Maria 1867 (left for IA, Nov 30, 1868) (423)

PARKHURST, Mr. N. D. 1867 (left for IA, Nov 30, 1868) (423)

PARKHUST, Susannah 1830 (389)

PARKISON, Mary Ann 1843 (466)

PARKS, Ann Maria adult bapt 1848, aged 27 yrs (356)
    J. C. jr. m. Sallie R. Peters Nov 11, 1896 (438)
    John W. 1856 (448)
    Nancy 1828 (left for MO 1831) (423)
    W. F. 1828 (left for MO 1831) (423)
    William McGhee, son of Hiram & Nancy, bapt Nov 15, 1830 (423)

PARMER, Mrs. Anjaline 1880 (504)
    Green 1872 (408)

PARMLEE, Edwd. Little adult bapt 1874 (356)

PARNAL, John A. & wife 1860 (421)

PARNALD, A. J. 1865 (421)
    S. D. 1865 (421)

PARNELL, Anna 1894 (421)
    Annie 1889 (409)
    Callie 1872? (425)
    Centie? S. d. Mar 15, 1893 (409)
    Chas. E. 1890 (409)
    Cora 1890? (425)
    Cora P. 1893 (425)
    Ellen d. Nov 1912 (425)
    G. W. d. Apr 22, 1881 (421)
    H. J. 1865 (421)
    H. J. d. Mar 6, 1910 (421)
    H. R. 1860? (425)
    H. R. 1890? (425)
    J. H. 1887 (409)
    J. J. d. Mar 14, 1875 (421)
    J. S. 1888 (409)
    J. W. 1884 (425)
    Jas. H. 1886 (421)
    Mrs. Jessie 1897 (425)
    John H. 1874 (425)
    Jno. H. 1887 (409)
    Jun. Joe 1888 (409)
    L. D. 1881 (425)
    L. D. 1890? (425)
    L. S.? 1891 (425)
    M. A. d. Sep 2, 1892) (421)
    M. V. 1865 (421)
    Martha d. Sep 1873 (421)
    Mary C. 1875 (425)
    Marry E. 1876 (425)
    Mattie 1890? (m. Gaston) (425)
    Mattie E. 1893 (425)
    R. J. (see Maggie Ownsby) (409)
    R. J. 1890 (409)
    Robert J. 1876, 1890 (425)
    Sallie 1893 (421)
    Sallie A. 1893 (421)
    Samuel 1877 (425)
    Sousie 1886 (421)
    Susan A. 1874 (425)
    T. G. 1886 (421)

PARRIS, Jane 1854 (389)
    Obediah 1850 (389)
PARRISH, C. C. 1895 (401)
    Charlotte M. 1883, 1889 to Greenwood MS (401)
    Chester C. 1883, 1895 (401)
    H. 1898 (407)
    Isabella M. 1883, 1889 to Greenwood MS (401)
    Jane Dabney d. Feb 9, 1884 (400)
    Mrs. Jennie 1895 (401)
    Mrs. Jennie 1883, 1895 (401)
    Jno. 1889 (497)
    Mrs. Mary N. 1883, 1889 to Greenwood MS (401)
    Mrs. Mary N., mother of Robert Parke & S. F. Barry, both bapt Nov 1, 1883 (401)
    Rosa Lee d. age 13, buried Dec 1910 (440)
    W. W. 1897 (407)
PARRISS, Jane 1829 (389)
PARRY, Elizabeth 1869 (423)
PARSHAL, Ann 1838 (466)
    John 1838 (466)
PARSON, Elizabeth ca. 1870 (444)
    Mary B. (wife of V. J.) ca. 1870 (444)
    Saml. D. ca. 1876 (444)
    Susan J. ca. 1870 (444)
    Wm. R. ca. 1860 (444)
    Wm. R. 1880 (444)
PARSONS, Catharine 1819? (left for Alabama) (423)
    E. D. of Nashville d. Sep 16, 1889 (461)
    Mrs. H. A. 1891 (455)
    James White bapt Aug 8, 1819 (423)
    John Kane, son of Enoch & Catharine, bapt Aug 8, 1824 (423)
    S. D. 1891 (444)
    Vincent J. member ca. 1860, d. Feb 1878 (444)
    W. E. (f) 1891 (444)
    Winnie K. m. Jasper Newton Fuller 1899 (444)
PARTAIN, Betty 1885 (339)
    L__vdora? 1886 (339)
PARTAN, Mrs. Susan McEwin 1885 (423)
PARTH, Mrs. N. D. d. 1/26/1904? (454)
PARTIN, Jame F. 1885 (339)
PASCAL, Mary Elizabeth 1876 (389)
PASCHAL, B. H. & A. E., parents of Wm. Andrew, bapt Oct 6, 1872 (429)
    B. H. & A. E., parents of Oliver Bell, George Crocket & Benjamin Hillyard, all bapt Sep 6, 1875 (429)
    Elizabeth d. Oct 31, 1907 (389)
    J. M. 1896 (389)
    Joshua d. Jul 26, 1904 (389)
    Matilda d. 1874 (389)
    Mettie d. Sep 25, 1904 (389)
    Mittie 1896 (389)
    Sarah 1838 (389)
    Sarah 1835 (389)
    Susanna 1839 (389)
PASCHALL, Ann E. d. Aug 20, 1886 (429)
    Annie Goode 1892 (461)
PASCHALL, B. F. 1880 (429)
    B. H. m. Nannie Crockett Dec 29, 1887 (429)
    Dr. B. H. d. Nov 1, 1898 (429)
    Ben H. jr. 1883, left Oct 5, 1889 (429)
    George 1882, left Oct 16, 1890 (429)
    Hattie McPherson 1892 (461)
    Mattie (McPherson) 1892 (461)
    Ollie B. 1883, left Dec 19, 1891 (429)
    Virginia May 1892 (461)
    Virginia May m. Charles Thomas Phillips Sep 18, 1888 (see his entry) (461)
    Mrs. W. A. 1885, left Nov 2, 1889 (429)
    Wm. A. 1882, left Nov 2, 1889 (429)
    Walter Edwin 1892 (461)
    Walter Goode 1892 (461)
PASCHEL, Joshua 1876 (389)
    M. E. d. Oct 31, 1907 (389)
PASKEL, Winny 1859 (389)
PASKILL, Patsy 1839 (389)
    Samuel 1839 (389)
PASSBALL, Mary Lucile, dau of Walter Good & Mattie McPherson, b. May 16, 1885 at Tullahoma (461)
PASSMORE, Mrs. Emma 1882, 1886 to Elkton KY (401)
    Mrs. Emma H. 1872 to Bowling Green KY (401)
PASTURS, James C. 1875 (409)
    Manerva 1871 (409)
PATCH, Asahal Untingdon, dau? of Ben W. & Mary G., bapt Jun 15, 1895 (401)
    Asahel?, Sarah M., Fanny E., George M., Mary E., Benjamin A.--family listings 1875-1902 (400)
    Benj. A. 1885 (401)
    Benjamin Avery b. Hamilton, MS, Oct 18, 1868, son of Asahel H. & Sarah M. (400)
    Fanny confirmed 1881 (400)
    Fanny E. member 1875, m. Catlett (400)
    Mrs. Sarah 1896 (400)
    William Green, son of Mamie G. & Bon A., bapt Jun 13, 1896 (401)
PATE, Cheatham 1885 (409)
    Cora (see Cora Scales) (409)
    Elie 1880 (409)
    Elwood 1886 (409)
    E. E. 1885 (409)
    E. E. d. Apr 1, 1902 (409)
    Elizabeth 1878 (288)
    Elizabeth 1891 (288)
    Grace 1893 (409)
    Gracie 1893, m. a Cates (409)
    Irby (see Irene Ridley) (409)
    Lillie (see Lillie Bobo) (409)
    M. O. 1885 (409)
    Mary J. 1879 (409)
    Mary Jane 1875 (409)
    Sallie Will 1895 (409)
PATEL, Mary (see Mary Green) (401)
PATERSON, Andrew 1885 (428)
PATESON, Caroline 1873 (428)

PATILLO, Miss Mary J. 1857 (502)
PATISON, Adline 1873 (428)
    Andrew 1873 (428)
    John 1873 (428)
    Mary A. 1873 (428)
    Mildered 1873 (428)
PATMEYER, Marie LeBaron d. Oct 5, 1904, age 47 (350)
PATRICK, Wm. F. m. Annie Brownlow Jan 26, 1881 (356)
PATSON, Ales 1873 (428)
    Matison 1873 (428)
    Susa 1873 (428)
PATTEN, Charlotte Holmes, dau of J. A. & Edith, b. Jul 17, 1892 (bapt by J. J. Manker, g-father of the child) (455)
    J. A. 1887 (455)
    Lottie 1885 (455)
    Maggie 1885 (455)
    Margaret M. (see Margaret M. Atlee) (455)
    Ollie G. 1894 (454)
PATTERSON, Addie Blanche adult bapt 1867, b. Jul 13, 1849 (356)
    Annie Margaret bapt 1891, aged 4 yrs (parents dead and unknown) (356)
    Arthur Walley, son of Jas. W. & Ellen, b. Mar 24, 1864 (356)
    Clifford Willard, son of Jas. W. & Ellen, b. Apr 20, 1851 (356)
    Dorastus d. Apr 9, 1906, age 75 (350)
    Ed member Sun schl 1871 (369)
    Mrs. Ewing (admitted as E ___ Cawthorn) 1899 (502)
    Miss Fannie Ruby 1899, 1899 to New Orleans (401)
    Forrest Buford 1892, 1900 to Charlotte NC (401)
    G. W. pastor 1893-1901, d. 1905 (502)
    George (black) 1858 (408)
    George Sterling, son of Geo. W. & Mamie Vaughan, b. Jun 1893 (502)
    Geo. Wm. 1884, asst. pastor, Natchez, MS (401)
    Isabella 1844 (478)
    Jas. member Sun schl 1871 (369)
    Mrs. Joanna 1890 (401)
    Lewis 1858 (408)
    Maria Waterman d. Jan 5, 1903, age 52 (350)
    Mrs. Mary Jetton 1893 (502)
    Milton 1884 (421)
    Mrs. N. E. 1870 (423)
    Mrs. N. E. 1867 (423)
    Mrs. N. E. d. Dec 24, 1908 (423)
    Robt. Franklin 1892 (401)
    Robt. Jetton, son of Wm. & Mary, adult bapt 1894 (502)
    Sarah 1858 (408)
PATTI, Thomas 1874, to Macon GA 1875 (401)
    Thomas T. adult bapt 1874 (401)

PATTON, Adeline 1828 (478)
    Albert Brace, son of Albert Brace & Edith E., b. Dec 14, 1893 (503)
    Anna, dau of J. G. & Hallie, bapt Oct 25, 1888 (401)
    Bernice 1890 (409)
    Cappa 1892 (409)
    Corlenlious? 1872 (408)
    David 1828 (478)
    John E. m. Anna C. Robbins Jun 20, 1895 (356)
    John Erandes, son of Saml. B. & Mary A., b. Nov 4, 1870 (461)
    John Evander b. Aug 22, 1899, son of J. E. & A. C. (356)
    John Harrison of Jacksonville, AL, m. Miss Jennie W. Bailey Nov 27, 1889 (400)
    John P. 1851 (466)
    Joseph d. 1910 (467)
    Mrs. L. E. 1881, d. Jan 10, 1903 (429)
    L. V. 1872 (408)
    Lela Dickey 1880 (409)
    Lizzie 1890 (409)
    Miss Nola 1890, m. O. H. Proctor (409)
    T. A. & S. L., parents of Thomas Dewitt & Ezra Clark, both bapt Mar 13, 1897 (401)
    W. G. 1890 (409)
    W. G. 1881 (409)
    W. G. d. Jul 13, 1905 (409)
    W. H., child of W. G. & Lizzie, bapt Mar 1888 (409)
PAUL, Florence Elanor 1892 (438)
    Florence Elenor 1892 (440)
    Mrs. Ella E. 1896 (400)
    G. W. 1890 (455)
    John Henry 1896 (400)
    Josie 1889 (507)
    Mand m. Essie Moss 1910 (440)
    Mary E. 1889 (507)
PAVOCA?, Allen d. Nov 22, 1905 (409)
PAXTON, Fannie L. m. Robt. Y. Gray 1881 (356)
    Joseph John b. Jun 15, 1894, son of Joseph J. & Margaret (356)
    Joseph John m. Margarette Melcher Jul 25, 1892 (356)
    Martha 1842, left for Abingdon VA, Apr 8, 1845 (423)
    Martha B. 1845 (423)
PAYNE, Addie Sue member 1894 (m. R. W. Starr?) (454)
    Alexr. G. 1885, 1899 to Montgomery AL (401)
    Miss Alice P. 1875 (487)
    Alice Priscella, dau of Mrs. Mary, b. Feb 24, 1861 (487)
    Aline Custis, dau of Jos. C. & Mary L., b. Nov 4, 1887 (503)
    Mrs. Anna B. 1879 (401)
    Mrs. Annie B. 1879, 1894 to Montgomery AL (401)

PAYNE, C. 1853 (504)
    Mrs. Ella Garfield Rose, adult bapt 1887 (356)
    Ellen 1893, 1897 (467)
    Fanny May, dau of Jos. C. & Mary L., b. Jan 7, 1892 (503)
    Mrs. Florence 1881 (423)
    Miss Florence d. Oct 24, 1898 (423)
    Mrs. Florrie 1889 (454)
    Geo. W. 1895 (423)
    Miss Jessie Cecile d. Jun 17, 1897 (423)
    John Ken 1865 (423)
    John Kerr 1870, d. Jun 12, 1895 (423)
    John Scott m. Lucy Alexander May 5, 1870 (356)
    Joseph Chandler d. Sep 25, 1899, age 41 (503)
    Miss Kate 1873 (487)
    Katherine Hamilton, dau of Jos. C. & Mary L., b. Feb 20, 1885 (503)
    Levina 1869 (467)
    Livina 1853 (504)
    Miss Louise St. Clair d. Oct 4, 1898 (423)
    Magga 1881 (492)
    Miss Mary 1873, m. to Charles Denison? (487)
    Mary d. 1868 (467)
    Mary Catherine m. Gilbert Sayles Oct 28, 1899 (503)
    Matthew Richard 1847, later to Grenada MS (438)
    Milton 1895 (454)
    Nancy 1862 (467)
    Naomi Harper b. Sep 28, 1893, dau of B. O. & Ella (356)
    Thos. C. d. Jul 30, 1885 (467)
    Thos. C. 1864 (467)
    William 1895 (454)
    Wm. Newton, son of Mrs. Mary, b. Sep 3, 1864 (487)
    Wm. S. 1887 (401)
PEABODY, C. H. 1893 (393)
    Charles H. 1892 (393)
    John W. member 1875, moved to Alabama (number omitted)
PEACH, Suson 1872 (396)
PEACOCK, Ann 1827 (478)
    Burrell F. 1871 (478)
    Mr. Burrell Featherston 1871, to Oxford KS, 1872 (478)
    Caroline W. 1836 (478)
    Elisabeth 1882 (478)
    Elizabeth, Sarah L. & Agnes R., daus. of U., 1882, 1886 & 1889, respectively (years of admission to church) (478)
    Jane 1827 (478)
    Mary J. 1871 (478)
    Miss Mary Q. 1871, d. Mar 1873 (478)
    Mrs. Sarah (wife of Uncas) 1855 (478)
    Susan 1827 (478)

PEACOCK, Uncas E. & Sarah Lipscomb, parents of Virginia Smith and Sarah Lipscomb, bapt 1871 (478)
    W. E. 1857 (478)
PEAK, Mrs. C. S. (Virginia) 1897 (454)
    George 1881, d. 6-26-1901 (339)
    Isaac 1872, d. 9-25-85 (339)
    James F. 1872, 1893 (339)
    L. L. (m) 1890, d. 6-4-1903 (339)
    Luke L. 1885 (454)
    Malissa 1833, d. 10-26-93 (339)
    Martha A. 1876 (339)
    *Mrs. Hattie M. 1885 (454)
    Sally B. 1872 (339)
    Uriah 1872 (339)
PEAKE, Anna 1811 (511)
PEARCE, Mr. E. F. 1885, 1895 (401)
    Mrs. Louisa 1883, 1895 to Trenton KY (Mrs. Wm. Adwell) (401)
    Mrs. Roberta (wife of Hiram) d. Apr 1898, age 38 (503)
    Miss Susan Elizabeth 1883, 1885 to Columbia TN (401)
PEARSON, Miss Alba S. 1895 (415)
    B. A. sr. 1896 (415)
    Ben A. jr. 1896 (415)
    John M. 1895 (415)
    Mrs. John R. d. May 17, 1903, age 34 (of Jacksonville, FL) (356)
    Miss LuEtta 1895 (415)
    Mrs. M. C. 1896, d. J__y 29, 1900 (415)
    Mrs. M. C. d. Jan 29, 1900 (415)
    Martha Bell 1892 (461)
    Mary W. 1867 (361)
    Parish 1889, 1897 (339)
    R. 1868 (361)
    Sarah L. 1848 (478)
PEASE, Frank P. 1881 (423)
PEBELLS, Thomas H. jr. 1870 (448)
PEBLES, W. D. 1870 (448)
    Wm. R. 1870 (448)
PECK, Everard Turner confirmed 1892 (400)
    Hattie Gaylord bapt 1892 (400)
    Henry Everard b. Aug 20, 1897, son of Everard T. & Antoinette (400)
    Nancy 1837 (466)
PECKLER, John 1850 (402)
PEDEE, _____ m. Rev. John Noble in 1846 (437)
PEDEN, George m. Frances Henson 1862 (356)
PEDIGO, Charity 1841, d. Oct 1848 (423)
    Charity d. Oct 1845 (423)
    Drucilla Ann 1843 (423)
PEEBLES, Julian R. 1891 (454)
    Mary E. ca. 1850 (448)
    Thomas H. ca. 1850 (448)
PEED, Annie G. m. Nathan S. Woodward 1872 (356)
    Thomas Joseph b. May 31, 1854 and Fanny Coffee b. Apr 23, 1858, children of O. J. K. & M. J., bapt 1867 (356)

PEEDLES, Annie m. W. J. Coleman Jul 1886 (425)
PEEK, Della 1891, m. Ed Burton (339)
    Ed 1890?, 1899 (339)
    Jessee 1811 (511)
    Katie bapt 1883, m. Thos. Garret (339)
    Laura 1889, m. W. S. Jennings? (339)
    Mattie Bell bapt 1897, m. Harvie Prowell (339)
    Shirley 1896 (339)
PEEKE, Wilson 1847, 1868 (511)
PEELER, Stanley Walker, son of A. J. & Elizabeth, b. Jul 15, 1875 (438)
PEES, Helen Perkins (see Helen Perkins Clark) (423)
PEETE, Raymond C. (of St. Louis) d. May 16, 1897 (438)
PEGG, Frederick adult bapt 1872 (356)
    Frederick d. ca. 1875, age 75 (356)
    James Armstrong (son of ____ & Nancy) b. Nov 7, 1842 (356)
    Nancy adult bapt 1846 (356)
    Mrs. Nancy d. 1882, age 76 (356)
    Pinckney Kind d. Aug 12, 1868, age 43 (356)
PEGRAM, Bettie 1896 (400)
PEIRCE, Finis d. Sep 11, 1898 (409)
    Finis E. 1889 (409)
    Hattie (see Hattie Dinwiddie) (409)
    Ida 1889 (409)
    Jennie 1895 (409)
    Millie 1889 (409)
    W. Moody 1889 (409)
PELLAN, Jaques m. Rebecca Wadle Sep 11, 1852 (356)
PELTEN, Millerd M. N. m. Saml. Coatney 1874 (356)
PEN, Jane 1839 (389)
PENDLETON, Geo. 1890 (511)
    J. H. 1851 (497)
    Margarett 1851 (497)
    Nannette Elizabeth m. Louis Edgar Anderson Oct 15, 1896 (503)
    Page (colored servant of Mrs. Anderson) age 70 d. Jun 17, 1896 (400)
PENIFELL, Carrie 1884 (455)
PENLEY, N. J. d. Sep 1, 1902 (396)
PENLY, Jane 1886 (396)
    John 1886 (396)
    Lizzie 1886 (396)
    Mary 1886 (396)
PENNINGTON, Mrs. Martha d. 4/1/1906 (454)
PENNOCK, Margaret R. 1892 (454)
PENNYWITT, Henry m. Jennie L. Hessee Nov 12, 1890 (356)
    John Edward b. Oct 16, 1893 (son of Henry & Jennie) (356)
PEOBLES, Polly member 1821 (419)
PEOPELS, Ruben member 1821 (419)
    Mollie E. member 1885 (m. Chas. E. Owen) (454)
    Oscar T. 1885 (454)
    Robt. L. 1885 (454)
    Starling C. 1885 (454)

PEOPLES, Thomas H. d. Nov 1870 (448)
PERCY, May m. Jno. Seymour McNeill 1872 (356)
PERINE, Miss Fleda H. (dau of Aaron M. & Mary H.) 1874, m. Jun 24, 1875 to E. T. Wood (487)
    Fleda H. m. E. T. Wood (of Detroit MI) Jun 24, 1875 (487)
    Mrs. Mary H. (wife of Aaron M.) 1874 (487)
PERKEY, Emaline 1886 (435)
PERKINS, A. M. 1847, 1868 (511)
    Ann d. May 1829 (389)
    Charles Leslie (a child) buried Dec 20, 1909 (440)
    Mr. Constantine buried Nov 28, 1864 (438)
    Danl. P. 1885 (502)
    Danl. P. deacon 1891 (502)
    Mrs. Danl. P. (admitted as Currin) 1879 (502)
    Mrs. E. 1847 (478)
    Edward member 1821 (419)
    Jessie Mae b. Jan 3, 1893 (child of John Seymour & Mary Leftwich) (400)
    Margret member 1821 (419)
    Mary Hardin m. Abram Poindexter Maury Jun 18, 1856 (438)
    Nannie 1855 (478)
    Sarah 1847, 1868 (511)
    Sarah L. (dau of Danl. P. & Florence) adult bapt 1894 (502)
    Mr. Seymour confirmed 1890 (400)
    Mrs. Seymour confirmed 1892 (400)
    Thomas 1856 (448)
PERRINE, Jane Amanda (dau of A. M. & Mary H.) bapt 1865 (487)
PERRIT, Susanah 1811 (511)
PERRY, Blanche Virginia b. Jul 24, 1877 (dau of Mr. & Mrs. W. C.) (356)
    C. W. (see Mary E. Havey) (423)
    Charles W. 1891, moved to Atlanta GA, Mar 1, 1895 (423)
    Cyrus H. 1890 (409)
    Ed. 1887 (438)
    Edward Campbell, son of Wm. & Jane, b. Jun 5, 1858 (438)
    Elliza 1847 (511)
    Elma May b. Mar 9, 1879, dau of Mr. & Mrs. W. C. (356)
    Lucy 1879 (492)
    Mrs. Hope Irene Gracey (400)
    Hope Irene (see Hope Irene Gracey) (400)
    Jane Kemp buried Jan 1, 1889 (438)
    Mrs. Jane W. 1849 (438)
    Kenneth Cameron b. Aug 24, 1890, bapt 1900 (son of Mr. & Mrs. Wm. C.) (356)
    Lynch 1887 (438)
    Marthey 1879 (492)
    Martha S.? A., dau of Wm. Perry jr., age nearly 13 yrs, buried Nov 23, 1864 (438)

PERRY, Martha Saphronia Adelaide, dau of William J.,
 b. Nov 28, 1851 (438)
 Salley 1817 (386)
 Thomas Lynch, son of William J. & Jane W.,
  b. Aug 11, 1854 (438)
 Mr. W. C. d. Jul 14, 1903 (356)
 Wm. d. Feb 4, 1899 (438)
 William adult bapt 1876 (438)
 Wm. C. m. Virginia G. Riley 1874 (356)
 William Crockett b. Jun 15, 1881, bapt 1900
  (son of Mr. & Mrs. Wm. C.) (356)
 William J., William Kemp Perry (Apr 16,
  1856), Thomas Lynch Perry (Aug 11,
  1885), Edward Campbell Perry (Apr 21,
  1859), Martha S. A. Perry, Mrs. Jane
  Kempe Perry--family listing (438)
 William Kemp, son of William J. & Jane W.,
  b. Apr 16, 1856 (438)
 Wm. S. 1811 (511)
PERRYMAN, Alexr. A. 1885 (401)
PERSEY, Lady m. Charles J. McKinney Oct 16, 1890
 (356)
PERSLEY, S. W. 1891 (401)
PERSONS, Amey 1877 (409)
 Sary ca. 1832 (504)
PESCHLOW, Lelia Anita, dau of Otto & Celestine,
 b. Apr 25, 1899 (503)
PETERS, Eliza 1832 (466)
 John P. 1876 (369)
 Katharine L. (see Katharine L. Dallas) (423)
 Landon C. 1832 (466)
 Landon C. & Amy parents of Barcillus,
  Nathaniel J. S. & Newton J., bapt 1832
  (466)
 Sallie (see Frank Cox) (438)
 Sallie 1887 (438)
 Sallie R. m. J. C. Parks jr. Nov 11, 1896
  (438)
 W. 1868 (369)
 Walter Con?, son of Walter C. & Genivieve,
  b. Dec 13, 1874 (503)
PETERSON, Minerva (Majors) 1845, d. 1857 (423)
PETREE, John 1833 (450)
 John 1836 (450)
 Silles 1898 (450)
PETTEE, Wm. E. m. Julia L. Ensign Oct 25, 1871
 (356)
PETTERSON, John m. Elizabeth Bozle 1861 (356)
PETTIBONE, Mrs. Margaret Jane d. Nov 8, 1898, age
 63 (503)
PETTINGILL, Summers & Hanna (see Marthy Frances
 Hall) (503)
PETTIS, Poindexter 1854 (462)
 William Montrose, son of Clifton D. & Charlotte B. b. Aug 22, 1896 (503)
PETTSWORTH, Lycetty 1834 (389)
PETTUS, Mrs. Anadna C. 1871, 1898 to KY (401)
 Mrs. Ariadna 1871 (401)

PETTUS, Mrs. Mildred m. John Walton Ross of
 Pensacola FL, Oct 1, 1891 (400)
 Nannie J. m. George J. Mallory May 23, 1869
  (401)
 Sally G. 1872 (401)
 Thos. F. adult bapt 1870 (401)
 Wm. B. 1885 (401)
 Mrs. d. Jul 18, 1877 (401)
PETTY, Ed, member Sun schl 1871 (369)
 John 1869 (504)
 John 1880 (504)
 Lillian M. (22) m. Thompson W. Carpenter (23)
  Aug 18, 1887 (356)
PETTYJOHN, Isaac 1858 (408)
PFEIFFER, Miss Madeline 1891, 1892 to Nashville
 (401)
PFIFER, Miss Catharine d. Nov 9, 1903 (356)
PHELAN, Annie K. m. James C. Derby Apr 26, 1882
 (503)
 Mary Anna, dau of John P. & Anna Owen, b. Oct
  19, 1878 (503)
PHELPS, Ella Rabbeth b. Jan 28, 1899, dau of Hugh
 Robert & Mary Clark (400)
 Emeline 1886 (507)
 Robert Franklin 1886 (507)
PHIBBS, Mary A. 1853, d. Oct 1854 (467)
PHIFER, George & wife 1831 (478)
 Nancy J. 1869 (435)
PHILIPS, Clara 1869 (423)
 L. H. m. Annie Maria Walker 1854 (438)
 Lemuel H. buried May 29, 1860 (438)
 Lemuel Hall m. Annie Maria Walker Dec 26,
  1854 (438)
 M. L. 1868 (369)
 Marg 1887 (402)
 Mary Elizabeth, dau of Clara, bapt Oct 9,
  1869 (423)
PHILLIPI, Louis 1876 (369)
PHILLIPS, Mrs. Almeda 1892 (461)
 Andrew & Ellen, parents of Mellissa b. Mar 6,
  1890 in Scott Co., Wis.; Martha b. Sep
  23, 1891, Scott Co., Wis.; and Mary Ann
  b. Sep 9, 1897, Stewart Co., TN (400)
 Mrs. Annie (see Jane Walker Barnett) (438)
 Charles Thomas m. Virginia May Paschall Sep 18
  1888; his parents J. W. & Almedia
  Phillips; hers, Walter Good & Mattie
  McPherson Paschall (461)
 Charles Thomas, son of Charles Thomas & Virginia May, b. Jul 10, 1889 at Tullahoma
  (461)
 Charles Vinson? 1892 (461)
 Clara (see Clara Blum) (423)
 Daniel 1850 (402)
 E. P. ca. 1870, 1874 (444)
 Eleanor Gilbert (see Eleanor Gilbert Albers)
  (423)
 Eler 1860 (419)

PHILLIPS, Ellie 1896 (411)
    Emily b. sep 1, 1870 at Columbia (438)
    Frankie, child of Emily, b. Dec 5, 1890 at Columbia (438)
    Frederick Rockwell, son of Hiram B. & Gertrude, b. Sep 1892 (503)
    Hattie b. Feb 15, 1873 at Columbia (438)
    Hennie 1821 (419)
    Hiram D. m. Gertrude M. Bayley 24 Sep 1889 (503)
    J. C. ca. 1860, 1874 (444)
    J. C. (m) 1891 (288)
    J. C. (m) 1878 (288)
    J. H. 1891 (288)
    Jessie m. Joseph Motherell Bowman Sep 24, 1889 (461)
    Jessie 1892 (461)
    John W. ca. 1860 (444)
    Joseph m. Frederick Luager? (of South Pittsburgh) (store founder?) Apr 23, 1891 (455)
    M. L. 1876 (369)
    Marry 1821 (419)
    Martha 1891, d. Jan 189__ (444)
    Martha A. ca. 1870 (444)
    Mary 1890 (455)
    Mary 1860 (419)
    Mary A. 1891 (288)
    Mary A. 1878 (288)
    Mary C. 1860 (444)
    Miss Mary Elizabeth 1875 (423)
    Mattie 1889 (288)
    N. G. 1858 (444)
    Nancy 1850 (402)
    Nathan G. pastor ca. 1860 (444)
    Pamelia A. ca. 1870 (444)
    R. D. member ca. 1860, 1868 (444)
    R. N. 1891 (454)
    Roda C. ca. 1860 (444)
    Miss Sallie Ellen, age 21, d. Sep 3, 1910 (400)
    Sally 1861 (444)
    Sarah E. ca. 1870 (444)
    Sarah 1821 (419)
    Sarah Ellen b. Mar 7, 1889, dau of Robt. Gilmore & Sarah Elizabeth Ellen (400)
    W. R. 1889 (455)
    Walter Paschall, son of Charlie Thomas Phillips & Virginia May, b. Jul 25, 1891 at Nashville (461)
    William 1896 (411)
    Wm. F. ca. 1860 (444)
    William Kearney, son of Charles Thomas & Virginia May, b. Mar 11, 1894 at Tullahoma (461)
PHILPOT, G. E. 1887 (415)
PHIPPIN, Emma Bristol, dau of Charles & Caroline bapt 1877 (401)
PHIPPS, Amanday C. 1853, d. Jul 1854 (467)

PHIPPS, Angeline 1893 (467)
    Ary (wife of McMurry)? 1853 (467)
    Caroline d. Aug 1867 (467)
    Catharine 1893 (467)
    Dora 1893 (467)
    Elizabeth 1853 (467)
    Elzada 1893 (467)
    Elzada Pinson d. Feb 22, 1902 (467)
    J. G.? 1873 (421)
    J. J. 1893, d. Nov 1, 1899 (467)
    Jackson 1853 (467)
    John 1853 (467)
    Josaphene 1893 (467)
    Lavanda 1858 (408)
    Lieuellen 1853, 1860 (467)
    Luvarda 1872 (408)
    Sarah 1853 (467)
    Wm. 1853, 1861 (467)
    Willie (f) 1888 (288)
    Willie (f) 1891 (288)
PHIPS, Mary d. Feb 16, 1886 (467)
PIABERN, Zilpha 1873 (428)
PICKARD, Mary I. 1811 (511)
PICKEL, John 1881 (348)
PICKELL, Mary Knox m. Robt. G.? Gibson Mar 29, 1883 (438)
PICKENS, Mrs. Alice R. 1886 (454)
    Gabriel 1817 (386)
    John A. 1886 (454)
    Letcher d. Nov 4, 1898, age 47 (503)
    Letcher & Carrie, parents of Henry Berlin b. Aug 3, 1893 and John Read b. Apr 23, 1896 (503)
    Rose 1898 (348)
PICKEREL, Mary P. 1830 (389)
PICKETT, Annie (see Mrs. Annie Robinson) (438)
    Joseph G. 1843 (left Jul 1844) (423)
    Martha (see Martha Howell) (423)
    Mrs. Mary, Knox, Annie (Robinson), Jennie (Saffarons), no dates given--family listing (438)
PICKINS, Lissa? 1817 (386)
    _____ 1817 (386)
PICKLER, Arden 1897, d. Dec 27, 1910 (407)
    Cintha d. Jan 25, 1854 (402)
    Eady d. Sep 23, 1886 (402)
    Eday (f) 1823 (402)
    Edy 1850 (402)
    Eliza 1897 (407)
    J. E. 1897 (407)
    Jessy 1897 (407)
    John 1823 (402)
    John 1860 (402)
    Levi 1897 (407)
    Lila (see Lila Rogers) (407)
    Susannah 1823 (402)
PIER, Mrs. Evalin 1885 (now Mrs. French) (423)
    Mr. H. Albert 1885 (423)
PIERCE, Mrs. Edward R. 1898 (454)

PIERCE, Ella d. 1892 (360)
    Miss Julia 1892, moved to Harrisville NH, Jun 5, 1894 (423)
    Ruth Emmeline (see Ruth Emmeline Davies) (461)
PIERSON, Mary (see Mary Hibbett) (415)
    Mary Annie m. David Hollingworth Aug 13, 1870 (503)
PIFFIN, Jno. 1882 (339)
PIFFINS, M. E. (f) 1885, d. 7-1909 (339)
PIG, R. 1845 (386)
PIGG, Josep 1867, 1868 (396)
    Martha 1843 (389)
    Richard 1841 (386)
    Victoria 1886 (396)
    Wm. 1882 (396)
PIKE, A. M. 1891 (371)
PILLOW, Mrs. Anne, wife of late Gideon, age 90 yrs, buried Apr 9, 1864 (438)
    Elvira Dale b. May 2, 1883 (438)
    Evan T.? buried Jul 7, 1887 (438)
    Gen. G. J. & wife 1864 (438)
    Gen. Gideon J. & Mary, parents of Narcissa Cynthia, Martha Elizabeth, Margaret Annie, Sallie Polk, Gertrude Saunders?, Alice Duncan & Robert Granville (all adults except Alice & RObert), all bapt Feb 7, 1865 (438)
    Margaret A. m. Daniel F. Wade Sep 7, 1870 (438)
    Mark buried Sep 24, 1877 (438)
    Martha Anne 1866 (438)
    Mary Amanda m. Thomas James Brownof Pulaski Apr 21, 1859 (438)
    Miss Mary Elizabeth 1866 (438)
    Miss Narcissa C. (Mrs. Mitchell) 1866 (438)
    Sallie P. m. Henry M. Williams Feb 1, 1871 (438)
    Sallie Polk 1866 (438)
    Sue A. m. Frank Jay McLean Aug 22, 1860 (438)
PILSHORN, Mary 1829 (389)
PINION, Mattie Viola 1894 (440)
PINKLY, Edger 1893 (407)
PINSON, Charley 1893 (467)
    Dora 1893 (467)
    Elisa 1850 (402)
    Henereter 1858 (408)
    Isaac 1850 (402)
    Lovena 1893, d. Dec 1894 (467)
    M. F. d. Aug 7, 1885 (467)
    Marthew 1850 (402)
    Marthew 1823 (402)
    Mary? 1887 (402)
    Mary A. 1893 (467)
    Monroe & wife 1891 (371)
    Susan 1853, d. May 1870 (467)
    Susan F. 1893 (467)
    Zilphia 1893 (467)
PIPER, Delilah 1827 (421)

PIPKIN, D. H. member 1890, d. Jan 1899 (361)
PISE, Charles Tornes Allison, son of Rev. David & Amelia S., b. Oct 28, 1857 (438)
    Elizabeth Ruckel, dau of David & Amelia S., b. Oct 24, 1859 (438)
    Francis Ayres, child of David & Amelia S., b. Jun 23, 1856 (438)
    Francis Ayres, son of Rev. D. & A. S., buried Oct 21, 1861 (438)
PITMAN, Mrs. A. M. 1884 (423)
    Mr. Charles 1884 (423)
    Emmelizea 1856 (428)
    Louis 1889 (409)
    Richard 1886 (409)
    Tip 1885 (428)
    Westly 1889 (409)
PITMON, E. M. 1857 (428)
    Tip 1873 (428)
PITNER, John R. 1893 (454)
PITT, Elizabeth 1893 (467)
    G. H. 1889 (371)
    Henry 1823 (504)
    Henry 1832 (504)
    Ida 1893 (467)
    James 1891 (371)
    Jane 1832, 1823 (504)
    Jinnie P. d. 1886 (467)
    John 1862 (467)
    John 1893, 1897 (467)
    Joseph 1832 (504)
    Joseph 1823 (504)
    Katy 1885 (504)
    Kitty 1893 (467)
    Liny 1889 (371)
    Mary 1893, 1897 (467)
    Mrs. Nees 1897 (371)
    Peet 1896 (371)
    S. A. 1893 (467)
    S. V. 1890 (371)
    Samie V. 1890 (371)
    Sarah 1832 (504)
    Sarah C. 1893 (467)
    Sophia 1860 (467)
    W. P. 1889 (371)
    Wineford 1832 (504)
    Wineford d. 1854 (504)
    Zilpha 1832, 1823 (504)
PITTMAN, Howard 1885 (428)
    Susie E. 1885 (428)
PITTNER, Mrs. Allie C. 1895 (454)
PITTON, William A. m. Anna K. Dochleman Sep 3, 1887 (356)
PITTS, Joseph 1860 (419)
    T. G. 1840 (448)
PLAYA?, James L. m. Susan S. Polk Mar 7, 1877 (438)
PLEASANT, Benjamin 1825 (421)
    Benjamin 1827 (421)
    J. K. (m) 1878 (288)
    J. K. (m) 1894 (288)

PLEASANT, James 1875 (288)
    Nancy B. 1894 (288)
PLEDGE, E. A. 1886 (396)
PLEDGER, B. A. (f) 1872 (396)
    Edward 1869, 1870 (396)
    Edward 1872 (396)
PLEGGER, G. E. 1886 (396)
    L. A. 1886 (396)
PLEMMON, Miss Elizabeth d. Feb 4, 1912 (454)
PLOSSER, Miss Lillie Rosella 1871, to Birmingham AL, 1873 (401)
    Mrs. M. A. adult bapt 1870 (401)
    Mrs. Margaret Ann 1870, to Birmingham AL, 1873, d. Jul 1875 (401)
PLUMB, George 1889, d. 1900 (454)
    Mrs. L. 1889 (454)
    Wallace 1898 (454)
    Wallace T., son of George & Lydia, b. 4 Dec 1868 (503)
    William Wallace, son of W. T. & Barbara A., b. 6 Dec 1890 (503)
PLUMLEE, Caroline 1860, d. Aug 16, 1863 (423)
    Caroline Eliza (now Gordy) 1857 (423)
    Harriet Ann 1857 (423)
PLUMMER, Ada (see Ada Holladay) (406)
    E. B. (Rev.) 1867 (406)
    Elizabeth J. 1872 (409)
    J. R. 1880 (406)
    J. R. 1888 (406)
    William Turner m. Tommy Louise Roan Jun 9, 1897 (356)
PLUNKETT, Riley 1867 (396)
    Sallie G. (see Sallie G. Kennedy) (401)
POATT, James T. 1884 (435)
POE, Callie D. 1888 (454)
    William M. 1888 (454)
POINDEXTER, E. W. (colored) 1884 (401)
    Mary 1872 (497)
    W. S. 1872 (497)
    W. S. (m) 1866 (497)
    W. S. & Mary 1872 (497)
POLHEMUS, _____ d. Apr 16, 1876, age 50 (356)
POLK, Allen & wife 1847 (438)
    Allen C. b. 1895 (bro of Horace M. b. 1897 and Alice Ophelia b. 1899) (441)
    Cadwallader, inf of Wm. J. & Mary, bapt 1837 (438)
    Carolina m. Isaac Hilliard Nov 18, 1880 (438)
    Caroline, dau of Thomas G. & Lavinia, b. Sep 6, 1853 (438)
    Catharine, dau of Leonidas & Frances A., inf bapt 1838 (438)
    Miss Eliza d. Jul 3, 1897 (438)
    Emily Donelson m. Joseph Minnick Williams Nov 13, 1860 (438)
    Frances Ann m. Col. Edward Dillon Nov 29, 1866 (438)
    Frances D. m. Peyton H. Skipwith Nov 13, 1866 (438)
POLK, Francis (or es), child of Leonidas & Frances A., inf bapt 1836 (438)
    Mrs. Geo. W. (see Mrs. Geo. Hilliard) (438)
    J. B. 1889, 1899 (339)
    Judah 1887 (339)
    Juliet B. buried Nov 30, 1871 (438)
    Juliet Barnard bapt Nov 29, 1876 (438)
    Capt. Lucius E. (W.L.A.), age 34, d. May 18, 1904 (438)
    Lucius Eugene m. Blanche Clements Aug 30, 1898 (356)
    Genl. Lucius J. buried Oct 4, 1870 (438)
    Miss Mary 1870 (429)
    Mary B. inf dau of L. J. & Mary, bapt 1836 (438)
    Mary C. m. Frank P. Hemphill Dec 18, 1877 (438)
    Mary Jones m. Joseph Branch Nov 29, 1858 (438)
    Mary R., age 88, buried Sep 22, 1885 (438)
    Mary Rebecca, dau of Allan J. & Mary E., bapt Dec 1852 (438)
    Mary Rebecca, dau of Thomas G. & Lavinia W., b. Mar 12, 1852 (438)
    Rebecca buried Dec 3, 1875 (438)
    Rebecca m. Scott P. Harlan Feb 4, 1890 (438)
    Rufus, age 52, d. Aug 1902 (438)
    Sarah 1899 (339)
    Susan S. m. James L. Playa? Mar 7, 1877 (438)
    Susie R. m. Maj. Campbell Brown Sep 11, 1866 (438)
    Tasker, son of Wm. H. & Lucy, bapt Jul 1861 (438)
    Mrs. W. H. 1865 (438)
    W. J. & M. parents of Maria Octavia inf d. Apr 3, 1840 (438)
    William, inf son of L. J. & M., bapt 1839 (438)
    William m. Rebecca Mayes Nov 26, 1872 (438)
    William H. 1860, d. Dec 1862 (438)
    Maj. William H. buried Dec 18, 1862 (438)
    Dr. Wm. J. & wife 1847 (438)
    Dr. William J. buried Jun 28, 1860 (438)
    Dr. Wm. L. d. Jun 1860 (438)
    William S. of Baltimore MD, m. Lou Ellen Anderson Jun 23, 1869 (401)
    Inf dau of Col. Cadwallader buried Jul 18, 1867 (438)
    child of Horace d. Sep 1894 (438)
POLLARD, R. T. 1856 (497)
    Sarah Elizabeth, dau of William & Caroline, b. Feb 5, 1854 (503)
    Miss Willie 1892 (415)
POLLOCK, James 1860 (419)
PONDER, Willis M. 1899 (401)
PONY, Mrs. Martha 1885 (478)
POOLE, Mrs. A. d. Nov 13, 1897 (497)
    C. R. 1874 (497)
    Chas. 1866 (497)
POPE, Elija member 1821 (419)

POPE, Rev. F. & Theresa C. parents of Cynthia
    Eliza & Theresa Charlotte bapt 1830 &
    1832, respectively (466)
    Rev. Fielding & Eliza parents of Thomas
       Andrew bapt 1828 (466)
    Harris 1824 (421)
    Jackson m. Elizabeth Grimes (col'd) 1867
       (356)
    Salley ca. 1832 (504)
    Sally 1853 (504)
    William ca. 1832 (504)
PORCELL, Andrew d. Nov 11, 1903, age 53 (350)
PORCH, Edwin Light, son of Mrs. Vina, bapt Dec 19,
    1890 (401)
PORROW?, Mrs. Temple d. Feb 21, 1905 (438)
PORTA, Elise m. James R. Ogden Jan 20, 1866 (356)
    Hilene m. George Brownlow 1872 (356)
PORTER, Ann M. 1865 (448)
    Ann M. Wallace 1857, d. Aug 20, 1870 (478)
    Bell (McMinn) 1866 (448)
    Mrs. Catharine 1854 (437)
    Charles B. 1865 (448)
    Edward T.--family listings 1875-1902 (400)
    Edwin Townley confirmed 1879 (400)
    Fannie K. 1865 (448)
    G. E. 1892 (406)
    George (see W. W. Austin) (406)
    Harriet P. 1893 (467)
    Irma H. confirmed 1882 (400)
    Irma Hartwell bapt 1882 (400)
    J. E. 1895 (371)
    James 1869, 1862 (467)
    Katherine 1883 (437)
    Laura (see W. W. Austin) (401)
    Lid Jane d. Jul 1880 (467)
    Louisa Virginia confirmed 1879 (400)
    M. A. 1893 (467)
    M. J. 1893 (467)
    M. L. 1893, d. 1897 (467)
    Martha 1893 (467)
    Mary Bowen, dau of Dr. O. J. & May, bapt as
       infant Mar 19, 1899 (438)
    Nancy 1866 (448)
    Richard L. 1865 (448)
    Ritchard 1893 (467)
    Roberta H. 1865 (448)
    S. M. W. 1893 (467)
    Dr. Saml. L. 1838?, 2 children, 2 adults,
       came from SC (437)
    T. H. 1892 (467)
    Virginia W. 1855 (437)
    Virginia W. m. Lloyd Cecil Apr 2, 1868 (437)
    Will Morris adult bapt 1893 (400)
    Wm. M. E. 1875 (409)
    William Morris confirmed 1893 (400)
POSEY, Bartlett 1891 (478)
    James 1889 (478)
    Joe 1896 (401)
POST, Matilda 1870, gone to Maryville (423)

POSTER, D. M. 1868 (497)
POSTIN, Allen Dale infant bapt 1881, son of Allin
    (356)
POSTLETHWAITE, Henri Francos, son of Thos. R. &
    Isabella V., b. Jun 6, 1886 (503)
POSTON, Mrs. B. F. confirmed 1889 (400)
    Benjamin F., _____, E. A., _____, Philip,
       family listings 1875-1902 (400)
    Eddie Alva confirmed 1876 (400)
    Frank H. 1885, 1891 to Atlanta GA (401)
    Hugh H. member 1875, moved to Nashville (400)
    Philander Dake confirmed 1894 (400)
POSY, Sue A. d. Aug 1891 (511)
POTEET, Jemima 1836 (462)
    Jemima 1830 (462)
    William 1830 (462)
POTS?, Ella member Sun schl 1870 (369)
POTTE, Black 1832 (389)
POTTER, Sarah ca. 1855 (448)
POTTS, Arthur Brooke, son of Arthur Brooke & Jennie
    Shirley, b. Sep 14, 1886 (461)
    Claudie b. Jan 5, 1891 (440)
    Fred 1899 (440)
    J. M. pastor 1884 (502)
    Janey 1891 (438)
    John 1830 (462)
    John 1835 (462)
    Lena--month old twins of Lena d. Sep 11, 1895
       (440)
    Nora 1894 (440)
    Polley 1835 (462)
    Polly 1830 (462)
POUNDS, Lee 1892 (409)
POWEL, J. M. 1871 (462)
    Jane 1871 (462)
    Mrs. Julia Ann d. 1881, age 56 (356)
    Martha & Mollie L. 1891 (371)
    Mary 1853 (467)
    Mollie L. 1890 (371)
POWELL, Miss Annie 1892 (455)
    Antney 1872 (462)
    Bessie Anna 1896 (later to Manchester) (461)
    Catharine 1844 (462)
    Columbus & Sarah, parents of Louis, bapt
       Jun 4, 1863 (423)
    Columbus, parents of Anna Furton & Sam
       Drake, both bapt Apr 5, 1862 (423)
    Daniel d. Jan 27, 1881 (465)
    Eliza Murray, dau of Columbus & Sarah, bapt
       Jul 4, 1857 (423)
    James M. 1854 (462)
    Jessie member 1898 (m. Howard Tittle?) (454)
    John 1846 (389)
    Joseph 1844 (462)
    Miss Julia 1890 (454)
    Katherine 1831 (462)
    L. C. (f) 1873 (462)
    Lewis 1885 (448)
    Lloyd 1895 (later to Manchester) (461)

POWELL, Mrs. M. B. d. May 1894 (d. on his farm
        near Ringgold GA, body brought here
        for burial) (503)
    Margaret L. 1857, d. Aug 10, 1858 (423)
    Margaret L. d. Aug 10, 1858 (423)
    Martha 1889 (371)
    Mrs. Mary (Indianapolis) buried Aug 4, 1882
        (438)
    Mary J. 1885 (462)
    Maude (Miss) 1874 (423)
    Nathaniel d. Jul 25, 1908 (401)
    Robert 1844 (462)
    Roxanna d. Jan 12, 1871, age 16 (503)
    Mrs. Sallie (admitted as Harrison) 1886
        (502)
    Sally 1844 (462)
    Sarah, dau of W. W. & Irene, bapt Sep 10,
        1897 (401)
    Sarah 1855 (423)
    Sarah (Mrs.) 1870 (423)
    Thomas J. 1857 (left for NY) (423)
    Mrs. W. W. (see Irene W. Shackelford) (401)
    Wallace d. Mar 21, 1880, age 14 (503)
POWERS, Alice Maria 1885 (401)
    Mrs. Elmira 1884 (401)
    Francis Berryman 1885 (401)
    Jas. Oscar 1885 (401)
    Mattie 1892 (409)
    Wm. H. 1885 (401)
PRALL, Wm. E. m. Ann E. McFarlane 1862 (356)
PRANNER, William & Eliza, parents of Mary & Will
        Ita, both bapt Aug 31, 1867 (423)
PRATER, Kissiah 1821 (419)
PRATT, A. E. 1888 (409)
    Angie Cornelia d. Aug 16, 1886 (461)
    Angie Cornelia 1892 (461)
    Francis Marion & S. A. R., parents of Arthur
        (age 5), Phillip Brooks (age 3) and
        John Harkness (age 1) bapt 1871 (478)
    George 1884 (421)
    George, son of Joseph Henry Harris & Martha
        Washington, b. Jan 29, 1887 at Tulla-
        homa (461)
    Geo. L. 1895 (409)
    Gertrude, dau of Joseph Henry Harris &
        Martha Washington, b. Aug 9, 1884 at
        Tullahoma (461)
    John Hankins 1885 (478)
    Joseph Edward, son of Joseph Henry Harris &
        Martha Washington, b. Mar 9, 1877 (461)
    Joseph Henry Harris 1892 (461)
    Laura Jane, dau of Joseph Henry Harris &
        Martha Washington, b. May 3, 1881 (461)
    Marrion 1871 (478)
    R. C. 1893 (409)
    Mrs. S. A. (wife of F.) 1871 (478)
    Sarah Adella 1892 (461)
    T. W. d. Oct 11, 1895 (409)
    Verna 1893 (409)

PRATT, Verna d. Mar 31, 1909 (409)
    William adult bapt 1893 (356)
    William Hamlin m. Mary Frances Cooper May 5,
        1875 (503)
PREAST, Thomas ca. 1855 (448)
PREIST, Anna 1870, later moved to Bolivar Co. MS
        (448)
    Charles 1872 (448)
    Julia A. ca. 1865 (448)
    Robert 1872 (448)
    Sarah A. ca. 1850, d. Oct 1860 (448)
    Tennessee (Campbell) 1856 (448)
PRESLAR, Lillian E. d. Jan 22, 1879 (429)
    Wm. N. m. Lillian E. Short Feb 10, 1878 (429)
PRESTON, Lizzie A. m. George W. Ward jr. Dec? 10,
        1878 (356)
    Lewvisy 1832 (504)
    Sarah 1862 (423)
PREWITT, George 1898 (348)
    Rebecca ca. 1850 (448)
PRICE, Mrs. Annie 1891, d. Aug 7, 1895 (423)
    Bettie 1891 (288)
    Charles, d. Jun 19, 1871, a child (503)
    Elisabeth 1838 (361)
    Elizabeth 1833 (left for Grassy Valley Ch)
        (423)
    Esther 1833 (left for Grassy Valley Ch) (423)
    Frances Mary, dau of Frank W. & Georgie H.
        Price of Cliftondale, Mass, b. Dec 18,
        1897 (503)
    Francis 1891 (361)
    Frank m. George M. Harrison Apr 30, 1894
        (503)
    G.? 1878, to Vicksburg MS 1880 (401)
    Geo. McM. 1894 (454)
    H. M. d. Jul 19, 1880 (361)
    Henry B. 1883, 1885 to Vicksburg MS (401)
    Henry B. 1880, to Vicksburg MS Jun 1880 (401)
    Miss Jane M. 1882, 1889 to Dumont? MS (401)
    Elder John member 1838 (361)
    John 1894 (361)
    Joseph J. 1895 (423)
    L. F. 1866 (467)
    Lilie C. d. Feb 7, 1898 (361)
    Mahalia d. Mar 24, 1886 (361)
    Margaret S. 1887, 1899 to Winona MS (401)
    Mary Eliza member 1894 (361)
    Mrs. Mary P. 1882 (401)
    Nancy 1858 (504)
    Mrs. Nancy A. 1879 (504-2)
    Nimrod 1860, 1865 (467)
    Sam Lyon d. Sep 1909 (401)
    Welley 1890 (361)
PRICHARD, E. D. 1882 (409)
    Sally 1837 (389)
    Sarah 1884 (409)
PRICHETT, William 1838?, no children, 3 adults,
        came from VA (437)
PRIDE, Landis Inez 1892 (461)

PRIER, W. F. 1880 (361)
PRIEST, Anna m. Jesse S. Gant Oct 26, 1881 (448)
 Sarah A. d. Oct 1860 (448)
 Thomas jr. ca. 1860 (448)
 Thomas H. 1844 (448)
PRILLEY, Maggie (see Maggie Jones) (429)
PRIMM, Cecilia C. 1839 (437)
 George James, son of John T. & Cecilia C., b. Jan 18, 1837 (437)
 John T. 1838?, 5 children 4 adults, came from MD (437)
PRIMOLDI, Cora Jane adult bapt 1873 (356)
 Ferdelle (dau of F. F. & Sarah P.) bapt 1873 (356)
PRINCE, Edward 1839 (450)
 Eliza Jane 1898 (440)
 Eliza Jane, dau of James Thomas & Mary L., b. Apr 24, 1884 (440)
 Frank 1898 (438)
 Frank 1898 (440)
 Frank Merida, son of James Thomas & Mary L., b. Oct 14, 1886 (440)
 Jame d. 1899, age 18 (440)
 James 1898 (438)
 James Gaither 1898 (440)
 James Gaither, son of James Thomas & Mary L., b. Feb 17, 1880 (440)
 James Thomas d. 1898 (440)
 Janil? 1898 (438)
 Miss M. E. 1866 (429)
 Mary L. 1898 (440)
 O. J. 1866, d. Dec 24, 1890 (429)
 O. P. 1870 (429)
 Owen J. m. Elisabeth F. Roberts Mar 18, 1879 (429)
 Owen J. b. Jan 1, 1815, d. Dec 24, 1890 (429)
 Owen J. d. Dec 24, 1890 (429)
 Sallie 1898 (440)
 Sallie d. 1900, age 16 (440)
 Sally, dau of James Thomas & Mary L., b. Jun 12, 18__ (possibly 1888) (440)
 Will (see Martha Maggie Cass) (454)
PRIOR, John G. m. Emma Josie Dicks Nov 22, 1899 (454)
PRITCHARD, B. S. 1891 (444)
 Homer b. Jun 20, 1864, son of William Benjamin & Amanda Phillips, m. Maud Smith Jun 7, 1891 (444)
 L. A. (f) 1891 (444)
 Thomas 1825 (450)
PRITCHET, Arindah F. 1876 (389)
 Molley 1876 (389)
 Thomis & Sally 1825 (450)
PRITCHETT, A. L. pastor 1876 (406)
 Mrs. E. J. 1870 to 1st Nashville Ch, d. Feb 1876 (401)
 Miss Maggie H. 1870 to 1st Nashville Ch (401)
PROCTOR, Edw. (colored) 1884 (401)

PROCTOR, Joseph H. 1856 (467)
 O. H. (see Miss Nola Patton) (409)
PROUTY, Mrs. Elizabeth 1834, d. Sep 4, 1877 (401)
 Ellen T. 1853, 1886 (401)
 John W. 1834, d. 1875 (401)
 R. W. 1847, 1886 (401)
 Dr. Robert W. 1847 (401)
PROVENA, J. R. 1887 (409)
 Sallie 1887 (409)
PROVINCE, A. M. d. Dec 1892 (409)
 John W. d. 1895 (409)
 Jos. R. 1886 (409)
 Mary 1895 (409)
 S. A. d. Jan 29, 1898 (409)
 Mrs. S. A. d. Jan 29, 1898 (409)
 Sallie 1886 (409)
PROWEL, Andrew? 1873 (389)
 Jane d. 1866 (389)
PROWELL, John H. 1876 (389)
 Sarah Jane 1876 (389)
PRUETT, Martin 1844 (448)
 Sarah 1837 (389)
PRY, Athey 183__ (389)
 Henry 1830 (389)
PRYOR, Mrs. D. E. member 1875, removed to Owensboro KY (400)
 Mary confirmed 1883 (400)
 Philip d. Jul 15, 1900, age 20 (350)
 Virginia d. May 30, 1896, age 18 (503)
PUCH, C____ 1850 (389)
PUCKET, M. D. 1890 (409)
 Sarah Elizabeth d. Feb 17, 1892 (409)
 Sarah Elizabeth 1876 (409)
PUCKETTE, Kate Adelia (see Kate Adelia Robeson) (461)
PUE, Nancy 1850 (389)
 Sary 1849 (389)
PUFFER, Frank A. 1893 (455)
PUGH, A. B., ____, Ruth, Ila, Prentiss, ____ --family listings 1875-1902 (400)
 Ila (Baskett) 1896 (400)
 Miss Ila confirmed 1890 (400)
 Mrs. Marthe Elizabeth d. Feb 21, 1911 (400)
 Mrs. Mollie E. 1896 (400)
 Rodland Barrett 1898 (400)
 Rodland Barrett confirmed 1899 (400)
PULLEM, Ann 1883 (462)
PULLEN, Mary b. 1898 (440)
 P. P. 1829 (288)
PULMETUR?, Mary R. (see Mary R. Webb) (423)
PUMPHREY, Miss Katie 1891 (now Mrs. Clopp) (423)
PURCELL, J. W. 1864, 1869 to Lafayette KY (401)
PURRIS, Esthor A. 1845, 1850 (423)
PURVIS, Ethel m. Rev. B. B. Ramage 26 Jun 1894 (503)
 Geo. E. & Susan parents of Mary b. Jul 3, 1880; Susan Easlin b. Sep 13, 1882; Eastin b. Dec 6, 1885; and Emily b. Sep 9, 1889 (503)

PURSE, Tracy Mill child of R. P. & Annie, bapt 1899 (454)
PURVIS, Geo. E., age 73 (Pulaski, VA) d. Apr 1908 (438)
    Geo. E. m. Susie A. Easten Nov 11, 1875 (438)
    Rachel P., dau of Geo. E. & Susan, bapt Aug 24, 1879 (438)
PUTMAN, Fannie? 1896 (429)
    John & wife 1891 (429)
    Edward 1893 (455)
    Louisa Sarah, dau of Chas. Hosmer & Mary Elizabeth, b. Jan 13, 1886 at Manchester TN (461)
    Louise d. Oct 24, 1906, age 21 (461)
    Mary Elizabeth 1895 (461)
PYATT, Callie 1884 (435)
    J. H. 1860 (435)
    John N. 1884 (435)
    Martha (wife of J. H.) 1860 (435)
PYNE, Elizabeth, age 1, b. in Louisville KY, d. Apr 9, 1891 (400)
PYOTT, Amanda J. 1876 (435)
    Eliza P. 1876 (435)
PYSANT, D. d. 1883 (396)
QUAEFE, John A. m. Annie V. Wicks Jul 17? 1877 (356)
QUAFF, Polly d. Feb 27, 1870 (423)
QUAIFE, Polly 1867, d. Feb 27, 1870 (423)
    Mrs. V. d. Feb 1887, age 53 (356)
QUAIFFE, John Austin 1871 (423)
    Mary Virginia 1876, m. A. B. Bigsby Oct 21, 1885, moved to Yonkers NY Jul 19, 1886 (423)
QUARLES, Garrett Minor (from Montgomery Co. TN) b. Dec 18, 1848 (438)
    Joseph Scott confirmed 1881 (400)
    Lucey Jones (from Montgomery Co. TN) b. Jun 6, 1855 (438)
    Lucy buried Dec 14, 1877 (438)
    Gen'l. Wm. A. buried near Garrettsburg, Christian Co., KY, Dec 30, 1893 (400)
    William A., Louisa, Mrs. Hart, May (Barker) --family listings 1875-1902 (400)
QUEEN, Fannie 1892 (440)
    Fanny, age 18, 1892 (438)
    Fanny, dau of Edward & Angeline, b. Apr 1874 (440)
    James Franklin, son of Edward & Angeline, b. Dec 29, 1882 (440)
    Mrs. buried 1891 (440)
QUICK, Mrs. Adaline T. d. 1874 (401)
    Mrs. Ann Eliza 1868 (401)
    T. D. & Anna E., parents of Charles Stewart, Henry Lull, Addie Domey? & Mary Vancamp, bapt 1873 (401)
QUIN, S. A. d. Nov 1894 (409)
QUINN, C. C. 1880 (409)
    Emaline 1873 (409)
    Emma 1885, d. Apr 1890 (409)

QUINN, Emma (see Emma Garrett) (425)
    Franklin 1885 (409)
    H____ P. 1875 (409)
    Jasa F. 1873 (409)
    L. B. d. Nov 2, 1903 (409)
    Ora Jetta, child of S. R. & E., bapt Aug 16, 1874 (409)
    S. R. 1873 (409)
    S. R. 1881, 1885 (409)
    Samuel R. 1881 (409)
    Sarepter 1876 (409)
    Tessy? 1897 (409)
    Wm. M. 1873 (409)
QUINTARD, David Iserbert (see Alexander C. Killheffer) (438)
QUIST, Mary m. John L. Kaufmann 1867 (356)
RAALL?, Sally 1856 (402)
RABBETH, Mrs. Ella Rebecca member 1896, removed to Hopkinsville KY (400)
    John T. 1896 (400)
RABER, Blanch (dau of P. & M. J.) b. Mar 19, 1870 (455)
    Debora (dau of P. & M. J.) b. Jul 20, 1867 (455)
    Josie (child of P. & M. J.) b. Jul 14, 1866 (455)
RABERN, Zilpha 1885 (428)
RABISON?, Charles 1860 (435)
RABURN, Tom 1885 (428)
RABY, M. J. d. Oct 16, 1892 (396)
RAGAN, Daniel 1832 (466)
    Elizabeth A. 1832 (466)
    Lucinda 1832 (466)
    Magdalen (dau of David?) bapt 1832 (466)
    Mary Ann 1832 (466)
RAGSDALE, Miss Emily L.J. d. 6 May 1855 (466)
    Gus 1885 (454)
    Jos. G. 1885 (454)
    Lewis Andrew jr. 1885, 1887 to Meridian MS (401)
    Mrs. Lusa? 1890 (410)
    Martha 1866 (448)
    Mary ca. 1832 (504)
    Miss Nannie 1885 (423)
RAINEY, Martha 1811 (511)
RAINS, Alice M. 1894, 1898 (339)
    John 1879 (339)
    Mary A. 1897 (339)
    Maud 1897, 1899 (339)
RALSTON, Moses 1833 (423)
    Sallie 1878 (now Mrs. Z. Smith) (401)
RAMAGE, Anna m. Geo. H. Smith 1874 (356)
    Rev. B. B. m. Ethel Purvis Jun 26, 1894 (503)
    Mrs. Marion 1876 (423)
    Mrs. Marion d. Nov 1, 1908 at her son's home, New Castle PA (423)
    Mrs. Mary 1870 (423)
    Samuel Cowen 1874, moved to Washington DC Feb 9, 1881 (423)

RAMAGE, W. J. 1876 (423)
    Wm. J. d. 1911 (423)
RAMER, Mary Ann 1893 (467)
    Verrier 1893 (467)
    Vertrece 1893 (467)
RAMSAY, Margaret 1828 (left for Episcopal Ch) (423)
RAMSEY, Ann M. 1843 (left for 1st Pres Ch, Knoxville, Jul 10, 1864) (423)
    Anna Maria d. May 31, 1868, age 44 (356)
    Anna White (dau of F. A. & A. M.) b. Aug 2, 1854 (356)
    Bob 1896 (375)
    Catie 1821 (419)
    Cornelia Williams d. 1880, age 31 (356)
    Daniel Brick, son of Frank A. & Ann M., bapt Jul 9, 1843 (423)
    E. A. pastor 1884-1893, d. 1897 (502)
    Ellen (col'd) m. John Scott Sep 4, 1854 (356)
    Frank A. 1843 (left for Episcopal Ch, Jul 1864) (423)
    Jane Todd, dau of Frank A. & Ann M., b. Oct 8, 1847 (356)
    Joe W. 1896 (375)
    Margaret d. 1853, age 76 (356)
    Margaret d. Apr 10, 1854 (356)
    Margaret Russell, dau of Frank A. & Ann M., b. Apr 27, 1846 (356)
    Maria L. m. John M. Kennedy Dec 25, 1876 (356)
    Mary Anderson, dau of Frank A. & Ann M., b. 14 Oct 1844, bapt 1844 (356)
    Thomas Humes d. Aug 7, 1852, age 18 mos (356)
    William 1821 (419)
RAMSY?, Thomas Humes, son of Frank A. & Anne M., b. Jan 30, 1851 (356)
RANDLE, Anna Lee Ruth, dau of Benjamin Franklin Meek & Mary Ghomas, b. Nov 10, 1886 at Tullahoma (error here--date of bapt shown as Mar 13, 1885) (461)
    Anna Lee Ruth 1892 (461)
    Professor E. H. 1873 (406)
    E. N. 1880 (406)
    E. P., preacher, wife Miranda Gilbert & dau Mattie later m. Morgan Green 1867 (406)
    E. P. 1870 (406)
    Geo. T. 1890, 1899 to Bowling Green (401)
    Mrs. L. J. 1890, 1899 to Bowling Green (401)
    N. T. (see Clara Lurton) (400)
    Wm. G. 1876, d. Sep 1887 (409)
    William Green 1876 (409)
RANDOLPH, Addie 1893 (467)
    Daisy d. Oct 1910 (467)
    Elizabeth d. Apr 19, 1874 (467)
    George 1893 (467)
    J. C. 1893 (467)
    Jas. C. d. Jun 1889 (467)
    John d. Jan 12?, 1880 (467)

RANDOLPH, John 1862 (467)
    Lula (see Lula Dorris) (467)
    Mrs. Nessie (see Harriet Clark) (371)
    Novella 1893 (467)
    Robert 1871 (467)
    Rosie Lieu 1893 (467)
    Vergie Jones d. Dec 28, 1904 (467)
    Virgie 1893 (467)
RANEY, Fannie 1886 (396)
    Mattie d. 1892 (396)
    Mattie 1886 (396)
    Sarah 1832 (421)
RANKIN, Miss Amanda Estelle 1897 (502)
    Amanda Estell (dau of B. F. & Hortie) b. May 17, 1887 (502)
    Benjamin & Hortense parents of Robt. Eugene & Corrinne bapt 1884 (502)
    Corrine 1894 (502)
    D. P. elder 1891 (502)
    D. P. 1895 (502)
    David R. 1898 (454)
    Mrs. Hortense 1879 (502)
    Lettie 1893 (454)
    Lizzie 1893 (m. Lankaster?) (454)
RANSOM, Frank McNulty b. Aug 21, 1890, son of Warren & Hattie (356)
    Gurdon Saltonstall d. Apr 22, 1899, age 10 mos (356)
    Harriott Dereckson b. Apr 10, 1899, dau of Warren & Hattie (356)
    Jno. J. 1892 (448)
RAPE, Wm. E. d. 5/28/1903 (454)
RAPER, Annie 1885 (428)
    Caroline 1885 (428)
    Elizabeth 1873 (428)
    Elizabeth 1885 (428)
    H. D. 1885 (428)
    J. N. 1873 (428)
    J. R. 1873 (428)
    J. S. d. Feb 10, 1898 (428)
    M. A. (see Alice Watson) (428)
    Mary 1859 (428)
    Mary Ann 1873 (428)
    Mary A. d. Oct 16, 1897 (428)
RAPIER, Augusta b. Columbus KY Nov 6, 1884 (dau of John) bapt 1891 (400)
    Carroll b. St. Louis MO, Jul 13, 1880, bapt 1891 (son of John) (400)
    John confirmed 1891 (400)
    Mrs. Margaret C. confirmed 1891 (400)
    Oliver b. Conway, AR, Jul 20, 1882, bapt 1891 (son of John) (reel number omitted)
RASBETH, Mrs. Ella confirmed 1893 (400)
RASBURY, Jane 1860 (419)
    Jane 1821 (419)
    L. G. d. Oct 1, 1888, member 1860 (419)
    L. G. 1821 (419)
    Lovie 1821 (deacon) (419)
    Sarah A. 1860 (419)

RATHBURN, Annie Grace m. Clarence Crawford Nottingham 22 Apr 1891 (503)
    Nellie d. Dec 16, 1872, age 15 yr 5 mo (503)
    W. P. d. Jan 15, 1884, age 61 (503)
    William D. d. 20 May 1890, age 19 (503)
RATHBURNE, Wm. P. & Catharine parents of William Daniel b. 7 Jun 1871 and Nellie b. 7 Jul 1857 (503)
RATHER, A. H. pastor 1895 (371)
    Rawley Fletcher b. May 7, 1891 and Wells Norwood b. Aug 31, 1894 (503)
RATLEDGE, Florida 1873 (428)
RATLING, Martha 1811 (511)
RATY?, Nancy 1851 (435)
RAULSTON, Sallie m. Rev. N. L. New (of Texas) Sep 8, 1886 (502)
RAUSCHENBORG, Minna d. Apr 26, 1854, age 14 (503)
RAUSCHKOLB, Charles S. m. Marie M. Collin Aug 13, 1892 (503)
RAWLINGS, Miss Bettie W. 1891 (401)
    Mrs. Helen C. 1891, 1894 to Wilmington NC (401)
    James M. jr. m. Alice E. Van Deman 12 May 1887 (503)
    Miss Mary N. 1891, 1894 to Wilmington NC (401)
    Reuben Thomas, son of Jane, b. Mar 21, 1866 (503)
RAWLS, T. P. (m) 1891 (288)
    T. P. 1878 (288)
    Vicey A. 1878 (288)
    Visa A. 1891 (288)
RAWLSON, Miss Minnie 1884 (455)
RAY, Aley J. 1872 (408)
    Eddy 1885 (339)
    Elisibeth 1885 (339)
    Ellen T. 1872 (409)
    Ellin 1860 (421)
    Lee 1885, 1893 (339)
    Mitty 1885 (428)
    Pamela 1870 (462)
    Sam 1885 (339)
    Mrs. Sarah 1886 (440)
    Thomas 1885 (339)
    Thomas 1811 (511)
    William 1885 (428)
RAYL, Ann E. 1854, left for Lexington KY, Jul 30, 1865 (423)
    Frederick William, son of J. A. & Anne E., bapt Oct 16, 1859 (423)
    George, son of J. A. & Ann E., bapt Jul 4, 1857 (423)
    Jesse Adison 1852, left for Lexington KY, Jul 30, 1865 (423)
    Jessie, dau of J. A. & Anne E., bapt Jul 5, 1862 (423)
    Joseph d. 1855, age 17 mos (356)
    Joseph Strong, son of J. A. & Ann, bapt Jul 5, 1856 (423)

RAYLE, J. A. 1854 (423)
RAYN, Mary Jane d. Jul 8, 1851, age 15 mos (356)
RAYNES, Sadie P. m. Col. J. H. Hyman Nov 13, 1867 (438)
REA, Carletta G. m. Wm. N. Hudiburg, Nov 27, 1899 Car (503)
    Ruby adult bapt 1884 (438)
READ, Abner & wife 1889 (455)
    Caroline d. Jan 2, 1903, age 75 (350)
    Carrie Rankin, child of Caroline L. & J. T., b. Oct 12, 1863 (503)
    Ethel 1893, d. 1898 (407)
    Evelyn Cathcart 1896 (438)
    Hallie Stone dau? of Dr. Jno. T. & Caroline, b. May 11, 1857, bapt 1874 (503)
    Hallie Stone m. Rev. Henry H. Sneed Jun 15, 1874 (503)
    John Adlai, son of Jno. & Olivia, inf bapt 1836 (438)
    Mary H. m. Henry W. Crittenden Oct 15, 1879 (503)
    Miss Mollie 1890 (455)
    Will Ellis b. Nov 3, 1883, son of Mrs. Margaret (356)
READE, Mrs. Margaret E. d. Sep 25, 1889, age 27 (356)
READER, William & wife Demy 1832 (450)
    Wilmoth 1866 (467)
REAVES, Elisabeth member 1821 (419)
    John member 1821 (419)
    Mary 1821 (419)
    Reding 1821 (419)
REAVIS, Anny 1876 (389)
    John member 1821 (419)
REBMAN, Miss Catharine L. 1890, moved to Zanesville OH, Feb 6, 1894 (423)
    Mrs. Mary W. 1890, moved to Zanesville OH, Feb 6, 1894 (423)
RECORD, Jno. W. 1821 (386)
    Penelope 1817 (386)
    Sherwood C. 1817 (386)
    Sion 1821 (386)
    Wm. W. 1817 (386)
REDD, B. F. d. Jun 21, 1905 (396)
    B. F. 1886 (396)
    Benjamin 1868 (396)
    Bud 1886 (396)
    E. 1886 (396)
    E. E. 1886 (396)
    G. M. d. Aug 30, 1897 (396)
    G. M. 1886 (396)
    Henry 1872 (396)
    Henry C. 1869 (396)
    J. H. 1886 (396)
    James H. d. Oct 10, 1890 (396)
    John d. 1881 (396)
    John 1872 (396)
    John sr. d. 1856 (396)
    John 1868 (396)

REDD, M. C. d. Sep 28, 1904 (396)
    M. C. 1886 (396)
    Mary 1886 (396)
    Mary ca. 1867 (396)
    Mary E. d. Nov 1905 (396)
    S. E. 1886 (396)
    Susan? 1872 (396)
    Susie 1886 (396)
    Suson sr. & jr. ca. 1867 (396)
    W. H. 1886 (396)
REDDICK, Bell 1896 (409)
    Catherine adult bapt 1851 (356)
    J. D. 1896 (409)
REDFERN, Isaac ca. 1832 (504)
    Nancy ca. 1832 (504)
    Penelopy ca. 1832 (504)
    Salley ca. 1832 (504
REDFORD, Auddie 1896 (429)
    Henry 1896 (429)
    Lizzie 1896 (429)
    Mrs. Lutisia d. Jul 20, 1884 (429)
    Mrs. Mollie 1896 (429)
    Mr. S. P. 1889, 1896 (429)
    Willie 1896 (429)
REDMOND, Cyntha 1860 (421)
REDRICK, Alice (Byrd) 1888 (440)
    Irome? Eugene d. Jan 19, 1897, age 1 yr (440)
    Irvine Eugene, age 1, d. Jan 19, 1897 (438)
    Lilian Irene, dau of Milton & Alice, b. Jul 31, 1893 (440)
    Minnie 1889 (440)
REDUS, R. D. & wife 1857 (478)
REDWOOD, Charles (of Mobile AL) m. Jessie Dixon (of Catoosa Co. GA) Nov 22, 1893 (503)
REECE, Lou 1894 (440)
REED, A. B. 1896 (409)
    Abner 1834 (389)
    Dorothea Ferguson b. Dec 23, 1875, dau of Michael (400)
    Mr. E. S. 1891 (455)
    Elsie V. 1889 (455)
    Girty member Sun schl 1870 (369)
    Horace E. m. Margaret Brooke Jan 25, 1897 (503)
    J. B. 1896 (409)
    James d. 1854, age 20 (356)
    Mrs. James 1890 (440)
    Jenny Basker b. Mar 25, 1876 (400)
    Mrs. Joe 1887 (440)
    John P. member 1850, d. Apr 25, 1855 (356)
    John P. d. 1854, age 55? (356)
    Jos. A. 1860 (467)
    Josie Francis 1897 (440)
    Julia A. 1875 (423)
    Lilian Estelle, dau of Jas. & Ida, b. Mar 20, 1894 (440)
    Lillian Estell, dau of James & Ida, bapt at age 7 on May 26, 1901 (438)
    Margaret M. m. Algernon Bailey Sep 20, 1860 (356)

REED, Maud 1896 (409)
    Sarah Cornelia m. Daniel McMullen Dec 13, 1858 (356)
    Synthia 1887 (440)
    T. R. (m) 1896 (411)
REEDER, Benjamin 1830 (450)
    Benjamin & Nancy 1826 (450)
    Deemy 1830 (450)
    Miss Francy Elizabeth d. Apr 20, 1859 (466)
    L. H. 1843 (423)
    S. K., father of John Meek, bapt 1849 (466)
    S. K. & Mary McKee? parents of Stephen bapt 1852 (466)
    Stephen K. 1843 (466)
    Stephen K. & Mary M. parents of Francis bapt 1846 (466)
    Stephen R.? & Mary M. parents of James Bridges bapt 1843 (466)
    William 1835 (450)
    William McKinn (son of Mr. S. K.) bapt 1860 (466)
REEFE?, Mrs. Edith 1898 (454)
REEMES, Joshua ca. 1880 (448)
REES, Martha 1868 (423)
    Martha d. 1869 (423)
    Martha 1867, d. 1869 (423)
    Mary J. (see Lillie Wilcher) (455)
    Pearl 1885 (455)
    Susie 1885 (455)
    Thomas 1867 (423)
    Van 1879 (396)
REESE, Mrs. Annie B. 1892, 1893 to Pulaski TN (401)
    Mrs. Elmira d. Jun 1890 (478)
    F. M. ca. 1855 (448)
    Henrietta M. d. Jul 2, 1859, age 53 (356)
    Mary d. Feb 1910 (396)
    Richard m. Emma Davis 25 May 1891 (503)
    Sarah M. 1828 (423)
    T. B. 1886 (396)
    Thomas 1872 (396)
    Thomas B. 1868 (396)
    W. W. 1872 (396)
    W. W. 1886 (396)
    Wm. B. & Henrietta Maria parents of Louisa b. Jul 23, 1839 and Laura b. Apr 5, 1844 (356)
    William B. d. Jul 8, 1860, age 66 yrs (356)
    Wm. Brown sr. adult bapt 1846, aged 52 (356)
    Wilshire R. 1889 (455)
REESEE, Nancy Jones 1872 (396)
REEVE, Felix A. & Wilhelmina parents of Horace Maynard b. Feb 4, 1869 (503)
    Felix A. m. Wilhelmina D. Maynard Apr 20, 1865 (356)
    Mary Donaldson, dau of Felix A. & Wilhelmina, b. 28 Mar 1871 (503)
    MaryLouisa m. William Moss Bowron Nov 26, 1878 (503)
REEVES, Cetsy (f) 1872 (396)

REEVES, Mrs. H. P. (see Meta Belle Viser) (401)
    Mrs. (J. E.) Francis M. d. May 5, 1908, age 80 (350)
    J. F. 1876 (406)
    Maggie 1890 (440)
    Reding 1860 (419)
    Wilhelmina D. (Maynard) 1865 (left for Greenville TN, May 18, 1867) (423)
    Dr. d. Oct 29, 1875, age 34 (503)
REID, Amanda 1832 (466)
    David sr. 1832, d. Apr 24, 184__ (466)
    David jr. 1832 (466)
    Edith Life, dau of W. H. & Mary A., b. Dec 10, 1899 (438)
    Eliza 1832 (466)
    Miss Ida Ross 1898, 1899 to Canton MS (401)
    James Robert m. Cornelia Tullender Carlile 2 Oct 1889 (503)
    James Robert, son of James R. & Cornelia S., b. 8 Oct 1890 (503)
    Margaret 1886 (455)
    Margaret 1832 (466)
    Margaret d. May 4, 1869 (466)
    Mary d. May 8, 1853 (or 63) (466)
    Nancy 1832 (466)
    Paincia? 1838 (361)
    Polly 1832 (466)
    Robt. & Amanda parents of Mary J. bapt 1828 (466)
    Robt. 1832, 1837 (466)
    Miss Susie P..1894, 1900 to Canton MS (401)
    William P. 1832 (466)
    William P. & Nancy parents of John, Robt. Boyd, David Wilie, Milton (bapt 1826), Thomas Likens bapt 1827 and James bapt 1832 (466)
REILEY, Weeke 1887 (402)
    Irving m. Roberta Y. Ward Oct 4, 1892 (503)
    Irving, son of Irving & Roberta b. Apr 30, 1893 (503)
REIS, Anita Louise b. Oct 3, 1884, dau of George L. & Laura (356)
RENNEKER, Mrs. M. H. 1885 (409)
RENNER, Louise m. John L. Russell Nov 19, 1876 (356)
RENO, Eli d. Oct 13, 1880 (503)
    Ida M. 1876 (455)
RENOW, Rebeca d. Mar 30, 1877 (465)
RENSHAW, Blanche m. Clarence B. Brayton Nov 5, 1890 (356)
    Elizabeth d. 1882, age 19 (356)
    James Edwin, son of Jas. H. & Mary B., b. Dec 14, 1852 (356)
    James Edwin d. Feb 2, 1853, age 7 wks (356)
    Jas. K. to Mary B. Crockett ca. 1850 (356)
    Jane 1819? (423)
    Mrs. Mary d. Jun 15, 1899, age 73 (356)
    Mary adult bapt 1877 (356)
    Moses 1819? (423)

RENSON, Richard ca. 1832 (504)
RENTFRO, J. A.? 1821 (386)
    John 1824 (386)
RENTFROW, Jno. 1821 (386)
REUTCH, J. D., age 25, d. Mar 25, 1887 (bro of Mrs. Byers) (400)
REVEL, Mrs. Bettie d. May 20, 1907 (401)
    Willia 1891 (401)
REYNOLDS, Drusyllia 1811 (511)
    Elenor 1896 (438)
    Eli 1811 (511)
    Hansil 1811 (511)
    Mrs. Isabella 1858 (401)
    Mrs. Isabella 1853 (401)
    John F. (see Wm. Burr Fells) (503)
    John Francis b. Dec 25, 1830 (503)
    Maria m. John J. Muller Apr 11, 1871 (503)
    Mary 1811 (511)
    Mary J. m. Wm. T. Helms Nov 15, 1852 (356)
    Mollie Isabella 1872 (401)
    Mollie J. 1898 (401)
    Mollie J. 1872, 1898 (Mrs. Allensworth) (401)
    Ruth 1896 (438)
    Saidee M. m. J. Thomas Park Jun 23, 1880 (503)
    William 1874, d. Apr 10, 18(9?)1 (401)
    ____ Percival b. Oct 19, 1866 (503)
RHAY, Sarah 1885 (428)
RHEA, Archibald 1819 (423)
    Catharine 1819? (left for Alabama) (423)
    Charles McClung 1890 (423)
    Charles McClung d. Sep 10, 1901 (423)
    Miss Eliza Ellen d. Aug 1914 (423)
    Eliza Ellen 1870 (423)
    Homer Bartlett orphan aged 6 yrs bapt 1896 (356)
    Mrs. Isabella W. 1870 (423)
    Jane (free woman of color) 1843 (left for 1st col'd Pr Ch Knoxville Sep 1865) (423)
    John L. d. Dec 27, 1910 (423)
    John L. 1870 (423)
    John Lynn d. Dec 27, 1910 (423)
    Miss Lucy Foster 1893 (423)
    Maggie E. 1870 (423)
    Margaret 1819? (left for Alabama) (423)
    Martha 1870 (423)
    Miss Martha Lynn 1893 (Mrs. Vandeventer) (423)
    R. W. d. Aug 11, 1903 (423)
    Dr. Robert M. 1870 (423)
    Dr. Robert M. d. Aug 11, 1903 (423)
    William L. 1874 (423)
    William Wade orphan aged 4 yrs bapt 1896 (356)
RHEAD, Archibald 1819? (left for Alabama) (423)
RHICHARDS, Wm. E. 1895 (423)
RHINE, Ella Parkinson 1889 (455)
RHOBARDS, Georgia S. confirmed 1882 (400)

RHOBARDS, Georgia Smith bapt 1882 (400)
RHODES, C. (see Sarah Myra Rivers) (438)
    James 1815 (386)
    Levin Lane confirmed 1881 (400)
    Mrs. M. F. member 1875, removed to Washington DC (400)
    Rufus N. member 1871, joined the Episcopal Church (401)
    Rufus N. confirmed 1876 (400)
    Sam'l S. 1891 (455)
    Thomas 1811 (511)
    William O. m. Julia R. Humes 18 Sep 1891 (503)
RHYNAS, Mrs. Catharine O. 1884 (423)
    Mr. William A. 1884 (423)
RICE, A. M. 1856 (423)
    Alice 1888 (339)
    Alice (colored) 1884 (401)
    Mrs. Amanda M. 1870, moved to Washington DC May 4, 1881 (423)
    Mrs. Amanda M. 1883, moved to Westfield NJ May 2, 1892 (423)
    Miss Anna M. 1870, moved to Washington DC May 4, 1881 (now Mrs. A. M. Heiskell) (423)
    Annie M. 1868 (423)
    Charles A. 1856 (423)
    Charles A. 1870, moved to Washington DC May 4, 1881 (423)
    George J. d. Mar 10, 1903, age 58 (350)
    Harriet 1854 (462)
    Hugh 1857 (423)
    J. R. bapt 1870, son of Jno. P. & Annie (502)
    James d. Jul 28, 1889 (465)
    John E. 1888 (478)
    Jno. H. pastor 1873, 1874, d. 1878 (502)
    Jno. H. 1892 (502)
    Kate 1868 (423)
    Kate Preston, dau of Charles A. & A. W., bapt Mar 31, 1860 (423)
    Kelso b. Jun 7, 1896, orphan (356)
    Malinda 1823 (504)
    Margaret Hannah, dau of Charles D. & A. M., bapt Jul 4, 1857 (423)
    Mary 1854 (462)
    Mrs. Mattie Tompkins 1892 (502)
    Susan 1860 (423)
    Wm. Augustus 1866 (423)
RICH, Betsy 1836 (389)
    G. C. member 1875, moved to Nashville (400)
    John A. d. Apr 1877 (400)
    Mrs. Nona Aline d. Feb 1898 (360)
RICHA, Mary L. 1865 (408)
    T. G. 1865 (408)
RICHARD, Sabert 1844 (450)
RICHARDS, Ann 1867 (423)
    Anne 1866 (423)
    Annie M. 1868 (423)
    Catherine 1867 (423)

RICHARDS, Charles Samuel & Eliza parents of Ellen Cane b. Sep 26, 1866 (480)
    David 1868 (423)
    Francis Emily b. Oct 13, 1861 (480)
    Miss Jenn? Dora 1889 (415)
    John 1867 (423)
    Joseph, son of Joseph & Ann, bapt Aug 31, 1867 (423)
    Joseph 1866 (423)
    Mrs. Laura S. d. Jun 21, 1913 (423)
    Miss Lizzie 1879 (now Mrs. Lizzie Hope) (423)
    Lizzie 1869 (423)
    Mary A. (see Mary A. McArthur) (423)
    Mary C. confirmed 1880 (400)
    Sallie, dau of Wm. & Catherine, bapt Oct 9, 1869 (423)
    Miss Sally 1879 (423)
    Susan m. Charles L. Gage Nov 28, 1895 (356)
    Susannah 1868 (423)
    William 1867 (423)
RICHARDSON, Mrs. Alma 1891 (454)
    Annie Keiser, dau of W. M. & Annie Keiser? b. Jun 16, 1895 at Helena AR (438)
    David 1856, d. 1870 (423)
    David d. Oct 4, 1870 (423)
    E. M. 1873 (401)
    Evaris T. 1883, 1884 to Princeton NJ (401)
    F. L. 1889, 1894 (401)
    Frank pastor 1899 (454)
    Hugh 1883, 1889 to Vicksburg (401)
    Laura L. 1870 (423)
    Mrs. Laura S. d. 1910 (423)
    Laura S. 1859 (423)
    Lillian Garvin 1889, 1890 to Gallatin (401)
    Mary Eli, dau of David A. & Martha J., b. 2 Nov 1870 (503)
    Mrs. Mary F. ca. 1875 (448)
    Mrs. Salle G. 1888, 1891 to Gallatin (401)
    Thomas m. Ellen M. Hagood Dec 25, 1869 (503)
RICHEY, Amy 1838 (361)
    James 1838 (361)
    John 1880 (361)
    John 1838 (361)
    Lavina 1883 (361)
RICHIE, Mabel 1892 (288)
RICHMAN, Mrs. Caroline adult batp 1899 (356)
RICHMOND, Chester, son of Theo & Harriet, b. Mar 15, 1874 (503)
    Edward Dean, son of Ed. G. & Caroline, b. Apr 4, 1892 (503)
    Edward G. d. Nov 29, 1803, age 52 (350)
    Grace d. Jul 29, 1885, age 19 (356)
    Grace C. d. Jul 27, 1884, age 19 (503)
    Ruth Dean, dau of E. G. & Caroline b. Feb 12, 1896 (503)
    William Maxwell 1885 (423)
RICHURAN, Minnie (see Minnie Steward) (429)
RICHY, Mary Jane 1858 (408)
    T. G. 1858 (408)

RICK, C. B. 1878, 1883 to Covington KY (401)
    Chas. Robt., son of Henry A., bapt Apr 4, 1887 (401)
    Mrs. Christina 1854 (401)
    E. B. 1896 (454)
    Frank E. m. Jenny H. Halsey Feb 2, 1886 (400)
    Henry 1872 (401)
    Henry A. 1872 (401)
    John Franklin, son of John & Christina, bapt Oct 13, 1880 (401)
    Jno. T. 1872 (401)
    John 1854 (401)
    Julia Jennie 1887 (Mrs. Wm. Brandon) (401)
    Mabel Christina, dau of Jer.? F. & Emma, bapt 1879 (401)
    Mrs. Mary 1890, 1891 to Roncevert WV (401)
RICKER, Smith Adney (orphan, age 4) bapt 1885 (356)
RICKS, Mary Helena, dau of A. J. & Emma A., b. Mar 10, 1871 (356)
    Theodore, son of A. J. & Emma A., b. Dec 10, 1873 (356)
RICON, Mary E. 1872 (497)
RICOU, Mrs. M. E. 1866 (497)
RIDDELL, William B. m. Lora Biddell Oct 12, 1898 (503)
RIDER, Alis 1885 (428)
    H. H. 1868 (369)
    Mattie member 1869 (369)
    Media 1896 (371)
RIDGWAY, John Alford, son of John A. & Lucile, inf bapt Nov 30, 1899 (454)
RIDINGS, Anne 1899 (407)
    Zoader? 1899 (407)
RIDLEY, A. L. d. May 13, 1904 (409)
    Adair, child of B. L. & Idalette, bapt 1875 (502)
    Mrs. B. L. (Idallette) 1880 (502)
    B. L. 1885 (502)
    Benn (black) 1858 (408)
    Mrs. Bettie E. d. Feb 20, 1908 (409)
    G. T. (see Delia Dellahanty) (409)
    G. T. 1890 (409)
    Georgia T., dau of G. T. & Salle H., bapt Feb 1891 (409)
    Granville S. 1885 (502)
    Irene 1898, m. Irby Pate (409)
    J. L. 1888 (409)
    J. L. d. May 13, 1904 (409)
    Lewis Bromfield, son of B. L. & J. L., bapt 1891 (502)
    Miss Lillie 1885, left Jul 7, 1894 (429)
    Miss N. Pokie (Sayers) 1885 (429)
    Tabbie 1888 (409)
    Therodoric? Cecil, child of B. K. & Idalette bapt 1885 (502)
RIDLY, Millie 1895 (409)
    S. H. 1890 (409)
RIEDEL, Gladys Emida b. Aug 5, 1892 (dau of Emil A. & Clara A.) (356)

RIESS, Adolphus & Margaret parents of Lillie (b. Philada. Pa, Jul 30, 1873), Lottie (b. Phila., Pa, Jul 30, 1873); Albert (b. Daton, O, Feb 22, 1881) (356)
RIEVES, Victory 1872 (396)
RIFE, Cata 1811 (511)
RIGGAN, Jeff D. d. Oct 1884 (511)
RIGGINS, Mrs. Alice d. Nov 19, 1908 (497)
    Mrs. Alice 1857 (497)
    Mrs. Alice M. 1872 (497)
    Alvin 1894 (497)
    Miss Bettie 1888 (497)
    Miss Fannie 1888 (497)
    Mattie 1882 (497)
    W. Y. 1890 (497)
*RIGHT, John 1880 (396)
    M. J. d. 1878 (396)
    M. J. 1872 (396)
    Nancy J. 1873 (428)
    S. E. (f) 1872 (396)
    William 1873 (428)
RIGGS, Ed. S. 1893 (454)
    Mrs. Fannie 1893 (454)
    Howard 1894 (454)
    J. W. 1898 (450)
    Stanley 1893 (454)
    Will member Sun schl 1871 (369)
RIGGSBEE, John 1891 (371)
RIGSBY, Clay M. 1890 (371)
    John S. 1890 (371)
    Lydia M. 1890 (371)
RILEY, Virginia G. m. Wm. C. Perry 1874 (356)
RINE, Mrs. Bettie 1893 (401)
RINEHEART, Susan 1821 (419)
    Eudora E. 1878 (401)
RING, Leonidas 1874 (401)
    Tate 1892 (288)
RINGGOLD, John Benett b. Jun 8, 1897, son of Charles D. & Georgie (356)
RINKER, Paul d. Jul 22, 1913, age 26 (350)
RIPPY, Sallie B. 1878 (492)
RISE, William 1879 (339)
RISON, T. G. 1890 (409)
RITCH, R. L. 1896 (454)
    Mrs. R. W. 1896 (454)
RITCHEY, Adelbert Letts 1868 (423)
    Amanda 1893 (361)
    Ann Eliza 1868 (423)
    Annie member 1892 (361)
    Elva Maria, dau of A. L. & A. E., bapt Apr 5, 1868 (423)
    William T. 1893 (361)
RITEO, Virginia D.? 1872 (409)
    William H. 1872 (409)
RITER, W. H. 1880 (409)
    William B., son of W. H. & J. A., bapt Aug 16, 1874 (409)
RITTEN?, Mary R. W. 1883 (406)

RITTENBURY, Bessie Augustus b. Nov 25, 1897, dau
            of Robt. Lee & Mary E. (400)
        Frances Fredonia Elizabeth b. Oct 30, 1890,
            dau of Robt. Lee & Mary E. (400)
RITTER, W. H. 1881 (409)
RIVERS, Ben 1896 (429)
        Cynthia H., dau of L. M., inf bapt 1838 (438)
        Cynthia H. m. B. Frank Carter of Pulaski,
            Apr 6, 1852 (438)
        Ella (see Ella Cherry) (429)
        Miss Fannie 1886 (429)
        Mary E., dau of L. M., inf bapt 1838 (438)
        Mary E. m. George A. Sykes Oct 28, 1856 (438)
        Mrs. Mary E. 1886 (429)
        Mrs. Parthina 1886 (429)
        Sarah Myra, dau of C. Rhodes, adult bapt
            1838 (438)
        William, son of L. M., inf bapt 1838 (438)
        Wm. A. 1886 (429)
ROACH, Mrs. Annie 1894, d. 1898 or 9 (415)
        Catharine 1841 (423)
        Earl 1894 (415)
        Eliza J. 1875 (409)
        James 1841 (423)
        Laney M. 1875 (409)
        Mary D. d. 1885 (409)
        Mary D. 1875 (409)
        Nannie J. 1868, 1879 to 1st Ch, Louisville
            (401)
        W. A. 1894 (415)
        Winfield adult bapt 1868 (401)
        Winfield m. Nannie Dick 1868 (401)
        Winfield 1868, 1879 to 1st Ch, Louisville
            (401)
ROAN, Tommy Louise m. William Plummer Jun 9, 1897
        (356)
ROATH, Mrs. Jane 1871 (423)
ROBARDS, Miss Julia, dau of late Col. Robards, d.
            near Laurenceberg, buried in Maury Co
            Dec 4, 1858 (438)
ROBB, A. 1855 (400)
        Dr. E. C. to Lafayete Ch, 1870 (401)
        Ed. 1872 (401)
        Edwd. C. 1872 (401)
        J. M. elder 1869 (401)
        Joseph M. 1868 (401)
        Leila 1873, 1890 to Carrollton GA (Mrs.
            Nisbet) (401)
        Mary E. 1848 (401)
        Mrs. Mary E. d. Nov 14, 1906 (401)
        Mary E. of Clarksville m. Joseph M. Robb of
            Gallatin Sep 1, 1868 (401)
        Minnie 1873 (401)
ROBBERTS, Mesy 1872 (396)
ROBBINS, Anna m. John E. Patton Jun 20, 1895 (396)
ROBBINSON, S. A. 1883 (421)
        S. A. 1886 (421)
ROBERDS, Arty 1897 (407)
        Cornelia 1894 (407)

ROBERDS, Mollie 1897 (change to Vaughn) (407)
        W. H. 1897 (407)
ROBERSON, James R. 1888 (429)
        Mrs. Lee 1896 (429)
        Lulu (see Lulu Walters) (429)
        M. T. & Mollie, parents of Dan Merritt; Wm.
            Roberts; Chas. Wilson; and James Benj.;
            all bapt Oct 14, 1897 (429)
        Mattie m. _____ Taliafero Jun 28, 1891 (429)
        Michiel 1870-1872 (492)
        Mollie L. (see Mollie L. Wilson) (429)
        Mollie Wilson d. Oct 14, 1897 (429)
        Nancy D. 1885 (462)
        W. J. d. Aug 14, 1896 (429)
        Wm. m. Mollie Wilson Oct 20, 1892 (429)
        Wm. J. d. 1893 (462)
        Wm. J. 1885 (462)
        Wm. T. 1893 (429)
ROBERTS, A. J. 1885 (429)
        Aline Margaret (age 9), dau of Mr. & Mrs.
            James Roberts, bapt Apr 23, 1905 (438)
        Mrs. Allie 1896 (429)
        Mrs. Anna d. 1913 (423)
        Mrs. Anna 1885 (423)
        Art d. 1882 (396)
        Ben F. sr. 1867, d. Dec 25, 1888 (429)
        Miss Bettie 1877, 1897 (429)
        Master Charles 1887 (423)
        Clay d. Dec 1911 (407)
        Cora A. "Lamb" 1885 (429)
        Elisabeth F. m. Owen J. Prince Mar 18, 1879
            (429)
        Ella 1889 (455)
        Emma W. 1889 (455)
        Evan Pillow, son of James & Tennessee, b.
            Dec 14, 1879 (438)
        Even P., age 13, 1893 (438)
        F. G. m. Fannie Toon Dec 20, 1871 (429)
        Frank 1878, 1881 (429)
        Frank B. 1888 (429)
        Frank W., age 16, 1893 (438)
        Frank Whitthorn, son of James & Tennessee, b.
            Jul 4, 1877 (438)
        Fred Alvin 1889 (423)
        George W. 1885 (429)
        George Washington 1885 (429)
        H. C. (m) 1878 (288)
        Miss Ida 1884 (now Mrs. R. J. Stephenson)
            (423)
        J. C. pastor 1888 (507)
        J. D. d. Apr 30, 1896 (429)
        J. D. & Susie, parents of Frank Bradley,
            Jimmie Sandrons & John Percy, bapt
            Aug 25, 1878 (429)
        J. F. & Sue? C., parents of B. F. & Maggie L.,
            both bapt Sep 11, 1881 (429)
        J. H. 1883 (429)
        Mrs. J. H. d. Sep 28, 1898 (429)
        J. P. m. Susie Bradley May 25, 1871 (429)

ROBERTS, James 1886 (396)
    James D. 1889 (455)
    Jas. S. 1892 (429)
    John 1842 (401)
    John D. 1888 (429)
    John D. 1867 (429)
    Kate A. m. Louis A. Madden Jun 6, 1888 (356)
    Mrs. Kate Alice d. Jul 2, 1896, age 39 (356)
    Miss Lulu 1882 (429)
    M. B. 1893 (455)
    M. M. 1887 (454)
    Miss Maggie J. 1872 (429)
    Mrs. Margaret 1867, d. Dec 18, 1892 (429)
    Margret 1821 (419)
    Mrs. Margret d. Dec 18, 1892 (429)
    Maria 1885 (455)
    Mariah? E. 1889 (455)
    Mrs. Martha 1887 (438)
    Martha Owen, age 82, d. Oct 31, 1895 (438)
    Mary An 1885 (429)
    Mrs. Mary H. J. 1873 (423)
    Mattie 1891 (288)
    Mattie 1889 (288)
    N. C. 1829 (288)
    R. F. 1867 (429)
    Robert F. (Coon) 1878, d. Feb 1896 (429)
    Mrs. Sallie 1881, d. Sep 28, 1898 (429)
    Samuel J. m. Amanda L. Showalters Jan 18, 1866 (356)
    Sarah Jane 1892 (461)
    Mrs. Sue O. 1872 (429)
    Susan Adelaide (Noyes) dau of George & Lucy, b. 7 May 1853 (503)
    Susan Tenn. 1887 (438)
    Unice 1829, d. May 30, 1879 (288)
    W. H. d. Jul 17, 1910 (423)
    W. R. 1855 (429)
    W. R. m. Ella Bradley Jan 8, 1872 (429)
    W. R. d. Feb 11, 1898 (429)
    Walter Wouldridge, son of James & Tennessee, b. Dec 26, 1883 (438)
    Wesley 1897 (407)
    Wid 1882 (429)
    William 1876 (423)
    Mr. William 1885 (423)
    William H. d. Jul 17, 1910 (423)
    William R. 1854, d. Feb 11, 1898 (429)
    Mrs. (Sep 1891), Mary, Nell, James--family listing (438)
ROBERTSON, Alabama, dau of Clark & Margaret, b. Feb 12, 1881 (503)
    Calvin Perry, son of William Adam & Susan Dulcena, b. May 1, 1875 (461)
    Calvin Perry 1892 (461)
    Charles bapt Oct 22, 1902, age 20 (438)
    Charles H., age 20, d. Nov 25, 1902 (438)
    Charley b. 1882 (440)
    Cora 1886, 1893 (339)

ROBERTSON, David Walter, son of William Adam & Susan Dulcena Robertson, b. Feb 16, 1874 (461)
    David Walter 1892 (461)
    Elizabeth ca. 1865 (448)
    Evelyn Alberta, dau of Edwin L. & Ada A. b. 17 Jun 1890 (503)
    Franklin 1871 (467)
    Halcon Curtis, son of Ed S. & Ada A. b. Jul 2, 1892 (503)
    John 1886 (396)
    John William, son of William Adam & Susan Dulcena, b. Dec 31, 1876 (461)
    John William 1892 (461)
    L. L. 1893 (467)
    Mary d. 1913 (465)
    Mary Eva 1892 (461)
    Mary Eva, dau of William Adam & Susan Dulcena, b. Mar 19, 1879 (461)
    Ocoee (Mrs.) d. 12/1913 (454)
    Ottie Lavonie d. Feb 27, 1885 (461)
    Ottie? Lenonie, child of William Adam & Susan Dulcena, b. Aug 31, 1882 at Tullahoma (461)
    R. 1889 (497)
    Sam, father of Ossie T., James H. & Wm. B., all bapt May 22, 1892 (429)
    Samuel Sherman b. Dec 23, 1859 (461)
    Samuel Sherman 1892 (461)
    Susan Dulana (Conga) 1892 (461)
    Susan Dulcena, dau of Walter & Jennie Conga, b. Nov 16, 1854 (461)
    Viola, dau of William Adam & Susan Dulcina b. Apr 1, 1885 at Tullahoma (461)
    Viola d. Sep 8, 1891 (461)
    William Adam 1892 (461)
    William Adam b. Jul 26, 1852 (461)
ROBESON, Kate Adelia (Puckette) 1892 (461)
    Samuel d. Jan 5, 1887 (461)
    Samuel, son of John & Frances, b. Jul 5, 1834 at Dayton OH (461)
ROBINS, J. W. 1876 (444)
    Mary d. Jun 29, 1876 (467)
    Mary 1853 (467)
ROBINSON, Ann Maria, dau of John & Ellen, b. Jun 14, 1859 (356)
    Mrs. Annie (Pickett), Douglas, Georgia William Erwin, no dates--family listing (438)
    Annie Douglas, age 14, 1893 (438)
    Augustus H. m. Delia A. Baxter Nov 1, 1872 (356)
    Boyd 1892 (401)
    Catharine, adult bapt 1881 (438)
    D. M. 1875 (429)
    Dusty? Jacobs inf bapt 1850 (466)
    Ellen, dau of John & Ellen, b. Jun 14, 1859 (356)

ROBINSON, Rev. George Stanley m. Lillian Taylor Jun
    1, 1899 (503)
    Hattie (see Hattie Page) (401)
    Miss Holmes 1896, d. Jan 1901 (454)
    Mrs. Ida 1888-1890 (497)
    Jas. 1889 (497)
    James D. 1842 (478)
    John J. 1841, left for NY Sep 22, 1845 (423)
    John J. 1848 (left for Athens GA) (423)
    Mrs. Lidia mother of John bapt ca. 1839 (466)
    Lorinda 1872? (425)
    Mrs. M. E. 1896, d. 5/7/1913 (454)
    Mrs. Margt. A. d. Aug 1852 (466)
    Mary (Mrs.) 1883, moved to Princeton IN, Mar
        11, 1897 (423)
    Mary E. m. Alfred Smith Jul 8, 1896 (503)
    Miss Myrtle member 1896 (m. Lony Joyce) (454)
    Mrs. R. E. 1890, d. Nov 1893 (497)
    Ragsdal, son? of Mrs. Hattie Page, bapt Jun
        19, 1899 (401)
    Mr. T. H. 1885, moved to Wichita KS (423)
    Tom d. Aug 1891 (396)
    Walter H. d. Apr 6, 1857 (19 mos) (356)
    William d. 1894 (360)
ROBISON, Mrs. Bettie J. 1889, 1895 (429)
    Charly E. 1889 (429)
    D. M. 1872 (429)
    Mrs. Hanna E. 1890 (429)
    J. W. 1886 (462)
    Lydia 1839 (466)
    Mary B. 1884 (429)
    Miss Mary J. 1886 (429)
    Miss Mattie (Talaifero) 1878, d. Sep 23, 1891
        (429)
    Robert A. 1885 (429)
    Mrs. Sam 1890, d. Aug 1, 1902 (429)
    Mr. Sam 1890 (429)
    W.? J. 1889, d. Aug 14, 1896 (429)
    __ddie 1886 (429)
ROBY, Absalam 1833 (389)
    Margaret E. m. Mobray C. Kinzel Oct 3, 1898
        (356)
    Mary 1833 (389)
ROCHE, F. G. 1847 (438)
    Wife & dau of F. G. (died in Memphis &
        removed for burial to St. Johns Ch,
        Ashwood) buried Dec 4, 1855 (438)
    Mrs. Francis 1847 (438)
    Francis, father of James Payne (d.--a child)
        & Edward P. infant bapt 1841 (438)
    Frank Gurney, son of Francis G. & Amanda,
        bapt Jul 14, 1850 (438)
    Susan P. m. Jacob R. Groves Oct 15, 1856
        (438)
ROCK, Miss Ethel Lee 1896 (454)
    Mrs. Mary L. 1896 (454)
RODDY, Elizabeth d. May 22, 1889 (465)
    Harvey d. 1898 (465)
    Jane d. Dec 16, 1893 (465)
RODDY, Patrick N. m. Mary Ellen Stacks Feb 1,
    1866 (356)
RODEFER, Gertie T. m. John Kennedy Dec 4, 1887
    (356)
RODENBOGH, Charles d. Aug 14, 1888, age 60 (461)
RODES, Betsey 1811 (511)
    Sarah 1877 (425)
RODGER, Corrane?, child of Thos. & Lucy, bapt 1878
    (356)
    James Christie, son of Thos. & Lucy G., b.
        Apr 16, 1873 (356)
RODGERS, Alexander R. 1832 (left for AL, Jan 19,
    1836) (423)
    Anna, dau of James & Rosanna, bapt Oct 2,
        1858 (423)
    Miss Anna 1870 (m. E. G. Oats Oct 19, 1881)
        (423)
    Anna (see Anna Oats) (423)
    Annie 1868 (423)
    B. A. & F., parents of Oliver G., Thomas M.,
        and Ben A., bapt Sep 30, 1874 (448)
    Bedie (f) 1891 (288)
    Charles Edward 1871, d. 1895 (423)
    Charles Edward, son of James & Rosanna, bapt
        Nov 11, 1854 (423)
    Cynthia 1828 (423)
    Eliza Ann 1885 (see Eliza Ann Young) (507)
    Elizabeth 1891 (288)
    Flora White, dau of Thos. & Lucie (several
        months old) bapt 1880 (356)
    Flora White m. Howell Woodruff Booth Nov 30,
        1897 (356)
    George 1885 (507)
    Hugh McMullan 1881 (423)
    Hugh Patton, son of James & Rosanna, bapt
        Oct 6, 1860 (423)
    Isabella, dau of James & Rosanna, bapt Apr 4,
        1847 (423)
    Dr. James d. Feb 23, 1898 (was 3 mos & 22
        days older than the church--b. about
        1818) (423)
    James 1832, 1847, 1870 (423)
    James & Rosanna, parents of James Alexander
        and Samuel Ramsey, both bapt Jul 4,
        1852 (423)
    James & Rosanna, parents of Hugh McMillen
        and Lilly, both bapt Dec 2, 1866 (423)
    James A. 1869 (423)
    James Alexander 1870 (423)
    John 1853 (389)
    Jubilee 1891 (288)
    Levi 1876 (389)
    Miss Lilly 1881 (now Mrs. Frank Clark) (423)
    Lucy d. Jul 1868 (389)
    Lucyann 1876 (389)
    Marry 1823 (504)
    Mary 1850 (402)
    Mary 1832 (423)
    Melinda d. Jun 30, 1845 (423)

RODGERS, Nettie 1886, nee Watson (507)
    Rosanna 1847 (423)
    Mrs. Rosanna 1870 (423)
    Sallie 1896 (411)
    Samuel R. 1868 (423)
    Tabitha 1823 (504)
    Thomas 1870 (389)
    Thomas 1829, d. 12-22-1870 (423)
    Thomas 1828 (423)
    Thomas, son of James & Rosanna, bapt Apr 4, 1847 (423)
    Thomas d. Dec 22, 1870 (423)
    Thomas d. Jul 13, 1909 (423)
    Thomas W. 1870 (423)
    Wallace D. 1868 (423)
    Wallace D. 1870 (423)
    Wallace Daniel, son of James & Rosanna, bapt Jul 5, 1856 (423)
    William 1845 (423)
    William 1832, left for AL, Jan 19, 1836 (423)
RODRIGUEZ, P. A., rector 1896 (441)
    Paul Augustin b. Nov 13, 1894, son of Rev. Primitivo A. & Louise (Drane) (400)
    Rev. Primitivo A. d. Feb 5, 1909 (400)
    William Drane Haddox b. Jan 29, 1896, son of Rev. P. A. & Louisa Drane (400)
ROE, C. M. C. 1889 (371)
    Doshie 1893 (371)
    Effie 1890 (371)
    Evie 1890 (371)
    Henry 1863 (467)
    James C. 1890 (371)
    James Colman William Jones b. Aug 12, 1848, d. Apr 20, 1891 (371)
    Rosy 1889 (371)
    Ruth E. d. Jul 4, 1889 (371)
    S. D. 1889 (371)
    Sarah E. (see Sarah E. Carroll) (371)
    Tempa 1889 (371)
    Tempa d. Apr 17, 1904 (371)
    W. F. 1889 (371)
    W. H. 1889 (371)
    Winnie 1890 (371)
    Winnie d. Jun 12, 1889 (371)
ROGAN, Caroline 1857, 1871 (423)
    Catharine (see Catharine Webb) (423)
    Conelia (Mrs. Crawford) 1857 (left for Blountville Sep 23, 1870) (423)
    Fanny (Mrs. Drake) 1860 (left for First Presby. Ch, Knoxville, Jan 7, 1871) (423)
    Landon Powell, son of O. H. G. & Caroline, bapt May 23, 1860 (423)
    Lilburn H. 1863 (left for First Presby. Ch, Knoxville, Jan 7, 1871) (423)
    Margaret 1860 (left for First Presby Ch, Knoxville, Jan 7, 1871) (423)
    Margaret Ann (Mrs. J. P. Briscoe) 1857 (left for Blountville) (423)

ROGAN, Martha Caroline, dau of O. H. P. & Caroline, bapt Jun 30, 1860 (423)
    O. H. P. 1857 (423)
    Ora Belle 1895 (423)
    Sarah (see Sarah R. Lynn) (423)
    Sarah (Mrs. James Lynn) (left for Kingsport TN, Oct 23, 1870) (423)
    Wilborne, son of O. H. P. & Caroline, bapt Jun 30, 1860 (423)
ROGERS, Albert Edward, son of C. H. & Ellen, b. 4 Jul 1890 (503)
    Annie 1897 (407)
    Ben d. Oct 1907 (288)
    Ben A. ca. 1875 (448)
    Cara L. 1896 (411)
    Charles McGhee, son of Thos. & Lucy, bapt 1877 (356)
    Donald Wilson, son of Thos., inf bapt 1882 (356)
    E. G. (m) 1896 (411)
    Elizabeth d. Nov 8, 1894 (288)
    Ellen St. George, dau of E. H. & Ellen, b. 12 May 18888 (503)
    Elley 1885 (428)
    Florence b. Aug 21, 1888, dau of George H. & Merra (356)
    Frances 1899 (407)
    G. L. 1897 (407)
    Henry 1899 (407)
    James 1896 (411)
    Mrs. Josephine 1896 (400)
    Mrs. Juliet Frierson 1897, 1901 to Starkville MS (401)
    Lafayette (see Rachel McClung) (423)
    Lila 1897, changed to Pickler (407)
    Lilian Adelle, dau of James Charles & Lillian b. 27 Nov 1898 (503)
    Maggie G. (see Maggie G. King) (407)
    Martha L. 1896 (411)
    Mary 1832 (504)
    Mary ca. 1855 (448)
    Mary 1873 (428)
    Melinda (col'd) m. Frank Branner 1867 (356)
    Murry 1897 (407)
    N. D. (f) 1875 (288)
    N. O. (f) 1878 (288)
    Nancy A. 1829 (288)
    Ora 1896 (400)
    Porter (see Mary Mitchell) (409)
    Ransom 1894 (454)
    Sallie 1896 (400)
    Saml. B. m. Lizzie Hughs Apr 18, 1875 (503)
ROHNER, Albert Thomas 1882, d. Jun 9, 1895 (401)
    Emil, son of Thomas & Maria, bapt Aug 22, 1884 (401)
    John Henry, son of Thomas & Mary, bapt 1877 (401)
    Maria 1875 (401)
    Thomas 1875 (401)

ROHNS, Henry 1892 (401)
ROHR, Maggie Horton 1896 (454)
    Mrs. Warren L. 1894 (454)
    Warren L. 1894 (454)
ROLAND, Andrew J. 1847, 1855 (511)
ROLIN, Mary 1883 (348)
ROLING, Richardson 1811 (511)
ROLL, Charlie 1888 (455)
    Edna 1888 (455)
ROLLEN, J. L. 1873 (401)
ROLLINS, Charley 1894 (415)
    Mrs. Etta 1893, d. 1897 (415)
    J. G. 1896 (401)
    J. S. 1893 (415)
    Luke 1896 (415)
    Mattie 1896 (415)
    Thos. 1896 (415)
ROLLOW, Florence Kessee, age 28, born & reared in Clarksville, d. Sep 12, 1891 (400)
    J. G. 1873 (401)
    James Grady, son of James & Florence, bapt 1889 (400)
ROMINE, Florence Alabama, dau of D. R., bapt Jan 19, 1887 (401)
RONEY, Henry R. m. Christiana T. Haws, Nov 23, 1898 (356)
    W. S. 1872 (408)
RONSEY, George Edward b. Apr 28, 1868; William Clay b. Jan 13, 1870; Archy Francis b. Jan 31, 1875 and Charles Henry b. Apr 9, 1876, children of Theresa (400)
    Theresa mother of Geo. Edward b. Apr 28, 1868; Wm. Clay b. Jan 13, 1870, Archy Francis b. Jan 21, 1875; and Charles Henrey b. Apr 9, 1876 (400)
ROODBURN?, M. A. 1893 (393)
ROOT, W. J. 1889 (455)
ROPER, Mrs. E. J. d. 11-24-1907 (454)
    Edny 1834 (462)
    H. S. (f) 1887 (462)
RORST?, O. E. member Sun schl 1870 (369)
ROSE, Mrs. Emma d. Oct 3, 1888, age 53 (356)
    F. M. ca. 1850 (448)
    Houston d. Feb 19, 1897, age 16 mos (356)
    J. B. d. Nov 1, 1884 (504-2)
    J. B. 1880 (504)
    J. B. 1871 (504)
    P. D. (single) 1875 (455)
    Patcy ca. 1832 (504)
    Patty 1853 (504)
    Richard ca. 1832 (504)
    Reuben ca. 1832 (504)
    Ruben 1853 (504)
    Z. B. 1873 (421)
ROSENBLUM, N. 1891 (371)
ROSENPLAENTER, Mrs. A. member 1875, removed to Memphis (400)
    Anna Augusta b. Nov 28, 1879, dau of Charles & Anna (400)

ROSS, Miss Bella E. 1881 (423)
    Carrie m. Horace D. Marshall Oct 17, 1878 (400)
    Miss Carrie mem-er 1875, m. Horace D. Marshall Oct 17, 1878 (400)
    Charles Barker confirmed 1876 (400)
    Charles Barker, age 55, d. Nov 25, 1911 (400)
    Charles Brown, son of Mrs. E. J., bapt 1860 (466)
    Charles C. 1893 (455)
    Charles Frederick b. Jan 22, 1892, son of Charles C. & Annie H. (356)
    Mrs. Cornelia E. 1880 (423)
    David L. 1868 (423)
    David Laird, son of Mrs. Elizabeth J., bapt 1851 (466)
    Mrs. E. J., mother of Mary Malvina bapt 1863 (466)
    Eddy member Sun schl 1870 (369)
    Edward B. and Dorothea parents of Mary Dorothea bapt 1877 (400)
    Edward Barker (son of Edward & Dorothy) bapt 1889 (400)
    Edward M. 1857 (left for Huntsville AL, Mar 21, 1859) (423)
    Elder Thomas 1824 (421)
    Mrs. Elizabeth 1870 (423)
    Mrs. Elizabeth Jane 1849 (466)
    G. W. & Elis. J. parents of Lizzie Bell b. Jul 27, 1867 (466)
    George, son of David, bapt Oct 12, 1879 (423)
    Mrs. Helen 1870 (423)
    Helen (see Helen Carey) (423)
    J. Eddie 1875 (423)
    James, son of Edward & Dorothea C., b. Feb 24, 1881 (400)
    James b. Feb 24, 1881, son of Edward B. & Dorothy C. (400)
    James Edward, son of Mrs. E. J., bapt 1854 (466)
    John bapt 1884 (400)
    John Munell, son of Mrs. E. J., bapt 1858 (466)
    John W., M.D., 1896 (400)
    John W. A. & wife 1890 (423)
    Mrs. John W. A. d. Dec 15, 1897 (423)
    John Walton of Pensacola FL m. Mrs. Mildred Pettus Oct 1, 1891 (400)
    John Walton bapt 1883 (400)
    John Walton bapt 1877 (400)
    Martin Luther 1872 (423)
    Martin Luther d. 1899 (423)
    Marvin Dudley, son of Edward B. & Dorothy C., b. Nov 22, 1885 (400)
    Mary Dorothea bapt 1877, dau of Edward B. & Dorothea (400)
    Miss Mary M. 1889 (423)
    Miss Mary Malvina 1878 (423)

ROSS, Mrs. Mildred member 1896, d. Jan 6, 1897
(400)
    Mrs. Mildred L. d. Jan 6, 1897, age 46
(400)
    Molly member Sun schl 1870 (369)
    Rubine confirmed 1881 (400)
    Sally? member Sun schl 1870 (369)
    Walter Harris 1894, moved to Seattle WA,
Dec 3, 1898 (423)
    William Carey 1889 (423)
    Wm. Watson, son of Mrs. Elizabeth Jane, bapt
1852 (466)
ROSSEAU, Ana W. 1873, d. Dec 1873 (401)
    J. A. 1873, 1875 to Henderson KY (401)
ROSSEN, Isaac m. Jennie Gadone Feb 24, 1870 (438)
ROSSER, George 1897 (454)
    Gordon 1887 (438)
    Mrs. Jennie buried Aug 20, 1874 (438)
ROSSINGTON, F. M. (m) 1872 (497)
    George A. m. Beulah Settle Oct 1885 in
Nashville (couple from Chattanooga)
(400)
    R. B. 1866 (m) (497)
    R. B.? 1868, 1888 (497)
    T. E. 1891 (497)
ROTH, Lewis 1868 (423)
ROTHE, Miss Clara Augusta 1885 (423)
    Miss Emma 1885 (423)
    George 1885 (423)
    Miss Mary Ann 1885 (423)
    William d. Aug 4, 1851, age 2 (356)
ROULAND, John 1886 (348)
ROUPE, Myrtle d. Jul 2, 1912 (435)
ROUSE, Alfred, son of Harry E., bapt Dec 1899 (454)
    Harry E. 1894 (454)
    Mrs. Harry E. 1894 (454)
ROUSEY, Theresa confirmed 1877 (400)
ROUST, Polly Ann 1881 (407)
ROUTH, Louis 1870 (423)
ROWAN, Geo. R. 1885 (455)
ROWDEN, Carl J. 1885 (454)
    Frank 1889 (455)
ROWE, Adelbert Leslie, son of Nelson & Maggie, b.
Feb 1, 1891 (455)
    Nelson 1893 (455)
    Sary 1860 (402)
    Sary 1887 (402)
ROWLAN, Amos 1858 (444)
ROWLAND, Bell 1898 (348)
    Elems 1860 (402)
    Elizabeth 1823 (402)
    Elizabeth 1860 (402)
    Elms 1887 (402)
    Elums? 1850 (402)
    George & Mary parents of Pauline b. Jan 3,
1883; Louise b. Oct 20, 1885; Stella b.
Sep 22, 1887 and George b. Sep 6, 1889
(356)

ROWLAND, Hattie Reynold, b. Jan 5, 1897, dau of
George & Mary (356)
    Louisa Jane adult bapt 1857, b. Oct 31, 1831
(356)
    Loyed 1850 (402)
    Loyed 1853, d. Jun 15, 1858 (402)
    Loyed 1823 (402)
    Mary 1850, 1823 (402)
    Mary d. Jul 1855 (402)
    Mary Priscilla b. Sep 28, 1893, dau of Mr. &
Mrs. George (356)
    Olive 1850 (402)
    Olive 1823 (402)
    Priscilla m. George S. Crane Jul 3, 1894 (356)
    Robert Cornelious d. May 12, 1896, age 6 mos
(356)
    Robert Cornelius b. Oct 14, 1895, son of
George & Mary (356)
    Susanna 1850 (402)
    Thomas 1860 (402)
    Thomas sr. 1853 (402)
    Thomas 1823 (402)
    Thomas C. 1860 (402)
ROWLETT, William m. Caroline Hensley Sep 6, 1853
(356)
ROWLEY, Miss Lucy Overton 1896, 1900 to Little Rock
(401)
    Robt. Percy 1896, 1899 to Little Rock (401)
ROWLING, John Henry adult bapt 1853, b. Jan 13,
1831 (356)
    Mary Adelaide adult bapt 1860 (356)
ROY, W. H. ca. 1855 (448)
ROYAL, John 1891 (440)
    Luther, son of John, b. at Columbia, bapt
Oct 1, 1892 (438)
    Minni Brown, dau of John & Mary, b. Feb 15,
1894 (438)
ROYCE, Sally m. Henry A. Weir Feb 14, 1878 (356)
RUBENS?, Herman ____ m.Margaret ____ Ingram Mar 29,
1899 (438)
RUBIN, Anion? d. Dec 23, 1902, age 25 (350)
RUCKER, Sarah J. (see Sarah J. Boyer) (423)
    Susan 1827 (502)
RUCKERT, Lewis Charles, son of William & Sarah J.,
bapt Jun 6, 1848 (423)
    William 1848 (423)
    William & Sarah J., parents of Mary Catherine
& George Ordolph, both bapt Jul 1, 1854
(423)
    William & Sarah J., parents of Sarah Louiza
bapt May 4, 1853 (423)
RUCKETTE, Stephen 1898 (438)
RUDD, Alexander m. Hattie Davis Feb 19, 1880 (356)
    Grace member Sun schl 1870 (369)
    Mrs. Mary H. member 1885 (m. Beath) (454)
    Maud Kenner m. Mark Hudson Stokes Jan 21,
1896 (503)
    Retty member Sun schl 1870 (369)
RUDOLPH, Jacob W. d. May 31, 1899 (400)

RUFF, Henry 1811 (511)
RUFFELL, Charles Richard 1896 (461)
    Charles Richard, son of James Richard &
        Mary, b. Jun 12, 1882 at Bethel,
        Claymont Co. OH (461)
    James R. 1895 (461)
    James Richard, son of James R. & Mary, b.
        Jul 28, 1888 at Urbana OH (461)
    Louise Bessie, dau of Jas. R. & Mary, b.
        Oct 24, 1891 at Urbana OH (461)
    Mary b. Jul 3, 1850 at New Richmond OH (461)
    Mrs. Mary 1895 (461)
    Mary Eliza, dau of James R. & Mary, b. Nov 3,
        1885 at Urbana, Champaign Co. OH (461)
RUFFIN, Miss Edna d. 10/2/1904 (454)
RULAND, Mary 1886 (348)
RULE, Mrs. Emma Garrett, Geo. & Lula, 1885 (369)
    James d. Mar 1905, age 40 (resides in
        Philippines) (356)
RULENS, Herman 1899 (438)
RULEY, Virginia 1868 (423)
RUMAGE, Gorge 1872 (408)
    Mary 1872 (408)
RUMLY, A. A. 1873 (421)
RUMMAGE, Hattie May, dau of Sarah Lovey & George
    Watson, b. Dec 6, 1897 (440)
    Hettie May, dau of Tarah Love & George W.,
        b. Dec 6, 1897 (438)
RUMSEY, Alice 1894 (454)
    Mrs. Geo. A. 1893, moved to Grand Rapids MI
        Oct 17, 1894 (423)
RUOHS, Mrs. Nancy d. Apr 13, 1909 (454)
RUSE, Parthenia d. Jul 1, 1871 (396)
RUSH, Sarah E. d. Jan 13, 1878, age 30 (503)
RUSHING, Lillie 1886 (409)
RUSHTON, Emma m. Alvie O. Brooks Jan 22, 1877 (503)
    Fannie, dau of Mary Ann, bapt 1877 (503)
    Josephine, dau of Mary Ann, bapt 1877 (503)
RUSS, Henery C. 1885 (478)
    Henry Clay d. 1890 (478)
RUSSEL, Allice 1898 (407)
    Clarence L. 1884 (401)
    Miss Lavinia 1885 (369)
RUSSELL, Addie 1888 (454)
    Alfred & wife (colored) 1884 (401)
    Mrs. Alice Brown 1875 (401)
    Mrs. Allice B. 1875, Dec 18, 1881 to Hopkins-
        ville KY (401)
    Rev. Ambrose Baxter d. Mar 5, 1893, age 79
        (400)
    Andrew C. 1842, left for Memphis Nov 24, 1843
        (423)
    Annie d. Jul 22, 1892, age 4 (356)
    Mrs. Augustine 1896 (400)
    Augustine V., age 72, d. Aug 17, 1905 (400)
    Bessie Brighton, dau of James D. & Alice,
        bapt 1879 (401)
    Mrs. Bettie confirmed 1889 (400)
    Mrs. Bettie adult bapt 1889 (400)

RUSSELL, Charity member 1832, 1838 (361)
    Charles Moor (Feb 15, 1891), Julia Ann (Feb
        15, 1891)--family listing (438)
    Clarence L. 1884 (401)
    David Worth 1894 (454)
    Eli W. 1891 (478)
    Elizabeth 1833 (left for NC) (423)
    Fannie May d. Feb 3, 1891, age 4 mos (356)
    Frank Rodger b. Nov 30, 1891 (356)
    J. D. & Alice parents of John Brown & James
        David bapt 1877 (401)
    James D. adult bapt 1879 (400)
    James D. 1879, Dec 18, 1881 to Hopkinsville
        KY (401)
    John &wife 1891 (478)
    John L. m. Louise Renner Nov 19, 1876 (356)
    Mrs. Julia Ann 1891 (438)
    L. M. (m) m. A. W. Bibb (f) Dec 25, 1899 (454)
    Miss Lou M. 1889 (423)
    Lydia 1838 (361)
    Miss Marion L. 1889 (423)
    Milton Barden m. Margaret McClung Oct 16, 1899
        (503)
    Parthenia 1847 (511)
    Philip 1833 (423)
    Mrs. Rachel 1880 (401)
    Mrs. Rosa 1896 (454)
RUSTON, Lillie F. m. David Davis Sep 10, 1884 (503)
RUTH, Howard, inf of Albert, bapt 1887 (356)
RUTHERFORD, Ailsy 1832 (466)
    Annie 1888, 1895 to Fort Worth TX (401)
    Mrs. E. R. 1881 (401)
    Elizabeth 1832 (466)
    James 1879, 1887 to Kansas City (478)
    James 1832 (466)
    John m. Martha C. Dudley Jun 26, 1851 (356)
    Lydia Ann 1832 (466)
    Margaret D. 1832 (466)
    Mary 1881, 1890 to Nashville (401)
    Rachel m. Frederick Smith 1860 (356)
    Mrs. Sarah E. 1873 (423)
    Mrs. Virginia jr.? 1884, 1895 to Fort Worth
        (401)
    Mrs. Virginia, mother of Santa Anna & Annie
        both bapt Sep 12, 1886 (401)
    William Ramsey 1892 (461)
    William Ramsey, son of James Madison & Cath-
        arine Elizabeth, b. Feb 9, 1870 at
        Shelbyville TN (461)
RUTHLEY, W. R. pastor 1897 (507)
RUTLEDGE, Tempy 1811 (511)
    Col. buried Jun 20, 1876 (438)
RUTLEGE, Mrs. M. C. 1891 (454)
RUTLING, Blake 1811 (511)
RUTTLE, Bell (see Virgil Hughes) (438)
RYALL, Abb 1855 (478)
    Elisabeth 1842 (478)
    Mrs. Fannie J. 1884 (478)
    Henery C. 1886 (478)

RYALL, Henery Scudder 1889 (478)
    Henry? & Fanny parents of Juliet Cowan &
        Carrie Sims bapt 1886 (478)
    Henry C. (husband of Fancy) 1886 (478)
    Henry C. & Fanny parents of Lizie Harris,
        Thomas Wall, Henry Scudder & Nelly
        Moore, bapt 1879 (478)
    Juliet Cowan (dau of Henry C.) 1889 (478)
    Juliet Shelby m. Ridley Bramfield Whitthorne
        Jul 19, 1877 (480)
    Lizzie d. Jul 21, 1869 (478)
    Lizzie Harris (dau of Henry C.) 1889 (478)
    Lizzie Jane b. 1859? (503)
    Louis Lavinia (dau of Walter S.) b. 25 Nov
        1873 (478)
    Mary Anna b. Aug 1857 (503)
    Mrs. Mattie (wife of T. C.) d. Aug 25, 1893,
        age 36 (503)
    Thos. C. 1842 (478)
    Thomas W. 1889 (478)
    W. S. 1855 (478)
RYAN, Arthur m. Matilda Hayes Jul 30, 1858 (356)
RYANS, Emma 1888 (507)
    Joseph 1888 (507)
RYDER, Harold R. (see Mary Eleanor Logan) (423)
    Katie m. Jno. E. Francis Oct 26, 1875 (503)
RYDINGS, Mattie 1891 (407)
RYME, Wm. H. pastor 1894 (348)
SABES, Elizabeth A. 1853 (421)
SADDLER, Margaret 1891 (288)
SADLER, Henry 1860 (467)
    Margaret d. Sep 1907 (288)
    Robert 1896 (371)
SAFFARANS, Jennie Pickett d. Dec 24, 1892 (438)
    John buried Sep 12, 1880 (438)
    Marion Pickett, child of Isaac & Jane Walker
        bapt Aug 14, 1884 (438)
    Polk, age 14, buried Nov 2, 1890 (438)
    Polk, age 14, d. Oct 31, 1890 (438)
SAFFARRANS, Miss A. M. 1882, Oct 1882 to Huntsville
    AL (401)
    Isaac, Jennie (Pickett), Malvina Mayes, Polk,
        Marion Pickett (Aug 23, 1884), John
        (1876)--family listing (438)
    Melvina Hays m. Mr. Littilson? Gould 1 Jan
        1895 (438)
SAHORN, Alexr. 1842 (478)
SAILS, Presilla member 1821 (419)
SAIN, Mrs. Anna early member 1898-1900 (375)
    Jim 1896 (375)
    Sarah d. 8 Jun 1911 (375)
ST. JOHN, Wm. Henry (orphan, age 4) & Eugene
    Horace (orphan, age 3) bapt 1884 (356)
SALE, Mrs. John 1878 (487)
SALES, Arthur 1894 (425)
SALISBURY, William L. m. Laura E. Walker 19 Feb
    1891 (503)
SALMON, Isabella 1869 (423)
    Miss Mary 1894 (423)

SALMON, Thomas 1868 (423)
    William 1867 (423)
SALVAGE, Harriet A., Mary, Gilbert Meem?, Wm.
    Liddon & Fannie (a widow & four child-
    ren from Rome GA) 1874 (503)
SAMFORD, Mrs. Sallie 1870, d. Aug 8, 1902 (429)
SAMPLE, Elizabeth 1836 (wife Samuel sr.?) (466)
    Mrs. Margaret 1822, d. Jan 1876 (401)
    Mary 1836 (wife of Samuel? jr.) (466)
    Samuel jr. 1836 (466)
    Samuel sr. 1836 (466)
    Mrs. W. H. d. 20 Jul 1911, age 26 (350)
SAMPSON, A. P. 1886 (421)
    Miss Delia 1885 (369)
    Ella 1890? (425)
    Mrs. M. M. 1885 (369)
    Minnie L. 1895 (369)
SANBERG, C. E. & M. A., parents of Christina &
    Martha Ann, both batp Jan 16, 1881
    (423)
    Charles A. m. Fannie B. Marley Nov 29, 1893
    (356)
    Charles Edward b. Apr 8, 1895 (son of Charles
        A. & Fannie) (356)
SANBORNE, J. S. & Eliza, parents of Philip &
    Robert Cooke, bapt Apr 5, 1862 (423)
SANDBERG, Carl E. 1879 (423)
    Martha Ann 1879 (423)
SANBURN, Will H. (Sep 1892), Melitta S., Josephine
    Carr, Gertrude Elaine, James Seven-
    thorp--family listing (438)
SANDELS, Catharine Phabe (dau of John & C. M.) b.
    Oct 18, 1855? (503)
    Elizabeth m. Lawson H. Nunnelly Jun 13, 1850
    (437)
    John McNeece, son of John & Catherine Mary,
        b. Oct 21, 1853 (503)
SANDERS, Anna confirmed 1883 (400)
    B. E. (m) 1896 (411)
    Bettie 1898 (411)
    Claude L., family listings 1875-1902 (400)
    Claude L. confirmed 1886 (400)
    E. E. (m) 1896 (411)
    Elizabeth 1896, d. 1903 (411)
    F. E. (f) 1896 (411)
    Frank m. Roberta Eagar 16 Jun 1886 (503)
    Isaac 1839 (450)
    J. M. (m) d. Aug 25, 1903 (411)
    J. W.? 1893, 1897 (467)
    Jas. 1869 (450)
    John 1826 (421)
    Lanie (f) 1896 (411)
    Lucy 1896 (411)
    Mrs. Mary 1873 (423)
    Nancy m. Richard Alexander 28 Feb 1808?(483)
    Polly 1811 (511)
    Prudence 1893, 1897 (467)
    S. A. (f) 1896 (411)

SANDERS, Sarah Moody, dau of E. G. & Mrs. N. Walker,
    bapt 1899 (454)
    T. R. (f) 1893 (411)
    Turner m. Mary Eagar Sep 10, 1884 (503)
    W. G. 1896 (m) (411)
    W. L. (m) 1896 (411)
    William 1832 (504)
    William 1858 (450)
SANDFORD, Mrs. Ann 1887 (415)
    Miss Catharine Floyd? 1887 (415)
    Miss Celia 1891 (415)
    Emma, dau of Edwd. J. & Emma b. Feb 18, 1869 (356)
    Miss Fannie 1891 (415)
    G. H. 1891 (415)
    George member 1821 (419)
    James 1891 (415)
    John Allen 1889 (415)
    Joseph 1893 (415)
    Lee 1891 (415)
    Miss Mary 1891, d. 1895 (415)
    Robt. ordained Nov 30, 1887 (415)
    Mrs. Sarah 1887 (415)
    William 1887 (415)
SANDUSKY, Fred R. 1892 (478)
    Richd. 1889 (478)
    Sarah C. F. (wife of Richard) 1882 (478)
SANEY, Daisy, dau of John & Jennie, b. Dec 18, 1880 at Columbia (438)
SANFORD, Alfred Fanton, son of Ed J. & Emma, bapt 1876 (356)
    Col. E. J. d. Oct 29, 1892, age 71 (356)
    Edward Jackson m. Emma Sanford Feb 25, 1892 (356)
    Emma m. Edward Jackson Sanford Feb 25, 1892 (356)
    Mrs. Emma d. Oct 2, 1895 (356)
    George William b. Sep 17, 1871 (son of E. J. & Emma) (356)
    Louis Charannes child of Edward J. & Emma, b. Jan 1, 1868 (356)
    Mary, dau of E. J. & Emma, bapt 1878 (356)
    Mrs. Sallie 1870, d. Apr 9, 1903 (429)
    William A. (Col--can't tell if this means colonel or colored) buried Jul 17, 1855 (438)
SANDS, Chas. V. m. Mary C. Nation Jan 24, 1868 (503)
    Mariella 1891 (339)
    Mary 1891 (339)
SARTEN, Lucendia d. Oct 14, 1911 (435)
SARTON, William & wife Lucind 1894 (435)
SATTERFIELD, Radford 1855 (448)
SAUBERG, Thomas Benton b. Jan 26, 1898, son of Charles A. & Fannie (356)
SAUNDERS, Anna, Eva, Eugene, J. H. Marable, Lena Marable--family listings 1875-1902 (400)
    Annie 1885 (455)
    Miss Clara 1884 (454)

SAUNDERS, Daniel 1827 (478)
    Durner d. 10 Jan 1913, age 55 (from Ft. Payne AL) (350)
    Eva Corinne confirmed 1884 (400)
    Dr. H. G. d. Jan 23, 1908 (350)
    Henry Gholson, son of Harry & Margery, b. Jan 11, 1895 (503)
    James m. Mary Weaver 1862 (356)
    John F. m. Mary E. Brown Aug 25, 1867 (503)
    Miss Laura confirmed 1892 (400)
    Lillian G. m. Wm. Jones Apr 26, 1888 (455)
    Lillie 1885 (m. Jones) (455)
    Louisa Ethel, dau of H. C. & Laura, b. Oct 6, 1894 (438)
    Mary E. (married) 1876 (455)
    Nell m. Morris Clark Dec 1, 1891 (400)
    Thomas 1811 (511)
    W. P. (Sanders) d. Nov 19, 1863, age 32 (356)
    Willie May, dau of H. C. & Laura, b. Aug 18, 1891 (438)
SAUNDERSON, Mrs. Fannie A. 1898 (401)
SAUTBEN, Allice 1873 (401)
    Salina E. 1873 (401)
SAUTBIN, Allice 1873 (401)
    Salina E. 1873 (401)
SAVAGE, A. R. 1893 (467)
    Betty 1893 (467)
    Dora 1893 (467)
    Miss Dotty 1891 (415)
    Elizabeth 1862 (467)
    Ely 1893 (467)
    Emma 1898 (415)
    G. R. 1893 (467)
    Howard Lane, son of M. A. & Jennie M., bapt May 31, 1896 (401)
    Mrs. Jennie Morrison 1888 (401)
    John 1863 (467)
    John 1893, d. Jun 6, 1898 (467)
    Kitty 1893 (467)
    Louise Letcher, dau of Michael A. & Jennie M., bapt Sep 12, 1891 (401)
    Margaret Ellen, dau of M. A. & Jennie M., bapt Dec 31, 1889 (401)
    Marian 1893 (467)
    Martha J. 1886 (396)
    Mary E. 1887 (415)
    Mary F. 1893 (467)
    Michael Angelo 1888 (401)
    Nancey 1853 (467)
    Nancy d. Jun 19, 1883 (467)
    Nanny (Allen) 1893 (467)
    Nellie 1893 (467)
    Noah E. 1893 (467)
    Richard d. Feb 16, 1888, age 90 (415)
    Richard 1887, d. Feb 16, 1888 (415)
    Robbert 1893 (467)
    Robert 1893 (467)
    Robert Charles b. Oct 11, 1896, son of Artur & Hortence (356)

SAVAGE, T. N. 1893 (467)
    Thomas 1893 (467)
    W. B. 1893 (467)
    W.? O. 1893 (467)
SAWTELL, E. father of Edward Poyden bapt 1847 (466)
    Eli V. 1842 (466)
    Ephraim & Mary parents of William Nevins,
        Isaac Yearout, Martha Louise, James
           Parkison & Henry Clay, bapt 1843 (466)
    Ephraim 1842 (466)
    Mary 1842 (466)
SAWTILL, Elizabeth S. 1833 (466)
    Bertha L. (see Bertha L. Lyle) (400)
    Grace M. m. William James Alder Aug 22, 1891
        (356)
SAWYERS, Elizabeth 1853 (467)
    James H. 1853, d. May 26, 1858 (423)
    Malison 1853, d. 1854 (467)
    Mary 1853 (467)
    Rachel 1853, d. 1862 (467)
    Mrs. Susan m. Daniel T. Boynton Jan 17, 1866
        (356)
SAXTON, Edith Margaret m. Hurbert S. Conover Jan 11,
    1893 (356)
    Nevet Lockington b. Sep 19, 1889, child of
        Henry N. & Sadie S. (356)
    N. Pokie (see N. Pokie Ridley) 1885 (429)
SAYLES, Gilbert m. Mary Catherine Payne Oct 28, 1899
    (503)
SAYLONS, Mary Lou 1894 (507)
SCAFF, Caroline 1891 (288)
SCAGGS, David, colored, 1853, left for 1st Col P.
    Ch, Knoxville, Sep 25, 1865 (423)
    David father of Theodore & Sally bapt 1853
        (466)
    Sarah A. 1853, d. Aug 24, 1854 (423)
    Winnie d. 1863 (423)
SCALES, Barbara confirmed 1898 (400)
    Cora (Pate) (409)
    Jos., age 27, d. Aug 6, 1903 (400)
    Joseph W., Harriet, Joseph, Barbara--family
        listings 1875-1902 (400)
    Joseph Walton confirmed 1894 (400)
    Joseph Watkins d. Jun 27, 1896 (400)
    Maj. N. E. & M. S. parents of Matilda More
        (3 yrs) & Mary Boyd (10 mos) bapt 1876
        (356)
SCALEY, John R. 1876 (425)
    M. H. 1874, left Nov 26, 1876 (425)
    Martha P. 1874, left Nov 26, 1876 (425)
    Mary E. 1874, left Nov 26, 1876 (425)
    Nancy A. 1874, left Nov 26, 1876 (425)
SCARBRO, Samuel & wife 1871 (435)
    Talbot 1873 (435)
SCARBROUGH, J. H. 1883, moved to Atlanta GA, Jul 9,
    1898 (423)
    Mrs. M. F. 1883, d. Jun 1890 (423)
SCATE, Haywood L. 1876 (425)
SCATES, A. 1889 (421)

SCATES, A. E. d. Oct 2, 1907 (421)
    Billy (black) 1858 (408)
    C. 1860 (425)
    D. H. 1875 (406)
    E. m. Lottie Beadles Oct 28, 1880 (425)
    E. 1890? (425)
    Elizabeth H. 1876 (425)
    H. L. 1890 (409)
    Harrit (black) 1858 (408)
    J. A. 1878 (425)
    J. A. 1889 (425)
    Josephine m. Henry Newbill Nov 29, 1880 (425)
    Lorene 1897 (425)
    Martha A. m. C. Newbill Dec 28, 1881 (425)
    Martha Alice 1873 (425)
    Martha F. d. Feb 5, 1875 (425)
    Mary S. 1881 (425)
    Maud 1895 (409)
    Milton J. 1876 (425)
    Nancy E. d. Mar 22, 1878 (425)
    Ray 1890 (409)
    W. C. 1891 (425)
    Wm. C. 1890? (425)
    William C. 1882 (425)
SCEALES, Coleman 1828 (389)
    Rhoda 1828 (389)
SCHAFFER, Daniel W. 1874, 1875 to Memphis (487)
SCHENCK, Herman m. Regina K. Schweickerd 1875 (356)
SCHLEY, Llewellyn Dearing child of John & Marion,
    b. Oct 10, 1895 (503)
SCHMISSRAUTER, Annie M. d. May 19, 1900, age 34
    (350)
SCHNEIDER, Amelia m. Augustus Nolty Feb 10, 1880
    (503)
    Carl Emerson, son of Fredrick & Addie N. b.
        30 Oct 1882 (503)
    Cooney d. Oct 16, 1900 (356)
    Mrs. F. (see Addie Nolan) (503)
    Frederick Charles, son of Fred C. & Addie, b.
        Jun 23, 1897 (503)
    Gustav A. m. Harriet Armstrong (widow) 10 Sep
        1888 (503)
    Julian d. 8 Dec 1911 (350)
    Julian Mortimer, son of Frederick & Addie N.,
        b. 8 Mar 1888 (503)
    Karl Lonis b. May 16, 1860 and Amelia b. Sep
        14, 1857 (bro & sis) (reel number
        omitted)
    Laura Nellie (see Laura Nellie Baker) (423)
    Mrs. Marie d. Feb 26, 1907, age 82 (350)
    Mary m. Adam Noll Feb 24, 1873 (503)
    Mary Helen, dau of Fred C. & Addie b. Nov 20,
        1892 (503)
    Thomas Nolan, son of Frederick & Addie N. b.
        12 Sep 1884 (503)
    Tred. W. sr. age 76, d. Mar 16, 1900 (350)
SCHOONE, Charles I. d. Mar 9, 1900, age 52 (356)
SCHORN, A. E. 1876 (369)
    Jno. O. 1876 (369)

SCHOFIELD, Charles F. m. Eliza Dawson Sep 27, 1893
        (503)
SCHRADER, Idlen? Louise (see Idlen? Louise Bignell)
        (423)
SCHRIEBER, Peter (master mechanic of C.N.O. __), d.
        9 Sep 1897, age 46 (503)
SCHRODT, Miss Blanche Alpin 1880 (Mrs. C. S. Triut)
        (401)
    John d. May 21, 1910 (400)
    Miss Laura Lake (Mrs. C. A. Lindsey) 1880
        (401)
    Myra confirmed 1877 (400)
    Myra E., John--family listings 1875-1902
        (400)
    Mrs. Sarah Ellen 1878, d. Dec 1879 (401)
SCHULER, Lena? 1899 (438)
    Wm. A. 1890 (423)
SCHWARTZ, Adolph 1892 (401)
SCHWEICKERD, Mrs. Laura 1895 (423)
    Regina K. m. Herman Schenck 1875 (356)
SCOBY, David T. 1876, left Nov 26, 1876 (425)
SCOFIELD, Mrs. C. E. (of New Orleans LA) d. 18 Jan
        1913, age 88 (350)
SCOTT, Mrs. A. E. (mother of Mrs. Dr. Francis
        Warrenfells) d. Dec 1899, age 67 (503)
    Agness & Wallace (see Berta C. Morris) (438)
    Mrs. Alice d. May 1875 (497)
    Miss Bessie 1890 (423)
    Catherine 1886 (396)
    Clennie 1889 (455)
    David (see Ada B. Meek) (423)
    Elizabeth M. 1828 (423)
    Mrs. Ella B. 1888, 1892 to Nashville (401)
    Eva May d. Aug 6, 1880 (400)
    Georgie Yergeo bapt 1880, child of William P.
        & Eva May (400)
    Grace Rebecca, dau of Wm. G. & Susannah J.,
        b. Dec 5, 1880 (503)
    India 1896 (409)
    India d. Nov 19, 1910 (409)
    Jane 1848 (421)
    J. K. 1886 (396)
    J. P. d. Jan 1893 (415)
    James 1854, d. 1898 (407)
    James m. Jane McFarlan Nov 24, 1891 (425)
    James 1877? (425)
    James 1873 (421)
    Jennie B. member 1875, d. Feb 24, 1879 (400)
    Jennie Bell bapt 1876 (400)
    Jenny B. d. Feb 1879 (400)
    Jenny Bell confirmed 1876 (400)
    John m. Ellen Ramsey (col'd) Sep 4, 1854
        (356)
    John H. 1898 (478)
    ___ John P. 1893, d. Jan 1893 (415)
    Miss Kula, moved to Farmville VA Sep 14, 1892
        (423)
    Mrs. Lucy K. 1885, moved to Vincennes IN
        Apr 25, 1888 (423)

SCOTT, Miss Madaliene 1890 (423)
    Mary d. 1903 (425)
    Mary 1890? (425)
    N. B. d. Jul 8, 1904 (409)
    N. B. 1888 (409)
    Miss Nancy Newton d. Oct 8, 1889, age 72 (356)
    Nancy Newton adult bapt 1846 (356)
    Neely 1884 (421)
    Preston Brown adult bapt 1852, b. Sep 12,
        1832 (356)
    Robbert T. 1881 (492)
    Rosa Lee 1877 (425)
    Miss Sarah 1870 (478)
    Sarah E. 1877, d. Mar 5, 1885 (425)
    Mrs. Susan W. 1890 (423)
    Mrs. Susan W. d. Feb 2, 1902 (423)
    Miss Susie E. 1890 (423)
    Thomas L. 1867 (423)
    Thomas Knight (son of John & Eliza) b. Sep
        29, 1850 (356)
    W. L. 1890, d. Mar 26, 1891 (423)
    Miss Willie Lu 1890 (423)
    *Mrs. Virginia 1892 (415)
    *Virginia Ann 1873, d. Mar 9, 1888 (425)
SCOVELL, Filey Hampton 1885, Dec 1887 to Shreve-
        port LA (401)
SCRIBNER, R. B. m. Sarah Norton Jan 12, 1891 (455)
SCRUGGS, Ella b. May 27, 1884, dau of James & Emma
        (400)
    Mrs. Emma 1896 (400)
    Frank A. 1896 (454)
    Maggie Alice adult bapt 1882 (438)
    R. F. & G. B. parents of Margaret Louise b.
        Jul 3, 1896 and Douglass Jackson b.
        Apr 26, 1898 (356)
    Miss Willie 1891 (454)
SCUDDER, Mr. Catherine 1871 (480)
    James L. 1882 (478)
    James Lockheart 1882, d. 6 Dec 1882 (478)
    M. Carolyn d. Jan 24, 1887 (480)
    Marie Louise m. Bascom Myrick Mar 30, 1875
        (480)
    Phillip J. 1871 (478)
    Phillip J. & Abbie parents of Phillip bapt
        1890 (478)
SCWARTZ, Adolph 1899 (401)
SEAHORN, Catherin 1842 (478)
    Martha E. 1842 (478)
SEAL, Mr. Chas. E. 1887 (423)
    Hester A. 1872 (408)
    Jefferson 1872 (408)
SEALES, Sally 1828 (389)
SEALS, Jefferson 1872 (408)
    Jefferson 1858 (408)
SEAMAN, Walter White 1895 (423)
SEARS, A. M. 1880 (406)
    Jennie 1882 (406)
    Lisle Turner, son of William G. & Stella B.
        b. 28 Mar 1878 (503)

SEARSEY, Rueben 1811 (511)
SEAT, Alonzo 1887, d. Aug 2, 1888 (415)
    Alonzo d. 1888 (415)
    Charles 1887 (415)
    Miss Elizabeth 1889 (415)
    Mrs. Elizabeth 1887 (415)
    Miss FAnnie 1887 (415)
    George 1887 (415)
    J. B. d. Aug 26, 1913, age 77 yr 3 mo 12 da (415)
    Jack B. 1887 (415)
    James 1896 (415)
    Mrs. Julia 1887 (415)
    Mrs. Rebecca 1887 (415)
    S. B. ordained May 16, 1869 (401)
    S. B. deacon 1869 (401)
    Miss Sallie 1887 (415)
    Samuel B. 1866 (401)
    Mrs. Susan 1855 (401)
SEAY, Alexina, dau of Geo. W. & Jennie M., b. Sep 8, 1864 (438)
    Alexina inf dau of Mr & Mrs George W., buried Jun 23, 1865 (438)
    Chas. T. 1892 (497)
    George W. 1860 (438)
    George Wharton m. Jane Maria Branch Apr 4, 1862 (438)
    John Thomas child of John & Selina Patten, b. Sep 27, 1848 (438)
    Samuel, son of George W. & Jennie, b. Jan 17, 1863 (438)
SEBASTIAN, John Clayton m. Eugenia Baird Feb 14, 1883 (438)
SEBLEY, Samuel J. m. Barbara Flenniken 1867 (356)
SEDBURY, J. W. ca. 1855, later moved to TX (448)
    M. W. ca. 1855 (448)
    P. H. ca. 1855 (448)
SEHORN, Florence m. Daniel Shofner Nov 6, 1892 (480)
    George member Sun schl 1870 (369)
    James member Sun schl 1870 (369)
    Jobes d. Aug 12, 1885 (480)
    John member Sun schl 1870 (369)
    John, Mrs. Mary, Sallie E., George, John jr. & Nathaniel--family listing Jan 1867 (480)
    John 1876 (480)
    Lydia Wickliffe (dau of O. W. & Mary) bapt 1891 (502)
    Mrs. Mary 1876 (480)
    Mary Florence b. Jul 26, 1868, dau of John & Mary (480)
    Nol? d. Oct 15, 1887 (480)
    Sallie E. 1872 (480)
    Wm. M. 1868 (369)
    Willie member Sun schl 1870 (369)
SEHORNE, W. M. 1881 (492)
SEITER, Philip Theodore & Pauline Frances parents of Clifford Theodore b. Sep 24, 1883 and Eugene Ralph b. Dec 19, 1884 (503)

SELEY, Ida Jessie 1891 (438)
SELLERS, Corinne M. m. Martin L. French Sep 18, 1895 (503)
    Corinne M. (see Mrs. Martin L. French) (503)
    Elisa member 1821 (419)
    George Escol d. Jan 1, 1899, age 91 (503)
    Isaac P. ca. 1870, 1876 (444)
    Isaac P. 1876 (444)
    James R. d. 1904 (360)
    Jesse L. ca. 1860 (444)
    Nannie E. H. bapt 1891 (dau of James R. & Nannie) (360)
    Opal May bapt 1891 (dau of James R. & Nannie) (360)
SELOVER?, Mrs. Lola 1889 (455)
SENTER, Nance E. m. John H. Everett Oct 18, 1869 (356)
SERLES, May d. Aug 1898, age 23 (503)
SETTLE, Mrs. Anna E. 1896 (400)
    Anna Wilkinson, age 58, d. Nov 8, 1905 (400)
    Beulah confirmed 1885 (400)
    Beulah m. George A. Rossington in Nashville Oct 1885 (couple from Chattanooga) (400)
    Maggie (see McKeage, Mrs. Maggie) (400)
    Mary m. Charles W. Tyler Oct 21, 1878 (400)
    Matt. Gracey 1896 (400)
    Matthew Gracey confirmed 1893 (400)
    Miss Mollie member 1875, m. Charles W. Tyler 21 Oct 1878 (400)
    Mrs. Susie (Gracey) 1898 (400)
    W. B., Mary, Beulah, W. A. , Anna, Margaret, Gracey--family listing 1875-1902 (400)
    W. B. 1852 (400)
    William A. 1896 (400)
    William B. d. May 10, 1880 (400)
SEVERANCE, Charles Edward b. 18 Sep 1857 (503)
    EdwardPaul Moody, son of Charles Edward, b. 2 Dec 1887 (503)
SEVERKROP, John d. Feb 21, 1910, age 67 (350)
SEVIER, E. F. m. Bettie Taylor Feb 5, 1874 (503)
    Edith, dau of Elbert F. & Bettie, b. May 5, 1877 (503)
    Ethel Berta, dau of Elbert F. & Bettie, b. 1 Aug 1881 (503)
    Evelin, dau of Elbert F. & Betty T., b. Nov 17, 1883 (503)
    Henry Hulme, son of T. F. & Mary, b. Mar 16, 1878 (503)
    Jackson (sevt. of A. R. Humes) adult bapt 1846 (aged 24) (356)
    Saml. Taylor, son of Bettie & Elbert, b. Dec 16, 1874 (503)
SEXTON, Annah 1872 (462)
    D. E. 1893, 1895 (467)
    Daniel Perkins (son of Cramer & Jennie) bapt 1890 (502)
    Horice 1894 (421)
    Horrice 1892 (421)
    Lou 1892, 1894 (421)

SEYMOUR, Mrs. Cornelia W. d. Jun 16, 1880, age 56 (503)
SEYMOUR, Digby Gordon and Josephine parents of
    Charles Milne b. Jul 17, 1882, Cordelia
    Josephine b. Dec 12, 1884 and Beatrice
    b. Mar 29, 1887 (356)
    Frances Mildred b. Oct 2, 1891, dau of Mr &
    Mrs. D. & J.) (356)
SHACKELFORD, Miss A. J. 1879 (401)
    Agnes (Mrs. Samuel Wilcox) 1876 (401)
    Irene W. 1889, 1900 to FL (Mr. W. W. Powell) (401)
    J. O. 1844 (400)
    Lewis 1882, 1893 to New Orleans (401)
    Miss Marian W. 1879 (401)
    Mrs. S. 1874 (401)
    Mrs. Sarah 1870 to Paducah KY (401)
    Wm. T. 1868, 1870 to Paducah KY (401)
    Wm. T. & S. parents of Irane Wilcox, Sally
    Emma & Wm. Bartlett bapt 1875 (401)
SHACKLEFORD, Miss Amanda J. 1879 (401)
    Charles (inf of Chas.) bapt 1892 (455)
    Ernest Valentine & Grace Gordon parents of
    Grace b. Aug 15, 1891 and George Gordon
    b. Nov 21, 1892 (503)
    George W. d. Mar 8, 1883 (503)
    J. O. 1852 (400)
    Miss Marian H. 1879 (401)
    Mrs. Sarah 1874 (401)
SHADDEN, W. N. d. 1909 (454)
SHADDIX, James d. May 1, 1907 (462)
SHADIX, A. E. (f) 1886 (462)
    A. J. d. May 1896 (462)
    A. J. (f) 1893 (462)
    A. W. 1896 (462)
    G. W. 1886 (462)
    J. S. d. Aug 11, 1906 (462)
    J. S. 1893 (462)
    L. J. d. Feb 19, 1904 (462)
SHADRACK, Gipson 1884 (507)
    Mary 1885 (507)
SHADY, Frederick 1851, left for Meth Ch Oct 22, 1866 (423)
SHAMBLIN, Elisibeth 1883 (348)
    Lewis 1883 (348)
SHANAHAN, David J. m. Elizabeth Edge, widow, Aug 26, 1893 (503)
SHANEFELTER, Mrs. Minerva d. 1904 (393)
SHANKS, Janie d. Sep 25, 1903, age 4 (356)
SHANNON, Billey 1895 (371)
    E. D. 1893 (467)
    Mrs. E. H. 1860 (429)
    Emma 1893 (467)
    F. E. 1893, 1897 (467)
    George 1871 (467)
    J. T. 1868 (467)
    J. W. 1893, 1894 (467)
    James 1893 (467)
    Jesse 1869 (467)

SHANNON, Jesse d. Dec 13, 1881 (467)
    John 1864 (467)
    L. L. 1893 (467)
    Lucy d. Mar 16, 1883 (467)
    M. E. 1893, 1894 (467)
    Martha W. (wife of W. C.) d. Jun 20, 1888 (467)
    Mary J. 1859 (448)
    N. E. 1893 (467)
    R. A. 1893, 1898 (467)
    Sarah A. 1893 (467)
    Thomas A., M.D. 1859 (448)
    W. C. pastor 1896 (371)
    W. C. 1893 (467)
    Wm. Bell orphan bapt 1894 (356)
    W. F. pastor 1897 (371)
    W. J. 1893, 1894 (467)
SHAPARD, Mary Ellen d. Apr 23, 1882, age 28 (503)
    Robt. A. 1858 (478)
    Robt. T. 1867 & wife (478)
SHARBER, Dr. J. M. 1856 (448)
SHARES, C. R. 1891 (371)
SHARIF, Miss Minnie 1891 (455)
SHARIFF, Miss Gertie 1891 (455)
    Mr. Willie 1891 (455)
SHARON, Mary Eva (dau of Charles Willis & Henrietta Elizabeth) b. Jan 28, 1888 (455)
SHARP, Alfred jr. 1866 (423)
    Mrs. Elizabeth d. Mar 8, 1896, age 55 (356)
    Isaac 1839 (450)
    Isaac 1857 (450)
    James P. 1888 (454)
    Joseph O. A. 1832 (502)
    Lilian Mira b. Sep 12, 1891, dau of Wm. & Bettie (356)
    Nicholas 1830 (450)
    Nicolas 1836 (450)
    Raymond Vaughn b. Jul 22, 1888, son of William & Bettie (356)
    Rebecca 1870, d. 1890 (423)
    Rebecca (see Rebecca Webb) (423)
    Samuel P. 1894 (423)
    Sarah 1832 (450)
    Sophia 1888 (454)
    W. H. 1888 (406)
SHAVER, Cornelious d. Jun 10, 1874 (465)
    Elmira d. Jan 1909 (465)
    Ivey d. Dec 1903 (465)
    Jane d. May 5, 1873 (465)
    Mary M. d. Jul 26, 1878 (465)
    Thomas d. 1902 (465)
    Walter d. Jul 20, 1912 (465)
SHAW, Annie 1887 (409)
    Annie 1899 (440)
    Chas. M. 1887, 1890 to Jackson LA (401)
    E. B. 1887 (409)
    Freda, dau of E. B. & Annie, bapt Mar 29, 1891 (409)
    Henry Sidney, son of B. F. & Saba, bapt May 3, 1888 (401)

SHAW, Jane d. Dec 1907 (421)
    Jane 1860 (421)
    Jane C. 1865 (421)
    Jesse 1853 (421)
    Jessee 1844 (421)
    Jessee 1860 (421)
    Laura 1883 (348)
    Martha 1883 (348)
    Nancy 1860 (421)
    Nancy 1846 (421)
    R. Winnie 1875 (409)
    Mrs. Saba D. 1892 (401)
    W. W. 1890 (455)
SHEA, Clarence 1896 (400)
    Clarence Brawner confirmed 1894 (400)
    James, _____, Clarence--family listings 1875-1902 (400)
    James d. Aug 7, 1895 (400)
    Mrs. Lida L. 1896 (400)
SHEARER, Mrs. Lizzie G. 1873 (401)
SHEEGOG, Edward, age 80, d. 1893 (438)
SHEHEAN, Mrs. Annie 1880, d. Aug 4, 1900 (454)
SHELBY, Sub?, age 32, d. Aug 1, 1902 (400)
SHELDON, W. B. & wife, 1889, 1891 to Atlanta GA (401)
SHELLY, Branchey M. (f) 1826 (421)
    John 1826 (421)
SHELTON, Alice 1889 (507)
    C. C. 1885 (454)
    C. J., Mary--family listing 1875-1902 (400)
    Elijah 1833 (462)
    George Harvey, son of John W. & Emma R., b. Jun 22, 1878 at Russelville KY (438)
    Henri Martin, son of John W. & Emma R., b. Oct 10, 1889 at Murfreesboro (438)
    John W., Mrs., Ross (Feb 15, 1891), George Harvey (Dec 10, 1891), John Rhea (Dec 10, 1891), Henri Martin (Dec 10, 1891), --family listing (438)
    Milly 1833 (462)
    Nancy E. 1895 (462)
    Ray 1898 (438)
    Ross 1891 (438)
SHEPARD, Bennet 1811 (511)
    Elizabeth 1811 (511)
    Jane 1811 (511)
    Jennie E. m. Stephen J. Todd 1866 (356)
    John 1868 (396)
    John 1811 (511)
    L. C. & E. G. parents of Charles William b. Jun 11, 1854 (356)
SHEPHERD, Mrs. Emily G. d. 1882, age 68 (356)
    Emily Virginia dau of William & Eliza bapt Oct 13, 1871 (438)
    Robert m. Elizabeth James Sep 14, 1853 (356)
SHEPPARD, E. S. 1870 (423)
    E. S. 1865 (423)
    Lizzie 1870 (423)
    Mrs. Lizzie d. Jul 9, 1910 (423)

SHEPPARD, Miss Nevada 1876 (married to Keener) (423)
    Walter (married) 1879 (455)
SHEPPERD, Martha 1811 (511)
SHERBROOKE, Charlotte Murray (dau of Fanny) bapt 1871 (480)
SHERMAN, Bettie C. 1895 (409)
    George b. Jul 1825, bapt 1900 (356)
SHERRELL, J. M. 1897 (407)
SHERRILL, Mollie 1888 (409)
    W. B. d. Aug 1892 (409)
SHERWOOD, Clarence Leon b. Jan 8, 1884 and Robert James b. Sep 13, 1886 (sons of R. W. & E. M.) (400)
    Elizabeth d. May 1882 (400)
    G. M. 1881 (393)
    James, Mrs Jas., Robert--family listings 1875-1902 (400)
    James bapt May 11, 1822 (423)
    James W. d. Oct 10, 1893 (400)
    May Elizabeth m. Lemuel Milk Nov 30, 1886 (see his entry) (461)
    Nettie 1895 (421)
    Nettie 1891 (421)
    Rachel 1822? (left for AL) (423)
SHETTERLY, Mrs. Nancy 1871 (423)
    Philip J. 1868 (423)
    Philip J. 1870 (423)
SHETTERS, John C. 1885 (507)
    Simmeon 1885 (507)
SHIELDS, Mrs. Alice M. 1890 (423)
    Ann (Cox) (left for Marietta GA Oct 11, 1873) (423)
    Mary ca. 1850 (448)
    Mary C. 1857 (left for Atlanta GA Jun 13, 1874) (423)
    Miss May ca. 1875 (448)
    Niles m. Anna Jones Jun 20, 1867 (503)
    Prudence 1857 (423)
SHINLIVER, Daniel 1872 (435)
    Daniel & wife 1860 (435)
    Hester Ann 1872 (435)
    Sarah 1872 (435)
    William 1872 (435)
SHINPAUGH, J. H. 1894 (435)
SHIP_____, John Burns & Elvira M. C. parents of Nelson Morgan aged 8 yr 8 mos 10 das, Olivia Maria aged 6 yrs 11 mos 7 das; John Augustus aged 4 yrs 10 mos 2 das; Mary Ann aged 2 yrs 9 mos and Theodore Clinton aged 7 mos 19 das, children bapt Dec 17, 1848 (356)
SHIP_____, Virginia Louisa, dau of John B. & Elvira M. C., b. Jan 16, 1851 (356)
SHIRLEY, A. M. m. Mary Young Sep 6, 1876 (438)
    Albert d. 1902 (438)
    Alexander, son of William & Elizabeth, bapt Oct 1898 (438)

SHIRLEY, Alfred, Mary (Young), Charles Smith (Aug 15, 1896), Daisy May (Aug 15, 1896), Alfred Melon (Aug 15, 1896), Lizzie Alexander (Aug 15, 1896), John Andrew, Sarah Ann--family listing (438)
    Alfred Melow, son of Alfred & Mary L, b. May 21, 1882 (438)
    Alper & wife 1887 (438)
    Charles Smith, son of Alfred & Mary L. b. Jun 16, 1877 (438)
    Daisy May, dau of Alfred & Mary L., b. Sep 11, 1878 (438)
    E. Rosa (Mrs. Manor) 1887, to Nashville (438)
    Emilee Rosa, dau of William, bapt Nov 6, 1870 (438)
    Emily Rosa m. Robt. Lee Manor Aug 8, 1887 (438)
    John Andrew, son of William & Anna Elizabeth, b. May 26, 1890 at Columbia (438)
    Lena buried Aug 11, 1881 (438)
    Lizzie Alexander, dau of Alfred & Mary L, b. Mar 13, 1885 (438)
    Melvin Francis, son of Mr. & Mrs. Wm. Shirley, b. Cleveland?, bapt Dec 21, 1899 (438)
    Minerva E., age 63, buried Feb 22, 1888 (438)
    Sarah Ann, dau of William & Anne Elizabeth, b. Dec 18, 1891 at Columbia (438)
    Mr. & Mrs. Wm., parents of Mary Wilks McKing & Franki Woldridge, both bapt Dec 21, 1899 (438)
SHOCKEY, Margaret 1832 (left for Cedar Grove Ch) (423)
SHOEMAKER, Charles 1811 (511)
SHOFFNER, John C. 1886 (478)
SHOFNER, Daniel m. Florence Sehorn Nov 6, 1892 (480)
SHORT?, Jas. H. 1889 (455)
SHORT, Lillian E. m. Wm. N. Preslar Feb 10, 1878 (429)
    Mamie Estella, dau of William & Annie, b. Jul 5, 1887 in Maury Co. (438)
SHOTT, Florence buried Jul 19, 1891, age 12 (440)
    Jesse Lee, dau of Bud & Mary, b. Aug 2, 1898 (440)
SHOTTS, Miss Georgie 1894 (440)
SHOUP, Rev. F. A., age 62, d. Sep 4, 1896 (438)
    Gertrude Colston, dau of Francis Whitt & Mary Howard, b. Columbia, bapt Nov 20, 1898 (438)
SHOWALTERS, Amanda L. m. Samuel J. Roberts Jan 18, 1866 (356)
SHROPSHIRE, Pendleton m. Mahala Dempsey Lyons Jan 1, 1866 (356)
SHUBART, John 1851 (435)
    Mary 1851 (435)
SHUCRAFT, Sister 1823 (504)
SHUFELT, Caroline b. Jul 2, 1844 (503)
SHUFFELT, Sarah Isabella, dau of Caroline, b. Oct 8, 1856 (503)
SHULTZ, James Rochester 1891 (455)
    Percy 1891 (455)
    William M. & Mary E. moved to Knoxville Jan 3, 1875 (455)
SHUMACK, Betsy Jane, dau of James & Elisabeth, b. 5 Jul 1876 (503)
SHURAT, Miss Minnie moved to Charlotte NC, Dec 8, 1896 (423)
    Miss Minnie 1893 (423)
SHURLIN, Richard 1856 (428)
SIDNEY, G. W. 1890 (421)
    J. E. 1890 (421)
    R. L. 1890 (421)
    R. S. d. Aug 23, 1894 (421)
    R. S. 1890 (421)
SIKES, W. H. father of Mattie Nelson & Bessie Thompson bapt 1889 (502)
SILKSTON, Joseph d. Nov 27, 1876 (400)
SILLIVAN, William 1842 (left Aug 2, 1843) (423)
SILSBY, John 1881, moved to Maryville Dec 4, 1882 (423)
SIMMES, Raphael of Memphis m. Marion Adams Oct 19, 1881 (400)
SIMMONS, Mr. A. C. d. Jan? 1903, age 84 (356)
    A. M. 1872 (396)
    Ailcy ca. 1867, 1872 (396)
    Ailey 1872 (396)
    Autum 1893, 1895 (467)
    Mrs. B. J. 1893, d. Jul 24, 1910 (454)
    B. J. 1893 (454)
    B. O. 1893 (467)
    Betsy Ann d. Nov 4, 1866, age 5 (503)
    Charley W. 1893 (467)
    D.? H. 1880 (504)
    Edna d. Aug 13, 1909, age 33 (350)
    Enoch 1831 (450)
    Mrs. Harriet 1880 (504)
    Herbert d. 29 Dec 1907 (375)
    Leella 1893, d. May 17, 1897 (467)
    Louise E. 1893 (454)
    M. J. d. 1886 (467)
    M. J. d. Jul 26, 1884 (467)
    Major Henry b. May 1855 (503)
    Mary Jane d. Nov 4, 1866, age 7 (503)
    Mrs. Nancy Louisa b. Oct 21, 1829 (503)
    Polly member 1821 (419)
    Rebecca 1811 (511)
    Sidney G. 1893 (454)
    Syntha Jane b. Dec 1851 (503)
    Thomas J. m. Suni? F. Gill of Christian Co. KY, Apr 12, 1883 (400)
    William m. Margaret Graham Aug 14, 1861 (438)
SIMMS, Ed & Lucy parents of John Streater b. Jul 29, 1872 (480)
    Edwd. & Lucy parents of Luna Mildred b. Feb 19, 1871 (480)
    James 1842, left for MO 1851 (423)

SIMMS, James H. 1842, left for MO 1851 (423)
    John 1842, left for MO Oct 1851 (423)
    Mrs. Lucy 1871 (480)
    Mrs. Mary Eliza 1849 (438)
    Mary Eliza 1847 (438)
    Milly Margaret, dau of John, bapt Jun 30, 1850 (423)
    Nancy 1842, left for MO 1851 (423)
    Raphael (see Mary Adams) (400)
    Robert A. 1842, left for Westminster Ch 1843 (423)
    Samuel H. 1843 (423)
SIMONS, Daniel 1869 (504)
    E. 1872 (408)
    Hanner d. 1864 (396)
    Harriett 1869 (504)
    J. T. 1829, d. Jul 17, 1873 (288)
    Rebeca E. 1829 (288)
SIMONTON, Miss Anna 1895 (401)
SIMPSON, A. R. 1889 (455)
    Mrs. Alice 1894, moved to Tullahoma Jul 10, 1896 (401)
    Ann 1874 (435)
    Attalanta 1839 (389)
    Eliza J. d. 1901 (348)
    Elizabeth Barbara, dau of C. W. & Annie Amelia b. Dec 15, 1869 (356)
    George 1874 (435)
    George d. Nov 1911 (435)
    Henry M. 1842 (466)
    Isa A. (see Mrs. Ida A. Martin) (454)
    J. N. 1894 (454)
    Peter P. 1878 (423)
    Samuel, Mrs. Josephine B., Miss C. E., Miss Amelia, & Miss Kate--no date given, between 1853 and 1868, to Austin TX (401)
    W. T. 1894, moved to Tullahoma, Jul 10, 1896 (401)
SIMS, Henry W. 1889 (507)
    James R. d. Oct 7, 1905 (401)
    Jefferson L. 1889 (507)
    John before 1827 (478)
    Mrs. John before 1827 (478)
    John 1825, d. May 14, 1841 (478)
    John W. 1832 (502)
    Kate 1889 (507)
    Kittie 1889 (507)
    Margeret G. 1873 (492)
    Mary Lou 1889 (507)
    Nannie 1889 (507)
    O. H. P. 1889 (507)
    R. A. d. Jun 13, 1888 (492)
    Ruth 1889 (507)
    William Ola, age 26, d. Aug 1907 (480)
SINGER, Estella m. Earnest McLagan, Jun 13, 1892 (356)
SINGLETON, Adelia C. member 1894 (m. Thos. F. Walker) (454)

SINGLETON, Daniel d. Mar 30, 1881 (465)
    David d. Mar 30, 1881 (465)
    Fannie d. Jun 10, ca. 1876 (465)
    J. H. 1891, d. 1900 (415)
    Miss Maggie 1892 (415)
    Miss Mary 1892 (415)
    Mrs. Mary d. Oct 1878, age 34 (503)
    Mary A. (wife of William) bapt 1872 (503)
    Pauline Beatrice, dau of Mary A., bapt 1876 (503)
    Rebecca H. 1882, d. Sep 1883 (511)
SION, Record 1817 (386)
SISTER, Jane 1860 (421)
SITZ, Suphria, dau of P. T. & Laura, b. Oct 17, 1890 (438)
SIVELY, James 1885 (454)
SIVERS, John d. 1849, age about 21 (356)
SKEEF, Jessee 1828 (389)
    Margaret 1828 (389)
SKEGGS, David, father of Rhoda Bella & David Martin, both batp Sep 27, 1862 (423)
    Minerva Jane, dau of David bapt Oct 6, 1860 (423)
SKIGGS, Minerva 1858, d. Dec 27, 1858 (423)
    Minervia d. Dec 27, 1858 (423)
SKIPWITH, Jane Casey, dau of George G. & Mary Ann, bapt 1828 (438)
    George G. & Mary A., parents of George G. & Sarah N., infs bapt 1836 (438)
    Peyton H. m. Frances D. Polk, Nov 13, 1866 (438)
SLACK, Dr. A. 1887 (348)
    Elizabeath 1894 (348)
    John D. 1892 (348)
    Lillie 1897 (348)
    Marry E. 1894 (348)
    Nancey 1894 (348)
SLATE, J. B. 1829 (288)
SLATEN, Calley 1885 (428)
    James 1885 (428)
SLATON, Marget (see W. P. Watson) (428)
SLATTER, Mrs. J. T. d. May 9, 1898, age 37 (503)
SLAUGHTER, Sarah Havaline d. Feb 7, 1870, age 22 (503)
SLAYDEN, Addelle (Cross) 1896 (400)
    Adele confirmed 1896 (400)
    Mrs. Augustine 1896 (400)
    John D., M.D., 1896 (400)
SLAYTON, Belle 1888 (455)
    Frederick d. Sep 17, 1869 (503)
SLEDMAN, Joel 1872 (396)
SLEEPER, Carrie L. (see Carrie L. Lockhert) (400)
    T. M. Apr 1885, Aug 9 to Waco TX (401)
    Thomas M. m. Carrie L. Lockert Oct 23, 1890 (400)
SLINKARD, Miss Della 1890 (429)
    Miss Fannie 1890 (429)
    Miss Minnie 1890 (429)
SLOAN, Andrew 1873 (401)

SLOAN, Eleanor J. 1832 (502)
    John D. 1831 (502)
    Mrs. M. A. 1874, d. Dec 3, 1899 (401)
    Maggie F. 1888 (454)
    Margaret 1887 (454)
    Margaret J. 1832 (502)
    R. A. 1887, d. 5/28/1912 (454)
    William 1832 (502)
    William 1889 (454)
SLOCUM, Edward Mark b. Aug 7, 1882, son of James W. & Amelia (356)
SLOOP, Allie G. 1885 (369)
SLOVER, Mrs. T.? D. (Sallie Ellis) 1890 (401)
    T. D. & Mrs., parents of Arthur R. & Phillips, both bapt May 31, 1895 (401)
SMALL, Mrs. A. J. (see Georgia Swift) (401)
    Amelia d. Dec 23, 1900, age 49 (350)
    Andrew Johnson 1892, d. Apr 12, 1902 (401)
    Daniel 1811 (511)
    Mrs. E. d. May 1909 (497)
    Mrs. Emily 1866 (479)
    Emily (see Miss Emily Council) (497)
    Kate d. Jun 25, 1875 (497)
SMART, Abigah 1811 (511)
    Albert 1842 (389)
    Albert member 1876, d. Nov 1880 (389)
    Amey 1811 (511)
    Henry S. 1881 (423)
    J. F. d. Dec 26, 1911 (389)
    John 1811 (511)
    John F. 1876 (389)
    Lucy E. (Atwood) 1876 (389)
    Lucy T. 1896 (389)
    M. G. 1890 (389)
    M. G. (Vantreese) 1893 (389)
    Malinda 1876 (389)
    Malinda d. Jan 27, 1895 (389)
    Melinda 1842 (389)
    Melinda d. Jan 27, 1895 (389)
    Nancy A. 1876 (389)
    Philip 1811 (511)
SMEDLEY, Mrs. Mary E. 1889, moved to Harriman TN Sep 28, 1891 (423)
SMEITZER, Anna Marguerite d. 1855, age 45 (356)
SMELLAGE, H. J. d. Dec 18, 1909 (409)
SMIDLEY, Mrs. Elisabeth 1882 (478)
SMILEY, Harriet 1853 (423)
    Harriett (see Harriett Henderson) (423)
    Hattie m. Wm. A. Henderson 1866 (356)
    Horace Pickett, son of Robert G. & Mary Knox, b. Oct 6, 1886 (438)
    Nancy 1870, d. Jun 1894 (423)
    Nancy 1854 (423)
    Thomas H. 1854, d. 1866 (423)
    Thomas H. d. Aug 4, 1866, age 62 (356)
SMISER, Miss Maria 1847 (438)
    Maria Sanders adult bapt 1845 (438)
SMITH, A. H. 1873 (421)
    Adelia Gardner, dau of J. W. & E. F., bapt Aug 16, 1874 (409)

SMITH, Adine 1889 (507)
    Agnes 1857 (423)
    Albin 1865 (478)
    Alexander, son of Alexander D. & Sarah, bapt Jun 12, 1855 (423)
    Alexander Webb bapt May 2, 1820 (423)
    Alfred m. Mary E. Robinson Jul 8, 1896 (503)
    Miss Alice 1886 (497)
    Almeda (Cortner) 1892 (461)
    Almena McGehee m. Frank Hale Meek May 4, 1899 (356)
    Alonzo Frederic, age 73, d. Mar 24, 1914 (400)
    Amelia 1897 (507)
    Mrs. Anna d. Aug 14, 1886, age 61 (356)
    Anna Louise, dau of Nathan & Carrie, b. Jun 4, 1887 (455)
    Anna Maynard d. Sep 16, 1877, age 11 yr 3 mo (356)
    Annie L. 1892 (461)
    Annie Virginia 1892 (461)
    Archibald Yell, son of Archibald Yell & Almeda Cortner, b. May 20, 1886 at Tullahoma (461)
    Archibald Yell 1892 (461)
    Archibald Yell jr. 1896 (461)
    Ardora A. 1891, 1900, m. Listney? Lazenby (339)
    Augustus 1857, left for Pisgah Ch TN Apr 30, 1860 (423)
    Ava E. 1894 (339)
    B. F. & Georgia parents of Ch. Clifton bapt 1882 (478)
    Mr. & Mrs. B. L. parents of Sarah Adams b. Jun 20, 1888 and George William b. Dec 28, 1890 (356)
    Bathruet & Belvadora parents of Elmena McGee b. Sep 14, 1877, Bathuret Lee b. Apr 16, 1879, Mary Blair b. Nov 20, 1882, Murray Stover b. Nov 13, 1883 and Belvadora b. Aug 5, 1886 (356)
    Bell L. 1867 (423)
    Belle L. 1870 (423)
    Ben F. & wife 1878 (478)
    Ben F. elder 1892 (478)
    Bessie Cortner d. Apr 7, 1883 (461)
    Bettie ca. 1875 (448)
    Bowling 1828, left for Spring Place May 1842 (423)
    Col. C. moved 1882 (406)
    Mrs. C. B. 1877, d. Aug 13, 1888 (401)
    Mrs. C. B. 1877 (401)
    C. B. 1858 (444)
    Calvin McClung b. Feb 22, 1886, son of Wm. P. & Margaret (356)
    Cam? V. m. Wm. McHanis 1881 (356)
    Mrs. Carlos G. d. May 4, 1897, age 70 (356)
    Candis 1824 (421)

SMITH, Caroline Elizabeth, dau of Rev. Franklin G.
    & Sarah Ann, b. May 23, 1855 (438)
    Miss Carrie 1872 (478)
    Carrie 1899 (438)
    Carrie Elizabeth, dau of Frank A. & Clara,
        b. May 20, 1884 (438)
    Carrie J. (George) bapt 1890, m. Horace George
        (339)
    Catharine Fleming, dau of James & Agnes, bapt
        Jul 5, 1862 (423)
    Cath. Jane adult bapt 1873 (356)
    Dr. & Mrs. Ch. 1847 (438)
    Charles B. pastor ca. 1858 (444)
    Charles Clifton 1889 (478)
    Charles Edward, son of James & Agnes, bapt
        Apr 3, 1869 (423)
    Chas. Leslie 1886 (507)
    Charlie 1889 (455)
    Charlotte Rochester 1892 (461)
    Claiborne McAlpine buried Oct 19, 1880 (438)
    Claiborne McAlpine, son of Frank H. & Clara
        L., bapt Jun 10, 1880 (438)
    Clara m. Jessie Devoy Dec 14, 1890 (455)
    Clifford, son of Rev. F. G. & Sarah, ca. 3
        yrs, buried Spe 18, 1854 (438)
    Clifford Cabel, son of Rev. F. G. & S. A., b.
        1850, bapt Mar 9, 1851 (438)
    Clinton Yell 1896 (461)
    Clyde, age 21, of San Antonio TX, d. May 25,
        1907 (400)
    Mrs. Cordelia 1873 (423)
    D. L. d. Feb 24, 1888 (497)
    D. L. (m) 1872 (497)
    Danal 1866 (389)
    David 1873 (428)
    David 1885 (428)
    Delia d. Jul 4, 1896 (409)
    Dewitt Henderson 1884 (502)
    Dosia J. 1888 (450)
    E. D. (m) 1878, d. 1889 (339)
    E. W. 1889 (455)
    Earle Martin, child of John Crittenden &
        George Ella, b. Jul 28, 1892 at Tulla-
        homa (461)
    Easter 1888 (450)
    Eddie 1894 (507)
    Eldorado 1877 (339)
    Elisabeth 1811 (511)
    Elisabeth d. 1891 (339)
    Elisabeth member 1838 (361)
    Mrs. Eliza (Byron) (May 2, 1890), Frank
        Dewitt, Joseph Grey--family listing
        (438)
    Eliza adult bapt 1871 (356)
    Eliza d. Feb 9, 1909 (507)
    Eliza 1885 (507)
    Eliza J. m. Snowdon K.? Hathaway Jul 31, 1865
        (438)
    Elizabeth, child of Dr. & Mrs.) bapt 1892 (455)

SMITH, Elizabeth d. Sep 1906 (507)
    Elizabeth d. Sep 1906 (507)
    Elizabeth F. 1875 (409)
    Elizabeth Lawson (Yell) 1892 (461)
    Ella (Ward) d. Dec 14, 1898 (461)
    Ellen Otey dau of Rev. F. G. & Sarah, inf
        bapt 1838 (438)
    Elmer b. Feb 13, 1866 (503)
    Elmer d. Dec 19, 1896, age 30, body taken to
        NC for interment (503)
    Emma (see Emma Gross) (455)
    Emma G. m. James A. Colwell Sep 1881 (400)
    Emory d. at birth, buried Apr 18, 1885 (461)
    Estelle Swan, dau of Sanford C. & Belle L.,
        bapt Oct 9, 1869 (423)
    Eva B. 1896 (400)
    Eva Maud, child of Theo & Elizabeth, bapt
        1886 (507)
    F. C. & L. parents of Fanny inf bapt 1841
        (438)
    Mrs. F. E. F. d. Mar 12, 1912 (409)
    Miss Fannie Louise 1898 (438)
    Fannie Louise, dau of Frank H. & Clara L.,
        bapt Jan 6, 1878 (438)
    Fannie Polk 1864 (438)
    Fannie Polk (see Lewis M. Hosea) (438)
    Fanny 1839 (462)
    Fanny 1830 (462)
    Fanny Polk m. Capt. L. M. Hosea USA Jul 20,
        1864 (438)
    Finas d.? 1901 (407)
    Findly 1894 (507)
    Finis Edgar (son of R. P. & Elizabeth) bapt
        1885 (502)
    Florence (Lovel) 1873 (448)
    Florence 1897 (507)
    Florence d. Nov 1896 (409)
    Florence J. m. John W. Lovell Sep 8, 1887
        (448)
    Frances 1855 (435)
    Frances Minerva 1895, later moved to
        Minneapolis MN Oct 22, 1905 (461)
    Frank 1870, d. 1878 (448)
    Mr. & Mrs. Frank 1887 (438)
    Frank 1889 (455)
    Frank deWitt, son of Byron & Eliza, b. Oct
        16, 1867 (438)
    Frank G. 1887 (438)
    Frank H. inf (Sep 27, 1848), Mrs. Frank (Mc-
        Alpin) (Jan? 15, 1882), Fannie Louise
        (Jan 6, 1878), Robert William, Carrie
        Elizabeth (Aug 29, 1885)--family list-
        ing (438)
    Frank Harrison, son of F. G. & Sarah bapt 1848
        (438)
    Frank Hunter d. Jan 27, 1906, age 16-10/12
        (461)
    Frank Hunter, son of Archibald Tell & Almida
        b. at Tullahoma, bapt Apr 21, 1889 (461)

SMITH, Frank Hunter buried 1889 (461)
    Rev. Franklin G. 1847 (438)
    Rev. Franklin G. buried Aug 10, 1866 (438)
    Franklin J. d. Feb 24, 1884 (448)
    Frederick m. Rachel Rutherford 1860 (356)
    Frederick L. m. Mary A. Webster 8 Mar 1890 (503)
    Frederike Elizth. m. Lucius B. Wilkins (at house of bride's step father, Cumbd. St. Knox) Feb 1, 1860 (356)
    G. W. 1853, 1854 (467)
    George 1833 (478)
    Geo. H. m. Anna Ramage 1874 (356)
    George H. d. Dec 21, 1876 (48 yrs) (356)
    Geo. H. & Anna parents of Geo. Henry, bapt 1874 (356)
    Miss Georgie (wife of Ben) 1881 & Miss Albin (1885), Miss Maggie? L. (1886) & Charles Clifton (1889), children of Ben--dates show year of admission to church (478)
    Githa 1886, d. 1911, m. E. F. Taylor (339)
    Mrs. H. B. 1892 (461)
    H. Bacon 1896 (400)
    Hampton 1892 (409)
    Hampton, son of J. W. & E. F., bapt Aug 19, 1877 (409)
    Hannah 1896 (411)
    Hattie Clay 1893 (438)
    Hattie H., dau of J. W. & E. F., bapt Oct 12, 1879 (409)
    Hellen May, age 19, 1892 (438)
    Hellen May, dau of Milo A. & Hellen Dudley, b. May 27, 1872 at South Bend IN (438)
    Henderson 1823 (402)
    Henderson 1850 (402)
    Henry 1811 (511)
    Henry 1866 (389)
    Henry Ward Cahal, son of JOhn Crittenden & George Ella, b. May 22, 1888 at Tullahoma (461)
    Houston 1887 (438)
    Houston T., age 24, d. Jun 2, 1893 (438)
    Hunter d. Jan 27, 1905 (461)
    Miss Ida 1880 (423)
    Mrs. Ida G. (of Birmingham AL) d. Aug 1901 age 42 (461)
    Imogene (see Imogene Lupton) (400)
    Ina 1889 (507)
    Ines 1889 (507)
    Irby, age about 80 yrs, buried May 31, 1860 (438)
    Isabelea 1812 (502)
    Isabell d. 1908 (465)
    Isabella Jeanette, dau of James & Agnes, bapt Apr 4, 1857 (423)
    J. J. d. Aug 6, 1882 (465)
    J. R. d. Nov 7, 1912 (454)
    J. W. 1873, 1881 (409)

SMITH, J. Allen 1895 (423)
    James 1896 (411)
    James & Agnes, parents of George James & Grace Charlotte, both bapt Apr 4, 1868 (423)
    James 1857 (423)
    James A. 1871 (448)
    James G. b. Dec 18, 1828, d. Oct 11, 1838 (437)
    James G. 1838?, 7 children 2 adults, came from MD (437)
    James H. m. Margaret J. Lynch Dec 25, 1872 (503)
    Jas. Monroe & Cyntha parents of Marcus Lafayette b. 8 Feb 1840 and Francis Marion b. 28 Apr 1844, bapt 1845 (356)
    Jane 1812 (502)
    Jane 1820, left for Spring Place May 1842 (423)
    Mrs. Jane D. d. Apr 30, 1891 (461)
    Jane Lee 1885 (339)
    Jenne Howell bapt Apr 4, 1880 (400)
    Mrs. Jenny H. member 1875, m. Clive Wilcox (400)
    Jenny H. confirmed 1880 (400)
    Jerry T. 1892 (455)
    Jesse (son of DeWitt H. & Lula, bapt 1888 (503)
    Jesse Crittenden, son of John Crittenden & Anna, b. Jan 18, 1902 at Tullahoma (461)
    Joanna 1879 (423)
    Joel Bert, son of Archibald Yell & Almeda Cortner, b. Aug 12, 1882 at Tullahoma (461)
    Joel Best jr. 1896 (461)
    Joel Burt 1892 (461)
    Joel Mitchell d. Jan 12, 1896, age 36 (461)
    John 1897 (407)
    John 1886 (396)
    John Asbury 1872 (466)
    John B. 1838 (361)
    Jno. J. C. 1890 (423)
    John J. G. 1843, left for Charleston 1847 (423)
    John W. 1875 (409)
    Revd. Jonathan B. T. d. 1863 (480)
    Joseph & Elizabeth 1857 (450)
    Joseph 1853 (450)
    Joseph ca. 1845 (448)
    Joseph 1885 (428)
    Joseph m. Mary Jett Dec 27, 1894 (507)
    Joseph Guy, son of Byron & Eliza, b. Jul 17, 1871 (438)
    Jos. H. father of John Asbury and W. Harvey bapt 1858 (466)
    Josie 1886 (396)
    Jus? Buchanan 1885 (507)
    Miss Kate confirmed 1890 (400)

SMITH, Miss Katie Carroll, age 20, d. 1890 (400)
    Kelly d. Oct 16, 1863, age 72 (356)
    Kinchen 1811 (511)
    L. C. 1873 (401)
    Lassie Allena 1869 (423)
    Laura Jarnigan m. Saml. Dehon Lord Jul 9, 1872 (356)
    Levi d. Nov 7?, 1864? (402)
    Mrs. Lillie (J. Allen's wife) 1895 (423)
    Lou 1897, m. Smith (339)
    Louise m. Walter B. Binford Oct 8, 1896 (503)
    Miss Lucy D. (Mrs. Lacy? Lockert) 1879 (401)
    Lucy D. adult bapt 1879 (401)
    Mrs. Lucy P. d. Aug 26, 1888, age 80 (356)
    Lucy Page m. Charles E. Chambliss Jun 1896 (356)
    Luisa 1894 (450)
    Luke d. Oct 31, 1902, age 67 (350)
    Mrs. Lulu 1879 (502)
    Mrs. M. G. moved to Lima OH, Jul 2, 1897 (423)
    M. S.? 1879 (492)
    Mrs. M. T. 1885 (369)
    Mabel 1896 (400)
    Miss Mabel L. 1892 (423)
    Mabel Walters? confirmed 1893 (400)
    Mabel Walton adult bapt 1893 (400)
    Mrs. Maggie d. 1913 (339)
    Maggie 1876 (511)
    Maggie 1875 (492)
    Malcolm member 1896, d. Feb 16, 1901 (400)
    Malcolm Ross, age 30, d. Feb 16, 1901 (400)
    Manervia 1878, d. 5-98 (339)
    Mannie? E., child of Joe & Jerushie, bapt at age 6, Nov 12, 1902 (438)
    Mariam Florence b. Jun 15, 1894, dau of Arthur & Agnes (356)
    Martha 1875 (409)
    Martha Lucile, dau of John Crittenden & George Ella, b. Aug 16, 1890 at Tullahoma (461)
    Mary 1823 (402)
    Mary 1889 (455)
    Mary 1894 (507)
    Mary bapt 1886, m. Felix Sawyer (339)
    Mary 1850, d. Jul 25, 1851 (402)
    Mary Bell bapt 1889, m. Cozo Sawyer (339)
    Mary E. 1891 (415)
    Mary Eliza, dau of Bowling & Jane, bapt Jun 2, 1821 (423)
    Mary Ezbert buried Jan 9, 1882 (438)
    Mary Jane bapt May 2, 1820 (423)
    Mary Margaret, dau of Archibald Yell & Almida b. Apr 6, 1892 at Tullahoma (461)
    Mary Margaret d. Dec 14, 1898 (461)
    Maud m. Homer Pritchard Jun 7, 1891 (444)
    Milley m. J. W. Swindell Mar 25, 1894 (507)
    Millie 1889 (507)
    Minnie Valerie, dau of William Alexander Marshall & Lucina Marshall, b. Jun 22, 1883 at Tullahoma (461)

SMITH, Missie 1899 (411)
    Mollie 1889, d. May 19, 1905 (507)
    Moses 1896 (411)
    Nancy 1885 (428)
    Nancy 1873 (428)
    Nancy 1887 (507)
    Nancy J. 1891 (415)
    Mrs. Nancy J. 1880 (423)
    Nancy M. 1876 (389)
    Miss Nannie 1875 (487)
    Nannie E. bapt Nov 12, 1902, age 6 (440)
    Nany (Hamilton) bapt 1882, m. J. Hamilton (339)
    Nathanael 1889 (507)
    Nathaniel R. 1894 (507)
    Nelly 1834 (450)
    P. G. 1889 (409)
    Mrs. Pauline Kelly d. Oct 17, 1899 (438)
    Percy 1896 (400)
    Percy d. Oct 23, 1903 (400)
    Perry 1832 (423)
    Perry Laurence bapt May 2, 1820 (423)
    Polley 1838 (361)
    Polly d. 1831 (389)
    Capt. R. D. m. Margarett Thomas Apr 23, 1867 (438)
    R. E. pastor 1893 (371)
    Rebecca d. 1887 (507)
    Rebecca 1830 (507)
    Richard d. 8-13-90 (339)
    Richard W. 1885 (339)
    Mr. & Mrs. Rob 1887 (438)
    Robert, son of Rev. F. G. & Sarah, inf bapt 1843 (438)
    Robt. 1899 (438)
    Robert ca. 1875 (448)
    Robert d. 1882, age 26 (356)
    Robert D. (Sep 3, 1843), Houston T.?, Emma Davis, Frank Gillett, Hellen May--family listing (438)
    Robert D. 1864 (438)
    Robert J., son of Bowling & Jane, bapt 1826 (423)
    Robert Morriss, son of Archibald Yell & Almida, b. Jul 19, 1894 at Tullahoma (461)
    Robt. Wm., age 26, d. (Mariotta GA) Jul 1907 (438)
    Rosa Kate b. Feb 13, 1892, dau of Arthur & Agnes (356)
    Mrs. Rowene Adeline 1894 (401)
    Roy 1898 (400)
    Roy Plummer confirmed 1892 (400)
    Roy Plummer bapt Apr 4, 1880, son of E. F. & Jennie H. (400)
    Rufus Carroll bapt May 2, 1820 (423)
    Mrs. Sallie 1878 (401)
    Miss Sallie 1880 (married & out of town) (423)
    Sallie (see Sallie Ralston) (401)

SMITH, Miss Sally Ward 1848, later moved to New
    Orleans (438)
    Samuel & wife 1828 (421)
    Sanford C. 1868 (423)
    Sarah 1893 (467)
    Mrs. Sarah 1847 (438)
    Sarah A. P. ca. 1860 (444)
    Sarah A. P. widow of Eldr. C. B., dec'd 1875
        (444)
    Sharon Eliza, dau of Bowling & Jane, bapt
        1823 (423)
    Sherwood W. 1852, d. 1913 (502)
    Sherwood W. (son of S. W.) bapt 1880 (502)
    Sophia 1860, 1867 (467)
    Miss Stella Swan 1884 (423)
    Stephen 1838 (361)
    Mrs. Susan McG. (wife of Wm. Henry) 1873 (487)
    Susie member Sun schl 1870 (369)
    Telitha 1811 (511)
    Thomas, son of J. W. & E. F., bapt Aug 16,
        1874 (409)
    Thos. H. 1893 (409)
    Thomas H. 1886 (507)
    Tommas 1893 (467)
    W. H. elder 1888 (487)
    W. J. m. Mollie Lowrey Jan 12, 1891 (507)
    Wallace Jackson d. Jul 28, 1904, age 4 (356)
    William bapt 1877, d. Dec 19, 1907 (339)
    William Arthur b. Mar 19, 1890, son of Arthur
        & Agnes (356)
    Wm. A. 1894 (339)
    Wm. A. 1887 (438)
    Wm. Austin 1864 (438)
    William G. 1879 (423)
    William Henry elder 1873 (487)
    Wm. Wallace adult bapt 1900 (356)
    Willie 1887 (507)
    Wyly 1831 (389)
SMITHE, Nathan 1887 (478)
SMITHERMAN, Nolla? 1886 (455)
    Nona 1892 (454)
    Mr. S. F. 1891 (455)
SMITHSON, __ena (Meek) 1891 (429)
SMITUH, Mrs. F. G. buried Jan 13, 1871 (438)
SMIZER, Lucy P. m. J. A. Litcomb Aug 11, 1881 (438)
SMOOT, Letitia 1839? (437)
SMOTHERMAN, Egbert Walter 1892 (461)
    Egbert Walter, son of Joseph Cannon & Mary
        Jane, b. Dec 19, 1875 at Tullahoma
        (461)
    Ella Mary, dau of Joseph Cannon & Mary Jane,
        b. Dec 16, 1890 at Tullahoma TN (461)
    Henry Howard, son of Joseph Cannon & Mary
        Jane, b. Jun 9, 1888 at Tullahoma
        (461)
    Mary Jane (Overstreet) 1892 (461)
    Rosetta, dau of Joseph Cannon & Mary Jane, b.
        Jan 14, 1880 at Tullahoma (461)

SMOTHERMAN, William Luther, son of Joseph Cannon &
    Mary Jane, b. Dec 1, 1877 at Tullahoma
    (461)
SMYLIE, Nathaniel 1885, 1887 to Shelbyville TN
    (401)
SMYTHE, H. M., age 46, d. Jun 1895 (438)
SNEAD, Col. Garland 1873 (406)
    Gilbert Hay, son of Gilbert & Freddie, b. Nov
        8, 1897 (503)
    Mary Jane 1872 (409)
    Mary Jane d. 1877 (409)
    S. E. 1890 (409)
    Susan A. 1872 (409)
    Tennessee B. 1872 (409)
    Tennie R. (see Tennie R. Dinwiddie) (409)
    W. R. 1880 (409)
    William R. 1872 (409)
    Willis D., son of W. R. & M. J., bapt Aug 16,
        1874 (409)
SNEED, Ann E. m. John D. Brien (at house of Wm. H.
    Sneed, Esq.) 1860 (356)
    C. H. 1856 (448)
    Chas. Ready d. Nov 14, 1853, age 3 yrs (356)
    Eliza D. d. ca. 1871, age 49 (356)
    Fanny Lanier m. Jno. Eldridge 1872 (356)
    Fanny Lanier, dau of Wm. H. & Eliza D., bapt
        1856 (356)
    Gilbert A. d. 3 Aug 1912, age 65 (350)
    Gilbert H. m. Freddie Griste Jun 6, 1895
        (503)
    Rev. Henry H. m. Hallie Stone Read Jun 15,
        1874 (503)
    Henry Harrison, son of H. N. & Hattie S., b.
        Jul 12, 1883 (503)
    Henry Manasses, son of Wm. H. & E. D., b.
        Jul 21, 1861 (356)
    John Boswell, son of Ben? H. H. & H. S., b.
        Sep 16, 1875 (503)
    John Williams, son of Joseph & Elizabh. b.
        1874 (356)
    Joseph W. & Lizzie W., parents of Eliza
        Dickson, b. Jan 28, 1880, Annie Braun
        b. May 4, 1884 and Elizabeth Williams
        b. Mar 23, 1886 (356)
    Jos. W. m. Lizzie T. Williams 1872 (356)
    Joseph Williams b. Sep 16, 1889, son of
        Joseph W. & Lizzie W. (356)
    *Nellie, dau of Henry H. & Hallie S., b. Sep
        22, 1880 (503)
    Louisiana, wife Rev. H. H., d. Nov 30, 1872
        age 26 (503)
    Rhoda Williams, dau of Jos. & Elizabeth W.,
        inf bapt 1878 (356)
    Mrs. S. E. d. Nov 27, 1898 (409)
    Saml. Roberson, son of H. H. & Hallie S., b.
        Apr 29, 1878 (503)
    Sandy Williams d. Nov 21, 1853, age 1 yr (356)
    Sandy Williams, child of Wm. H. & E. D., b.
        Aug 17, 1852 (356)

SNEED, W. R. 1881 (409)
    Wm. A. & Eliza D., parents of Catherine
        Douglass aged 2 yrs; and Wm. Henry aged
        1 month, bapt Jun 11, 1848 (356)
    Wm. H. d. Sep 20, 1869, age 56 (356)
    William Henry d. Sep 18, 1870 (503)
    William R. d. Apr 25, 1872 (409)
    Winnie (Baker) 1883 (409)
SNELLING, Miss Mary Ann d. Mary 1891 (478)
SNODDY, Almeda 1879 (492)
    Carey A. 1897 (401)
    Maggie 1884 (492)
    Mary Jane 1883 (492)
    Rev. Robt. d. Jun 23, 1859, age about 6_)
        (356)
SNODGRASS, Bessie (Mrs. L.? J. Swan) 1889 (455)
    Blanch 1889 (455)
    Della 1898 (507)
    Edith 1889 (455)
    James 1887 (507)
    Jas. O. 1887, d. Aug 7, 1907 (507)
    Josephine 1887 (507)
SNOW, A. T. 1885, 1887 (339)
    Miss Nina E. member 1893 (m. J. L. Faust)
        (454)
    Mrs. Sarah S. 1895 (454)
    Susan M. d. Feb 1885 (400)
    Thos. A. d. Dec 7, 1910 (454)
SNYDER, Brainerd d. 7 Jan 1891, age 23 (503)
    Robert L. m. Helen Wright 6 Jan 1892 (503)
SOHORN, John O. m. Amelia F. Jekis Feb 22, 1881
    (503)
SOLMAN, Mrs. Alice C. 1880 (423)
    Miss Fanny McMullen 1871 (423)
    James Rodgers 1871 (423)
    Miss Mary 1894 (Mrs. Williamson) (423)
    Thomas 1870 (423)
    William H. 1870 (423)
SOLOMAN, George 1860 (448)
SOLOMON, David d. Aug 19, 1864, age 60 (356)
SOMELS?, J. E. deacon 1872 (396)
SOMERS, James 1811 (511)
SONTE, Ellizabeth 1847, 1864, 1869 (511)
SOONBORN, Eliza 1861 (423)
SORREL, Mary Jane 1872 (396)
SORRELL, W. H. 1886 (396)
SORRELLS, Adron 1886 (396)
    Corda 1886 (396)
    John 1886 (396)
    Sou 1886 (396)
    W. T. 1886 (396)
SORRELS, J. E. 1886 (396)
    J. E. d. Sep 1908 (396)
    John 1872 (396)
    M. C. ca. 1867 (396)
    M. C. 1886 (396)
    S. E. d. Mar 23, 1898 (396)
    Saly C. 1872 (396)
SOTHERN, John Monroe b. Mar 1, 1872 (480)

SOULDRIDGE, Salley 1811 (511)
SOWARDS, Mollie d. Feb 5, 1912 (435)
SPAIN, Nora (see John Adison Thomas) (438)
SPANN, Jeff D. 1891 (454)
SPARK, Milard 1872 (408)
SPARKMAN, S. W. m. Mary Helen McMinn Sep 6, 1883
    (448)
    Bettie (black) 1858 (408)
SPARROW, John, age 22, d. Jun 1900 (438)
    Minerva buried Dec 15, 1879 (438)
    Robert Gordon m. Sallie Fackler Morgan Apr 15,
        1896 (438)
SPEAKER, Belle (school teacher) m. Elias Maxwell
    (farmer) May 31, 1888 (455)
SPEAR, Binana? A. 1873 (409)
    K. E. &. 1873 (409)
    Susan 1891 (409)
    Susan J. 1882 (409)
    Mrs. Susan J. d. Dec 14, 1898 (409)
    W. E. 1882 (409)
    W. E. 1891 (409)
    W. E. d. Jun 15, 1902 (409)
SPEARES, Jane 1873 (428)
SPEARS, Ethel Eva, dau of Mrs. S___ Peterson & Jas.
    Spears, b. Jun 1899 at Tullahoma (461)
    Iona 1889 (454)
    Jane 1885 (428)
    Mary Elsie (see Mary Elsie Collins) 1892
        (461)
SPECK, Miss Annie moved to Chattanooga Feb 4, 1899
    (423)
SPEED, Jas. 1899 (438)
SPEERS, Frances 1880 (462)
SPELLINGS, E. F. d. 1912 (407)
    Green (f) 1896, d. Feb 2? 1906 (411)
    J. M. 1891 (407)
    John d. 1908? (407)
    L. L. 1886 (407)
    N. G. (m) 1896 (411)
    Miss Nannie 1898 (411)
    Wm. 1884 (421)
SPENCE, Miss Artie Margaret 1894 (Mrs. Stephenson)
    (423)
    Chas. 1896 (502)
    Miss Emily E. 1888 (423)
    Miss Jane Ready 1888 (502)
    Jas. H. 1888 (502)
    Mrs. M. A. T. 1888 (502)
    M. F. & T., parents of Charles Hansel, Jane?
        Ready, Talley, James A. & Mary Alice
        bapt 1888 (502)
    Mary A. d. Aug 17, 1890 (465)
    Mary Alice 1888 (502)
    Mrs. Mary M. 1885, d. Dec 12, 1887 (423)
    Romeo P. 1885 (423)
    Mrs. Romeo P. 1894 (423)
    Romeo P. d. Nov 2, 1909 (423)
    Talley 1888 (502)
SPENCER, Alice (Mrs. James Spencer?) 1895 (454)

SPENCER, Andrew & Mary parents of Martha Jane b.
        Dec 25, 1864 and Laura Amy b. Mar 18,
        1869, children b. Owensville IN (480)
    H. L. 1859 (left for Chattanooga Jul 10,
        1861) (423)
    James d. Oct 1896, age 69 (an Englishman)
        (503)
    Loulie Regina, dau of Silas Wright & Ida
        Gleaves, b. Nov 27, 1886 (503)
    Mary 1859 (left for Chattanooga Jul 10, 1861)
        (423)
    Mary A. (May 20, 1860)--family listing (438)
    S. M. 1898 (401)
    Saml. M. 1891 (401)
SPERRY, Henery 1858 (478)
SPICER, Ada Lewis confirmed 1894 (400)
    B. A. (see Mary Lelia Gibbons) (400)
    Benjamin A., Mary Lelia, Ida, Robert E.,
        Mildred W.--family listings 1875-1902
        (400)
    Ida 1896 (400)
    Ida Lewis b. Feb 6, 1881, dau of Mary Lelia
        & Benjamin A. (400)
    Lelia 1896 (400)
    Lilian Bailey d. May 27, 1880 (400)
    Lillian Bailey bapt 1880 (400)
    Mildred Wheatley bapt 1886, dau of Benj. A.
        & Leilea (400)
    Robert Emmet bapt 1883 (400)
SPIER, G. W. d. Mar 1897 (462)
SPIERS, B. A. (f) 1886 (462)
    E. J. (f) 1886 (462)
    F. M. d. Jun 9, 1903 (462)
    Frances M. 1889 (462)
    G. W. 1886 (462)
SPILMAN, H. Lewis 1890 (423)
    Lewis Sanders, son of Lewis H., bapt Sep 6,
        1899 (423)
SPITZER, Manier?, age 16, bapt 1886 (356)
SPOTT, Mary Ann 1856 (448)
SPRAGUE, Katie Y. m. Ben Williams Sep 18, 1895
        (356)
SPRANKLE, Benjamin F. 1888 (423)
    Mrs. Claudia Evans 1893 (423)
SPRINGER, Aaron 1831 (462)
    Bruce D. 1868, left for Blountsville TN
        Apr 2, 1869 (423)
    Ezekiel 1830 (462)
    Ezekiel 1834 (462)
    Hannah d. Mar 1834 (462)
    Hannah 1830 (462)
    James 1834 (462)
    Jane d. Sep 18, 1841 (462)
    Lucrecia 1844 (462)
    Rachal 1844 (462)
    Ruth ca. 1860, d. Oct 1870? (444)
    Ruth 1831, 1851 (462)
    Ruth d. Nov 24, 1834 (462)
    Tomas 1831 (462)
SPRINGFIELD, Lamuel 1836 (389)
SPROTT, Andrew J. 1859 (448)
    Samuel 1856, d. Mar 21, 1881 (448)
    Samuel d. Mar 19, 1881 (448)
SPROUS, E. B. 1891 (371)
SPROUSE, Atlanta (England--Mar 14, 1895--marriage
        date?) 1899 (467)
    Belle 1893, 1899 (467)
    Delphia 1893 (467)
    E. U. 1894 (467)
    Eddie 1893 (467)
    Ethel 1893 (467)
    Eula 1893 (467)
    G. B. 1893 (467)
    G. H. 1893 (467)
    Girtrude 1893 (467)
    Harriet P. 1853 (467)
    J. E. 1893 (467)
    J. W. 1893 (467)
    John W. 1853 (467)
    L. B. 1853, 1867 (467)
    Malinda 1853, 1859 (467)
    Martha 1853, d. 1869 (467)
    Mary F. 1853 (467)
    Mary F. 1894 (467)
    Masouri 1869 (467)
    Misouri 1893 (467)
    Myrtle d. Aug 25, 1902 (467)
    Myrtle 1893 (467)
    O. G. 1897 (467)
    T. G. 1853, 1859 (467)
    Tennessee d. Mar 15, 1902 (467)
    Tennessee 1893 (467)
    W. D. 1893 (467)
    W. M. d. Dec 20, 1881 (467)
SPURGEN, Ruth 1830 (462)
SPURGON, Jane 1830 (462)
SQUIRE, Mrs. Antonett E. 1873, moved to Chattanooga
        Jan 5, 1885 (423)
    Homer Charles 1874, moved to Chattanooga,
        Jan 5, 1885 (423)
    Mary m. Frank J. Weber on Feast of St.
        Matthew 1890 (503)
SQUIRES, Mary Eliza, dau of H. C. & Antoinette E.,
        bapt Oct 9, 1869 (423)
STACEY, Barzillai Porter 1867 (423)
STACK, Rev. William 1840 (423)
STACKEN, Mrs. Mary G. received by letter from
        St. Martins Ch, Radner, Penna, Apr 26,
        1889 (400)
STACKER, Clara b. Aug 31, 1898, dau of Samuel &
        Margaret (400)
    Clarissa member 1896, d. Oct 21, 1913 (400)
    Clarrissa, age 65, d. Oct 20, 1913 (400)
    (Major) Clay d. Sep 13, 1908 (400)
    Clay 1896 (400)
    Clay, Grace Winthrop, Maria, Patrick Lewis,
        Bea?, Grace--family listings 1875-1902
        (400)

STACKER, Clay, son of Clay & Grace, bapt 1879 (401)
 Edwin bapt 1891, son of Clay (400)
 Mrs. G. W. P. 1874 (401)
 Grace P., see Mrs. Grace P. Coulton (400)
 Grace Pratt confirmed 1894 (400)
 John d. Aug 1869 (401)
 Miss Maria m. J. Edward Ellis (at residence of Mrs. Maria Stacker) (400)
 Mrs. Maria member 1896, d. Oct 23, 1900 (400)
 Maria, dau of Clay & Grace, bapt 1873 (401)
 Mrs. Maria R., Clarissa Landon F. Kimbough, Kate (Stacker) Kimbough, Frank R. Kimbough--family listing 1875-1902 (400)
 Mrs. Mary (see T. D. Luckett) (400)
 Mrs. Mary G. member 1896, d. Nov 14, 1899 (400)
 Mrs. Mary G., age 62, d. Nov 14, 1899 (400)
 Patrick L. 1896 (400)
 Patrick Lewis b. Stewart Co., Oct 6, 1875, son of Clay & Grace Winthrop (400)
 Patrick Pervis confirmed 1893 (400)
 Samuel d. Jan 7, 1909 (400)
STACKS, Mary Ellen m. Patrick N. Roddy Feb 1, 1866 (356)
STACY, Margaret Augusta 1866 (423)
STAFFORD, Sis 1872 (408)
STAGGS, Abram 1821 (419)
 Alice, dau of Richard & Josie, b. Feb 22, 1895 (440)
 Clearisa 1821 (419)
 Fannie 1821 (419)
 Horace, son of R. H. & Josie, b. Mar 13, 1891 (440)
 Nancy 1821 (419)
 Nasy, child of Richard & Josie, b. Feb 16, 1897 (440)
 Ruthy Elizabeth, dau of R. H. & Josie, b. Jan 11, 1889 (440)
STALCUP, C. L. 1878 (288)
 Cardia 1885 (428)
 Catherine L. 1829, 1875 (288)
 Harris 1885 (428)
 Marthy 1885 (428)
STALEY, Gertrude H. m. Hugh Whiteside Jun 24, 1870 (503)
 Jessee B. 1880 (423)
 Paul (age 12) bapt 1883 (356)
STALLCUP, Peter & wife Rebecca 1851 (435)
STAMPS, Clemi? 1865 (478)
 H. L. 1857 (478)
 Mrs. J. W. 1886, d. 1/3/1904 (454)
 J. W. 1886 (454)
 Jo C. 1873 (478)
 Mrs. Maggie 1873 (478)
 Mrs. Mary L. 1858 (478)
 Virginia 1855 (478)
 Miss Willie 1896 (454)
STANDFIELD, Gemima 1888 (288)

STANDFIELD, Gemima 1878 (288)
STANDLY, Elizabeth 1894 (450)
 R. E. 1863 (467)
STANFIELD, Jemima 1891 (288)
 Julia E. (see Julia E. Beech) (429)
 Luticia, dau of Julia, bapt Oct 1897 (429)
 W. C. (m) 1891 (288)
 W. C. 1889 (288)
 __ora 1889 (429)
STANLEY, Charles E. (single) 1872 (455)
 E. J. d. Jun 19, 1904 (421)
 J. J. 1885 (421)
 Jennie 1890? (425)
 John d. May 12, 1885 (465)
 W. T. d. Apr 14, 1900 (421)
STANLY, Hannah B. 1853, 1869 (467)
 John d. May 12, 1885 (465)
STANSBURY, Samancha 1872 (435)
STANTON, Kate E. m. Edward J. Fallon Feb 7, 1880 (503)
 Luther T. 1859 (left for Augusta GA) (423)
 W. A. 1857 (left for Augusta GA Sep 23, 1860) (423)
STAPP, Sallie 1885 (454)
STARK, P. W. 1853 (421)
STARKE, William Braxton m. Marie E. Estere? Jan 8, 1889 (438)
STARKEY, Beulah m. John Farnly? Jun 2, 1896 (438)
STARKS, Charley 1893 (467)
STARLING, Samuel (col'd) d. Dec 15, 1897 (servant of Mrs. Hugh Banks) age 56 (503)
STARNES, John C. 1883 (507)
STARR?, R. W. (see Addie Sue Payne) (454)
STATON, Mrs. Eula 1899 (401)
 Lillian Gertrude 1899 (401)
 Wm. 1899 (401)
STAUB, Mrs. A. E. d. Sep 13, 1904, age 29 (356)
 Abbert Emile 1889 (423)
 Frederick d. Dec 12, 1858, age 2 yrs (356)
 Jacob 1872 (423)
 Katie 1881 m. Chas. M. Fouche 1881 (356)
 Mary Magdalene m. Fredrick H. Meyer Nov 25, 1890 (356)
 Peter d. May 19, 1904, age 78 (356)
 Miss Rosa 1889 (423)
 Rosa L. m. James O. Dickens Apr 14, 1880 (356)
 Miss Sallie 1893 (423)
 Sarah A. 1872 (423)
STEADMAN, Bennie m. James K. Goodloe 13 Oct 1891 (503)
STEAGER, H. B. 1893, moved to Nashville Dec 4, 1899 (401)
STEAKLEY, Esau 1886 (507)
 Lige (no date) (507)
STEAVENSON, Moore 1811 (511)
STEEL, John P. 1849, d. 31 Dec 1877 (478)
 Spencer 1896 (429)
 William 1832 (left for Kingston) (423)

STEEL, Wm. M. 1847 (438)
STEELE, Ann F. (see Miss Mildred P. Jett) (478)
    Mrs. Ann F. (widow of Tom) 1855 (478)
    Bailey Peyton 1892, d. 7-9-1911, interred Asheville NC (461)
    Capt. Bailey Peyton d. Jul 9, 1911, age 74 (461)
    Balie Peyton m. Mrs. M. L. Swain Aug 17, 1875 (480)
    Elizabeth H. 1867 (423)
    John D. 1853 (423)
    John P. 1849 (478)
    Joseph & wife 1827 (478)
    Joseph elder 1825 (478)
    Lucy Cooper 1892 (461)
    Lucy Cooper, child of Bailey Peyton & Margaret Lydia, b. Feb 14, 1877 at Shelbyville TN (461)
    Miss Lula 1869 (478)
    Lula m. Geo. W. Blackwell Mar 1875 (480)
    Mrs. Margaret Lydia 1892 (461)
    Miss Mary d. Sep 10, 1910 at Maryville TN (423)
    Miss Mary Virginia 1869, d. 11 Mar 1886 (m. W. H. Wisener sr.) (478)
    Millie Warder, dau of Bailey Peyton & Margaret Lydia, b. May 14, 1882 at Nashville (461)
    Nillie? Narder 1896 (461)
    Pickens m. Jennie Tucker Jan 31, 1896 (503)
    Rachel M. 1849 (478)
    Rubie 1899, left Jul 7, 1901 (429)
    Sarah 1855, d. 15 Sep 1877 (478)
    Sarah E. 1855 (478)
    Thos. F. m. Sallie Pope Eager Apr 19, 1883 (503)
    Thomas J. W. 1885 (478)
    Thomas S. 1857, d. 30 Jan 1881 (478)
    Miss Virginia 1869 (478)
STEELMAN, Jim d. 1907 (396)
    Jimmie d. Jan 1904? (396)
    Joel 1869 (396)
    Joseph 1886, 1888 (396)
    Linnie 1886 (396)
    Robert 1890 (507)
STEELMON, James d. 1863 (396)
    Linny (f) 1872 (396)
STEEN, E. W. 1881 (423)
    Miss Emorine P. 1881 (423)
    Mrs. Julia (423)
STEENBURG, Mrs. C. d. 1912 (350)
STEGALL, Cora 1895 (454)
    James B. 1895 (454)
STEGER, Evie R. d. Jan 6, 1891 (360)
    Virginia A. d. Feb 1899 (360)
STEIN, Mary Jane d. Jun 23, 1859, age 1 yr 11 mos (356)
STEINBACK, Alice 1888 (455)
STEINETT, Maggie 1885 (507)

STEP, Ales 1885 (428)
    Iles 1873 (428)
STEPHEN, Savila 1873 (428)
    Susana 1873 (428)
STEPHENS, Bettie 1891, 1878 (288)
    Charles Q. 1874 (478)
    Mrs. Elizabeth 1870 (423)
    Elizabeth, dau of Robert & Louise, b. Dec 9, 1872 (438)
    Ella 1891 (288)
    Mrs. Hanna 1882, d. Oct 1904 (429)
    I. W. & Sallie parents of Ida (aged 8 Jul 1874) bapt 1874 (478)
    Miss Ida 1883 (478)
    Isie 1885 (428)
    J. K. (m) 1878 (288)
    J. K. (m) 1891 (288)
    James W. 1894 (462)
    Jim 1896 (429)
    Rev. John 1896 (429)
    John S. 1871 (478)
    John T. 1855 (478)
    Mrs. John T. 1882 (478)
    Joshua 1853 (428)
    Luther 1899 (429)
    Mattie 1896 (429)
    McSoury 1885 (428)
    Ophelia B. (see Ophelia B. Wagoner) (429)
    Oscar 1896 (429)
    Polly Ann d. Dec 12, 1914 (462)
    Polly Ann 1894 (462)
    Sallie 1857 (478)
    Sally 1857, d. 8 Feb 1880 (478)
    Sarah Margaret d. Nov 6, 1858, age 18 mos (356)
    Thomas 1870 (423)
    Rev. Dr. (see Mrs. Edw. Cooper) (438)
STEPHENSON (Johnson), Amanda ca. 1850 (448)
STEPHENSON, Artie Margaret (see Artie Margaret Spence) (423)
    Bessie D. d. Jul 31, 1903 (396)
    Ella 1886 (396)
    Emley (Odel) ca. 1850 d. Aug 6, 1858 (448)
    George 1886 (396)
    Narcissa 1829 (478)
    R. J. (see Ida Roberts) (423)
    Mr. W. D. 1885 (369)
STEPHESON, Cathrine 1886 (348)
STEPP, J. B. 1873 (428)
STERCHI, Mrs. A. d. Feb 19, 1908 (350)
STERLING, Guy m. Harriot Brewer 4 Sep 1890 (503)
    James m. Willie Nix May 12, 1889 (438)
    James Biddle b. Dec 26, 1890 (440)
    Joseph A. (son of Jo. A. & Eliz. S. Wallace) b. Jun 27, 186_, bapt 1868 (401)
STEVANS, Georg R. 1885 (492)
    Henry E. 1885, d. Apr 3, 1888 (492)
STEVENS, Anna B. 1892 (429)
    Miss Bettie (Wagoner) 1885 (429)

STEVENS, Charles D. 1892 (429)
    Carrie E. m. Nicholas Doyle Apr 18, 1868 (503)
    Mr. D. D. J. 1888 (429)
    D. J. 1890 (429)
    Mrs. Ella 1885 (429)
    Miss Ella 1885, left Jul 7, 1894 (429)
    Fannie Burge 1888 (429)
    Mrs. Hanna 1882, d. Aug 2, 1902 (429)
    Jessie 1884 (492)
    John P. 1888 (429)
    John P. jr. 1885 (429)
    Mrs. L. T. 1860 (429)
    Mrs. M. F. 1888 (429)
    M. Harry 1885 (429)

STEVENSON, Eleanor, age 12; buried Feb 16, 1885 (438)
    Hannah, dau of Hannah, b. 7 Sep 1879 (503)
    Josiah 1811 (511)
    Mary 1811 (511)
    Milas 1891 (288)
    Moore 1801 (511)
    Sarah 1811 (511)
    V. E. (?) 1891 (288)
    W. M. 1891 (m) (288)
    William d. 1 Jul 1887 (503)

STEVERSON, James A. 1882 (348)

STEVICK, D. A. 1890 (455)
    Margaret Myra 1889 (455)

STEWARD, Charles E. 1898, d. 1909 (339)
    Miss Edna 1885 (423)
    Mrs. Ella 1892 (429)
    Frank 1896, d. 1912 (339)
    John 1896 (429)
    Minnie? (Richuran) 1896 (429)
    Sallie bapt 1897, m. P. Griffin (339)
    Wade 1896 (339)
    Woodie 1896 (339)

STEWART, A. K. 1889 (429)
    Bessie 1888 (455)
    Bryce 1844, d. Jan 23, 1894 (401)
    Bryce 1855 (401)
    C. E. 1896 (454)
    Mrs. Chas., Miss Bettie? Symmes, Mattie Stewart, John Stewart--family listings 1875-1902 (400)
    David 1889 (455)
    Mrs. Fannie R. 1896 (454)
    Francis Kelly, child of John & Henrietta, b. Feb 1883 (503)
    Harry 1891 (455)
    J. D. 1889 (455)
    J. M. 1876, moved to Baltimore (423)
    J. W. 1880, moved to Baltimore Sep 19, 1880 (423)
    J. Willia 1881 (423)
    James d. 1 Jan 1913, age 54 (350)
    Mrs. Jane 1853, d. Sep 1871 (401)
    Jennie Lee, dau of John & Henrietta, b. Jun 11, 1893 (503)

STEWART, Lulu 1898 (440)
    Mrs. (O.P.) Margaret J. d. Jun 23, 1908 (350)
    Martha Ann 1891 (440)
    Mary 1812 (502)
    Miss Mary d. Dec 19, 1875 (401)
    Mary member 1838 (361)
    Miss Mary E. 1876 (423)
    Mary Iva Frances 1892 (461)
    Mattie m. W. H. Stiles of Long Grove KY Feb 8, 1894 (400)
    Mrs. N. Fannie 1876 (423)
    Nelly Hazel, dau of John & Henrietta, b. 16 Jun 1876 (503)
    Ninian? 1893 (401)
    Norman, son of Bryce & Sallie Toest? Cobb Stewart, b. Feb 18, 1874, bapt Jul 3, 1874 by Rev. Dr. Bonar in Edinburg, Scot (401)
    Pearl Isabell, dau of J. D. & Anna B., bapt 1893 (455)
    Robert Harmon, son of Rev. Walter & Cris, bapt Sep 11, 1895 (401)
    Sallie West 1873, later to Montrose PA (401)
    Mrs. Sarah H. 1891 (455)
    Stephen 1890 (440)
    Susan 1827 (502)
    Susan B. d. Jul 21, 1883, age 63 (503)
    W. M. 1855 (400)
    Wm. G. 1886, 1889 to Memphis (401)
    Wm. M. 1853, d. Sep 26, 1877 (401)

STIDHAM, Sarah 1873 (361)
    Wm. d. 1872 (361)

STILES, Frances Maria 1896 (401)
    W. H. of Long Grove KY m. Mattie Stewart Feb 8, 1894 (400)

STILLINGS, Louisa A. m. James M. Homer Dec 19, 1858 (356)

STINCHFIELD, Mrs. Annie McN. 1894 (401)
    Hugh Joseph, son of Annie McN., bapt Jun 11, 1898 (401)

STINSON, A.? 1884 (396)
    Elisabeth 1838 (361)
    Elisabeth 1832 (361)

STITT, Bessie 1891, age 15 (438)

STIVERS, C. E. & Jennette J. parents of Kathrina b. Nov 7, 1868, Elinor b. Aug 30, 1872 and Jeannette b. Jul 25, 1879 (503)
    Ella (married) 1879 (455)
    Mrs. Jeannette (wife of Chas. E.) d. Dec 1896 (503)
    John M. (married) 1879 (455)
    Mabel Snow, dau of Chas. E. & Jennette J., b. 18 Nov 1876 (503)
    Wm. 1886 (455)
    Winifred, dau of Charles E. & Jeannette J. b. 18 Jan 1869 (503)

STOCKARD, George d. Apr 1894 (438)
    George W. m. Sallie C. Walker in 1862 (437)
    Lucy Williams, dau of Lucy Hawkins & Sam'l., b. Dec 3, 1882 (438)

STOCKARD, Mari Vick, dau of Sam B. & Lucy H.
            Williams, b. Apr 7, 1887 (438)
        Sarah 1883 (437)
        Sarah (see Sarah Walker) (437)
STOCKER, Maria 1890 (401)
STOCKHERD, George W. m. Mrs. Sallie C. Walker
            Apr 8, 1862 (438)
STOCKTON, Obean? 1891 (409)
STODDART, Mary 1827 (502)
STOFFER, Harry C. 1888, moved to Philadelphia PA
            Sep 26, 1894 (423)
STOFLE, Mrs. F. 1879 (409)
        R. M. 1886, d. Dec 18, 1897 (409)
        Robt. jr. 1890 (409)
        Wm. B. 1890 (409)
STOKER, E. E. (f) 1887 (402)
        F. M. (m) 1887 (402)
        F. M. 1860 (444)
        Francis M. 1860 (402)
        Jane d. Aug 6, 1857 (402)
        Margrett A. 1860 (402)
        Margretta 1887 (402)
        Marthey 1887 (402)
        Mary d. Sep 23, 1868 (402)
        Mary 1850 (402)
        Rachel E. d. May 9, 1856 (402)
STOKES, Mark Hudson m. Maud Kenner Rudd Jan 21,
            1896 (503)
STONE, George 1847, 1872 (511)
        George Hazlehurst, son of Joseph M. &
            Frances, b. 17 Oct 1887 (503)
        John 1847, 1853 (511)
        Joseph M. m. Frances W. Hazlehurst 22 Dec
            1886 (503)
        Joseph Morton, son of Joseph T. & Victoria
            A. b. 10 Nov 1864 (503)
        Marion Irwin 1892, moved to Chattanooga Jul
            4, 1894 (401)
        Riley 1847, d. about Jun 1861 (511)
        Thos. J. 1842 (478)
        Wiley B. 1827 (478)
STORRS, William H. d. Dec 1913 (423)
STORY, Belle 1871 (480)
        Dina 1829 (478)
        James 1842 (478)
        James E. 1829 (478)
        Narcissa 1842 (478)
        Sephrona 1842 (478)
        Washington 1842 (478)
STOUFFER, A. L. 1891 (423)
STOUT, Marguerite d. Nov 3, 1904 (350)
        Mrs. Jane 1832 (466)
STOVALL, Miss Elizabeth Jane 1850 (438)
STOVEALL, J. D. 1897 (348)
        James & Sarah 1898 (348)
        Sarah 1898 (348)
STOVER, Mary Elizabeth, John Murphy and William
            Isaac (parents and birthdates unknown)
            bapt 1897 (356)

STOVER, Sewell P. 1880 (454)
STOWELL, Alexander 1822 (423)
        Margaret 1822 (423)
        Minnie J. m. Chas. H. Waring 1883 (356)
        Miss Susan, Mr. & Mrs. Blackwell--family
            listing May 1867 (480)
        Susan T. 1871 (480)
STRAHL, Brig. Gen. C.S.A., fell in battle at
            Franklin Nov 30, buried Dec 2, 1864
            (438)
STRAIN, Lula (Miss) 1895 (454)
        Miss Mary 1896 (454)
        Mrs. Mattie M. 1896 (454)
STRANG, Ada Bascom, dau of Saml. B. & Fannie T.,
            b. Mar 6, 1881 (503)
        Mrs. Frances Thornton d. Jul 19, 1908 (350)
        Frances Thornton, child of S. B. & Fanny,
            bapt 1888 (503)
        Samuel B. d. May (or late Apr) 1899, age 54
            (503)
        Samuel Bartow, son of S. B. & Fannie Thornton,
            b. 7 Aug 1882 (503)
STRATFORD, Henry d. Nov 14, 1878 (400)
STRATOR, Catharine 1853, d. Nov 1857 (467)
STRATTON, Mary 1897 (339)
STRAUB, John Peter (son of Peter & Rosine) b.
            Mar 31, 1864 (356)
STRAUSS, Robert W. 1895 (454)
        Samuel m. Tennie Browning Jul 11, 1867 (503)
STRAYER, H. B. & H. G., parents of Minnie Lee &
            Sarah Barber, bapt Dec 29, 1897 (401)
        Mary Frances, dau of H. B. & Hattie L., bapt
            Mar 4, 1896 (401)
STREET, Miss Anna (Burk) 1885 (429)
        Annie 1885 (455)
        Eliza Ann 1892 (401)
        Mrs. Mary 1882 (429)
        Rosa E. 1894 (401)
        Trixie S. 1894, m. Jno. Kirk (401)
        Willie 1885 (455)
STRICKLAND, Charity 1821 (419)
        Elizabeth 1888, 1899 (339)
STRICKLER, Ann E. 1848 (478)
        Mrs. Benjamin 1827 (478)
        Miss Christina 1853 (478)
        John E. 1842 (478)
STRICKLIN, Mary Jane 1842 (478)
        Wm. 1886 (339)
STROEHLE, Elisabeth b. 8 Jun 1863 (503)
STRONG, Albert N. 1885 (423)
        Annie (dau of B. R. & F. E.) b. Aug 14, 1862
            (356)
        Ethel, age 16 mos, d. Jun 25, 1892 (438)
        Ora, child of Lewis & Lena, b. 1889 (440)
STROOP, John Erskin (son of Newton & Alice) bapt
            1887 (502)
        Newton & Mary parents of Mary Matison &
            Elfelda Murray bapt 1884 (502)
STROTHER, Eliza N. D. 1869 (423)

STROTHER, Nancy 1832 (504)
STROUD, Catherine 1847 (511)
    Cathrine d. Oct 15, 1875 (511)
    Susan 1895 (339)
STUART, Alice 1889 (455)
    Emeline, age 80, d. Nov 12, 1906 (400)
    Mrs. Emma 1896 (400)
    Ernest Henry d. Jul 5, 1887, age 8 mos (356)
    George W. m. Rhoda Hill 1851 (free colored)
        (356)
    Joseph E. 1853 (478)
    Miss Lula 1898 (438)
    Mildre Snow adult bapt 1884 (438)
    Minnie Norton, dau of Arthur & Clara, inf
        bapt 1882 (356)
    Nannie 1858 (448)
    Sary 1823 (402)
    William S. m. Isabella James May 14, 1857
        (356)
STUBBS, George D. d. Mar 11, 1911 (435)
STUBLEY, Glenn b. Oct 11, 1883, England, son of
    Robert & Mary (356)
STUDDARD, Ailsy 1832 (466)
STURDIVANT, Anne Bell 1891 (438)
STURGES, T. E. & Lula L., parents of Mabel &
    Fred Eugene both bapt Apr 9, 1882 (423)
STURGESS, Delia A. 1869 (423)
STURGIS, Beatrice dau of Jas. C. bapt 1876 (356)
    Jas. Cleavland adult bapt 1876 (356)
    Mrs. Loulie L. 1879 (formerly Loulie L.
        Barnes) moved to Natick MA May 4, 1884
        (423)
    Wison son of Jas. C. bapt 1876 (356)
STURN, Caroline d. Dec 7, 1880 (455)
SUBLET, Mrs. Elisabeth 1875 (478)
SUBLETT, Mrs. Elizabeth 1875, d. 30 Sep 1876 (478)
SUEAT, Nathaniel d. Sep 17, 1892 (507)
SUGG, Aaron member ca. 1860, 1881 (444)
    Joel & wife Tempia Jane 1866 (444)
    Joel M. 1866 (444)
    Martha ca. 1860 (444)
    Mary Ann ca. 1870 (444)
    Tempia J. ca. 1870 (444)
    Wm. ca. 1860, 1872 (444)
SUITER, Miss Ruth (Mrs. Powers) 1884 (401)
SUKES, Duncan 1899 (438)
SULIVAN, Eugene 1897 (421)
SULLIVAN, Charles T. 1893 (478)
    Edmund T. 1886 (511)
    Eli G. d. Jun 1887 (511)
    Fannie 1887, 1897 (421)
    Flavy 1888 (511)
    George 1886 (511)
    Harriet 1886, 1897 (421)
    Jay 1891 (511)
    John 1847 (511)
    Lizzie 1886, 1897 (421)
    Lou A. d. Apr 1877 (511)
    Marth 1847 (511)

SULLIVAN, Martha d. Sep 1883 (511)
    Nannie (see Nannie Jakson) (511)
    Olander 1888 (511)
    Parker 1849, d. 1903 (501)
    Parker 1847 (511)
    Robt. 1890 (511)
    W. R. 1886, 1897 (421)
SUMMERS, Mrs. Alex d. Apr 29, 1901, age 45 (356)
    M. C. 1872 (408)
    Rebeca 1832 (504)
SUMMEY, Albert 1893, moved to Shreveport LA Sep 8,
    1902 (401)
    Miss Carrie A. (Mrs. A. B. Dinwiddie) 1892
        (401)
    Mrs. Elizabeth A. 1892 (401)
    Geo. jr. 1892, moved to Shreveport LA 1902
        (401)
    Mary Williamson 1897 (401)
SUSON, Laurie May (see Laurie May Dunbar) (423)
SUTHERLAND, Mrs. Jeannett & Miss Rosa Sutherland
    moved to Danville KY Jun 19, 1896
    (423)
    Miss Jennie 1887 (now Dewlinger) moved to
        Caldwell NJ Jul 17, 1895 (423)
    Mrs. R. R. 1887 (423)
    Miss Ross 1887 (423)
SUTTLER, Mintie d. Aug 13, 1884 (465)
SUTTLES, Minter d. Aug 13, 1884 (465)
SUTTON, Frank Roe 1892 (461)
    G.? P. d. 1881 (421)
    Mrs. Jennie (Mrs. Jason) 1892 (478)
    John 1889 (478)
    M. E. J. d. 1881 (421)
    Polly An (see Polly An Waller) 1864 (428)
    Sarah (Lindbury) 1892 (461)
SWAFFOR, Margret d. 1890 (348)
SWAFFORD, Jack 1882 (348)
    Marry E. 1887 (348)
SWAFORD, William J. 1894 (348)
SWAIN, Alba 1892 (409)
    Charley R. 1871 (409)
    Eleanor Louisa b. 1863, dau of Dr. R. C. &
        M. L. (480)
    Geo. 1891 (409)
    Lucia M. 1843 (left for Athens AL 1843) (423)
    Mrs. M. L. m. Balie Peyton Steele Aug 17,
        1875 (480)
SWAN, Miss Blanche 1876 (Mrs. Lowe) (423)
    Edna (see Mrs. Edna Uffleman) (400)
    Mrs. L. J. (see Bessie Snodgrass) (455)
    Mrs. Mary 1870 (423)
    Mary 1867 (423)
    Mrs. Mary A. 1896 (400)
    William H. 1870, d. Feb 12, 1892 (423)
    William H. 1867 (423)
SWANN, Miss Edna confirmed 1889 (400)
SWEARENGIN, Essie 1889 (409)
    Bettie 1884 (409)
    Ernest 1895 (409)

SWEARINGEN, N. C. 1884 (409)
SWEPSON, Robert R. d. Mar 30, 1902, age 77 (356)
SWICK, W. F. d. 3/15/1912 (454)
    Mrs. M. J. d. 4/19/1905 (454)
SWIFT, Charity 1869 (467)
    Miss Georgia 1895 (Mrs. A. J. Small) (401)
SWINDELL, Charles E. member 1885, gone to TX (507)
    George W. d. Apr 28, 1887 (507)
    Hollis Roberts, son of George, bapt 1888 (507)
    J. W. m. Milley Smith Mar 25, 1894 (507)
    John W. 1870 (507)
    Mary d. Jun 27, 1893 (507)
    Mary (nee Meek) 1884 (507)
    Mertie m. S. Glenn 1897 (507)
    Myrtie 1891 (507)
    Samul J. 1887 (507)
    Sarah m. Wm. Keeton Aug 14, 1894 (507)
    William Alford, son of James W. & Mary E. bapt 1890 (507)
SWINDLE, Hollowel 1823 (402)
    Pegga 1823 (402)
SWINDLER, Frank P. m. Ilia Boynton Feb 26, 1891 (356)
SWINGLE, Porter E. (of Williamsburg KY) m. Lolo Motz Dec 21, 1892 (356)
SWINGLEY, John G. 1847 (511)
    Martha d. Nov 22, 1886, 83 yrs old to a day (511)
    Martha 1847 (511)
    Sarah 1847, 1869 (511)
    Susan 1847 (511)
SWOFFORD, Julan 1889 (339)
    Robert 1890 (339)
    W. A. (m) 1889 (339)
SYKES, Anna Murdock, dau of Mrs. Anna, bapt Jun 19, 1892 (401)
    George A. m. Mary E. Rivers Oct 28, 1856 (438)
    George A. Esqr. of Mississippi, buried Jun 18, 1859 (438)
    George Percy, son of George & Mary, bapt May 19, 1860 (438)
    Percy buried Nov 28 1878 (438)
    Robert, son of W. J., buried Mar 12, 1864 (438)
    Wm. 1847 (438)
    William, child of W. J. Esqr., age about 4 yrs, buried Jul 10, 1859 (438)
SYLVESTER, Earl 1888 (455)
SYMES, Charles E. d. Apr 1878 (400)
    James, age 52, d. Oct 7, 1905 (400)
SYMMES, Bettie (see Mrs. Chas. Stewart) (400)
    Bettie 1896 (400)
    Miss Charlie member 1875, d. 28 Apr 1878 (400)
    Mrs. Sue N. 1873 (487)
SYPERT, Thomas 1811 (511)
TABOR, John Howard 1872, moved to Henrietta TX Nov 14, 1886 (423)
    Miss Martha A. 1879 (423)

TABOR, Mrs. Sophia 1873 (423)
TADLOCK, Dr. Alexander B. 1870 (423)
    Alexander B. 1867 (423)
    Clara M. 1870 (423)
    Clara Mayse 1867 (423)
TAIT, James 1847 (401)
    James D. 1875, d. Oct 10, 1903 (401)
    Robt. Saml. adult bapt 1875 (401)
TALAIFERO, Mrs. Mattie d. Sep 23, 1891 (429)
    Mattie (see Mattie Robison) (429)
TALAM, J. B. 1882 (396)
TALBOT, Sarah A. (col'd) m. Levi McCulla (col'd) Jun 26, 1879 (356)
TALENT, A. P. 1869 (435)
    Faney 1873 (428)
    Hester 1876 (435)
    Jasper 1873 (428)
    John 1875 (435)
    Martha 1869 (435)
    Nancy 1871 (435)
    Nancy Jane 1873 (428)
    Thomas R. 1873 (428)
TALIAFERO, _____ m. Mattie Roberson Jun 28, 1891 (429)
TALIAFERRO, Mrs. Margaret Mabry early member 1898-1900 (375)
TALIAFETTO, Rev. H. E. d. ca. 1876 (435)
TALLEN, Thomas R. b. Mar 1844, m. 1864, d. Apr 1893 (428)
TALLENT, E. N. 1885 (428)
    E. N. 1873 (428)
    Fannie b. Jun 14, 1822, d. Dec 13, 1887 (428)
    Frankie A. 1895 (507)
    J. N. 1895 (507)
    Jasper 1885 (428)
    Jose 1873 (428)
    Josey 1885 (428)
    Lizia 1885 (428)
    Lula Maid? child of J. N. & F. A. bapt 1895 (507)
    Nancy Jane 1885 (428)
    Rebecke 1873 (428)
    Saviler 1885 (428)
TALLEY, Christina d. Aug 3, 1904, age 36 (350)
    Edw. S. & Kate Augusta, parents of Hanson Haskell & Jane Ready bapt 1886 (502)
    Fanney 1842 (386)
    Mary 1868 (389)
    Richard H. 1868 (389)
    Susanah 1862 (389)
    T. J. member Sun schl 1871 (369)
TALMAGE, Emma E. d. Aug 26, 1866, age 28 yrs 11 mos (356)
TALOR? (Tabar?), Elizabeth d. 29 May 1833 (450)
TAMER, Browns d. 1859 (402)
TANDY, J. H. 1869 (497)
    J. H. 1882 (497)
    John Henry 1866 (497)
TANNER, Annie m. George R. Wood Jun 16, 1878 (400)

TANNER, James 1897 (440)
    Lucy 1888 (440)
    Sam H. 1888 (429)
    Mrs. Sarah A. 1891, d. Jul 17, 1891 (429)
    Mrs. Viola 1888 (440)
    Mrs. Winnie E. 1886 (429)
    _oddie 1879 (429)
TANT, H. C. 1896 (415)
TAPSCOTT, Mamie Cobb 1887, moved to Montrose PA 1899 (401)
TARBOX, Mrs. Cornelia W. 1873 (487)
    John Watson, son of L. G. & Cornelia W., b. Sep 10, 1871 (487)
TARNER, Henry B. ca. 1832 (504)
TARWATER, Mrs. 1885 (369)
TATE, Miss Irene 1885, d. Jan 1901 (454)
    Mrs. Minna C. 1887 (401)
    Rachel 1839 (466)
    Sam G. 1893, moved to Tupelo MS Nov 11, 1914 (401)
    Sudie B. 1887 (401)
TATOM, Wm. C. & Kate R., parents of Dan Evans b. Aug 18, 1887, Will Ella b. Dec 11, 1890 and Keith Kirkman b. Sep 2, 1894 (356)
TATT, Lillie, dau of Mrs. Lizzie S., b. May 28, 1857 (503)
TATUM, Dr. Robert d. 18 Jan 1912, age 39 (350)
TAYLAR, Zekel d. Apr 7, 1834 (450)
TAYLER, Margaret, dau of Joseph A. & Caroline, bapt May 16, 1875 (438)
TAYLOR, A. H. 1886 (409)
    Adelaide 1895 (461)
    Adelaide, dau of Robt. B. & Sarah E., b. Mar 5, 1880 (461)
    Arthur J. 1894 (454)
    Bettie m. E. F. Sevier Feb 5, 1874 (503)
    C. T. 1889 (371)
    Caroline m. Horace Catena Aug 10, 1874 (438)
    Caroline adult bapt 1872, dau of Joseph & Jane (438)
    Charles d. Feb 20, 1868, age 22 (503)
    Charles Nelson b. Feb 28, 1886, son of Will Adams & Nannie (356)
    Charllotee ca. 1832 (504)
    D. W. 1857 (504)
    D. W. 1869, d. 12 Jun 1878 (504)
    David 1889 (455)
    Delitha 1832 (450)
    Dempsey ca. 1832 (504)
    Dempsy W. 1853 (504)
    Edna 1896, 1899 (339)
    Edwin A. m. Maggie O'Brian Sep 17, 1877 (438)
    Mrs. Elizabeth d. Dec 21, 1893 (356)
    Elizabeth 1822, left for Grassy Valley Ch 10-24-1829 (423)
    Elizabeth 1891 (288)
    Ellen m. Charence Jellison Jul 21, 1896 (356)
    Ethel May bapt 1881, dau of Joseph A. & Caroline (400)

TAYLOR, Emmet Lee 1886 (478)
    Eugene 1896 (454)
    Ezekiel & Elizabeth 1826 (450)
    Flora D. 1879 (455)
    Frank George b. Mar 23, 1888, son of Will Adams & Nannie (356)
    G. A. pastor 1893-95 (507)
    Mr. G. W. 1891 (455)
    George 1889 (339)
    Geo. D. (see Bessie Keith Griffin) (423)
    George E. m. Mrs. Bessie Keith Griffin Sep 3, 1896 (423)
    Geo. William, son of Joseph A. & Caroline, bapt Oct 13, 1871 (438)
    Hattie 1890 (409)
    Hughe O. 1826 (450)
    J. M. 1870, later moved to Texas (448)
    Jacob 1811 (511)
    James 1872 (448)
    James 1887 (339)
    Mrs. Jane buried Mar 15, 1868 (438)
    Jennie H. 1870 (448)
    John 1819 (423)
    John 1822 (left for Grassy Valley Ch, 10-24-1829) (423)
    John Y. d. Jun 12, 1839, aged 32 yrs (437)
    Joseph & Caroline, parents of 2 children (not named) bapt Jun 1, 1879 (438)
    Kiddy ca. 1832 (504)
    Kiddy 1853 (504)
    Laurence Eugene, son of Robert B. & Sarah E., b. May 16, 1884 at Jasper TN (461)
    Mrs. Leona 1880 (504)
    Leonard Nov 1840 (389)
    Leroy 1885 (478)
    Lillian m. Rev. George Stanley Robinson, Jun 1, 1899 (503)
    Margaret G. (see Margaret G. Dailey) (423)
    Martha 1887 (339)
    Mary 1880, d. Oct 23, 1892? (504)
    Miss Mary Frances, dau of Leroy 1885 (478)
    Miss Mary Francis 1885 (478)
    Mrs. Mattie A. (wife of Leroy) 1890 (478)
    Miss Mattie Ella, dau of Leroy 1889 (478)
    Milton 1879, d. 3-28-1883 (339)
    Mollie m. P. H. Green Feb 5, 1874 (503)
    N. P. 1886 (409)
    Nancy A. 1870, later moved to Texas (448)
    Oraella 1894 (339)
    Penelopy ca. 1832 (504)
    Pennelopy 1853 (504)
    Renya? (m) 1878 (288)
    Renzie 1891 (288)
    Robert Andrew 1889 (478)
    Roy Gault b. Dec 1, 1890, son of Will Adams & Nannie (356)
    Ruby G. m. Marshall H. Bland Dec 19, 1894 (356)
    S. G. (m) 1891 (288)

TAYLOR, S. G. 1878, 1875 (288)
    S. J. (m) 1891 (288)
    S. J. 1894 (507)
    Sarah d. 12-27-84 (339)
    Sarah 1840 (389)
    Stephen Foster, son of John B. & ELizabeth, bapt Jun 6, 1829 (423)
    Susan 1821? (left for IL Aug 1821) (423)
    Mrs. T. B. 1880, d. Dec 26, 1889 (504)
    T. D. 1891 (454)
    Temperance B. d. Dec 26, 1889 (504-2)
    W. R. 1870, later moved to TX (448)
    W. T. 1880 (504)
    Walter 1869 (504)
    Will 1888 (339)
    Infant son of J. A. (Mr. T. belongs to Fed. Army) buried Aug 13, 1864 (438)
TEAGUE, Clara S. 1888 (455)
    Delia Ethal 1887 (455)
    Mary ca. 1860 (444)
    Marinday 1876 (389)
TEMPLE, Mrs. Callie 1874, d. in New York City Oct 25, 1889 (423)
    Mrs. Callie d. Oct 25, 1889 (423)
    Margaret A. 1841, left for Athens TN, Nov 1, 1849 (423)
    Mary 1834 (478)
    Miss Mary B. 1879 (423)
    Mrs. Narcissa, wife of Rev. J. N., buried Oct 24, 1867 (438)
    O. P. 1874 (423)
    O. P. d. Nov 2, 1907 (423)
    Susan Polk, dau of James R. & Narressa?, b. Sep 17, 1866 (438)
TEMPLETON, Adda 1886 (492)
    John W. d. 1862, in his 29th year (356)
    Minnie 1886 (492)
TENERSON, Benjamin F. 1855 (467)
    Elizabeth Ann 1855 (467)
    Gideon D. 1855 (467)
    James T. 1855 (467)
    Sarah 1855 (467)
TERL, Amanda 1871 (467)
TERREL, Amanda 1893 (467)
    Daniel W. d. 1864 (467)
    Elizabeth 1893 (467)
    Elizebth d. Dec 28, 1904 (467)
    Marcia 1893 (467)
    Nancy 1829, 1875 (288)
TERRELL, V. L. 1880 (401)
TERRIL, Nancy 1878, d. Dec 13, 1890 (288)
TERRY, Alfred Howe 1894 (423)
    Alfred Wright, son of Adrian & Isidore L., b. Feb 24, 1867 (356)
    Miss Clarissa Howe 1891 (Mrs. Benjamin Cates) (423)
    Miss Clarissa Howe m. Benjamin Cates Nov 18, 1896 (423)
    Harriet Wadsworth, dau of Adrian & Isadore W., b. Sep 1873 (356)

TERRY, Mrs. Isadore L. d. Nov 8, 1910 (423)
    Mrs. Isadore L. 1875 (423)
    Martha 1885 (339)
THACKER, J. P. 1891 (371)
    S. R. 1891 (371)
THARPE, T. B. 1875 (409)
THATCHER, William Craighead, son of Samuel & Mary, bapt Nov 15, 1830 (423)
THERMON, Mary E. d. Sep 1878 (465)
THOMAS, Abednego, son of J. H. & M. (James H. & Margarett) infant bapt 1841 (438)
    Adele Noble m. Robert Edwards Page Oct 14, 1891 (356)
    Albert G. 1841, d. Nov 6, 1841 (423)
    Albert O. d. Nov 6, 1841 (423)
    Anne 1866, d. Feb 28, 1870 (423)
    Annie 1885 (455)
    Arther D., son of H. B. & C. A., bapt Aug 26, 1871 (409)
    B. B. pastor 1900 (360)
    Bertha 1889 (409)
    Bettie, see Henry T. Drane (400)
    Miss Birthea? 1889, m. a Walters (409)
    Mrs. C. A. d. Jul 1913 (409)
    C. Ann 1869, 1875 (409)
    Charles J., son of James H., buried Mar 6, 1862 (438)
    Charles J., infant son of James H. & Margarett bapt 1837 (438)
    Charlie 1890 (511)
    David U. 1885 (455)
    Delos (of Roanoke VA) m. Maria Binford Oct 13, 1895 (503)
    Mrs. Donie buried Jan 9, 1893 (400)
    Edwin adult bapt 1892 (356)
    Edwin R. W., Fredonia, Maude--family listings 1875-1902 (400)
    Miss Eliza C. 1871 (478)
    Elizabeth 1867 (423)
    Mrs. Ella 1886 (423)
    Emogene 1896 (461)
    Emogene, child of Hugh Torbot & Annie, b. Jan 9, 1882 at Tullahoma (461)
    Miss Emma 1860 (438)
    Emma A. m. Maj. T. H. McKinney Apr 23, 1867 (438)
    Mr. & Mrs. Geo. 1887 (438)
    Geo. L. m. Leonora C. Thomas Jun 26, 1872 (438)
    Geo. L. d. Jun 16, 1899 (438)
    George Loulard (Dec 3, 1876), Leonora (Thomas) Thomas, Ronold L. (May 9, 1875), Ida Leonora (May 16, 1886)--family listing (438)
    Mrs. Grace 1892, d. Sep 22, 1911 (454)
    H. B. 1881 (409)
    H. B. d. Nov 23, 1905 (409)
    H. B. & C. A., parents of J. B. & J. L., both bapt Aug 16, 1874 (409)

THOMAS, Haywood B. 1869, 1875 (409)
    Miss Helen 1895 (423)
    Henry Faxon d. Feb 15, 1877 (400)
    Henry Faxon bapt 1877, son of Warner & Caroline (400)
    Henry William m. Mary Ann Owens Dec 24, 1881 (503)
    Henry Williams, son of Henry W. & Mary A., b. Oct 18, 1882 (503)
    Ida Force, dau of James H. & Abarilla, b. Sep 26, 1858 (438)
    Ida Leonora, dau of Geo. & Leonora, b. Feb 23, 1886 (438)
    Isaac J. buried Nov 22, 1859 (43_)
    Isabel m. Alexr. S. Glover 26 Nov 1890 (503)
    Mrs. J. A. 1886 (423)
    J. B. 1874 (497)
    J. B. 1886 (409)
    J. D. d. Mar 16, 1899 (438)
    J. F. d. Sep 21, 1889 (409)
    J. H. & M. parents of Margarett Stephens inf d. Sep 15, 1839 (438)
    Mrs. J. H., Leonora Clayton, Thomas inf Sep 22, 1851, Ida Forse Thomas inf Apr 20, 1859--family listing (438)
    Jake 1890 (511)
    James D., Virginia G., _____, Virginia--family listings 1875-1902 (400)
    James D. member 1896, d. Mar 20 1899 (400)
    James H. 1847 (438)
    Jennie (single) 1876 (455)
    Jennie E. (dau of B. R. & M. J.) b. Dec 26, 1857 (455)
    John A. (single) 1876 (455)
    John Addison, son of Jas. H. & Margaret, bapt in private 1848 (438)
    John Adison, inf, Oct 15, 1848, Huston Jefferson, Charles, John, Horrace, Ernest Davis, Nora (Spain) Thomas--family listing (438)
    Joseph, son of Thomas & Mary, bapt Jan 30, 1870 (423)
    Joseph L. 1883 (401)
    Kate (Mary?) inf Jun 19, 1859--family listing (438)
    Miss Kate 1866 (438)
    Katherine Pendleton, dau of Maj. J. J. & Mrs. Kat. Pendleton Thomas, adult bapt 1889 (400)
    Miss LaRive D. 1889 (423)
    Lavens M. 1892 (454)
    Lawson (slave) m. Mary Franklin (free col'd) 1855 (356)
    Leanora Clayton, dau of Jas. H., b. Sep 22, 1851 (438)
    Miss Lou 1866 (497)
    Luke 1825 (421)
    Mrs. Margt. d. Aug 12, 1850 (438)
    Margaret m. Dr. Robert A. Hicks (of Chicago, IL) Oct 26, 1892 (356)

THOMAS, Miss Margarett 1860 (438)
    Mrs. Margarett 1847, d. Aug 12, 1849 (438)
    Margarett m. Capt. R. D. Smith Apr 23, 1867 (438)
    Mary 1869 (423)
    Mary E. Burnett, dau of H. B. & C. A., bapt Aug 16, 1876 (409)
    Mary J. 1884 (455)
    Miss Mary Virginia 1889 (423)
    Maud confirmed 1878 (400)
    Maud b. Oct 3, 1862 (400)
    Maude m. Seely Dunn Feb 4, 1892 (400)
    Minnie (see Elizabeth Fredonia Gracey) (400)
    Minnie 1893 (409)
    Miss Minnie J. member 1875, m. Julien Gracey (400)
    Nancy Caroline child bapt 1833 (466)
    Nettie 1889 (409)
    Noble adult bapt 1892 (356)
    Oney?, offspring of H. F. & C. A., bapt Jul 25, 1869 (409)
    R. W. d. Jul 8, 1886 (400)
    Rhoda Virginia bapt 1886 (400)
    Robert Haywood, son of H. B. & Ann T., bapt Mar 11, 1892 (409)
    Robert Warner bapt 1877, son of Robert Warner & Carrie (400)
    Ronald 1891, age 17 (438)
    Ronald Addison, son of Geo. & ___ bapt May 9, 1875 (438)
    Sarah B. 1892 (Miss), d. Jan 20, 1912 (454)
    Thomas 1869, 1867 (423)
    Thos. D. 1885 (455)
    Tom 1882 (511)
    Tommie Jane, child of Ida & Robert, bapt 1894 (507)
    Uliss? Alice 1894 (423)
    Virginia confirmed 1892 (400)
    Virginia G. 1896 (400)
    Mrs. Virginia R. 1896 (400)
    W. Whitthorne 1871 (478)
    Wm. 1892 (454)
    Wm. Banks 1894 (423)
    Wm. H. 1886 (423)
    Wm. H., Mrs. Ella, Wm. Banks, & Miss Larue D. moved to Washington DC May 22, 1899 (423)
THOMASON, Israel adult bapt 1877 (438)
THOMASSON, Jakeup? d. Aug 29, 1902 (389)
THOME, Mr. m. Laura Bickwell 1893 (438)
THOMMUS, Wm. d. Jan 1911 (389)
THOMPKINS, Louisa L. d. Dec 20, 1883 (400)
    Robert d. Ded 1881 (400)
THOMPSON, Achey N. member 1870-1876 (492)
    Miss Agnes W. (now Mrs. G. G. O'Bryan) 1873 (487)
    Albert W. 1888, moved to Cincinnati OH Jul 1888 (423)
    Mrs. Ann C. 1885 (454)

THOMPSON, Miss Anna M. 1874, dau of Chas. A. R. (487)
    Atwell 1895 (454)
    Mrs. Belle d. Dec 8, 1910 (423)
    Mrs. Belle 1874, moved to Cincinnati Sep 17, 1884 (423)
    Mrs. Belle 1887 (423)
    Bert 1889 (423)
    Blayne B. d. Aug 26, 1910 (454)
    C. A. R. & Kate M., parents of Edward Waide b. Nov 23, 1863; Mary Allen b. Sep 12, 1866; Bessie Morton b. Mar 14, 1869; Edith b. Sep 30, 1872 (487)
    C. H. 1889 (455)
    (or Dorris), Caroline Isa d. 1882 (467)
    Catharine Baird, dau of W. G. G. & Alice, b. Mar 4, 1884 (438)
    Charles A. B. 1873 (487)
    Charles A. R. elder 1873 (487)
    Mrs. Cora 1874, moved to Hopewell TN May 28, 1882 (401)
    Cora (see Cora Dinwiddie) (401)
    Dopiah? 1873, later moved to Thompson Sta. (448)
    Elizabeth ca. 1832 (504)
    Elizabeth d. Jul 1874 (511)
    Miss Fanny 1873 (487)
    Mrs. Florence d. ca. 1903 (393)
    Frank K. 1887 (423)
    Frederick A. 1842 (423)
    George T. 1873 (487)
    George W. 1883, 1876 (401)
    Miss Gracy W. 1887 (423)
    H. 1891 (455)
    Henry 1888 (511)
    J. E. 1884 (421)
    James 1884 (423)
    James 1874, moved to Cincinnati Sep 17, 1884 (423)
    James P. 1847 (511)
    James Thomas 1886 (478)
    Jehorida & Thene 1826 (450)
    Miss Jennie R., dau of George T., 1874 (487)
    Jessie 1889 (455)
    John 1886 (492)
    John 1871 (448)
    John A. ca. 1880 (448)
    John Hill 1875 (487)
    John Hill, son of Geo. T. & Margaret? W., b. Apr 11, 1860 (487)
    Jno. W. Mann, son of A. P. & Ruth C., b. Jan 25, 1875 (455)
    Joseph H. & Mary, parents of Mary Hortense, adult bapt 1871 (478)
    Jos. H. 1848 (478)
    Josephine (see Josephine Hardin) (461)
    Kate, dau of Geo. T. & Margaret? W., b. May 7, 1868 (487)
    Mrs. Kate M., wife of Charles A. R. 1873 (487)

THOMPSON, Lizzie 1892 (461)
    Lizzie 1871 (480)
    Mrs. Lucy C. 1875, moved to Nashville Nov 17, 1901 (401)
    Miss Lula 1891 (455)
    M. F. d. 187_ (421)
    M. J. 1875 (492)
    Margarett 1847 (511)
    Martha 1871 (478)
    Mrs. Martha A. (wife of Geo. T.) 1873 (487)
    Martha E. d. Mar 30, 1872 (409)
    Martha J. 1886 (421)
    Mrs. Martha J. 1880 (504)
    Mrs. Mary 1858, d. Dec 11, 1875 (401)
    Mary 1871, 1855 (478)
    Mary 1847 (511)
    Mrs. Mary (wife of Jo) 1855 & dau Josephine R., 1889 (dates are years of admission to church) (478)
    Mary Ann 1847, d. Jun 1862 (511)
    Mary C. 1877 (492)
    Mary E. (b. IN) m. Wm. P. Long (Chief Clk __ RR office) Dec 4, 1890 (455)
    Miss Mattie W. 1873 (487)
    Mime (see R. B. White) (409)
    Minnie 1892 (409)
    Minnie (see Minnie Nelson) (409)
    Mollie H. 1871 (478)
    N. A. 1875 (492)
    Nancy E. 1847, d. 1869 (511)
    Nannie m. Asa F. Jones Dec 26, 1880 (503)
    Nicholas ca. 1832 (504)
    Phillip H. 1882 (401)
    R. B. 1886 (409)
    Mrs. Sallie 1891, d. 4-4-1908 (454)
    Sallie 1878 (492)
    Samuel 1891 (454)
    Samuel 1832, left for Cedar Grove Ch (423)
    Sarah 1847, 1866 (511)
    Stanley 1886 (478)
    Susan D. ca. 1850 (448)
    T. C. 1876 (492)
    Thomas C. member 1870-1876 (492)
    Virgil 1889 (511)
    Rev. W. T. pastor 1879-1880 (gone to Charleston SC) (478)
    Wm. A. 1875 (409)
    Wm. G. G. 1883 (437)

THOGMORTON, Rev. P. G. 1888 (406)
THORN, Maggie (see Maggie Dinwiddie) (409)
THORNBERRY, William 1879 (492)
THORNBURG, Rev. Amos d. Oct 1902 (454)
THORNTON, Anna Dunbar m. George Wm. Dumbell jr. 18 Apr 1887 (503)
    Mrs. Annie 1898 (454)
    Ellen Rosalie, dau of J. W. & Melissa H., bapt 1879 (503)
    Mrs. Melissa Harriet, wife of Mr. J. H., d. Mar 1895, age 47 (503)

THORP, Eliza 1832, left for MS (423)
    Oliver C. 1823, left for Grassy Valley Ch. 10-24-1829 (423)
THOTTS, Bessie Mary, dau of W. J., b. Feb 15, 1894 (438)
    Lifian? Canis?, child of Wm. J., b. Oct 20, 1887 (438)
THRASHER, Elisabeth member 1832 (361)
    Elisabeth 1838 (361)
    Sarah 1838, 1832 (361)
THRESHER, W. C. 1889 (455)
THROOP, Mrs. Charles d. Feb 19, 1894, age 25 (resident of Chicago) (356)
THURMAN, Ann 1873 (409)
    Miss Annie A. 1896 (454)
    Elijah 1896, d. 3/1/1912 (454)
    Miss Lucy B. 1896 (454)
    Mrs. Mary D. 1896 (454)
    Miss Minerva D. 1896, d. 6/25/1909 (454)
    Miss Sallie C. 1896, d. 9/17/1909 (454)
    Susan 1882 (348)
    Thomas 1847, 1849 (511)
    Rev. 1876 (369)
THURMON, Wm. T. m. Martha Ann Walker (2nd dau of Col. J. Walker) 1847 (356)
THURSTON, Miss Adia L. 1891, moved to Richmond IN Dec 6, 1892 (423)
    Mrs. Ellen L. 1890, moved to Richmond IN Dec 6, 1892 (423)
    Emma E. m. John R. McKenzie 1862 (356)
TIBBS, Amanda H. d. 1856, age about 10 (356)
    Mrs. L.? S. d. 5/15/1913 (454)
TICHNER, John infant son of John, buried Dec 28, 1870 (438)
TIDWELL, Evalina m. Abraham Meese Dec 22, 1872 (438)
    Florence 1899 (440)
    Harry, son of John & Florence, bapt Apr 1894 (440)
    Harvey, son of John & Florence, b. 1874 (438)
TIDYMAN, Enoch m. Anna Louise Grant 30 May 1888 (503)
    Ethelbert Grant, son of Enoch & Anna Louise, b. Aug 5, 1891 (503)
    Louise Pride, dau of Enoch & Lula, b. 11 Apr 1889 (503)
TIESTER, Rebecca m. Solomon Brummett Jan 17, 1878 (356)
TILFORD, Ann E. 1887, moved to Frankfort KY Jul 19, 1890 (401)
    Anna 1889 (455)
    Julian 1887, moved to Frankfort KY Jul 19, 1890 (401)
TILLFORD, Solon, father of Lulie & Mattie (both on list 1885) (455)
TILLMAN, Frida b. Feb 15, 1894 (dau of E. H. & Frida) (356)
    Joseph 1849 (386)
    Wm. Henry 1876 (409)

TILLOTT, G. A. 1873, moved to Sevier Co. TN Jan 13, 1891 (423)
TILMAN, Ella (see Ella Hunter) (409)
TILMON, Joseph 1844 (386)
TILSON, Tate 1897 (435)
TIMMONS, Rebecca 1829 (389)
TINKER, E. H. 1880 (455)
    G. J. 1885 (428)
    Flora (a dau of Rev. S. Tinker, formerly pastor of this church, now principal of Forest Home Siminary) m. J. B. Zeigler of Athens TN Oct 13, 1885 (455)
    Flora B. 1880 (455)
    Grace 1880 (455)
    Jesey d. Feb 4, 1901 (428)
TINLEY, Sarah Isabella Sloan, dau of Hugh Lawson & Phalby, b. Dec 6, 1846 (356)
    Sarah J. S. d. Apr 29, 1852, age 6 yrs (356)
    William Thomas 1875, 1876 to Franklin TN (401)
TINSLEY, Miss Agusta T. 1866, now Mrs. W. P. Humes (401)
    David 1811 (511)
TIPPETT, Esther 1897 (411)
    J. W. (m) 1896 (411)
TIPTON, Mrs. Lucy 1891 (Mrs. Moses) (423)
    Lucy A. (see Lucy A. Givin) (423)
    Nancey 1811 (511)
    Rachel 1811 (511)
TIRL, Elizabeth 1871 (467)
TIRREL, A. d. Jan 1885 (467)
TITUS, Rufus d. Jan 9, 1892 (400)
    Mrs. 1888 (423)
TODD, Maj. A. C. 1895 (423)
    Charlie Shepherd Quintard, son of Stepnen J. & Jennie b. Oct 25, 1869 (356)
    Emily infant bapt 1882 (356)
    Mrs. Emily d. Jan 15, 1895, age 53 (356)
    Hannah M. m. Frank L. Hay Jan 22, 1894 (356)
    James Clark, son of S. J. & Jennie, b. Jan 15, 1872 (356)
    Miss Katrine Fenno 1885 (423)
    Matilda 1871 (462)
    Mrs. N. C. 1893 (454)
    Mrs. Olive K. 1884 (423)
    Stephan, son of Stapen & Jennie (2 yrs old) bapt 1881 (356)
    Stephen J. d. Apr 22, 1894, age 55 (356)
    Stephen J. m. Jennie E. Shepard 1866 (356)
    Zilar (f) 1858 (408)
TOLLEY, H. H. pastor 1892 (360)
TOL(NICE?), Mrs. Margaret 1873 (487)
    Miss Georgie 1874 (487)
TOLSEN, Charles m. Lorena Graves Oct 11, 1896 (438)
TOMBLINSON, Charls McP. 1872 (408)
    Tempy 1872 (408)
TOMES, Rachel Leona, dau of Charles Wesley & Georgiana (both Coffee Co.) b. Jun 22, 1893 (461)

TOMITA, Yasujiro 1888, moved to Chicago May 7,
    1894 (401)
TOMPKINS, Carolyn confirmed 1876 (400)
    Mrs. Jane d. Mar 7, 1895, age 78 (356)
    Mrs. Jennie 1885, d. Nov 17, 1912 (502)
TOMPSON, D. S. pastor Oct 1882-84 (507)
    Elizabeth 1853 (504)
    Marthy J. 1853 (504)
    Nancy 1893 (467)
    Nicholas 1853 (504)
    Rebeca J. d. Jun 1911 (348)
    William 1893 (467)
    Wilmoth d. Nov 15? 1882 (467)
TOMS?, Charles d. Sep 2, 1904, age 66 (356)
    Charles & Melinda, parents of Charels
        Robert & Edward Bradford, both bapt
        Apr 3, 1869 (423)
TOMS, Melinda 1868 (423)
TOMSON, Estella 1886 (407)
    Estellia (see Estellia Young) (407)
    Polly d. 1900 (407)
TONCREY, Alexander adult bapt 1854, b. Sep 5, 1825
    (356)
    Alexander d. 1853, age 28 yrs (356)
TONE, Reuben 1837 (466)
TONEY, Caroline M. 1855 (448)
TOOL, Robert Patton 1874 (423)
TOOMBS, George H. m. Lucy H. Caryl 18 Sep 1887
    (503)
    T. D. 1866 (401)
TOOMS, Mary 1891, change to Dickerson (407)
TOON, Fannie m. F. G. Roberts Dec 20, 1871 (429)
TOOTEN, Fannie May, dau of W. T. bapt at age 25
    mos, on Aug 26, 1901 (438)
TORBET, John 1885 (428)
    Lucindia 1885, d. Jun 30, 1898 (428)
    Lunsinda 1873 (428)
    Marget 1873, 1885 (428)
    Sarah A., dau of David, d. Oct 20, 1876 (428)
    William 1873, 1885 (428)
TORBETT, Janey 1885 (428)
    Mayan 1885 (428)
TORNES, Malinda (Mrs. Chas.) 1870 (423)
TORRN, Wm. H. d. Dec 3, 1863, age 26 (356)
TORRY, G. R. 1886 (455)
TOTADICTAS?, Stamos S. (Greek) 1841 (423)
TOTTEN?, Eddie, age 2, buried Aug 31, 1887 (438)
TOWERS, John J. adult bapt 1870 (356)
TOWLES, S. 1811 (511)
TOWNES, Mrs. Tennie M. 1887 (415)
TOWNS, Ellen d. Jul 1892 (511)
TOWNSAND, Henritta L. 1873 (444)
TOWNSDEN, Caroline 1887 (402)
    Caroline 1874 (402)
    Polly 1887, 1874 (402)
TOWNSELM, Polley 1887 (402)
TOWNSEN, Polly sr 1860 (402)
TOWNSEND, Henrietta L. 1876 (444)
    Nathanell 1850 (402)

TOWNSEND, Polley 1850 (402)
TRABUE, W. D. deacon 1892 (487)
TRACEY, Bertha 1889 (455)
TRADER, Kate Mary adult bapt 1878 (438)
TRAHUE?, Elvin 1893 (497)
TRAIL, Nancy 1833 (389)
TRAINUM, William T. confirmed 1876 (400)
TRANER, Elder John 1824 (421)
TRAUBER, Allice 1893 (467)
    Dollie 1892 (467)
TRAUTWINE, Eliza 1841, left for Athens Dec 27,
    1841 (423)
    John Cresson 1841, left for Athens Dec 27,
        1841 (423)
    Susan Ritter, dau of Jn. C. & Eliza, bapt
        Dec 26, 1841 (423)
TRAVERS, Anna M. m. William P. Harrison 4 Dec 1889
    (503)
    Mrs. M. E., age 51, d. May 30, 1913 (438)
TRAVIS, Adaline (black) 1858 (408)
    Jack 1858 (408)
    Jane 1858 (black) (408)
    Luvina d. Feb 23, 1889 (465)
    Wm. 1858 (408)
    Dr. Wm. 1872 (408)
    Wm. d. Oct 30, 1895 (408)
    (see Annie Lou Honea) (409)
TRAWICK, C. H. 1881 (401)
    Dianah ca. 1860 (444)
    Mrs. Emaline 1897 (425)
    Hattie 1872? (425)
    T. E. d. Nov 12, 1901 (421)
    Thos. L. 1881 (401)
    Van 1872? (425)
TRAYWICH, Celina 1874 (425)
    Evander 1874 (425)
    Hattie 1884 (425)
    L. E. 1884, left Nov 22, 1889 (425)
    N. L. 1884 (425)
    Sallie H. 1874 (425)
    William 1874 (425)
TRENA, G. W. 1891 (371)
TRENARY, George W. pastor 1889 (371)
    Margret 1869 (467)
TRENT, Chas. Jas. (see Alice Barrows) (423)
    Selina F. (see Selina F. Henry) (423)
TREPENNIER, Woodward DeLaslie b. Feb 12, 1869
    (503)
TREW, Betty Jane 1894 (348)
    Charley 1898 (348)
    Elisa J. d. 1891 (348)
    James 1882 (348)
    Marry 1897 (348)
    Mary S. 1886 (348)
    Perry d. Sep 1901 (348)
TREWE, Inis A. 1880 (348)
    Perry d. Sep 1901 (348)
TREWETT, Danniel C. 1877 (455)
TREWHITT, A. H. d. 11-3-1907 (454)

TREWHITT, Addison H. (son of D. C. & M. M.) (455)
    Alonzo Sharp (son of D. C. & M. M.) b. Sep 10, 1871 (455)
    Paul W. (son of D. C. & M. M.) b. Apr 3, 1873 (455)
TREWITH, Levi 1811 (511)
TREWITT, Sarah 1811 (511)
TREYVANT, Lieut. Col. Edwd. B., C.S.A. of Memphis, buried in Columbia Feb 9, 1863 (438)
TRIBLE, J. W. (m) 1891 (288)
    Joseph 1878 (288)
    Victory 1878 (288)
    Victory (f) 1891 (288)
TRICE, Mrs. Elizabeth 1880 (504)
    Elizabeth 1869 (504)
    Elsey (m) 1872 (497)
    Mrs. F. L. 1872 (497)
    Mrs. Fannie 1866 (497)
    Miss Fannie d. Aug 6, 1896 (497)
    Fanny d. 1854 (497)
    Mrs. Frances 1866 (497)
    Mrs. Geo. W. 1866 (497)
    James 1851 (497)
    L. E. 1872 (497)
    Miss L. E. 1875 (497)
    Miss Lou 1866 (497)
    Miss Lou d. Mar 1902 (497)
    Maira (see Mrs. E. M. Barker) (400)
    Mrs. Maria 1896 (400)
    Mrs. Maria L., age 82, d. May 15, 1910 (400)
    Miss Mary 1866 (497)
    Mary A. 1872 (497)
    Richard confirmed 1879 (400)
    Tabitha 1851 (497)
    Mrs. Tabitha 1855 (497)
    Z. 1851 (497)
TRIES, James 1851 (497)
    Tabitha 1851 (497)
    Zilpha 1851 (497)
TRIGG, Guy S. 1885 (454)
    Kate N. 1893 (454)
    Mrs. Mary Ann d. May 1895, age 77, body taken to VA for interrment (503)
    Mrs. Mary K. 1885 (454)
    Pauline R. 1896 (438)
    Rose 1890 (454)
    S. G. 1891 (455)
TRIMBLE, David L., widower, m. Ella Lee Withers, 2 Jun 1891 (503)
    Mrs. Louisa d. Dec 7, 1895 (423)
    Mary Ellen (Apr 2, 1885), Jennie Mayes (Nov 29, 1885)--family listing (438)
TRIPLET, Mary 1897 (348)
TRIPP, Benjamin 1884 (423)
    Benjamin Albert 1890 (423)
    Mrs. Cynthia M. 1884 (423)
    Tildmon 1882 (511)
TROLINGER, Rachel E. (wife of Jno.) 1887 (478)
TROLLINGER, Ann Eliza H. 1886 (478)

TROLLINGER, Charles Ernest 1893 (478)
    Ernest F. 1892 (478)
    Harvey Monroe 1889 (478)
    John W. 1887 (478)
    Mrs. Rachel (wife of John W.) 1887 (478)
    Sam Harvey 1893 (478)
    Sam W. 1886 (478)
TROTT, Jane 1831 (502)
TROTTER, Joseph 1860, d. 1862 (438)
    Mrs. Myra 1847, d. 1865 (438)
    Robert James, son of James & Hanna, b. 12 May 1871 (503)
    Thomas O. 1893 (454)
    Mrs. Thos. O. bapt 1890 (454)
TROUPE, Emma b. Mar 3, 1883 (440)
    Evander b. Aug 27, 1886 (440)
    Ida Ann b. 1878 (440)
    Lucy Cathrine b. Mar 16, 1878 (440)
    Margee E. 1891 (438)
    Naomi b. Mar 3, 1883 (440)
TROWBRIDGE, David Bartow 1892 (461)
    Gardiner Clark 1892 (461)
    Julia B. 1867 (423)
    Luther S. d. Dec 30, 1866 (423)
    Mary Elizabeth 1892 (461)
    Walter Stephen 1892 (461)
TROWICK, E. R. 1886 (425)
    E. R. 1885, left Nov 22, 1889 (425)
TROXLER, George R. 1885, d. Nov 18, 1889 (492)
    John jr. 1886 (492)
    John A. deacon 1899, d. Sep 22, 1901 (492)
    John C. 1879 (492)
    Margeret A. 1873 (492)
    Mary M. d. 1888 (492)
    Nannie 1884 (492)
    Sallie 1884 (492)
    William 1885 (492)
TRUE, Jessee 1853, 1871 (467)
    Martha A. 1853 (467)
    Sarah J. 1853 (467)
    Susen 1853, d. Aug 6, 1870 (reel number omitted)
    Wm. 1853, 1854 (467)
TRUELOVE, Dinky 1894 (440)
    Fanny b. 1878 (440)
    Jeffie Decatur, son of D. K. & Lu Anne, b. Jul 12, 1882 (440)
    Laura Jane, dau of D. K. & Lu Ann, b. Jul 12, 1882 (440)
    Mrs. Martha 1871 (423)
TRUESDALE, Albert Levi (son of Levi & Amslie Liddia) b. 14 Sep 1870 (503)
    Amelia Lidda (Waters) d. Jun 13, 1871, age 25 (503)
    Annette Amelia (dau of Levi & Amslie Liddia) b. 5 Oct 1868 (503)
TRUETT, Elijah 1811 (511)
    Henry 1811 (511)

TRUIT, C. S. (see Miss Blanche Alpin Schrodt) (401)
TRUMAN, Horace P. d. Jul 1, 1889, age 63 (356)
    Mrs. (of KY) d. May 23, 1903 (356)
TUBBS, Laura 1899 (401)
    Laura A. 1894 (401)
TUCHS, George m. Rachel Malone 1862 (356)
TUCK, Mattie 1891 (288)
TUCKER, Carie Smith 1873 (448)
    Mrs. Carie 1873 (448)
    D. G. K.? R. d. 10 FEb 1911, age 84 (350)
    Elsie E. m. S. B. Lowe Sep 1, 1880 (503)
    Mrs. Emma 1896 (454)
    Frank 1871 (480)
    G. A. R. & S. A. B. parents of John Randolph
        b. 19 Jul 1875, and Roger Taliaferro
        b. 9 Dec 1877 (603)
    Geo. C. m. Katherine M. Dickinson May 3,
        1893 (503)
    George Frese adult bapt 1894 (356)
    Gustavus A. R. jr. d. at residence of Mrs.
        Hulse, his father-in-law, Jun 1899,
        age 34 (503)
    H. R. 1896 (454)
    Henry J. d. Nov 185_ (467)
    Jennie m. Pickens Steele Jan 13, 1896 (503)
    Jennie, dau of G. A. R., bapt 1881 (503)
    John Randolph d. Aug 26, 1899, age 24 (503)
    M. A. (f) 1829 (288)
    Mary 1862 (467)
    Mary Collingwood, dau of Geo. C. & Kate
        Dickinson, b. Jun 8, 1894 (503)
    Miss Maud 1896 (454)
    Sarah 1891 (288)
    Sarah C. 1875 (288)
    Sarah C. 1829 (288)
    Sarah C. 1878 (288)
    Susie M. m. Oswald A. Dietz 5 Sep 1888 (503)
    W. J. (m) 1891 (288)
    W. P. (m) 1878 (288)
    William Goodman, b. Franklin Co. TN, bapt as
        adult Dec 5, 1895 (461)
    William Henry 1829 (288)
    Wm. J. 1829 (288)
    Mrs. (wife of Dr. G. A. R.) d. Jan 1897
        (503)
TUCKIN, Elac 1898 (348)
TUELL, J. R. 1876 (369)
    Jacob 1855 (369)
    T. R. 1885 (369)
TUGGLE, John d. Sep 5, 1835 (389)
TULLOSS, Mrs. Maud 1892, moved to Alabama 1894
    (429)
TULLOSS, R. L. 1892, left Jul 27, 1893 (429)
TULLY, Rebecca 1877 (455)
TUNE, James 1898 (478)
    James C. & wife 1895 (478)
    Miss Willie 1895 (478)
TUNNEL, Charles Franklin, son of J. C. & Harriet,
    b. 20 Dec 1877 (503)

TUNNEL, Floyd, orphan 7 yrs old, bapt 1894 (356)
    Julia Ann orphan 8 yrs old, bapt 1894 (356)
    Mary Alice orphan 9 yrs old, bapt 1894 (356)
TUPHSON?, Martha Jane 1845 (466)
TURLEY, Wm. Thomas adult bapt 1874 (401)
TURNER, Aaron 1821 (386)
    Alice L. m. Wm. H. Clouston Nov 8, 1898 (503)
    Alice 1830 (389)
    Annette V. Clifton d. Mar 29, 1897, age 1 mo
        (400)
    Annette V. b. Feb 20, 1897, son of Ruth &
        William H. (400)
    Arvin 1817 (386)
    Bashusba ca. 1832 (504)
    Bessheba 1853 (504)
    C. R. sr. d. Mar 30, 1885 (389)
    C. R. jr. 1876 (389)
    Chas. m. Constance Morcombe Nov 13, 1895
        (503)
    Cristean 1817 (386)
    Ed d. 1891 (389)
    Edward 1839 (389)
    Eliza N. 1832 (466)
    Elizabeth 1839 (389)
    Elizabeth 1833 (389)
    Emma 1863, left for Louisville KY, d. Dec 11,
        1865 (423)
    Miss Ethel Inez 1899 (401)
    Fanny 1839 (389)
    Frank d. Oct 29, 1867, age 8 (480)
    G.? 1869 (504)
    Gary member Sun schl 1870 (369)
    Geo. A. (see Miss Lula Lawing) (454)
    Gilbert 1880 (504)
    Hezekiah 1839 (389)
    Inez 1881 (492)
    James & Harriet parents of Cornelia Eliza,
        Sarah Matlock, & Emma Keyes bapt 1856
        (466)
    Jas. member 1868 (369)
    James Roydon & Lemuel Warfield b. Baltimore
        (sons of Wm. & Fannie) bapt 1878 (400)
    Jane B. 1842 (466)
    Mrs. Jessie Leftwich confirmed 1893 (400)
    Mrs. Maggie P. m. James L. Webb Jun 20, 1894
        (503)
    Mary E. m. B. Dennis Haskins Dec 3, 1899
        (454)
    Meda E. 1891 (288)
    Richard Hamilton, son of Wm. & Mary, b. Jan
        1, 1892 (503)
    Mrs. Ruth 1898 (400)
    Sarah 1876 (389)
    Susanah 1876 (389)
    Dr. Thomas P., age 58, d. Dec 26, 1900 (400)
    Tolaver 1839 (389)
    Virgil member Sun schl 1870 (369)
    W. W.? moved 1882 (406)
    Wm. m. Christian Caudle 1817 (386)

TURNER, Wm. 1843 (386)
    William 1821 (386)
    William d. Nov ____, member 1876 (389)
    William Byron, son of Emma, bapt Jul 4, 1863 (423)
    William Sterling (son of James) bapt 1862 (466)
    Willie member Sun schl 1870 (369)
TURNEY, Hawood 1886 (507)
    Joseph Jas. 1886 (507)
TURNLEY, W. D. 1892 (497)
TURNOR, Patcy ca. 1832 (504)
TURPIN, David 1851 (435)
    Laura m. George Ferris Ward Dec 24, 1867 (480)
    Mary 1851 (435)
TUTT, Lillie m. G. M. D. Heard Jan 20, 1875 (503)
TUTTLE, Thomas E. m. Ella T. McDonald 9 Feb 1889 (503)
TWINAM, Henry Charles, son of Robt., bapt 1874 (503)
    Lula A. (Mrs.) 1890 (454)
    Robt. d. Nov 29, 1882, age 49 (503)
TYDEMAN, Lucy m. Douglass Calkins 1884 (356)
    Dr. Wm. W. d. Jan 20, 1898, age 74 (356)
    Mrs. Dr. d.? Nov 1, 1887, age 58 (356)
TYDERMAN, Emily Fanny, dau of Dr., bapt 1885 (356)
TYDIMAN, Alfred 1889 (455)
TYE, Alice Josephine, inf dau of J. C. & M. W., buried Jul 4, 1860 (438)
TYERS, William W. 1893, moved to Easton PA, Nov 29, 1893 (423)
TYLER, Blanche Amanda, dau of Dolphus Skinner & Mary Catharine, b. Aug 24, 1882 at Martin, WI (461)
    Charles W. 1896 (400)
    Charles W., May, Nancy Waller Tyler, Emma--family listings 1875-1902 (400)
    Charles W. m. Mollie Settle Oct 21, 1878 (400)
    Charles W. m. Mary Settle Oct 21, 1878 (400)
    Elizabeth Ann 1842 (466)
    Emma b. Jun 4, 1884, dau of Charles W. & Mary (400)
    Emma (see Polk G. Johnson) (400)
    Emma 1896 (400)
    F. E. 1892 (393)
    F. E. 1894 (393)
    Lola May, dau of Dolphus Skinner & Mary Catharine, b. Oct 8, 1887 at Martin, WI (461)
    Mrs. Mary 1896 (400)
    Mrs. Mary F. d. Dec 17, 1909; wife of Col. F. E. Tyler, came to Chattanooga from Pittsburgh PA in Jul 1870 (393)
    Mildred Waller d. Jan 25, 1884 (400)
    Nannie Waller bapt 1881, dau of Charles W. & Mary (400)
    Nannie Waller d. Sep 9, 1885 (400)

TYLER, Mr. Q. M. member 1875, resides in Canton KY (400)
    Quintus M. confirmed 1886 (400)
    Quintus M. d. 1888 (400)
TYSON, Lieut. Laurence m. Bettie H. McGhee 1884 (356)
UFFLEMAN, Mrs. Edna Swan 1896 (400)
ULBRICHT, Richard E. m. Elise B. Carlile Apr 13, 1884 (503)
    Tomlinson Carlile, son of Richard E. & ELise C., b. 21 Jan 1885 (503)
UNDERHILL, Earnest & wife 1887 (455)
    Francis 1889 (455)
UNDERWOOD, G. B. 1878 (288)
    J. B. 1891 (288)
    J. L. & Almeda parents of Bettie Lee b. Mar 22, 1891 and Emma Flora b. Mar 11, 1893 (356)
    James Jefferson m. Strotesha? A. Marshe? Dec 23, 1884 (438)
    James John, son of Strabelia & James J., b. Aug 17, 1887 (438)
    Jeffie Washington, son of James J. & Strabelia, b. Dec 3, 1889 (438)
    M. F. 1889 (288)
    M. S. (f) 1891 (288)
    Roxie 1892 (288)
    Sarah 1878, d. 188_ (288)
    T. E. (f) 1878 (288)
    Wm. 1878 (288)
    William 1891 (288)
    William D. 1872 (423)
UNUSTON?, Stephen Littell 1892 (461)
UPCHURCH, Mary 1811 (511)
UPSHAW, Mary Bradford bapt Apr 18, 1880 (438)
USSELTON, Charles Wiles d. Nov 8, 1808, at age 4½ mos (461)
UTSON, Mary 1826 (450)
VADISON, George Washington 1892 (461)
VALENTINE, Henritar 1872 (408)
    Henry 1872 (408)
    J. F. 1872 (408)
VALLENTINE, Van jr. 1892 (409)
VALLIANT, Edwin Darst b. Kansas City MO, Oct 6, 1875, son of Thomas Rigby & Margaret Thomas (400)
    George E. member 1875, moved to Pine Bluff AR (400)
    George Stacker b. Jun 3, 1876 (son of George E.) (400)
    Martha West b. Feb 26, 1875 (dau of Geo. & Kate) (400)
    Martha West bapt 1875, b. Feb 26, 1875, dau of George & Kate (400)
    Rigby DeWoody b. Dec 1879, son of George & Kate (400)
    William W. d. Oct 1882 (400)
    Willie May confirmed 1876 (400)

VAN BODDIE, Nicholas m. Francis Brennan Williams Oct 7, 1891 (400)
VANCE, Andrew 1835 (400)
    Elizabeth A. 1819? (left for West TN) (423)
    J. C. 1881 (393)
    Joseph C. 1892 (393)
    Mrs. Josie 1896 (454)
    Mary Jane bapt Aug 8, 1819 (423)
    Samuel 1819? (left for West TN) (423)
    Sarah Gillespie, dau of Samuel & Elizabeth bapt Jun 2, 1821 (423)
VANDAGRIFF, Sarah d. 8 Mar 1912 (375)
VANDEGRIFF, Miss Addie 1891 (455)
VANDEGR___, Viney 1834 (450)
VAN DEMAN, Alice E. m. James M. Rawlings jr. 12 May 1887 (503)
VAN DENSEN, Florence Corena dau of Sydney C. & Jane M. b. 7 Jan 1885 (503)
VANDERFORD, Miss Florence, dau of Charles & Florence, bapt 1886 (502)
VANDERGRIFF, Chesley 1890 (450)
    G. C. ca. 1894 (450)
    Jacob ca. 1894 (450)
    M. J. ca. 1894 (450)
    Minnie 1894 (450)
    Sarah 1894 (450)
VANDERIFF, Amelia 1891 (455)
VAN DEVENTER, James b. Sep 5, 1899, son of Hugh Flournoy & Tarofilia Lyon (356)
    Martha Lynn, see Martha Lynn Rhea (423)
    Thomas L. d. Nov 5, 1894, age 29 (356)
VANDIGRIF, Winney 1847 (450)
VANDIGRIFF, Chesley 1880 (450)
VANDIVER, Prof. W. D. 1880 (406)
VAN DORN, Maj. Genl. Earle, C.S.A.--services held before remains deposited in a vault preparatory to their removed South, May 8, 1863 (438)
VAN DYKE, Robert D. 1872 (466)
    T. Nixon & Eliza A. parents of Robert Deaderick bapt 1869 (466)
    Thos. Nixon & Eliza Ann, parents of Wm. Deaderick b. Oct 20, 1836; Letitia Smith b. Oct 12, 1838; Richard Smith b. Oct 14, 1840; John Montgomery b. Oct 7, 1842; Frances Lavinia b. Oct 8, 1844; children bapt 1845 (356)
    Wm. D. father of Anna Clifton bapt 1860 (466)
VAN GILDER, Frank McClung b. Feb 14, 1890, son of Rogers & Aurelia (356)
    John Somers b. Feb 7, 1892, son of Rodgers & Aurelia (356)
    Rogers m. Aurelia Essex McClung Sep 11, 1888 (356)
    Thomas J. & Mrs. 1873 (423)
VAN HOOSER, A. L. 1847, d. Jul 1856 (511)
    Delila 1847 (511)
    Eliz. J. (Bettis) d. Apr 1880 (511)
    John 1847 (511)

VANHOOSER, John d. Jul 1875 (511)
    Valentine 1847 (511)
    Valentine d. Feb 1873 (511)
VAN METER, Wm. A. d. 1854, age 27 (356)
VANN, Dixon 1872 (435)
VAN POOL, Nettie m. Frank B. Justin (of South Pittsburgh) Oct 21, 1890 (455)
VARLEY, Cora Pauline 1889 (455)
VARNER, Medora bapt 1879 (438)
VATER, Margaret Isabella, dau of Russel & Nancy Louise, b. Aug 1849 (503)
VAUGHAN, James W. ca. 1865 (448)
    John 1889 (429)
    Miss Maggie 1885, left Dec 1, 1890 (429)
    Martha H. 1886, left Jul 27, 1893 (429)
    Mrs. Mary buried Nov 31, 1873 (reel number omitted)
    Mary ca. 1865 (448)
    Mrs. Mary E. 1888, d. 1901 (429)
    Mary E. 1883 (429)
    Robert 1883 (429)
    Robert jr. 1886 (429)
VAUGHN, Ana Dee, child of Lizie bapt 1893 (507)
    Bertha d. 1901 (360)
    Elizabeth J. 1831 (502)
    Lizzie d. Sep 23, 1893 (507)
    Mahala 1831 (502)
    Mary 1811 (511)
    Mollie (see Mollie Roberds) (407)
VAUGHT, Isadore L. d. Aug 8, 1905, age 65 (350)
    Nancy 1869 (450)
VAUX, Victoria m. John G. W. Gerding 1862 (356)
VEEVERS, Mrs. Jane C. B. 1875 (487)
    Nathaniel 1876 (487)
VEMI?, Edwin 1888 (455)
VENTRES, D. B. 1895 (423)
VERDERY, Mrs. Martha d. Feb 2, 1884 (503)
VERMILIER, Frank 1886 (425)
VERMILYA, Crews 1886 (421)
VERNON, Lois M. (see Lois M. Waggoner) (429)
VEST, C. H. 1894 (454)
    Mrs. C. H. 1894 (454)
VESTAL, Maria adult bapt 1854 (356)
VICK, Chlo 1882 (511)
VICKERS, L. K. 1884 (421)
VICTORY, Burnet 1892 (415)
    Miss Mary 1892 (415)
    Mrs. N. 1892 (415)
    Miss Sarah 1892 (415)
VINCENT, Cora (see Cora Jackson) 1885 (507)
    F. A. (single) 1875 (455)
    Frances S. d. Jul 10, 1868? (429)
VINCENT, Harriette 1893 (507)
    James Edward 1885 (507)
    M. C. d. Mar 7, 1873 (429)
    M. E. d. Jun 5, 1874 (429)
    Mary Lou (see Mary Lou Graham) 1886 (507)
    S. L.? 1873 (429)
VINERUL, Chas. 1889 (455)

VIRGL, Eugenia Juliet, dau of Lucius N. & Sarah
            Jane, b. Apr 19, 1851 (503)
VISER, Miss Alice 1894 (401)
    Alice 1887 (401)
    E. D. 1887 (401)
    Ed D. 1887 (401)
    Edmund D. 1875, 1879 to Princeton NJ (401)
    Jenny M. 1873, 1876 to Paducah KY (401)
    Lois 1883, d. Dec 5, 1886 (401)
    Miss Meta Belle 1874 (Mrs. H. P. Reeves),
        moved to KY May 19, 1904 (401)
    Stanley M. 1899, moved to KY May 19, 1904
        (401)
    Stanley M. 1881, moved to Memphis Jun 14,
        1890 (401)
VITTER, Robert J. 1896 (454)
    Will May 1896 (454)
    Mrs. 1896 (454)
VOIGT, L. N. m. Bertha Griffin 1862 (356)
VONNY, Wm. Elder 1837, d. May 26, 1839 (478)
VOORHIES, Jno. & Elizabeth parents of Frances
            Louise (age 8) and Beckman John (age
            6, bapt 1883) (356)
VOSS, Eddie Parrolee, son of Mr. Town Voss, b.
            Columbia, bapt Dec 25, 1898 (438)
    G. Taylor, age 60, d. Feb 17, 1907 (438)
    Mary Elizabeth, dau of J. T. & Cora, b. Oct
        28, 1895 at Columbia (438)
VOTELL, Thomas J., Isabella, Hattie Alice, Thomas
            Earloind (Jan 10, 1886), Allen Fulson,
            Percy Albert, Isabell--family listing
            (438)
VOYE, Catherine d. Nov 19, 1878 (503)
VYE, James d. Apr 9, 1878, age 47 (503)
VYLES, Ida m. W. M. Brown Jan 29, 1881 (503)
WADDEL, Mrs. H. A. 1879, moved to Pensacola FL
            Nov 4, 1889 (401)
    Mary E. d. 1864, age 24 (356)
WADDELL, Mrs. H. A. 1879 (401)
    W. H. m. Jessica Ives 18 Feb 1890 (503)
WADDILL, F. E. d. 1881 (421)
    Georgie 1889 (421)
    Helen 1889 (421)
    J. E. 1883 (421)
    J. E. 1889, 1890 (421)
WADDLE, Francis E. ca. 1860 (448)
    Polly 1831 (502)
    (see Hallie Lankford) (409)
WADE, Annie, dau of Leroy & Lavinia, bapt 1881
            (502)
    Rev. C. R. preached first sermon in church
        1896 (375)
    Caroline F. ca. 1850 (448)
    Daniel F. m. Margaret A. Pillow Sep 7, 1870
        (438)
    David Reynolds 1887, moved to Pulaski TN
        Dec 8, 1888 (401)
    Edward 1884, moved to Pulaski TN Dec 8, 1888
        (401)

WADE, Eliza 1832 (423)
    Ednelia, dau of Stokely D. & Nettie T., bapt
        Sep 10, 1897 (401)
    J. H. 1872 (492)
    James M. 1843 (466)
    John Kirkpatrick, son of Leroy & Laviney, b.
        Aug 5, 1885 (502)
    Jno. Watson 1893 (502)
    Lavinia Dashield, dau of Leroy & Lavinia,
        bapt 1892 (502)
    Leroy & Violet, parents of Violet Lytle,
        Leroy Henderson, William Lytle & Annie
        Ridgely, bapt 1884 (502)
    Leroy B. 1895 (502)
    Lewis 1827 (502)
    Miss Nannie 1883 (502)
    Mrs. Ollie 1889 (454)
    Stokely D. 1896 (401)
    Vergie Smith, child of Eth. B., bapt 1893
        (502)
    W. T. 1885 (454)
WADKIN, Marget 1885 (428)
WADKINS, Ida 1893 (467)
    John 1885 (428)
    Joseph 1885 (428)
WADKISON, Marthy 1885 (428)
WADLE, Rebecca m. Jaques Pellann Sep 11, 1852 (356)
WADSWORTH, Alden Bradford 1857 (423)
    George 1857, left for Dalton GA Nov 10, 1859
        (423)
    John & Penelope, parents of Lucy Bomen? b.
        Feb 16, 1846 and Eleanor b. Feb 9, 1848
        (503)
    Mary B. 1857, left for Dalton GA Nov 10, 1859
        (423)
WAGGONER, Miss Lois M. (Vernon) 1886 (429)
    Mary E. (Lamb) 1885 (429)
    Mary Etta 1885 (429)
WAGNER, A. G. 1887, moved to Water Valley MS, Jun
        8, 1888 (401)
    Charlotte M. 1871 (480)
    Elf? G. 1872 (480)
    Mrs. Eliza C. (Thos.) 1871 (480)
    Mrs. Estelle d. Jan 31, 1913 (401)
    George Mabry bapt 1898, son of John H. &
        Laura Evlyn (356)
    John H. m. Laura Evlyn Mabry Oct 7, 1895
        (356)
    Susan E. (married) 1875 (455)
    Susan E. adult bapt 1875 (455)
WAGONER, Bettie (see Bettie Stevens) 1885 (429)
    Emiline 1882 (348)
    Florence 1889 (429)
    J. H. 1888 (429)
    Jackson 1888 (429)
    Katie 1889 (429)
    Kattie? 1896, left Jul 27, 1901 (429)
    Minda 1882 (348)
    Miss Ophelia B. (Stephens) 1888 (429)

WAGSTER, Cordelia 1886 (396)
    Cordie d. Mar 8, 1906 (396)
    David 1886 (396)
    Elisabeth 1872 (396)
    J. C. 1886 (396)
    M. A. ca. 1867 (396)
    M. A. 1886 (396)
    Mary Ann d. Jul 30, 1894 (396)
    Mary An 1872 (396)
    Mollie 1886 (396)
    N. R. 1886 (396)
    R. A. 1886 (396)
    R. A. 1872 (396)
    R. L. d. Aug 20, 1899 (396)
    R. L. 1886 (396)
    W. C. 1886 (396)
    W. C. deacon 1872 (396)
    W. C. jr. d. Mar 1900 (396)
    W. C. sr. d. Feb 5, 1900 (396)
WAID, Caroline 1827 (502)
    Hosea 1827 (502)
    Lucinda 1832 (502)
WAIDE, Mrs. Martha W. H. 1849 (466)
WAINRIGHT, Rachael Jane (see Rachael Jane Wainright Williams) (400)
WAIT, Charles Edmond b. May 1, 1896, son of Charles Edmond & Harriet Morrison (356)
WAITE, R. S. 1872 (492)
    Ruthie S. 1872 (492)
    Warren 1872 (492)
WAKELY, J. P. deacon 1887 (487)
WALACE, Martha 1883 (348)
    Robert 1882 (348)
WALDEN, Elizabeth d. 1884 (511)
    George R. 1892 (415)
    Mary E. 1888 (415)
    Miss Mollie F. 1892 (415)
    Mrs. N. E. 1887 (415)
    W. H. 1886 (455)
WALDROP, Brian 1895 (423)
    E. H. 1876 (396)
    Maud 1895 (409)
    Roger b. Sep 8, 1893, son of Leonard & Annie (356)
    Sarah Rebecca (see Sarah Rebecca Bell) (423)
    Mrs. Sarah Rebecca 1881, formerly Sarah Rebecca Bell (423)
WALKENS, Reeves? William 1853 (504)
WALKER, A. W. m. Sallie Jossey Nov 13, 1845 (437)
    Agness 1836 (389)
    Mrs. Ann (of Montevale AL) d. Aug 1893, age 71 (503)
    Annie (see Jane Walker Barnett) (438)
    Miss Annie Maria (Mrs. Philips) 1847 (438)
    Annie Maria m. Lemuel Hall Philips Dec 26, 1854 (438)
    Asbury W. d. Feb 3, 1861 (437)
    Barbary 1832 (450)

WALKER, Baylor 1873 (421)
    E. B. 1851 (435)
    E. B. & wife Susan E. 1855 (435)
    Eliza (Gray) 1819? (423)
    Euncie d. 1857 (504)
    Geo. 1880 (502)
    Mrs. H. E. 1891 (455)
    Harriet E. 1893, d. 6/15/1912 (454)
    Howard Lombard, son of S. P., bapt Aug 5, 1883 (438)
    James 1847, d. Jun 7, 1864 (438)
    James, son of Sam P. & Eleanor, inf bapt 1839 (438)
    Mr. James sr. buried Jun 8, 1864 (warden of the parish) (438)
    James d. Jun 7, 1864 (438)
    James Otey (bachelor) m. Laura Rebecca Dorsett (spinster) May 30, 1878 (437)
    James Otey, son of A. W. & Sally, b. Jul 31, 1849 (437)
    Mrs. Jane 1879 (504-2)
    Jane Gant Ellis, dau of A. W. & Sallie, b. Sep 17, 1846 (437)
    Mrs. Jane Marie buried Oct 12, 1876 (438)
    John 1868, left for Allegheny City PA, Apr 15, 1869) (423)
    John 1830 (450)
    John Warner, son of L. P. & E. inf bapt 1841 (438)
    Josiah M. 1879 (504-2)
    Katie Pierce (see Rev. Robert Anderson) (478)
    Laura 1883 (437)
    Laura E. m. William L. Salisbury 19 Feb 1891 (503)
    Mabel Clara 1891 (455)
    Mrs. Margaret 1896 (454)
    Margaret Lucinda Huston bapt Oct 27, 1823 (423)
    Mrs. Maria 1847 (438)
    Maria B., dau of Saml. P. & Eleanor, inf bapt 1836 (438)
    Mariah Polk m. Gen. Frank Crawford Armstrong CSA Apr 27, 1863 (438)
    Martha Ann (2nd dau of Col. J. Walker) m. Wm. T. Thurmon 1847 (356)
    Mrs. Mary J. 1891 (454)
    Mrs. N. A. 1891 (455)
    Naomi Hays, dau of Andrew J. & Susan W., b. Oct 31, 1858 (438)
    Otey m. Laura Dorsett May 30, 1878 (438)
    Richard 1891 (371)
    S. B. parent of Georgie Lee, bapt 1891 (478)
    Sallie C. m. George W. Stockard 1862 (437)
    Mrs. Sallie C. m. George W. Stockherd Apr 8, 1862 (438)
    Samuel 1836 (389)
    Samuel Polk, son of S. P., bapt Aug 5, 1883 (438)
    Sarah (Mrs. Stockard) 1840? (437)

WALKER, Sarah Elizabeth, dau of Otey & Laura, b. Oct 25, 1880 (437)
 Seth M. 1891, d. 4-6-1911 (454)
 Susannah 1836 (389)
 Thos. F. (see Adelia C. Singleton) (454)
 Wallace E. 1889 (478)
 William 1819? (423)
 William d. 1840 (423)
 William Baxter, son of William, bapt May 11, 1822 (423)
 Wm. Pickett, son of L. P. & E., inf bapt 1845 (438)
WALL, Bula (Brown) 1884 (409)
 C. F. deacon 1892 (487)
 Cave J. moved 1882 (406)
 Charles Joseph 1870 (423)
 Charles Jos. 1868 (423)
 Diattha J. 1868 (423)
 Lucy Alexander, dau of Dialtha J., bapt Apr 4, 1868 (423)
 Mrs. Mary 1873 (423)
 Abby Edna, dau of Fred S. & Lottie T., b. Aug 3, 1888 (503)
 Alexina E., dau of Jas. S. & Eliza C., b. Aug 23, 1850 (503)
 Alford D. 1857 (478)
 Alice Latimer (Mynatt) 1857 (left for Atlanta GA Jan 30, 1868) (423)
 Amelia 1829 (450)
 Amelia 1826 (450)
 Amelia Dolly, dau of Fred S. & Lottie T., b. Oct 10, 1886 (503)
 Ann M. 1858 (478)
 C. & S., parents of Alice Latimer & Thomas Campbell, both bapt Jun 10, 1841 (423)
 Campbell, son of Campbell & Susan E., bapt Jan 3, 1858 (423)
 Campbell d. 1895 (423)
 Campbell 1845 (423)
 Campbell 1835, left for Marietta GA, Oct 22, 1866 (423)
 Carrie K. m. Charles G. Wilson Sep 29, 1887, at home of Mrs. Mary Wallace (400)
 Charles Barcley 1852 (423)
 Mary, Caroline, Bella Merriwether--family listings 1875-1902 (400)
 Mrs. E. I. 1841 (478)
 Edward Campbell, son of Campbell & Susan E., bapt Oct 30, 1847 (423)
 Mrs. Elizabeth 1868 (401)
 Elizabeth 1847 (511)
 Mrs. Ellen J. 1874 (478)
 Emma 1880, d. 1885 (409)
 Mrs. Filna 1885 (369)
 Frances E., dau of Campbell & Susan E., bapt Sep 7, 1845 (423)
 Frederick Stephen, son of Fred. S. & Lottie T., b. Aug 24, 1890 (503)
 Gordon d. (an infant) Jun 27, 1854 (437)

WALLACE, Gordon, son of James & Laura J., bapt Jun 27, 1853 (bapt in private) (437)
 H. S. preacher 1885 (369)
 Hannah 1831 (502)
 Miss Helen of Covington KY m. Charles M. Cowan Dec 16, 1897 (423)
 Miss Helen C. 1895 (Mrs. Charles Cowan) (423)
 Hugh B. m. Caroline Nicholson Jul 31, 1883 (356)
 Hugh Brown 1875 (401)
 James 1847, 1866 (511)
 James 1831 (450)
 Col. James m. Laura J. Gadon Nov 4, 1852 (437)
 John R. 1886 (478)
 John R. & Fannie parents of Sarah, Ruth Nutt & John R. bapt 1882 (478)
 Miss Linda 1885 (369)
 Lizzie Virginia 1871 (401)
 Louisa 1847, 1866 (511)
 Louisa Jacobs, dau of Campbell & Susan, bapt Jun 24, 1843 (423)
 Maranda 1831 (450)
 Martha d. 1891 (467)
 Martha Louisa, dau of Campbell & Susan, bapt Mar 30, 1851 (423)
 Mary 1880 (348)
 Mary E. 1848 (423)
 Nancy 1847, 1866 (511)
 Nancy N. 1869 (467)
 Nancy R. d. Jun 10, 1875 (467)
 R. C. 1873 (409)
 R. N. elder 1844, d. Nov 8, 1883 (478)
 R. N. & E. J. grandparents of Rush Porter bapt 1873 (478)
 R. N. 1842 (478)
 Roberta Mary 1871, d. Jul 1876 (401)
 Rush N. 1842, d. 8 Nov 1883 (478)
 Miss Serelda 1885 (369)
 Susan 1835 (left for Marietta GA Oct 22, 1866) (423)
 Susan Lyon 1852 (423)
 W. R. m. Sallie Gosling Feb 18, 1875 (480)
WALLEN, S. D. 1851 (497)
WALLER, Aaron 1857 (428)
 Mrs. Alby T. 1855 (497)
 Alla T. 1851 (497)
 An 1857 (428)
 Enis 1882 (348)
 George 1857 (428)
 L. A. 1855 (497)
 Lucy 1823 (504)
 Manerva d. 1887 (465)
 Mary J. 1856 (428)
 Nancy (see Charles W. Tyler) (400)
 Pleasant d. Apr 3, 1886 (507)
 Pleasant 1870 (507)
 Polly An (now Sutton) 1864 (428)
 S. A. 1851 (497)

WALLER, Sary 1857 (428)
    Waman S. 1885 (507)
WALLIS, James 1891 (371)
    Margrett 1811 (511)
WALLS, Dialtha J. 1870 (423)
    H. W. d. Sep 1, 1894 (497)
WALPOLE, David & Seprepla W., parents of Edward, Leonard Leslie, Lillian & Kate Irene, all bapt Mar 9, 1890 (409)
    Mrs. Serepta d. Sep 27, 1907 (409)
WALPOOL, Jennie? 1889 (429)
    John 1889 (429)
WALSH, Mrs. Ann E. 1857 (478)
    Daisy B. m. George B. Graeme Nov 17, 1897 (503)
    Miss Ida d. Aug 20, 1896, age 23 (503)
    Thos. 1857 (478)
    Tom 1889 (455)
    Tommie 1885 (455)
    Mr., age 71, d. Mar 26, 1900 (350)
WALTERS, (see Birthea Thomas) (409)
    Mrs. Emily 1885 (502)
    Linzy L. d. 1884 (429)
    Miss Lulu (Roberson) 1895 (429)
    Mrs. Mariah 1889 (429)
    Thomas 1845 (450)
WALTON, F. B. deacon 1869 (401)
    Dr. F. B. 1868, to church at Dallas TX, Nov 1874 (401)
    G. W. 1891 (371)
    Geo. deacon 1885 (502)
    M. H. 1894 (467)
    Mary R. 1868, to church at Dallas TX Nov 1874 (401)
WAN, George B. 1890, moved to Plainfield NJ 2-16-1892 (423)
WANDELL, John R. & Dane, parents of Edwina Booth b. 14 Sep 1880 and John Edmiston b. 11 Dec 1883 (503)
WARD, George Ferris m. Laura Turpin Dec 24, 1867 (480)
    George Ferris, Laura T.--family listing Jan 1867 (480)
    George W. jr. m. Lizzie A. Preston Dec? 10, 1878 (356)
    J. E. 1878 (409)
    James T. 1871 (478)
    Jehiel, Mrs. Mary Ann, George F. (age 23), Charles J. (age 20), William D. (age 17), John H. (age 25), Mrs. Tabitha (age 20), Mary Mabel, Jan 1867--family listing (480)
    Lady Mary J. d. 1912 (423)
    Lou Ida (nee Largen) 1885 (507)
    Miss Mary G. member 1875, d. Mar 2, 1879 (400)
    Miss Mary G. (see Mrs. Lucy E. Williams) (400)
    Mary Goode d. Mar 2, 1879 (400)

WARD, Mary Mabel, age 3, d. Dec 29, 1869 (480)
    Mary Mabil b. Jan 12, 1868 and Eleanor b. Jul 4, 1869, daus of John H. & Tabitha (480)
    Roberta Y. m. Irving Reilley Oct 4, 1892 (503)
    Ruby Irene 1899 (401)
    Samuel G. 1843 (400)
    Seth 1843 (400)
WARDEN, Mrs. J. W. (Mary) 1892, moved to Nashville Sep 21, 1892 (401)
    J. W. 1892, moved to Nashville Sep 21, 1892 (401)
WARDER, Mrs. J. W. 1894, moved to Owensboro Sep 23, 1895 (401)
    J. W. 1884, moved to Nashville Jun 1, 1891 (401)
    Capt. James A., Mrs. Laura, Inda, Miss Josephine Gosling, Willie Eugenia--Jan 1867 family listing (480)
    Mrs. Laura 1871 (480)
    Mrs. Mary A. 1899, moved to Owensboro KY Oct 16, 1902 (401)
    Nannie 1871, moved to KY before 1872 (480)
    W. J. 1899, moved to Owensboro KY Oct 16, 1901 (401)
    Willie Eugenia b. Oct 15, 1867 (dau of James A. & Laura D.) (480)
WARDLAW, James 1842 (478)
    James 1871 (478)
    James A. 1889 (454)
    Mrs. Louisa to Shelbyville Ch, 1868 (wife of Rev. T. D.) (401)
    Mrs. Louise 1868 (478)
    Margaret 1842, d. 29 Dec 1877 (478)
    Mary 1827 (478)
    Sarah 1842 (478)
    T. D. jr. 1872, 1878 (minister of the gospel) (401)
    T. D. & Louisa, parents of Samantha bapt 1874 (478)
    T. D. & Louisa parents of Carrie Noel inf bapt 1872 (478)
    Rev. T. D. & Louise, parents of Maud B. bapt 1868 (478)
    W. W. 1840 (478)
WARDLOW, James M. 1857 (478)
    Miss Jessie 1896, moved to Nashville Jan 10, 1902 (401)
    Rev. T. D. & Louise parents of Gladstone b. Jun 1877 (478)
WARE, Mrs. F. F. 1891 (454)
    Henry Wilburn, son of William T. & Mary A., b. Apr 29, 1883 at Columbia (438)
    Joseph T. 1887 (402)
    Joseph T. 1850 (402)
    Lula (Meabane) 1883 (409)
    Mrs. Mary A. 1891 (438)
    Mary Louise, age 14, 1893 (438)

WARE, Permelia 1887 (402)
    Susan T. 1850 (402)
    T. F. 1889 (455)
    Thomas F. 1894 (454)
    White Pickard, son of William T. & Mary A.,
        b. Jul 24, 1888 at Columbia (438)
    William T. (Nov 23, 1891), Mrs. Mary A.,
        Nettie, Willie, Henry, White, Mary
        Louise (age 14)--family listing (438)
WARFIELD, Mrs. Edmonia 1882 (401)
WARING, Chas. H. m. Minnie J. Stowell 1883 (356)
    Mrs. Charles H. d. Jan 8, 1901, age 40 (356)
    Edward I. Morrell inf of Chas. H. & Mary L,
        bapt 1887 (356)
    George Albert b. Mar 21, 1887, son of
        Charles & Hester (356)
    Leonard Henry, son of Chas. H. & Missie?,
        inf bapt 1884 (356)
    Lilian Kathlee dau of Charles & Hester b.
        Nov 12, 1876 (356)
    Maud Saunders, dau of Chs. & Hester (sev
        months) bapt 1880 (356)
    Norman Bager b. May 4, 1890, son of Charles
        H. & Mary (356)
    Norman Badger b. Oct 26, 1889, son of Charles
        H. & Mary (356)
    Stella Maxwell, dau of Chas. & Hester, inf
        bapt 1882 (356)
WARNEKEN, Mrs. Clara 1899 (401)
WARNER, Mrs. Addie E. d. Feb 7, 1879, age 28 (503)
    Alexander d. Apr 12, 1891 (423)
    Alexander, son of Alex & Mary H., bapt Jul
        12, 1891 (423)
    Alexander 1889, d. Apr 12, 1891 (423)
    D. C. 1885 (455)
    Emma Giddings, dau of A. & Mary H., bapt
        Apr 21, 1889 (423)
    Francis Holliday d. Jun 10, 1897, age 9 mos
        (356)
    Francis Holliday, child of D. C. & Nina H.,
        b. Sep 19, 1896 (356)
    Hope 1883 (455)
    James C. & Mary T., parents of Leslie? M. b.
        15 Aug 1853, Harry? C. b. 2 Feb 1858
        and Percie? b. 3 Mar 1860 (503)
    Mrs. Mary H. (wife of A.) 1889 (423)
    Mary T., dau of Jonah F. & Margt.? T.
        Williams, bapt 1861 (503)
    Miss Mellisa? 1889 (455)
    Stanley, son of Willard & Mary E., b. Jun 6,
        1896 (503)
    Theresa Rossington b. Nov 13, 1894, dau of
        D. C. & Nina H. (356)
    Tommie 1883 (455)
    Willard, son of Willard & Mary E., b. 28
        Dec 1887 (503)
WARREN, A. J. d. Jan 28, 1891 (429)
    Miss Ada 1886 (429)
    Albert W. m. Ella N. Nix Aug 22, 1886 (438)

WARREN, Andrew J. 1884, d. Jan 28, 1891 (429)
    Mr. B. T. 1886, d. 1895 (429)
    Carrie bapt Dec 15, 1872 (438)
    Charles d. 1885, age 48? (503)
    Mr. D. H. 1891, left Jul 27, 1893 (429)
    Mrs. Dora 1882 (429)
    Dora (see Dora Childress) (429)
    Fred 1893 (467)
    George 1896 (429)
    Hanna 1896 (429)
    Harriet A. 1855 (467)
    James L. 1885 (429)
    Jasper S. 1882 (429)
    John d. Jun 13, 1891 (429)
    John 1883, d. Jun 15, 1891 (429)
    Mrs. Juda 1881, 1893 (429)
    Kate Pauline Louise, dau of Charles & Louise,
        b. Oct 1877, bapt 8n private 1878,
        this child adopted Sept. in Chattanooga
        by a woman haling from New York (503)
    Kate Pauline Louise d. Mary 24, 1879 (503)
    Kattie Pertman 1889 (429)
    Mrs. Letitia 1884 (478)
    Liza A. 1893 (467)
    Mrs. Lucy J. 1889 (429)
    Miss M. 1887 (438)
    Miss Mary 1887 (438)
    Mary (Ellerson) d. 1883 (467)
    Mrs. Mary, Mary Jones Warren (Mar 9, 1885?)
        --family listing (438)
    Mrs. Mattie A. 1879 (429)
    Minnie 1897 (429)
    Mollie 1897 (429)
    Mollie 1896, m. Tod Corother? (339)
    Robert & Nancy C. parents of Arthur Charles
        b. Nov 29, 1867 and Aurora Magnolia b.
        Dec 1, 1868 (466)
    Mrs. S. 1887 (438)
    Mrs. S. A. 1887 (438)
    S. E. (f) 1891 (288)
    Mrs. Sallie 1873 (429)
    Stanley S. 1889 (478)
    William, son of James & Caroline Warren, b.
        Jul 3, 1876 at Tullahoma (461)
    William jr. 1886 (429)
WARRENFELLS, Dr. Francis (see Mrs. A. E. Scott)
    (503)
    Isabel Scott, dau of Dr. Francis J. & Con-
        stance P., b. Sep 19, 1897 (503)
    Percy Wyatt, son of Dr. Francis Z. & Constance
        P., b. Jul 10, 1896 (503)
WARRENFELS, Francis Minor, son of Francis Josiah &
    Constance, b. Jun 2, 1894 (503)
WARTERS, Irene Helena b. Jan 1889 (356)
WARWICK, Wiley 1832 (450)
    William 1833 (450)
WASHAM, Abba 1853 (467)
    Abby d. Dec 8, 1886 (467)
WASHANS, Ann H. 1853 (467)

WASHBURN, Miss Carrie 1872, m. W. E. Bean, Jan 25,
        1882, moved to Mt. Sterling Mar 15,
        1882 (423)
    Mrs. E. H. 1881 (423)
    John 1858, 1862 (389)
    Parsons, dau of W. P. & Eliza, bapt Nov 26,
        1882 (423)
    W. P. 1870 (423)
    Wm. P. d. Feb 6, 1904 (423)
    William P. 1870 (423)
WASHBURNE, Minnie 1868 (423)
    Wm. P. 1868 (423)
WASHINGTON, Alfred Rogers, son of George, bapt
        1876 (356)
    Annie Lee, dau of Geo. & Jenney, b. Oct 6,
        1872 (356)
    Elizabeth Taylor, dau of George, bapt Feb 2,
        1879 (age one month) (356)
    George adult bapt 1874 (356)
    Susan P. 1832 (502)
WASON, Margaret 1812 (502)
WASSON, David C. 1832 (466)
    Elizabeth C. 1832 (466)
    Hiram 1831 (502)
    Margaret jr. 1827 (502)
    William 1832 (466)
WATERS, Jossie (see Jossie Harper) (429)
    L. L. 1855, d. 1884 (429)
    Tullius C. m. Irene Milmow Dec 15, 1898 (503)
    Rev. W. C. 1888 (406)
    Rev. W. C. pastor 1897 (406)
WATISON, Marget 1873 (428)
WATKIN, Sarah d. Nov 17, 1906 (428)
WATKINS, Mrs. A. N. 1890 (423)
    Ann 1834 (478)
    Charles 1858, d. 1862 (504)
    George W. m. Mary A. Nicholas 1862 (356)
    Hallie Leonora, dau of Richd. & Helen b.
        Apr 1874 (503)
    John 1893 (467)
      chard & Florence parents of Richard Levins
        Garner b. Feb 7, 1893 and Ewing Garner
        b. Dec 11, 1897 (503)
    Richard L. m. Helen Whiteside Feb 3, 1869
        (503)
    Robert W. m. Mary Ingram Jan 14, 1890 (438)
    Robert W., Mary Anna (Ingram) (Mar 9, 1884)
        --family listing (438)
    Sally 1853 (504)
    Sary ca. 1832 (504)
    Will 1885 (428)
    Wm. 1869, 1870 (504)
WATKISON, Henry 1873 (428)
    John 1873 (428)
    Martha 1873 (428)
WATSON, Alice, dau of John & M. A. Raper, b. Aug
        28, 1866; d. Jul 11, 1887 (428)
    Bale 1885 (428)
    Billhenry 1885 (428)

WATSON, Biredey 1885 (428)
    Calley 1885 (428)
    Charley 1885 (428)
    Charlotte R. m. William J. Whitthorn Feb 27,
        1869 (438)
    David 1856 (428)
    David d. Oct 26, 1877 (428)
    Delila M. 1857 (428)
    Elija 1886 (507)
    Elizebeth 1873 (428)
    Elizebeth J. 1873 (428)
    F. 1853 (428)
    Faney 1885 (428)
    Febea 1885 (428)
    Felica 1873 (428)
    Frances 1885 (428)
    Frances 1873 (428)
    Frank 1885 (428)
    George 1885 (428)
    George 1873 (428)
    George S. 1885 (428)
    George W. 1885 (428)
    George W. 1873 (428)
    H. 1853 (428)
    James 1885 (428)
    Janey 1885 (428)
    John 1885 (428)
    L. 1853 (428)
    Lary 1885 (428)
    Lee buried Sep 18, 1875 (438)
    Leora, child of H. F. & Elizabeth, bapt
        1890 (507)
    Lola Emanett, dau of Mary Delilah, b. Mar
        1894 at Columbia (438)
    Lola Emmet, dau of Mary Delilah, b. 1893
        (440)
    Lucy 1891 (438)
    Marget 1853, 1885 (428)
    Marget, wife of Wm., d. Apr 1873 (428)
    Marget struck by lightning & killed in 1888;
        she then age 50; had been married 13
        yrs and left husband and 1 child (428)
    Martha 1873 (428)
    Mary 1811 (511)
    Mary 1886 (507)
    Mary 1885 (428)
    Mary A. 1873, 1885 (428)
    Mary Ann d. Apr 24, 1875 (428)
    Mary D., wife of Robert, d. Apr 24, 1875
        (428)
    Mary Delilah, dau of Mary Delilah?, b. 1875
        (440)
    Mary Delilah, age 22, d. Mar 24, 1897 (438)
    Mary Delilah b. Mar 1875 at Columbia (438)
    Mary Egbert, dau of Judge L., Sycamore Mills,
        buried Jan 15, 1861 (438)
    Miney 1885 (428)
    N. 1853 (428)
    Nancy 1856 (428)

WATSON, Nancy 1873 (428)
    Nancy 1858 (448)
    Nettie (see Nettie Rodgers) 1886 (507)
    Oley 1885 (428)
    Pan 1885 (428)
    R. 1853 (428)
    R. P. d. Sep 13, 190_ (428)
    Rebeca 1873 (428)
    Rebecca (see William J. Whitthorne) (438)
    Robert 1873 (428)
    Rody 1885 (428)
    Rufes 1885 (428)
    Rufis 1873 (428)
    Sarah 1873 (428)
    Sarah 1885 (428)
    Sarah J. 1873 (428)
    Sarah J. 1885 (428)
    Taler d. Feb 3, 1905 (428)
    Taller 1885 (428)
    Uriah 1873 (428)
    Uriah 1885 (428)
    W. 1885 (428)
    W. F. 1873 (428)
    W. P. 1873 (428)
    W. P. d. Jan 12, 1892, age 66 yrs 19 days; m. Marget Slaton in 1849, by whom he had 4? children; after her death he m. Miss Marget Ooten? by whom he had 1 child (428)
    Waid H. M., son of E. S. O. & Henny T., bapt 1890 (507)
    William 1885 (428)
    Wm. 1855 (428)
    Wm. 1853 (428)
    William H. 1885 (428)
    William H. 1873 (428)
    Wm. L. 1857 (428)
    Z. 1853 (428)
WATT, James 1833 (423)
    Orleana (of LA) b. Feb 12, 1851 (438)
WATTERS, Hattie (see Hattie Glenn) (429)
    Nancy F. m. Charles F. Coleman Jun 4, 1868 (356)
WATTLES, Geo. W. & Susan parents of Adelaide Johnston bapt Nov 6, 1869 (466)
    Molly member Sun schl 1870 (369)
WATTS, Addir 1888 (429)
    G. W. 1894 (497)
    H. W. (m) 1866 (497)
    H. W. 1872 (497)
    Olive 1872 (497)
    Mrs. S. O. 1866 (497)
    W. A. pastor 1892 (371)
WAYLAND, D. A. 1885 (455)
    Mrs. E. 1885 (later moved to Knoxville) (455)
    J. A. 1885 (455)
    Mrs. R. A. 1876 (369)
WAYNE, Mrs. M. H. d. 1902 (454)
    Miss Mary member 1875, m. Davidson (400)

WAYNE, May A. m. John W. Davidson Jun 7, 1882 (400)
WEAKLEY, Hickman 1895 (502)
    Mary (colored) 1884 (401)
WEAKLY, Mary Narcissa m. William Millikin Sep 20, 1870 (438)
WEAR, Permeala 1860 (402)
WEATHERALL, J. E. 1895 (409)
WEATHERFORD, Ann A. 1889 (454)
    Elizabeth Novella, dau of Aleck & Fanny, b. Jun 12, 1883 (440)
    F. V. D. (see Estelle Duncan) (454)
    Frank 1894 (440)
    John 1894 (440)
    Minnie Lee 1897 (440)
    Perry 1894 (440)
    Vance D. 1889 (454)
    Wm. H. 1889 (454)
WEATHERLY, Amanda E. 1872 (462)
WETHERFORD, Mrs. Josephine 1888 (440)
WEAVER, Alda Bell, dau of H. C. & N., b. Feb 15, 1860 (455)
    Alda Bell (single) 1876 (455)
    Henry 1895 (450)
    Henry & wife Rebeckey 1898 (450)
    J. P. 1894 (497)
    John 1817 (386)
    Mannie 1898 (450)
    Mary m. James Saunders 1862 (356)
    Polly 1825 (450)
    Rebeckey 1895 (450)
    Thomas 1885, 1888 (450)
    William Lee, son of W. H., bapt Mar 26, 1882 (438)
    William W. 1847, 1851 (511)
WEAVOR, Timothy 1858 (450)
WEBB, Acenith bapt Sep 26, 1819 (423)
    Catharine bapt Sep 26, 1819 (423)
    Catharine jr. 1819? (423)
    Catharine (Rogan) 1828 (left for Blountville) (423)
    Miss Cora Love? 1894 (423)
    D. G. 1858 (444)
    D. G. elder 1861 (444)
    Drucilla 1845 (423)
    Mr. Drury Edgar 1884 (423)
    Mrs. Elizabeth (wife of Wm. Henry) (423)
    Elizabeth, dau of John & Mary R., bapt Apr 20, 1845 (423)
    Elizabeth d. 1862 or 3 (467)
    Emma 1889 (455)
    Emmer C. 1881 (339)
    Florence, dau of John & Mary R., bapt Jun 17, 1849 (423)
    Florence d. Dec 1900 (360)
    Harvey 1896 (411)
    Hattie Elizabeth (wife of John G.) bapt 1869 (503)
    Jackeeling 1869 (467)

WEBB, Jackoliny d. Mar 21, 1877 (467)
    James d. 24 Sep 1880 (361)
    James member 1838 (361)
    James b. Sep 2, 1832, d. Nov 1887 (428)
    James Anderson, son of Robert & Drucilla,
        bapt Apr 20, 1845 (423)
    James L. m. Mrs. Maggie P. Turner Jun 20,
        1894 (503)
    James P. 1873 (428)
    James T. 1875 (409)
    John d. Nov 1, 1848 (423)
    John 1876 (423)
    John, son of Robert & Drusilla, bapt Jun 24,
        1843 (423)
    John bapt Sep 26, 1819 (423)
    John 1822, d. Oct 28, 1848 (423)
    John d. Oct 28, 1848 (423)
    Joseph 1862 (467)
    Joseph 1882 (467)
    Joseph Martin, son of Robert & Drucilla, bapt
        Oct 3, 1852 (423)
    Julia Barnett, dau of Wm. & Lydia, b. May 3,
        1895 (440)
    L. P. 1885 (428)
    Lydia 1895 (440)
    Mary 1821? (423)
    Mary 1885 (428)
    Miss Mary A. d. 4-6-1911 (454)
    Mary Acenith, dau of John & Rebecca, bapt
        1826 (423)
    Mary Ann 1851, left for Chattanooga Mar 1,
        1852 (423)
    Mary R. (Pulmetur?) 1843 (joined the Metho-
        dists) (423)
    Melvin Thornton, son of William & Lydia, b.
        Dec 30, 1891 (438)
    Mendozia Elizabeth, bapt Oct 7, 1895,
        supposed to be 30 yrs old (438)
    Minerva, dau of John & Rebecca, bapt Oct 26,
        1823 (423)
    Moretta 1889 (507)
    Mosouri d. Apr 18, 1890 (465)
    Nancy J. (Montgomery) 1832 (left for Texas)
        (423)
    Nancy Jane bapt Sep 26, 1819 (423)
    Penelope, dau of John, bapt May 11, 1822
        (423)
    Mrs. R. A. 1892 (401)
    Mrs. R. P. (Addie L.) 1880 (487)
    Reany 1885 (428)
    Rebecca 1819? (423)
    Rebecca (Sharp) 1832 (423)
    Rebecca, dau of Robert & Drusilla, bapt Nov
        15, 1830 (423)
    Rebecca 1845 (423)
    Rebecca bapt Sep 26, 1819 (423)
    Rebecca 1870 (now Mrs. Rebecca Sharp) d. 1890
        (423)
    Richard 1811 (511)

WEBB, Robert bapt Sep 26, 1819 (423)
    Robert 1828 (423)
    S. W. 1858 (444)
    Sallie 1886 (507)
    Sally 1811 (511)
    Samuel d. Aug 3, 1882 (467)
    Saml. G. deacon 1883 (487)
    Miss Steward d. Jul 28, 1900 (454)
    Sue Adger, dau of R. A. & Robt.? B., bapt
        Sep 5, 1893 (401)
    Susan, dau of John & Mary R., bapt Apr 3,
        1847 (423)
    Thomas 1886 (478)
    Thomas Shepard m. Mary Polk Jealman? of
        Knoxville, Aug 11, 1896 (438)
    W. R. d. Jun 4, 1896 (428)
    William 1811 (511)
    Wm. 1895 (440)
    William 1828 (423)
    Wm. Henry 1890 (423)
WEBBER, Ed 1888, 1899 (339)
    Fannie (Peek) 1886, d. 3-14-1902, m. Geo.
        Peek (339)
    James S. 1847, 1850 (511)
    Josephine d. Feb 1885 (511)
    Lavenia d. Sep 1884 (511)
    Mary 1847 (511)
    Mary (Dodd) d. 1887 (511)
    Nannie d. 1878 (511)
    Robert 1897 (339)
    Sallie d. Feb 1880 (511)
    Sarah J. 1847 (511)
    Sarah J. d. Feb 1878 (511)
WEBER, C. m. Beulah Beaumont Jun 13, 1882 (400)
    Frank J. m. Mary Squire Feast of St. Matthew
        1890 (503)
    Henri C. m. Beula Beaumont Jun 13, 1882 (400)
    Henri Carleton confirmed 1881 (400)
    Henry 1849, removed to Nashville Aug 1855
        (438)
    John Walker, son of Henry & Margarette, b.
        May 2, 1852 (438)
    Mrs. Margarett 1849, moved to Nashville, Aug
        1855 (438)
WEBSTER, Allison 1891 (438)
    B. F. 1895 (467)
    Bettie d. Apr 1892 (467)
    Dora d. Nov 16, 1893 (467)
    Dora m. Wm. B. Kincaid (of Cincinnati OH)
        Feb 7, 1888 (455)
    Ella adult bapt Apr 14, 1872 (438)
    Felix Gilbert, son of Albert & Mary, bapt May
        17, 1883 (438)
    Geo. Pope bapt Spring 1883 at age 65 (438)
    Hattie adult bapt Mar 14, 1870 (438)
    Hattie (see Cloute E. Jones) (438)
    Hattie Blair m. Clarke Tindale Jones Nov 20,
        1878 (438)

WEBSTER, Irene Virginia m. Robt. Henry Bowron Sep 9, 1879 (503)
    James Andrew, son of Albert & Mary, bapt May 17, 1883 (438)
    Jennie Morgan, dau of William & Mary, bapt Jan 13, 1878 (438)
    Joseph Dobbins, dau of Wm. J. & Mary Allison, b. Aug 6, 1890 at Columbia (438)
    Lawrence Foucher, son of Felix J. & Mattie E., bapt Spring 1883 at age 4 mos (438)
    Lucy 1893 (467)
    Maggie C. m. Nathaniel P. Yeatman Nov 7, 1877 (438)
    Margret 1853 (467)
    Mary A. m. Frederick L. Smith 8 Mar 1890 (503)
    Mary A. m. Fletcher F. Hanson Feb 18, 1890 (438)
    Mary Camp m. Richard Cross Gordon Aug 20, 1863 (438)
    Matilda 1893, 1895 (467)
    Matilda 1869 (467)
    Misouri 1893 (467)
    Nancy 1893 (467)
    Nancy d. 7/1905 (467)
    Richard H. 1853, 1875 (467)
    Rosie 1893, 1895 (467)
    Sarah E. m. Miles L. Mayes Feb 19, 1868 (438)
    Mrs. Sue d. Feb 4, 1901 (454)
    Viola 1893 (467)
    Virginia 1887 (438)
    Virginia Long m. Eugene Webster Long Dec 28, 1899 (438)
    Virginia M. 1891 (438)
    Mrs. W. J. sr. d. Apr 1913 (438)
    W. J. m. Mary Allison Sep 23, 1872 (438)
    William J., Mary (Allison) (1868), Virginia Morgan (Jan? 12, 1872?), William J. jr. Allison, Hugh Lee, Mrs. Octavia Allison, Joseph Dobbins Webster (8 mos) --family listing (438)
    William J. jr., age 18, 1893 (438)
WEDEKIND, Miss Rosa 1885 (423)
WEDINGTON, Lelia (see Lelia Leles) (409)
WEED, Bowers H. & Elizabeth parents of William Cowper b. Nov 15, 1848? (356)
    Charles Tomes (son of Bowers H. & Elizabeth H.) b. Jan 1, 1847 (356)
    George Washington (son of Bowers H. & Elizabeth) b. Jan 31, 1844 (356)
    George Washington d. 1847, age 2 yrs (356)
    Mary Rexana d. 1847, age 6 yrs (356)
WEEKS, George m. Katie Hammel Mar 25, 1867 (503)
    Howard 1890 (455)
    Marey F. 1887 (402)
    Saloma m. Jos. A. Cherry Feb 3, 1878 (429)
WEEMS, Elizabeth 1839 (437)
    Elizabeth A. d. Jun 24, 1855 (437)
    Miss Lizzie 1860 (438)
    Philip Van Horne, son of W. L. & Elizabeth A., b. Nov 6, 1837 (437)
    W. L. 1839 (437)
    W. L. 1838?, 2 children 5 adults, came from MD (437)
    Capt. William L. b. Dec 9, 1792, d. Sep 16, 1852 (Capt Weems emigrated from MD in 1840) (437)
WEIHL, Miss Gertrude (Mrs. J. W. Lazenby) 1896 (454)
WEILBACHER, Oswald Frederick, son of Paul A. & L. J. b. 22 Apr 1890 (503)
WEIR, Miss Edith 1891 (455)
    Henry A. m. Sally Royce Feb 14, 1878 (356)
    Dr. James 1889 (423)
WEISER, David E. 1895 (454)
    E. A. (f) d. Dec 30, 1905, age 26 (350)
WEISIGER, Cary N. 1898 (400)
    Cary N. m. Bettie H. Humphys Apr 21, 1881 (400)
    Grace 1889 (409)
WEISINGER, Anna B. 1888 (409)
WEISSGERBER, Jacob d. 1854, age 21 (356)
WEISSINGER, Mary D. (Brian) 1856 (448)
WEISSMAN, Mary B. 1858 (448)
WELCH, Cornelia Susan m. John Edward Middleton (1st Lieut W VA Vols, stationed at Camp Thomas) Jul 15, 1898 (503)
    Joseph d. Jun 11, 1906, age 55 (350)
    Martha M. 1870 (492)
WELCKER, James M. d. Sep 19, 1858 (356)
WELDER, Anna 1879 (455)
    Mary 1879 (455)
WELLER, D. T. d. Nov 29, 1882 (503)
WELLS, Alice m. James B. Nevin Nov 20, 1894 (503)
    Annie (see Annie Morecombe) (503)
    Banks 1873 (448)
    C. C. 1898, d. Feb 15, 1910 (454)
    Cally (f) 1874 (435)
    D. 1857 (504)
    Edward 1811 (511)
    Edward Oliver 1881, moved to Chattanooga Sep 8, 1891 (423)
    Elizabeth A 1856 (448)
    Frank L. 1886 (454)
    H. C. 1856 (448)
    Henry T. 1858 (448)
    Isabell 1872 (435)
    James 1872 (435)
    Mrs. John C. 1886 (454)
    John C. 1886 (454)
    Lawuro d. Nov 29, 1900, age 10 (356)
    Lorrie 1886 (396)
    Lucy J. left Mar 16, 1872 (408)
    Lucy May 1892 (461)
    Mrs. Nancy 1880 (504)
    Nancy 1853 (504)

WELLS, Peter, father of Law---ro, age 6 and Maud
       age 8, bapt 1896 (356)
   Rev. R. F. was minister from May 1865 to
       Feb 1866 (423)
   Wm. 1871 (435)
   Wm. G. 1891 (454)
   _____ m. J. H. Morecombe, widower, 15 Nov
       1888 (503)
WELSH, R. I. (m) 1866 (497)
   Mrs. Salley 1866 (497)
   Mrs. S. 1872 (497)
WENDEL, Ada Ewing (dau of Wm. & Hattie) bapt 1892
       (502)
   Cornelia Catherine, dau of Wm. & Hattie Ford,
       b. Dec 23, 1889 (502)
   James Edroy, son of William & Hattie, bapt
       1886 (502)
   John P. 1844 (400)
   Sarah, dau of Wm. & Hattie Foard, bapt 1884
       (502)
   Wm. elder 1891, d. May 13, 1910 (502)
WERKEMAN, J. Z. (f) d. Feb 1906 (288)
WEST, Ann ca. 1832 (504)
   Cleo, dau of Charles & Fanny, b. Feb 16,
       1894 (438)
   Green 1851 (435)
   Katie B., dau of Charles & Geneva, b. Mar 4,
       1896 (440)
   Levie, child of Charlie & Genevia, bapt Nov
       12, 1902 at age 4 (438)
   Mary, wife of Green, 1851 (435)
   Preston C. 1884, moved to Ft. Smith AR, Aug
       31, 1888 (401)
   Thos. L. 1880 (504)
   Vegie May, dau of Charles & Geneveve, b. Jan
       23, 1900 (438)
   William 1898 (450)
WESTER, Belle member Sun schl 1871 (369)
   C. C. 1876 (369)
   W. C. 1883 (454)
WESTFALL, Charles Hermann b. Mar 16, 1887 (son of
       Herman & Alice) (400)
   Mr. H. B. confirmed 1890 (400)
WESTFIELD, George b. Jul 4, 1875 (400)
WESTON, Albert Wheeler d. Sep 3, 1895, at age 2
       mos (461)
   Grove Wilbur, son of Willard Jackson & Sophie
       Charlotte, b. Jul 6, 1892 at Dunnellon
       FL (461)
WETHERBY, Jesse Brigham, adult about 60 yrs, bapt
       1869 (480)
WETHERFORD, Kizzie 1891 (440)
   Kizzie, child of Adam Reeder & Myra Reeder,
       b. Feb 14, 1869 (440)
WETTON, John Erie b. Dec 17, 1893 in Stewart Co.,
       son of James Deakin & Ada Mary (400)
   Ruth b. May 23, 1897 in Stewart Co., dau of
       James Deakin & Ada Mary (400)

WETTSTIN, Emil child of Albert & P. A., bapt 1877
       (401)
WETZELL, Mrs. Lucinda 1885 (423)
WEVER, Ann 1834 (450)
WHALING, Thornton C. 1894 (401)
WHEALS, Delilah 1811 (511)
WHEATLEY, Charles W., age 46, d. Oct 17, 1890 (400)
   Charles Williams b. Jun 4, 1843, son of
       Albert G. & Mary E. A. (400)
   E. A., Charles W., Mrs. Ida (Wheatley) Anglen
       --family listings 1875-1902 (400)
   Mrs. E. A. member 1875, d. 16 Sep 1878 (400)
   Mary E. A. d. Sep 16, 1878 (400)
   Miss Ida m. Charles W. Anglen 1 Oct 1878 (400)
WHEATLY, Charles Williams confirmed 1877 (400)
   Dr. Jas. 1835 (400)
WHEELER, Alice Gertrude, dau of Mathew J. & Alexina
       E., b. Sep 3, 1872? (503)
   C. J. deacon 1887, 1889 (415)
   Chas. William, son of Mathew J. & A. E., b.
       May 28, 1875 (503)
   E. R. 1889 (455)
   Mrs. E. W. 1897 (393)
   Eugene d. Aug 25, 1908 (461)
   Eugene jr. 1895 (461)
   Eugene (came from S. Pittsburg) 1895 (461)
   J. T. 1887 (415)
   John member 1875 (d. at home of his father
       in Christian Co. KY) (400)
   Katherine, dau of Eugene & Laura, b. in
       Tullahoma, bapt Oct 5, 1898 (an adult?)
       (461)
   Mrs. Laura 1895 (461)
   Mrs. Mary 1889 (455)
   Miss Mollie 1898 (454)
   Morning 1847 (511)
   Newton 1897 (435)
   Sarah Ann m. Samuel Geo. Carney Aug 23, 1870
       (356)
   Mrs. Virginia 1887 (415)
   William G. of Hopkinsville KY, m. Annie G.
       Auchinleck Nov 15, 1876 (400)
   Wm. Huett m. Susan Margaret Wilcox Jun 30,
       1858 (438)
WHELAN, Mary J. m. James Hamilton 1866 (356)
WHELAND, G. W. member Sun schl 1870 (369)
   M. 1868 (369)
WHELAS, Elijah 1811 (511)
WHELESS, Delilah 1825 (421)
   Elijah 1825 (421)
WHERLY, Belle 1886 (396)
WHICKAM, Clara b. Nov 27, 1877, dau of George,
       bapt Mar 27, 1891 (356)
   Ella b. Nov 27, 1875, bapt Mar 27, 1891, dau
       of George (356)
   Mrs. Rosa b. Feb 19, 1868, bapt Mar 27, 1891
       (356)
WHIRLEY, S. 1883 (396)
WHITACER, Elisabeth 1851 (435)

WHITE, A. B. father of Mary Jane and Martha bapt 1833 (466)
A. D. 1832 (466)
Abraham 1825 (421)
Abel 1833 (389)
Ada buried Oct 19, 1879 (438)
Allen d. May 4, 1901, age 22 (356)
Ann E. m. James D. Cowan 1860 (356)
Ann Elizabeth adult bapt 1844 (356)
Ann Elizabeth, dau of Hugh A. M. & Elizabeth H., bapt Jul 1, 1840 (423)
Ann Elizabeth d. 1847, age about 70 yrs (356)
Ann Elizabeth d. Apr 1, 1847 (356)
Ann L. d. 1854, age 18 (356)
Ann L. member 1850, d. Sep 1854 (356)
C. A. 1893 (438)
C. A. (June 1892), Irene Eudora, Graham Clanston--family listing (438)
Miss Caledonia 1854 (437)
Caledonia m. Wm. J. Andrews Feb 3, 1859? (437)
Caroline 1880 (348)
Carrie buried Oct 20, 1879 (438)
Cathrine Virginia (dau of Hugh A. M. & Elizabeth) b. 12 Mar 1845 (356)
Cecil M. m. Clinton S. Kimes 15 Aug 1891 (503)
Cornelia (Buchanan) 1870, 1888 to Huntsville AL (478)
Cornelia H. m. Chas. M. McGhee (356)
Cynthia Smith, dau of Hugh A. M. & Elizabeth H., bapt Feb 10, 1832 (423)
Capt. D. W. alias J. White McIntyre (formerly of Cleveland OH) d. Jul 7, 1873 (503)
Eleanor Wilson, dau of Hugh A. M. & Elizabeth H., bapt Dec 10, 1842 (423)
Miss Elenor d. Aug 29, 1889, age 52 (356)
Eliza Jane, dau of Samuel & Mary, bapt 1826 (423)
Mrs. Elizabeth 1881, formerly Miss Eliz. Oats (423)
Elizabeth 1858 (408)
Elizabeth 1872 (408)
Elizabeth 1832 (466)
Elizabeth 1828 (423)
Elizabeth 1834 (389)
Elizabeth H. d. Dec 31, 1850 (356)
Elizabeth H. 1828, left for Episcopal Ch (423)
Elizabeth Humes d. Dec 31, 1850, age 41 (356)
F. H. 1872 (408)
Miss Florida 1854 (437)
George E. 1875 (409)
Graham Clauston, son of Charles S. & Irene Eudora, b. Dec 23, 1892 (438)
Hall, 1st TN Reg C.S.A., buried in Shelbyville Jan 16, 1863 (438)
Mrs. Helen (wife of H. L.) age 65, d. Aug 10, 1910 (438)
Hugh d. 1854, age 23 yrs (356)

WHITE, Hugh A. & Elizabeth H., parents of Margaret Christie & Isabella McNutt, both bapt Sep 7, 1828 (423)
Hugh A. M. & Elizabeth H., parents of Thomas Humes & Cornelia Humes, both bapt ca. 1835 (423)
Hugh A. M. 1832 (left for Episcopal Ch) (423)
Hugh A. M. d. Mar 13, 1860, age 57 yrs (356)
Hugh A. M. d. Mar 11, 1860 (356)
Hugh Lawson, son of H. A. M. & E. H., bapt Jan 3, 1841 (423)
Hugh Lawson d. Jul 14, 1851, age 10 (356)
Hugh Lawson (Dec 8, 1876), Ellen Estell (O'Brien), Carrie (Jun 4, 1879), Ada, William Beckett (Sep 12, 1880), Mrs. O'Brien, William H. O'Brien--family listing (438)
Hugh Lawson m. Helen Estell O'Brien Mar 25, 1863 (438)
Isabella L. 1832 (466)
Isabella M. (2nd dau of H. A. M.) m. Chas. M. McGhee 1847 (356)
Isabella M. 1843 (left for Episcopal Ch) (423)
Isabella M. d. May 13, 1848 (356)
J. 1860 (421)
J. 1847 (421)
Mrs. J. P. d. Apr 15, 1910 (423)
J. W. 1847, 1848 (421)
J. W. d. May 12, 1878 (408)
J. W. 1872 (408)
James 1858 (408)
James? 1821 (386)
James H. (see Elizabeth Oats) (423)
James Madison, son of Meddy White & Jane Wells, b. Jul 6, 1846 in TN (461)
John d. 1866, d. about 26 (356)
John H. 1848 (left for Griffin GA Nov 16, 1858?)(423)
John M. 1858 (408)
John W. 1853 (421)
John W. left Mar 16, 1872 (408)
John W. 1858 (408)
Johnathen 1856 (428)
Kate m. John Baxter 1867 (356)
Kathleen Henderson, dau of Mary Hendley, b. Jan 13, 1882 (438)
Latitia D. 1872 (423)
Lucinda 1860 (467)
Lucy Graham, dau of Hugh A. M. & Elizabeth H., b. Nov 27, 1847 (356)
Lunda M. 1894 (450)
M. A. 1875 (409)
Malinda 1832 (502)
Miss Margaret d. Jun 21, 1899, age 74 (356)
Margaret m. James Houston Nov 2, 1858 (356)
Margaret C. 1843, left for Episcopal Ch (423)
Martha A. 1880 (348)
Mary 1862, 1865 (467)

WHITE, Mary 1823 (left for Grassy Valley Ch, 10-24-1829) (423)
   Mary A. 1886 (409)
   Mary Ann m. Edward D. Hicks Jun 6, 1855 (437)
   Mary Ann 1847 (423)
   Mary Catherine 1874 (448)
   Marey H. d. 1871 (389)
   Mrs. Mary Humes, d. May 7, 1882, age 78 (356)
   Mary Jane, dau of Hugh A. M. & Elizabeth H., bapt May 15, 1831 (423)
   Mary W. member 1853, d. Aug 2, 1859 (356)
   Mary Washington d. Aug 3, 1859 (356)
   May member Sun schl 1871 (369)
   Maynard ca. 1894 (450)
   Nancy 1880 (348)
   Nancy, Caroline & Martha 1883 (348)
   Miss N eely 1870 (478)
   R. B. & Mary, grandparents of Mime Thompson and Bobbie Thompson, bapt Aug 16, 1876 (409)
   R. B. 1886, d. Nov 25, 1886 (409)
   Rebecka 1894 (450)
   Robert 1831 (502)
   Robert & Cornelia parents of Jennie (3 yrs old) bapt Nov 1870 (478)
   Robert B. 1875 (409)
   Robert B. 1873 (409)
   Sahah? buried May 19, 1869 (438)
   Samuel 1843, d. May 7, 1862 (423)
   Sary 1856 (428)
   Susan 1894 (450)
   Susan S. (Morrow) 1833 (423)
   Susannah Stearns, dau of Samuel & Mary, bapt 1823 (423)
   Telitha 1858 (408)
   Thomas d. Apr 1843 (389)
   Thomas 1834 (389)
   W. B. 1884 (401)
   W. B. 1890 (401)
   W. G. 1884 (401)
   W. G. 1890 (401)
   Will Harrison 1847 (423)
   William 1811 (511)
   Wm. B., age 35, d. May 8, 1910 (438)
   William Beckett, son of Lawson, bapt Sep 12, 1880 (438)
   William H. & Mary Ann, parents of William Lewis & Lucinda Ellen, both bapt Apr 10, 1850 (423)
   William O. & Latitia, parents of William Orlando, Lynn Townsend & Clarence, all bapt Jul 8, 1879 (423)
   William Orlando 1870 (423)
   William S. 1843 (left for Episcopal Ch) (423)
   Willis 1850 (389)
WHITEFIELD, Mollie m. E. H. Lampkins Jan 15, 1880 (429)
WHITEHORN, J. H. 1876 (444)
   S. J. (f) 1891 (444)

WHITEHORNE, Bramfield Ridley m. Juliet Shelby Ryall Jul 19, 1877 (480)
WHITEN, James 1871 (467)
   Wm. 1853, 1858 (467)
WHITESIDE, Ada C. 1871 (478)
   Alfred Taylor, son of Vernon S. & Sarah R., b. 7 Feb 1879 (503)
   Miss Annie Porter 1870 (478)
   Carrie Glenn bapt 1882 (400)
   Claude (son of James L. & Mary Elizabeth) b. Feb 9, 1867 (503)
   D. ca. 1866 (478)
   Mrs. Fannie S. 1883, 1886 to Atlanta GA (478)
   Florence Leonora, dau of Hugh & Gertrude H., b. Oct 17, 1880 (503)
   H. C. sr. & Agnes L. parents of Thomas Lipscomb bapt 1886 (478)
   Harriet L. d. Feb 19, 1903 (350)
   Harriet L. m. Varney A. Gaskill May 17, 1871 (503)
   Helen m. Richard L. Watkins Feb 3, 1869 (503)
   Henery C. sr. 1886 (478)
   Henery C. jr. 1886 (478)
   Henry & Agnes parents of Rebecca bapt 1869 (478)
   Henry & Agnes parents of Agnes Louise & Margaret Ada bapt 1883 (478)
   Henry & Agnes parents of Henry Cooper bapt 1874 (478)
   Henry & Agnes Lipscomb parents of Annie Robinson bapt 1871 (478)
   Henry C. & Agnes L. parents of Ruth bapt 1878 (478)
   Hugh d. Feb 1896, age 41 (503)
   Hugh m. Gertrude H. Staley Jun 24, 1879 (503)
   Hugh, son of Hugh & Gertrude, b. 21 Mar 1888 (503)
   Hugh (son of Jas. & Harriet L.) b. Dec 9, 1854 (503)
   Irene Louise, dau of Glenn M. & Sue b. 10 Sep 1891 (503)
   James A. & Harriet L. parents of James Lonard b. Apr 17, 1845; Florence b. Feb 18, 1847; Helen b. Aug 17, 1849; and Vernon b. May 18, 1853 (503)
   James A. d. Nov 12, 1861, age 58 (503)
   James R. 1874 (478)
   John L. 1866 (478)
   Laura Staley, dau of Hugh & Gertrude H. b. 12 Dec 1885 (503)
   Leonora Sue, dau of Glen & Sue, b. 19 Jun 1888 (503)
   Maggie 1855 (478)
   Mary Elizabeth (wife of Jas. L.) b. 1840 (503)
   Rebecca 1882 (478)
   Ruth C. 1857 (478)
   Sue A. confirmed 1881 (400)
   Sue Idlot 1871 (478)

WHITESIDE, Thomas C. jr. 1866 (478)
    Thomas Staley, son of Hugh & Gertrude H., b.
        Dec 9, 1893 (503)
    Vernon S. & Sarah R. parents of Vernon Burleigh b. 9 Mar 1881; Harriet Leonora b.
        25 Feb 1883; and Alonzo Sharp b. 28 Jan
        1884 (503)
    William _____, Charles & Glen bapt 1861 (503)
WHITESIDES, Glenn of Chattanooga m. Sue Acree May
    11, 1880 (400)
    Margaret 1844 (478)
    Mary E. 1855 (478)
WHITEWORTH, James 1806 (511)
    Thomas 1806 (511)
WHITFIELD, Alice confirmed 1886 (400)
    Miss Alice member 1875, m. Charles W. Hodgson
        Apr 10, 1878 (400)
    Mrs. Alice E. 1896 (400)
    Alice M. m. Charles W. Hodgson at residence
        of J. P. Y. Whitfield, Apr 10, 1878
        (400)
    Beulah Madeleine b. Oct 17, 1888 (dau of
        Ed B. & Alice E. (400)
    Daisy (see Daisy Meriwether) (400)
    Daisy Martha m. Charles Edward Meriwether
        Dec 22, 1897 (400)
    Daisy Martha b. Jan 13, 1878 and Rosa Alice
        b. May 31, 1880, daus of Edward B. &
        Alice E. (400)
    Miss Daisy Martha confirmed 1891 (400)
    Edward B. confirmed 1886 (400)
    Edward B. member 1896, d. Mar 1910 (400)
    Edward Bales (of New Orleans LA) d. Mar 6,
        1910 (400)
    Henry 1875 (497)
    Mr. J. Y. P. buried Apr 26, 1892 (400)
    J. P. Y., Mrs., Anne, Edward B., Alice--
        family listings 1875-1902 (400)
    John 1856 (497)
    Lillian confirmed 1899 (400)
    Louise confirmed 1897 (400)
    Louise Gertrude b. Nov 11, 1882 and Mary
        Lillian b. Nov 22, 1884, daus of
        Edward B. & Alice E. (400)
    Mrs. Martha J. 1896, d. Aug 9, 1900 (400)
    Rosa (see Rosa Janes) (400)
    Rosa Alice confirmed 1893 (400)
    Ruth Cleveland (Yardley) b. Jul 24, 1892
        (dau of Edward B. & Mrs. Alice E.)
        (400)
WHITHORN, Lulu Eliza 1871, 1871 to Benton AR (478)
    Felecia 1857 (478)
    Felicia G. 1857, d. 8 Sep 1886 (478)
WHITHORNE, Lula E. 1871 (478)
    Mrs. Margaret A. 1857 to Benton AR 1871 (478)
    Margarat A. 1847 (478)
    Saml. & Margaret parents of Lula E. adult
        bapt 1871 (478)
    W. J. 1850 (478)

WHITHORNE, William J. 1850, d. Feb 14, 1872 (478)
WHITLOW, Andrew Stratten d. Mar 5, 1888, age 18
    (356)
    Jessee B. (see Miss Jessee B. Moffett) (423)
WHITNEY, Helen 1842 (478)
    Ruth 1842 (478)
WHITSETT, C. H. 1890 (454)
    Mrs. Laura L. 1890 (454)
WHITSIDE, Madaline, dau of Samuel Monvoduke? &
    Carrie McGavock, b. Jan 13, 1882 (461)
    Abriham 1811 (511)
WHITSON, Albert, son of Jno. G. & M. F., bapt Jul
    6, 1861 (423)
    Elisabeth 1811 (511)
    Elizebeth 1811 (511)
    Liddy 1811 (511)
    Lydia 1811 (511)
    M. F. 1860, d. Nov 4, 1862 (423)
WHITTAKER, Algernon L. member 1875, moved to
    Indiana (400)
    Ancil, child of John L. & Alice Earle, b.
        Jan 23, 1896 at Dayton TN (461)
    Cora John confirmed 1881 (400)
    Eliza Frances b. Sep 12, 1899 at Bell Buckle
        TN (461)
    Lula 1892 (455)
    Virginia Mildred confirmed 1881 (400)
WHITTAM, Annie m. John William Williams 3 Jun 1891
    (503)
WHITTEN, D. D. 1860 (448)
    Robert Ken b. Apr 21, 1886 (son of Henry B. &
        Mary M.) (356)
    T. G. pastor 1874 (406)
    Wilmer Humes b. Oct 26, 1883, son of Henry B.
        & Mary M. (356)
WHITTHORN, Clinton b. Jul 22, 1889 (438)
    Eliza C. m. Charles P. Cecil Oct 5, 1875
        (438)
    Elizabeth, dau of Washington Curran & Mary C.
        b. Apr 3, 1893 at Columbia (438)
    Ella Mayes m. Alexandey Harvey Jun 7, 1882
        (438)
    Francis Clinton, child of W. J. & Rebecca
        bapt Feb 18, 1877 (438)
    Harrie, son of Gen. W. C. & Jane C., bapt
        Oct 16, 1870 (438)
    Harry, age 23, d. Feb 1894 (438)
    Lillie Cecil dau of Campbell & Eunice? bapt
        Nov 14, 1875 (438)
    Samuel Watson b. Sep 20, 1881 (438)
    Washington C., age 66, d. Sep 21, 1891 (438)
    Washington Curran m. Mary Roy Cole, Jun 5,
        1889 (438)
    Washington Curran b. Apr 8, 1890 (438)
    William b. Mar 4, 1869 (438)
    William J. m. Charlotte R. Watson Feb 27,
        1869 (438)
WHITTHORNE, Charlotte 1887 (438)

WHITTHORNE, Charlotte Morton m. Leonard Bentley
        Hughes Jun 7, 1894 (438)
    Ella Mayes, dau of W. C. & Jane, b. Jul 26,
        1862 (438)
    Frank Atkins, son of Washington C. & Matilda
        J., b. Nov 24, 1857 (438)
    Mrs. M. Jane, age 67, d. Jun 15, 1894 (438)
    Mary Jane, dau of W. C. & Matilda J., b. Feb
        29, 1860 (438)
    Mary Wheeler, dau of W. C. & Jane, b. Jun 27,
        1867 (438)
    Mattie H. 1871 (478)
    Sam H. 1857 (478)
    Savannah col'd. adult dau of Green Whitthorne
        buried Jan 6, 1866 (438)
    Mr. & Mrs. W. C. 1887 (438)
    W. C. & J. parents of Frank Atkinson buried
        Sep 16, 1861; Mary Jane buried Sep 19,
        1861; Annie Coleman buried Sep 28, 1861
        and Bettie Polk buried Sep 29, 1861
        (438)
    Mr. W. C. 1896 (438)
    W.? J., age 65, d. Apr 27, 1909 (438)
    Washington C. 1843 (left Aug 1, 1843) (423)
    Washington C., Matilda Jane (Campbell) (Aug
        24, 1856), Campbell, Annie Coleman,
        Eliza Curran, Frank Atkinson, Lillie,
        Ella Moeyes, W. C. jr., Mary Wheeler,
        Harrey--family listing (438)
    Washington C. jr., Mary Ray (Cole) (Feb 26,
        1888)--family listing (438)
    Washington C. & Matilda Jane, parents of
        Campbell, Annie Coleman, Bettie Polk,
        & Eliza Curran, all bapt Aug 24, 1856
        (438)
    William J., Rebecca (Watson) (Mar 5, 1869),
        Charlotte, William J., Frank Clinton
        (Feb 18, 1877), Lee--family listing
        (438)
    Capt. Wm. J. jr., age 30, d. Mar 25, 1904
        (438)
    Willie 1887 (438)
WHITTLESEY, Revd. Stephen 1844 (421)
WHITWORTH, James 1811 (511)
WHORLEY (Davis), Kitty 1839 (389)
WICKHAM, George & Rosa parents of Ada b. Mar 31,
    1893 and Gorgie b. Sep 30, 1895 (356)
WICKS, Annie V. m. John A. Quaefe Jul 17? 1877 (356)
    Mina Valencia adult bapt 1860 b. Dec 24, 1831
        (356)
WIEHL, Mrs. Kate F. 1893 (454)
WIET, Sally 1834 (421)
WIGNER, J. N. d. in VA in 1862 (467)
WIGHT, Mrs. Mary Emily 1890 (455)
WILBOURN, Susanah 1830 (462)
WILBUR, Lizzie 1892 (409)
    Mrs. N. W. 1887 (455)
WILCHER, Lillian m. ____ Gillespie, member 1881
    (455)

WILCHER, Lillie (dau of Mary J. Rees) bapt 1879
    (455)
WILCOCK, Hiram member Sun schl 1870 (369)
WILCOX, Ada (dau of Henry W.) b. 13 Mar 1867 (503)
    Mrs. Agnes d. 1908? (401)
    Mrs. Amanda 1842, d. Sep 18, 1896 (401)
    Charles Chesterfield, son of J. E. & Mary L.
        (of Clarksville) bapt Jun 14, 1863
        (438)
    Clive (see Mrs. Jenny H. Smith) (400)
    Clive bapt 1884 (400)
    Doctor C. L. 1842, d. 1880 (401)
    Miss Emma 1868 (401)
    Howard Samuel, son of Mrs. Agnes, bapt Sep
        10, 1897 (401)
    Isabella 1868 (423)
    Jas. (colored) 1884 (401)
    James m. Carrie Crabtree May 11, 1871 (503)
    James M. d. Sep 28, 1873, age 25 (503)
    Jeane Loftus, dau of Henry W., b. 29 Oct 1870
        (503)
    Jeannie Howell b. Sep 23, 1888, dau of Robt.
        Clive & Mrs. Jennie (400)
    Mrs. Jennie H. 1896 (400)
    John & wife 1827 (478)
    John Edwin, orphaned son of Clarence O. &
        Mattie (Emma Wilcox guardian), bapt
        Mar 10, 1883 (401)
    John Walker, son of J. G. & Eliza D. bapt
        Nov 22, 1875 (438)
    Mrs. Julia Putnam adult bapt 1889 (400)
    Katie McKollock, dau of Harry W. & Anna, b.
        May 9, 1872 (503)
    Mr. L. H. buried Nov 6, 1856 (4__)
    Mr. L. H. 1849, d. Nov 5, 1856 (438)
    Milton C. 1866 (423)
    Milton Curtis 1870 (423)
    Robert Clive bapt 1891, son of Robt. Clive &
        Jennie (400)
    Robert Clive 1896 (400)
    S. & Agnes, parents of Anna Teresina &
        William Ethelbert, both bapt Dec 7,
        1889 (401)
    Mrs. Samuel (see Agnes Shackelford) (401)
    Susan Margaret m. Wm. Huett Wheeler Jun 30,
        1858 (438)
    Virginia Matthews, dau of J. G. & Eliza, bapt
        Jun 8, 1873 (438)
    Virginius Matthews, child of J. G. & Eliza D.,
        bapt Jun 8, 1873 (438)
WILD, Edna Irene, dau of Thomas & Jane b. Dec 12,
        1896 (503)
    Jennie d. Apr 22, 1902, age 44 (350)
    Thomas Ashworth, son of Thomas & Jane, b. 21
        Nov 1888 (503)
WILDER, C. d. May 20, 1873? (425)
    Francis 1872?, d. AR (425)
    J. C. 1883 (425)
    J. W. 1873 (421)

WILDER, Jo C. left 1890 (425)
    Lenard M. 1887, left 1890 (425)
    Mrs. M. d. Feb 16, 1909 (497)
    Minnie 1897 (407)
    Persia d. Feb 1882 (400)
    R. B. 1876, d. Dec 18, 1876 (425)
    Rachel 1885 (455)
    Susan Frances 1873 (425)
WILEY, Miss Anna Catherine 1893 (423)
    Mr. E. F. 1883 (423)
    E. F. 1890 (423)
    E. L. d. 1905 (393)
    Edward M. 1887 (423)
    Miss Ellen Howard 1889 (423)
    Mrs. Emerson L. d. ca. 1903 (393)
    Miss Emma M. 1887 (423)
    Hiram (see Iva Bell McMillin) (423)
    John Earnest, son of F. E. & M. C., b. Aug 18, 1884 (423)
    Mrs. M. C. 1883 (423)
    Miss Mary 1894 (423)
    Mary Virginia, dau of F. E. & M. C., b. Jun 27, 1882 (423)
    Noel Floyd, son of E. F. & M. C., bapt Apr 12, 1891 (423)
    Robert Sutherland, son of E. F. & M. C., bapt Jan 1890 (423)
    Sophiar 1857 (450)
WILHOITE, Amanda C. 1857 (478)
    J. D. & A. C., parents of Joseph Dillworth bapt 1872 (478)
    Jo. D. jr. 1885 (478)
    Jo. D. 1873 (478)
    Jo. D. elder 1886 (478)
    Joseph & A. C. parents of Mary Clark adult bapt 1871 (478)
    Lauson 1889 (478)
    Miss Lena 1879 (478)
    Lula 1871 (478)
    Martha J. 1858 (478)
    Mary Clark 1871 (478)
    Robert Clark 1882, d. 1886 (478)
    Sidney M. 1857 (478)
    Thomas D. 1869, d. 12 Jan 1891 (478)
    Thos. P. & Virginia M. parents of William Lawson bapt 1878 (478)
    Thomas P. & Virginia parents of Thomas Phippip bapt 1878 (478)
    Thos. P. elder 1879 (478)
    Thomas P. 1869 (478)
    W. W. 1857 (478)
    Wm. A. 1871 (478)
WILKENSON, Sally 1847, 1856 (511)
WILKERSON, Ada d. 1913 (339)
    B. W. 1890 (421)
    James 1847 (511)
    John 1847, 1861 (511)
    John 1847, 1857 (511)
    M. W. 1849 (435)

WILKERSON, Sarah 1839 (389)
    Sarah A. 1859 (435)
    W. E. 1898 (435)
    Wm. 1847 (511)
WILKES, Miss Bessie B. 1885, moved to Nashville Dec 6, 1886 (401)
    F. C. 1875 (448)
    Helen? N. 1865 (448)
    J. H. elder 1892 (487)
    Katherine Aileen m. Dr. Charles Henry Moak of New York City, Jun 8, 1898 (438)
    Miss Kathleen 1898 (438)
    Mary Adeane m. Robert Lee--- McKinney, Nov 10, 1897 (438)
    Nathaniel m. Anna Baird Jun 23, 1875 (438)
    Nathaniel R., Nannie Baird, inf, Mary Baird-- family listing, no dates given (438)
    Col. Nathaniel R. d. Apr 10, 1896 (438)
    W. H. 1880 (448)
WILKEY, Rosia d. Mar 1908 (465)
    Viney d. Dec 14, 1894 (465)
WILKINS, Lucius B. m. Frederika Elizth Smith (at house of bride's step father, Cumbd. St. Knox) Feb 1, 1860 (356)
WILKINSON, Bertha (see Mrs. Wm. Draper) (502)
    Edna Hargrove confirmed 1881 (400)
    Edward 1868 (401)
    George & Octavia parents of Daisy, Bertha & Georgia bapt 1884 (502)
    Geo. H. 1884 (502)
    Miss Georgia 1897 (502)
    Harvey 1889 (511)
    Mahala m. Titus Williams (colored slaves) 1861 (356)
    Mrs. Octavia (Henderson) 1868 (502)
WILKS, Elizabeth Jane 1881 (448)
    Minor 1840 (504)
    William ca. 1875 (448)
WILLANS, Linda J. 1860 (428)
WILLARD, Mrs. A. M. d. Nov 3, 1903, age 38 (350)
    Huger North b. Oct 21, 1896, son of Arthur M. &Virginia C. (356)
    Mary Virginia b. Dec 20, 1898, dau of David W. & Antoinette (356)
    Virginia Cordell adult bapt 1898 (356)
WILLEY, Mrs. A. G. d. Aug 5, 1903, age 65 (461)
    Mrs. A. G. 1892 (461)
    Addison Gardner d. Dec 15, 1884 (461)
    Mary Eliza (see Mary Eliza Christian) (461)
    Nancy ca. 1832, 1839 (504)
WILLHELMAS, G. K. 1887 (402)
WILLIAMS, Absalun d. 1866 (396)
    Alma, dau of Jake & Ellie, b. Oct 18, 1897 (440)
    Alma?, dau of Jake & Ellie, b. Oct 18, 1897 (438)
    Anna B. m. Thos. W. Humes ca. 1850 (356)
    Anna Marie b. Jul 29, 1883, dau of Robert H. & Jenny (400)

WILLIAMS, Miss Annie 1888 (Mrs. Hollingsworth),
    moved to Tallulah LA, Nov 7, 1898
    (401)
- B. E. 1869, d. 1880? (504)
- B. E. d. Aug 16, 1880 (504)
- B. F. deacon 1887, 1890 (415)
- Ben m. Katie Y. Sprague Sep 18, 1895 (356)
- Ben? 1873 (448)
- Ben M. 1894 (401)
- Mr. Ben P. confirmed 1890 (400)
- Benjaman E. 1853 (504)
- Benjamin Phillips adult bapt 1890 (400)
- Bettie 1881 (407)
- C. B. 1877 (407)
- C. L. 1885 (401)
- C. W. 1896 (429)
- Callie d. Jan 10, 1909 (421)
- Candis 1893 (407)
- Caroline 1836 (389)
- Catherine D. d. ca. 1870, age 67 (356)
- Celia Ann (see Celia Ann Noe) (415)
- Charles L. 1885 (507)
- Charlotte (dau of M. W. & Mary M.) b. Aug 7, 1849 (356)
- Coleman 1843 (400)
- Mrs. Cornelia A. ca. 1875 (448)
- David 1889 (455)
- David Walker d. Jun 15, 1886 (400)
- Mr. E. Lucky d. Mar 30, 1912 (423)
- Elisha 1893, 1898 (339)
- Elizabeth 1893 (467)
- Elizabeth, dau of E. & Mary C., bapt Nov 15, 1830 (423)
- Elizia 1891 (407)
- Mrs. Ella 1874 to LaGrange GA (401)
- Mrs. Ella 1856 (401)
- Mrs. Ella mother of Thomas Newell & Richd. Fenton bapt 1873 (401)
- Emily Polk dau of Minnick & Emily P. buried Oct 29, 1862 (438)
- Emlie 1898, d. Dec 1908 (407)
- Erdie 1897, changed Miller (407)
- Etheldred d. Oct 11, 1846 (Rocky Springs) (356)
- Etheldred d. 1847, age 73 yrs 4 mos (356)
- F.? B. member 1860, d. 1907 (419)
- F. B. member 1821 (419)
- F. L. 1844 (400)
- Miss Fanny confirmed 1890 (400)
- Fanny Brennan bapt 1890 adult (400)
- Florence Dement, dau of C. E. & Julia A.? b. 29 May 1872 (503)
- Frances Brennan m. Nicholas Van Boddie Oct 7, 1891 (400)
- Fred 1889 (455)
- G. L. 1886 (462)
- G. N. 1897, d. Mar 1902 (407)
- Genie 1897 (407)
- Grace 1812 (502)

WILLIAMS, H. P. & Nannie (see Tennessee Haskins) (400)
- Henry 1897 (339)
- Henry M. m. Sallie P. Pillow Feb 1, 1871 (438)
- Henry P., age 76 (or 70?) of Guthrie KY d. Feb 22, 1901 (400)
- Howell 1897 (400)
- Irvin 1896 (407)
- J. A. 1893 (467)
- J. H. rector 1893-94 (441)
- J. H. 1884 (421)
- J. R. 1889 (462)
- J. R. 1897 (407)
- Mrs. J. W., age 88, d. Jul 1907 (438)
- J. W. 1877, d. 7-26-1892 (339)
- Jacob L. 1896 (415)
- James & Lucy Jane parents of Catherine Graham b. 6 Nov 1837 and Mary Copeland b. 6 Sep 1839, both children bapt 1845 (356)
- Jas. Bruce 1894 (401)
- James K. ca. 1860 (444)
- James Lee & Estelle Marie parents of Benjamin Lee b. Mar 13, 1891 and Paul Leon b. Sep 30, 1894 (503)
- James M. 1872 (497)
- Jas. P. 1893, moved to Memphis May 1902 (401)
- Jane 1869 (462)
- Jane 1860 (419)
- Jane 1833 (389)
- Mrs. Jennie (R. H.) 1896 (400)
- Jennie B. 1891 (401)
- Jennie Douglas conf 1884 (400)
- John, age 87 (Tippado LA) d. Nov 2, 1905 (438)
- John d. Feb 13, 1883, age 28 (356)
- John Frederic, age 34, d. May 16, 1914 (400)
- John Pearce d. Aug 11, 1902 (350)
- John W. m. Katie H. Barrett Mar 28, 1892 (400)
- John Francis child of T. F. & Belle, bapt 1894 (507)
- John Frederick 1897 (401)
- John William m. Annie Whittam 3 Jun 1891 (503)
- John Willis d. Dec 26, 1904 (401)
- Joseph 1811 (511)
- Joseph Edward (orphan) age 7 yrs, bapt 1882 (356)
- Joseph Minnick m. Emily Donelson Polk Nov 13, 1860 (438)
- Miss Josephine 1886 (401)
- Josie 1897 (407)
- L. B. A. ordained Nov 20, 1887 (415)
- L. D. d. Mar 1904 (407)
- L. G. 1844 (400)
- Laura 1872 (409)
- Laurie? 1891 (407)
- Mrs. Lawson d. 1883, age 23 (356)

WILLIAMS, Leona 1872 (409)
    Lewis G. 1843 (400)
    Miss Lilian confirmed 1890 (400)
    Lillian 1896 (400)
    Lisburry? 1853 (467)
    Lizzie 1892 (455)
    Lizzie T. m. Jos. W. Sneed 1872 (356)
    Mrs. Louisa 1847, later moved to New Orleans (438)
    Miss Louise d. Oct 4, 1903, age 18 (356)
    Loura 1893 (407)
    Mrs. Lucy 1896, d. May 5, 1898 (400)
    Mrs. Lucy 1897 (400)
    Mrs. Lucy E., age 89, d. May 5, 1898 (400)
    Mrs. Lucy E., Walker Williams, Miss Mary G. Ward--family listing 1875-1902 (400)
    Lucy J. 1841 (left for Episcopal Ch) (423)
    Luizia d. 1913 (407)
    Mrs. Lula b. May 18, 1862, dau of James & Ella Tucker) (356)
    M. A. d. Jun 1892 (f) (511)
    Mrs. M. G. 1896 (415)
    Maggie 1897 (429)
    Margaret, dau of Mary C., bapt Feb 10, 1832 (423)
    Margaret Ramsey d. 1849, age 16 (356)
    Margarette 1883 (462)
    Margarette d. Feb 7, 1901 (462)
    Marget 1832 (504)
    Margret E. 1872 (339)
    Margret M. 1863 (467)
    Marion W. of Hopkinsville KY m. Daisy Bell May 2, 1882 (400)
    Martha 1873 (428)
    Mrs. Mary (Mar 27, 1888) Willowby St. Clair (Jan 29, 1888), Robert, Nannie--family listing (438)
    Mrs. Mary Alice 1872 (formerly Mary Alice Brownlow) (423)
    Mary C. bapt 1826 (423)
    Mrs. Mary E. 1879 (429)
    Mary Martha 1881 (448)
    Mary W. 1892 (401)
    Maryann 1811 (511)
    Mrs. Mary Matilda b. Feb 28, 1837 (438)
    Mattie 1897 (Chambers) (407)
    May Lawson (dau of Shelley) inf bapt 1883 (356)
    Mildred 1830 (462)
    Mildred 1831 (462)
    Minnie 1897, changed Hale (407)
    Minnie Collins, dau of William & Johny (Blakemore), b. Sep 30, 1874 (438)
    Minnie Collins 1891, age 16 (438)
    N. B. d. Jan 1900 (407)
    Nancy 1853 (467)
    Nancy A. 1848 (478)
    Nannie (see William P. Morgan) (438)
    Nathaniel W. 1843 (423)

WILLIAMS, Nellie G. 1887, d. Feb 1897 (401)
    Mrs. P. S. 1881 (401)
    R. A. 1872 (462)
    R. G. 1892 (455)
    Rachael Jane Wainright b. Sep 25, 1889, dau of William Leonard Wainright & Marietta Coryden Wainright (400)
    Rachel 1853 (467)
    Rebecar 1872 (396)
    Rebecca d. May 1903 (504-2)
    Rebecca ca. 1832, 1840 (504)
    Mrs. Rebeck 1880 (504)
    Robert B. 1833 (389)
    Robert H., Jenny, Edwin, Lillian--family listings 1875-1902 (400)
    Robert M. of Bowling Green KY m. Kate T. McKinney Jul 19, 1892 (438)
    Robert Morgan, son of Robert Morgan & Kate McKinney, b. Oct 24, 1893 at Columbia (438)
    Robert W. buried Jul 16, 1874 (438)
    Robert Willoughby, son of R. W., bapt Oct 5, 1873 (438)
    Rowena confirmed 1878 (400)
    Rutha J. 1895 (462)
    Mrs. Sallie 1888 (401)
    Sallie 1897 (339)
    Miss Sallie E. (Ozment) 1878 (429)
    Sally 1869 (462)
    Sarah 1849, later moved to Hardeman Co. TN (438)
    Sarah 1853 (467)
    Miss Sarah Ann 1897 (401)
    Mrs. Sarah J. 1874 (487)
    Sarah Jane 1872 (396)
    Susan Branch, dau of Robert & Jennie, b. 1868 (438)
    T. Coleman m. Nancy M. Martin (at residence of M. W. Williams) 1855 (356)
    T. P. 1873 (421)
    Miss Teresa confirmed 1890 (400)
    Teressa Stark b. Jun 29, 1878, dau of Henry P. & Nannie H. (400)
    Theo. O. F. 1884 (504)
    Timothy Coleman adult bapt 1854 (356)
    Tirel 1897, changed Holladay (407)
    Titus m. Mahala Wilkinson (colored slaves) 1861 (356)
    Vincent ca. 1832 (504)
    Violia d. Jan 1905 (407)
    W. (see Amanda Carter) (467)
    W. J. 1886 (462)
    W. T. 1897 (407)
    Wade 1858 (407)
    Warren Douglas b. Jun 4, 1894, son of Hugh Douglas & Blanch (Fouche) (400)
    Wesley 1853 (467)
    Wm. 1826 (450)
    William d. Jul 16, 1897, age 86 (356)

WILLIAMS, William m. Mrs. Mary F. Norman 1884 (356)
    Worthington S. 1843 (423)
    W. 1896 (429)
WILLIAMSON, Mrs. Barbara A. B. 1876 (487)
    Mrs. Dora 1891 (415)
    E. C. 1873 (421)
    Eliza 1890? (425)
    Mrs. Elvira J. 1843, moved to Elkton KY, Feb 7, 1898 (401)
    John W. 1854, d. May 31, 1877 (401)
    Maggie (see Mrs. Maggie Neal) (415)
    Mary 1899 (438)
    Mary (see Mary Solman) (423)
    Saml. M. 1827 (502)
    W. E. ordained Apr 1889 (415)
    W. E. 1891 (415)
WILLIE, L. M. (f) 1897 (411)
WILLIFORD, Sarah 1838 (389)
    Wm. d. Jul 1876 (511)
WILLIG, George of Waco TX m. Mrs. B. W. Drane Jul 18, 1895 (400)
WILLIMS, D. K. (m) 1887 (402)
WILLINGHAM, J. W. d. 10/29/1909 (454)
WILLIS, Amanda (wife of Jos.) d. 1846 (about 21 yrs) (356)
    B. J. 1891 (454)
    Miss Bridie 1897 (401)
    Edward 1809 (511)
    George W. 1890 (371)
    Mr. J. R. confirmed 1891 (400)
    J. R. (see Mary Bessie Johnson) (400)
    James 1811 (511)
    John R. m. Bessie Johnson Oct 1879 (400)
    John R. 1896, d. Nov 7, 1897 (400)
    John R., age 40, d. Nov 7, 1897 (400)
    John Robert adult bapt 1891, b. Mar 18, 1856 (son of T. T. & M. J.) (400)
    Mrs. L. A. 1897 (401)
    Mrs. M. A. 1891 (454)
    Mrs. Marie Bessie (J. R.) 1896 (400)
    Martha Willis 1811 (511)
    Mary 1811 (511)
    Mrs. Maud R. (W. C.) 1896 (400)
    Patsey 1811 (511)
    Poley d. Oct 18, 1885 (361)
    Robert 1847 (511)
    Robert Rambaut b. Aug 9, 1897 (son of William C. & Maud R.) (400)
    Mrs. Sallie ca. 1850, moved to Louisville KY Feb 1, 1888 (401)
    Sally 1847, 1868 (511)
    Susannah 1811 (511)
    Wm. 1847, d. 1860 (511)
    William C. confirmed 1897 (400)
WILLOUGHBY, Elizabeth 1833 (423)
    Frank S. 1868 (423)
    Frank S. 1870 (423)
    Frank Samuel, son of John & Mary W., bapt Apr 16, 1853 (423)

WILLOUGHBY, John 1840 (left for New Prospect Ch, Knox? Cty, Mar 20 1870) (423)
    Mary Wallace Maxwell d. Oct 23, 1880 (423)
    Mary Wallis 1870 (formerly Mary W. Maxwell) d. Oct 23, 1880 (423)
WILLS, J. W. Urbane m. Blanch B. Atkenson Jul 24, 1890 (356)
    John B. ca. 1875 (448)
    Mrs. Mary ca. 1875 (448)
WILLSON, Allice d. Jun 15, 1892; b. Jun 13, 1852; m. Sep 10, 1866; left husband & 5 children (428)
    George 1898 (348)
    Isaac 1873 (428)
    Isack 1885 (428)
    John & wife 1897 (371)
    Manerva 1873 (428)
WILSHIRE, Lillie 1877 (455)
WILSON, Mr. A. father of Hugh Harrison & Wm. Clark bapt 1851 (466)
    A. A. 1880, moved to Maryville TN, Nov 15, 1892 (423)
    A. H. 1893 (467)
    Abel Skarmal? b. Apr 5, 1869, son of S. J. Murph & J. W. Wilson) (400)
    Miss Addie M. 1878 (401)
    Addie Margaretta d. Sep 15, 1908 (401)
    Abel Skannel? confirmed 1887 (400)
    Alice 1886, d. Jan 1892 (511)
    Alice, dau of Jos. R. & Kate, bapt May 31, 1895 (401)
    Alice Larkin 1885 (Mrs. E. P. Loon), moved to Carlinville IL Feb 5, 1894 (401)
    Amanda 1862 (467)
    Anna 1842 (389)
    Ausburn (Col) 1865 (421)
    C. G. & Carrie, parents of Philip Maxwell & Cyril Corffat (twins), both bapt Jun 11, 1898 (401)
    C. G. 1885 (401)
    C. G. elder 1882 (401)
    Caroline, dau of Dr. C. G. & Carrie W., bapt Dec 8, 1888 (401)
    Mrs. Carrie K. 1888 (401)
    Cattey 1809 (511)
    Charles G. m. Carrie K. Wallace Sep 29, 1887 at home of Mrs. Mary Wallace (400)
    Chas. Gaston, son of C. G. & Carrie, bapt May 7, 1894, d. May 8, 1894 (401)
    Charles Phillip, son of Chas. T. & Mary E., b. Jan 12, 1881 (503)
    Charles T. & Mary E., parents of Margaret Locke b. 5 May 1886 (503)
    Charles T. m. Mary E. Davidson Jan 22, 1880 (503)
    Chas. Thos. & Mary Eliza parents of Irene b. 29 Aug 1882 and Genevieve b. 23 Oct 1884 (503)
    David 1832 (466)

WILSON, David A. 1842 (466)
    Delila J. 1893, 1897 (467)
    Dora 1889 (455)
    Drury 1853 (467)
    E. J. & J. H. parents of Doris b. Sep 14, 1893 and Irma b. May 26, 1892 (356)
    Eliza P. M. 1827 (502)
    Eliza Pitts 1827 (502)
    Elizabeth 1831 (502)
    Elizabeth 1853 (467)
    Elizabeth R. L. d. 1876 (409)
    Elizabeth R. L. d. Jan 31?, 1874 (409)
    Mrs. Eva 1870 (401)
    Frank Beab? 1896, moved to Pulaski Nov 4, 1901 (401)
    G. F. (m) 1880 (348)
    George 1838 (466)
    Geo. Davis 1892 (401)
    Harriet d. Oct 1855 (467)
    Jane 1838, 1832 (466)
    Mrs. Jennie E. 1880, moved to Princeton IN, Sep 27, 1881 (401)
    Mrs. Jessie W. 1885 (401)
    John 1838 (466)
    John 1853, 1860 (467)
    John & Rebecca parents of Margaret Amanda bapt 1838 (466)
    John 1893, 1897 (467)
    (read as Kelson, but is possibly Wilson), John & Rebecca, parents of Harrison Tyler bapt 1840 (466)
    John Herbert C. d. 18 Jan 1887 (503)
    John Herbert Cumberland, son of Herbert C. & Mary A. E., b. 28 Nov 1886 (503)
    John R. 1827 (502)
    John Robertson 1827 (502)
    Joseph 1853, d. in state of VA in Feb 1862 (467)
    Joseph R. jr. 1885 (401)
    Katharine Louise, dau of Mamie, b. Apr 1888 (503)
    Katherin Wallace, dau of C. G. & Carrie, bapt Mar 9, 1895 (401)
    Katie Frances 1885 (Mrs. J. R. jr.) (401)
    Laura Ellen 1889 (Mrs. F. E. Maddox) (401)
    Laura Ellen, dau of G. B. & Mrs. Eva, bapt as an adult on Mar 24, 1889 (401)
    Lewis G. 1892 (401)
    Luticia 1853 (467)
    Mrs. M. A. 1880, moved to Maryville TN, Nov 15, 1892 (423)
    Margaret 1812 (502)
    Margret 1893 (467)
    Marie Louise m. Henry G. O'Neill of Hopkinsville KY Jan 3, 1880 (400)
    Mary 1880 (455)
    Mary A. 1875 (409)
    Miss Mary E. (Mrs. F. T. Hodgson) (401)
    Mary E. 1878 (401)

WILSON, Miss Mary E. 1896 (454)
    Mary E., widow, m. Binney G. Brown, May 9, 1899 (503)
    Mary Marguerite, dau of Wm. Henry & Della G., b. Jul 20, 1893 (503)
    Minna member Sun schl 1870 (369)
    Minnie 1880 (455)
    Mollie m. Wm. Roberson Oct 20, 1892 (429)
    Miss Mollie L. (Roberson) 1873, d. Oct 14, 1897 (429)
    Nancy 1893 (467)
    Miss Nannie L. 1896 (454)
    P. C. 1868 (369)
    Percy 1880 (455)
    Mrs. Priscilla M. wife of Robt. 1877, d. 1878 at her mothers near Columbia TN (487)
    R. S. 1893 (467)
    Rebecca 1838 (466)
    Rebecca Stratton d. Jun 25, 1895, age 18 mos (503)
    Robert 1875 (487)
    Robert Currin (son of Jos. B. & Mattie) b. Dec 12, 1891 (502)
    Robt. W. 1871 (minister) (401)
    Miss S. L. 1883, moved to Cincinnati Nov 15, 1892 (423)
    Sallie A. 1880 (348)
    Samuel (see Susande DeGraffenreid) (400)
    Samuel E. m. Flora S. deGraffenreid Mar 7, 1883 (400)
    San 1893 (467)
    Sarah (aged woman, sick at the City Hospital) bapt 1872 (503)
    Sarah d. Jul 1872, age about 35 (503)
    Sarah, dau of C. G. & Carrie, bapt Sep 13, 1890 (401)
    Sarah 1853, 1854 (467)
    Mrs. Sarah C. 1887 (423)
    Sarah F. d. 1888 (421)
    Sousan d. May 6, 1887 (421)
    Mrs. Susie D. (see Susie Dortch) (401)
    Thomas N. 1886 (478)
    Victoria 1893 (467)
    Victory d. Oct 1, 1910 (467)
    Virginia C. 1842 (466)
    W. A. m. Isabella M. Lay Nov 29, 1890 (455)
    W. G. 1859 (428)
    W. H. m. Fidelia Giffe 14 Jan 1892 (503)
    Mr. W. M. 1887 (423)
    W. R. 1893 (467)
    Will d. 4/1/1903 (454)
    William 1832 (466)
WILTON, Henry d. 26 Dec 1912, age 65 (350)
WIMACHAM?, Wm. 1889 (455)
WINBRY, Mary 1850 (402)
WINDSOR, Rankie 1889 (455)
    Wm. B. 1888 (455)
WINEGARTEN, Annie 1898 (438)
    Eddie 1898 (438)

WINFRED, Mrs. Bessie, age 30, d. Mar 13, 1905 (438)
WINFREE, Alexander B. 1876, moved to Paducah KY
    Mar 4, 1889 (423)
WINGO, Cora 1889 (409)
    Elizabeth C. 1853 (421)
    Emily S. 1853 (421)
    J. W. 1844 (421)
    John W. 1853 (421)
    John W. & wife 1860, 1844 (421)
WINN, C. W. deacon 1887 (487)
    Elisabeth 1869 (504)
    Mrs. Louise Gracey 1898 (400)
    Zachariah 1832 (361)
    Zech 1838 (361)
WINNER, Mrs. W. H. jr. 1869 (478)
WINNETTE, John W. 1893 (507)
    Newt 1894 (507)
WINNEY, Alta H., widow, m. George F. Maxwell,
    widower, Oct 18, 1899 (503)
WINNS?, Martha 1886 (409)
WINSER, Miss M. A. 1847 (438)
WINSON, Mrs. 1876 (369)
WINSOR, L. C. (single) 1876 (455)
    Miss M. A. 1849 (438)
    Mary d. Jul 29, 1877 (455)
    Wheeland 1890 (455)
WINSTON, Edmund m. Josaphine R. Cocke Sep? 13, 1860
    (503)
    Mary T. 1885 (454)
WINTER, Mrs. Laura B. 1896 (454)
    Lizzie 1885 (339)
WINTERMAN, Geo. (see Maud Ervin) (454)
WINTHROP, Grace (see Clay Stacker) (400)
WINTON, John d. 24 Nov 1908 (375)
    Maud m. Tom Belcher (1st wedding in church
    1898-1900) (375)
WISEMAN, Josie 1883 (409)
    Willis 1897 (406)
WISENBERG, Mrs. H. A. 1896 (454)
WISENER, Harriet P. 1842, d. Nov 1868 (478)
    W. H. sr. 1880 (478)
    Wm. H. sr. 1880, d. 24 Dec 1882 (478)
WISER, Miss Alice P. 1890 (423)
    Miss Anna B. 1890 (423)
WISSENGER, Mrs. Emma 1875 or 6 (448)
WITCHER, Miss M. A. d. 9/7/1913 (454)
WITHERBY, Jesse Brigham 1892 (461)
    Mrs. Sarah E. b. Aug 10, 1823, d. Jan 30,
    1887 (461)
    Sarah Elizabeth (Grizzard) 1892 (461)
WITHERS, Ella Lee m. David L. Wimble, widower,
    2 Jun 1891 (503)
WITHERSPOON, John, son of Sam & Mary, b. Oct 4,
    1899 (440)
    McKinley, son of Sam & Mary, b. Apr 11, 1897
    (440)
WITHEY, Mrs. Rachel 1872, to 7th Pres. Ch,
    Cincinnati, Mar 1874 (401)

WITHEY, Mrs. Rachel 1872, to 7th Pres Ch, Cincinnati
    Mar 1874 (401)
WITT, Alice Smith ca. 1870 (448)
    Cleopatra A. ca. 1850 (448)
    Ella Graham (dau of Mrs. Mary J.) bapt 1857
    (466)
    Hariet 1870 (448)
    J. H. 1870 (406)
    James 1877 (448)
    James d. in Texas, Nov 23, 1882 (448)
    John 1871 (448)
    Rev. John H. 1888 (406)
    Mary F. ca. 1860 (448)
    Mary F. 1858 (448)
    Minnie 1873 (448)
    P. C. ca. 1845 (448)
    Sallie 1871 (448)
    William M. d. Jun 23, 1869 (448)
    William M. ca. 1844, d. Jun 23, 1869 (448)
WITZEL, Joseph K. 1885, moved to Owensboro, KY,
    Mar 31, 1886 (401)
    Leonora (could be Leonord), child of Jos. &
    Margaret, bapt 1875 (401)
    Leonore 1893 (401)
    Margarett (Mrs.) 1887 (401)
WOLD, Fred (private soldier in Co E 9th Reg NY Vol)
    d. Sep 1898 (503)
WOLDRIDGE, W. P. & wife 1887 (438)
    Walter T. (Jan 6, 1878), Louise Drane
    (Kessee), Louise Drane (Nov 9, 1887),
    Annie Sue Kessee--family listing (438)
WOLF, Albert George 1886 (401)
    Emma Lissette, dau of Frederick & Fredrica,
    bapt 1877 (401)
    George 1822 (left for Blount Co) (423)
    George, father of Catharine, Theresa, Thomas,
    Sarah, George & Martin, all bapt Oct 26,
    1822 (423)
    Henry 1853 (428)
    Mollie Sophia 1885 (401)
    Rebecca 1822 (left for Blount Co) (423)
WOLFE, Clara Louiza (dau of F. & F.) bapt 1874
    (401)
    E. C. 1889 (455)
    Mrs. Frederica 1878 (401)
    Mrs. Fredricka 1878 (401)
    Orria Rawson, child of Wm. Vernon & Mary
    Converse, b. 10 Jun 1869 (403)
WOLFENDEN, Miss Sarah Jane 1875 (487)
WOLLER, Marry 1897 (348)
WOLLESS, Andrew & wife Citty 1826 (411)
WOLTORTEN, Mary Melissa, dau of Joel
    Sophia & Robert?, b. 1885 (503)
WOMAC, R. J. 1895 (348)
    R. J. pastor 1899 (348)
    Rebeckey 1898 (348)
    Robert & Martha 1899 (348)
    Sleller 1898 (348)

WOMACK, _____ m. Gen. Marcus J. Wright Sep 2, 1875 (438)
WOOD, Addie Augusta adult bapt 1874 (356)
    Alexander m. Eva Louisa Geary Jan 14, 1897 (503)
    Mrs. Alice J. 1892 (455)
    Anna Laura b. Jun 1861 (503)
    Catherine C. 1887 (402)
    D. B. 1892 (401)
    Mrs. D. W.? 1892 (401)
    E. P. 1893, moved to Alexander City AL, Nov 1, 1897 (401)
    E. T. (of Detroit MI) m. Fleda H. Perine Jun 24, 1875 (487)
    E. T. m. Mary H. Perine Jun 24, 1875 (487)
    Elizabeth buried Dec 30, 1884 (438)
    Emma Laura 1889 (Mrs. Emma W. Bagby) (401)
    Emma Louisa adult bapt 1867, b. Aug 5, 1850 (356)
    George R. m. Annie Tanner Jun 16, 1878 (400)
    H. B. 1892 (455)
    Ida 1888 (409)
    Isham d. 1831 (389)
    James 1870 (401)
    James T. d. Jan 27, 1909 (401)
    James T. 1871 (401)
    Mrs. John 1887 (438)
    John 1812 (511)
    Mrs. Joseph d. Jan 19, 1898, age 84 (356)
    Joseph d. Aug 23, 1896, age 90 (356)
    Josephus Arthur, son of Tho. A. H. & Blanche, b. Jan 22, 1896 (356)
    Josie 1880 (Kincannon) (407)
    Margarett d. 1834 (389)
    Mrs. Mary A. m. Chas. C. McCartey Dec 17, 1892 (503)
    Mary A. 1889 (454)
    Mary Jane adult bapt 1867, b. Jun 6, 1848 (356)
    Nancy (Nettie) 1889 (454)
    Sarah 1889 (454)
    Susie 1877 (401)
    Virgie 1891, age 14 (438)
WOODARD, Delilah ca. 1832 (504)
    James 1857 (504)
    James 1853 (504)
    Kinchen H. 1853 (504)
    Kinchin ca. 1832 (504)
    Nathaniel 1821 (386)
    S.? A. 1876 (504)
WOODART, William ca. 1832, 1839 (504)
WOODBERRY, Miss Mary 1871, 1853 (478)
    Mrs. Sarah 1853 (478)
WOODBURN, Mathew A. 1892 (393)
WOODBURY, Coryton M. m. Mrs. Alice G. Coffin Jun 2, 1892 (356)
    Francis bapt 1833 (423)
    H., Mrs. C. L., Mr. Henry Erwin, Mrs. Sarah, Anna Coldwell Erwin--family listing May 1867 (480)

WOODBURY, Mrs. Mary S. d. Feb 5, 1890, age 33 (356)
WOODIE, Lewis F. member 1869 (369)
WOODRUFF, Elizabeth 1875 (288)
    Elizabeth 1878 (288)
    John C. 1894, d. 1902 (454)
WOODS, Abb 1882 (478)
    Arthur 1888 (455)
    Augie 1888 (455)
    Miss Clementine 1879 (478)
    D. 1853 (428)
    Easter, wife of William, d. Oct 5, 1875 (428)
    Elizabeth (changed to Bass) 1848 (389)
    Elizabeth 1873 (428)
    G. B. 1868, d. Aug 20, 1880 (478)
    George B. 1866, d. 12 Aug 1880 (478)
    George B. & M. M. parents of James Allen, Clemmie & George Allen bapt 1870 (478)
    George B. elder 1870, d. Aug 20, 1880 (478)
    J. 1853 (428)
    James adult bapt 1870 (401)
    James, Sally & Mary 1826 (450)
    James & wife Sarah 1824 (450)
    James & wife Sary 1824 (450)
    James Allen 1874 (478)
    Jas. T. 1871 (401)
    Jefferson 1858 (448)
    Jonathan 1873, d. 1877 (401)
    Katie 1888 (455)
    Miss Lizzie 1875 (487)
    Mrs. Margaret M. 1866 (478)
    Mark Milam 1873 (487)
    Mrs. Mary M. 1878 (401)
    Mrs. Mary M. 1876, to New Waverly TX, returned 1878 (401)
    Miss Narcissa joined Cumberland Ch 1871 (401)
    Prisilar 1856 (428)
    Robert 1873 (428)
    Susie Ann adult bapt 1877 (401)
    Thos. Ed. 1899 (478)
    Thos. H. & wife 1898 (478)
    Wm. 1853 (428)
    William 1873 (428)
    William m. Elizabeth Lollace Nov 19, 1857 (356)
    Wm. Thomas, son of John Thos., b. Dec 23, 1885 (438)
WOODSIDE, Mary Josephine m. L. Cowley Oct 21, 1879 (438)
WOODSON, Mrs. Emma member 1875, d. Oct 1, 1878 (400)
    Emma d. Oct 1, 1878 (400)
    H. S. 1890 (389)
    J. J. 1898 (389)
    John J. 1876 (369)
    Capt. Jno. S. 1869 (401)
    Karen d. Jul 1838 (389)
    Lewis Alexander, son of J. S. & Emma, bapt 1878 (401)
    M. L. 1865 (421)

WOODSON, Tucker 1845 (389)
    William 1876, 1877 (389)
WOODWARD, Albert Lewall, son of James M. & Mary,
    b. Jul 5, 1892 at Cowan TN (461)
    Eveline m. William R. Hall 5 Jan 1887 (503)
    Nathan S. m. Annie G. Peed 1872 (356)
    Wiley Gilmore, son of Finch? & Eliza Jane
        Austell, b. Jan 10, 1870 in Bedford Co
        TN (461)
WOODWORTH, Chris? N. 1893 (455)
WOODY, Ann 1840 (466)
    Mrs. Mattie d. Feb 19, 1904, age 26 (356)
WOOLDRIDGE, D. H. 1879 (421)
    Eliza Kesse inf buried Sep 5, 1888 (438)
    Louise Drane, dau of Walter I., b. Jan 8,
        1884 (438)
    Walter adult bapt 1878 (438)
    Walter P. of Columbia m. Eliza J. Keesee
        Apr 27, 1882 (400)
WOOLEY, Alice E. (see Alice E. Ogden) (423)
WOOLRIDGE, Walter (see Eliza Keesee) (400)
WOOLTORTEN, George, son of Robert A. & Jael Sophia
    b. 2 Apr 1887 (503)
    Jael Sophia d. Aug 6, 1902, age 59 (350)
WOOLWINE, Wiley R. ca. 1875 (448)
WORA, Berthenia 1858 (448)
WORD, Bethenia 1865 (448)
    Jefferson bapt Oct 10, 1858 (448)
    Margret W. 1855, moved to TX 1859 (448)
WORK, Mrs. Cassandra 1892 (461)
    Laura Sarah, dau of Samuel DeWitt & Cassandra
        b. Dec 15, 1877 (461)
    Libby Menees of Nashville d. Jan 23, 1889
        at age 6 yr 4 mo 13 da (461)
    Mary Phillips, dau of Samuel DeWitt & Cas-
        sandra, b. Jan 28, 1879 (461)
    Thomas Anderson of Nashville d. Oct 17, 1887
        (461)
WORLEY, F. A. 1883 (507)
    Lillian T. 1896 (438)
    Zachariah d. Oct 15, 1837 (389)
WORMLEY, Miss Catherine 1847 (438)
    Mrs. Hannah 1847 (438)
    Col. John d. Jan 1, 1847 (438)
WORREL, Ellen C. (Miss) 1878 (487)
WORRELL?, Collier 1886 (339)
WORREN, Kitty 1886, 1895, m. Hamlin (339)
WORSHAM, Bitha 1893, 1899 (467)
    D. W. 1893 (467)
    Emma 1893 (467)
    J. W. 1893 (467)
    John 1893, 1899 (467)
    Lizzie 1893, 1897 (467)
    R. E. 1893 (467)
    S. A. 1894 (467)
WORSHAN, Henry 1891 (371)
WORSNISS?, Jane confirmed 1880 (400)
WORTHINGTON, Biddle Wilkinson, son of Thomas & Jos-
    ephine Wilkinson, b. May 26, 1896 at
    Birmingham AL (438)

WORTHINGTON, Daniel Lee 1892 (461)
    Emma Lucile b. Jun 25, 1896, dau of Wm. &
        Mary (356)
    Hugh Skipwith, son of Mr. G. T., b. Nov 11,
        1879 (503)
    Mrs. Kate 1889 (455)
    Samuel b. Jul 12, 1899, son of Wm. & Mary
        (356)
    T. R. 1889 (455)
    Walter Harrison, son of Thomas & Josephine
        Wilkinson, b. Columbia, bapt Nov 20,
        1898 (438)
WOY, Amanda 1881 (m. Bell) (455)
    Lizzie 1881 (m. Amiss) (455)
WRAY, Miss Berda 1886, left Dec 1, 1890 (429)
    Caroline 1873 (425)
    Crockett 1886 (429)
    Elen 1865 (421)
    Mrs. Ella 1885, left Dec 1, 1890 (429)
    J. C. 1888, left Jan 30, 1893 (429)
    J.? R. 1886 (429)
    L. P. & wife 1860 (421)
    Laban 1865 (421)
    Laban P. & wife 1844 (421)
    Miss Lilla 1886, left Dec 1, 1890 (429)
    Margrett 1811 (511)
    Mary 1889 (429)
    Nancy d. Feb 23, 1880 (421)
    Mrs. Nancy 1886 (429)
    R. R. 1886 (429)
    Richard R. 1885 (429)
    S. P. 1845 (421)
    Sallie (see Sallie Beeck) (429)
    Sarah 1811 (511)
    Susie (see Susie Irvin) (429)
    William 1865 (421)
    Wm. T. 1886 (429)
WREN, Claud d. Jan 23, 1903, age 23 (from Columbus
    GA) (356)
    James Sanford b. 25 Mar 1816, rec'd into
        church 14/2/88 (503)
WRENCH, Henery H. 1842 (478)
    Thomas 1811 (511)
    Wm. 1811 (511)
WRIGHT, Mrs. Alethea L. (widow of John) 1875 (487)
    Annie 1887 (415)
    Benjamin Franklin, son of William & Louisa,
        bapt 1889 (400)
    Bethia d. Aug 1892 (409)
    Bolivar, son of William & Louisa, bapt 1889
        (400)
    C. B. (m) d. Apr 22, 1908, age 81 (370)
    C. L. 1889 (455)
    Carolina 1863 (389)
    Carry 1891 (339)
    Curtis Furman, son of Mrs. Mary & Charles B.,
        inf bapt 1873 (503)
    Dr. D. F. d. Sep 17, 1895 (400)
    Rev. & Mrs. Dale? 1896 (461)
    Miss Dovie E. 1892 (415)

WRIGHT, Elizabeth d. 1862 (389)
    Ellen Elizabeth, dau of Charles & Zelpha, b. Apr 11, 1851 (356)
    Ellen Elizabeth d. Mar 10, 1853, age 22 mos (356)
    Elliott d. 12 Sep 1892, age 34 (503)
    Emma d. May 29, 1889 (465)
    Emma Grace, dau of Jordan? & Mary Jane, b. Jan 18, 1873? (461)
    Geo. Hayes, son of John, bapt May 18, 1879 (438)
    Mrs. Hattie (O. C.?) 1895 (454)
    Helen m. Robert L. Snyder 6 Jan 1892 (503)
    Henry Ward (Col) living in Virginia, d. Sep 1890 (400)
    J. H. 1876 (389)
    Dr. J. M. 1876 (448)
    J. N. 1829 (288)
    Jacob Danforth b. Mar 22, 1890, son of R. H. & B. D. (356)
    James 1893 (415)
    James F. sr. 1889 (454)
    John 1886 (396)
    John d. Jan 25, 1903 (396)
    Joseph 1894 (415)
    L. E. 1876 (389)
    Gen. Marcus J. m. _____ Womack Sep 2, 1875 (438)
    Margaret, dau of Charles Thomas & Annie Rivers, b. Nov 28, 1895 at Tullahoma (461)
    Maria F. 1889, d. 4/11/1906 (454)
    Miss Martha Jane 1875 (487)
    Nancey 1811 (511)
    Nancey M. d. Nov 1869 (389)
    Nellie 1893 (409)
    Paschal 1865 (389)
    Pinckney D. (Nov 29, 1885)--family listing (438)
    Pinckney D., age 57, d. Feb 22, 1906 (438)
    Roxy Green, dau of Wm. & Louisa, bapt 1888 (400)
    Miss Sarah W. 1885 (423)
    Stephen H. 1876 (389)
    Susan 1869 (450)
    Sylviah 1811 (511)
    Wm. bapt 1889 (400)
    Wm. & Louisa, parents of Ellen & Louella bapt 1888 (400)
    William W. 1842, left for Cincinnati Oct 22, 1844 (423)
    Willis m. (Sister) Landess 1817 (previously m. Elizabeth Jones (386)
    Zelpha d. Aug 29, 1853, age 23 (356)
WRITE, Elijah A. 1836 (389)
WUNSCHOW, Dr. George C. d. Jan 17, 1897, age 55 (503)
WYLEY, Kirby (see Annie Grenade) (409)
WYLY, J. S. m. Kate Decker of Lake Providence LA Apr 29, 1896 (438)

WYNN, L. B. Stark 1893 (467)
WYRICK, Anna 1871, 1877 (504)
    Rev. G. H. 1891 (454)
    Mrs. M. J. 1891 (454)
YALER, James S. 1887 (402)
    Luiza E. 1887 (402)
YANCEY, Miss Hattie Lee 1886, moved to Nashville Dec 4, 1899 (401)
    Miss Jennie S. 1894, moved to Franklin? Dec 30, 1894 (401)
    Lizzie b. Aug 5, 1883, dau of R. H. & Irene (400)
    R. H., _____, Lizzie, Robert W.--family listings 1875-1902 (400)
    Robert Wood bapt 1885, son of Robert E. & Irene (400)
    S. J. & L. T., parents of Jennie Sawyers & Charlie Dalton, both bapt Nov 24, 1881 (401)
    Mrs. Sarah J. 1879 (401)
YANCY, Mrs. John 1871 (478)
    John T. 1871 (478)
    Richard Hunter b. Dec 24, 1886, son of Irene & Richard E. (400)
YANDALL, Lunsford P. 1827 (502)
    Susan 1827 (502)
YANIS?, Joseph H. 1869 (423)
YARBER, Nepholin A. 1894 (348)
    Robert 1873 (428)
YARBOROUGH, Ella 1890, d. 11-15-1905 (454)
    Geo. M. 1893, d. 1902 (454)
YARBRO, N. J. 1870 (492)
YARNEL, Daniel 1839 (450)
YATES, Elbridge J. 1870-74 (492)
    James 1892 (461)
    Kate Butterfield 1892 (461)
    Mary Ann 1892 (461)
    Rufus 1870-74 (492)
    Sarah McQuade d. May 12, 1901, age 28 (350)
YEAGER, Mrs. Rowena 1890 (423)
YEAROUT, Rusannah 1845, 1849 (466)
    Saml. L. 1845, 1849 (466)
YEATMAN, Henry d. Dec 1896 (438)
    Mrs. Mary C. buried Mar 29, 1890 (438)
    Nathaniel P. m. Maggie C. Webster Nov 7, 1877 (438)
    Sarah Mayes, dau of Nat & Maggie, bapt Mar 25, 1882 (438)
YEATNER, Col. Henry Clay, age 87 & 10 mos, d. Aug 1, 1910 (438)
YELL, Ada 1872 (402)
    Elizabeth Lawson, see Elizabeth Lawson Smith (461)
    Emma 1870 (492)
    F. M. 1881 (492)
    J. C. d. Jun 11, 1909 (492)
    James C. 1870 (492)
    Judah 1881, d. Dec 30, 1892 (492)
    __ Marion 1881, d. Jul 22, 1892 (492)
YERGER, H. S. pastor 1875-1878 (502)

YIELDING, William J. (of Birmingham AL) m. Lucie
    McDannel Jan 22, 1890 (356)
YOAKLEY, Elizabeth Ann d. Oct 6, 1857, age 39 yrs
    (356)
YONES, Christopher m. Louise McMahon Aug 18, 1854
    (356)
YONG, Elizabeth ca. 1850 (448)
    Leeroy (Col) d. Oct 5, 1878 (389)
    Linny 1872 (396)
    M. M. 1872 (396)
    Mary G. 1872 (408)
YONGE, Mrs. Nelly (widow) m. Frank Nieland Nov 8,
    1899 (503)
    William W. m. Helen A. Carlile Dec 2, 1880
    (503)
    William W. d. 9 Sep 1885, age 28 (503)
    William Wadley, son of W. W. (deceased) and
    Helen, b. 19 Feb 1886 (503)
YONGER, W. M. 1851 (421)
YONGESS?, Sallie m. A. O. P. Nicholson Jun 26, 1872
    (438)
YORBROUGH, Nep 1898 (348)
YORDIE, Jacob Astor m. Mary Jane Eaves Sep 27, 1871
    (503)
YORK, F. M. 1893 (409)
YOUNG, A. A. d. Dec 1902 (396)
    A. W. 1837 (478)
    Adaline 1886 (396)
    Agnes m. Walter W. Marshall Nov 20, 1877
    (438)
    Alice m. John R. McLellan May 4, 1869 (438)
    Carl P. E. m. Annie G. Cresswell Jul 30,
    1892 (503)
    Edward Wilkins, son of P. & Mary, bapt Apr
    12, 1891 (423)
    Edwin Cooper b. Aug 24, 1889, son of Alfred
    L. & Lula E. (356)
    Elbert 1885, 1893 (339)
    Eliza Ann (nee Rodgers) (507)
    Elsie Henrietta b. Jan 4, 1887, dau of Henry
    & Ruthie (356)
    Emma 1887 (415)
    Ernest Glen, son of Mr. A. L. bapt 1885, age
    14 (356)
    Estellia 1886, change to Tomson? (407)
    Eugene d. Dec 20, 1901, age 40 (356)
    Eugene L. & Susie parents of Lucile b. Mar
    27, 1895, Arthur Eugene b. Sep 28, 1896
    and Cora Electa b. Apr 30, 1898 (356)
    Mrs. Flora A. m. W. B. Michael (RR engineer)
    Dec 28, 1888 (455)
    Florence A. m. Graham Bogardus Feb 24, 1892
    (356)
    Florence Aberta, son of Mr. A. L., bapt 1885,
    age 12 (356)
    Gabe 1886 (396)
    Gabe d. Jan 1908 (396)
    Gabril d. Nov 1907 (396)
    Gothie 1886 (396)

YOUNG, Mrs. Helen E. d. Nov 28, 1889, age 54 (356)
    Henry Chester, son of Henry C. & Sarah H., b.
    26 Mar 1889 (503)
    Horace d. Aug 3, 1896, age 40 (503)
    Isaac 1832 (466)
    Issabella 1838 (466)
    J. N. 1895 (440)
    J. Q. 1888 (339)
    Jacob d. May 20, 1893, age 68 (356)
    Jacob b. Aug 30, 1826 (New Jersey), son of
    John J. & Maria (356)
    James Charles adult bapt 1882 (438)
    Jane E. 1837 (478)
    Mrs. Jennie Lou 1898, moved to Owensboro KY
    Feb 11, 1900 (401)
    John buried Jan 14, 1882 (438)
    John, son of Robert & Saluda, bapt Jan 9,
    1882 (438)
    Linnie 1886 (396)
    Lorna Harding, dau of Henry C. & Sarah H., b.
    24 Mar 1888 (503)
    Mark 1886 (396)
    Mary m. A. M. Shirley Sep 6, 1876 (438)
    Mrs. Mary (wife of P.) 1889 (423)
    Mary 1882, 1899 (339)
    Mary (see Alfred Shirley) (438)
    Mary 1847, d. Jun 1854 (511)
    Mary Ann 1837 (478)
    Mary Ann Frances, dau of Robert & Saluda,
    bapt Apr 12, 1868 (438)
    Mary C. 1879 (409)
    Mary G. d. Feb 3, 1878 (408)
    Mary G. 1858 (408)
    Mary Lilian m. George Marr Oct 29, 1895 (356)
    Mary Wilkins, dau of P. & Mary, bapt Apr 16,
    1893 (423)
    Milton Cooper, son of M. C., b. Jul 1853
    (356)
    Morris Arthur b. Dec 26, 1886, son of Alfred
    L. & Lula E. (356)
    Nellie May b. Mar 1, 1883, dau of Alfred L.
    & Lula E. (356)
    P. 1889 (423)
    Peter & wife E. 1850 (386)
    Pleasant (child) d. Dec 22, 1855 (437)
    Robbert 1885, 1893 (339)
    Robt. J. (see Saluta Bain) (438)
    Robert William, son of Robert J. & Saluda,
    b. Mar 8, 1877 (438)
    Ruth b. Sep 4, 1892 (356)
    Sallie 1890, 1899 (339)
    Saluda Bane, dau of Robert J. & Saluda, b.
    Jun 27, 1882 (438)
    Sarah 1886 (396)
    W. A. 1893 (409)
    W. H. 1886 (396)
    Walter Henry, son of Henry & Ruth, inf bapt
    1884 (356)
    William Henry b. Jun 16, 1889, son of Henry &
    Ruth (356)

YOUNG, William L. 1883 (408)
    Willie 1886 (396)
    Wilson 1882, 1899 (339)
    Capt. C.S.A. fell in battle at Franklin Nov
        30, buried Dec 2, 1864 (438)
YOUNGER, A. d. Jan 13, 1894 (421)
    Catherine 1865 (421)
    Catharine 1860 (421)
    Elizabeth 1853 (421)
    Elizabeth 1865 (421)
    Elizabeth d. Jul 23, 188_ (421)
    Elizabeth A. 1847 (421)
    J. W. 1850 (421)
    John W. 1846 (421)
    John W. 1860 (421)
    Mary 1860, 1865 (421)
    Rufus 1891, 1894 (421)
    Thomas L. 1886 (421)
    William 1844, 1847 (421)
    William A. 1853, 1860, 1865 (421)
    William M. 1844 (421)
ZACHAREY, Josephine 1847 (511)
ZACHARY, Carroll m. Rowena E. Isley 1867 (356)
ZACHRY, Sally 1847 (511)
ZACKERY, Joshua 1847 (511)
ZANDER, Eleck 1887 (402)
ZEIGLER, J. B. of Athens TN (teacher) m. Flora
      Tinker of Chattanooga Oct 13, 1885
      (455)
ZELL, G. C. 1872 (492)
ZILSON, Marthy 1885 (428)
ZIMBRO, Benjamin L. 1831 (502)
ZIMMERMAN, Dr. Cyrus d. May 10, 1890, age 30 (356)
    Cyrus d. Mar 3, 1889, age 61 (356)
    Cyrus m. Lucy Catherine Evans (at house of
        Thos. Evans, the bride's father) Jun
        16, 1858 (356)
    Thos. d. 1884, age 25 (356)
ZIMPLEMAN, May Louise adult bapt 1872 (438)
ZOLLICOFFER, Felicia m. James M. Metcalf Jun 6,
    1876 (438)
    Felix, son of James M. & Felicia, b. Apr 1,
        1879 (438)
    Mary D. m. Nat Gaither Jun 10, 1869 (438)
    Mary Louise, dau of James M. & Felicia, bapt
        Nov 25, 1881 (438)
    Octavia L. (see John B. Bond) (438)
    Octavia L. m. John B. Bond Jun 10, 1869
        (438)
ZUSPAN, Kate 1884 (455)

www.ingramcontent.com/pod-product-compliance
Lightning Source LLC
Chambersburg PA
CBHW081146230426
43664CB00018B/2818